# Le contentieux électoral dans la jurisprudence du Conseil constitutionnel marocain

## Étude comparative

**Logiques Juridiques**

*Fondée par Gérard Marcou*

*Dirigée par Jean-Claude Némery et Thomas Perroud*

Le droit n'est pas seulement un savoir, il est d'abord un ensemble de rapports et pratiques que l'on rencontre dans presque toutes les formes de sociétés. C'est pourquoi il a toujours donné lieu à la fois à une littérature de juristes professionnels, produisant le savoir juridique, et à une littérature sur le droit, produite par des philosophes, des sociologues ou des économistes notamment.

Parce que le domaine du droit s'étend sans cesse et rend de plus en plus souvent nécessaire le recours au savoir juridique spécialisé, même dans des matières où il n'avait jadis qu'une importance secondaire, les ouvrages juridiques à caractère professionnel ou pédagogique dominent l'édition, et ils tendent à réduire la recherche en droit à sa seule dimension positive. À l'inverse de cette tendance, la collection « Logiques juridiques » des éditions L'Harmattan est ouverte à toutes les approches du droit. Tout en publiant aussi des ouvrages à vocation professionnelle ou pédagogique, elle se fixe avant tout pour but de contribuer à la publication et à la diffusion des recherches en droit, ainsi qu'au dialogue scientifique sur le droit. Comme son nom l'indique, elle se veut plurielle.

**Dernières parutions**

CLUB MARC BLOCH, *Citoyen !*, 2018.
Lamine TIRERA, *L'État stratège*, 2018.
Léa CASTELLON, *La place de la victime dans le procès pénal*, 2018.
Soror BAHBOUHI, *Le conflit d'intérêts du banquier*, 2018.
Tenile MASCOLO GIL, *Les droits de l'homme dans le Mercosur*, 2018.
Mohammed BERRAOU, *La responsabilité des acteurs de la gestion publique devant la Cour des comptes. Le modèle marocain*, 2017.
Eric GILARDEAU, *Cicéron, père de la codification du droit civil*, 2017.
Daphne AKOUMIANAKI, *Les rapports entre l'ordre juridique constitutionnel et les ordres juridiques européens. Analyse à partir du droit constitutionnel grec*, 2016.
Boris BARRAUD, *La Recherche juridique. Sciences et pensées du droit*, 2016.
Bolleri PYM, *Le statut juridique des établissements de microfinance (EMF) en zone CEMAC, L'encadrement de la « petite finance » du secteur informel vers le secteur formel*, 2016.
Aurore GRANERO, *Les personnes publiques spéciales*, 2016.

Adil MOUSSEBBIH

# Le contentieux électoral dans la jurisprudence du Conseil constitutionnel marocain

## Étude comparative

Préface du Pr Dominique Rousseau
et du Pr Abdallah SAAF

Présentation du Pr Pascal Chaigneau

L'Harmattan

**5-7, rue de l'Ecole-Polytechnique, 75005 Paris**

www.editions-harmattan.fr

ISBN : 978-2-343-10860-5
EAN : 972343108605

# PRÉFACE 1

Les élections sont le fondement de la démocratie représentative moderne. Dès lors, il est de la plus haute importance politique que les élections se déroulent dans des conditions loyales, sincères et honnêtes. Le moindre doute sur des irrégularités, des tromperies ou des fraudes fragiliserait le résultat des élections, donc la confiance du peuple dans ces élus, donc la démocratie. Pour que le peuple accepte de déléguer son pouvoir à des élus et accepte de leur obéir, il faut que le mécanisme de délégation, c'est-à-dire, le vote, soit irréprochable. Que le vote soit inattaquable et la démocratie représentative peut fonctionner ; qu'il ne le soit pas et la démocratie meurt.

Le contrôle de la régularité des élections n'est donc pas un sujet mineur même s'il est trop souvent négligé. De lui dépend, en effet, la confiance des citoyens dans la qualité des résultats électoraux. La question est simple, mais elle se complique lorsqu'il s'agit de décider qui va exercer ce contrôle. Les assemblées elles-mêmes ? Ce fut le choix de la IVe République et elle en mourut. Les juges constitutionnels ? C'est le choix de nombreuses constitutions, dont la constitution du Maroc que Monsieur Adil Moussebbih a analysé dans sa thèse, aujourd'hui heureusement publiée, sur « Le contentieux électoral dans la jurisprudence du Conseil constitutionnel marocain ».

L'étude est bien conduite et repose sur un matériau appréciable que l'auteur, ancien chef de service adjoint de la documentation et de la coopération du Conseil constitutionnel du Maroc, a pu rassembler. L'étude repose sur une problématique clairement posée où sont mis en tension la nécessité pour la démocratie représentative qu'un contrôle sérieux de la régularité des élections soit garanti et assuré par le juge constitutionnel et le risque que ce contrôle juridictionnel conduise à soumettre les élus aux appréciations des juges.

L'étude est enfin construite avec une première partie exposant la compétence, la procédure et le périmètre de contrôle du juge constitutionnel, la seconde partie analysant et discutant la politique jurisprudentielle du Conseil constitutionnel en matière électorale.

Travail de recherche universitaire, Monsieur Moussebbih sait prendre de la distance avec son sujet, repérer les limites que le Conseil se pose à lui-même dans l'évaluation des faits irréguliers et des preuves et relever très justement que les juges voient dans le contentieux électoral un conflit entre le vaincu et le vainqueur davantage qu'un contrôle dans l'intérêt des électeurs selon la formule du président **François Luchaire**. Il sait aussi, avec prudence, resituer ce contentieux délicat dans son contexte sociohistorique et tracer les voies possibles d'une évolution jurisprudentielle favorable à l'État de Droit et à la démocratie représentative.

**Dominique Rousseau**
Professeur à l'Université Paris 1 Panthéon Sorbonne
Codirecteur de l'École de droit de la Sorbonne

# PRÉFACE 2

L'ouvrage que propose M. Adil Moussebbih porte sur « Le Contentieux électoral dans la jurisprudence du Conseil constitutionnel marocain : Étude comparative ». Bien que le sujet soit d'une richesse incontestable, il paraît peu abordé par les universitaires, les avocats, et les spécialistes, souvent rebutés par la complexité et le caractère particulièrement peu attractif du domaine. Au niveau de la recherche juridique et de l'enseignement, le droit électoral apparaît encore, en dépit de l'organisation de plusieurs élections dans le pays, comme le parent pauvre du droit constitutionnel marocain alors même que le volet électoral de la justice constitutionnelle est devenu un domaine incontournable du droit constitutionnel dans le monde.

La lecture de l'ouvrage fait sentir à tout lecteur l'importance de l'effort déployé par l'auteur. Une grande partie des décisions relatives au contentieux électoral a été initialement publiée en langue arabe, d'où déjà le caractère précieux des traductions françaises, en plus des commentaires experts les accompagnant, le tout étayé par un exercice de comparaison avec les pratiques françaises, européennes et africaines.

Le travail effectué ici par M. Moussebbih est une contribution scientifique qui permet d'ouvrir de nouvelles perspectives pour la compréhension de la vie politique et institutionnelle du pays, mais aussi un soutien au processus de construction de l'État de droit et de la démocratie dans le pays. S'investir dans le traitement de ce matériau jurisprudentiel revient à faire œuvre de concret, à s'intéresser avant tout à la pratique. La complexité et l'originalité du droit électoral tiennent à la fois à la transversalité juridictionnelle et à la diversité de ses sources et des rôles joués par le juge électoral.

Il est à rappeler que le rôle du juge constitutionnel marocain lui-même comme juge électoral a été jusqu'ici peu abordé par les chercheurs. Il s'agit d'un droit largement prétorien où le juge bénéficie d'un important pouvoir discrétionnaire d'appréciation. Le Conseil constitutionnel en sa qualité de juge électoral prend la posture d'un juge de l'État de droit comme perspective à réaliser. Examinant les décisions du Conseil, l'auteur constate que le juge constitutionnel marocain devient à l'occasion le juge de la sincérité du scrutin avant d'être celui de sa régularité, enjeu fondamental de la légitimité démocratique. Ce faisant, il devient plus qu'un gardien de la loi électorale, il s'érige même en garant de l'expression démocratique.

La recherche menée par M. Moussebbih a manifestement privilégié la jurisprudence constitutionnelle comme terrain d'investigation. Elle a procédé à l'étude des décisions relatives au contentieux électoral de 1994 à 2011 et couvert ainsi les législatures de 1993, 1997, 2002, 2007 et 2011. Ce travail effectué sur la jurisprudence a été complété par des entretiens avec des personnes-ressources du Conseil Constitutionnel et du Ministère de l'Intérieur. Le but est sans doute de mettre en exergue les forces et les faiblesses du système de contrôle en amont et en aval des opérations électorales. Le dispositif juridique régissant les actes préliminaires à l'élection a un impact considérable sur les résultats du scrutin et sur le nombre de recours déférés devant le Conseil constitutionnel. Son diagnostic permet de maîtriser les tensions sociopolitiques qui émergent lors des échéances électorales. Il permet également d'appréhender l'opération électorale d'une manière systémique, d'anticiper sur d'éventuelles dérives, et de réguler et/ou de prévenir d'éventuelles revendications et contestations électorales.

L'auteur s'est aussi intéressé à la question centrale du traitement du contentieux électoral, scrutant les techniques et méthodes utilisées par le juge constitutionnel, les limites qui entravent sa politique jurisprudentielle et les moyens appropriés pour renforcer sa démarche de contrôle des élections. Armé d'une bonne formation pluridisciplinaire d'ingénieur et d'économètre, l'auteur a notamment dressé une intéressante typologie des fraudes par province et par région. De ce point de vue, son apport est fort original et son analyse est corroborée par l'élaboration d'un modèle explicatif des facteurs de résistance à l'éradication de la fraude électorale en recourant à des tests statistiques pour mettre en lumière le degré de corrélation (test de corrélation) et de liaison (test de régression linéaire) entre la variable à expliquer (la fraude) et la variable explicative (la pauvreté). Enfin, les obstacles à la lutte contre la fraude ont été passés au peigne fin avant de dégager quelques pistes de réflexion à même de permettre son éradication.

Les pistes explorées offrent le moyen de faire évoluer la politique jurisprudentielle de contrôle vers plus de cohérence et de rigueur. Elles portent, entre autres, sur l'élargissement des pouvoirs du juge constitutionnel, sur le prolongement des délais de saisine et aussi sur l'obligation pour le Conseil de mieux utiliser son pouvoir d'ordonner des mesures d'instruction. Ces mesures doivent être renforcées par la mise en place d'un modèle explicatif des facteurs de résistance à l'éradication de la fraude électorale, l'institutionnalisation d'une coopération fonctionnelle entre le juge de l'élection et le juge répressif en matière de dissuasion des fraudes et le réexamen de la politique électorale. La responsabilité des acteurs du processus électoral, le renforcement des missions d'observation et l'adoption d'une vision proactive au service d'une administration managériale ne seront pas en reste.

D'une densité notoire, cet ouvrage est une excellente contribution à l'exploration de la justice constitutionnelle électorale. Le regard lucide que M.A. Moussebbih porte sur l'institution à travers sa jurisprudence confirme la dimension universitaire et scientifique d'un auteur passionné par la recherche et qui se singularise par son « humilité renversante ».

M.A. Moussebbih démontre sa grande maîtrise des dimensions techniques du sujet et sa profonde compréhension du contexte et du sens politiques de l'ensemble de la question. Cet ouvrage constitue une référence en la matière. J'en recommande vivement la lecture.

**Abdallah SAAF**

Professeur de droit public et de Sciences politiques
à l'Université Mohammed V-Rabat
Ancien ministre de l'Éducation nationale,
Membre de la Commission de Révision de la Constitution de 2011.

# PRÉSENTATION DE L'OUVRAGE

Le contentieux électoral est un contentieux particulier au sein de la justice constitutionnelle, érigeant le juge constitutionnel en juge électoral. Il représente à l'heure actuelle un des moyens de la régulation institutionnelle, politique et démocratique, il est mis en œuvre par la majorité des systèmes politiques contemporains. Le choix du constituant au Maroc comme en France (V République) a été clair. Il a confié le contentieux des élections politiques nationales à une autorité juridictionnelle : le Conseil constitutionnel. Ce dernier est ainsi placé au cœur de la démocratie.

Dans cette optique, la justice constitutionnelle joue un rôle prépondérant, avec pour mission de faire des élections un moyen de consolider la construction démocratique, permettant une alternance pacifique entre les partis politiques.

Longtemps considérée comme le parent pauvre du droit constitutionnel, la justice constitutionnelle est devenue un domaine de prédilection et incontournable du droit constitutionnel moderne.

À bien des égards, le droit constitutionnel électoral semble avoir été délaissé de notre enseignement et de notre recherche juridique.

Ce désintérêt à l'égard d'une matière pourtant essentielle dans un régime démocratique avait pour principale conséquence une vision simpliste qui en altérait un peu plus l'attrait. Comme en France, ce qu'avance Philippe Ardant, est aussi vérifié au Maroc : « le contentieux électoral jouit d'un médiocre prestige ».

L'élection est inséparable de la démocratie. Devenue selon la formule de Philippe Ardant, « un rite démocratique », elle fait l'objet d'une reconnaissance internationale, car le droit de prendre part à la direction des affaires publiques de son pays, soit directement, soit par l'intermédiaire de représentants librement choisis, est inscrit dans la Déclaration universelle des droits de l'homme et le pacte international relatif aux droits civils et politiques.

L'opération électorale n'a de véritable sens que dans la mesure où elle parvient à faire désigner les personnes que les électeurs ont voulu choisir. Elle revêt un caractère singulier, voire unique, en ce qu'elle mobilise les citoyens, les électeurs, les candidats, les partis ainsi que les autorités administratives et juridictionnelles chargées de veiller au respect de sa sincérité et de sa loyauté.

Le contentieux constitutionnel électoral offre donc une garantie juridictionnelle et politique incontestable pour la légitimation de la représentation. Le Conseil constitutionnel est reconnu aujourd'hui comme un acteur capital de la régulation du jeu démocratique. Le juge doit ici s'assurer que le choix du corps électoral n'a pas été vicié. Le contrôle qu'il opère constitue le dernier rempart contre les atteintes à la démocratie.

À cet égard, ce contrôle juridictionnel de la régularité électorale s'attacherait à rendre effectives, à chaque étape, les propriétés de l'honnêteté que sont la transparence, la fiabilité et la crédibilité des scrutins. Ce contrôle de la démocratie s'impose ainsi comme un outil de pacification du jeu électoral, dans le monde. De ce point de vue, la régularité et la sincérité des élections devient au plan national et international un indice unique, un déterminant incontournable de la légalité ainsi que de la légitimité du pouvoir au sein de l'État de droit démocratique libéral.

Permettant d'examiner profondément tout un pan de la justice constitutionnelle qui échappait aux études doctrinales, le travail sur la matière elle-même relève du concret et de la pratique. Considérant son spectre d'étude comme « la dernière terre vierge à explorer », le droit électoral dans sa complexité ouvre des perspectives nouvelles à de jeunes chercheurs et leur propose des pistes prometteuses, c'est l'une d'entre elles qu'a choisi d'explorer Moussebbih Adil.

Le travail de Monsieur Adil est un ouvrage de réflexion proposant une vision jurisprudentielle, doctrinale et éclairante sur un sujet de grande importance : « Le Contentieux électoral dans la jurisprudence du Conseil constitutionnel : Étude comparée ». Il n'y a eu, en langue française, pratiquement aucune production d'envergure en la matière.

L'auteur a puisé sa documentation essentiellement dans la jurisprudence constitutionnelle. Il a procédé à une analyse au peigne fin des décisions relatives au contentieux électoral s'étalant de 1994 à 2011 et couvrant ainsi les législatures de 1993, 1997, 2002, 2007 et 2011.

L'auteur s'est intéressé à la question centrale du traitement du contentieux électoral aussi bien les actes préliminaires à l'élection afférents à l'électeur (état et capacité, inscription sur les listes électorales) ; au candidat (éligibilité et inéligibilité) ; les conditions de financement des campagnes ; qu'aux actes constitutifs de l'élection stricto sensu (déroulement du vote et proclamation des résultats). Il a scruté et evalué les techniques contentieuses utilisées par le juge constitutionnel électoral, les limites qui entravent sa politique de contrôle, les orientations jurisprudentielles et enfin les moyens appropriés pour renforcer la politique de contrôle des élections.

Examinant les décisions du Conseil, l'auteur constate que le juge constitutionnel marocain bénéficie d'un important pouvoir discrétionnaire pour apprécier les irrégularités et les conséquences à en tirer. Il s'assure d'abord que le moyen invoqué constitue une infraction, tient compte de l'influence du moyen sur la sincérité de la consultation puis ne l'annule que lorsque l'irrégularité commise a eu une incidence significative sur les électeurs à même de modifier le résultat. Seule la quête de la sincérité et la loyauté du suffrage demeure constante à l'esprit du juge électoral lorsqu'il examine les recours qui lui sont soumis.

L'ouvrage est à l'image de son auteur clairvoyant. Le caractère pluridisciplinaire et ouvert du travail de M. Moussebbih, rédigé et agencé avec soin et harmonie n'est que le reflet d'une authentique réflexion. Armé d'une formation pluridisciplinaire d'ingénieur d'État, de juriste et d'économètre, l'auteur a eu la pertinence de dresser une typologie des fraudes par province et par région. Son apport s'en est retrouvé ainsi, fort original et son analyse a été étayée par l'élaboration d'un modèle économétrique explicatif des facteurs de résistance à l'éradication de la fraude électorale.

Enfin, l'auteur ouvre des pistes de réflexion à explorer et qui ne sauront que faire évoluer la politique jurisprudentielle de contrôle vers plus de rigueur et de sévérité.

L'ouvrage de M. Moussebbih est une contribution d'un haut niveau scientifique et d'un intérêt indéniable, par la profondeur et l'étendue de ses analyses et commentaires jurisprudentiels. Je souhaite à tout lecteur le même intérêt que celui que j'ai éprouvé à la lecture de cet ouvrage de référence, prometteur de nouvelles recherches.

**Pascal Chaigneau**<br>
Professeur à l'Université Paris Descartes-Sorbonne<br>
Directeur du Centre HEC de Géopolitique<br>
Doyen du centre D'Études diplomatiques et stratégiques

# REMERCIEMENTS

Je dédie cet ouvrage, fruit de longues années de travail à mes très chers parents. Leur présence à mes côtés pour m'encourager. Tout au long de mon cursus, ils ont su me donner toutes les chances pour réussir. Qu'ils trouvent, dans la réalisation de ce travail, l'aboutissement de leurs efforts ainsi que l'expression de ma plus affectueuse gratitude.

Je réitère mes remerciements à très chère maman, une femme intelligente et exceptionnelle. Je ne te remercierai jamais assez pour tout ce que tu as fait pour moi. Qu'elle trouve ici, le témoignage de ma gratitude et de mon attachement indéfectible à la tendre personne qu'elle est.

Il m'est également impossible d'oublier mon très cher oncle Nasser Elyamine, professeur émérite à l'EMI, pour son soutien moral et intellectuel indéfectible et ses encouragements tout au long de mon cursus universitaire.

À mes frères et sœurs pour leur soutien sans faille au cours de ces six dernières années.

Je souhaite remercier spécialement ma chère femme pour son soutien permanent à mon égard et pour son aide précieuse.

A ma petite fille Yasmine et ma nièce Jana que Dieu vous garde et vous protège.

Je souhaite remercier spécialement mon cher ami Fouad pour son soutien moral et intellectuel inconditionnel tout au long de ma démarche.

Je remercie grandement mes éminents professeurs Sebhallah El Rhazi, Abdellah Saaf, Dominique Rousseau, Pascal Chaigneau qui m'ont soutenu dans l'achèvement de cet ouvrage.

Enfin, je réserve également, des remerciements cordiaux à mes collègues de l'Organisation internationale de la Francophonie (OIF) pour les précieux moments de partage lors des missions d'expertises en Afrique sur les différents aspects du contentieux électoral. Des missions qui m'ont permis d'envisager mon travail sous un angle plus pratique.

# ABRÉVIATIONS ET ACRONYMES

**AIJC** : Annuaire international de la justice constitutionnelle
**AJDA** : Actualité Juridique de Droit administratif
**ACCPUF** : Association des Cours constitutionnelles ayant en partage l'usage du français
**AN** : Assemblée nationale
**AL** : Alinéa
**Art** : Article
**BORM** : Bulletin officiel du Royaume du Maroc
**CCCS** : Chambre constitutionnelle de la Cour suprême
**CC** : Conseil constitutionnel
**CE** : Contentieux électoral
**CENI** : Commission électorale nationale indépendante
**CR** : Chambre des représentants
**Ch C** : Chambre des Conseillers
**Circ** : Circonscription
**CEDH** : Cour européenne des Droits de l'Homme
**C.R.S.E** : Commission régionale chargée du suivi des élections
**CNCCFP** : Commission nationale des Comptes de Campagne et des Financements politiques
**C.E.N** : Commission électorale nationale autonome
**CENI** : Commission électorale nationale indépendante ()
**CPC** : Code de procédure civile
**CNSS** : Caisse nationale de sécurité sociale
**DC** : Décision du Conseil
**GEPEC** : Gestion prévisionnelle des Effectifs et des Compétences
**GRH** : Gestion des ressources humaines
**Litt.** : Littéralement
**LO** : Loi organique
**LOCR** : Loi organique relative à la Chambre des représentants
**LGDJ** : Librairie générale de droit et de jurisprudence
**OADP** : Organisation de l'action démocratique et populaire

**LEPI** : Liste électorale permanente informatisée
**MAP** : Maghreb arabe presse
**MRE** : Marocains résidant à l'étranger
**PUF** : Presses universitaires de France
**PV** : Procès-verbal
**PJD** : Parti de la justice et du développement
**PPS** : Parti du progrès et du socialisme
**QPC** : question prioritaire de constitutionnalité
**Rec.** : Recueil des décisions du Conseil constitutionnel
**REMALD** : Revue marocaine d'Administration locale et de Développement
**RFDA** : Revue française de droit administratif
**RFDC** : Revue française de droit constitutionnel
**RFSP** : Revue française de science politique
**RDP** : Revue de droit public
**RJP :** Revue juridique et politique
**Rec.** : Recueil
**RTM** : Radiotélévision marocaine
**RH** : Ressources humaines
**RI** : Règlement intérieur
**REA** : Recensement Electoral Approfondi
**RGPH** : Recensement général de la population et de l'Habitation
**SGG** : Secrétariat général du gouvernement
**SWOT (FFOM)** : Forces, faiblesses, opportunités et menaces
**SI** : Système d'information
**SIRH** : Système d'Information des Ressources humaines
**SIG** : Système Information géographique
**T.A** : tribunal administratif
**USFP :** Union socialiste des forces populaires

# INTRODUCTION GÉNÉRALE

Dans une démocratie, le pouvoir doit être fondé sur la volonté du peuple. Les élections constituent le principal moyen par lequel le peuple exprime sa volonté et façonne son gouvernement. Elles confèrent au contentieux électoral qui en découle une place centrale, puisqu'il vise le renforcement de la croyance des citoyens dans l'efficacité des règles et principes qui régissent les élections et la consolidation des régimes démocratiques[1].

Les sociétés démocratiques se caractérisent, entre autres, par l'organisation d'élections disputées à intervalles réguliers. C'est ce qui ressort de l'analyse de Raymond Aron lorsqu'il écrit à ce sujet, que « Les traits structurels des régimes démocratiques sont bien des élections »[2].

C'est dans cet ordre d'idées que le professeur Francis Delpérée écrit que c'est dans la définition d'une opération électorale et des questions liées à son contrôle qu'une société indique la conception qu'elle se fait de la démocratie, non seulement dans ses caractères généraux, mais également dans ses modalités concrètes[3].

La volonté des citoyens, considérée comme la source et le fondement de la légitimité des gouvernants, est un réquisit de tout système représentatif puisqu'elle permet aux gouvernants de conquérir le pouvoir et de s'y maintenir. La représentation politique soulève à cet égard la nécessité d'une garantie efficiente et le règlement des situations qui soulèvent des réponses de droit[4].

---

[1] E. Pierre, Traité de droit politique, électoral et parlementaire, 5eéd., 1924 (rééd. 1989), n° 363 in GICQUEL, « Le contentieux des élections parlementaires en droit comparé », Nouveaux Cahiers du Conseil constitutionnel,, n°41, octobre 2013, p.191

[2] Aron (R), Les désillusions du progrès, Calmann-Lévy, Paris, 1966, p.66. Bourgi (A), Ombre et lumières des processus de démocratisation en Afrique Subsaharienne, in Bilan des Conférences nationales et processus de démocratisation en Afrique, Actes du séminaire de Cotonou, 11- 12 nov.1998, p.185

[3] DELPÉRÉE F., Le contentieux électoral, Paris, PUF, 1998, p. 12.

[4] Diane Mandeng. La procédure contentieuse en matière électorale : recherches sur le contentieux des élections au Cameroun, Thèse Droit public. Poitiers : Université de Poitiers, 2017

A cet égard, le contentieux électoral a pour objet de vérifier la régularité des actes et la validité des résultats des élections[5], en d'autres termes, il se définit comme l'opération qui vise à régler les litiges mettant en cause la régularité des processus électoraux. L'acte électoral constitue aujourd'hui l'instrument typique de la compétition pour le pouvoir.

Étape cruciale dans le processus démocratique, l'élection met en relief les enjeux de pouvoir, les conflits d'intérêts et les confrontations idéologiques. D'ailleurs la présence d'observateurs internationaux souvent sollicités par une partie des acteurs politiques laisse deviner à quel point l'élection est une phase sensible dans la vie de toute nation.

Aujourd'hui même, l'élection est devenue, dans les pays en transition démocratique ou tout simplement en crise, une affaire internationale, ne serait-ce qu'à travers les opérations de supervision et d'observation des processus électoraux ; elle n'est plus la seule affaire de l'État[6]. Les actions qui sont menées dans ce cadre par les acteurs internationaux visent à améliorer l'organisation des scrutins, soit par l'allocation de ressources nécessaires à la bonne organisation pratique de l'élection ou à l'indication des principes directeurs du suffrage, soit par la dénonciation des irrégularités, soit enfin par leur implication dans le règlement des contentieux[7]. On est passé progressivement de l'assistance électorale à une action dite de certification du processus électoral qui, manifestement, attribue l'intégralité du contentieux aux organes de la communauté internationale. La certification, qui n'est d'ailleurs pas définie avec précision, est perçue comme une opération qui est au-dessus des opérateurs du contentieux ; en d'autres termes, elle assure le règlement du contentieux des contentieux[8].

---

[5] Jean-Claude Masclet, *Droit électoral*, PUF, coll. « Droit politique et théorique », 1989, p. 309.

[6] Dedjro Francisco Meledje, le contentieux électoral en Afrique, pouvoirs – 129/2009

[7] Dedjro Francisco Meledje, op cité

[8] Dans le cas de la Côte d'Ivoire, plusieurs organisations intergouvernementales dont le pays est membre ont un regard sur le processus électoral et entendent prendre part activement au contentieux (l'Organisation des Nations unies, l'Union africaine, la Communauté économique des États de l'Afrique de l'Ouest, l'Organisation internationale de la francophonie). S'agissant des Nations unies, elles ont confié une nouvelle mission en Côte d'Ivoire à leur Secrétaire général dans le cadre du règlement de la crise et en vue de donner une crédibilité à l'élection ; celle-ci vise, entre autres, à « vérifier, au nom de la communauté internationale, que toutes les étapes du processus électoral, y compris celles ayant trait à l'établissement des listes électorales et à la délivrance des cartes d'électeurs, présentent toutes les garanties nécessaires pour la tenue d'élections présidentielle et législatives ouvertes à tous, libres, justes et transparentes[8] ». Une résolution du Conseil de sécurité est encore plus précise et plus interventionniste puisqu'elle confie au représentant du Secrétaire général la mission de « certifier que tous les stades du processus électoral fourniront toutes les garanties nécessaires pour la tenue d'élections présidentielle et législatives ouvertes, libres, justes et transparentes, conformément aux normes internationales ».

Force de constater que les élections dans le continent africain constituent des sources de difficultés, d'enlisement de toutes sortes et surtout de conflits constatables par les irrégularités nombreuses (concurrence déloyale, manœuvres frauduleuses, dérapages et violences postélectorales...) ayant pour ultime objectif la conquête du pouvoir. C'est ainsi que les règles relatives au contentieux sont en principe destinées à prévenir ou à régler de telles situations. La mise en œuvre d'un mécanisme adéquat permettant de garantir l'expression de la volonté des citoyens s'avère à cet égard indispensable et s'exprime au travers de l'organisation du contentieux électoral[9].

Le contentieux électoral émerge donc comme un enjeu majeur de gouvernance, de paix et de stabilité dans nombre de pays africains[10]. Il devient un puissant instrument de maîtrise des vives tensions sociopolitiques découlant des échéances électorales dans les États démocratiques[11]. Certes, dès que la concurrence politique est réapparue, la fraude électorale et les autres formes d'irrégularités sont devenues des préoccupations pour les acteurs politiques et les observateurs de la vie politique[12]. Les manœuvres frauduleuses électorales prennent parfois une ampleur significative. Le désir de gagner à tout prix est à l'origine des fraudes électorales qui sont devenues, hélas, une pratique très courante. Dans de telles circonstances, la nécessité de sanctionner le plus sévèrement possible de telles manœuvres s'impose. C'est ainsi que des codes électoraux ont été élaborés dans les différentes législations électorales mettant en place une réglementation du contentieux électoral qui permet de réguler les élections.

Il n'en demeure pas moins que sur le plan des normes constitutionnelles, les lois fondamentales ont posé un certain nombre de principes fondamentaux dont celui de la représentation politique, d'universalité du suffrage, d'égalité des candidats, de sincérité du scrutin afin d'orienter le cours du contentieux électoral, le soumettre à un certain nombre de contraintes et le légitime tout en lui donnant une signification démocratique[13] ». Or et à l'instar toute norme juridique, la norme électorale

---

[9] Diane Mandeng. La procédure contentieuse en matière électorale : recherches sur le contentieux des élections au Cameroun, Thèse Droit public. Poitiers : Université de Poitiers, 2017

[10] AIVO (Frédéric Joël), Le juge constitutionnel et l'état de droit en Afrique, l'exemple du modèle béninois, Paris, l'Harmattan, Etudes africaines, 2006, p 19.

[11] C'est dans ce contexte qu'il faut situer l'émergence des Cours constitutionnelles au début des années 90. Elles traduisent, d'une certaine manière, le regain de la justice constitutionnelle dans la dynamique institutionnelle en Afrique en ramenant au centre du débat politique l'idée de la constitution et son importance dans le projet de mise en place de l'État de droit.

[12] Fweley Diangitukwa, net. « Les fraudes électorales : comment on recolonise la RDC », L'Harmattan 2007, P 155.

[13] Abdelatif Menouni, constitution et contentieux électoral, in Académie Internationale de Droit Constitutionnel, 2002 p 303.

pourra-t-elle aussi faire l'objet de violation. Visant d'une manière générale à consacrer le principe d'élections transparentes et à une gestion des irrégularités électorales, elle pourra être bafouée par quelques-unes des parties en compétition[14]. Enfin et compte tenu de la présence inévitable des irrégularités électorales, faut-il qu'il y ait un contrôle judiciaire qui veut qu'une juridiction indépendante soit chargée de régler les litiges mettant en cause la régularité des processus électoraux et donc à sanctionner les actes de fraude commis à l'occasion des élections. C'est en d'autres termes une juridiction à qui incombe la mission de régulation électorale. Il s'agit donc d'une judiciarisation de la vie politique à laquelle adhèrent tous les acteurs politiques en se référant à des organes juridictionnels pour régler les différends pouvant surgir en matière électorale et par la même, et à travers ceci, contrôler la régularité de la représentation et la validité des résultats des élections.

Mais au-delà de la perception que le juriste peut donner de la notion du contentieux, c'est-à-dire du règlement par des organes juridictionnels d'un différend, il convient de préciser qu'en matière électorale l'expression « règlement des contentieux » peut être saisie de façon extensive ; au point d'avoir recours à la notion de régulation électorale[15].

Selon une conception plus large, le contentieux électoral recouvre l'ensemble des litiges relatifs aux résultats du scrutin. Il est constitué par l'ensemble des recours intentés à l'encontre des inscriptions sur les listes électorales, les faits de campagne électorale et les résultats des élections, pour cause d'irrégularités présumées à l'occasion de l'organisation et le déroulement des opérations électorales. Le professeur Francis Delpérée[16] écrit à cet effet que « les différends électoraux ne naissent pas en un jour, celui du scrutin. Ils s'inscrivent dans un processus c'est-à-dire un ensemble d'opérations, qui s'enchainent les uns aux autres et qui concourent à la sélection des élus. Ces opérations se réalisent avant, pendant ou après les élections ».

Ce contentieux électoral représente à l'heure actuelle un des moyens de la régulation institutionnelle, politique et démocratique incontestable pour la légitimation de la représentation, ainsi que la certification et

[14] C'est dire qu'assurer la crédibilité de la consultation électorale n'est pas uniquement une affaire de normes. C'est ainsi qu'un certain nombre de conditions sont aujourd'hui à satisfaire afin de pouvoir lutter contre les diverses formes de dérive électorales. Parmi ces conditions on relève à titre d'exemple la neutralité de l'administration dans le suivi et la gestion de l'opération électorale, un rôle positif des médias14 dans la lutte contre les fraudes électorales en dénonçant toute tentative de tricherie, toute manipulation ou abus de pouvoir.

[15] Dedjro Francisco Meledje, le contentieux électoral en Afrique, pouvoirs – 129/2009

[16] Francis DELPEREE, le contentieux électoral, collection « que sais-je », 1998 cité par Diane Mandeng. La procédure contentieuse en matière électorale : recherches sur le contentieux des élections au Cameroun, Thèse Droit public. Poitiers : Université de Poitiers, 2017

l'authentification des choix du corps électoral, il est mis en œuvre par la majorité des systèmes politiques contemporains.Ce phénomène fut bien entendu appliqué à la désignation des membres des chambres parlementaires, dont le contentieux occupe aujourd'hui l'essentiel de l'activité du juge constitutionnel en qualité de juge électoral. C'est le cas de nombreux pays africains et européens comme la France, la Bulgarie, la Slovaquie, la Moldavie, la République tchèque, le Maroc, la Mauritanie, le bénin, le Gabon, le Madagascar, le Congo, le Mali, le Bénin, l'Algérie...etc.

Ce contrôle est donc indispensable dans l'intérêt des candidats et des électeurs qui sont de plus en plus attachés à un contrôle rigoureux de ces opérations, afin que leur choix s'exerce dans des conditions suffisantes de liberté et de sincérité. Les règles du contentieux électoral sont à la fois valorisantes pour les élus qui s'y soumettent et sécurisantes pour les citoyens qui en sont les bénéficiaires. Ainsi que le souligne M. Ardant, « y'a-t-il de contentieux plus important que celui de la désignation par le peuple des représentants chargés d'exprimer sa volonté. C'est en réalité le contrôle majeur puisque c'est celui de démocratie[17] ».

Si dans certains pays, le juge de la régularité des élections parlementaires demeure le parlement lui-même ou les tribunaux ordinaires, ‘‘la tendance générale est de confier ce rôle aux Cours constitutionnelles[18]‘‘.

En remontant à l'histoire constitutionnelle, il est à signaler que dès la fin du XVIII^e siècle le principe du contrôle de la régularité des députés appelé système de vérification des pouvoirs des représentants, était posé par certaines constitutions. À cet égard, la constitution américaine de Philadelphie a indiqué dans son article 5 que : « chaque chambre sera juge de l'élection de ses membres et du nombre de voix qu'ils ont obtenues ». La justice constitutionnelle inaugurée outre-Atlantique dès 1803 par la Cour suprême américaine bouleversera progressivement cet ordre que tout portait à croire immuable et irréversible. La poste seconde guerre mondiale, s'accompagnera d'une réforme structurante du système libéral.

L'interventionnisme étatique renforcera les exécutifs et corrélativement réduisit la conception et les pouvoirs des assemblées[19].

Le dogme de la supra-légalité constitutionnelle indiquait naturellement la protection de la constitution désormais « norme fondatrice de l'ordre

---

[17] P. Ardant, Le contentieux électoral devant le Conseil constitutionnel et le Conseil d'Etat, dans Conseil d'Etat et Conseil constitutionnel, Colloque du Sénat, Paris, Janvier 1988, L.G.D.G, 1988, p 55.

[18] Dominique Rousseau, La justice constitutionnelle en Europe, Montchrestien, 2e édition, 1996, p 117. Pour de brèves études comparées, Cf L.Favoreu, ‘‘Les Cours constitutionnelles'', PUF, 3e édition, 1996 ; L.Phillipe, ‘‘Les Cours constitutionnelles'', dans Madelaine Grawitz et J.Leca, traité de science politique, PUF, 1985, t 2, pp 428-429 et tableau comparatif, Cf Union interparlementaire, Les parlements dans le monde, recueil de données comparatives, Bruylant, 2e édition, 1986, pp.112 et 114-141.

[19] Cité par Najib BA MOHAMMED dans son article sur le Conseil constitutionnel et les élections législatives, REMALD, n° 62-63/2005 p 33

étatique » contre tout empiétement des autorités publiques. La tyrannie de la loi était combattue au nom de l'ordre et des libertés.

Une véritable « révolution juridique » se déclenchera donc par l'institution du contrôle de constitutionnalité qui dans un premier temps se limita aux normes et aux libertés, s'élargit aux élections et donc à la démocratie.

La tradition anglo-saxonne « procédurière et jurisprudentielle » britannique d'abord et américaine ensuite fait du magistère du juge le levier de l'État de droit. Alors que le juge ordinaire anglais à la plénitude de juridiction pour vérifier la conformité aux Bills of Rights, la Cour suprême américaine se distingua très tôt par l'exception d'inconstitutionnalité[20].

Ailleurs en l'occurrence en France, le débat sur la légitimité de la justice constitutionnelle dans son volet relatif au contentieux électoral fut âpre. Pourtant depuis 1875, le Conseil d'Etat est compétent pour contrôler les élections départementales et à partir de 1883 pour contrôler les municipales. Il était donc d'autant plus choquant que ces types d'élections politiques s'effectuent sous ce contrôle alors que les élections parlementaires échappaient à tout contrôle juridictionnel externe aux assemblées.

En 1858, la nécessité de conférer à un juge un contentieux politiquement très sensible apparaît liée à une volonté de rupture avec la situation antérieure caractérisée par le scandale des invalidations partisanes[21]. L'appartenance politique des candidats était ainsi devenue le seul élément à prendre en compte pour le règlement des difficultés rencontrées, en particulier lors de la procédure de substitution[22], et le renforcement des rangs de la majorité était le seul objectif à atteindre. Cela devait jeter un discrédit définitif sur le système de la vérification des pouvoirs[23].

L'accession d'une institution autonome et non juridictionnelle à la plénitude du contentieux constitutionnel (institutions, normes et libertés) ouvrait la voie à la réalisation de l'État de droit démocratique construit par la

---

[20] Cité par Najib BA MOHAMMED dans son article sur le Conseil constitutionnel et les élections législatives, REMALD, n° 62-63/2005 p 34

[21] Dû au système de justice retenue qui a caractérisé le contrôle des élections parlementaires dans divers Etats. De nombreux abus commis, en particulier sous la quatrième République, incitèrent le constituant de 1958 à confier cette mission au Conseil constitutionnel selon des modalités bien différentes.

[22] Pour le détail de ces difficultés d'application, cf. J. Lyon, nouveaux suppléments au traité de droit politique, électoral et parlementaire d'Eugéne Pierre, t.II, La documentation française, 1990.

[23] Cf R.Janot, D.P.S.II, p73 : ''… Il nous est apparu que certains débats de validation -qui avaient, il faut bien le dire, abouti pour des cas juridiquement et pratiquement analogues à des décisions inverses n'étaient pas de nature à assurer au parlement tout le prestige qu'il doit absolument avoir dans le pays, car un régime parlementaire suppose un prestige du parlement, et il a semblé aux rédacteurs du texte que l'intervention du Conseil constitutionnel, en la matière en enlevant en quelque sorte une épine douloureuse du travail des assemblées, pourrait faire œuvre utile''.

convergence historique entre la constitution et l'élection. Le fossé n'en fut que plus large entre les défenseurs de l'État de droit dont la montée en puissance du Conseil constitutionnel serait le signe le plus éclatant et ceux pour qui cette « juridicisation » croissante supposée perfectionner le fonctionnement de la démocratie et renforcer l'adhésion à ses valeurs s'accompagne d'un malaise politique lancinant. En somme la confrontation est celle de la « politique » et du « droit » avec comme discriminant la « diminution » ou la valorisation de l'une ou de l'autre[24].

Certes, la soumission du jeu politique au respect de la règle du droit est désormais une exigence de l'État de droit démocratique[25]. Les acteurs politiques doivent accepter cet encadrement juridique, car la juridiction constitutionnelle est là pour sanctionner éventuellement toute méconnaissance de la constitution. Il en découle toute une série de conséquences fortes importantes : la pacification de la vie politique (rapport majorité/opposition), la régulation et l'authentification du corps électoral, politique, mais aussi l'adaptation de la constitution aux réalités sociopolitiques et culturelles.

Cependant, la tradition de vérification des pouvoirs venue d'Angleterre[26] et de France a été inscrite très tôt dans les constitutions des États européens et certains de ces textes sont encore en vigueur comme au Danemark[27] et aux Pays-Bas[28], mais l'on peut se demander s'il s'agit d'un contrôle véritablement exercé. Ainsi à propos de la Belgique[29], M. Délpérée constate que ''s'instaure ainsi un jeu de compensation qui se manifeste dans la confraternité parlementaire[30]'', ce qui est aussi le cas en Italie[31]. Il faut aussi

---

[24] Cité par Najib BA MOHAMMED, Le Conseil constitutionnel et les élections, in REMALD n° 62-63 mi-août 2005.

[25] Cité par Najib BA MOHAMMED dans son article sur le Conseil constitutionnel à l'épreuve du prochain scrutin, communiqué dans le cadre de la table ronde organisée le 29/12/2002 par le club d'analyse de réflexion sur la politique (CARP).

[26] Si le Royaume uni a inauguré la formule de la vérification des pouvoirs pour en faire l'une des prérogatives essentielles de la Chambre des communes, cette dernière y a renoncé à la fin du 19 siècle pour faire du contentieux électoral un contentieux essentiellement judiciaire.

[27] D'après l'article 33 de la constitution : ''Le Folketing décide lui-même de la validité des élections de ses membres, ainsi que de la question de savoir si un membre a perdu son inéligibilité''

[28] L'article 57 de la constitution : ''Chaque Chambre vérifie les pouvoirs de ses membres nouvellement nommés et juge, en se conformément aux règles à fixer par la loi, les contestations qui s'élèvent au sujet de ces pouvoirs ou de l'élection elle-même.

[29] L'article 48 de la constitution : ''Chaque Chambre vérifie les pouvoirs de ses membres et juge les contestations qui s'élèvent à ce sujet''

[30] Francis Délpérée, Intervention lors du VIIIe cours international de justice constitutionnelle : Constitution et élections, Aix en Provence, 9-12 Septembre 1996, dans A.I.J.C.1996, op. cité, p 412. ''Les parlementaires n'ont pas l'impression de remplir une tâche juridictionnelle. Ils sont intéressés à être validés eux-mêmes et par conséquent ils ne font pas de zèle pour contrôler la validité de l'élection de l'arrondissement voisin''

[31] Article 66 de la constitution : ''Chaque Chambre juge des titres d'admission de ces membres…''

s'interroger sur l'existence d'un défaut supplémentaire à maintenir ce contrôle parlementaire qui semble aujourd'hui désuet et peu adapté à la complexité actuelle du droit électoral[32]. Même lorsque le parlement vérifiait les pouvoirs de ses membres, il exerçait déjà une fonction juridictionnelle[33] ayant une répercussion directe sur la composition même du parlement. Cependant admise de manière nuancée par la doctrine[34] et surtout négligée volontairement par les élus, il est difficile, pour ne pas dire impossible, de soutenir que les membres nouvellement élus d'une Assemblée aussi nombreuse, oubliant d'un seul coup leur passion et leur rancune, puissent se transformer en des juges sereins et impartiaux[35]. Le Doyen Vedel a lui-même estimé que l'Assemblée tend naturellement à substituer une appréciation politique à l'examen juridique qui lui incombe[36]. Comme le rappelle M.Phillipe.

---

[32] R. Ghevontian, Intervention lors du VIIIe cours international de justice constitutionnelle : Constitution et élections, Aix en Provence, 9-12 Septembre 1996, dans A.I.J.C.1996, op. cité, p 413

[33] V en ce sens L.Duguit, Traité de droit constitutionnel, op. cité, p 249 : "La Chambre va donc exercer véritablement une fonction juridictionnelle (...) il faut en conclure qu'elle est étroitement liée par les dispositions de la loi ; V George Vedel, Manuel élémentaire de droit constitutionnel, op.ci., pp 370-371 : "On tombe généralement d'accord que, dans leur mission de vérification des pouvoirs, les Assemblées sont investies d'une compétence juridictionnelle, qu'elles doivent se comporter comme des juges, ainsi que les y invite le texte même de l'article 8 de la constitution. C'est donc par référence à la loi (à laquelle elles sont soumises comme toute juridiction) que les Assemblées doivent apprécier la régularité de l'élection et l'éligibilité des candidats proclamés élus".

[34] Cf. Carré de Malberg, Contribution à la théorie générale de l'Etat, Sirey, 1920, rééd. CNRS, 1962, t1, p 788..."Les actes par lesquels les Chambres vérifient les pouvoirs de leurs membres et statuent sur la validité de leur élection, ne sont point, à proprement parler, des actes juridictionnels (...) il suffit d'observer que la procédure de vérification des pouvoirs n'est soumise à aucune des règles ou conditions de forme essentielles, qui caractérisent la fonction et les organes juridictionnels. Comment par exemple, pourrait-on, en cette matière, reconnaître à la Chambre les caractères d'un tribunal, alors qu'on constate que ceux de ses membres qui n'ont pas assisté entièrement aux débats relatifs à une élection contestée, sont cependant admis à voter sur la validité de cette élection ? Voir aussi G Burdeau, Manuel de droit constitutionnel, L.G.D.J, 6e éd., 1952, p.293 : Cependant la vérification des pouvoirs s'éloigne de l'acte juridictionnel à plusieurs points de vue : d'abord toute élection doit être jugée alors que pour qu'une véritable juridiction statue il faut qu'elle soit saisie ; ensuite le vote est public alors que généralement l'opinion individuelle des juges n'est pas connue ; enfin la procédure n'offre pas les garanties de la procédure juridictionnelle. Voir également N. BERNOUSSI, le contrôle de constitutionnalité au Maghreb, thèse du doctorat d'État soutenue le 8 JUIN 1998.

[35] L.Phillipe, Le contentieux des élections aux assemblés politiques françaises, op.cit, p.21. Ce constat était déjà celui d'A. Esmein (Eléments de droit constitutionnel, op.cit., p 930) : En fait, il est souvent à craindre, parfois presque inévitable, que dans le jugement des élections contestées, la majorité qui décide n'apporte pas la plus stricte impartialité. Les passions et les intérêts des partis domineront parfois l'esprit des juges.

[36] G Vedel, Manuel élémentaire de droit constitutionnel, op. cit. p 371. En ce sens, v. aussi M Hauriou, Précis de droit constitutionnel, Sirey, 2e édition, 1929, réed CNRS, 1965, p 505 : La vérification des pouvoirs n'est donc plus qu'un contentieux porté devant un tribunal politique,

Le changement intervenu en faveur d'un contrôle de type juridictionnel est la conséquence de l'incapacité des parlementaires de se comporter comme des juges[37]. Et M. Foyer ajoute qu'il'' convenait d'enlever aux chambres une attribution qui n'entrait point dans leur fonction naturelle[38]''. En réalité, la définition de la nature juridique du contrôle des élections parlementaires, en ce qui concerne l'ancienne vérification des pouvoirs, était souvent moins tentée selon l'analyse juridique, qu'en fonction du but à atteindre : affirmation, soit du caractère juridictionnel de la vérification des pouvoirs, de la qualité de juge au sens technique du terme, de la Chambre, afin de la contraindre à observer la loi ; soit du caractère purement politique de la vérification des pouvoirs, afin de permettre une manœuvre partisane, qui eut alors été fondée en droit[39]. À travers ces exemples se confirme l'idée de F. LUCHAIRE selon laquelle il s'agit « d'une tendance de retirer les opérations électorales aux organismes politiques pour les confier directement aux juridictions constitutionnelles[40]. C'est le cas de nombreux pays européens et africains. Dans la grande majorité des cas, la compétence est confiée aux juridictions constitutionnelles par la Constitution elle-même[41]. L'étendue des compétences des Cours constitutionnelles en matière électorale est assez diverse selon les États. Il est à préciser dans ce sens que

ce qui est évidement une mauvaise solution. V aussi Cl. FRANC, Les fonctions juridictionnelles du Conseil constitutionnel et du Conseil d'Etat dans l'ordre constitutionnel, op. cité, p 214, pour lequel le transfert de ces compétences du Conseil constitutionnel devrait permettre ''la substitution du droit à l'opportunité politique''.

[37] L. Phillipe, ''Le Conseil constitutionnel, juge électoral'', Pouvoirs, 1980 (nouvelle. éd. 1991), n° 13, p.62.

[38] J. Foyer, ''Pour la suppression du Conseil constitutionnel'', R.A, 1998, n° 301, p.97.

[39] J Paul Charnay, Le contrôle de la régularité des élections parlementaires, op.cit., p 21.

[40] F Luchaire, le rôle de la Cour suprême en matière politique. RJPIC n° 4, 1969, p 1023. Il faut souligner que le contrôle juridictionnel de la régularité des élections nationales exercé par le juge constitutionnel a donné des résultats meilleurs que ceux de la vérification des pouvoirs par le parlement. Ces incompatibilités qui le caractérisent contribuent à éloigner le juge de l'arène politique ou de l'exercice de fonctions publiques et assurant en partie son indépendance. A cela il faut ajouter que dans de nombreux pays même si le juge de l'élection n'est pas étranger au monde de la politique dont il peut être issu, il ne peut pas disposer de plus de deux mandats de juge (mandat non renouvelable). Cela ne met pas ce type de contrôle à l'abri de tous les abus ou dérapages. Les faits nous montrent malheureusement que, notamment dans les pays en voie de développement, de nombreuses juridictions constitutionnelles formellement indépendantes, sont en réalité soumises au pouvoir en place.

[41] Parmi les pays dans lesquels leurs Cours constitutionnelles connaissant du contentieux électoral en conformité avec leurs constitutions on compte : l'Albanie (art. 131) ; l'Algérie (art. 163, al. 2) ; le Bénin (art. 117) ; la Bulgarie (art. 149) ; le Burkina Faso (art.152 et 154) ; la Cambodge (art. 136) ; le Cameroun (art. 48) ; le Congo (art. 146 et 147) ; la France (art. 58,59 et 60) ; le Gabon (art. 84) ; le Liban (art. 19) ; le Madagascar (art.118) ; le Mali (art. 86 et 87) ; le Maroc (art. 81) ; l'ile de Maurice (art. 37) ; la Mauritanie (art.83) et 84) ; la Moldavie (art. 135) ; le Niger (art. 103) ; la Roumanie (art. 146) ; le Rwanda (art. 144) ; le Sénégal (art. 35 et 60) ; la Slovénie (art. 82) ; le Tchad (art. 166) ; la République Tchèque (art. 87-1.e) ; le Togo (art. 104).

certains États européens, le contentieux électoral est confié au juge constitutionnel, ce choix s'est fait de trois manières différentes.

La méthode française, elle, confie le contentieux électoral au juge constitutionnel de manière exclusive et directe (cas de la France[42], l'Autriche[43] et de la Grèce[44]). La méthode allemande quant à elle, confie ce contrôle en appel au juge constitutionnel de manière indirecte (c'est-à-dire, sur recours) et exclusive (cas de l'Allemagne[45] et du Portugal[46] où les Cours constitutionnelles interviennent comme juge d'appel des décisions du Bundestag dans le premier cas et des tribunaux judiciaires dans le second). Enfin, la méthode espagnole (cas de l'Espagne[47], de la Roumanie[48] et de la

---

[42] Article 59 de la Constitution française stipule que « Le Conseil constitutionnel statue, en cas de contestation, sur la régularité de l'élection des députés et des sénateurs »

[43] En Autriche, la Cour constitutionnelle fait office de tribunal électoral. Elle statue sur les contestations de la régularité de l'élection du président fédéral, des élections aux assemblées représentatives générales, au Parlement européen et aux organes constituants (assemblées représentatives) des organisations professionnelles instituées par la loi ». Aussi, la Cour connaît de la requête d'une assemblée représentative générale cherchant à faire prononcer la déchéance du mandat d'un ses membres. Cette même Cour est compétente pour connaître de la contestation des décisions par lesquelles une autorité administrative a prononcé « (...) la déchéance d'un mandat dans une assemblée représentative générale, un organe exécutif d'une commune ou un organe constituant (assemblée représentative) d'une organisation professionnelle instituée par la loi à condition que les voies de recours ordinaires aient été épuisées » (cf l'article 141 de la constitution et autres)

[44] L'article 58 de la constitution prévoit : "La vérification et le contentieux des élections législatives, contre la validité desquelles ont été formés des recours portant soit sur des infractions électorales quant au déroulement, soit sur l'absence des qualités requises par la loi, relèvent de la cour spéciale supérieure.

[45] L'article 41 de la Loi fondamentale de la République stipule que « Le contrôle des élections relève du Bundestag. Il lui appartient également de constater que l'un de ses membres a perdu la qualité de député ». Ce même article ajoute que « Le recours devant la Cour constitutionnelle fédérale est ouvert contre la décision du Bundestag ». Ainsi, la Cour constitutionnelle peut être perçue comme étant un juge d'appel des décisions du Bundestag.

[46] La Constitution de la République portugaise énonce dans son article 113 *« Le jugement de la régularité et de la validité des actes de la Procédure électorale appartient aux tribunaux »*. Aussi, l'article 223 stipule qu'il appartient au Tribunal constitutionnel *« de juger en dernière instance la régularité et la validité des actes de la procédure électorale, conformément à la loi »*. Le Tribunal constitutionnel portugais joue un rôle essentiel dans le contentieux préélectoral. La théorie de la cascade lui permet d'intervenir à tout instant. Il connaît en appel des décisions sur les candidatures. Il contrôle les mesures prises pour le déroulement de la campagne électorale. Il se prononce au besoin sur la composition des bureaux, sur la forme des bulletins de vote, sur les sigles qu'ils contiennent et même sur la qualité de l'impression du papier... Le Tribunal connaît également du contentieux postélectoral. Il statue sur les recours introduits contre " les décisions qui interviennent sur les réclamations ou les protestations relatives à des irrégularités survenues lors du déroulement des votes ou à l'occasion des opérations de vérification partielle ou générale des élections. Voir dans ce sens L. Nunes de Almeida (*Annuaire international de justice constitutionnelle,* 1996, p. 409) in Francis DELPEREE, cahiers du Conseil constitutionnel n° 13 (dossier : la sincérité du scrutin-janvier 2003, p. 405.

[47] Après l'élection ? Selon la Constitution, " la validité des actes constatant l'élection des membres des deux Chambres sera soumise au contrôle juridictionnel, dans les termes établis

Slovénie) qui permet au juge constitutionnel de statuer en matière de contentieux électoral, mais de manière indirecte et partielle. Au Royaume-Uni, le système est inverse : les contestations électorales sont examinées par un tribunal spécial, mais c'est la Chambre des communes qui prend la décision définitive[49].

Aujourd'hui encore, la notion du juge électoral ne désigne pas une catégorie de juridiction, cette qualification étant exclusivement attachée à l'objet du recours et à la mission confiée au juge : garantir que le résultat de l'élection soit conforme à la volonté du corps électoral et que cette volonté a pu s'exprimer de manière libre et sincère. Aussi bien que la compétence ait été, en matière d'élections politiques, distribuée entre plusieurs juges, il existe une notion unique de juge électoral et une unité de contentieux[50] dont le principe de l'influence déterminante des irrégularités est une parfaite illustration. C'est dans cet esprit que les constituants préférèrent confier le contentieux des élections parlementaires aux juridictions constitutionnelles qu'aux assemblées elles-mêmes[51].

---

par la loi électorale " (art. 70, al. 2). La loi organique du régime électoral général (LOREG) du 19 juin 1985 précise que les actes des commissions électorales qui assurent la proclamation des résultats – en voix, en sièges et en noms – peuvent faire l'objet de recours contentieux. L'instauration d'une administration électorale dont les décisions sont susceptibles de recours devant le juge administratif n'a pas pour objet de paralyser le contentieux parlementaire, ni le contentieux constitutionnel. Elle les réduit néanmoins à de simples expressions. En Espagne, le Congrès n'est pas dessaisi de l'ensemble de ses fonctions contentieuses. Le contentieux électoral lui échappe. Mais il reste habilité à se prononcer sans appel sur les questions touchant aux incompatibilités de fonctions. Le Tribunal constitutionnel conserve, pour sa part, des attributions résiduelles. Après avoir épuisé les recours juridictionnels qui lui sont offerts, le requérant dispose du recours d'amparo aux fins de défendre ses droits constitutionnels. Il doit agir dans un délai de deux jours. Le Tribunal constitutionnel statue également dans les deux jours. Il clôt ainsi définitivement la procédure contentieuse. (Voir Francis DELPEREE, op. cité p 405)

[48] La Cour « veille au respect de la procédure d'élection du Président de la Roumanie et confirme les résultats du suffrage (...) veille au respect de la procédure pour l'organisation et le déroulement du référendum et en confirme les résultats ; vérifie si les conditions sont réunies pour l'exercice de l'initiative législative par les citoyens (cf Article 146 de la Constitution)

[49] La Grande-Bretagne, on l'a déjà souligné, adoptait la technique de la vérification des pouvoirs. Toutefois, dès le XVIIIe siècle et au début du XIXe, certaines défaillances (surtout en terme de partialité) ont été soulevées dans l'exercice par la Chambre des communes de cette fonction. Ainsi, la Chambre des communes a fait preuve d'une certaine incompétence en matière de contrôle de la régularité des élections et renonce à statuer sur les questions relevant du droit électoral[49]. Ce contrôle a fini par être confié au juge judiciaire qui est saisi des contestations électorales. Le principe mis en œuvre est que toute élection est présumée sincère, mais une pétition électorale peut déterminer la mise en œuvre du contrôle judiciaire. Voir dans ce sens Francis DELPEREE, « Le contentieux électoral », op. cit., p. 403. Voir également Phillipe LOÏC, le Conseil constitutionnel juge électoral, revue Pouvoir n° 13, p 62.

[50] J.C Masclet, Droit électoral, op.cit., p 26.

[51] Cette compétence du Conseil d'Etat, envisagée dès les années 20 par Duguit (L Duguit, Traité de droit constitutionnel, op, cit, p 258 : "... je ne verrai aucun inconvénient, au contraire à ce que le législateur constituant enlevât aux chambres le contentieux électoral et le

Au Maroc, le constituant marocain s'est amplement inspiré du cas français, et ce, en substituant à la Commission constitutionnelle provisoire et à la Chambre constitutionnelle intégrée à la Cour suprême, un organe « autonome et constitutionnalisé ». La Constitution marocaine de 1996 stipule en son article 81 que « *Le Conseil constitutionnel (...) statue, par ailleurs, sur la régularité de l'élection des membres du Parlement et des opérations du référendum (...)* »[52].

Contrairement à ce qui se passe en France où le contrôle de régularité des élections ne constitue pas la principale activité du Conseil constitutionnel français puisqu'à partir du 4 décembre 1958 jusqu'au 31 juillet 1978 (soit 21 ans) et sur un total de 822 décisions, seules 593 décisions concernent le contentieux électoral soit 72,14 %, au Maroc, le même nombre a été atteint en moins de huit ans en pratique. À titre indicatif, on peut souligner que sur les 783 décisions rendues par le Conseil constitutionnel marocain de 1994 à 2009, les décisions relatives au contentieux électoral détiennent la part du lion de sa jurisprudence avec 624 soit 80 % des décisions par rapport au contrôle de conformité à la constitution qui ne dépasse guère 6 % du nombre total des décisions rendues par le Conseil.

Il est important de rappeler que le Maroc avait connu, avec les années 90, une décennie de transition à tous les niveaux : réformes constitutionnelles, alternance gouvernementale consensuelle[53], et même une succession à la tête de la pyramide du pouvoir, après le décès du concepteur d'une grande partie des rouages du système : le Roi Hassan II. C'est une décennie que l'on peut qualifier de bénéfique dans le cadre de la construction d'un État de droit, objectif désigné, plus que jamais, comme majeur par le discours officiel de ce pays.

Le climat social et politique au Maroc des années 80 et 90, alimenté par les évènements au niveau international, a modifié les positions et les poids des partis sur l'échiquier politique du pays. La prédisposition, ressentie chez le Roi, d'accepter certaines réformes institutionnelles ainsi qu'une inflexion relative de ses positions, ont conduit les partis historiques du Mouvement national, regroupés au sein du bloc démocratique (Koutla) à présenter des revendications sous la forme de mémorandums constitutionnels[54].

---

donnât au Conseil d'Etat, qui forme aujourd'hui une juridiction présentant toute garantie de compétence et d'impartialité), fut de nouveau évoquée à la suite des élections de 1956 sous la forme d'une compétence pure et simple ou bien, ce qui limitait sans supprimer la compétence et les pouvoirs des assemblées, sous la forme d'une obligation faite à ces dernières de recueillir l'avis du Conseil d'Etat avant de se prononcer.

[52] Article 132 de la Constitution de 2011

[53] L'installation du gouvernement d'alternance correspond à un second changement important dans les pratiques politiques du pays. Ce faisant, le Roi semble songer alors à la possibilité de renouveler les élites tout en étant disposé à une ouverture politique.

[54] Cité par Najib BA MOHAMMED, Le Conseil constitutionnel et les élections, in REMALD n° 62-63 mi-août 2005. Page : 34

C'est dans ce climat que le Conseil constitutionnel s'est installé au Maroc, c'est même grâce à cette volonté d'évolution vers l'État de droit que cette installation est faite. Ce passage de la chambre constitutionnelle au Conseil constitutionnel n'était pas le fruit du hasard, mais plutôt l'interférence de plusieurs facteurs notamment les revendications de l'opposition et l'émergence d'une société civile effervescente qui s'active dans une large campagne de sensibilisation à l'acte électoral.

Prenant la relève de la chambre constitutionnelle de la Cour suprême, le Conseil constitutionnel a connu des recours générés par les élections de 1993 dont l'issue très contestée par l'opposition devait déclencher le processus de l'alternance consensuelle[55]. En 1997, les élections législatives pour un parlement bicaméral étaient une preuve qui ne manquait pas d'intérêt et de contraintes par le Conseil constitutionnel. Avec les élections législatives de 2002[56] et 2007, le Conseil constitutionnel était d'autant plus sollicité puisqu'il s'agissait des deux premières consultations électorales du nouveau règne.

Durant les dernières décennies, l'opposition au Maroc a qualifié la chambre constitutionnelle d'une deuxième phase électorale. En effet, on lui a souvent reproché de ne pas mener à bon escient son action. Après la révision constitutionnelle de 1996 et l'expérience de l'alternance politique, les échéances électorales sont devenues une occasion très attendue pour la mesure du degré de la volonté des pouvoirs de consacrer et de consolider la démocratie. D'où la nécessité de mettre l'opération électorale à l'abri de toute fraude tout en sanctionnant les auteurs de toutes les sortes de manipulations.

À cet égard, l'échéance législative de 2002 est considérée comme une étape clé marquant une avancée significative. Elle a été jugée comme étant la plus ouverte et la plus régulière que le Maroc n'ait jamais connue en dépit de la persistance de certaines pratiques dénoncées par les observateurs nationaux ; notamment, l'utilisation massive de l'argent et le manque de

---

[55] Cité par Najib BA MOHAMMED, Le Conseil constitutionnel et les élections, in REMALD n° 62-63 mi-août 2005. Page : 34.

[56] Sa majesté le Roi Mohammed VI a raffermi le ton et répété ce que devaient être les enjeux du scrutin de 2002 : « Que le citoyen porte un choix libre et conscient sur ceux qui sont appelés à gérer les affaires publiques en son nom, voilà la règle d'or de toute démocratie. C'est dire que les élections constituent un véritable test à l'aune duquel se mesure la citoyenneté. (...) L'encadrement et la représentation des citoyens sont au cœur même de la mission constitutionnelle dévolue aux partis politiques. (...) Avec la réalisation de ce consensus, les prochaines échéances électorales offrent aux partis une occasion en or pour réhabiliter l'action politique dans son acception la plus noble. Elles permettront notamment de mobiliser les citoyens, d'obtenir leur participation massive et consciente et de favoriser le choix de candidats idoines. Elles susciteront, en outre, une concurrence loyale pour faire émerger une élite qualifiée et compétente (...). Extrait du discours du souverain Mohammed VI à l'occasion du 49e anniversaire de la Révolution du Roi et du Peuple, Tanger, 20 août 2002

transparence dans la publication de certains résultats[57]. De plus, les élections législatives de 2007 et 2011 ont aussi représenté un test important permettant d'évaluer l'engagement du Maroc en termes de démocratisation.

Le respect de la démocratie suppose donc que le citoyen puisse s'exprimer en toute liberté et transparence. D'où la nécessité d'instituer des organes de contrôle aussi en amont qu'en aval qui bénéficient des garanties d'indépendance et d'impartialité et qui permettent d'assurer la régularité et la sincérité des élections et partant de renforcer la légitimité des élus pour réaliser les programmes qu'ils ont défendus devant les électeurs.

L'existence des recours électoraux en matière électorale présente une garantie fondamentale dans un système démocratique. Il désigne l'ensemble des règles qui permettent à toute personne ayant une qualité et un intérêt pour agir, de former un recours s'il estime que le déroulement des élections a été vicié par des irrégularités.

En tant qu'institution et en tant que production jurisprudentielle, le Conseil constitutionnel marocain est une réalisation de la démocratie et de l'État de droit. La transparence de l'élection et sa sincérité exige l'existence d'un contentieux électoral crédible et fiable auquel tous les acteurs politiques doivent se soumettre. Ce contentieux interpelle directement le juge. Il lui pose la question de la signification de son action[58]. Quelle est l'ampleur du rôle joué par le Conseil à la fois dans la concrétisation de l'État de droit à travers la régulation des querelles à grande échelle entre les acteurs politiques ainsi que sa contribution dans la consécration d'une élection saine et transparente ; clé de voûte d'une véritable démocratie. Autrement dit, après deux décennies d'exercice, par le juge constitutionnel, de compétences électorales, le Conseil constitutionnel marocain doit créer les éléments de sa légitimité en termes de jurisprudence, méthode et autorité.

Si différentes constitutions contemporaines aussi bien en Afrique qu'en Europe posent les principes de l'universalité du suffrage, de l'égalité du vote, de son secret, de l'égalité des candidatures, la sincérité, l'intégrité et la régularité de l'élection, on peut se demander si ces prescriptions sont suffisamment protégées par le juge de l'élection agissant au niveau de chaque contentieux.

Une étude du travail jurisprudentiel du Conseil constitutionnel marocain en tant que juridiction qui joue aujourd'hui un rôle incontournable dans l'édification de l'État de droit s'impose avec acuité. Malgré le nombre impressionnant de décisions prises en matière électorale, les écrits et les commentaires sur ce sujet se font rares. Lorsque ces derniers existent, ils s'éloignent du cas marocain pour le marginaliser et axent l'étude sur son homologue français. Parfois il ne s'agit que d'études portant sur la composition et le mode de fonctionnement du Conseil sans accorder une

---

57 Rapport Transparency Maroc, 2007, P 2

58 Francis DELPEREE, le contentieux électoral, collection « que sais-je », 1998

véritable importance à la machinerie des décisions et à l'output d'une telle institution[59].

Si le contrôle des élections législatives a connu une telle riche évolution aussi bien au Maroc qu'en France, faut-il signaler qu'un certain nombre de questions continuent aujourd'hui à être l'objet d'intéressants débats suscitant de nombreuses interrogations. À l'instar de plusieurs juridictions constitutionnelles, notamment française, on s'aperçoit que malgré les compétitions électorales farouches qui ont donné lieu à une recrudescence des manœuvres et fraudes électorales avec des facettes différentes[60], le nombre des élections annulées demeure encore modeste.

Ceci nous amène avec d'autres constitutionnalistes à se poser la question de l'efficacité de la politique jurisprudentielle en matière des élections législatives que sur le nouveau rôle dévolu au juge électoral aussi bien dans la sanction des comportements irréguliers relevés au cours des opérations électorales que dans la moralisation de la vie politique et les pratiques douteuses ?

Des élections « truquées » sapent le fondement de la démocratie ; des élections contrôlées le renforcent. Le seul garant de la démocratie reste des élections libres, sincères et transparentes. À travers un contrôle de la régularité des élections, de la sincérité et de la moralité de la vie politique, le juge constitutionnel en tant que juge électoral s'est-il acquitté de son obligation d'assurer le respect du suffrage et l'authentification du choix du corps électoral ? quelles sont les techniques et méthodes utilisées par le juge pour garantir les principes du droit électoral ?Est-ce que la justice constitutionnelle permet aujourd'hui d'assurer la régularité et la sincérité des scrutins et de faire de la volonté du peuple le véritable agrégat sociologique et juridique du pouvoir ? Comment le juge parvient-il à assoir la légitimité de ses décisions électorales ? Comment faire donc de la haute juridiction un gardien vigilant des fondements de la démocratie ?

Ainsi, réfléchir sur la thématique de la juridictionnalisation des élections parlementaires au Maroc et en droit comparé présente un intérêt indéniable.

Pour ce faire, nous avons essayé de répondre aux interrogations, ci-après, autour desquelles nous avons structuré la problématique d'ensemble de notre travail de recherche. Quels sont les principaux traits et caractéristiques fondamentaux de la jurisprudence du Conseil en matière de contrôle des élections législatives ? Comment a-t-elle évolué ? Le juge de l'élection a-t-il rempli son office ? Quels sont ses pouvoirs en matière de contrôle des actes

---

[59] A noter que jusqu'à l'heure actuelle, la réflexion sur le contenu de la jurisprudence du Conseil constitutionnel marocain en matière de contentieux électoral fait partie des sujets délaissés, méconnus, qui n'ont pas donné lieu à une littérature juridique abondante malgré l'abondance des décisions rendues par le Conseil constitutionnel en matière électorale qui accapare toujours la part du lion dans sa jurisprudence.

[60] Alors dans les climats de plus en plus tendus des élections le nombre et les facettes de ces manœuvres ne cessent d'augmenter.

préliminaires et des opérations électorales au sens *stricto sensu* ? Le juge électoral est-il un juge de la régularité, de la sincérité de l'élection » ou plutôt un juge moralisateur de la vie politique ? Le juge constitutionnel en tant que juge électoral s'est-il acquitté de son obligation de veiller au respect du choix des électeurs ? Doit- il valider l'élection en dépit des atteintes portées à la loi ? Doit-il ne prendre en considération que les plus graves des actes ou uniquement ceux qui ont une incidence déterminante sur le scrutin ? Quelle appréciation peut-on faire de la technique de l'influence déterminante utilisée par le juge électoral dans le traitement du contentieux électoral ? En recourant à cette technique, le juge constitutionnel passe-t-il pour un juge de régularité ou pour celui de la de sincérité ? Existe-t-il un seuil de tolérance ou de degré d'incidence à partir duquel le juge constitutionnel déclenche la sanction ?

Ces interrogations posent la problématique générale de notre étude, à savoir l'effectivité du contentieux électoral devant le Conseil constitutionnel en sa qualité de juge électoral.

Appelé à dire le droit et même à superviser les élections, le juge électoral est appelé dans une certaine mesure à construire, garantir et consolider l'État de droit. La mission principale du juge est de veiller à la régularité des élections dans la seule optique de garantir à la fois les droits des candidats et le respect de la volonté des électeurs. Ainsi, le juge constitutionnel s'évertuera à contrôler la régularité des élections à deux niveaux : d'abord le contrôle externe qui permet au juge de veiller au bon accomplissement des formes, des procédures, et des opérations qui l'accompagnent[61] et ayant une incidence sur le respect de la volonté du peuple ; ensuite le contrôle interne qui s'apprécie sur la validité des résultats et à la qualité des élus[62].Cette tâche est assez rude et très sensible. C'est pour cette raison qu'il serait intéressant de s'interroger sur la contribution du juge des élections à la préservation de l'équité et la régularité de la représentation à travers une purification des élections de tout ce qui pourrait les falsifier, de sorte qu'il s'érige en un véritable garant de l'État de droit.

L'objectif de ce travail consiste à étudier, les mécanismes de contrôle des élections parlementaires par le juge constitutionnel, illustrés par un contentieux extraordinairement riche et politiquement sensible. Au plan scientifique, s'appesantir sur un tel thème a le mérite de confronter deux disciplines alambiquées mais tout de même indissociables. Il s'agit du Juridique et du Politique qui font du droit électoral un droit du pouvoir[63].

---

[61] Stéphane BOLLE, Vices et vertus du contentieux des élections en Afrique, in BOIS DE GAUDUSSON et al., op. cit., p. 533. Cité par Mamadou SÈNE, la juridictionnalisation des élections nationales en Afrique noire francophone: les exemples du Bénin, de la Côte d'Ivoire et du Sénégal. Analyse politico-Juridique, thèse soutenue à l'université de Toulouse en 2017 p 37

[62] Stéphane BOLLE, Vices et vertus du contentieux des élections en Afrique, in Ibid.

[63] Mamadou SÈNE op cité p48

Cette tension continuelle entre les normes établies et la pression sociale qui s'extériorisent aussi bien dans l'évolution historique de l'institution que dans son organisation et son fonctionnement[64].

Cette étude porte sur le contentieux électoral au sens large c'est-à-dire l'ensemble des règles et procédures applicables aux contestations et à leur règlement en matière électorale. Il s'agit des *« litiges qui naissent à l'occasion de l'élection »*[65]. Cette définition comprend les litiges de toute sorte : ceux portant sur les listes électorales, ceux liés aux candidatures, ceux relatifs au financement de la campagne électorale, ceux qui touchent au contentieux de la campagne électorale, ceux liés au scrutin lui-même [2]et enfin ceux qui remettent en cause les résultats.

Dans ces conditions, l'étude du contrôle des élections parlementaires par le Conseil constitutionnel devrait permettre de cerner au mieux sa compétence, la procédure applicable en la matière (Chapitre 1 de la première partie) ainsi que les éléments de la politique de contrôle exercée par la haute juridiction sur les actes préliminaires ainsi que les formations juridictionnelles qui y prennent part (chapitre 2 de la première partie).

La seconde partie portera sur le contrôle des opérations électorales proprement dites afin de mettre en valeur une politique jurisprudentielle de contrôle élaborée au fil des années. Il sera question également de dresser une typologie des fraudes, qu'il s'agisse des manœuvres frauduleuses, de la corruption ou de la contrainte sous différentes formes. Enfin, les obstacles à la lutte contre la fraude seront passés au peigne fin avant de proposer quelques pistes de réflexion à même de permettre son éradication.

Le chapitre 2 prétend dresser un bilan du Conseil constitutionnel marocain en matière électorale et mettre en lumière les pouvoirs du Conseil en matière de contrôle des élections parlementaires. Il compte également élucider et évaluer les techniques et les méthodes de travail de la juridiction constitutionnelle, ses limites et enfin la politique jurisprudentielle à esquisser pour les prochaines années ?

## APPROCHE MÉTHODOLOGIQUE

Étudier la jurisprudence du Conseil constitutionnel dans son volet électoral est un travail ardu qui nécessite la définition d'une approche méthodologique juridique rigoureuse. Au Maroc, la juridictionnalisation des élections nationales trouve sa source fondamentale dans la Constitution et les lois organiques qui en découlent. Il en est ainsi du droit du suffrage qui est le principe sacro-saint du droit électoral. Ainsi, l'expression du suffrage

---

64 J Paul Charnay, Le contrôle de la régularité des élections parlementaires, op.cit.,

65 J-C. MASCLET, « Rapport introductif », in J-C. MASCLET, A. ZINZINDOHOUE et Ch. DESOUCHES, Aspects du contentieux électoral en Afrique, Actes du Séminaire de Cotonou, 11-12 novembre 1998, p. 34.

comme socle juridique du pouvoir politique doit être garanti par le juge constitutionnel afin de garantir la légitimité de la représentation.L'office du juge électoral ne peut ignorer les méthodes juridiques, car en tant que juge de la régularité et de la sincérité électorale, il use d'un ensemble de dispositif normatif pour exercer pleinement sa mission.

Pour ce faire, nous tenterons de dégager, d'une part, une typologie des décisions du juge dans le domaine électoral, les techniques adoptées par le juge électoral dans l'appréciation des faits et les motifs juridiques qu'il prononce et d'autre part les principes dominants et les repères fondamentaux qui se dégagent de l'apport jurisprudentiel de ces décisions.

Cette méthode d'analyse du dispositif normatif et jurisprudentiel ne doit pas être restrictive, elle doit aller au-delà, comme l'affirme François Luchaire, pour qui la méthode juridique doit permettre au juriste de comprendre les textes, c'est à-dire de les interpréter et aussi souvent de les compléter[66].

Ainsi, dans l'esprit de la recherche, il ne s'agissait pas seulement de donner une copie photographique de la jurisprudence en matière électorale, mais aussi recourir à des commentaires de nature à nourrir la réflexion sur les aspects juridique et pratique de ce contrôle ainsi que sur les modalités de son exercice dans les systèmes constitutionnels comparés en se focalisant principalement sur l'examen du cas français.

Généralement, les chercheurs étudient la juridiction constitutionnelle de manière superficielle dans le cadre d'une analyse globale des textes constitutionnels[67]. Ces études examinent la juridiction constitutionnelle selon une approche structuraliste portant sur la composition et le mode de fonctionnement de cette juridiction, susceptibles de fournir des explications et des interprétations vagues. D'autres approches ont consacré la quasi-totalité de leur produit à une analyse ayant une connotation beaucoup plus politique que juridique loin de l'objectivité scientifique requise.

L'une des approches les plus adéquates pour étudier la juridiction constitutionnelle au Maroc est celle qui consiste à se pencher sur l'action de cette juridiction en focalisant l'examen sur le produit de la juridiction incarné dans les décisions rendues par celle-ci. La jurisprudence constitue la

---

[66] François LUCHAIRE, De la méthode en droit constitutionnel, Revue de droit public, 1981, pp.275- 329, p. 276. Cité par Mamadou SÈNE op cité p48

[67] Ces recherches ont souvent examiné la chambre constitutionnelle à l'écart de tout rapport pouvant exister entre celle-ci et les autres institutions constitutionnelles. Ceci revient au fait que cette approche avait ignoré l'influence que pouvait avoir la jurisprudence de la chambre constitutionnelle sur l'équilibre institutionnel instauré par la constitution. La juridiction constitutionnelle incarnée pendant des années dans la chambre constitutionnelle de la Cour suprême a été souvent critiquée et considérée comme n'ayant qu'un rôle subsidiaire, voire même négligeable, dans le régime constitutionnel marocain. Toutefois la modestie des compétences de la chambre et la conjoncture qui ont accompagné son exercice au niveau même de la production législative ont fait que les perspectives de ces études étaient bien limitées.

documentation privilégiée. Autrement dit, nous avons estimé qu'une approche jurisprudentielle dynamique des décisions rendues par le Conseil en matière électorale est celle qui serait à même d'être le plus rigoureuse et scientifique possible et parvenir à appréhender de manière objective et neutre. Une telle objectivité permet de donner des réponses claires permettant d'esquiver toute sorte de préjugés ou d'hypothèses à propos desquelles on ne détient pas de preuves palpables[68].

L'étude du contentieux électoral se focalisera principalement sur les décisions du Conseil constitutionnel de 1994 à 2009 couvrant ainsi les épisodes électoraux de 1993, 1997, 2002 et 2007. Ce choix n'est pas fortuit, il est motivé par un désir de peaufiner davantage la réflexion sur le travail jurisprudentiel du Conseil, de tirer des enseignements par rapport aux années écoulées et d'éviter l'éventualité de se retrouver avec une analyse statique due principalement à la similitude des griefs, d'où l'intérêt de s'inscrire dans une analyse dynamique dans le temps.

Au vu des multiples changements intervenus ces dernières années, marqués par l'adoption de la nouvelle constitution en 2011 et de la loi organique relative à la chambre des représentants n° 27-11, l'extrême volatilité de ces textes de référence a contraint de suivre périodiquement les évolutions, voire parfois à procéder à des réécritures totales de certains passages de notre thèse. Par ailleurs, notre étude s'est étalée également au contentieux électoral de 2011 et de 2016 pour nous permettre l'actualisation de l'état des lieux de la jurisprudence du Conseil constitutionnel et ses grandes orientations jurisprudentielles.

Du point de vue méthodologique, ce travail de recherche est passé par plusieurs étapes :

### Première phase : bibliographie et analyse du dispositif normatif

- Recherche de la bibliographie existante afin d'approfondir les connaissances sur la thématique étudiée (mémoires, ouvrages, documentation sur la justice constitutionnelle…).
- Analyse et évaluation de l'ensemble du dispositif normatif régissant l'opération électorale et permettant au juge électoral d'exercer pleinement son office.

[68] Il en est le cas des études qui ont voulu expliquer l'action du conseil à partir d'un examen de son personnel, formation des juges, leur appartenance politique avant d'intégrer le conseil…

**Deuxième phase : dépouillement et analyse des décisions du Conseil constitutionnel**

Cette phase qui constitue la quintessence de ce travail de recherche s'est articulée sur plusieurs étapes. Une première a consisté à réunir toutes les décisions du Conseil constitutionnel en matière électorale couvrant la période allant de 1994 à 2011.

Après cette phase de recueil, un classement des décisions selon la nature du grief et le raisonnement du juge constitutionnel a permis d'éliminer les décisions redondantes c'est-à-dire celles qui ne contiennent pas de jurisprudence, ou celles qui renferment un raisonnement identique du juge...

Après ce dépouillement, nous avons établi des fiches synthétiques pour les diverses décisions du Conseil, sur lesquelles nous avons construit le modèle du tableau suivant :

| N° DC[69] | Saisine[70] | Visa[71] | Circ | Types griefs | La preuve apportée par le requérant | Attitude du juge[72] | DC finale[73] | Commentaire DC |
|---|---|---|---|---|---|---|---|---|
| | | | | | | | | |

**Fiches synthétiques pour les diverses décisions du Conseil**

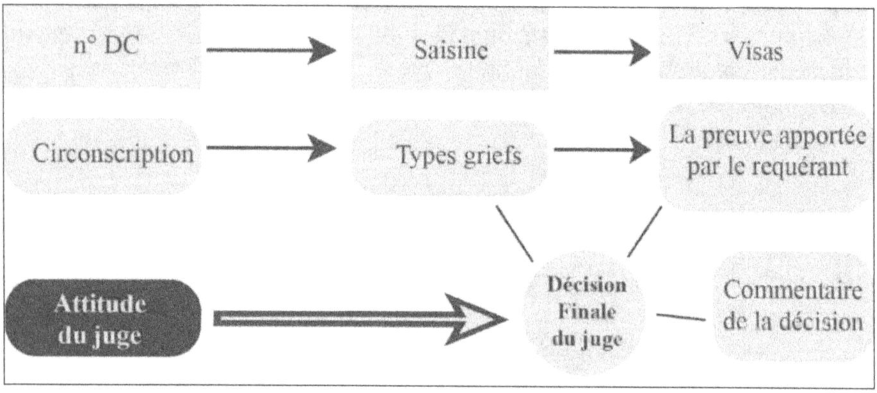


Après cette étape, nous avons classé les décisions selon la nature de la décision du juge constitutionnel. Ceci a permis de dégager une typologie des décisions :

---

[69] Décision du Conseil constitutionnel

[70] La saisine comprend le nom et la qualité des requérants, la date et l'identification du texte déféré

[71] Les visas ("VU...") indiquent les textes et les normes auxquels se réfère le juge constitutionnel

[72] Les considérants ("considérant que...") exposent le raisonnement du juge en général

[73] Le dispositif ("décide : article 1...") expose la décision.

- les décisions d'irrecevabilité (pour vice de forme ou pour incompétence) ;
- les décisions d'annulation auxquelles une attention particulière leur a été accordée, car elles sont fort révélatrices du rôle draconien que peut jouer le juge de l'élection dans le contrôle de la véracité des opérations électorales.
- les décisions de rejet qui peuvent varier selon la nature des griefs et qui peuvent toucher toutes les phases de l'élection.

Par la suite nous avons procédé à l'établissement d'un plan opérationnel découlant de la jurisprudence et de l'analyse de la bibliographie existante en matière du droit comparé.

### Troisième phase : Analyse des dossiers et entrevues avec des personnes-ressources

Une fois le dépouillement et le classement achevés, nous avons procédé dans un premier temps à l'analyse de différents dossiers selon une approche juridique portant sur un examen de fond du contenu des requêtes et du raisonnement du juge constitutionnel.

Par ailleurs, la réflexion a porté également sur une analyse comparative avec les autres juridictions constitutionnelles, principalement le cas de la France dans une perspective de confronter les expériences et les modalités de contrôle en termes de bonnes pratiques, et des difficultés à surmonter.

Au-delà de cette approche juridique et jurisprudentielle, le recours aux instruments d'analyse de la science politique (approche systémique) permettra de mieux comprendre la limite des normes juridiques et l'influence de l'environnement externe qui conditionnent la politique de contrôle du juge électoral en amont des opération électorales afin de pouvoir proposer des pistes d'effectivité. Ainsi, divers entretiens particulièrement éclairants avec des personnes-ressources aussi bien au sein du Conseil constitutionnel que les membres du Conseil. Ces entretiens ont été axés sur les modalités de contrôle des opérations électorales (procédure contentieuse, phases du contentieux) et sur les problèmes rencontrés (voir guide d'entretien en annexe).

Ainsi, motivé par la minutie du travail et le souci du détail, il a été jugé utile de solliciter ceux qui sont au fait des rouages et arcanes de la problématique électorale en menant des entretiens semi-structurés auprès des personnes-ressources du Ministère de l'Intérieur (Direction des Élections). L'ultime objectif étant de diagnostiquer aussi bien les forces que les défauts de cuirasse du système de contrôle en amont des opérations électorales depuis l'inscription sur les listes électorales jusqu'à la proclamation des résultats du scrutin (analyse SWOT[74]).

Ces entretiens semi-structurés viendront compléter notre analyse jurisprudentielle. Le fait est que le diagnostic du dispositif juridique régissant les actes préliminaires à l'élection (inscriptions sur les listes électorales, actes de candidature...) et l'organisation matérielle du scrutin (contrôle des bureaux de vote, urne, recensement et proclamation des résultats) impactent considérablement les résultats du scrutin et le nombre de recours déférés devant le Conseil constitutionnel. Ce diagnostic permettra donc de maîtriser les vives tensions sociopolitiques attisées lors des échéances électorales. Il permettra également d'appréhender l'opération électorale d'une manière systémique, d'anticiper d'éventuelles dérives, et de réguler et/ou de prévenir les revendications et contestations électorales.

## Quatrième phase : résultats et recommandations

Le résultat de ces entrevues a servi de base pour l'élaboration d'une matrice d'identification des points forts et des points faibles du système de contrôle, les limites, les dysfonctionnements entravant la fonction du contrôle ainsi que les mesures prises et les propositions techniques pour accompagner le processus de contrôle (voir matrice jointe en annexe).

### Difficultés de la recherche

L'élaboration de ce travail ne s'est pas faite sans difficulté. La jurisprudence du Conseil constitutionnel en matière électorale est riche, mais malheureusement méconnue de la plupart des universitaires, des avocats[75] et des spécialistes de la chose constitutionnelle qui trouvent sans doute la matière complexe et sans attrait particulier. Comme en France, ce qu'avance Phillipe Ardent, est aussi vérifié au Maroc : « le contentieux électoral jouit d'un médiocre prestige[76] ».

Pour certains, ce contentieux relèverait de l'ordre du politique, bien plus que de l'ordre du juridique. À croire que le droit puisse se saisir de quelques lambeaux du processus électoral, ses dispositions sont sitôt ramenées au rang de ces règles techniques dont seuls quelques spécialistes, férus d'arithmétique, détiendraient la maîtrise. Or, il faut prendre en compte la proclamation officielle des résultats, procéder à la validation des élections, assurer la résolution des différends qui concernent l'application des lois et

---

[74] (Forces), Weaknesses (faiblesses), Opportunities (opportunités), Threats (menaces).

[75] Beaucoup d'avocats n'ont qu'une connaissance superficielle du contentieux électoral et des méthodes du juge électoral.

[76] P Ardent, « Le contentieux électoral devant le Conseil constitutionnel et le Conseil d'Etat » in Conseil constitutionnel et conseil d'Etat, Paris, 1988, p 55

des règlements électoraux et encore apporter une solution aux problèmes d'incompatibilité et d'inéligibilité[77].

Aussi, faut-il rappeler qu'un examen assez profond de la jurisprudence du Conseil en matière électorale exige la présence d'une littérature juridique abondante de la part des constitutionnalistes et les spécialistes en la matière. C'est en fait la faiblesse des écrits et l'absence de commentaires qui règnent jusqu'à cette date. Considérée pendant longtemps comme le parent pauvre du droit constitutionnel, la justice constitutionnelle est devenue le domaine privilégié et le passage obligé du nouveau droit constitutionnel. Discipline réservée jusqu'alors à quelques rares publicistes initiés, la justice constitutionnelle au Maroc commence à peine à faire l'objet d'études, de commentaires, de colloques et à se frayer son propre chemin dans le système juridictionnel.

De surcroît, le plus grand hic était le fait que plus de la moitié des décisions relatives au contentieux électoral soient publiées en langue arabe, m'acculant à recourir systématiquement à la traduction en langue française en se basant sur quelques écrits du Conseil constitutionnel français et autres écrits similaires ou enfin sur nos propres et humbles connaissances linguistiques. À cela s'ajoute la non-disponibilité des documents électoraux motivant la décision du juge constitutionnel à savoir le contenu brut de la requête des requérants.

Enfin, le chemin reste parsemé d'embûches. S'investir dans une aventure aussi instructive que périlleuse est une gageure. Malgré toutes ces contraintes, le travail sur la matière elle-même relève du concret et de la pratique, car il permet d'examiner profondément une grande partie de la justice constitutionnelle ayant échappé aux études doctrinales et ayant au fil des années contribué à la construction de l'État de droit et à la consécration de la démocratie dans notre pays. Une consécration qui est au cœur des exigences sociétales du monde contemporain.

---

[77] Voir le site www.accpuf.org/sen

# PARTIE I

## La compétence du Conseil constitutionnel en matière d'élections parlementaires

Toute démocratie électorale exige l'existence d'un contentieux électoral crédible et fiable auquel tous les acteurs politiques doivent se soumettre. C'est pourquoi, l'option kelsénienne de la justice constitutionnelle répond à cette exigence en abandonnant le système de la vérification des pouvoirs qui consistait à confier le contrôle des élections parlementaires aux parlementaires eux-mêmes. La gestion du contentieux des élections nationales est confiée au juge constitutionnel soit de manière exclusive et directe (cas de la France, de l'Autriche, de la Grèce, du Maroc, de l'Afrique noir francophone...etc), soit de manière indirecte et partielle (cas de l'Espagne, de la Roumanie, de la Slovénie...etc) ou en appel au juge constitutionnel de manière indirecte (c'est-à-dire, sur recours) et exclusive (cas de l'Allemagne et du Portugal où les Cours constitutionnelles interviennent comme juge d'appel des décisions du Bundestag dans le premier cas et des tribunaux judiciaires dans le second).

Le contentieux électoral est un contentieux particulier au sein de la justice constitutionnelle, érigeant le juge constitutionnel en juge électoral. Ses procédures ne se confondent pas avec celles du contrôle des normes, mais s'apparentent davantage à celles du contentieux ordinaire.

De ce droit électoral émerge une partie quelque peu spécifique consacrée au contentieux électoral. Ce droit du contentieux se présente comme un ensemble de règles, destinées à régir les problèmes de compétence, les questions de procédure appelées à se poser dans le processus de résolution des contestations relatives aux élections Il prend sa source dans la Constitution. La Constitution énonce les principes généraux du droit électoral d'une part, elle définit, organise en outre les modalités d'exercice des droits fondamentaux relatifs au vote et à l'éligibilité des citoyens, prévoit le contrôle de la régularité des élections des membres du Parlement ou du Chef de l'État et aménage la garantie desdits droits d'autre part.

D'une manière générale, le droit électoral, droit politique par excellence, reflète dans une certaine mesure les valeurs de la société dont il encadre les processus de sélection des gouvernants, il est au surplus un droit vivant, en évolution, puisqu'il est l'objet dans certains États notamment, d'un mouvement de constitutionnalisation qui tend aussi bien à l'enrichir qu'à l'expliciter[78].

Le contentieux des élections a pour objet la vérification de la régularité des actes électoraux et de la validité des résultats des scrutins. Il peut aboutir à la confirmation, à la réformation ou à l'annulation de l'élection. Son originalité réside essentiellement dans la nature des pouvoirs conférés au juge[79].

Il convient de souligner, qu'en dehors du contentieux électoral stricto sensu ayant trait au déroulement du scrutin qui fera l'objet détaillé de la deuxième partie (constitution des bureaux de vote, déroulement des opérations du vote et proclamation des résultats), le Conseil dispose également des pouvoirs particuliers à l'égard des opérations préalables aux élections parlementaires.

Au terme de ce périple, nous aborderons la procédure contentieuse relative aux élections législatives ainsi que les éléments de la politique de contrôle sur les actes préliminaires à l'élection.

---

[78] Francis Délpérée, le contentieux électoral, PUF, 1998, p 104 cité par Abdeltif Menouni, op cité

[79] Cf. Jean-Claude Masclet, Droit électoral, Presses Universitaires de France, Paris, 1989, p. 312.

# CHAPITRE 1

## Procédure de règlement des conflits électoraux devant le juge constitutionnel

Une des exigences essentielles des régimes démocratiques est l'instauration de l'État de droit. Le corollaire de cette exigence est la tenue régulière d'élections transparentes et sincères[80].

Le contentieux électoral étant l'instrument dont disposent les électeurs pour dénoncer les exactions et les violations liées à l'organisation et au déroulement des processus électoraux. Il est appréhendé comme un enjeu de pouvoir, comme un phénomène de contestation politique ou comme une technique juridique de règlement des contestations électorales, puisque la validité des élections suppose que les résultats du scrutin ne soient entachés d'aucune irrégularité[81].

La mission du Conseil constitutionnel en matière du contentieux électoral est très complexe en raison de la spécificité politique de ce contentieux, ce dernier est marqué par une réelle originalité qui le distingue aussi bien du contentieux de l'excès de pouvoir que du contentieux de pleine juridiction.

Cette originalité se manifeste sur le plan de la compétence, dans les caractères du recours électoral, dans les règles de procédures applicables et surtout la nature de la contestation dans laquelle on demande au juge d'apprécier « la régularité et la sincérité du scrutin. Le juge constitutionnel devient alors un des acteurs de la démocratie en exerçant à la fois une fonction juridictionnelle et une fonction tribunitienne[82].

---

[80] Jean-Claude Masclet, *Droit électoral*, PUF, coll. « Droit politique et théorique », 1989, p. 309.

[81] Diane Mandeng. La procédure contentieuse en matière électorale : recherches sur le contentieux des élections au Cameroun, Thèse Droit public. Poitiers : Université de Poitiers, 2017 p 138

[82] Sylvie TORCOL, le contentieux des élections législatives, réflexion autour d'un contentieux à risque, Revue du Droit Public et de la science politique en France et à l'étranger, n° 120/2004, 5, septembre-octobre

Le Conseil constitutionnel marocain s'est vu confier le contrôle de deux consultations politiques nationales : l'élection des parlementaires et le référendum. Ses pouvoirs varient, cependant, selon le type de consultation. Pour les élections de la chambre des représentants et celles de la chambre des Conseillers, son rôle est exclusivement de trancher un contentieux. Dans un référendum ce rôle est plus large puisqu'il inclut la surveillance de la régularité des opérations électorales et la proclamation des résultats.

Le Conseil constitutionnel ne contrôle pas la validité de l'élection au sens large du terme, mais il considère que sa mission se limite à trancher un litige né entre un candidat battu (le requérant) et un député dont l'élection est discutée, et ceci même si les agissements qui ont pour effet d'annuler l'élection de ce député et dont le Conseil s'assure de leur existence et de leur incidence dépassent le cadre de concurrence entre deux candidats à une élection pour englober toute l'opération électorale au niveau de la circonscription. Ceci signifie que le Conseil examine les moyens invoqués par le requérant sans relever d'office d'autres moyens, exception étant faite des moyens d'ordre public. Voilà pourquoi, le Conseil a décidé dans un souci d'objectivité, que chaque requête avait sa spécificité et ses circonstances particulières, de telles sortes qu'il pouvait légitimement déclarer à la fois l'invalidité d'une élection pour cause d'infractions multiples ayant entaché l'opération électorale dans son ensemble, et l'irrecevabilité d'une autre ayant pour objet une élection dans la même circonscription.

L'examen du contentieux électoral pose à cet égard le problème de savoir de quelle manière les litiges nés à l'occasion des élections seront résolus, par l'intermédiaire de quel organe et dans quelles conditions et selon quelles procédures ? Ainsi il convient de remarquer que, la garantie par les citoyens de leurs droits civils et politiques suppose que des mécanismes adéquats soient mis en œuvre, permettant la saisine des organes compétents.

## SECTION 1. LA PROCÉDURE ÉLECTORALE

Qui dit contentieux, dit procédure contentieuse. Qui dit contentieux – préélectoral ou postélectoral, dit procédure contentieuse électorale. Parler de la procédure contentieuse en matière électorale nous permet d'appréhender les aspects procéduraux qui encadrent le contentieux électoral et orientent les justiciables dans leur quête de justice électorale lorsqu'ils se sentent bafoués dans la jouissance de leurs droits civils et politiques. Elle pose ainsi la question liée à la viabilité de la démocratie représentative dont le fondement est le vote.

La procédure contentieuse électorale se révèle à cet égard comme le moyen qui permet de crédibiliser les consultations électorales et s'analyse comme la nécessité de garantir la volonté du corps électoral qui apparaît comme « une retranscription de la volonté d'un peuple proclamé souverain et qui exprime sa volonté au moyen de l'élection »[83]. Il importe, comme le souligne monsieur Stéphane Bolle, qu'un mécanisme permettant de contester la validité des élections occupe une grande place dans les démocraties émergentes, car il est sain et primordial que les contestataires de la classe politique et de la société civile puissent légalement faire entendre leur voix à chaque étape du processus électoral, afin de dénoncer les fraudes, déviances et irrégularités observées[84].

En accédant directement au procès constitutionnel par la voie du contentieux électoral, le citoyen ne doit plus être considéré le temps de cet épisode, comme un ''mineur constitutionnel[85]''. Mais la complexité de ce contentieux est telle qu'elle peut anéantir la volonté de contester une élection en particulier chez les électeurs, et malgré la gratuité du recours. Le filtrage des recours aurait pu constituer un moyen efficace, mais peu libéral pour éliminer les contestations fantaisistes.

S'interroger sur les conditions d'accès au juge constitutionnel, c'est bien davantage qu'exposer de simples techniques procédurales. C'est mesurer l'efficacité du contrôle du Conseil constitutionnel.

Ainsi, conformément aux règles habituelles de la procédure contentieuse, l'introduction de l'instance devant le Conseil constitutionnel marocain est soumise à des conditions de recevabilité. Ces conditions sont très libérales et elles se rapportent à l'intérêt du requérant, aux délais et aux formes, à la nature de l'acte attaqué et à l'objet de la requête.

## § 1. Une réglementation stricte du recours électoral

Le recours électoral, son objet, ses modalités et son organisation sont en général prévus dans la Constitution complétée par les lois organiques. Cependant, comme c'est le cas des Conseils constitutionnels marocain et français, un règlement intérieur prévu par la loi organique vient préciser et compléter ces modalités[86]. S'y ajoute l'article L.O. 136-1 du code électoral

---

[83] DAUGERON Br., La notion d'élection en droit constitutionnel : contribution à une théorie de l'élection à partir du droit public français, op cit. p. 59 cité par Diane Mandeng. La procédure contentieuse en matière électorale : recherches sur le contentieux des élections au Cameroun, Thèse Droit public. Poitiers : Université de Poitiers, 2017

[84] BOLLE St., « Vices et vertus du contentieux des élections en Afrique », op. cit., p. 532, cité par Diane Mandeng op cité.

[85] D Rousseau, Sur le Conseil constitutionnel, op cit. p.49. En ce sens, v aussi G.Vedel, l'accès des citoyens au juge constitutionnel, la porte étroite, La vie judiciaire, 11-17 mars 1991, n°2344 ? P.13. Pour M. Cohen-Tanuggi, le droit constitutionnel avec le contentieux électoral, cesse d'être ''une affaire technique réservée à la classe politique pour concerner potentiellement l'ensemble des citoyens, cité par B. du Granrut, ''Faut-il accorder aux citoyens le droit de saisir le Conseil constitutionnel, RDP, 1990, p.310.

[86] Il s'agit en France du règlement modifié par les décisions du Conseil constitutionnel du 5 mars 1986, 24 novembre 1987, 9 juillet 1991, 28 juin 1995 et du 22 février 2013.

français prévoyant les cas de saisine du juge de l'élection par la Commission nationale des comptes de campagne et des financements politiques, mentionné seulement pour mémoire, car cette saisine n'a pas pour objet la contestation de l'élection, mais l'éventuel prononcé d'une sanction d'inéligibilité, même si celle-ci emporte annulation de l'élection ou démission d'office lorsqu'elle s'applique à un candidat élu.

Dès l'ouverture du litige, deux questions se présentent. Elles sont liées. Qui peut agir ? Quand faut-il agir ? C'est la question de l'intérêt pour agir et de l'objet du recours ?

### A. L'objet de l'acte entrepris

Le contentieux électoral se présente sous une double facette. Il relève tout à la fois du contentieux objectif- celui du processus électoral- et du contentieux subjectif- celui des droits politiques[87].

Le contentieux objectif a ses droits. Il s'agit de faire le procès à un acte-ce peut être la liste électorale, le compte de campagne, le procès-verbal des résultats. Le contentieux subjectif porte sur la garantie des droits civiques et politiques des citoyens. Ce sont les droits de l'électeur, sans oublier ceux du corps électoral, et les droits de l'élu, sans oublier les droits de l'assemblée qui sont en cause[88]. À la croisée de ces chemins- objectif et subjectif- le contentieux électoral aménage et développe des procédures qui empruntent leurs traits à l'une et l'autre famille contentieuse[89].

L'objet du recours renvoie à la substance de la demande, ou à la cause qui est portée à la connaissance de l'organe compétent et qui relève de sa compétence. Pour le professeur Olivier Gohin, la notion de cause renvoie à celle de moyen, puisqu'elle est considérée comme « un ensemble coordonné et homogène de moyens soulevés dans le cadre des conclusions de la demande »[90]. Le recours électoral a pour objet la contestation de l'élection pour obtenir son annulation. Si les Constitutions disposent que les juridictions constitutionnelles sont compétentes pour statuer sur la régularité de l'élection des membres de leurs parlements, le terme élection est entendu dans un sens étroit. Il ne s'agit pas des opérations électorales dans leur ensemble, mais du résultat de cette élection, c'est-à-dire la proclamation de l'élu[91].

---

[87] Francis Delpérée, le contentieux électoral, PUF, 1998, coll. « Que sais-je » p 104

[88] Jean Claude Masclet, le droit des élections politiques, Paris PUF 1992 in Francis Delpérée, le contentieux électoral op cit
p 104

[89] Francis Delpérée, op cit p 104

[90] GOHIN O., Contentieux administratif, 2ème édition, op. cit., p. 215 cité par Diane Mandeng, la procédure contentieuse en matière électorale op cité p 179

[91] Abdeltif MENOUNI, op cit p 332 in Francis Delpérée, le contentieux électoral, PUF, 1998, coll. « Que sais-je », p.104

Il résulte de cette attitude que le Conseil constitutionnel marocain déclare recevable les recours en matière de contentieux électoral, s'ils sont dirigés clairement contre les décisions prises par les bureaux de vote, les bureaux centralisateurs, les commissions régionales de recensement et la commission nationale de recensement et qu'ils sont dirigés à l'encontre des résultats du scrutin[92].

Par ailleurs, le Conseil constitutionnel marocain déclare irrecevable une requête contestant les résultats des élections législatives dans leur ensemble, et non ceux d'une circonscription déterminée[93], ou bien celle qui se bornerait à critiquer certains aspects de l'opération électorale sans conclure, au moins implicitement à la demande de l'annulation, ou bien une requête qui se contenterait de demander la condamnation morale de l'élection ou du candidat[94].

Cette attitude jurisprudentielle explique que les juridictions constitutionnelles refusent de connaitre des questions connexes à l'élection elles-mêmes, écartant ainsi toute possibilité d'étendre leurs pouvoirs au-delà des contestations de l'élection proprement dite. Ainsi, la haute juridiction marocaine, s'est déclarée incompétente pour statuer sur les recours formés par les candidats relatifs aux élections professionnelles[95]. Selon le Conseil, il n'existe pas de dispositions dans la Constitution et dans les lois organiques qui attribuent au Conseil constitutionnel le droit de statuer sur les recours relatifs aux élections professionnelles. Il affirme à ce titre, son incompétence dans le cas d'espèce. De même, le Conseil se déclare également incompétent pour connaitre de la sincérité de l'élection du président de la chambre des conseillers[96]. Le juge se déclare presque systématiquement incompétent lorsqu'aucun texte ne prévoit explicitement sa compétence. Par ailleurs, il considère que la nature de la saisine ou de la requête détermine le champ de sa compétence.

Font partie également des requêtes vouées à l'irrecevabilité celles dont l'objectif est de contester le nombre de voix attribué et non le résultat de l'élection, c'est-à-dire la proclamation de l'élu[97].

---

[92] Décision du CC marocain n°800/2010

[93] Décision du CC marocain n°727/2008

[94] Décision du CC marocain n° 174/1998 Abdeltif MENOUNI, op cit p 332 in Francis Delpérée, le contentieux électoral, PUF, 1998, coll. « Que sais-je », p.104

[95] Décision du CC marocain n° 535/2003 CC rendue le 09 septembre 2003

[96] Décision du CC marocain n°629/2010. Voir également la décision du CC marocain n°639/2007

[97] Il s'agit de l'Affaire Rebut, le sieur était candidat aux élections législatives du 23 novembre 1958 dans la première circonscription du Gard. Il avait obtenu 2096 voix, soit une voix de moins que le chiffre correspondant à 5 % des suffrages exprimés qui lui donnait droit au remboursement de son cautionnement et des frais de propagande (coût du papier, impression de bulletins de vote, affiches et circulaires, frais d'affichage). Or, le requérant devait estimer que plusieurs des bulletins à son nom avaient été irrégulièrement comptés comme nuls (car

À l'instar du Conseil constitutionnel français, le Conseil constitutionnel marocain ne dispose pas d'une compétence générale, mais uniquement d'une compétence d'attribution[98]. Ainsi, il n'est pas habilité à vérifier systématiquement les pouvoirs, son rôle se cantonne à statuer sur des réclamations.

En matière électorale, le Conseil constitutionnel français à l'instar de son homologuen marocain saisi de l'élection d'un membre du parlement, refuse de se prononcer sur la conformité d'une loi à la constitution ou sur l'opportunité des dispositions règlementaires fixant la composition des bureaux de vote et la date limite de dépôt des noms des assesseurs et délégués choisis par les candidats. En somme, le juge électoral se présente non comme le juge de la loi, mais comme celui qui applique la loi[99]. Toutefois, une loi électorale anticonstitutionnelle ne devrait-elle pas subir la sanction du juge constitutionnel avant la promulgation, à la suite de la saisine des autorités concernées ? Pour plus de clarté, le juge électoral ne devrait-il pas se limiter à contrôler l'issue de l'élection plutôt que ses actes fondateurs, qui sont d'une autre nature et surtout qui relèvent d'un contexte plus apaisé[100]?

Le juge de l'élection fait preuve de sévérité quand il exige le respect d'une formation stricte en matière d'élaboration de la requête. Ainsi, le droit de contester la régularité de l'élection se voit de moins en moins utilisé par les électeurs ; la quasi-totalité des recours émane de candidats battus qui prennent le soin de faire appel aux services d'un avocat[101].

### B. Le recours déclenché par un intérêt pour agir

Pas d'intérêt pas d'action, dit l'adage. L'ouverture du recours pose nécessairement la question de son ressort et par conséquent de l'intérêt pour agir. Le recours est-il déclenché par un intérêt pour agir[102] ? En matière électorale, les choses se présentent d'une manière particulière, eu égard à la nature du recours lui-même, l'action intentée devant le juge électoral n'a pas pour finalité de préserver un intérêt privé. Il s'agit d'une action exercée pour l'intérêt public[103]. Dans ce cadre et dans la plupart des États, le législateur a désigné les personnes qui ont qualité pour attaquer l'élection. Dans ce cas les individus n'ont pas à démontrer un intérêt pour agir. Celui-ci se confond

légèrement froissés et déchirés) et il saisit le Conseil constitutionnel afin de voir déclarer au moins l'un de ces bulletins valables.

[98] Cf. G. Vedel : Le Conseil constitutionnel n'est pas Mme Soleil. Le Monde. 30.12.71 in article de Nadia Bernoussi, « L'évolution du processus électoral au Maroc, RDH 2005 »

[99] CF. Favoreu L. et L. Philip (1995), les grandes décisions du Conseil constitutionnel, Edition Dalloz, 8 e édition p 7

[100] Article de Nadia Bernoussi, « L'évolution du processus électoral au Maroc, RDH 2005 »

[101] Abdeltif MENOUNI, op cit p 333

[102] Francis Delpérée, le contentieux électoral, PUF, 1998, coll. « Que sais-je », p 104

[103] Francis Delpérée, le contentieux électoral, op. cit p 104

avec la qualité pour agir[104]. En conséquence, le juge s'assure tout simplement de la qualité de celui qui le saisit. Contrairement aux juridictions de l'ordre administratif ou judiciaire, la notion d'intérêt pour agir, pourtant si essentielle dans l'élaboration d'une politique jurisprudentielle, libérale ou restrictive, de recevabilité des recours ne trouve pas à s'appliquer devant le juge électoral[105].

Cette conception qui paraît être l'expression de la pratique du juge électoral dans plusieurs pays, le Bénin, la France, le Maroc, le Sénégal explique que dans ces Etats, l'intérêt pour agir soit un concept résiduel[106].

Les différentes législations, lois organiques en général, indiquent que le droit de contester une élection appartient à toute personne inscrite sur les listes électorales dans la circonscription. Il peut l'être aux personnes qui y ont fait acte de candidature. Il peut l'être aussi aux groupements, associations et partis politiques. Le juge électoral, s'en tient à ces dispositions et ne se préoccupe guère de l'intérêt pour agir, à telle enseigne qu'on pourrait soutenir qu'un candidat élu pourrait voir son recours contre sa propre élection recevable[107].

Cette hypothèse d'école s'est présentée au Maroc où deux candidats proclamés élus à Casablanca l'un dans la circonscription irisais, l'autre dans la circonscription de Hay Mabrouka ont joint leurs recours à d'autres pour demander l'annulation de leur élection, estimant que des actes frauduleux avaient été commis lors du décompte des voix et que sur cette base on leur a attribué dans plusieurs bureaux de vote des suffrages qui avaient été obtenus par d'autres candidats. Le Conseil Constitutionnel marocain juge de l'élection a annulé le résultat de ces deux élections, mais sur la base d'autres recours que ceux des élus[108].

De même, dans sa décision n° 708/2008 rendue le 4 juin 2008, le juge constitutionnel considère les griefs irrecevables à l'encontre de l'élu au motif que celui-ci est un candidat qui dispose de la qualité (et l'intérêt) l'habilitant à présenter ladite requête. En tout état de cause, les textes attribuant le droit d'agir étant limitatifs, la jurisprudence en donne en général une interprétation stricte.

Ainsi, est irrecevable une requête dont l'auteur ne remplit pas les conditions, même s'il prétend agir au nom d'un candidat d'un parti politique, alors même que la personne qui agit au nom du parti ou du groupement serait soit inscrite sur les listes électorales, soit candidate dans la circonscription où a eu lieu l'élection (Sénégal). Le Président d'une

---

[104] Jean Claude Masclet, op. cité p 230

[105] Francis Delpérée, le contentieux électoral, PUF, 1998, coll. « Que sais-je », p 104

[106] CF. Les travaux du 3e congrès de l'Association des Cours Constitutionnelles ayant en partage l'usage du français, notamment les actes du colloque sur la saisine des Cours Constitutionnelles Libreville, septembre 2000.

[107] CF. Masclet. Op. cit.

[108] Abdellatif Menouni, op. cité p 334

association n'a pas qualité pour agir en annulation des élections[109]. En revanche, est recevable la requête signée par une personne ou par son avocat inscrite sur la liste électorale et qui fait incidemment mention de sa qualité de mandataire d'une liste.

On constate donc que la pratique jurisprudentielle est marquée par un certain individualisme et par la quasi-ignorance de l'intérêt pour agir remplacé par la qualité pour agir. Il convient cependant de relativiser cette jurisprudence, dans la mesure où certain États africains, notamment pour les élections présidentielles, les recours intentés par les associations politiques sont recevables. De même qu'en Égypte notamment, un intérêt pour agir doit être démontré par le requérant[110].

Bref, il importe de signaler que dans les États qui pratiquent le contrôle juridictionnel, le juge n'est appelé à intervenir qu'en cas de contestation. En l'absence de celle-ci, l'irrégularité qui entache l'élection ne peut être censurée.

Dans l'hypothèse où les protagonistes de la lutte électorale décident de pratiquer la conspiration du silence, de fermer les yeux sur les irrégularités qu'ils ont les uns et les autres commises, ou encore de trouver des arrangements politiques pour résoudre ces difficultés, le juge reste en dehors du débat électoral[111].

## § 2. La présentation des requêtes

H. Kelsen écrivait en 1928 que la question du mode d'introduction de la procédure devant le tribunal constitutionnel a une importance primordiale : c'est de sa solution que dépend principalement la mesure dans laquelle le tribunal constitutionnel pourra remplir sa mission de garant de la constitution[112]. Avant son instruction, le recours dont se trouve saisi le Conseil constitutionnel doit répondre à certains critères qui sont relatifs au requérant (A), aux délais pour agir (B) et au contenu de la demande (C).

La saisine est l'acte de procédure ayant pour objet de déclencher l'intervention de la jurisprudence[113]. En matière de contentieux électoral, elle est prévue par l'article 30 alinéa 1 de la loi organique n° 29-93 relative au Conseil constitutionnel marocain et de la loi organique n° 8-98 modifiant et complétant la loi organique n° 29-93 précitée, en vertu desquelles : « *le Conseil constitutionnel doit être saisi...* ». En effet, les élections des

---

[109] Décision du Conseil Constitutionnel marocain n° 21, Dossier n° 94/23 par lequel la Haute Juridiction a déclaré irrecevable un recours en annulation de l'élection présenté par l'organisation de l'Action Démocratique et Populaire.

[110] CF. travaux du 3e Congrès de l'ACCPUF.

[111] Francis Delpérée, le contentieux électoral, PUF, 1998, coll. « Que sais-je », p 104

[112] H, Kelsen ; " la garantie juridictionnelle de la Constitution, RDP, 1928, p 245.

[113] Michel DE VILLIERS : « Dictionnaire du droit constitutionnel », 2e édition, Armand Colin 1999, p : 199

membres de la Chambre des représentants soulèvent souvent des contestations. Quand celles-ci portent sur la régularité des élections, le Conseil constitutionnel est, en vertu de l'article 81 alinéa 2, compétent pour statuer dessus.

Cependant, la saisine du Conseil constitutionnel est soumise à des règles de procédure qu'il est important d'étudier, car leur non-respect a été souvent derrière le rejet de bon nombre de requêtes. Le juge constitutionnel accorde autant d'importance aux conditions de forme qu'aux conditions de fond, car en droit la forme est aussi importante que le fond. Tout vice de forme fait écran aux considérations de fond, qui parfois peuvent donner lieu à une annulation des résultats de l'élection.

### A. La qualité du requérant

Dans ce domaine, il s'agit de réaliser un équilibre délicat. Selon M. Phillipe : "on se trouve en présence de deux nécessités : d'une part, il faut ouvrir largement le droit de contester le résultat des élections, car il s'agit d'une opération qui intéresse directement chacun des électeurs, d'autre part, il faut éviter qu'on abuse de ce droit[114]. Ce sont les acteurs de l'élection qui peuvent la contester, car les candidats ont été en mesure de suivre les évolutions de la campagne électorale à laquelle ils ont participé tandis que les électeurs ont pu être les témoins d'éventuelles irrégularités lors du déroulement du scrutin.

On souligne souvent qu'en matière électorale, les juridictions constitutionnelles peuvent être saisies très facilement. C'est un cas exceptionnel, car dans tous les autres domaines où le droit de saisine est au contraire limité[115].

Le droit de contester une élection appartient à toute personne inscrite sur les listes électorales de la circonscription et aux personnes qui y font fait acte de candidature.

1. Les électeurs

Par électeur[116], il faut comprendre celui ou celle qui est formellement inscrit sur les listes électorales[117], même probablement à tort, comme a pu le

---

[114] L. Phillipe, Le contentieux des élections aux assemblées politiques françaises, op, cit,. p 123.

[115] Louis FAVOREU, Loi Philip « les grandes décisions du Conseil constitutionnel », 6e édition, Sirey, 1991, p : 21.

[116] Sont électeurs, en vertu de l'article 3 de la loi organique n° 31-97, les Marocains des deux sexes inscrits sur les listes électorales générales. De même, l'article 3 du dahir n° 1-97-83 du 23 kaâda 1417 (2 avril 1997) portant promulgation de la loi n° 9-97 formant code électoral stipule : « sont électeurs les Marocains des deux sexes âgés de vingt années grégoriennes révolues et jouissant de leur droit civil et politique et n'étant dans aucun des cas d'incapacité prévus par la présente loi ». Le code a par ailleurs précisé dans ses sections premières,

soutenir, le requérant lui-même, mais pas celui qui, disposant du droit à être inscrit, ne s'y est pas effectivement inscrit. La requête dirigée contre les opérations électorales qui se sont déroulées dans trois circonscriptions différentes est donc irrecevable pour les deux circonscriptions dans lesquelles le requérant n'était pas électeur[118].

Cette disposition soulève quelques difficultés. La requête doit être signée par le requérant lui-même et non par un mandataire. Elle doit mentionner la qualité du requérant et donc son inscription sur la liste électorale de la circonscription dans laquelle s'est déroulée l'élection[119]. Le simple droit à être inscrit sur la liste électorale ne permet pas de saisir le Conseil constitutionnel si le requérant n'y est pas effectivement inscrit[120]. Sous ce prétexte le Conseil constitutionnel avait déclaré irrecevable la demande faite par un requérant qui ne s'est pas contenté de contester le résultat de l'élection au sein de la circonscription dont il est inscrit, mais qui est allé jusqu'à contester les résultats des élections tenues dans toutes les circonscriptions électorales[121].

La décision n° 801 en date du 29 juin 2010 est relative à une affaire déférée devant le Conseil constitutionnel par Mer Jamal Lamzabi. Ce dernier demande l'annulation du scrutin relatif à l'élection des membres de la Chambre de représentant, qui s'est déroulé le 07 septembre 2007 dans la circonscription électorale de Séfrou. Cette requête contestant le résultat de ladite élection a été jugée irrecevable par le Conseil pour motif que le requérant n'a pas la qualité d'électeur dans la mesure que ce dernier a précédemment contesté la non-inscription de son nom sur les listes électorales de la commune à laquelle il appartient- le tribunal compétent dans le contentieux relatif à l'inscription dans les listes électorales, à savoir le tribunal administratif, auquel il s'est adressé en vue de son inscription sur les listes électorales en question, a déclaré l'irrecevabilité de sa requête, au motif qu'il n'a pas produit de moyen prouvant qu'il a présenté sa demande d'inscription à la commission administrative chargée de réviser les listes électorales de Séfrou, et que le requérant ne s'est pas conformé aux règles requises dans les articles 12 à 14, 25 et 26 du code électoral, exigent de tout requérant qui conteste la décision de la commission administrative en

---

article 4 et seconde, article 5 et 6 du chapitre premier du titre premier, les conditions d'inscription sur les listes électorales ainsi que les divers cas d'incapacité électorale.

117 Décision du CC marocain n° 484 en date du 27/11/2002

118 Décision du CC marocain n° 667 en date du 28 novembre 2007. Voir aussi décision du CC n° 693 en date du 13 mai 2008. D'après l'article 80 de la loi organique de la Chambre des représentants, le requérant doit être inscrit « sur les listes électorales de la circonscription dans laquelle il a été procédé à l'élection ».

Voir aussi Décision du CC marocain n° 438 en date du 21 février 2001.

119 Décision du CC marocain n° 484 en date du 27 novembre 2002

120 Décision du CC marocain n° 667 en date du 28 novembre 2007.

121 Décision du CC marocain n° 484 en date du 27 novembre 2002.

question, de présenter sa demande devant la commission de jugement, préalablement à la saisine du tribunal administratif.

De même le juge constitutionnel considère que la condition d'appartenance à un collège électoral est un élément fondamental pour l'acquisition de la qualité d'électeur dans le cadre de l'élection à la Chambre des Conseillers[122]. De la même manière, le Conseil constitutionnel déclare l'irrecevabilité du recours du requérant qui ne dispose pas, à la date du déroulement de l'élection objet de contestation, de la condition d'appartenance au collège d'électeurs, a, de ce fait, perdu la qualité que lui accorde le droit de contester le résultat qui a couronné l'opération électorale[123]. En revanche, la production d'un contrat de travail indéterminé et d'une autorisation de continuation de travail portant une date postérieurement à la date de dépôt des candidatures, implique que la personne dont l'élection est contestée ne disposait pas, à cette date, de la qualité de salarié et n'avait pas, par conséquent, la qualité juridique pour représenter les salariés, ce qui exige l'annulation de son élection[124].

2. Les candidats

Les candidats qui ont fait acte de candidature ou attestant leur inscription dans la liste des électeurs[125], ont le droit de contester le résultat des élections. Par candidat intéressé, le législateur veut dire qu'un candidat ne peut contester que les résultats des élections de l'arrondissement dans lequel il s'est présenté. Il ne peut demander l'annulation des résultats des élections d'un candidat appartenant à un autre arrondissement.

Le juge constitutionnel marocain considère irrecevable la requête lorsqu'elle est présentée par une personne qui n'est ni électeur[126] ni candidat[127].

C'est le cas de la décision n° 166/1998. Le juge électoral n'ayant pu établir, grâce aux documents fournis si le requérant était électeur ou candidat, décide que ce dernier n'a pas la qualité pour agir et par conséquent rejette la demande d'annulation.

Si le requérant est un candidat, le Conseil vérifie la réalité de sa candidature et refuse, par exemple, une demande formée par une personne ayant simplement informé le gouverneur de son intention de se présenter à l'élection contestée en réclamant l'envoi des formulaires à remplir.

Est cependant recevable la requête formée contre l'élection ayant eu lieu dans une circonscription par un demandeur s'étant vu refuser

---

[122] Décisions du CC marocain n° 419/2000 et 401/2000
[123] Décision du CC marocain n° 801/2010 en date du 29 juin 2010
[124] Décision du CC marocain n° 802/2010 en date du 30 juin 2010
[125] Décision du CC marocain n° 167/1998 en date du 26/11/1998
[126] Décision du CC marocain n° 693/2008 en date du 13/05/2008
[127] Décision du CC marocain n° 265/1998 en date du 30/09/1998

l'enregistrement de sa candidature dès lors que la requête n'est précisément pas fondée sur la prétendue irrégularité de ce refus. C'est ainsi que l'acharnement du gouverneur refusant d'inscrire la candidature du requérant malgré le jugement qu'il lui a été notifié, est considéré comme une atteinte aux dispositions du paragraphe quatre de l'article 81 de la loi organique relative à la Chambre des représentants – qui précise bien que « le gouverneur est tenu d'enregistrer immédiatement les candidatures que le tribunal juge recevables et veiller à leur publicité » et constitue aussi une entrave manifeste à un droit fondamental que la Constitution et les lois qui la complètent garantissent à tous les citoyens, de ce fait, il convient d'annuler les résultats du scrutin. »[128]

S'agissant toujours de la protection des droits et libertés politiques notamment le droit de se porter candidat aux élections parlementaires. Le Conseil constitutionnel marocain a à son actif une jurisprudence qui, bien que peu abondante, montre son intransigeance sur le nécessaire respect de ce droit et n'hésite pas à en sanctionner les violations. Tel est le cas d'une personne dont la candidature est refusée par le gouverneur, refus confirmé par le tribunal de première instance. C'est ainsi que le Conseil constitutionnel marocain s'est montré intransigeant, annule aussi bien le jugement du tribunal que le scrutin[129] et considère que l'administration a refusé de percevoir la caution financière au motif qu'elle n'a pas été présentée dans les délais arrêtés par l'administration. Le Conseil estime à ce propos que l'administration doit se tenir au délai prescrit par la loi et son comportement dans cette affaire constitue un moyen d'empêcher un citoyen à se porter candidat sur le même pied d'égalité avec les autres candidats et de permettre aux électeurs de choisir en toute liberté le candidat de leur choix.

On constate selon le tableau n° 1 ci-dessous que dans la plupart des États, pour les deux scrutins nationaux, les électeurs, candidats ou leurs représentants peuvent saisir le juge constitutionnel d'une requête électorale (cas du Maroc, de la France, de la Mauritanie, du Bénin, du Madagascar et du Gabon…). Ils sont en effet, les premières victimes des éventuelles irrégularités électorales. La saisine des partis et formations politiques est moins répondue sauf dans quelques pays (cas de la Suisse, l'Algérie, le Bénin, le Gabon, le Togo et le Mali). Toutefois, il ne faut pas négliger le fait que les partis politiques accompagnent les candidats qu'ils désignent durant tout le processus électoral et la saisine du candidat équivaut à une saisine du parti qui investit tous ses moyens financiers et juridiques pour la bataille.

[128] Décision du CC marocain n° 401/2000 en date du 13 juin 2000
[129] Décision du CC marocain n° 218/98 du 09 juin 1998.

**Tableau[130] n° 1 : Récapitulatif des personnes autorisées à saisir les juridictions constitutionnelles pour les élections parlementaires**

| Pays | Électeurs | Candidats ou représentants | Parti ou groupement politique | Autres |
|---|---|---|---|---|
| **Maroc** | Oui | Oui | | Le wali ou gouverneur Secrétaire de la commission nationale de recensement |
| **France** | Oui | Oui | Oui | La commission des comptes de campagne |
| **Algérie** | | Oui | Oui | |
| **Bénin** | Oui | Oui | Oui | Commission électorale |
| **Cameroun** | | Oui | | Un agent du gouvernement |
| **Suisse** | Oui | | Oui | |
| **Cambodge** | Oui | Oui | Oui | Commission électorale |
| **Madagascar**[131] | Oui | Oui | | Un observateur ou une ONG |
| **Gabon** | Oui | Oui | Oui | Le délégué du gouvernement |
| **Mali** | | Oui | Oui | Les membres du bureau de vote y compris les mandataires des candidats |
| **Rwanda** | Oui | Oui | Oui | Tout intéressé Commission électorale |

Au Maroc comme en France, les dispositions de l'article 82[132] de la loi organique relative à la Chambre des représentants et 33 de l'ordonnance du 7 novembre 1958 font obstacle à ce que puisse être admise ''une contestation présentée par un parti ou un groupement politique, ou en son nom[133], ce que déplore M Luchaire[134] quand des candidats peu scrupuleux se prévalent

[130] Tableau construit à partir dépouillement des constitutions et des lois organiques d'un échantillon non exhaustif des pays concernés.

[131] La cour peut s'autosaisir

[132] L'article 82 de la LO prévoit que « Les électeurs et candidats intéressés peuvent contester les décisions prises par les bureaux de vote, les bureaux centralisateurs, les commissions préfectorales ou provinciales de recensement et la commission nationale de recensement devant le Conseil constitutionnel. Le même recours est ouvert aux gouverneurs et au secrétaire de la commission nationale de recensement, chacun en ce qui le concerne. Toutefois, les représentants proclamés élus restent en fonction jusqu'à ce qu'il ait été définitivement statué sur les réclamations et que le Conseil constitutionnel ait prononcé l'annulation de leur élection.

[133] V par exemple : CC, 88-1040/1054, 13 juillet, 1988, AN, Charente-Maritime, 1ére circ, Rec.Cons.const, p 97.

[134] F Luchaire, Le Conseil constitutionnel, op. cit, p 330 : ''On peut regretter cette règle. En effet les partis politiques ''concourent à l'expression du suffrage'' dit l'article 4 de la constitution : il aurait donc été normal de leur permettre d'intervenir pour défendre la régularité de ce même suffrage ; par exemple lorsqu'un candidat se réclame indûment d'un parti politique ou comprendrait que celui-ci proteste, certes un parti politique peut trouver un militant parmi les électeurs de la circonscription intéressée pour saisir le Conseil ; mais un tel recours a alors un caractère personnel qui peut faire hésiter un militant timoré'.

abusivement d'investitures inexistantes. Mais il est vrai que le candidat régulièrement investi sera le plus apte à agir, en cette qualité, après la proclamation des résultats et à démontrer l'influence de cette manœuvre sur l'électorat de la circonscription. Le Conseil constitutionnel marocain déclare irrecevable la requête émanant d'un parti politique[135], du syndicat national des professionnels du théâtre[136], d'une organisation de l'action démocratique populaire[137] (OADP).

Le juge constitutionnel français a pu également élaborer une jurisprudence beaucoup plus développée en la matière, ainsi considère-t-il irrecevable : une requête dont l'auteur ne remplit pas les conditions (candidat ou électeur même si elle prétend agir au nom d'un candidat[138] ; une contestation présentée au nom d'un parti politique alors même si la personne qui agit au nom du parti ou du groupement serait soit inscrite sur les listes électorales soit candidate dans la circonscription où a eu lieu l'élection contestée[139] ; la demande d'un président d'annuler des opérations électorales d'une association[140] qu'il soit électeur ou candidat dans la circonscription concernée et enfin les requêtes formulées par un représentant de l'Etat dans le département[141].

Un système avec une vision objective du contentieux électoral a été adopté au Madagascar où les organisateurs et les ONG peuvent saisir la haute juridiction constitutionnelle et au Rwanda où toute personne intéressée est autorisée à exercer un recours. Les autorités étatiques, quant à elles, sont impliquées dans le contentieux en la personne des représentants locaux de l'État (agents du Gouvernement au Cameroun et au Gabon et Wali ou Gouverneur au Maroc[142]).

En France, on peut estimer que la mise à l'écart du préfet du contentieux électoral parlementaire est injustifiée ''compte tenu de sa position impartiale dans l'élection[143]''. Sa proximité avec les requérants potentiels et son rôle de transmission des recours au secrétariat général du Conseil, conformément à

---

135 Décision n° 88-1040 du 13 juillet 1988, AN Charente Maritimes, 1er Circ, Rec, Con, Const p. 97

136 Décision du CC marocain n° 419 en date du 13 décembre 2000.

137 Décision du CC marocain n° 21 en date du 07 juin 1994.

138 Décision n° 73-890 du 12 avril 1973, AN, Ardennes, 1er Circ, Rec, Con, Const, p. 64

139 Décision n° 88-1040 du 13 juillet 1988, AN Charente Maritimes, 1er Circ, Rec, Con, Const p. 97

140 Décision 22 mars 1973, AN, Rec Cons const, p 59 décision 1989, sénat Gironde

141 Décision n° 88-1040 du 21 juin 1988, AN, Oise, Ibid, p. 84). La requête présentée par le président d'une association n'est pas davantage recevable à demander l'annulation d'opération électorale

142 « ... Le wali de la région de Taza-Al Hoceima-Taounate, gouverneur de la province d'Al Hoceima, tire le fondement de la présentation du recours, des dispositions du premier paragraphe de l'article 51 de la loi organique relative à la Chambre des conseillers, en sa qualité de partie habilitée par la loi à contester les opérations électorales » (Décision du CC marocain n° 617 en date du 21 juin 2006)

143 P Jan, La saisine du Conseil constitutionnel, op. cit p 337.

l'article 34 de l'ordonnance du 07 novembre 1958, n'en sont pas moins déterminants.

Par ailleurs, parmi les personnes ayant aussi la qualité pour contester l'élection au Maroc et en France, figurent le secrétaire de la commission nationale de recensement[144] et la Commission des comptes de campagne[145].

Il faut encore préciser que l'accès au juge constitutionnel n'est pas toujours direct. Par exemple, en ce qui concerne l'élection du président de la République, les candidats en Algérie et les électeurs en France doivent porter leurs réclamations sur les procès-verbaux des bureaux de vote. Au Togo, les plaintes sont déposées à la Commission électorale nationale indépendante (CENI) qui les transmet à la Cour constitutionnelle. Le Cambodge a instauré un système particulier puisque le Conseil constitutionnel peut être saisi soit directement soit en appel d'une décision de la Commission électorale nationale.

### B. Un encadrement strict des délais en matière de saisine

La présentation de la requête doit à la fois répondre à des exigences de contenu et de délai. Caractérisés par leur brièveté, les délais de recours ou les systèmes de délais diffèrent grandement entre pays (Maroc, Sénégal, France, Mali, Gabon...). Chaque Conseil constitutionnel respectif se doit de respecter ces délais afin d'éviter une "exaspération des griefs électoraux[146]" et les incertitudes qui peuvent persister sur la situation de l'élu.

Il y a d'abord le délai de présentation de la requête qui diffère dans sa brièveté d'un pays à un autre, comme il est fonction de la nature de l'élection (élection législative ou présidentielle).

Le tableau n° 2 présente les délais de recours pour les élections parlementaires

---

[144] « ... Le secrétaire de la commission nationale de recensement... fait partie des personnes habilitées à attaquer l'éligibilité du candidat appelé à occuper le siège vacant, conformément au paragraphe deux de l'article 53 de la loi organique relative à la Chambre des conseillers » (Décision du CC marocain n° 809/2011)

[145] Créée par la loi du 15 janvier 1990, la CNCCFP a trois missions principales : contrôler les comptes de campagne des candidats aux élections et le respect, par les formations politiques, de leurs obligations comptables. Elle participe aussi à l'information des citoyens, en publiant les comptes de campagnes et ceux des partis au JO".

[146] J. P Charnay, Le contrôle de la régularité des élections parlementaires, op, cit, p 103

Tableau[147] n° 2 : Les délais de recours pour les élections parlementaires

| Pays | Point de départ du délai | Durée du délai du recours |
|---|---|---|
| **France** | Proclamation des résultats | 10 jours |
| **Maroc** | Proclamation des résultats | 15 jours (récemment fixé à 30 jours dans la nouvelle loi organique relative à la Cour constitutionnelle) |
| **Algérie** | Proclamation des résultats | 48 heures en ce qui concerne la régularité des opérations de vote et 24 heures en ce qui concerne les résultats |
| **Liban** | Proclamation des résultats | 30 jours |
| **Égypte** | La date de la publication de la décision administrative ou de sa notification administrative | 60 jours |
| **Bulgarie** | Proclamation des résultats par la commission électorale centrale | 15 jours |
| **Burkina Faso** | Clôture du scrutin, Proclamation des résultats provisoires | 72 heures pour les citoyens<br>5 jours pour les candidats |
| **Bénin** | Proclamation des résultats | 10 jours |
| **Mali** | Jour du scrutin | 5 jours |
| **Cambodge** | 1) Proclamation provisoire des résultats (saisine directe)<br>2) Date de notification de la décision du comité électoral national (saisine en appel) | 72 heures et 48 heures[148] |
| **Cameroun** | Clôture du scrutin | 4 jours |
| **Gabon** | Proclamation officielle des résultats | 15 jours |
| **Madagascar** | Jour du scrutin | 20 jours |
| **Mauritanie** | Fin des opérations de vote | 5 jours |
| **Rwanda** | Proclamation provisoire des résultats | 48 heures |

Il ressort du tableau n° 2 que les délais de recours ne dépassent pas 30 jours, mais ils sont inférieurs à 5 jours dans la majorité des États, notamment en Algérie, au Burkina Faso, au Cameroun, au Mali, en Mauritanie, au Rwanda, au Cambodge.

Nous observons, toutefois, une tendance à accorder un délai plus long pour les élections législatives. Par exemple, au Togo, le délai est de 48 heures pour l'élection du président de la République et de 72 heures pour l'élection des députés. En France, les recours sont reçus dans les 48 heures de la fermeture des bureaux de vote pour les présidentielles.

[147] Tableau construit à partir dépouillement des constitutions et des lois organiques d'un échantillon non exhaustif des pays concernés.
[148] Les parties peuvent saisir directement le comité électoral national pour contestation des résultats préliminaires dans un délai de 72 heures, il doit statuer dans les 48 heures

L'existence de délais relativement brefs laisse présager un nombre important de saisines tardives. Étonnamment, ce ne sont pas les Cours devant lesquelles les délais de recours sont les plus brefs qui font état de nombreux cas d'irrecevabilité pour non-respect de celui-ci. Ainsi, les Cours et Conseils du Gabon, du Liban, de Madagascar et du Maroc entrent dans cette catégorie avec des délais de 15 jours, 30 jours, 48 jours, 20 jours et 15 jours. Cette affirmation n'est pas vérifiée pour l'Algérie, le Bénin, le Cambodge, le Cameroun et la Mauritanie où les Cours relèvent de nombreux cas de requêtes tardives.

Le délai n'est pas en général constitué de jours francs[149]. À travers ces délais, le législateur évite que le doute ne continue à planer sur l'élection des représentants de la Nation. Mais ce faisant, il attribue peu de temps aux requérants pour étayer leurs requêtes. Sur décision du juge électoral, les différentes législations leur donnent la possibilité d'obtenir un délai supplémentaire (encore plus bref) pour conforter leurs requêtes. Mais le mémoire ampliatif produit au terme de ce délai ne peut que développer les griefs déjà soulevés dans la requête procédure, il ne peut avancer de nouveaux griefs.

De la sorte, le juge constitutionnel écarte les recours prenant la forme de simples contestations (ne portant pas sur l'élection proprement dite du candidat retenu) ou ceux prématurés destinés à influencer des mandats. Dès lors qu'une élection est contestée, le délai fixé pour que les intéressés se mettent en situation régulière (au regard de la limitation des mandats électifs) court à compter de la décision de la juridiction électorale. La brièveté des délais et l'information la plus rapide de ceux dont l'élection est contestée leur permettent de ne pas démissionner de tel ou tel mandat, de n'exercer l'option que lorsque l'élection est confirmée.

De même, une quantité non négligeable de ces décisions d'irrecevabilité pourrait être évitée grâce à une meilleure connaissance de la procédure électorale. C'est ce que constate la Cour constitutionnelle du Bénin, qui a vu le nombre de décisions d'irrecevabilité sensiblement baisser, à la suite des séances de formation qu'elle a organisées et de la diffusion de la plaquette du « guide du requérant[150] ».

En termes jurisprudentiels, la question du délai de recours soulève des problèmes d'inégale difficulté : quel est le point de départ de ce délai ? La date de son enregistrement ? Quel sort faut-il réserver aux requêtes prématurées ? Et quelles conséquences s'attachent à l'expiration du délai de recours ?

---

[149] L'article 20 de la loi organique n° 29-93 précise que tous les délais prévus par la loi organique relative au Conseil constitutionnel sont des délais francs, c'est-à-dire que pour leur calcul ne sont pris en compte ni le premier jour où ils débutent ni le dernier jour où ils finissent ; et si ce dernier coïncide avec un jour férié, le délai est prolongé jusqu'au premier jour ouvrable.

[150] Les travaux du 3e congrès de l'ACCPUF, Libreville, 2000.

Bref, ces délais prennent une toute signification dans le cadre du contrôle exercé par la juridiction constitutionnelle. Un examen approfondi de la question des délais de procédure s'impose à l'instar de la jurisprudence constitutionnelle en droit comparé.

1. Le respect obligé du délai légal

En matière des élections parlementaires, la saisine du Conseil constitutionnel marocain est possible « durant les 15 jours[151] après l'annonce des résultats officiels de l'élection en question[152]. Le point de départ du délai est la date à laquelle les résultats du scrutin ont été proclamés[153]. Ce délai est valable aussi bien pour une saisine directe, qui concerne les irrégularités de campagne ou lors des opérations de vote, que pour un appel fait contre une décision d'un tribunal d'instance qui concerne la question des candidatures.

En France, ce délai est de dix jours[154]. La requête introduite a pour seul effet de saisir le Conseil Constitutionnel et n'a aucun caractère suspensif, le candidat dont l'élection est mise en cause est avisé dès l'introduction de la requête pour la préparation de sa défense.

Ainsi compte tenu du caractère impératif du respect de ce délai, il faudra souligner l'impossibilité d'évoquer de nouveaux moyens postérieurement à cette échéance[155].

Ainsi l'analyse de jurisprudence du juge électoral concernant la question des délais est très variée et concerne des griefs relatifs au délai légal[156] au délai supplémentaire[157] accordé par le Conseil pour la production des pièces utiles au soutien des moyens invoqués[158].

L'écoulement de ce délai (a) ainsi que le lieu du dépôt de la requête (b) sont des éléments qui doivent être connus par le requérant. Si la moindre négligence en matière de délai doit être proscrite en vue de la recevabilité du recours, il faut également éviter les requêtes prématurées qui, si elles apportent bien la preuve de la détermination du requérant, n'en sont pas moins inopérantes (c).

---

[151] L'article 29 de la loi organique n° 29-93 relative au Conseil constitutionnel modifié et complété par la loi organique n° 8-98, le délai de présentation d'une requête au parlement est de 15 jours suivant la date de proclamation du résultat du scrutin.

[152] Ibid 52

[153] Décision du CC n° 741 en date du 4/03/2009

[154] Art .33 de l'ordonnance n° 58 – 1067 du 7 novembre 1958.

[155] Décision du CC marocain n° 559 en date du 17/02/2004

[156] Décision du CC marocain n° 663 en date du 25/04/2007

[157] Décision du CC marocain n° 703 en date du 27/03/2008

[158] Cf article 31 de la loi organique du Conseil constitutionnel

*a) La computation du délai*

Le règlement applicable à la procédure suivie devant le Conseil constitutionnel pour le contentieux de l'élection des membres du parlement prévoit dans son article premier que le délai court à compter du jour qui suit celui de la proclamation officielle du résultat de l'élection[159].

Le recours ne doit pas s'exercer trop tard. Il se prescrit une fois le délai écoulé[160]. Le Conseil constitutionnel à l'instar de son homologue français s'est montré intransigeant quant au respect du délai. Le requérant ne saurait se plaindre de n'avoir pu disposer de suffisamment de temps pour conduire les investigations nécessaires au soutien de sa requête[161], à laquelle il doit impérativement annexer les pièces utiles au soutien des moyens qu'il invoque ; exceptionnellement, le Conseil ou la section chargée de l'instruction peut lui accorder un délai supplémentaire pour la production d'une partie de ces pièces.

Dans toutes les hypothèses, la requête doit être enregistrée dans le délai de 15 jours[162] sous peine d'irrecevabilité[163]. Le Conseil, dans un bon nombre de cas, déclare non recevables des requêtes dont il a été saisi hors du délai accordé aux contestataires des résultats[164].

Cependant, la date d'enregistrement d'une requête au secrétariat général du Conseil est sans influence sur sa recevabilité dès lors qu'elle a été enregistrée à la préfecture dans le délai prescrit[165]. De même, le Conseil constitutionnel prolonge le délai dans l'hypothèse où celui-ci expire un samedi, un dimanche ou un jour férié[166]. Ce délai est reporté au jour suivant conformément au principe de calcul des délais francs prévus par la loi[167].

Par contre le Conseil constitutionnel français a pu surprendre à l'occasion du contentieux des élections législatives de 1993. S'agissant du second tour, le délai de recours expirait le 8 avril à minuit et un recours enregistré le jour

---

[159] La requête a été enregistrée au secrétariat général du Conseil hors délai (décision n° 703 en date du 27 mai 2008). Voir aussi décision du CC marocain n° 166 en date du 2 décembre 1997 où le juge constitutionnel déclare irrecevable la requête parvenue au secrétariat du Conseil, un jour après la date limite du délai de présentation des requêtes qui coïncidait avec le 1er décembre 1997.

[160] F Délpérée, op. cit p 108

[161] Décision du CC marocain n° 741 en date du 04/03/2009

[162] Article 29 de la loi organique du Conseil constitutionnel

[163] Voir aussi décision du CC marocain n° 166 en date du 2 décembre 1997 où le juge constitutionnel déclare irrecevable la requête parvenue au secrétariat du Conseil, un jour après la date limite du délai de présentation des requêtes qui coïncidait avec le 1er décembre 1997.

[164] Selon l'article 29 de la loi organique relative au Conseil constitutionnel, ce délai est de 15 jours suivant la date de la proclamation du résultat de l'élection. C'est seulement pendant ce délai que l'élection peut être contestée.

[165] C.C., 71-575/578, 20 janvier 1978, Sénat, Ain, Rec. Cons. const., p50.

[166] Décision du CC marocain n° 353 en date du 24 novembre 1999.

[167] Voir également la décision du CC marocain n° 796/2010

suivant était donc logiquement irrecevable[168]. Pourtant, dans une décision ultérieure[169], il accepte d'examiner un recours enregistré au secrétariat général le 14 avril 1993, ce qui se situe bien au-delà du délai en vigueur et ne peut s'expliquer que par l'existence de " délai de distance "[170]. Si cette interprétation est exacte[171], il faut en déduire l'abandon de sa jurisprudence antérieure[172] soulignant la faculté de déposer la requête en préfecture au lieu de l'adresser au Conseil, et qui ne correspondait nullement à la réalité, les électeurs éloignés de la métropole choisissant majoritairement la seconde solution[173].

C'est ainsi que dans une décision n° 664/2007, le Conseil avait déclaré que la demande faite par le requérant de lui accorder un délai supplémentaire lui permettant de fournir des documents appuyant sa requête ne peut pas être acceptée sauf si le requérant avait déjà dans le délai mentionné par la loi, fourni une partie des documents sur laquelle ce même requérant s'est basé pour fonder sa requête.

Or dans le cas d'espèce, la première partie des documents a été déposée par le requérant auprès du secrétariat général du Conseil constitutionnel hors du délai fixé par la loi, ce qui l'empêche de bénéficier du délai supplémentaire accordé par le Conseil. La requête a, donc, été déclarée irrecevable. Ceci dit que le délai supplémentaire dont il est fait référence dans l'alinéa 3 de l'article 31 ne concernera que les requêtes ayant déjà été déposées dans le délai prescrit par la loi qui est celui de 15 jours à partir de la date de la proclamation des résultats. C'est encore un signe de l'application rigoureuse par le Conseil constitutionnel marocain des prescriptions relatives à la forme des requêtes déférées devant lui.

En fait, ce délai est trop court pour permettre au requérant de rédiger une requête qui soit valable du point de vue de la forme et du fond[174]. Cependant, si cette loi organique avait assoupli cette condition de délai pour la production des pièces à joindre à la requête[175], ceci ne pourrait pas atténuer les conséquences du caractère rigoureux du respect du délai. Le Conseil constitutionnel n'accepte d'accorder un délai supplémentaire au requérant pour fournir des pièces soutenant sa requête que si les premières pièces

---

168 V. par ex, C. C. 93-1383, 26 mai 1993, A.N Haut de Seine, 2e circ, Rec.Cons.Cons. Const, p.52.

169 C.C, .93- 1230, 7 juillet 1993, A.N Martinique, 4e circ, Rec.Cons. Const., p. 183.

170 B. Maligner, « Contentieux des élections parlementaires », Juris-Classeur Administratif, op. cit. p 18.

171 V. l'opinion contraire de P. Jan, la saisine du Conseil constitutionnel, op.cit, p 438 : « sous réserve d'une décision ultérieure clarifiant ce problème, on considérera que la décision publiée au Journal Officiel comporte une erreur matérielle non corrigée qui résulte de l'omission du dépôt d'une requête à la préfecture dans le délai contentieux ».

172 V. par ex, C.C., 59-219/222, 9 juillet 1959, Sénat, Guadeloupe, Rec. Cons. const., p. 247.

173 Cf. P. Jan, la saisine du Conseil constitutionnel, op. cit. p.417 et 438-439.

174 Mohamed ZAOUI, op. cit.page 276.

175 Article 31 alinéa 3 de la loi organique relative au Conseil constitutionnel.

fournies dans le délai prescrit sont à elles seules en mesure de mettre en cause la sincérité du scrutin dans la circonscription concernée[176]. Ce qui laisse dire qu'un éventuel second délai accordé n'est qu'une deuxième chance qui lui est offerte non pas pour fonder sa requête – chose qui devrait avoir lieu dans le délai de 15 jours fixé par la loi –, mais pour la conforter et pour éclairer davantage le juge appelé à trancher dans le contentieux en question[177].

*b) Le dépôt de la requête*

Au terme de l'article 30 de la loi n° 29-93, les requêtes sont adressées au secrétariat général du Conseil où au gouverneur de la préfecture où de la province où a eu lieu les opérations électorales où au secrétariat greffier du tribunal de première instance de la circonscription où se déroule l'élection. À ceux-là, le législateur, dans la loi 8-98 modifiant et complétant la loi organique n° 29-93, a ajouté le gouverneur du chef-lieu de la région. En pratique, des permanences sont organisées pour permettre, le jour où le délai expire, l'enregistrement des requêtes.

Une fois le dépôt effectué, le requérant reçoit un récépissé mentionnant la date de dépôt et la liste des pièces et des documents qu'il a présentés à l'appui de sa requête.

Le gouverneur de la préfecture ou de la province ou le secrétaire-greffier du tribunal de première instance ayant reçu les requêtes avise, en vertu de l'article 30 de la loi n° 29-93, par télégramme ou télécopie le secrétariat général du Conseil constitutionnel. L'enregistrement de ces requêtes au secrétariat général du Conseil constitutionnel fait mention de la date de leur réception à la préfecture ou à la province ou au secrétariat du greffier du tribunal de première instance. Cette mention apparaît dans la décision du Conseil.

Une fois les requêtes ou leurs télécopies reçues au Conseil, un numéro d'enregistrement dit numéro du dossier lui est attribué selon l'ordre d'arrivée chronologique. Le numéro est donné en rapport sur les derniers chiffres de l'année en cours, exemple : 78/97 (97 correspond aux derniers chiffres de l'année 1997). Ce numéro est différent du numéro de décision du Conseil.

En pratique, les requêtes contestant l'élection d'un même électeur sont jointes. Leur instruction se fait simultanément, car elles soulèvent souvent les mêmes griefs. Le juge constitutionnel évite ainsi à l'élu dont l'élection est contestée de rester dans l'incertitude en lui faisant subir un seul procès et en éditant une décision définitive qui confirme ou annule son élection.

---

[176] Voir décision du Conseil constitutionnel n° 664/2007 du 28 novembre 2007.

[177] Ceci dit que les premières pièces devraient être en mesure de pousser le juge constitutionnel éventuellement à annuler l'élection. Ainsi si d'autres pièces seront fournies suite à un délai supplémentaire accordé par le juge constitutionnel, ce n'est en fait que pour faciliter la tâche de ce dernier plus que pour l'examen en faveur du requérant.

En France, sont irrecevables les requêtes qui sont adressées à d'autres autorités que celles prévues par les textes telles que le président de l'Assemblée nationale[178], le « collège électoral[179] » de recensement des votes[180] ou le président de la commission de contrôle des élections[181]. Une requête adressée à un tribunal administratif est également irrecevable[182]. Une erreur d'envoi ne peut donc constituer un motif suffisant pour prolonger le délai de recours devant le Conseil. Il revient au requérant de corriger cette erreur dans le délai de dix jours. Mais une requête adressée au président du Conseil constitutionnel et déposée à la préfecture est jugée recevable[183]. Si le requérant choisit d'adresser sa demande au préfet, comme il en a la possibilité, son enregistrement doit être fait à la préfecture dans le délai de dix jours à peine d'irrecevabilité[184].

Le Conseil constitutionnel français se montre particulièrement sévère quant au dépôt de la requête, car contrairement aux solutions qui s'imposent en cas d'élection présidentielle ou du référendum, les contestations portées aux procès-verbaux ne permettent pas d'exercer un recours effectif, " sans doute parce que, sous le coup du mécontentement, des électeurs déposent au procès-verbal des protestations dues à des incidents mineurs, dont ils reconnaissent par la suite le peu de gravité[185]. Mais, bien évidemment, elles peuvent être reprises à l'occasion d'un recours régulièrement formé.

*c) Les requêtes prématurées*

Une requête est jugée irrecevable si elle est enregistrée avant la proclamation des résultats des élections contestées[186]. C'est le cas d'un requérant trop pressé de déposer sa requête le soir même de l'élection alors que la proclamation n'a eu lieu que le lendemain[187]. Il en résulte que, contrairement aux solutions qui s'imposent pour le cas des élections législatives, les réclamations simplement mentionnées dans un procès-verbal

---

[178] C. C., 67 -469, 13 avril 1967, A.N Seine-Maritime, 10e circ, Rec.Cons. Const., p. 55

[179] C.C. 62- 240, 8 janvier 1963, Sénat, Ardennes, Rec. Cons. Const. P. 41.

[180] C.C 78-887 27 avril 1978, A.N Mayotte, Rec.Cons.Const. p. 67.

[181] C.C 86-991, 1 er avril 1986, A.N Moselle, Rec. Cons. const. p .32.

[182] C. C. 93-1177/1208, 1 er juillet 1993, A.N, Moselle, 3e circ, Rec.Cons. Const., p. 165.

[183] C.C. 67- 486, 12 juillet 1967, A.N ; Côtes du Nord, 1ere circ, Rec. Cons. const, p. 181.

[184] V. par ex. : C. C. 93-1369, 26 mai 1993, A.N Essonne, 2e circ, Rec. Cons. const. p 48 : la proclamation des résultats du scrutin des 21 et 28 mars 1993 ayant été faite le 29 mars 1993, le délai de recours expirait le 8 avril à minuit. « Considérant que Monsieur Joubert a adressé sa requête au préfet de l'Essonne, comme il en avait la possibilité en vertu de l'article 34 de l'ordonnance du 7 novembre 1958 ; que cette requête a été enregistrée à la préfecture le 9 avril 1993 ; que, dès lors, elle est tardive et, par suite, irrecevable » ;

[185] L. Philip, le contentieux des élections aux assemblées politiques françaises, op. Cit. p. 125

[186] Décision du CC marocain n° 636 en date du 17/05/2007

[187] Décision du CC marocain op cité.

ne peuvent constituer des recours au Conseil ; elles doivent être reprises dans un recours régulièrement formé.

En France le juge constitutionnel considérait comme prématurée, toute réclamation dirigée contre les opérations du premier tour[188]. Finalement, le Conseil constitutionnel semble admettre cette configuration sachant que ce sont les résultats du premier tour qui conditionnent les candidatures au second[189].

Le même sort a été réservé aux requêtes tardives. Les requêtes doivent être déposées au Conseil constitutionnel marocain dans les 15jours qui suivent la proclamation du scrutin. Le délai est calculé sans tenir compte du jour de la proclamation, mais en tenant compte du deuxième jour qui se termine à minuit[190] ; ce principe a toujours été maintenu par le Conseil dans son abondante jurisprudence.

Bref, le juge constitutionnel vérifie si la requête est enregistrée dans le délai imparti. Il se base sur cet enregistrement pour apprécier si la requête a été tardive du fait que la proclamation des résultats du scrutin a eu lieu le 8 septembre 2006, que la requête a été cachetée par la poste le 26 septembre 2006 et que celle-ci a été enregistrée au secrétariat du Conseil constitutionnel le 02 octobre 2006[191], le juge a déclaré que cette requête est irrecevable.

2. L'impossibilité d'évoquer de nouveaux moyens à l'expiration du délai

L'article 31 relative à la loi organique du Conseil constitutionnel précise : « *que le Conseil peut exceptionnellement, accorder au requérant un délai pour la production d'une partie de ces pièces* ».

Il est à souligner dans ce sens que dans le cas où des mémoires ampliatifs sont ultérieurement présentés, ils ne peuvent contenir que le développement des moyens invoqués dans la requête, à l'exclusion de tout moyen nouveau[192] ». L'application de ce principe sévère soit-il (a), n'entraine pas l'impossibilité pour le requérant d'apporter quelques précisions (b) et notamment pour le Conseil de soulever l'inéligibilité (c).

---

[188] Cons. Const. n° 67-404 du 11 mai 1967. À.N., Hérault, 4ème circ., M. Jean RAUZY

[189] Cons. Const. n° 73-709/710 du 7 juin 1973. À.N., Tarn-et-Garonne, 1ère circ., M. Georges SAUBESTRE et M. Georges LACOMBE.

[190] C.C.P. n° 58-88 du 23 décembre 1958. A.N. Eure, 3ème circ., M. Georges POTTIER.

C.C.P. n° 58-132 du 6 janvier 1959. A.N. Seine-et-Oise, 7ème circ., M. JOLLIVET.

C.C.P. n° 58-190 du 16 janvier 1959. A.N. Algérie, 8ème circ., M. Albert-Jean VOITURIEZ, M. Rabah AGHA BENAISSA. M. Ali LASSOULI MOULAY, M. Ahmed BARKAT, M. Maurice CHAPUS et M. Refas KENNANI.

C.C.P. n° 58-195/199 du 16 février 1959. A.N. Algérie, 11ème circ., M. ALBES, M. Fernand MALE, M'Hamed KHEIRAT, M'Hamed OUGOUAG et M. DJILALI.

[191] Décision du CC marocain n°633 en date du 25 avril 2007.

[192] Décision du CC marocain n°271 en date du 26 janvier 1999.

*a) L'application du principe*

Avant l'examen des règles relatives au contenu de la requête, l'expiration du délai n'est pas sans conséquence, car les moyens soulevés postérieurement sont irrecevables[193]. Le Conseil applique rigoureusement ce principe. Dans un cas, la diffusion, la veille du scrutin, d'un tract comportant des inexactitudes n'a pas été incriminé comme constitutif d'une manœuvre[194]. En effet, ce mémoire est recevable après la fin du délai, puisqu'il n'explicite pas les virtualités exprimées dans la protestation initiale[195].

*b) La possibilité de préciser les moyens invoqués dans la requête introductive d'instance*

Rien n'empêche le requérant de préciser ou de développer la portée des griefs initialement invoqués[196]. Tel est le constat tiré du cas où a été mise en lumière une flagrante différence dans plusieurs bureaux de vote, entre le nombre des émargements et celui des enveloppes et bulletins trouvés dans l'urne. Ce grief, ayant été invoqué dans le délai de 15 jours, sa portée peut être précisée, après l'expiration de ce délai, par l'indication des bureaux de vote où ont été constatées les discordances ainsi que du nombre des suffrages litigieux. De même, le moyen ne peut être retenu s'il n'a été inexactement qualifié ; ainsi, une requête décrivant sommairement le contenu d'un tract ne peut être considérée comme énonçant le moyen tiré d'une manœuvre qui en résulte[197].

Par conséquent, il semble que l'interdiction de soulever un moyen nouveau après l'écoulement du délai de saisine ne s'applique qu'aux moyens de droit et non aux faits qui, non encore invoqués par les parties, sont en corrélation directe avec les moyens originaires. Et dans la mesure où ils viennent appuyer des moyens précédemment soulevés, des documents produits postérieurement au dépôt de la requête sont recevables[198] .

*c) L'inéligibilité, moyen d'ordre public*

Des moyens entièrement nouveaux sont recevables à condition qu'ils soient d'ordre public. Ils peuvent alors être soulevés à n'importe quel

---

[193] Voir dans ce sens les décisions du CC marocain n°s 588/2004 et n°356/1999

[194] C. Devès, « Le Conseil constitutionnel et les élections parlementaires (1958-1997), op. cit, p. 99.

[195] V. par ex : C.C marocain n°271 en date du 26 janvier 1999

[196] V. par ex : C.C marocain n°664 en date du 28/02/2007

[197] Cons. Const. n° 68-560 du 28 novembre 1968. À.N., Territoire-de-Belfort, 1ère circ., M. Michel DREYFUS-SCHMIDT.

[198] Op cité 86.

moment de la procédure[199]. Mais le Conseil ne considère comme moyen d'ordre public que celui reposant sur l'inéligibilité de l'élu[200]. D'après M. Luchaire, cette distinction entre moyens d'ordre public et ceux qui ne le sont pas assez curieuse ''car une élection est, dans sa totalité, une opération qui intéresse l'ordre public[201]''. Toutes les règles en matière électorale ont pour but de protéger l'élection -c'est-à-dire le public- beaucoup plus que le candidat.

La question d'inéligibilité est illustrée dans la décision du Conseil constitutionnel marocain n° 69/95 rendue le 27 mars 1995. Elle a été considérée par le Conseil comme un moyen d'ordre public. Elle peut être régulièrement invoquée par le demandeur même après l'écoulement du délai règlementaire pour le dépôt de la requête.

Le Conseil constitutionnel français, jusqu'en 1973, ne faisait, à cet égard, aucune distinction parmi les moyens soulevés ; il avait notamment rejeté, comme tardivement présenté, un grief reposant sur l'inéligibilité du suppléant d'un candidat non élu[202]. Mais à partir de sa décision n° 73-686/687 rendue le 5 juillet 1973[203], le Conseil a estimé que l'inéligibilité du suppléant du candidat élu était un moyen d'ordre public pouvant être soulevé à tout moment de la procédure[204].

La décision du Conseil peut s'expliquer, il est vrai, par une interprétation littérale de l'article 45 de l'ordonnance portant loi organique sur le Conseil constitutionnel qui dispose que « sous réserve d'un cas d'inéligibilité du titulaire ou du remplaçant qui se révélerait ultérieurement, le Conseil constitutionnel statue sur la régularité de l'élection tant du titulaire que du suppléant ». On peut, en effet, en déduire que le Conseil peut se prononcer sur tout cas d'inéligibilité se révélant avant qu'il ne statue.

Par exception, la prohibition des candidatures multiples est aussi d'ordre public et peut être invoquée sans condition de délai devant le tribunal administratif[205] ; elle peut, donc, être soulevée devant le Conseil constitutionnel de la même façon que l'inéligibilité.

La distinction entre moyens « nouveaux » irrecevables et le développement (recevable) des moyens invoqués dans la requête ne sont pas toujours commodes à faire. En premier lieu, pour que le moyen puisse être considéré comme évoqué dans la requête, il faut que celui-ci soit

---

[199] C.C 73-686/687, 5juillet 1973 .A.N . Landes, 1ére circ, Rec. Cons.const. p.135 : le grief tenant à l'inéligibilité d'un candidat ou de son remplaçant étant un moyen d'ordre public, il peut être soulevé en tout état de procédure ;

[200] Décision du CC marocain n°762 en date du 02 juin 2009.

[201] F.Luchaire, Le Conseil constitutionnel, op.cit. p.334.

[202] Cons. Const. n° 67-487 du 18 mai 1967. A.N., Cher, 3ème circ., M. ROQUES.

[203] Cons. Const. n° 73-686/687 du 5 juillet 1973. A.N., Haut-Rhin, 1ère circ., M. Roger-Paul DUROURE et M. Maurice DALES.

[204] Voir également la décision du CC marocain 762/2009 (à voir plus loin)

[205] Cons. Const. n° 86-986/1006/1015 du 8 juillet 1986. A.N., Haute-Garonne, M. Christian DANCALE, M. Gérard HOUTEER et M. Georges SALVAN.

suffisamment précis ; le moyen n'est pas formulé s'il énonce des accusations générales d'irrégularités ne reposant sur aucun fait précis[206].

### C. Contenu de la requête

La recevabilité de la requête est subordonnée à la réunion de plusieurs conditions : la requête doit être en effet soumise à certaines conditions de forme et comporter des conclusions et des griefs recevables. La jurisprudence du Conseil constitutionnel permet de cerner au mieux les exigences du Conseil quant à l'identification des intéressées (1) et aux conclusions et moyens de la requête (2).

#### 1. L'identification des intéressés

Le Conseil constitutionnel s'est montré rigoureux dans l'appréciation des conditions de forme, en ce qui concerne les mentions et le mode de dépôt de la requête.

En effet, les requêtes doivent être signées de leurs auteurs ou d'un avocat inscrit au tableau de l'un des barreaux du Maroc et contenir les noms les prénoms du requérant, sa qualité et son adresse, les noms et prénoms de l'élu dont l'élection est contestée ainsi que l'exposé des faits et les moyens d'annulation invoqués. Le contenu de l'article 31 de la loi organique relative au Conseil Constitutionnel est assez représentatif du formalisme exigé dans un certain nombre de pays pour la présentation des requêtes.

La procédure devant le Conseil constitutionnel est entièrement gratuite. La requête n'a pas d'effet suspensif. Elle est exonérée de la taxe judiciaire et de tout droit de timbre ou d'enregistrement [207]; elle n'obéit qu'à un minimum de formalité ; le Conseil, à cet égard, est libéral sauf pour ce qui concerne le choix du destinataire de la requête.

De ce fait, la juridiction constitutionnelle marocaine, à l'instar de du Conseil constitutionnel français[208], est en droit de rejeter les demandes

---

[206] Cons. Const. n° 58-201/203 du 5 mai 1959. A.N., Algérie, 16ème circ., M. FLOIRAT et M. BORRA.
Cons. Const. n° 67-363 du 18 octobre 1967. A.N., Bouches-du-Rhône, 1ère circ., M. MARQUAND-GAIRARD.
Cons. Const. n° 73-589 du 25 octobre 1973. A.N., Guadeloupe, 1ère circ., 2ème circ. Et 3ème circ., M. Marcel GARGAR.
Cons. Const. n° 75-821/822 du 28 janvier 1976. A.N., Vienne, 2ème circ., M. Jean HOURCQ.
Cons. Const. n° 78-841 du 21 juin 1978. A.N., Corse-du-Sud, 2ème circ., M. Toussaint LUCIANI.

[207] Art 31 de la LO CC marocain

[208] Art 3 du règlement de procédure : (al.1) les requêtes introductives d'instance doivent contenir les noms, prénoms, adresse et qualité du ou des requérants et le nom du ou des élus dont l'élection est contestée, ainsi que l'expose des faits et moyens invoques. Elles doivent

omettant une de ces formalités considérées comme substantielles. En réalité, la Chambre constitutionnelle et le Conseil constitutionnel se sont montrés particulièrement sévères à cet égard et ont débouté un nombre important de requêtes ayant négligé de préciser le nom, la signature ou le domicile.

Sont donc, irrecevables les requêtes non signées[209] par le requérant ou celles omettant l'une des formalités dont on peut énumérer : les noms et prénoms, l'adresse et la qualité du ou des requérants[210]; les noms et prénoms[211] de l'élu dont l'élection est contestée ainsi que l'exposé des faits et les moyens d'annulation invoqués ». Toutefois, le Conseil constitutionnel français a admis une requête dont la signature n'a pas précisé sa qualité, car elle était « sans ambigüité » « électrice et candidate » pour l'élection qu'elle contestait[212].

Pour le contentieux des élections législatives de 1997, le Conseil constitutionnel français a décidé de demander la régularisation de la requête dans les cas où celle-ci est entachée d'un défaut véniel susceptible d'être couvert en cours d'instance, tel que le défaut de signature manuscrite. La pratique antérieure était particulièrement sévère, car faute d'avoir régularisé spontanément et dans le délai de dix jours, le requérant se voyait opposer l'irrecevabilité.

Pour l'anecdote, les mesures de régularisation décidées en 1997 ont notamment permis au Conseil de découvrir qu'une requête présentée au nom d'un requérant, mais non signée par celle-ci, était en réalité l'œuvre d'une autre personne restée anonyme[213]. Cette requête a été irrecevable[214] car la représentation du requérant par une tierce personne n'étant admise que pour les actes de la procédure autres que la requête introduite d'instance, sous réserve qu'il l'indique expressément et par écrit. Le même sort a été réservé à une requête signée par un avocat déclarant agir en qualité de mandataire[215].

La pratique désormais suivie par le Conseil est très soucieuse de la volonté des contestataires d'une élection. Ainsi, un requérant fut admis en

---

être signées de leurs auteurs. (al.2) le requérant peut désigner la personne de son choix pour le représenter ou l'assister dans les autres actes de la procédure. Il doit l'indiquer expressément et par écrit.

[209] Décision de la Chambre constitutionnelle marocaine n°37 en date du 11 septembre 1970.

[210] Décision du CC marocain n°742 en date du 5 mars 2009 ; Voir aussi Décision du CC marocain n° 600 en date du 9 février 2005 ; Décision du CC marocain n°693 n date du 13 mai2008 ; DC marocain n°178 en date du 24 février 1998.

[211] Irrecevable les requêtes qui ne contiennent pas le nom et prénom de l'élu dont l'élection est contestée (cf décision n° 440 en date du 13 mars 2001)

[212] C.C.P. n° 58-68/126 du 05 janvier 1959. À.N. Drôme, 3ème circ., M. Paul DEVAL ET M. RUBICHON.

[213] C.C. 97-2229, 14 octobre 1997, A.N Vienne, 2eme circ., Rec. Cons.const. p. 183.

[214] V . par ex : C.C 78-839, 5juillet 1978 A.N Martinique, 1 ère circ., Rec . Cons.const, p. 188.

[215] V. par ex : C.C 93-1224/1225, 8juin 1993 A.N Alpes Maritimes, Rec. Cons.const, p77.

1997 à régulariser sa demande en apposant sa signature sur le mémoire introductif d'instance présenté par son avocat[216].

De même, le Conseil constitutionnel français accepte la requête s'il n'y a, sur ce point, aucune ambigüité[217] ; ainsi, la désignation précise de la circonscription suffit[218]. Ce n'est pas le cas si la requête vise une entité géographique répartie sur plusieurs circonscriptions[219] ; une requête dirigée contre l'ensemble des élections n'est pas recevable[220], de même qu'une requête dirigée contre l'ensemble des élus d'un parti déterminé[221].

Pour l'identification de l'élu, le Conseil s'est toujours montré plus souple à la condition qu'aucune ambigüité ne subsiste. L'indicateur de la seule circonscription est donc admis[222], et l'on peut même affirmer que la négligence de certains requérants a bénéficié d'une tolérance excessive de la part du Conseil[223].

En revanche, il semble que le Conseil marocain s'oriente, à l'instar du Conseil français[224] vers une attitude plus libérale dans la mesure où il ne rejette les requêtes viciées dans ce sens que lorsqu'en plus, elles ne sont pas fondées ou que le grief dénoncé n'a aucune influence sur le résultat de l'élection[225].

---

[216] C.C 97 -2236, 18 novembre 1997 A.N Gers, 2eme circ., Rec . Cons.const. P. 77.

[217] C.C.P. n° 58-68/126 du 05 janvier 1959. À.N. Drôme, 3ème circ., M. Paul DEVAL ET M. RUBICHON.

[218] Cons. Const. n° 62-264 du 15 janvier 1963. À.N., Rhône, 6ème circ., M. André LOUISON.

Cons. Const. n° 68-506/515 du 17 octobre 1968. À.N., Alpes-Maritimes, 4ème circ., M. Jacques VECKER.

Cons. Const. n° 71-575/578 du 20 janvier 1972.

Cons. Const. n° 78-858/885 du 17 mai 1978. À.N., Puy-de-Dôme, 1ère circ., M. Maurice TERROLLE et M. Pierre PASCALLON.

[219] C.C.P. n° 58-61bis du 27 janvier 1959. À.N. Haute-Garonne, Toulouse, M. NICOLT, M. SEVEILLAC, M. MONTELS et M. MAURE.

Cons. Const. n° 62-296/296 bis du 22 janvier 1963. À.N., Bouches-du-Rhône, Marseille, Emmanuel ROUX.

[220] Cons. Const. n° 68-509 du 26 juillet 1968. A.N., l'ensemble des opérations électorales, M. Claude BLANCHARD.

[221] Cons. Const. n° 78-829 du 27 avril 1978. A.N., l'ensemble des opérations électorales, M. Claude BLANCHARD.

[222] V.par ex : C.C, 62-264, 15 janvier 1963, A.N Rhône, 6éme circ., Rec .Cons.const, 69 et 71-571/577. 27 janvier 1972, Sénat, Alpes Maritimes, Rec. Cons.const, p. 41.

[223] C.C, 73-711, 24 mai 1973, A .N, Ardennes, 3éme circ., Rec .Cons.const, p.78 : le Conseil a estimé qu'une requête est suffisamment explicite et, par la suite, recevable, dès lors qu'elle traduit clairement l'intention de son auteur de contester une élection, même si elle ne contient pas de demande formelle d'annulation, non plus que le nom du député et celui de la circonscription.

[224] Décision no 24/94 CC en date du 7.6.94 BO no 4260 du 22.6.94, Décision no 27/94 CC en date du 7.6.94 BO no 4262 du 6.7.94.

[225] « Le Conseil admet par exemple la recevabilité d'une requête, même si elle ne mentionne pas le nom du député dont l'élection est contestée, lorsqu'elle tend à l'annulation des élections à l'Assemblée nationale qui se sont déroulées à une date et dans une circ. qu'elle indique

Ainsi, de nombreuses requêtes sont rejetées sans instruction, si elles ne contiennent que des griefs dont la réalité ne repose sur aucun commencement de preuve[226] ou que le requérant n'a annexé à sa requête aucune pièce en soutien des moyens d'annulation invoqués[227]. Pour que le juge examine la réclamation. Il faut que le requérant établisse non seulement la réalité des faits allégués, mais également que ces faits soient de nature à influencer le résultat de l'élection[228].

Donc, l'énonciation de faits, établis sur un début de preuves avec une articulation de moyens relativement précis, représente des exigences qui doivent être présentes dans l'élaboration de la requête ; des exigences qui ont fort peu de chance d'être réunies.

Au Maroc, l'examen des requêtes relatives aux élections législatives de 1997, 2002 et 2007, fait ressortir que 172 requêtes sur 424 ont été déclarées irrecevables soit un tiers. En France, pour les élections des membres de l'Assemblée nationale en 1997, 50 requêtes sur 172 ont été déclarées irrecevables, soit un pourcentage de 29 %. Notons que dans ce domaine, une évolution est en train de se profiler, notamment en France, où le Conseil Constitutionnel français prend l'initiative de demander aux requérants de régulariser la procédure.

Ainsi, jusqu'en 1997, la haute juridiction française n'invitait pas le requérant à régulariser le défaut de signature. Il en résultait que toute requête signée d'une tierce personne, le plus souvent un avocat, était jugée irrecevable. Le Conseil a choisi depuis lors d'inviter le requérant à régulariser ce vice de forme.

Le juge constitutionnel marocain avait, dans un bon nombre de ses décisions, utilisé l'article 34[229] de la loi organique du Conseil constitutionnel n° 29-93 pour déclarer irrecevables un certain nombre de requêtes pour vice de forme[230]. Alors qu'il s'agit, en fait, d'un article qui- s'avère de par son

(Décision no 62.264 du 15.1.63 AN. Rhône, 6e circ; no 68-506/515 du 17.10.68, AN, Alpes maritimes, 4e circ; no 78-858/585 du 17.5.78, AN, Puy de Dôme, 1er circ) » Bien plus, « une requête est suffisamment explicite et, par suite, recevable, dès lors qu'elle traduit clairement l'intention de son auteur de contester une élection, même si elle ne contient ni une demande formelle d'annulation, ni le nom du député ou celui de la circ. (Décision no 73/711 du 24.5.73, AN, Ardennes, 3e circ) ». J P Camby, le Conseil constitutionnel, juge électoral. 5 éme édition, Dalloz, 2009

[226] Décision du CC marocain n° 717 en date du 23/10/2008

[227] Décision du CC marocain n° 59/95 en date du 14 février 1995

[228] Décision du CC marocain n° 523 en date du 09/07/2003

[229] Le deuxième paragraphe de l'article 34 de la loi organique n° 29-93 relative au Conseil constitutionnel dispose que : « le Conseil peut rejeter, sans instruction préalable, les requêtes irrecevable ».

[230] Il y'a beaucoup de cas dont le Conseil constitutionnel avait déclaré non recevable des requêtes du fait qu'il n y'est pas indiqué l'adresse du requérants, on cite à titre d'exemple :
- Décision du CC marocain n°486/ 2002
- Décision du CC marocain n° 496/ 2003
- Décision du CC marocain n°677 / 2007

contenu offre au juge constitutionnel un large pouvoir non seulement pour prononcer la non-recevabilité des requêtes[231], mais également pour rejeter des requêtes sous prétexte que les griefs avancés par les requérants ne prouvent pas que les faits avancés ont eu un impact sur le résultat du scrutin.

Le diagnostic statistique et jurisprudentiel révèle qu'après plusieurs expériences législatives, les rejets pour vice de forme continuent de marquer un bon nombre de décisions du Conseil constitutionnel (22% de décisions déclarées irrecevables entre 1994 et 2009). Il s'agit d'une part significative qui s'explique à la fois par le manque d'une culture procédurale des requérants et par l'excès d'attachement au respect de la forme de la requête par le Conseil constitutionnel marocain.

Devant un tel constat, on peut avancer l'idée selon laquelle les acteurs politiques (électeurs et candidats) ne maitrisent toujours pas la procédure contentieuse devant le prétoire et démontre aussi l'extrême attachement par le juge constitutionnel au respect des règles de forme lors de la présentation d'une requête[232].

Un examen inefficace et non approfondi d'une requête par le juge constitutionnel laisse planer un danger réel sur le processus démocratique en laissant siéger au parlement des membres qui sont censés en être évincés. En évitant cette posture, le juge sera affranchi des vices de forme pour attaquer le fond. Le résultat en sera inéluctablement, la consécration d'une élection saine et transparente ; clé de voûte d'une véritable démocratie.

2. Conclusions et moyens de la requête

La recevabilité de la requête est subordonnée à la réunion de plusieurs conditions outre les conditions de forme, la requête doit en effet comporter des conclusions et des griefs recevables. En France comme au Maroc, les requêtes doivent avoir pour objet de contester l'élection et s'appuyer sur des moyens sérieux.

Le Conseil constitutionnel est dans l'obligation de statuer dans les limites des conclusions et des moyens, cette règle connait une exception qui n'est d'ailleurs pas propre au contentieux électoral : celle des moyens d'ordre public, qui peuvent être présentés à tout moment à l'appui d'un recours, et que le juge doit relever d'office.

Toutefois, sont irrecevables des conditions tendant à une annulation partielle fondée sur des griefs qui, à les supposer établis devraient entrainer

---

[231] S'il est non recevable selon les cas mentionnés dans l'article 31 de la loi organique n° 29-93 qui dispose que : « les requêtes doivent contenir le nom, prénom, qualité, et adresse du requérant »

[232] Pour parer à cet état des faits, il faut engager un travail de vulgarisation, de communication et de clarification de la procédure de saisine devant le Conseil constitutionnel afin de lui permettre d'examiner le fond des requêtes et donc jouer le rôle qui lui échoit dans la consécration d'une élection saine et transparente.

l'annulation de l'ensemble des opérations électorales dans leur ensemble ou ceux qui demandent l'annulation d'un jugement de tribunal de 1ére instance[233] statuant sur une déclaration de candidature[234] ou qui se bornent à une seule appréciation critique de l'élection, qui dénoncent seulement des irrégularités sans conclure à l'annulation de l'élection ; qui se limite à une demande d'enquête[235], ou enfin les requêtes demandant l'annulation de la décision du gouverneur relative à un acte de candidature[236].

De même, le Conseil a jugé irrecevable la requête faisant état de la contestation de la décision du tribunal alors qu'elle doit contester les résultats du scrutin. Et d'ajouter, la demande d'annulation de la décision du tribunal doit se faire dans le cadre de la demande d'annulation de l'opération électorale. Autrement dit, elle doit être soulevée parmi les moyens de la requête[237].

On peut déduire de la jurisprudence du Conseil constitutionnel marocain l'irrecevabilité des conclusions tendant à d'autres fins que l'annulation telles que la contestation des résultats des élections législatives dans leur ensemble et non ceux d'une circonscription déterminée[238].

La solution est identique lorsque la requête se borne à une simple appréciation critique des conditions dans lesquelles se sont déroulés l'opération électorale[239] ou le scrutin[240]. Demander l'annulation des opérations électorales dans un bureau de vote[241] ou dans une seule commune de la circonscription [242] est également insuffisant ; il est tout aussi vain de réclamer l'annulation de l'élection de tous les candidats d'un même parti politique[243].

Les demandes sont parfois fantaisistes et l'irrecevabilité s'est imposée pour le cas du Conseil constitutionnel français lorsque ce dernier fut saisi de requêtes tendant à : demander « un franc symbolique à titre de dommage et intérêts[244], à « porter plainte pour atteintes à la démocratie et à la Constitution[245], à « faire part de fait portant atteinte à la démocratie et à la

---

233 Décision du CC marocain n° 127 en date du 13/11/1997
234 Décision du CC marocain n° 449 en date du 18/04/ 2001
235 Décision du CC marocain n° 759/2009 en date du 07 /05/2009
236 Décision du CC marocain n° 483 en date du 24/09/2002
237 Décisions du CC marocain nos 126/1999, 127 /1999 et 128/1999
238 Décision du CC marocain n°646/2007 en date du 18/07/2007
239 Décision du CC marocain n° 581/2004 en date du 27/07/2004
240 V. par ex : C.C .78- 864, 27 avril 1978, A.N Yvelines, 7 éme circ., Rec. Cons.const., p. 64.
241 V. par ex : C.C. 81- 943, 10 juillet 1981, A.N. Eure ; 3éme circ. Rec. Cons.const .p.117.
242 V.par ; ex : C.C. 93-1169, 1er juillet 1993, A.N Nouvelle Calédonie, 2éme circ., Rec. Cons.const. p. 163 et 97 -2151, 10 juillet 1997, A.N Seine Maritime, 6éme circ., Rec. Cons.const., p. 108.
243 Décision du CC marocain n°795/2010 en date du 28/04/2010. Voir également la décision du C.C F 78- 835, 27 avril 1978, A.N Rec. Cons.const. p. 59
244 C.C. 93-1170, 26 mai 1993, A.N Paris, 2éme circ., Rec. Cons.const., p. 34.
245 C.C 93- 1233, 8 juin 1993 A.N Rec. Cons.const. p. 76.

liberté d'expression »[246], à demander de « prendre en compte la contestation symbolique de l'élection »[247], voire de « saisir le tribunal compétent pour statuer »[248] sans comporter de conclusions tendant à l'annulation des opérations électorales. Il a agi de la même façon face à une requête se contentant à demander une enquête[249] ou à celle demandant un autre mode de calcul de la majorité que celui prévu par la loi sans contester le résultat de l'élection[250].

Cette jurisprudence est critiquable en raison de son « formalisme excessif[251], car une telle demande est loin d'être fantaisiste et laisse supposer l'existence d'irrégularités déterminantes.

On peut s'interroger préalablement sur le sort réservé à la contestation lorsque la requête tend à remettre en cause la régularité de l'élection de la chambre des conseillers[252] ou que l'élection litigieuse a cessé de produire tout effet, par exemple si l'Assemblée dont faisait partie l'élu a été dissoute. Cette hypothèse se réalisa à propos d'une élection partielle ayant eu lieu un mois avant la dissolution de l'Assemblée nationale et le Conseil a décidé pour cette raison que les requêtes étaient devenues sans objet et qu'il n'y avait donc pas lieu de statuer[253].

Les exemples sont multiples, mais retenons de cette jurisprudence que le Conseil ne peut invoquer lui-même un moyen qui n'ait pas été soulevé par le requérant. Cela différencie clairement le contentieux électoral du contrôle de constitutionnalité de la loi comme précisé par le doyen Vedel, « la saisine déclenche l'exercice d'une compétence dont les limites ne dépendent en rien du saisissant et englobent tout le contenu de la loi indivisiblement déférée[254]».

Pourtant, il serait trompeur de croire que la Constitution limite la compétence du Conseil au seul examen des moyens soutenus par le requérant. Ainsi, « il serait logique que le Conseil, une fois saisi d'une opération qui par sa nature est indivisible, puisse en contrôler tous les éléments et tirer de son examen toutes les conséquences[255] ». De la sorte, il serait un véritable garant de la liberté et de la sincérité des consultations. Quant aux moyens soulevés, le Conseil refuse d'examiner ceux qui sont

---

[246] C.C, 93-1381, 8juin 1993, A.N, Rec. Cons.const., p. 91.
[247] C.C 93-1238, 1er juillet 1993, A.N ., Ain 1er circ., Rec. Cons.const ., p. 172.
[248] C.C. 97- 2152/ 2199, 10 juillet 1997, A.N Loire, 7éme circ., Rec .Cons.const. p. 110.
[249] C.C 77-826, 16 novembre 1977, Sénat, Rhône, Rec. Cons.const. p. 92.
[250] C.C 65- 351, 14 octobre 1965, Sénat, Meuse, Rec. Cons. Const., p. 62.
[251] L. Philip, Le contentieux des élections aux assemblées politiques françaises, op.cit. 108.
[252] Décision du CC marocain n°629/2010 en date du 07/01/2010
[253] C.C 68- 503/504, 26 juillet 1968, A.N Corse, 2eme circ., Rec.Cons. Const. P. 33.
[254] G.Vedel, « Excès de pouvoir législatif et excès de pouvoir administratif », les cahiers du Conseil constitutionnel, 1997, n°1, .p.60.
[255] L.Philip .Le contentieux des élections aux assemblées politiques françaises, op.cit. 106 En sens, V. aussi H.Bonneau, « Contentieux électoral, règles de procédure », J.C .A . fasc.762. p10.

dépourvus de tout lien avec les opérations électorales mises en cause. C'est le cas de ceux qui concernent une circonscription électorale[256] ou les irrégularités qui ont été commises sans faire allusion aux numéros des bureaux de vote concernés[257], ainsi que les détails qui concernent la vie privée du candidat élu. De cette manière, « il évite un débordement d'arguments inopérants dans les protestations, et il moralise le contentieux électoral en repoussant les personnalisations abusives[258]».

Le Conseil élimine aussi les griefs relatifs à l'élection litigieuse, mais qui sont dépourvus de précisions suffisantes et donc ne pouvant constituer des moyens d'annulation[259]. La position adoptée par le juge de l'élection est la même lorsque les moyens présentés à l'appui de la requête ne sont assortis d'aucun commencement de preuve[260].

Par conséquent, « chaque fait allégué en tant que grief doit être assorti des justifications relatives au temps, aux circonstances, aux lieux où il s'est produit et à leurs acteurs[261] ». E. Pierre ne manque pas d'affirmer que : « ce n'est pas au bureau qu'il appartient de rechercher les preuves qui font défaut au candidat non proclamé ; celui qui attaque une élection doit fournir les preuves nécessaires à l'appui de sa protestation[262]».

L'exposé des faits et moyens invoqués doit donc être complété par les pièces et les documents que le requérant juge utile d'annexer à sa demande. Il est également tenu d'apporter les précisions complémentaires permettant de tenir ces griefs pour établis et d'en apprécier l'influence éventuelle sur les résultats de l'élection. Ces conditions ne sont pas suffisantes pour entrainer l'annulation des opérations électorales. Elles permettent seulement l'accord de principe de considérer la requête par le Conseil.

Dans ce contexte, les allégations à caractère général et les moyens fantaisistes conduisent systématiquement au rejet de la requête. Les requêtes doivent présenter au moins un motif sérieux d'annulation faute de quoi, elles sont jugées irrecevables. Tel fut le cas de requêtes mettant en avant un enregistrement vocal (CD) remettant l'élu en cause [263]ou une simple copie du procès-verbal[264], celle qui manquait de grief précis ou de toute justification permettant au Conseil constitutionnel d'en apprécier la portée[265]. De même,

---

[256] Décision du CC marocain n°727/2008 en date du 25/12/2008

[257] Décision du CC marocain n°729/2008 du 25/12/2008

[258]J.P Charnay, « les techniques d'investigation dans le contrôle des élections parlementaires », op. p.11

[259] Décision du CC marocain n°517 en date du 10/06/2003

[260] Décision du CC marocain n°313 en date du 28/09/1999

[261] J.-P.Charnay, « Les techniques d'investigation dans le contrôle des élections parlementaires », op.cit. p.11.

[262] E. Pierre, Traité de Droit politique, électoral et parlementaire, o.p. cit .p .421.

[263] Décision du CC marocain n°781/2010

[264] Décision du CC marocain n°571/2004

[265] C.C. 97-2180, 28 octobre 1997 Isère, 6éme circ. ; Rec. ; Cons.const.p. P. 217.

toute requête prenant appui sur le taux d'abstention lors d'une élection est automatiquement taxée d'irrecevabilité[266].

Pour M.CAMBY, « cette irrecevabilité est logique : confirmant le fait que le juge de l'élection ne suit pas une démarche inquisitoriale – même s'il peut faire procéder à des suppléments d'instruction à partir des éléments qui lui sont présentés par les parties – elle permet d'éliminer d'embléedes requêtes dont l'absence de griefs électoraux est évidente »[267].

Les éléments de preuve jouent donc un rôle déterminant, ce qui revient à donner une importance particulière à la liste d'émargement, « photographie précise du déroulement du scrutin »[268] ainsi qu'aux mentions portées sur les procès-verbaux pour les moyens relatifs à l'accomplissement des opérations électorales[269]. Encore faut-il que le président du bureau de vote et les assesseurs fassent preuve de diligence pour inscrire ces faits. Les difficultés sont encore plus grandes en matière de propagande lorsqu'il s'agit d'apporter la preuve de l'irrégularité et d'en mesurer l'influence.

## SECTION 2. DE LA RÉCEPTION DES REQUÊTES AU JUGEMENT DES AFFAIRES ÉLECTORALES, UNE ORGANISATION AU SERVICE DE LA DÉMOCRATIE

Pour l'élection des membres du parlement, le Conseil constitutionnel marocain s'inscrit dans la même logique que son homologue français instruit toutes les difficultés dont il est saisi en formation plénière. Certes, la juridiction constitutionnelle marocaine et française, applique en matière électorale, selon M. Labetoule'' un règlement de procédure qui au triple point de vue du caractère écrit de l'instruction, de la mise en œuvre du principe du contradictoire et de l'intervention d'une formation collégiale d'instruction chargée de présenter un projet de décision à la formation plénière de jugement. Le Conseil précise : « les rapporteurs ayant été entendus ».

Après réception des requêtes (examen de forme et de fond), chaque dossier portant sur une circonscription est renvoyé par le président du Conseil constitutionnel à un rapporteur ou à une section en vue de son instruction. Une fois le débat contradictoire est terminé, la contestation fait l'objet d'une analyse par le rapporteur chargé du dossier. Puis la section

---

[266] Décision du CC marocain n°433/2001 en date du 06/02/2001.Voir également la décision du C.C 98-2571/2572/2573, 9 mars 1999, A.N Alpes-Maritimes, 2éme circ., J.O. 11 mars 1999.p.3651.

[267] J.P .Camby, « Les contentieux des élections des députés : éléments pour un bilan », op . cit. p. 78.

[268] J-P Charnay, « les techniques d'investigation dans le contrôle des élections parlementaires » op. Cit. P. 14.

[269] Décision du CC marocain n°268/1999 en date du 14/01/1999

prépare un projet de décision avant le jugement de l'affaire en séance plénière par le Conseil qui peut choisir entre un éventail de solutions. Des incidents de procédure peuvent aussi se produire.

## § 1. La réception et le traitement matériel des requêtes

Dans la majorité des cas, la requête est adressée au président du Conseil constitutionnel, au secrétariat général ou au greffe qui procèdent à son enregistrement. Mais il arrive également que la requête soit adressée, dans le cadre des élections législatives, aux représentants locaux de l'État qui avisent sans délai la haute juridiction constitutionnelle et assurent la transmission de la requête dont ils ont été saisis. C'est la procédure suivie au niveau de plusieurs pays comme le Bénin, la Centrafrique, le Gabon, le Mali, la France, le Maroc[270] et la Mauritanie.

Il convient de souligner que dans certains pays d'Afrique la période préparatoire des élections, implique parfois la réorganisation des services. Les Cours du Madagascar et du Mali recrutent du personnel d'appoint[271] ; d'autres optent pour une utilisation optimisée du personnel permanent (Centrafrique), mobilisent le personnel d'autres services pour la réception des plis et des saisines (Maroc) ou accueillent un cadre du bureau des élections du Ministère de l'Intérieur qui assure la veille législative et réglementaire en matière électorale à destination du Service juridique et du secrétaire général (France).

En France, le Conseil constitutionnel ne procède pas à la réorganisation de ses services au moment des élections, à l'exception de la période des parrainages pour l'élection présidentielle où tous les agents du Conseil sont mobilisés. Le Service du greffe, quant à lui, est directement rattaché au Secrétariat général et assume de fait des tâches dévolues à ce dernier, sous son contrôle. Notons que les textes ne prévoient pas expressément cette dernière disposition.

Durant le contentieux, le Service du greffe est l'interlocuteur de toutes les parties. Il enregistre tous les échanges de pièces et de mémoires, puis en assure la diffusion. Il assiste aux séances de section d'instruction et peut aider à la rédaction des visas de la décision finale. Au sortir de la séance plénière, il est chargé de faire signer au Secrétaire général, l'ampliation destinée aux parties et d'en assurer immédiatement la notification et la publication au Journal officiel[272]. Il se charge également de recueillir les

---

[270] Au Maroc le destinataire de la requête est soit le gouverneur soit le secrétaire général de la préfecture

[271] Maillon indispensable dans le fonctionnement juridictionnel de la Cour, le Greffe s'emploie à ce stade à ouvrir ou à mettre en état les différents registres et répertoires nécessaires à l'enregistrement des éventuelles requêtes, des documents électoraux, au traitement des décisions de la Cour ainsi qu'à la distribution interne et externe des actes.

[272] Voir le site du Conseil constitutionnel français ''www.conseil-constitutionnel.fr''

documents administratifs expressément sollicités par le Conseil auprès des préfectures (procès-verbaux des bureaux de vote, listes d'émargement, documents liés à l'établissement des procurations...), des documents qui sont souvent très volumineux. Le Service se charge d'en assurer la consultation par les parties ou la communication si c'est matériellement possible. Il restitue à leurs destinataires les documents non archivés par le Conseil constitutionnel (procès-verbaux des bureaux de vote, compte de campagne des candidats). Dans toutes ces tâches, le Service du greffe est assisté par un logiciel développé en interne et qui permet l'enregistrement des pièces, la génération automatique des lettres, des enveloppes et documents postaux de notification ; ce logiciel est également à même d'établir un tableau de bord de toutes les affaires en cours, des listes de pièces enregistrées, d'alerter les responsables des dépassements des délais[273]. Dans une certaine mesure, il a permis d'assister le Service juridique dans la génération automatique des décisions collectives pour le contrôle des visas et des dispositifs. Pour le cas particulier de l'élection présidentielle, le Service du greffe est chargé de l'organisation avec tous les autres services, du contrôle des cinq cents signatures, de l'enregistrement des procès-verbaux de décompte des voix, et de la gestion administrative du contentieux financier, en étant l'interlocuteur unique des mandataires financiers et des experts comptables des candidats.

Au Gabon, le Service du greffe de la Cour constitutionnelle est composé d'un greffier en chef, d'un greffier en chef adjoint et de six (6) greffiers. En période électorale, un bureau spécial est ouvert pour recevoir tous les recours relatifs à l'élection concernée. Un greffier est affecté à chaque membre. Il est chargé de tenir la plume pendant les séances d'audition des tiers par le conseiller. Il a pour mission de convoquer les parties en litige, de dresser des procès-verbaux d'audition, d'assister les membres de la Cour aussi bien en cabinet qu'à l'audience, d'authentifier les décisions de la Cour par son contreseing, de notifier lesdites décisions aux parties concernées, au chef de l'État, au Gouvernement (Premier ministre), au Parlement (président du Sénat et président de l'Assemblée nationale) et de les faire publier au Journal officiel et dans un journal d'annonces légales.

Au Maroc, le service du greffe constitue le point focal du Conseil et joue un rôle central dans la nomenclature juridictionnelle, car c'est en son sein que les dossiers se créent, se traitent et se ferment. Ce service est composé d'un greffier-chef de service, d'une adjointe et de trois secrétaires. Son rôle consiste à recevoir les saisines, à préparer les dossiers (saisine, pièces jointes, etc.) et à assister les rapporteurs dans l'élaboration des projets de décisions (enquêtes, etc.)[274].

---

[273] Bulletin de l'ACCPUF n° 5, 2005

[274] En France, le Service du greffe est chargé d'enregistrer pour le compte du secrétaire général les requêtes (émanant des particuliers, candidats ou électeurs) et les saisines (émanant des institutions, essentiellement de la Commission nationale de contrôle du financement de la

La tâche principale du service est la préparation des imprimés suivants :

- Le registre de la réception des procès-verbaux, des commissions régionales et nationales. Sur ce registre figurent les renseignements (les communiqués du ministère de l'Intérieur où sont mentionnées les dates des élections et les permanences pour recevoir les procès-verbaux des commissions ; le procès-verbal des commissions régionales et nationales et enfin le procès-verbal des élections législatives et du référendum).
- Le quitus ou reçu qui est délivré par le service du greffe aux personnes qui déposent les plis.
- Les dossiers pour les prochaines saisines.
- Le tableau de permanence du service du greffe durant la période électorale.

Suite à l'opération de réception des plis, le service du greffe s'organise pour recevoir les saisines. Le délai du dépôt de la requête n'étant que de 15 jours à partir de la date des résultats des élections[275]. La réception des requêtes se fait par le chef du service et son adjointe (2 équipes) qui vérifient les pièces jointes remises personnellement par le requérant ou par son avocat[276]. Chaque requête correspond ainsi à un dossier distinct. Les dossiers sont internes, seul le président, le greffier en chef et le membre rapporteur peuvent les consulter.

Il convient de souligner que le secrétariat général du Conseil constitutionnel marocain avise la Chambre concernée, sans délai, de toutes les requêtes dont il a été dépositaire. Chaque requête reçoit un numéro d'enregistrement dont les deux premiers chiffres correspondent à l'année de son enregistrement.

Par ailleurs, le service du greffe, en fonction des demandes des rapporteurs, peut s'adresser aux tribunaux de première instance de la région pour leur transmettre les procès-verbaux des bureaux de vote, les procès-verbaux des bureaux centralisateurs ainsi que les bulletins nuls dont ils sont dépositaires. Il peut également demander les listes d'émargement auprès des provinces et préfectures, ainsi que d'autres documents auprès des autorités compétentes tels que les copies des jugements, les procès-verbaux de la police judiciaire transmis par le biais du parquet.

vie politique) en matière électorale. Le service est ensuite chargé de constituer les dossiers, d'en assurer la reproduction, la notification aux parties, la diffusion au service juridique et au rapporteur adjoint affecté et de recueillir les observations du ministère de l'Intérieur.

[275] Article 29 de la loi organique n° 29-93,

[276] Le service du greffe remet un reçu au requérant (lors des élections législatives de septembre 2002 le Conseil constitutionnel a enregistré à peu près 200 saisines), après réception de toutes les saisines le service du greffe entame son travail concernant la préparation des dossiers.

De même, le Conseil constitutionnel marocain s'insère dans une logique unificatrice et pratique souvent la jonction d'une requête émanant de plusieurs candidats dans la même circonscription électorale en vue de leur instruction commune[277]. Même si, bien évidemment, les moyens soulevés ne sont pas forcément identiques, « les divers renseignements qu'elles peuvent apporter sont susceptibles de s'éclairer mutuellement »[278]. Sur ce point, la jurisprudence était constante[279] et ces recours faisaient également l'objet d'une décision commune dans un souci de diligence[280]. Il faut, en effet, éviter à l'élu de rester trop longtemps dans l'incertitude même si, la requête n'ayant pas d'effet suspensif, le parlementaire dont l'élection est contestée est en droit de siéger.

À l'occasion du contentieux des élections législatives de 1993, 1997, 2002, 2007 et afin d'éliminer des requêtes manifestement irrecevables le plus vite possible, le Conseil a modifié sa jurisprudence en jugeant parfois de manière séparée des requêtes portant sur la même circonscription. Il a donc pu statuer à plusieurs reprises sur la même élection qui, au terme de cet examen en plusieurs étapes, pouvait fort bien être annulée. Désormais, seules sont jointes pour y statuer par une même décision les requêtes qui tendent à l'annulation d'une même opération électorale et qui ont fait l'objet d'une instruction commune.

D'un point de vue statistique, il y a donc toujours lieu de faire une différence entre le nombre de requêtes et le nombre de décisions du Conseil constitutionnel[281]. De plus, le nombre des requêtes ne correspond pas obligatoirement à celui des protestataires, le Conseil déclarant recevable une demande signée par une ou plusieurs personne(s)[282].

## § 2. Les spécificités de la procédure devant le Conseil constitutionnel

La procédure du contentieux électoral tire ses caractéristiques de la nature juridictionnelle du contentieux. Ainsi l'obligation qui s'impose aux parties

---

[277] Il en est le cas de plusieurs décisions du Conseil constitutionnel notamment les décisions n° 192/1998 ; 304/1999 ; 377/2000 ; 401/2000 ; 409/2000

[278] J-P. Charnay, Le contrôle de la régularité des élections parlementaires, op.cit. p.251.

[279] V. par ex : C.C.P. 58-2/3/4, 17 janvier 1959, Sénat, Guadeloupe, Rec. Cons. Const. P.142.

[280] La formule utilisée par le Conseil est variable. En voici un exemple : « considérant que l'ensemble de ces requêtes sont dirigées contre les mêmes opérations électorales ; qu'il y a lieu de les joindre pour qu'il y soit statué par une seule décision ». S'agissant de cette formulation, qui mentionne « l'ensemble de ces requêtes », la jonction était impressionnante : cf. C. C. 93- 1205/1206 1er juillet 19993, A.N Nord, 22e circ., Rec. .Cons. const. p.167.

[281] Cf. P. Jan, La saisine du Conseil constitutionnel, op.cit. pp.517- 525 et spéc.p.520, graphique n° 7 : Nombre de requêtes et de décisions électorales concernant les élections législatives générales.

[282] V. par ex. C.C. 95-2057/2059/2060, 3 MAI 1996 A.N.Paris, 10e circ, Rec. Cons. const., p.66.

d'apporter la preuve lui confère le caractère accusatoire, l'échange des mémoires lui affecte le caractère contradictoire, enfin la procédure est marquée par le secret.

### A. Procédure contradictoire

Avant de débattre sur une argumentation juridique, des moyens de faits ou de droit, sur des pièces produites, chaque partie doit être mise à même de débattre sur l'énoncé des faits et moyens communiqués dans un délai raisonnable. C'est cela ce que l'on nomme le principe du contradictoire ou de contradiction. Il s'agit d'une règle dans la loyauté et la transparence des échanges et des débats !

#### 1. Un caractère nettement affirmé

Le principe du contradictoire (ou principe de la contradiction) est un principe de droit existant dans toute procédure, qu'elle soit civile, administrative, pénale ou disciplinaire. Elle implique que chacune des parties soit en mesure de discuter l'énoncé des faits et les moyens juridiques que ses adversaires lui ont opposés.

Conformément aux principes qui commandent toute procédure juridictionnelle, celle-ci doit être contradictoire. Dans un premier temps, la section prescrit qu'avis soit donné de la contestation à celui ou ceux des membres du parlement élus par le même scrutin dans la circonscription concernée. Elle fixe aussi le délai qui leur est imparti pour prendre connaissance de la requête et des pièces du dossier ainsi que pour produire leurs observations.

Le caractère contradictoire de la procédure, parfois mis en cause par les candidats dont l'élection est annulée, est un pré requis essentiel de l'instruction des affaires. On comprend bien l'intérêt qu'il représente ici : il y a en face l'un de l'autre un député dont l'élection est contestée, mais qui a été proclamé par les premières instances de vérification et un candidat malheureux ou un électeur mécontent qui ont généralement de bonnes raisons à faire valoir, mais qui ne peuvent pas non plus être crus sur parole[283]. Cela veut dire qu'il y a nécessairement une instruction menée par le juge, quel qu'il soit, qui va tenter d'évaluer la véracité et l'importance des faits qui lui sont dénoncés.

La procédure devant le Conseil est écrite et contradictoire. C'est-à-dire que l'élu contesté, une fois informé par le Conseil constitutionnel de sa situation, produit lui-même ou par l'intermédiaire de son avocat, un mémoire en réponse aux arguments du requérant qui peut répliquer par de nouvelles observations. Ce mémoire en réponse est communiqué au plaignant qui peut

[283] M. Jean-Claude COLLIARD, le contentieux électoral en France, séminaire, CDL-UD 2008

à son tour répondre (mais sans ajouter de nouveaux griefs). Cette réponse est, encore une fois, communiquée au défenseur et ainsi de suite jusqu'à ce qu'il n'y ait plus rien à rajouter.

C'est le Conseil qui notifie les mémoires en réponse aux parties concernées et leur fixe un délai pour faire recours. Au Maroc ce délai n'est pas fixé alors qu'il l'est en France par le Secrétaire général du Conseil. Cette possibilité de communication des observations des deux parties, assurée par le Conseil leur permet d'être informée durant toute l'instruction.

Le Conseil ne peut statuer qu'au vu de documents dont les parties ont eu connaissance et à propos desquels elles ont pu lui adresser des observations écrites avec la possibilité d'être entendues. C'est dans ce but que le dossier, pendant toute la durée de l'instruction, est à leur disposition.

Par ailleurs, le Conseil peut exiger de lui communiquer les procès-verbaux des opérations et leurs annexes par toute autorité dépositaire. Il peut aussi ordonner une enquête. Dans ce cas, le Conseil nomme le rapporteur désigné pour recueillir, sous serment, les déclarations des témoins[284]. Ces témoignages se font en l'absence du requérant et de l'élu contesté. Une fois recueilli, le rapporteur dresse un procès-verbal que les parties peuvent consulter au Secrétariat général du Conseil et déposer leurs observations écrites dans un délai de 8 jours[285].

Le Conseil peut également faire appel par l'un de ses membres ou le rapporteur désigné dans le but de procéder sur place à toute mesure d'instruction nécessaire pour rendre son jugement. Cependant, il prend la peine de vérifier que « rien ne s'y oppose » ; une formule qui n'induit pas la possibilité pour lui de refuser une demande de désistement, mais seulement de s'assurer de la clarté de l'intention du requérant. Ainsi la non-production d'un mémoire en réplique à celui de l'élu contesté ne suffit pas pour conclure au désistement du requérant[286].

Toutefois si une procédure contradictoire est aménagée, elle est assouplie par l'existence de délais relativement brefs et par les exigences d'une décision rapide. Ainsi le juge est tenu par les formalités prescrites, notamment la notification de la protestation dirigée contre l'élection, au candidat dont l'élection est contestée. Cette notification est considérée comme une formalité substantielle. Dans certains cas, la notification de la requête est également faite, comme c'est le cas au Maroc, par le Gouverneur, lorsque le requérant dont la candidature a été rejetée met en cause l'illégalité de la décision de l'autorité locale.

Il n'en demeure pas moins que la procédure contradictoire est atténuée, car il n'y a pas de notification obligatoire des mémoires produits à l'appui de la protestation. Dans ce sens, l'article 32 de la loi organique relative au

---

[284] Article 33 de la loi organique n° 29-93 relative au Conseil constitutionnel marocain

[285] Idem art LO CC

[286] CC 27 Janvier 1972 R p .41

Conseil Constitutionnel marocain indique la possibilité pour cette institution de notifier les mémoires en réponse aux parties et leur impartit un délai pour répliquer. Cette disposition nouvelle, puisque datant de 1998, est cependant rarement utilisée[287].

Il convient de souligner également que certaines juridictions s'efforcent de renforcer le caractère contradictoire, même s'il devait avoir lieu à la marge des textes, c'est le cas du Conseil Constitutionnel français qui a commencé sans doute depuis 2007-2008 par crainte de se heurter aux exigences de la Cour européenne des Droits de l'Homme, et plusieurs auditions des parties ont été organisées à l'occasion des dernières élections législatives[288]. Depuis, le Conseil permet aux parties de consulter le dossier comprenant les observations de l'administration et éventuellement d'y répondre. Ces observations sont visées expressément dans la décision ainsi que les réponses que les parties ont pu ensuite produire.

2. Le rejet sans instruction contradictoire préalable

Exceptionnellement, et en application de l'article 34 alinéa 2 de la loi organique du Conseil constitutionnel marocain, certaines requêtes peuvent être rejetées sans instruction contradictoire préalable, « afin de ne point encourager le juridisme ou la chicane »[289].

Ne sont pas non plus retenus par le juge de l'élection, les griefs imprécis ou dépourvus de clarté[290]. Les cas suivants peuvent être cités à titre d'exemple : l'irrecevable est le sort réservé à la requête où le requérant manque à indiquer les numéros ou les emplacements de bureaux de vote constitués d'une manière irrégulière. Il en est de même pour la requête où il se contente d'alléguer un vote multiple sans préciser les noms et le nombre d'électeurs concernés et sans apporter un début de preuve non plus.

Il s'agit également des griefs qui, manifestement, ne peuvent avoir une influence sur les résultats de l'élection, conformément à l'article 34 la loi organique du Conseil, chaque élection se déroulant, il faut bien l'avouer, « dans une bruine d'irrégularités »[291]. Sur le fondement de ces dispositions, ont donc été rejetées par décision motivée des requêtes mettant en cause la fermeture prématurée d'un bureau qui aurait empêché des électeurs de voter[292], la délivrance des cartes d'électeur aux partisans de l'élu et non à leurs propriétaires[293]. Où le fait qu'un électeur devenu majeur après la date

---

[287] Menouni, Constitution et contentieux électoral, op cité p 338

[288] M. Jean-Claude COLLIARD, le contentieux électoral en France, séminaire, CDL-UD 2008

[289] P. Avril et J. Gicquel, Le Conseil constitutionnel, op. cit., p. 103.

[290] Décision du CC marocain n°330 en date du 28/09/1999 ; voir aussi DC n° 557 en date du 27/01/2004

[291] J.-P. Charnay, « Les techniques d'investigation dans le contrôle des élections parlementaires françaises ».

[292] C.C, 78-851, 27 avril 1978, A.N., Pyrénées-Atlantiques, 1er circ, Rec. Cons. Const., p. 62.

[293] Décision CC marocain n° 249 et 325, n° 309, n° 377 ;

de clôture annuelle des listes électorales n'a pas été admis au vote[294]. Le maintien de cette procédure accélérée est indispensable[295], mais « elle peut amener le Conseil à rejeter certaines requêtes sans s'assurer véritablement de leur caractère infondé »[296]. En réalité, il n'a fait qu'un usage « très modéré et très justifié »[297] de cette faculté.

On constate que le Conseil constitutionnel va au-delà des rejets de forme portant sur l'omission du nom du candidat déclaré élu ou à une omission de l'adresse du requérant ou du non-respect du délai imparti par la loi pour soulever une requête, pour juger irrecevable et sans même aucune instruction préalable de sa part une requête non accompagnée des pièces à produire au soutien des moyens invoqués ou même contenant des griefs qui, selon le jugement du Conseil, n'ont pas d'influence sur le résultat de l'élection[298]. C'est ainsi que dans sa décision n° 485/2002 du 27 novembre 2002, le Conseil déclare que « *considérant que la requête n'est accompagnée d'aucune preuve ou commencement de preuve de nature à l'étayer, il s'ensuit qu'elle est irrecevable sans instruction préalable.* ».

Le Conseil adopte le même raisonnement dans une autre décision n° 487/2002 et considère que les éléments produits ne constituent pas en eux même une pièce de nature à prouver le contenu de la requête présente et qu'il échait par conséquent de déclarer irrecevable ladite requête sans instruction préalable ».

### B. Procédure accusatoire

En matière de contentieux électoral et contrairement à la procédure inquisitoire[299], il appartient aux parties d'apporter la preuve du bien-fondé de leurs griefs. En effet, au terme de l'article 31 de la loi organique 29-93, les requêtes doivent contenir les faits et les moyens d'annulation invoquée ainsi que les pièces produites au soutien de ces moyens.

En vertu de l'article 32 de la loi organique 29-93, un rapporteur est désigné et chargé d'adresser une copie de la requête au membre dont

---

[294] C. C., 81-940, 10 juillet 1981, A.N., Marne, 3e circ, Rec. Cons. Const., p. 112.

[295] V. en ce sens L. Philip, le contentieux des élections aux assemblées politiques françaises, op. cité., p. 193 : « Les candidats malheureux sont souvent tentés de poursuivre la polémique électorale sur le plan juridique alors qu'ils n'ont aucun motif sérieux, si ce n'est un sentiment de rancune, pour le faire. Cette procédure accélérée est indispensable ; elle permet de recevoir largement les protestations sans pour autant obliger le Conseil à consacrer une partie importante de son temps à l'examen de requêtes fantaisistes ».

[296] G. Desmoulin, « Le contentieux des législatives : vers une application de la Convention Européenne des Droits de l'Homme ? », R.D.P., 1997, n° 1, p. 165.

[297] F. luchaire, Le Conseil constitutionnel, op. cit., p. 348.

[298] Il en est le cas par exemple des décisions du CC marocain suivantes : 485 ; 487 ; 495/2002-502 ; 504 ; 555/2004-670 ; 673 ; 674/2007...

[299] Notons que la procédure inquisitoire est la procédure judiciaire où la maîtrise du procès est confiée au juge qui joue un rôle actif. En plus des éléments que les parties vont lui apporter, le juge pourra rechercher des éléments de preuve lui-même afin de fonder sa propre opinion.

l'élection est contestée. Il lui accorde un délai pour prendre connaissance, au secrétariat général du Conseil constitutionnel des pièces annexées et en prendre copie afin de produire ses observations écrites. Le rapporteur dont le nom n'est pas mentionné, établit un rapport considéré parmi les éléments de base sur lesquels le Conseil constitutionnel assoie sa décision.

De sa part, le Conseil constitutionnel notifie les mémoires en réponse aux parties concernées et leur fixe un délai pour répliquer. Des mémoires ampliatives seraient ultérieurement présentées, celles-ci ne peuvent contenir que le développement des moyens invoqués dans la requête ; cela veut dire que les parties au contentieux doivent se limiter dans l'échange de leurs observations à donner des justifications aux moyens soulevés dans la requête initiale et ne pas en apporter de nouveaux.

Les témoins sont entendus en l'absence du requérant et de l'élu dont l'élection est contestée. Ils prêtent serment dans les termes de l'article 85 du code de procédure civile[300].

Le Conseil ou le rapporteur chargé de l'instruction peut demander aux autorités administratives tous les rapports qu'il juge utiles à la solution de l'affaire et documents ayant trait à l'élection y compris les procès-verbaux et leurs annexes et ce sans attendre que les parties au contentieux ne produisent les observations.

### C. Procédure secrète

En matière de contentieux électoral, la procédure devant le Conseil constitutionnel est caractérisée par le secret, secret des délibérations et des votes. Ce secret trouve son fondement dans le serment que doivent prêter devant le Roi, le président et les membres du Conseil avant leur entrée en fonction, et ce en vertu de l'article 14 de la loi organique n° 29-93 du Conseil constitutionnel. Ni les débats, ni les comptes rendus des audiences, ni les pièces des dossiers, ni même le nom du rapporteur ne sont publiés, seule la décision finale du Conseil constitutionnel l'est.

Le même phénomène fait règle en France[301]. À ce propos Dominique Rousseau affirme que « le silence est de règle, rien ne transparaît à l'extérieur : secret sur le déroulement de la discussion, secret sur la répartition des voix »[302]. Ce silence, comme le précise Henri Roussillon dans son ouvrage « le Conseil constitutionnel » tout en constituant un obstacle

---

[300] Article 33 LO CC 29-93

[301] Art 3 Ordonnance n° 58-1067 du 7 novembre 1958 portant loi organique sur le Conseil constitutionnel : Avant d'entrer en fonction, les membres nommés du Conseil constitutionnel prêtent serment devant le Président de la République. Ils jurent de bien et fidèlement remplir leurs fonctions, de les exercer en toute impartialité dans le respect de la Constitution et de garder le secret des délibérations et des votes et de ne prendre aucune position publique, de ne donner aucune consultation sur les questions relevant de la compétence du Conseil.

[302] Cité par Henri ROUSSILLON « le Conseil constitutionnel » éd. Dalloz, 1993, p : 30.

réel à une bonne compréhension des décisions, a pour finalité le travail des membres en les soustrayant aux pressions et aux interprétations tendancieuses ».

Le secret du délibéré, tout comme la transparence, n'est pas un principe vain ; il a un but, une mission ou au moins une justification. Selon René Chapus, le secret du délibéré revêt une double signification : « il impose aux juges de délibérer hors la présence, tant du public que des parties et de leurs avocats ; il interdit, d'autre part, la divulgation, à quelque époque que ce soit et à qui que ce soit, de ce qu'ont été les discussions et de la façon dont chacun des magistrats s'est prononcé »[303].

Il faut dire de même que la règle du secret donne lieu à l'interdiction de l'opinion dissidente. Équation certes impossible ou équilibre subtil à trouver, le secret du délibéré, principe processuel fondamental du droit semble difficilement compatible avec l'introduction des opinions séparées dans le système juridictionnel marocain et français.

Au nombre des critiques formulées contre les décisions des juridictions constitutionnelles, figure le manque de transparence de la procédure suivie et l'on pense qu'une amélioration décisive serait acquise si l'on introduisait dans les procédures en matière de contentieux électoral, la possibilité pour les juges de rédiger des opinions dissidentes ou séparées.

L'opinion dissidente n'est que l'une des variantes des opinions séparées. Celles-ci peuvent se définir comme des opinions alternatives à celle de la majorité, rédigées par un ou plusieurs juges, soit parce qu'elles proposent une solution différente, soit parce qu'elles proposent un fondement différent pour une solution identique[304].

Ensuite, la possibilité doit être offerte aux juges de publier leurs opinions en cas de dissidence. La pratique de l'opinion dissidente permet aux membres des juridictions constitutionnelles d'annexer aux décisions adoptées par la majorité des membres de la juridiction leur position. Pratiquée aux États-Unis[305], la technique des opinions dissidentes est un facteur de transparence du droit, permet de mieux saisir le raisonnement des juges et peut être à l'origine de riches controverses doctrinales. Ainsi, la pratique de l'opinion dissidente est de nature à renforcer la qualité des décisions des juridictions constitutionnelles[306].

---

303 R. Chapus, Droit du contentieux administratif, 9 éditions, Montchrestien, Paris, 2001, p. 932, indice 1170.

304 TROPER (M.), intervention lors de la Table ronde « Faut-il réformer le Conseil constitutionnel ? », in Le Conseil constitutionnel a 40 ans, journées des 27 et 28 octobre 1998, Conseil constitutionnel, LGDJ, Paris, 1999, p. 191.

305 Ce qui est entendu en France par « opinions dissidentes » est rendu aux Etats-Unis par le terme d'« opinions séparées » (separate opinions), terme général qui englobe à la fois les opinions individuelles (concurring opinions) et les opinions dissidentes (dissenting opinions) étant ici précisé que ce dernier terme s'applique uniquement aux opinions qui désapprouvent le dispositif du jugement rendu.

306 BARAK (A.), thèse de doctorat, Université de Lomé - DEA - Droit public 2011 P.438

Sa pratique a été adoptée dans les juridictions internationales[307], dans l'une au moins des juridictions européennes[308] et dans certaines juridictions constitutionnelles européennes comme la Cour constitutionnelle de la République fédérale d'Allemagne[309].

Cependant, l'introduction des opinions dissidentes vient heurter de plein fouet un principe élevé au rang de dogme : celui du secret des délibérés. En matière de contentieux électoral, l'obligation de motiver est générale et les jugements sont rendus dans un seul et même document qui est le jugement de la haute juridiction. Il n'y a qu'une seule motivation ; personne ne sait qui l'a écrite, ni qui a voté pour, ni qui a voté contre. La justice est rendue d'une seule voix d'une manière qui est tout à la fois collective, anonyme et secrète[310]. Aux constitutionnalistes français avouant leur attrait pour la pratique anglo-saxonne de la publication des opinions minoritaires, le Doyen Vedel répondait qu'il s'agissait d'une « recette infaillible à qui voudrait porter malheur au Conseil constitutionnel[311] ».

Le doyen Vedel, particulièrement opposé aux opinions séparées, admettait lui-même ceci : « Notre tradition judiciaire ne va pas dans le sens de la publicité du dissentiment et l'on ne peut pas savoir quels dégâts produiraient le changement, le temps qu'il prendrait à s'acclimater et les effets inattendus qu'il entraînerait[312] ».

Ce sont principalement les fondements juridiques du secret du délibéré qui sont invoqués pour faire obstacle à la consécration des opinions dissidentes. Pour exemple, François Luchaire fonde sa critique sur trois points : l'affaiblissement de l'autorité de chose jugée, la crédibilité et l'indépendance des juges, l'efficacité des juridictions[313]. Néanmoins, certains auteurs dont le constitutionnaliste Dominique Rousseau regrettent ce pli adopté par les juridictions constitutionnelles et s'insurge en des termes non équivoques : « La procédure est aujourd'hui écrite, secrète et, si elle est contradictoire, ce n'est pas par obligation des textes, mais parce que le doyen Vedel a profité de leur silence pour l'imposer progressivement. Là encore, ce qui pouvait être acceptable en 1958 ne l'est plus aujourd'hui (...). Il faut organiser le contradictoire et, si l'écrit ne doit pas être abandonné, il faut introduire l'oralité et la publicité des audiences, faire connaître le nom du

---

307 Cour permanente de justice internationale, devenue après la guerre Cour internationale de justice.

308 Cour européenne des droits de l'homme, mais non Cour de justice des Communautés.

309 ZOLLER (E.), « La pratique de l'opinion dissidente aux Etats-Unis », en ligne sur http://cda.u paris2.fr/Zoller%20Opinion%20dissidente.pdf.

310 LUCHAIRE (F.), « Contribution au débat sur les opinions dissidentes dans les juridictions constitutionnelles », Cahiers du Conseil constitutionnel, 2000, n° 8, p. 111.

311 VEDEL (G.), Préface à ROUSSEAU (D.), Droit du contentieux constitutionnel, Montchrestien, collection Domat droit public, 6e édition, Paris, 2001, p. 9.

312 VEDEL (G.), « Neuf ans au Conseil constitutionnel », Le débat, n° 55, mars-août 1989.

313 LUCHAIRE (F.), « Contribution au débat sur les opinions dissidentes dans les juridictions constitutionnelles », Cahiers du Conseil constitutionnel, 2000, n° 8, p. 111.

rapporteur et le contenu de son rapport et permettre les opinions dissidentes[314] ». Dominique Rousseau remarque que, « là où elles sont publiées, les opinions dissidentes n'ont pas d'atteinte à l'indépendance des juges ni à la remise en question de l'autorité de la chose jugée[315]...

D'autres arguments abordés par d'autres constitutionnalistes français permettent de plaider en faveur de la publication de la dissidence au sein du Conseil constitutionnel. Ils renvoient à la question de son utilité en général. Si une opinion séparée permet à son auteur d'expliquer à ses collègues les raisons de son dissentiment, elle a également pour finalité de les exposer au public.

Les partisans des opinions dissidentes font valoir qu'elles contribuent à une justice plus ouverte et plus transparente. Elles constituent indéniablement un élément de démocratisation du système juridictionnel français en ce qu'elles participent au pluralisme des opinions et des idées tout en favorisant la transparence indispensable à la démocratie.

En rédigeant une telle opinion, le juge ne s'adresse pas uniquement à ses pairs. Il sait que ses propos seront lus par l'ensemble des destinataires de la décision, citoyens, tribunaux inférieurs, pouvoirs publics, mais aussi par les générations futures. L'utilité des opinions séparées peut ainsi s'observer tant à l'égard de leur auditoire interne qu'externe, « universel » selon l'expression aristotélicienne[316]. Par ailleurs, la pratique de l'opinion dissidente répond à une autre nécessité que le simple besoin de transparence, il s'agit de rendre les juges responsables de leurs décisions.

Afin de pallier à l'absence d'opinions séparées au Conseil constitutionnel, certains auteurs ont proposé d'y instituer un équivalent du commissaire du gouvernement, G. Braibant propose l'institution de l'équivalent du commissaire du gouvernement du Conseil d'État, « un représentant du droit qui donnerait sur chaque affaire des conclusions (...) »[317]

L'un des premiers avantages d'une telle présence au Conseil constitutionnel serait de « mieux éclairer sur le sens de la décision », le second étant « d'ouvrir un certain espace de dialogue, un certain espace d'incertitude qui permettrait le progrès ultérieur de la jurisprudence, comme les opinions dissidentes »[318]. C'est ainsi que le procureur général près la

---

[314] ROUSSEAU (D.), cité par Yannick LECUYER, « le secret du délibéré, les opinions séparées et la transparence », RTDH, n° 57, 2004, p.198

[315] D. Rousseau, « Contributions au débat sur les opinions dissidentes dans les juridictions constitutionnelles », Cahiers du Conseil constitutionnel, 2000, n° 8, p. 110

[316] Voir l'étude de M Wanda Mastor « Les opinions séparées des juges constitutionnels, UAM/Economica, Aix-en-Provence/Paris, 2005, 360 p

[317] Voir une synthèse des critiques formulées à l'égard des décisions « interprétatives », tant par la doctrine que par la classe politique in DI MANNO (T.), Le juge constitutionnel et la technique des décisions « interprétatives » en France et en Italie, op. cit., pp. 12-15.

[318] Le CONSEIL CONSTITUTIONNEL A 40 ANS, Actes du Colloque organisé les 27 ET 28 OCTOBRE 1998 au Conseil constitutionnel, LGDJ, Paris, 1999, p. 191. 1998,

Cour de Cassation A. Touffait, dans ses célèbres conclusions sur l'affaire Schiavon[319], déplore l'absence de clarté des décisions du Conseil constitutionnel. À propos des membres de ce dernier, il souligne qu'« ils ont fait prévaloir la technique de la motivation brève par des formules concises, ramassées, mais elle n'est pas éclairée par les conclusions d'un commissaire du gouvernement ou les conclusions du ministère public, ou un développement dans un rapport annuel tel que celui de la Cour de cassation »[320].

Ainsi, l'introduction des opinions séparées, bien loin d'affaiblir cette respectabilité, la renforcerait de plusieurs façons : elle contraindrait la majorité à rédiger les décisions avec plus de précision et de rigueur de manière à se prémunir contre les arguments contraires ; elle permettrait aux conseillers minoritaires de préparer les évolutions futures ; elle inciterait les autorités de nomination à choisir des personnalités assez qualifiées pour participer à un débat de ce type[321].

Aujourd'hui, alors que le rôle normatif du juge, même à la marge, ne saurait être utilement contesté, la transparence du système juridictionnel se fait désormais sentir comme une exigence majeure. Les arguments soutenus dans les opinions séparées peuvent dès lors nourrir l'évolution de la jurisprudence lors de procès ultérieurs et écarter le langage parfois exagéré du juge électoral.

## § 3. Les incidents de procédure

Le déroulement normal d'un procès impose le respect des étapes indispensables aboutissant au prononcé d'une décision, notamment la demande introductive d'instance, la recevabilité de la requête, l'instruction, l'audience et le jugement. Parfois, diverses circonstances ou demandes surviennent au cours de la procédure et dispensent le juge constitutionnel de statuer sur la régularité des opérations électorales de façon provisoire ou définitive. Ces évènements sont désignés sous le vocable d'incidents de procédure et ont pour effets de suspendre, modifier ou arrêter le déroulement normal de l'instance.

### A. Le désistement

Considéré comme un procédé d'extinction de l'instance, le désistement est « l'acte par lequel le requérant renonce à ses prétentions[322]. Il résulte

[319] Cour de cassation, Chambre criminelle, 26 février 1974, Dalloz, I, pp. 273-280, note R. Vouin.
[320] Ibid
[321] TROPER (M.), Droit constitutionnel, Paris, L.G.D.J., 2005, p. 816.. , p.8
[322] PEISER G., « Incidents de procédure », in Répertoire contentieux administratif, Dalloz, janvier 2007, p. 8

d'une manifestation de la volonté sans équivoque du demandeur, de sorte à ne pas créer de doute quant à son intention.

L'intervention du Conseil constitutionnel suppose une contestation ; s'il n'y a plus de contestation en raison d'un désistement, le Conseil n'a plus à juger ; le Conseil constitutionnel prend alors, dans ce cas, une décision par laquelle est « donnée acte du désistement » du requérant[323]. Encore faut-il que le désistement soit clair et formulé en des termes explicites et que l'intention de son auteur ne puisse faire aucun doute.

Le Conseil a argué du fait qu'il ne pouvait se saisir d'office, pour refuser de statuer au fond lorsque le requérant se désiste, solution dangereuse, car elle pourra inciter un élu douteux à négocier la neutralité de ses adversaires. Mais, les désirs d'affirmer le caractère juridictionnel du Conseil, de récuser toute trace d'une action populaire n'ont pas été étrangers à la détermination du Conseil. Celui-ci aurait cependant pu, sans porter atteinte à ce caractère juridictionnel, invoquer, comme les juridictions pénales, le caractère public des intérêts en cause, pour que le retrait de la requête n'entraîne pas dessaisissement.[324]

Il ne peut y avoir désistement partiel, dans un mémoire ampliatif ou en réplique, le requérant abandonne certains moyens de sa requête initiale, dans ce cas le Conseil décide qu'il n'y a pas lieu à statuer sur les griefs abandonnés à moins évidemment qu'il ne s'agisse de moyen d'ordre public[325].

Dans sa décision n° 762/2009 rendue le 02 juin 2009, le Conseil constitutionnel marocain a rendu son verdict en rejetant la demande explicite présentée par le requérant tendant à se désister de la requête qu'il avait déposée à l'encontre des parties dont l'élection est contestée, qu'il apparaît, toutefois, de ladite requête qu'elle soulève, relativement à l'une de ces parties, la question de l'éligibilité qui est d'ordre public et qui n'autorise pas de se lier à la seule volonté du requérant et qu'il s'impose, dès lors, de ne pas donner suite à la demande en question. La question d'éligibilité comme rappelle le Conseil constitutionnel « *fait partie de l'ordre public, peut être soulevée d'office et constitue une condition de fond pour se porter candidat aux élections et continuer à représenter la Nation* ». Ainsi, le Conseil déclare l'élu inéligible et son élection au mandat de membre de la Chambre des représentants est, en conséquence, nulle.

Il est à remarquer que si depuis 1994, le Conseil constitutionnel avait constamment considéré que le désistement d'un requérant en matière de

---

[323] Voir dans ce sens décision du CC marocain n° 759 en date du 07 Mai 2009. Voir aussi décision du CC marocain n° 787 en date du 17 mars 2010.

[324] J. P.CHARNAY, Le contrôle de la régularité des élections parlementaires, thèse d'Etat, Paris, 1964

[325] Voir dans ce sens la décision du CC marocain n° 762 en date du 02 juin 2009

contentieux électoral devait avoir pour effet de le dessaisir de l'affaire qui lui est soumise. Depuis la révision constitutionnelle de 2011, le Conseil considère désormais qu'il peut prendre acte de la demande de désistement tant que la requête ne porte pas sur la condition de capacité qui est d'ordre public ou qu'elle ne contient pas des pièces ou des preuves attestant de faits de nature à porter atteinte à la liberté, la sincérité et la transparence des élections.

### B. Le décès du requérant ou de l'élu

Le Conseil constitutionnel refuse de statuer sur le recours électoral après le décès du requérant ou de l'élu dont l'élection est contestée ce qui rend la requête aux yeux du Conseil sans objet et qu'il n'y a pas lieu d'y statuer[326].

Cette déclaration présume l'organisation d'un scrutin pour l'occupation du siège vacant et d'ailleurs c'est le résultat qui devrait certainement se réaliser si le Conseil constitutionnel avait prononcé l'annulation du scrutin.

En matière électorale, les cas de non-lieu à statuer sont infimes. Il y'a non-lieu à statuer lorsque le requérant décède en cours d'instance.Ainsi, le juge prononce un non-lieu à statuer qui entraîne inévitablement l'interruption de la procédure d'instruction en raison du caractère personnel de l'action.

### C. L'absence de sursis à statuer

Les incidents de procédure qui viennent d'être évoqués ont pour conséquence de retarder la procédure, mais, devant le Conseil constitutionnel, il n'y a pas de sursis à statuer, notamment lorsque l'auteur d'une plainte pour fraude électorale ne justifie pas que l'action pénale serait de nature à établir l'irrégularité d'un nombre suffisant de votes pour modifier le résultat du scrutin[327]. Certains faits peuvent effectivement constituer à la fois une fraude électorale qui peut justifier l'annulation d'une élection et une infraction pénale. Comme le fait remarquer M. Luchaire, ''les investigations de l'autorité judiciaire peuvent révéler des fraudes dont le requérant n'avait pu fournir la preuve certaine[328]''. Il pourrait donc intéressant pour le Conseil constitutionnel marocain d'attendre le déroulement d'une procédure judiciaire, mais il n'a jamais sursis à statuer pour attendre les conclusions d'une information judiciaire avant de rendre sa décision.

La solution est identique si le député dont l'élection est en jeu fait valoir devant le Conseil qu'il a déféré au Conseil d'État la décision par laquelle la Commission nationale des comptes de campagne a rejeté son compte de

---

326 Dans sa décision n° 748 rendue le 31 mars 2009. Voir également la décision du CC marocain n° 366 rendue le 25 janvier 2000.

327 CC, 81-919, 5 novembre 1981, AN, Corse du Sud, 2e circonscription,, Rec Cons. const, p 179.

328 F Luchaire, Le Conseil constitutionnel, op. cité, p 358.

campagne en raison d'un dépassement du plafond légal des dépenses. Le Conseil constitutionnel français a en effet refusé de surseoir à statuer en considérant qu'il lui appartenait de se prononcer sur ''toutes les questions'' concernant ce compte de campagne[329]. Par la suite, le Conseil d'État a effectivement statué sur la requête en la déclarant irrecevable au motif que ''la décision attaquée, par laquelle la Commission nationale des comptes de campagne et des financements politiques a réformé le compte de campagne du requérant et, constatant un dépassement du plafond des dépenses électorales, a saisi le Conseil constitutionnel, n'est pas détachable de la procédure juridictionnelle ainsi engagée devant celui-ci ; que, dès lors, elle n'est pas susceptible de faire l'objet d'un recours devant le juge administratif[330].

## § 4. L'instruction

En matière de contentieux électoral, l'instruction est la procédure qui met une affaire en état d'être jugée. Elle consiste pour la haute juridiction à solliciter tout document auprès des parties et/ou de l'administration, à procéder à l'audition de témoins. La solution retenue par la majorité des juridictions constitutionnelles est de confier l'instruction des affaires électorales à un juge de l'institution désigné comme rapporteur. C'est le cas en Algérie, au Bénin, en Bulgarie, au Liban, à Madagascar, au Mali, au Maroc, en Mauritanie. La désignation est, de manière générale, effectuée par le président[331]. Le conseiller rapporteur peut être assisté d'une commission ad hoc composée de deux ou trois conseillers (cas du Tchad) ou par des magistrats-assistants de la Cour constitutionnelle (cas de la Roumanie). Au Cambodge, ce sont les sections dans leur ensemble qui ont la charge de l'instruction. La France désigne un juge rapporteur, mais celui-ci peut être un magistrat ad hoc nommé pour les élections.

Au Maroc, l'article 33 alinéa 5 de la loi organique n° 29-93 relative au Conseil constitutionnel stipule que « *Le Conseil peut ordonner une enquête... il peut également commettre l'un de ses membres ou le rapporteur désigné pour procéder sur place à toute mesure d'instruction* ». De même, l'article 34 de la loi organique du Conseil constitutionnel prévoit que « *dès que l'affaire est en état d'être jugée, le Conseil constitutionnel y statut après avoir entendu le rapporteur* ». Toutefois, le législateur organique reste toutefois pas très clair sur la question de comment et par qui est faite l'instruction des requêtes, toutefois, on déduit de la loi organique n° 29-93

---

[329] CC, 93-1321/1498, 24 novembre 1993, AN, Paris, 19 éme circ, Rec.Cons.const, p 474
[330] CE, 9 mai 1994, M pierre Bloch, Leb, p 227
[331] CF. Les travaux du 3e congrès de l'Association des Cours Constitutionnelles ayant en partage l'usage du français, notamment les actes du colloque sur la saisine des Cours Constitutionnelles Libreville, septembre 2000.

dans ses articles n^os^ 16[332], 32[333], 33[334] et 34[335] que ce sont les membres du Conseil constitutionnel qui se chargent de l'instruction et du recueil des témoins, ceci peut constituer une charge de travail pour les membres du Conseil, et peut expliquer les retards dans la prise des décisions.

La question de l'instruction est plus claire pour le cas français, le règlement de la procédure suivie devant le Conseil constitutionnel pour le contentieux de l'élection des députés et des sénateurs y apporte des réponses claires et précises. Il réglemente chaque étape et prévoit toutes les possibilités. À cet égard, il serait pertinent que le Maroc s'inspire du modèle français et étudie l'opportunité d'adapter le règlement de procédure française à son propre contexte.

Le Conseil forme en son sein trois sections entre lesquelles le Président répartit les affaires pour qu'elles soient examinées avant leur jugement en séance plénière. Il préside la section dont il fait partie, chacun des deux autres étant présidé par le plus âgé de ses membres. Les sections comprennent chacune trois membres du Conseil constitutionnel désignés par un tirage au sort séparé entre les trois catégories de membres nommés respectivement par le Président de la République, par le Président du Sénat et par celui de l'Assemblée nationale et intervenant au début de chaque renouvellement triennal.

En pratique, la mission d'instruction est confiée aux rapporteurs adjoints, fonctionnaires du Conseil d'État et de la Cour des comptes. Chaque année, le Conseil constitutionnel arrête une liste de dix rapporteurs adjoints choisis parmi les maîtres des requêtes au Conseil d'État et les conseillers référendaires à la Cour des comptes. L'article 37 de l'ordonnance prévoit que le président du Conseil constitutionnel peut désigner parmi eux le rapporteur de l'affaire – et en pratique c'est toujours le cas- étant rapporteur de l'affaire, quoique sans voix délibérative, le rapporteur adjoint est entendu par la section, à laquelle il expose les éléments de fait et de droit du dossier, peut proposer une enquête ou d'autres mesures d'instruction et présente un projet de décision. Il peut être commis pour recevoir des dépositions de témoins (article 15 du règlement) ou procéder aux mesures d'instruction

332 Article 16 alinéa 1 de la loi organique du Conseil constitutionnel prévoit que « le Conseil constitutionnel statue sur les affaires qui lui sont soumises sous le rapport de l'un de ses membres désigné par le président ».

333 Article 32 de la loi organique du Conseil constitutionnel prévoit que « Le rapporteur désigné dresse une copie de la requête au membre de la Chambre des représentants dont l'élection est contestée… ».

334 Article 33 de la loi organique du Conseil constitutionnel prévoit que « le Conseil peut ordonner une enquête et également l'un de ses membres ou le rapporteur désigné pour procéder sur place à toutes mesures d'instruction ».

335 Article 34 de la loi organique du Conseil constitutionnel prévoit que *« dès que l'affaire est en état d'être jugée, le Conseil constitutionnel y statut après avoir entendu le rapporteur ».*

(article 16 du règlement)[336]. Après que la section a délibéré sur ses propositions, l'affaire est inscrite à l'ordre du jour du Conseil. Il assiste à la séance et met en forme la décision résultant de ces délibérations.

Généralement, les décisions prises par le Conseil constitutionnel français sans faire l'objet d'une instruction contradictoire sont celles estimées par les sections d'instruction qu'elles seront immanquablement déclarées irrecevables par le Conseil. Ainsi, ces sections permettent de vérifier si les requêtes remplissent toutes les conditions de forme.

Ainsi, il revient au Secrétaire général du Conseil constitutionnel français d'assurer la coordination du travail des rapporteurs adjoints ; « tout en respectant, bien sûr, la liberté intellectuelle de chacun ; il leur donne à cette fin une information régulière sur l'activité du Conseil et les tendances les plus récentes de sa jurisprudence. Des réunions collectives comme des entretiens individuels sont organisés pour ce faire »[337]. Il faut ajouter à cette occasion que le secrétaire général, assisté de deux chargées de mission auprès du Conseil, a comparu à l'instance devant la Cour européenne des droits de l'homme au cours de laquelle fut mise en cause la procédure suivie en matière électorale.

Les dossiers dont les rapporteurs se trouvent saisis (lorsque se termine le débat contradictoire entre les parties) sont d'une difficulté plus ou moins grande, sachant que l'expérience de chacun est prise en considération. Les affaires les plus ardues sont donc attribuées aux rapporteurs les plus chevronnés. Le rapporteur va traiter les éléments de fait et de droit du dossier et prépare un projet de décision qu'il soumet à la section en vue du jugement de l'affaire ou de mesures complémentaires d'instruction. Il participe aux débats de la section, mais si c'est un rapporteur adjoint, ce qui est toujours le cas, il n'a pas de voix délibérative et ne fera donc pas partie de formation de jugement[338].

Dans un communiqué du 24 septembre 1999, le Conseil constitutionnel français a rappelé ce dernier point de procédure en soulignant que les décisions rendues expriment exclusivement le jugement de ses membres. Il a également précisé qu'il « n'a jamais eu à remettre en cause ni la compétence, ni l'indépendance, ni l'impartialité d'aucun de ses rapporteurs adjoints ». Devant le Conseil, en séance plénière, ils reprennent leurs rapports en

---

[336] Le rôle de la section est, après audition du rapporteur, d'adopter un projet de décision sur le fond de l'affaire, parfois après correction du rapport. Mais, si elle l'estime utile, elle peut soit ordonner elle-même l'enquête ou toute autre mesure d'instruction, soit porter à cette fin l'affaire devant le Conseil qui se prononce sur l'opportunité de cette mesure et, le cas échéant, statue immédiatement sur le fond.

[337] O.SCHARMECK, « le secrétaire général du Conseil constitutionnel ». R.F.D.A.1994, p. 1211. Selon J. Robert « la protection des droits fondamentaux et le juge constitutionnel français, Bilan et réformes », R.DP, 1990, p 1258), le secrétaire général est ainsi « la mémoire du Conseil ».

[338] O.SCHARMECK, op. cit

présentant le projet adopté par la section. Le règlement de procédure rappelle que le secrétaire général et le rapporteur de l'affaire assistent aux délibérations du Conseil (option qui serait souhaitable pour le cas marocain) jusqu'à l'adoption de la décision par ce dernier.

### A. L'enquête

Le Conseil constitutionnel marocain peut ordonner une enquête. Les décisions aux fins d'ordonner une enquête[339] sont peu nombreuses par rapport aux autres décisions[340]. Ainsi, en vertu de l'article 33 de la LO du Conseil constitutionnel marocain, le Conseil peut ordonner une enquête et commettre l'un de ses membres ou le rapporteur désigné pour procéder sur place à toute mesure d'instruction »[341].

Les procès-verbaux des opérations de vote sont d'une importance cruciale dans les affaires électorales. Ils sont le reflet du déroulement du scrutin et sont utilisés par le conseil lors de l'instruction des dossiers.

Les témoins sont entendus en l'absence du requérant et de l'élu dont l'élection est contestée. Ils prêtent serment en vertu de l'article 85 du code de procédure civile[342].

Le procès-verbal des auditions est dressé par le rapporteur et les intéressés sont invités à en prendre connaissance au secrétariat général du Conseil et à déposer leurs observations écrites dans un délai de huit (8) jours.

Des critiques ont concerné certaines positions du Conseil constitutionnel marocain, comme celle qui a invoqué le principe de secret du scrutin pour éviter d'effectuer des enquêtes sur le terrain[343], ce qui constitue une régression par rapport à la jurisprudence de la Chambre constitutionnelle[344]. Le rapporteur, comme le Conseil constitutionnel, n'ont pas jugé nécessaire de mener une enquête en dépit de nombreux indices et éléments de preuves à l'appui des requêtes. Dans les rares cas d'enquête, « le juge constitutionnel semble craindre de soulever l'implication de certaines parties dans les violations »[345]. Il s'agit en effet le plus souvent de l'implication des autorités qui relèvent du ministère de l'Intérieur (gouverneurs et agents sous son autorité). Cela ne signifie pas que le Conseil constitutionnel refusait jusqu'à l'idée de faire ce genre d'enquêtes, mais qu'il ne pouvait le faire plus

[339] Décision du CC marocain n° 648 en date du 10/07/2007 ; Voir aussi la décision du CC n° 105 en date du 12/03/1996

[340] Décision du CC marocain n° 759 en date du 07/05/2009

[341] Décision du CC marocain n° 396 en date du 07/06/2000

[342] Article 33, alinéa 3 de la LO relative au Conseil constitutionnel

[343] Décision n° 78-95 du 5 juin 1995, *Elections, Irrecevabilité*, BORM n° 4313 du 28 juin 1995.

[344] Y. Fassi Fihri, « Le Conseil constitutionnel et le contrôle des consultations populaires », *Op.cit*, pages 49-50.

[345] Khalid Semmouni : « Le contrôle du Conseil constitutionnel sur les élections législatives », op. cité page 329.

souvent par manque de moyens ![346] Le juge constitutionnel en a fait quelques fois[347], mais cela n'a pas donné des annulations pour autant[348]. Sans oublier qu'à cause des moyens limités du Conseil, ces enquêtes prennent beaucoup de temps, et entraînent un délai plus important (parfois jusqu'à trois ans pour rendre une décision !)[349]

L'enquête peut aussi être réclamée par l'une des parties[350]. Elle n'est décidée que si ces trois conditions sont réunies : d'abord, les faits dénoncés dans les recours soient assortis d'un commencement de preuve à tout le moins[351]. À défaut, l'enquête demandée est systématiquement refusée[352]. En deuxième lieu, si le dossier comporte suffisamment d'éléments pour forger la conviction du juge. Dans le cas contraire, l'enquête est également refusée[353]. Enfin, la concordance et l'importance des faits incriminés doivent être susceptibles, dans l'hypothèse où ils seraient établis, de motiver l'annulation de l'élection contestée.

L'originalité du contentieux électoral, les exigences de trouver des solutions en la matière contribuent à expliquer la grande liberté donnée au juge non seulement dans l'appréciation des faits, mais également dans la possibilité d'écarter une enquête demandée, de refuser l'audition de témoins, de traiter les requêtes avec une certaine rigueur formelle. D'une manière générale, le principe de contradiction des débats et de leur publicité est très atténué pour ne pas dire tout à fait méconnu.

### B. Le jugement des affaires électorales

Une fois l'instruction close, le juge doit statuer sur l'affaire. Il est intéressant de mettre en évidence trois éléments dans le but de dégager les traits caractéristiques du contentieux électoral. Il s'agit de la formation de jugement, de la publicité de l'audience et du délai accordé à la haute juridiction pour rendre sa décision.

---

[346] Propos recueillis lors de mon entretien avec quelques membres du Conseil constitutionnel marocain.

[347] *Décision préparatoire* n° 64-95 du 13 mars 1995, BORM n° 4300 du 29 mars 1995 et *décision préparatoire* n° 67-95 du 21 mars 1995, BORM n° 4301 du 5 avril 1995.

[348] Décision 105-96 du 12 mars 1996, *Elections, Refus*, BORM n° 4365 du 1er avril 1996, et décision 113-96 du 3 juin 1996, *Elections, Refus*, BORM n° 4389 du 24 juin 1996.

[349] La nouvelle constitution de 2011 précise en son article 132 que « la Cour statue sur la régularité de l'élection des membres du parlement dans un délai d'un an, à compter de la date d'expiration du délai légal du recours. Toutefois, la Cour peut statuer au-delà de ce délai, par décision motivée, dans le cas où le nombre de recours ou leur nature l'exige »

[350] Décision du CC marocain n° 738 en date du 18/02/2009

[351] Décision du CC marocain n° 396 en date du 07/06/2000

[352] Décision du CC marocain n° 105 en date du 12/03/1996

[353] Décision du CC marocain n° 759 en date du 07/05/2009

1. Formation du jugement et publicité des audiences

Dans plusieurs pays, l'audience est publique en matière du contentieux électoral. Il en est le cas en Albanie, au Burkina Faso, au Cambodge, au Cameroun[354], au Congo, au Gabon[355], au Mali[356], à l'Île Maurice, au Rwanda, en Suisse et en République tchèque, etc.

En Moldavie, les débats[357] en séance de la Cour constitutionnelle sont publics à l'exception des cas où la publicité peut porter préjudice à la sécurité de l'État et à l'ordre public. Sont également publiques les séances de la Cour constitutionnelle de Bulgarie auxquelles peuvent assister des représentants de médias accrédités près la Cour constitutionnelle ainsi que des citoyens, sauf si la Cour n'en juge autrement.

S'agissant du cas marocain, le Conseil constitutionnel se réunit sur convocation de son président ou du membre le plus âgé en cas d'empêchement[358]. Lors d'une séance qui n'est pas publique, et où « (...) les intéressés ne peuvent demander à y être entendus ». Il est à préciser que le juge constitutionnel est tenu par le secret professionnel ; il doit garder le secret des délibérations et des votes. Par ailleurs, il ne peut prendre aucune position publique ni donner de consultation sur des questions relevant de sa compétence[359].

En France[360], la question n'était pas anodine pour le Conseil constitutionnel, car l'article 17 du règlement intérieur de procédure prévoit

[354] Au Cameroun, les parties et les avocats peuvent entamer leurs plaidoiries

[355] Au Gabon, la conduite des débats et les décisions sont publiques en matière de contentieux électoral, au moment où ils ne peuvent l'être en d'autres matières sauf appréciation contraire de la Cour.

[356] Au Mali, les décisions sont rendues publiquement alors que les débats ne le sont pas. Par ailleurs, les parties peuvent demander à y être entendues.

[357] Aux débats à huis clos, peuvent assister, outre les participants, des personnes invitées en conformité avec la décision de la Cour. Les représentants de la radio, de la télévision et d'autres moyens agréés par la Cour constitutionnelle, peuvent transmettre directement, partiellement ou entièrement les travaux des séances et leur est même permis de réaliser des reportages.

[358] Article 15 de la loi n° 8-98 modifiant et complétant la loi organique n° 29-93 relative au Conseil constitutionnel

[359] Article 14 de la loi n° 8-98

[360] Les débats en session et en séance plénière ainsi que le vote ne sont ni publics, ni publiés. En 2010, le Conseil constitutionnel tenait la première audience publique de son histoire. Il délibérait en séance plénière le 27 mai 2010 et rendait publiques les deux premières décisions portant sur des questions prioritaires de constitutionnalité (QPC) le 28 mai. Ainsi la réforme instituant l'article 61-1 de la Constitution, entrée en vigueur le 1er mars 2010, trouvait pleinement à s'appliquer. Le contrôle de constitutionnalité de dispositions législatives déjà en vigueur constitue un nouveau droit pour le justiciable. À cette occasion, celui-ci peut venir, au Conseil constitutionnel, avec son avocat.
En effet, l'article 23-10 de l'ordonnance n° 58-1067 portant loi organique sur le Conseil constitutionnel [360]non seulement impose une audience, mais précise aussi que cette audience soit publique (sauf dans les cas exceptionnels). Le Conseil constitutionnel ouvre donc désormais ses portes aux parties et à leurs représentants[360], mais également au public. Cela a

que ses séances ne sont pas publiques, ce qui le met en délicatesse avec la Convention européenne des Droits de l'Homme[361] et néanmoins avec elle seule, car aucun principe général du droit ne l'impose au juge électoral. Le Conseil constitutionnel a dès 1988 jugé que les protestations électorales n'entraient pas dans le champ de l'article 6 § 1 de la convention, n'étant ni du contentieux pénal ni des contestations sur des droits et obligations en matière civile[362]. Le Conseil d'État a fait sienne cette jurisprudence en 1993, dans un cas où le juge de l'élection prononçait l'inéligibilité d'un candidat pour irrégularité de son compte de campagne[363]. La Commission européenne des droits de l'homme avait déjà fait valoir la même position, que la Cour européenne des droits de l'homme a confirmée en 1997 y compris à propos des sanctions prononcées par application des règles de financement de la vie politique[364].

Il convient de souligner que le Conseil constitutionnel français n'a pas hésité à faire preuve d'inventivité en termes de choix procéduraux[365]. Sans faire avec la publicité des audiences, en 1995, le Conseil constitutionnel a complété l'article 17 de son règlement de procédure en prévoyant que le requérant et le défendeur puissent demander à être entendus en audience. Lors de la dernière modification, cette rédaction a été amendée pour confier au Conseil constitutionnel le soin de décider d'une audition. Depuis 2007, cette dernière est fortement privilégiée si le risque d'annulation de l'élection est avéré.

Ce critère entretient pour autant l'ambiguïté de la mesure. D'emblée, elle est conçue comme une forme de consolation d'un refus d'accorder aux parties la publicité de l'audience. Par la suite, elle est appliquée pour ménager le sentiment subjectif du parlementaire (dont l'élection va être annulée) d'être conforté d'envisager sa défense sous toutes ses formes. L'audition finit donc par se confondre à une simple exigence du procès équitable à laquelle le juge se serait convaincu de satisfaire qu'à la mesure d'instruction destinée à l'éclairer parce qu'il le jugerait utile[366].

---

conduit le Conseil constitutionnel à aménager ses locaux et à développer encore son site internet.

[361] La Cour européenne des droits de l'homme admet que les impératifs d'efficacité dispensent le juge d'une procédure orale : CEDH, 24 juin 1993, Schuler-Zgraggen c/Suisse, n° 14/518/89. Il n'est pas certain toutefois que le juge électoral pourrait dans tous les cas s'en prévaloir.

[362] Cons. const., déc. n° 88-1113 AN du 8 novembre 1988, A.N., Seine-Saint-Denis (6e circ.), cons. 1, Rec., p. 197

[363] CE, 7 juillet 1993, Mme Roustan, n° 142798, aux Tables du Lebon, p. 571

[364] Gaëlle Dumortier, « la procédure devant le Conseil constitutionnel, juge électoral », Les Nouveaux Cahiers du Conseil constitutionnel, 2013

[365] Voir, sur ce point, B. Genevois, « Le Conseil constitutionnel et l'élection présidentielle de 1988 », *RDP*, 1989, p. 24.

[366] Gaëlle Dumortier, « la procédure devant le Conseil constitutionnel », juge électoral, les Nouveaux Cahiers du Conseil constitutionnel 2013/4 n° 41

L'organisation de ces auditions traduit clairement le souci d'assurer un traitement égalitaire : la parole est ainsi donnée successivement à chaque partie et à son conseil pour une durée préalablement fixée. Les membres du Conseil constitutionnel ne les interrogent que s'ils s'estiment insuffisamment éclairés sur les points qui leur paraissent receler encore quelque obscurité.

2. Délai pour statuer sur une affaire électorale

Le délai pour statuer sur une affaire électorale est un élément distinctif du contentieux électoral. L'enjeu implique qu'il soit le plus bref possible, mais le tableau n° 3 indique que ce n'est pas toujours le cas.

**Tableau n° 3 : Délai pour statuer sur une affaire électorale pour les élections législatives**

| Pays | Délai |
|---|---|
| Canada, France, Suisse, Madagascar, Tchéquie, Maroc | Pas de délai |
| Bénin<br>Burkina Faso | 8 jours |
| Cameroun | 15 jours |
| Algérie | 3 jours |
| Rwanda<br>Sénégal | 5 jours |
| Cambodge | 10 à 20 jours |
| Gabon | 2 mois, prorogation possible d'un mois |
| Mali | Avant l'expiration des mandats en cours |
| Guinée Bissau | 48 heures |
| Mauritanie | 5 jours à un mois |
| Niger | 15 jours |
| Roumanie | 48 heures |

Le temps imparti aux juridictions constitutionnelles est donc relativement réduit. Lorsqu'ils sont prévus par un texte, les délais varient de 48 heures à 2 mois. En Algérie, en Guinée-Bissau, en Mauritanie pour cette même élection, au Rwanda, et au Sénégal, les institutions ne peuvent rendre leurs décisions au-delà des 5 jours qui suivent leur saisine. En ce qui concerne les autres États comme le Cameroun, le Niger, les délais ne dépassent généralement pas 15 jours, à l'exception du Cambodge, du Gabon. En outre, certains États ne statuent pas dans un délai déterminé comme pour le cas de la France, du Canada, de la Suisse, du Madagascar et du Maroc.

Au Maroc, l'article 34 de la loi organique relative au Conseil constitutionnel marocain stipule que « Dès que l'affaire est en état d'être jugée, le Conseil constitutionnel y statue après avoir entendu le rapporteur, dans un délai de soixante (60) jours ». En effet, nous soulevons une certaine lacune au niveau de cet article qui laisse le délai de jugement ouvert -« Dès que l'affaire est en état d'être jugée »- et lié à l'appréciation du juge constitutionnel.

À la contrainte des textes s'entremêle la contrainte du temps, caractéristique du jugement de toute contestation électorale, mais paradoxalement presque confortable pour le Conseil constitutionnel, coutumier du délai d'un mois quand il s'agit de se prononcer sur une loi avant sa promulgation. Aucun délai n'est imposé au Conseil constitutionnel pour statuer sur des élections parlementaires. Il est spectaculaire de constater que depuis deux décennies, on constate un allongement de la durée des instances électorales. De plus les efforts du Conseil pour y remédier peuvent être rendus vains par des circonstances indépendantes de sa volonté. Une fois adopté le projet de décision, le président peut réunir le Conseil pour le jugement de l'affaire. C'est en effet le président du Conseil constitutionnel qui inscrit l'affaire à l'ordre du jour.

Aucun texte[367] n'impose au Conseil constitutionnel marocain un délai pour statuer, ce qui peut surprendre[368]. À la lumière des statistiques disponibles, certains auteurs reprochent au Conseil le fait ne pas avoir épuisé les recours formés devant lui que sur le tard ainsi avance-t-on que le Conseil constitutionnel n'a rendu ses décisions concernant les contentieux électoraux relatifs aux scrutins législatifs de 1993 et 1997, que respectivement en 1996 et 2000. Cette tendance s'est confirmée également avec les législatives de 2002[369] et de 2007. À cet égard les auteurs soulignent, pour ce qui est des délais impartis au Conseil constitutionnel pour statuer et rendre publiques ses décisions, que la formule : « dès que l'affaire est en état d'être jugée » et qui est portée par l'article 34 de la loi organique relative au Conseil, demeure confuse. Ce retard a des retombées négatives aussi bien sur l'élu contesté qui se sent menacé par une éventuelle annulation que le juge pourrait prononcer à son encontre, que sur le requérant qui se sent lésé par la lenteur de la procédure.

Dans une affaire célèbre, M. Mohamed Hafida, secrétaire de la jeunesse de l'USFP[370] et candidat aux élections du 14 novembre 1997, a refusé un siège à cause de fraudes en sa faveur au détriment d'un candidat islamiste[371]. Le 28 novembre 1997, il a donc saisi le Conseil constitutionnel pour

---

[367] Aucun délai n'est précisé ni dans la loi organique n° 29-93 relative au Conseil constitutionnel ni celle relative à la Chambre des représentants n° 31-97.

[368] Cf P H Desaubliaux, "La lenteur incomprise des neufs sages", Le Figaro, 1er janvier 1998, p 7.

[369] A titre d'exemple, avant les élections législatives de 2002, le Conseil constitutionnel n'a pas encore statué sur la totalité des 335 requêtes enregistrées à son secrétariat, il n'a pris, jusqu'à juin 2000, que 207 décisions.

[370] Union socialiste des forces populaires

[371] Le candidat en question appartenait au Mouvement populaire constitutionnel démocratique (qui deviendra le Parti de Justice et Développement (PJD)

demander l'annulation de l'élection. Le candidat arrivé second et un 3e candidat ont également saisi le Conseil. Bien que tous les candidats fussent d'accord quant à la réalité de la fraude, le Conseil n'a rendu sa décision que le 7 juin 2000. Il n'a d'ailleurs pas déclaré le candidat islamiste gagnant, comme la loi organique le lui permet, mais s'est contenté d'annuler l'élection.

Ainsi, il convient de remarquer que la justice constitutionnelle en matière électorale a la réputation d'être lente. En effet, le contrôle électoral occupe non seulement l'essentiel de l'activité et du temps du Conseil constitutionnel, mais que ce dernier accuse un remarquable retard pour rendre son verdict. Le Conseil et les parties ont pris pour habitude de multiplier les écritures, y compris par l'échange de mémoires que l'on peut qualifier de superflus dans la mesure où ils n'apportent rien de neuf au débat initial[372]. Le Conseil s'abstient lui-même de communiquer un tel document à la partie adverse lorsque celui-ci est enregistré très peu de temps avant la délibération.

Toutefois, force est de constater que souvent « l'affaire » se dilue dans le temps, il arrive qu'elle ne soit en état d'être jugée qu'au bout de trois ou quatre années, ce qui réduit sensiblement la portée de l'utilité du contrôle électoral. Certes, plus vite l'élection des membres du Parlement est validée ou invalidée, plus le bon fonctionnement de cette institution est garanti. Plus tard, cette mission est assumée, plus le juge contribue à faire traîner des situations d'irrégularités et à fausser la réalité des équilibres politiques et celle de la volonté des électeurs et laisse la suspicion peser trop longtemps sur les représentants de la nation.

Par ailleurs, ce retard est mal perçu par l'opinion publique et les acteurs politiques qui voient mal comment un député continue de percevoir régulièrement pendant plusieurs années ses indemnités de parlementaire et participer aux différentes activités de l'hémicycle avant que son élection ne soit tardivement invalidée par le Conseil constitutionnel.

Il n'est donc pas satisfaisant de laisser les nouveaux élus de la Nation dans l'incertitude quant à l'éventuelle annulation de leur élection et encore moins de prononcer celle-ci alors qu'ils ont déjà participé à plusieurs votes importants. Comme le souligne M Masclet, ''il importe que le résultat réel de l'élection soit fixé sans tarder pour que le doute ne subsiste pas sur la qualité de ceux qui ont été légitimement élus, ou pour que ceux qui ont acquis leur élection de manière irrégulière n'exercent pas plus longtemps un

[372] Cf. Les cahiers du Conseil constitutionnel, Dalloz, 1998, n° 4 P 26. 44Le contradictoire ne s'épuise plus avec la présentation des observations en défense : à celles-ci succèdent désormais le mémoire en réplique du requérant, le mémoire en duplique du député défendeur, un mémoire en triplique du requérant, voire un mémoire en quadriplique du député, sans compter les observations que suscite, de part et d'autre, le mémoire du ministère de l'Intérieur.

mandat usurpé[373]''. Il existe donc en contentieux électoral ''une préoccupation constante du temps[374].

Certes, la responsabilité d'un tel « gâchis du temps » n'incombe pas à la seule juridiction constitutionnelle, elle est due en grande partie à la lenteur de la transmission des procès-verbaux des bureaux de vote, qui sont à la base du travail du juge constitutionnel, par les autorités locales et les juridictions provinciales au Conseil constitutionnel et dans une certaine mesure à l'absence de coordination entre les autorités compétentes en matière des élections et la haute autorité juridictionnelle[375].

Outre, une autre cause du ralentissement tient également aux suppléments d'instruction commandés par certaines affaires soumises au Conseil. Il faut enfin tenir compte de la difficulté pour le Conseil de concilier son activité de juge électoral avec celle de juge constitutionnel surtout que ce dernier est appelé à se prononcer sur divers domaine de contrôle notamment, le contrôle de constitutionnalité, les délégalisations, les questions prioritaires de constitutionnalités ainsi que sur les conventions internationales.

Il reste que l'évolution des pratiques contentieuses a conduit le Conseil constitutionnel français à statuer dans une affaire sur une réclamation dès réception des observations en défense. Dans ses observations relatives aux élections législatives du 25 juin 1997, le Conseil constitutionnel français a d'ailleurs estimé qu'il pourrait à l'avenir fixer, dans son règlement intérieur, une date à partir de laquelle, en fin de procédure, les mémoires ne seront plus reçues[376].

Bref, nous pensons, qu'un délai doit être fixé par la loi organique relative au Conseil constitutionnel ou celle de la Chambre des représentants. Ce délai devrait être respecté aussi bien par le juge constitutionnel que par les parties aux procès lors de l'échange de leurs observations, que par le rapporteur lors de l'élaboration de son rapport.

### § 5. L'élaboration de la décision électorale

La procédure devant le Conseil constitutionnel est couronnée par une prise de décision par le juge constitutionnel conformément à l'article 16 de la loi organique n° 29-93. Celle-ci n'est valable que si un quorum de sept membres est réuni, et ce en vertu de l'alinéa 2 dudit article. Ce quorum est passé à neuf (9) membres en vertu de la loi organique n° 8-98.

---

[373] J C MASCLET, Droit électoral, op cité p 343

[374] B Daugeron, Le contentieux électoral devant le Conseil constitutionnel : singularité ou tradition, p 35

[375] Propos reccueillis lors d'un entretien avec le professeur El Rhazi Sebhallah, ancien membre du Conseil constitutionnel marocain.

[376] Observations du Conseil constitutionnel relatives aux élections des 25 mai et 1er juin 1997, les Cahiers du Conseil constitutionnel, 1998, n° 5, p.25

Cependant, et vu qu'aucune décision n'a fait l'objet de contestation concernant le quorum au niveau des journaux, nous pouvons dire qu'il a toujours été respecté. Au terme de l'article 16 alinéa 3, de la même loi, la décision est prise à la majorité des deux tiers des membres composant le Conseil.

Pour le cas du Conseil constitutionnel français, un quorum d'au moins sept membres est exigé, réserve faite du cas de force majeure dûment constaté au procès-verbal. En cas de partage des voix, celle du président est prépondérante[377]. La règle d'après laquelle les personnes ayant participé à l'instruction ne peuvent prendre part au délibéré, ne reçoit pas application : les trois membres de la section d'instruction ont le droit et le devoir de siéger et par suite de faire valoir leur opinion. Le secrétaire général du Conseil constitutionnel ainsi que le rapporteur[378] assistent aux délibérations du Conseil. Le rapporteur, ou semble-t-il ; le rapporteur adjoint met en forme la décision résultant de ces délibérations.

L'assemblée plénière dispose de la liberté de suivre ou le non le projet élaboré par la section sans que l'on puisse savoir si elle en use et si des contradictions de jugement apparaissent entre la section et le Conseil puisque les séances ne sont pas publiques, comme le prévoit l'article 17 du règlement de procédure. Cette disposition a toutefois été complétée par la possibilité pour les parties de demander à être entendue par le Conseil[379].

### A. La forme de la décision

Elle reflète la nature juridictionnelle de la décision. Cette dernière, conformément à l'article 16 alinéa 4 de la loi organique n° 29-93, comporte les visas, les motifs et le dispositif[380].

---

377 J.BOUDANT, le Président du Conseil constitutionnel », R.D.P.1987. p.619.

378 Règlement de procédure, art 17 alinéa 3

379 C.C. 28 juin Modification du règlement applicable la procédure suivie devant le Conseil constitutionnel pour le contentieux de l'élection des députés et des sénateurs, Rec.Cons. const. p.283.A l'occasion d'un débat entre J.Robert et D.Rousseau (« Neuf années au Conseil constitutionnel », R.D.P. 1998, p 1757), portant notamment sur les moyens à mettre en œuvre pour que le Conseil s'affirme davantage comme une juridiction, J.Robert affirmait : » Nous allons lentement mais sûrement dans votre direction. Je crois que nous ne pouvons pas, au moment où toutes les cours étrangères- notamment européennes-pratiquent les procès publics et contradictoires nous borner à rester dans cette espèce de huis clos mystérieux qui ne convient pas à une véritable juridiction. Nous avons déjà fait un progrès en matière électorale puisque nous avons modifié notre règlement, un peu surprenant, qui interdisait à tout requérant de demander à être entendu devant le Conseil constitutionnel. On peut certes refuser une demande, mais interdire de la présenter est difficilement acceptable. Donc nous avons changé et nous avons dit que les parties pourraient désormais demander à être entendues, ce qui n'impose nullement au Conseil d'accéder automatiquement à leur demande.... ».

380 Cet article correspond à l'article 17 de la nouvelle loi organique n° 066-13 sur la Cour constitutionnelle

Les VISAS : c'est l'ensemble des textes applicable en matière du contentieux électoral, le juge constitutionnel fait référence à la Constitution notamment ses articles 81 et 108, à la loi organique n° 29-93 relative au Conseil constitutionnel, à la loi organique n° 31.97 relative à la Chambre des représentants ainsi que la loi organique 32-97 relative à la Chambre des Conseillers et au code électoral. En France, le Conseil constitutionnel français se réfère en sus de la constitution et les textes relatifs aux élections, à des directives communautaires, à des décisions de justice (cour européenne des droits de l'Homme…).

Les MOTIFS : c'est l'ensemble des considérants que le juge expose et par lesquels il argumente sa décision. Par ses motifs, le juge expose l'ensemble des moyens soulevés par le requérant. Dans la majorité des décisions, ces moyens sont regroupés selon leur catégorie. Ainsi, on retrouve des griefs relatifs à :

- La campagne électorale,
- La composition des bureaux de vote,
- La rédaction des procès-verbaux,
- L'intervention de l'administration,
- Le déroulement des opérations électorales, manœuvres frauduleuses
- L'horaire du scrutin.

Parfois, on assiste au rassemblement de deux catégories de griefs. C'est le cas par exemple de la décision n° 289 : griefs relatifs à la campagne électorale et à l'intervention de l'administration.

Parfois, la décision comporte une autre forme de nomenclature : au lieu de « grief relatif à… » on trouve « le moyen basé sur… » ; c'est le cas par exemple des décisions n$^{os}$ 264, 265 et 266.

En fait, c'est dans les motifs que le juge constitutionnel analyse tous les griefs et décide de leur bien-fondé ou non.

Le dispositif est rédigé sous forme d'article au nombre de deux. Le premier annonce la décision finale du Conseil, il est exprimé ainsi :

I- « Rejette la demande d'annulation présentée par (nom (s) et prénom (s) du (ou des) requérant (s) visant l'annulation de l'élection de (nom et prénom de l'élu contesté), membre de la Chambre des représentants suite au scrutin des élections du 14 novembre 1997 « nom de l'arrondissement ».

II- Ordonne la publication de la présente décision au bulletin officiel et sa notification en copie à Monsieur le Président de la Chambre des représentants et aux parties.

La décision comprend aussi le lieu et la date de prise de la décision. Elle est exprimée ainsi : « fait au siège du Conseil constitutionnel, à Rabat. Date hégire correspondant à la date grégorienne.

La décision se termine par les noms des membres du Conseil et leur signature. En France par exemple la décision du Conseil constitutionnel français comporte les visas des textes applicables, des observations et mémoires présentés par les parties, les motifs sur lesquels elles reposent, ainsi qu'un dispositif constituant la véritable conclusion de la décision et se présentant sous forme d'articles. La décision contient aussi la mention des membres ayant siégé lors de la délibération, ce qui confirme la compétence juridictionnelle du Conseil en la matière[381], et est signé par le président, le secrétaire général et les rapporteurs. Puis elles sont notifiées, suivant le cas, à l'Assemblée nationale ou au Sénat. Le sens de chacune des décisions électorales du Conseil figure d'ailleurs, pour les élections législatives, parmi les informations nominatives du Bulletin de l'Assemblée nationale, précédé du nom du député dont l'élection était contestée et de sa circonscription[382].

### B. La publication et la notification de la décision

L'effet des décisions en matière de contentieux électoral varie, allant de l'annulation de bulletins à celle des opérations électorales elles-mêmes, et peut comporter la déclaration d'inéligibilité d'un candidat et/ou la démission d'office d'un élu.

Les décisions du Conseil constitutionnel sont notifiées à la Chambre des représentants, à la Chambre des conseillers et aux parties et publiées au bulletin officiel dans un délai de 30 jours courant à compter de la date où elle a été rendue. Ces décisions ont un effet erga omnes valable à l'égard de tous et ne sont susceptibles d'aucun recours. En matière électorale, comme pour les questions prioritaires de constitutionnalité, le Conseil constitutionnel admet cependant les recours en rectification d'erreur matérielle.

#### 1. Publication et notification de la décision

En vertu de l'article 16 alinéas 5 de la loi organique n° 29-93 relative au Conseil constitutionnel marocain, les décisions du Conseil sont publiées au bulletin officiel dans un délai qui n'excède pas 30 jours à compter de la date où elles ont été rendues. À noter que cette publication concerne toutes les décisions du Conseil et non seulement celles concernant le contentieux électoral. Elle est importante, car elle permet aux intéressés qu'ils soient juristes, juges ou chercheurs, d'avoir une idée sur ces décisions et sur la manière avec laquelle le juge les argumente.

---

[381] V. en ce sens F.Luchaire, « le Conseil constitutionnel est-il une juridiction ? », op. cit. p. 48 et O.Schrameck, note sous C. C. 95-177 L ,8 juin1995 A.J.D.A.1995.p.520. Jusqu'en 1995 (cf. C. C. 95-177 L, 8 juin 1995, Rec. Cons.const.p.211) cette mention ne figurait que pour le contentieux électoral et dans certaines décisions relatives à la situation des parlementaires (v. par ex. C. C. 94-5 D, 3 novembre 1994, Rec. Cons.const.p.130). Depuis, elle a été étendue à l'ensemble des compétences du Conseil constitutionnel et figure, selon M. Rousseau (« chronique de jurisprudence constitutionnelle, 1994-1995 », R.D.P. 1996, p.14), parmi les réformes ayant « très nettement fait progresser la juridictionnalisation du Conseil ».

[382] V. par ex. B.A.N.XIe législature, 1998, n° 19, p. 36.

Par ailleurs, du fait que la procédure du Conseil constitutionnel est secrète. La publication reste le seul moyen pour franchir ce barrage de silence. Elle permet aux autorités de prendre les dispositions nécessaires que puisse susciter la décision. À titre d'exemple, en cas d'annulation de l'élection d'un élu contesté par le Conseil constitutionnel, les autorités pourront organiser les élections partielles à temps. L'ensemble des décisions depuis l'origine est disponible sur le site internet du Conseil constitutionnel marocain[383] que français[384]. Certaines décisions du Conseil constitutionnel français étant accompagnées d'un commentaire rédigé par son service juridique.

S'agissant de la notification de la décision, l'article 34 de la loi organique n° 29-93 prévoit dans son alinéa 3 que la décision du Conseil soit notifiée à la Chambre des représentants et aux parties intéressées dans un délai de 30 jours courant à compter de la date où elle a été rendue. Cette notification est importante, l'expérience de la Chambre constitutionnelle en est révélatrice. En effet, cette dernière a annulé les résultats de l'élection effectuée dans l'arrondissement et que M. Ahmed Zaidi avait contestés. Le Président de la Chambre des représentants ainsi que le ministre de l'Intérieur ont prétexté n'avoir été saisis par aucune décision de la Chambre constitutionnelle. Ahmed Zaidi a dû adresser une lettre ouverte au ministre de l'Intérieur le sollicitant de prendre les dispositions nécessaires pour l'organisation des partielles avant que les quatre mois qui restaient ne s'écoulent. En effet, la loi précisait que les élections devaient être organisées dans un délai de 6 mois à compter de la date de la décision d'annulation[385].

En ce qui concerne le Conseil constitutionnel, l'article 84 de la loi n° 31-97 relative à la Chambre des représentants précise que, lorsque les résultats d'un scrutin sont annulés et qu'un ou plusieurs représentants sont invalidés, il doit être procédé à des élections partielles dans un délai qui ne pourra excéder trois mois à compter de la date de la décision d'annulation des résultats.

En France, les décisions sont notifiées par le secrétaire général, suivant le cas, à l'Assemblée nationale ou au sénat. Cette mesure de publicité est importante : la décision produit ses effets à compter, non de son prononcé ou de sa publication, mais de sa notification à la Chambre intéressée, au ministre intéressé, au candidat déclaré inéligible et au président de la commission nationale des campagnes dans le cas où le Conseil constitutionnel a eu à appliquer la législation relative au financement des campagnes électorales. Une fois encore, la récente modification du règlement intérieur du Conseil constitutionnel met en accord le droit avec le fait en mentionnant au niveau de l'article 18 que les décisions sont non

---

383 http://www.conseil-constitutionnel.ma

384 www.Conseil-constitutionnel.fr

385 Nadia Bernoussi, op. cité

seulement notifiées, selon le cas, à l'Assemblée nationale ou au Sénat, mais également au requérant ainsi qu'au député ou au sénateur intéressé. Telle était la pratique depuis 2007 sans être imposée par le texte qui ne prévoyait de notification à l'élu que si son élection était annulée ou s'il était déclaré démissionnaire d'office, et aucune notification au requérant.

2. Autorité des décisions

En vertu de la Constitution, les décisions du Conseil constitutionnel marocain ont un effet opposable à tous. Elles sont définitives et ne sont susceptibles d'aucun recours y compris devant le Conseil lui-même, à l'exception, bien entendu, des cas de rectification d'erreurs matérielles. Elles s'imposent aux pouvoirs publics et à toutes les autorités administratives et juridictionnelles ; que l'autorité des décisions visées par cette disposition s'attache non seulement à leur dispositif, mais aussi aux motifs qui en sont le soutien nécessaire et en constituent le fondement même. Aucune voie d'appel ou de cassation des décisions n'est donc possible, à l'exception, bien entendu, du cas de rectification d'erreur matérielle.[386]En effet, l'article 19 de la loi organique du Conseil constitutionnel marocain prévoit que si le Conseil constitutionnel constate qu'une de ces décisions est entachée d'une erreur matérielle, il peut la rectifier d'office » et que « toute personne intéressée peut saisir le Conseil constitutionnel d'une demande en rectification d'erreur matérielle d'une de ses décisions ».

Le Conseil constitutionnel français s'est pendant longtemps refusé à admettre les demandes en rectification d'erreur matérielle. Il a abandonné cette jurisprudence en 1987 en considérant qu'une demande qui tend exclusivement à la rectification d'une mention erronée figurant dans l'un des visas d'une décision, qui n'est donc pas imputable au requérant, ne met pas en cause l'autorité de la chose jugée du Conseil et n'est dès lors pas contraire à l'article 62 de la constitution[387]. Le Conseil a donc admis, ''en dépit du fondement particulièrement solennel de la prohibition de tout recours[388] que la correction d'une erreur de plume était souhaitable, sans doute en raison de l'audience de ses décisions qui font toutes l'objet d'une publication au journal officiel[389], mais aussi par ce qu'il estime son autorité suffisamment établie[390].[391]

---

[386] Cf article 18 de la LO n° 29-93 relative au CC

[387] CC, 87-1026, 23 octobre 1987, Salvan, p 55

[388] D Pouyaud, Le recours en rectification d'erreur matérielle devant les juridictions administratives, RFDA, 1993 n° 4, p 723

[389] V en ce sens B Genevois, ''La jurisprudence du Conseil constitutionnel en 1987'', Chron, AIJC 1987, p 574.

[390] E Peuchot, note sous CC, 87-1023, 23 octobre 1987. L'auteur ajoute ''Loin de servir l'autorité de la chose jugée, le maintien d'une décision ostensiblement vicieuse serait de nature à en ruiner le principe dans les esprits » »

Une fois admis le principe du recours en rectification d'erreur matérielle, il fallait définir les modalités de mise en œuvre de cette "nouvelle voie de droit[392]". Le Conseil constitutionnel français modifia donc le règlement applicable à la procédure suivie pour le contentieux de l'élection des députés et des sénateurs en y ajoutant deux articles qui permettent à toute partie intéressée d'introduire un tel recours dans un délai de vingt jours à compter de la notification de la décision (ce qui tend à révéler la présence d'un véritable recours juridictionnel[393], et au Conseil de rectifier d'office une erreur matérielle. Dans le premier cas, ce recours se présente formellement comme la continuation de la demande initiale puisque la décision de rectification apparaît sous le même numéro de référence. Le requérant ne demande pas au juge une décision nouvelle. Son initiative permet à ce dernier de rétablir la formulation exacte issue de son raisonnement, non le raisonnement lui-même[394]. La tentative pour limiter dans le temps ces recours est un peu vaine en raison de la possibilité d'une rectification d'office.

S'agissant des recours en rectification d'erreur matérielle, on peut s'en tenir à quelques décisions du Conseil constitutionnel français. Ce dernier rejette la demande d'un requérant qui vise à remettre en cause la chose jugée[395]. Un recours en rectification ne « saurait avoir pour objet de contester l'application des faits de la cause, leur qualification juridique et les conditions de forme et de procédure selon lesquelles est intervenue la décision du Conseil[396] », faute de quoi une atteinte serait portée à l'autorité de la chose jugée. Seuls possibles après le jugement, les recours en rectification d'erreur matérielle qui restent cantonner au seul objet qu'ils peuvent, conformément à l'article 22 du règlement de procédure, c'est-à-dire rectifier une erreur de fait contenue dans la décision initiale et non aboutir à remettre en cause l'autorité de la chose jugée[397].

N'entrent pas dans cette catégorie les « recours en révision ». Des contestations quant à des éléments de propagande et de dépenses, jugés dans la décision, ne constituent pas des erreurs matérielles[398]. Un grief écarté lors du jugement ne peut donner lieu à une rectification d'erreur matérielle[399]. Le

---

[391] La commune Rabastens avait été située, par erreur, dans le département du Tarn-et-Garonne alors qu'elle est située dans le Tarn.

[392] J E Gicquel, Du recours en rectification d'erreur matérielle devant le Conseil constitutionnel, op, cité p 11.

[393] V en ce sens P.Jan, "Les recours ouverts contre les décisions du Conseil constitutionnel, LPA avril 1998, n° 40, p 13

[394] P.Jan, La saisine du Conseil constitutionnel, op. cité p 159

[395] Décision du CC n° 93-1321/1498 du 17 décembre 1993, AN, Paris 19e circ

[396] Décision du CC n° 93-1209 du 10 mars 1994, AN, Val-de-Marne, 7e circ

[397] JP Camby, le Conseil constitutionnel, juge électoral, 5e édition DALLOZ, 2009

[398] Décision du CC n° 97-2209 du 20 février 1998, AN, Var, 1re circ, Rec. CC, p.191

[399] Décision du CC n° 97-2196 du 12 mars 1998. Statuant dans sa séance du 6 février 1998 au matin, le Conseil constitutionnel a rejeté notamment la requête de Mme BERTINOTTI

Conseil constitutionnel a en outre précisé que ne constituait pas une demande de rectification d'erreur matérielle le grief tiré du fait qu'un mémoire déposé postérieurement à ce que la décision ait été rendue ne figure pas dans les visas. Outre le fait que les demandes de rectification doivent porter sur la décision elle-même et non sur ses visas, et que ceux-ci incluent toujours une mention « des autres pièces du dossier », on peut considérer que la prise en compte éventuelle de ce mémoire aurait dû donner lieu à un contradictoire, et à la limite, le dépôt systématique de mémoire le jour supposé ou la décision doit être rendue aurait pour effet de faire obstacle au jugement de l'affaire. Certes, il n'existe pas de procédure de clôture d'instruction, mais les parties ont tout le temps d'échanger tous leurs arguments avant la décision, les affaires n'étant inscrites que lorsqu'elles sont en état d'être jugées[400].

Le Conseil constitutionnel a également pris le soin de répondre à une demande de rectification d'erreur matérielle portant sur les visas, alors que ceux-ci, classiquement, ne servent qu'à étayer le raisonnement et ne peuvent donner lieu, par principe, à une erreur matérielle. En effet, si la demande fait état de la production d'un mémoire, dont le Conseil constitutionnel observe qu'il est parvenu postérieurement à la décision, en toute hypothèse la mention systématique des mémoires n'a pas nécessairement à figurer dans les visas, lesquels mentionnent toujours les « autres pièces produites au dossier ». En outre, on voit mal comment le Conseil constitutionnel pourrait être incriminé de ne pas répondre à des arguments contenus dans un mémoire déposé le jour où il statue, puisque ce document ne peut comporter de grief nouveau. Selon le Professeur CAMBY, le Conseil constitutionnel aurait pu ne pas répondre à une demande d'erreur matérielle portant formellement sur les visas et matériellement sur un mémoire tardif.

En somme, les recours ouverts contre les décisions du Conseil ne peuvent s'appliquer qu'aux seules erreurs de fait ayant entaché la décision. Tel est le cas d'un recours déposé dans les délais alors que la préfecture ne l'a enregistré que plus tard[401], et pour un cas d'erreur dans la date de versement d'une somme par un parti politique[402], à propos d'une rectification du nom d'un département[403]. Toutefois, la jurisprudence constitutionnelle française la plus récente exclut les demandes de rectification lorsque les erreurs

---

tendant à l'annulation des opérations électorales qui se sont déroulées dans la première circonscription de Paris pour la désignation d'un député à l'Assemblée nationale ; que Mme BERTINOTTI soutient que cette décision serait entachée d'une erreur matérielle en ce que le Conseil constitutionnel aurait omis de tenir compte de son mémoire du 6 février 1998 et aurait commis une erreur de calcul.

[400] Décision du CC n° 97-2196 du 12 mars 1998

[401] Décision du CC n° 93-1385 du 1er déc 1993, AN, Alpes-Maritimes, 2e circ

[402] Décision du CC n° 93-1213 du 13 janvier 1994, Alpes-Maritimes, 2e circ

[403] Décision du CC n° 87-1026 du 23 octobre 1987. La commune Rabastens avait été située, par erreur, dans le département du Tarn-et-Garonne alors qu'elle est située dans le Tarn.

alléguées ne sont pas susceptibles d'avoir eu une influence sur le jugement de l'affaire ni de faire grief au requérant[404]. Le recours en révision des décisions électorales a été explicitement exclu, avec pour référence l'article 62 de la Constitution[405] même s'il serait question de retour sur l'appréciation du Conseil sur un compte de campagne[406]. Une demande faisant état d'une omission de statuer ne saurait être une rectification d'erreur matérielle[407]. En effet, pour le Conseil une telle demande vise à remettre en cause le sens de la décision.

[404] Décision n° 93-8R ELEC. Décision du 10 mars 1994 sur une requête présentée par Monsieur Alain MEYET (demande en rectification d'erreur matérielle)

[405] Décision du CC n° 2000-2585 du 12 juillet, 2000, AN, Paris, 2e circ.

[406] Décision du CC n° 2002-2787 bis du 5 décembre 2002, AN, Alpes-Maritimes, 1re circ.

[407] Décision du CC n° 2007-3449, 17 janvier 2008.

# CONCLUSION DU CHAPITRE 1

Au terme de ce premier chapitre consacré à l'étude de la procédure contentieuse, on peut dire qu'en matière de contentieux électoral toute procédure contentieuse comprend l'ensemble des formalités qui doivent être observées par les justiciables ou à leur égard, quand ils s'adressent au Conseil constitutionnel, pour qu'il soit fait droit à leurs prétentions.

En matière électorale, les règles relatives à l'introduction des instances revêtent une importance toute particulière. Pour qu'une requête électorale soit recevable, c'est-à-dire pour qu'elle puisse faire l'objet d'un examen de fond, il faut nécessairement qu'elle soit conforme à toute une série de conditions. Ces conditions sont très libérales et elles se rapportent à la qualité d'agir, à l'intérêt du requérant, aux délais et aux formes, à la nature de l'acte attaqué et à l'objet de la requête[408].

Dans un souci de limiter l'accès au prétoire et n'y faire intervenir que ceux qui ont un intérêt personnel et direct, le législateur a énuméré de manière restrictive, le panel d'acteurs jouissant du droit de saisine notamment les électeurs et les candidats. Il aurait donc été normal de permettre à des personnes morales notamment les associations et partis politiques d'intervenir pour défendre la régularité de ce même suffrage[409].

Le Conseil constitutionnel s'est montré rigoureux dans l'appréciation des conditions de forme, en ce qui concerne les mentions et le mode de dépôt de la requête. Si le contentieux électoral obéit à un formalisme « pragmatique et utilitaire »[410], il apparaît complexe aux yeux des justiciables qui se noient dans les méandres processuels. Monsieur Jean-Marc Duval observe dans ce

---

[408] Il suffit que la requête ne respecte pas l'une seulement de ces conditions pour que le Conseil la rejette comme non recevable, sans même procéder à l'examen des arguments qu'elle contient.

[409] En effet, l'argument de risque d'encombrement des juridictions ne semble pas assez pertinent pour limiter la saisine aux seuls candidats et électeurs. La possibilité pour les juridictions de mettre en œuvre une procédure de filtrage des requêtes est un remède qui permettrait d'éviter un quelconque encombrement.

[410] BERGEL J.-L., Méthodologie juridique cité par Diane Mandeng. La procédure contentieuse en matière électorale : recherches sur le contentieux des élections au Cameroun, Thèse Droit public. Poitiers : Université de Poitiers, 2017 p 387

sens que les opérations électorales sont de plus en plus polluées par de nombreuses irrégularités, en raison de la multiplication des exigences imposées par un législateur de plus en plus pointilleux, pour en assurer la moralité, la transparence et la sincérité[411].

Le diagnostic statistique et jurisprudentiel révèle que les conditions de forme de la requête continuent à avoir une place de taille dans le contentieux électoral. Ce qui est surprenant de constater à titre d'illustration que de 1994 à 2011, 22 % des décisions du Conseil ont été déclarées irrecevables pour vice de forme. Il s'agit d'une part significative qui s'explique à la fois par le manque d'une culture procédurale des requérants et par l'excès d'attachement au respect de la forme de la requête par le Conseil constitutionnel marocain. . Au-delà des questions de forme, l'énonciation des faits établis sur un début de preuves, une articulation de moyens relativement précis représentent des exigences substantielles qui doivent être présentes dans la présentation de la requête.

En matière de justice constitutionnelle électorale, le fait que la loi organique relative au Conseil constitutionnel, dans son volet inhérent au contentieux électoral, ne soit qu'une procédure pour la maîtrise des mesures de forme déterminant la relation entre le juge constitutionnel et le requérant, est problématique. Or, le fond des griefs des requérants s'inscrit dans le domaine des lois organiques des élections et à propos duquel le législateur avait donné au juge constitutionnel un pouvoir discrétionnaire particulier.

En effet, l'adoption d'une multitude de textes du point de vue de la démocratie et de l'État de droit n'a pas pu suffire à garantir la bonne gouvernance et les droits civils et politiques des citoyens, puisqu'il faut que les populations comprennent la signification et le fonctionnement des mécanismes électoraux, et que les acteurs politiques eux-mêmes aient à cœur de respecter les règles du jeu politique[412].

Il convient de préciser que les modes de saisine du juge électoral ne sont pas bien maîtrisés par les candidats. Sur cette base, il serait intéressant d'organiser des journées portes ouvertes. Dans la même dynamique, pour plus de crédibilité du juge électoral, diverses stratégies doivent être mobilisées : stratégies de communication comprenant notamment la diffusion de communiqués de presse accompagnant les décisions pour en expliquer le sens et la portée ainsi que l'élaboration d'un rapport à la fin de chaque échéance électorale faisant état des difficultés et les réformes souhaitées…

S'agissant de l'instruction des requêtes, le législateur organique reste toutefois pas très clair sur la question de comment et par qui est faite l'instruction des requêtes, toutefois, on déduit de la loi organique n° 29-93 que

---

[411] DUVAL J.-M., « Droit électoral. La sanction des comportements irréguliers relevés au cours des opérations électorales », Revue Française de Droit Constitutionnel, 2001/4, n° 48, p. 825-846 cité par Diane Mandeng, op cité p 387

[412] CONAC G., « Les aspects juridiques », Démocratie et élections dans l'espace francophone, op. cit., p. 29 cité par Diane Mandeng, op cité p 390

ce sont les membres du Conseil constitutionnel marocain qui se chargent de l'instruction et du recueil des témoins, ceci peut constituer une charge de travail pour les membres du Conseil, et peut expliquer les retards dans la prise des décisions.

La question de l'instruction est plus claire pour le cas français, le règlement de la procédure applicable à la procédure suivie devant le Conseil constitutionnel pour le contentieux de l'élection des députés et des sénateurs y apporte des réponses claires et précises. Il réglemente chaque étape et prévoit toutes les possibilités. Le règlement de procédure ajoute que le secrétaire général et le rapporteur de l'affaire assistent aux délibérations du Conseil (option qui serait souhaitable pour le cas marocain) jusqu'à l'adoption par le Conseil de la décision résultant de ces délibérations. Il serait loisible que le juge constitutionnel marocain s'inspire en ce domaine du modèle français[413] et pourquoi ne pas adapter le règlement de procédure française au contexte marocain.

Enfin, la décision du Conseil est notifiée aux intéressés, aux présidents de la Chambre des représentants et de la Chambre des Conseillers, au ministre de l'Intérieur. Les recours n'ont pas d'effet suspensif dans le cadre du contentieux électoral (voir synthèse schéma ci-dessous).

---

[413] Il n'en demeure pas moins malgré quelques imperfections du modèle français, il convient de souligner que tout, dans les textes, rappelle que le temps est compté. Le requérant ne dispose que de dix jours pour déposer sa protestation. De son côté le Conseil constitutionnel doit vite la juger, même si, ou d'autant plus, qu'elle n'a pas d'effet suspensif (article 35 de l'ordonnance). Dès réception, le président doit en confier l'examen à une section (article 37). Cette dernière « impartit un délai » à l'élu pour prendre connaissance de la requête et produire un mémoire (article 40 de l'ordonnance Un rapporteur est chargé par le Président du Conseil de l'analyse du dossier. En pratique, cette mission est confiée aux rapporteurs adjoints, fonctionnaires du Conseil de l'État et de la Cour des comptes le nom du rapporteur est gardé secret.

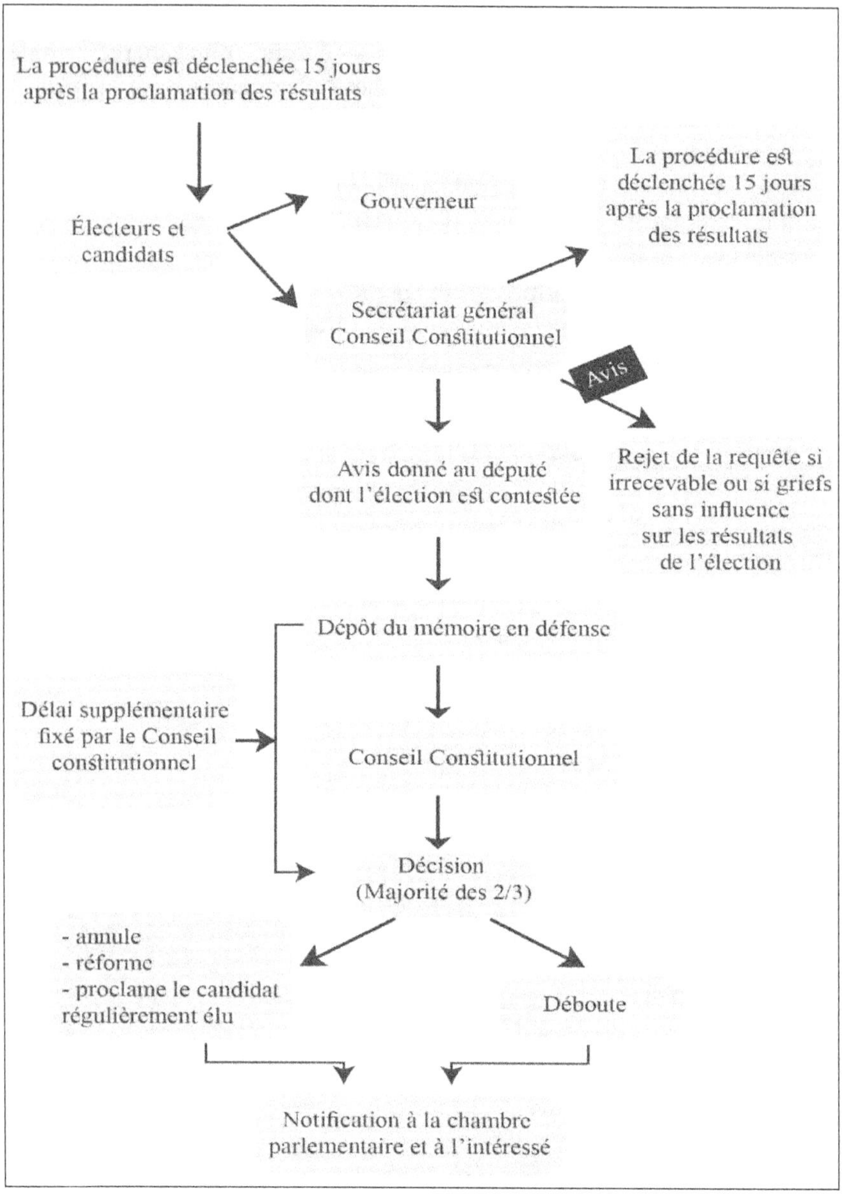
La procédure est déclenchée 15 jours après la proclamation des résultats
Électeurs et candidats
Gouverneur
La procédure est déclenchée 15 jours après la proclamation des résultats
Secrétariat général Conseil Constitutionnel
Avis
Avis donné au député dont l'élection est contestée
Rejet de la requête si irrecevable ou si griefs sans influence sur les résultats de l'élection
Dépôt du mémoire en défense
Délai supplémentaire fixé par le Conseil constitutionnel
Conseil Constitutionnel
Décision (Majorité des 2/3)
- annule
- réforme
- proclame le candidat régulièrement élu
Déboute
Notification à la chambre parlementaire et à l'intéressé

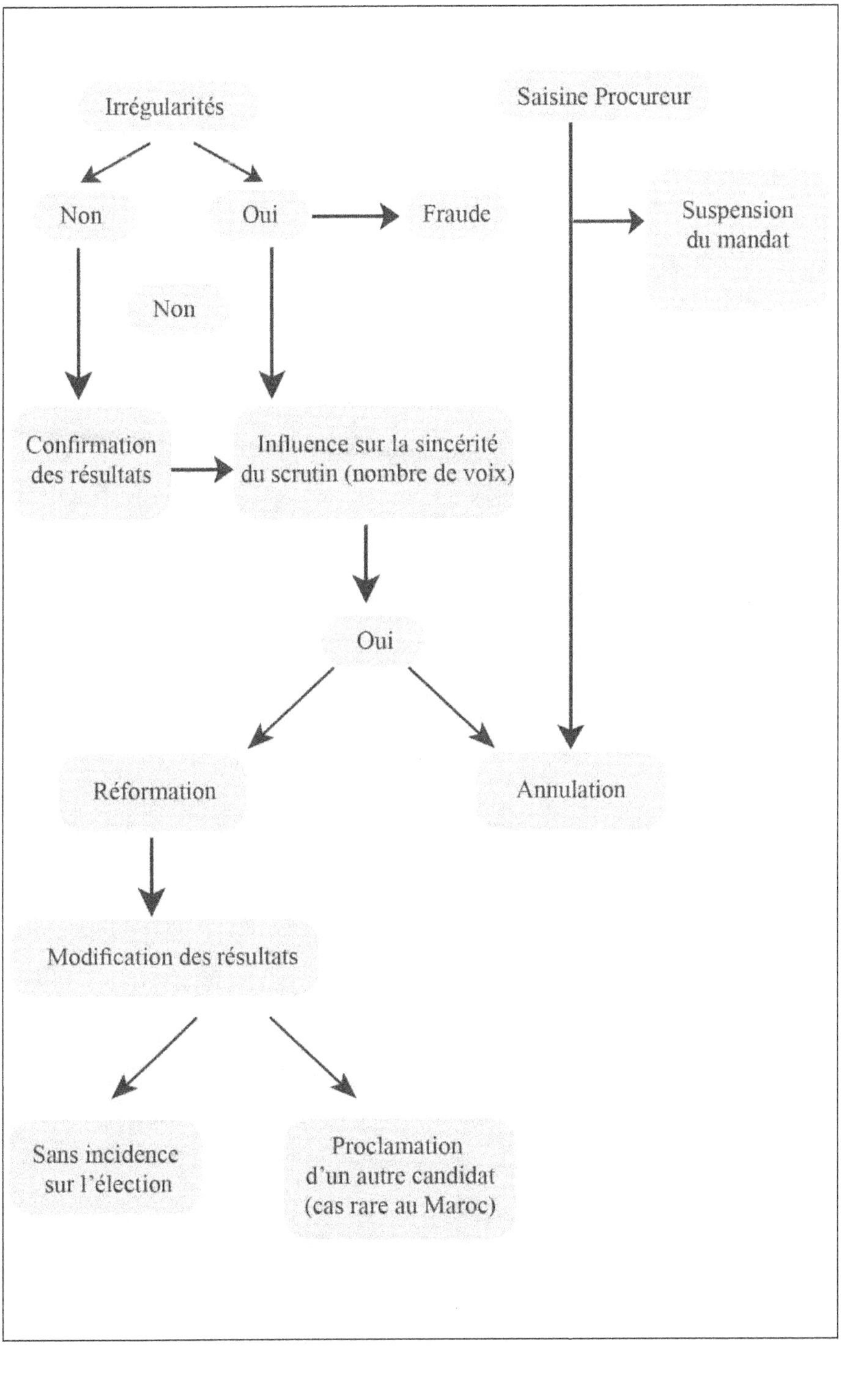
Irrégularités
Saisine Procureur
Non
Oui
Fraude
Suspension du mandat
Non
Confirmation des résultats
Influence sur la sincérité du scrutin (nombre de voix)
Oui
Réformation
Annulation
Modification des résultats
Sans incidence sur l'élection
Proclamation d'un autre candidat (cas rare au Maroc)

# CHAPITRE 2

## Le Conseil constitutionnel, juge partiel du contentieux préélectoral

Les scrutins politiques sont toujours précédés d'actes administratifs ayant pour objet d'en préciser le déroulement et, d'abord, d'en décider l'organisation du scrutin. Les opérations préliminaires aux élections sont caractérisées par leur diversité. Elles interviennent en amont du scrutin lui-même, au niveau de sa préparation, mais n'en sont pas moins essentielles, car elles déterminent les conditions dans lesquelles va se dérouler l'élection.

Il faut toutefois tenir compte des remarques du doyen Vedel sur la délimitation précise de cette notion d'actes préparatoires[414] et préciser qu'il s'agit de tous les actes administratifs qui constituent le préalable à l'élection elle- même et qui exercent une influence sur la sincérité du scrutin[415].

Ces opérations préparatoires sont celles relatives à la convocation des électeurs, au découpage électoral, à l'établissement des listes électorales, à l'enregistrement des candidatures et enfin la campagne électorale. Leur contrôle revêt une importance cruciale que celui des opérations matérielles du scrutin, car ces actes juridiques émanent dans la plupart des cas d'autorités administratives (ministre de l'Intérieur, Gouverneur ou Préfets, etc.) qui peuvent à ce titre céder à la tentation de subjectivisme politique[416]. En effet pour J Salomon, ''un risque apparaît donc, qui est de voir les autorités chargées de la préparation des élections, utiliser les pouvoirs qu'elles détiennent afin de façonner le scrutin, dans un sens conforme à leurs

---

[414] George Vedel, J.C.P., 1952, I, 6810 ; ''Tous les évènements s'enchaînant dans notre monde, pour que le terme de préliminaire ait un sens, il faut entendre '' préliminaire nécessaire'' faut de quoi la nomination d'un préfet est le préliminaire d'une opération électorale, puisque c'est le préfet qui reçoit des déclarations de candidature.

[415] R.Ghevontian, Un labyrinthe juridique : le contentieux des actes préparatoires en matière d'élections politiques, op.cit. p 794.

[416] V en ce sens R. Ghevontian, ibid, p 795 : l'auteur affirme qu'il est nécessaire de mettre le citoyen à l'abri de l'arbitraire de ce pouvoir dont la stabilité et la survie dépendent précisément du résultat des élections.

intérêts. Ce danger n'est pas utopique[417]. Leur contrôle est donc indispensable si l'on veut mettre le processus électoral à l'abri de toute manœuvre ou de toute pression.

De nature protéiforme, le contentieux préélectoral reste un problème complexe auquel principalement les juges administratif et constitutionnel sont confrontés à des conflits de juridiction. En effet, si le contentieux « postélectoral » peut paraître ne soulever aucune difficulté, le contentieux « préélectoral » est souvent l'objet d'un contrôle minimum, restreint ou laissé dans l'ombre[418].

Le professeur René Chapus justifie ce partage de compétence en écrivant que, « parce que c'est un contentieux sans tradition, et en l'absence de dispositions constitutionnelles ou législatives s'y opposant, la répartition de la compétence entre le Conseil constitutionnel et le juge de l'excès de pouvoir est conforme à la distinction entre déroulement et organisation du scrutin »[419]. L'intervention du juge administratif dans le contrôle des élections nationales entraîne à cet égard une sorte de « jeu de domino où chacun occupe les territoires délaissés par l'autre »[420]

Si en France le contrôle sur les opérations matérielles du scrutin est depuis longtemps largement maîtrisé par le juge constitutionnel qui a dégagé des règles et des principes constants, il n'en va pas de même pour les actes préparatoires. Ceux-ci en fait source de difficultés dans la mesure où le plus souvent, ils interviennent en amont du scrutin lui-même, c'est-à-dire au niveau de sa préparation.

Si cette question est posée assez vite, c'est parce qu'en France « La concurrence » relative à la répartition des compétences entre le Conseil constitutionnel et le Conseil d'État dans le contentieux des élections parlementaires et particulièrement celui des actes préparatoires a connu de nombreux rebondissements qui ont donné lieu à une abondante littérature doctrinale. M. Ghévontian a déjà fait le constat : « le contentieux des actes préparatoires en matière électorale prend bien la forme d'un labyrinthe où succèdent impasses et fausses pistes »[421].

Au Maroc, et comme conséquence du mimétisme juridique, la situation est presque la même. C'est-à-dire qu'il n'y a pas une réponse claire à la

---

[417] J Salomon, Les opérations préparant les élections devant le juge de l'excès de pouvoir, RDP, 1957, p 605.

[418] Cf.F. Delpérée, « Le contentieux électoral en Europe », C.C.C. 13.

[419] CHAPUS R., Droit administratif général, 15ème édition, tome 1, Paris, Montchrestien, 2001, n°1160, p. 943 cité par Mamadou SÈNE

[420]ARDANT P., Le contentieux électoral devant le Conseil constitutionnel et le Conseil d'État, op. cit., p. 61 cité par Diane Mandeg

[421] Richard GHEVONTAIN, ' Un labyrinthe juridique : le contentieux des actes préparatoires en matière d'élections politique, revue française de droit administratif, 1994, p, op. cit., p. 813.

question suivante : est-ce que le contrôle de la légalité des actes préparatoires relève au juge administratif ou au juge constitutionnel ?

À première vue, il apparaît que l'intervention du Conseil constitutionnel marocain procède de sa mission de garant de la régularité des élections, dont l'objet est d'assurer un contrôle effectif des actes qui concourent à la régularité du processus électoral. Le Conseil exerce de manière incidente et postérieure, le contrôle des actes préalables qui peuvent influencer la validité de l'élection en cause. Le caractère exceptionnel de sa compétence découle du contrôle a posteriori qu'il opère sur les opérations préélectorales.

Mais au niveau de la pratique, et comme on va le démontrer plus tard, la situation semble différente, car en examinant la jurisprudence du Conseil constitutionnel, nous ne tarderons pas à découvrir que cet organe interprète les textes définissant sa compétence d'une manière qui exclut toute sorte de contrôle sur les préliminaires de l'élection[422].

Or si ces actes échappent à tout contrôle du juge électoral, relèvent-ils de la compétence du juge de l'excès de pouvoir. Cette solution aussi prometteuse soit-elle, ne semble pas facile à l'atteindre, dans la mesure où l'existence d'un autre juge peut présenter un obstacle à ce qu'une semblable action soit intentée devant le juge administratif.

Dès lors, il semble que nous sommes face à un cas de déni de justice[423]. Ce dernier comme l'a souligné L. Favoreu peut tenir à une défaillance de l'organisation juridictionnelle, à une malfaçon, d'où résultent des lacunes et des cacophonies.

Pour pallier ce déni de justice, il est nécessaire de recourir à une répartition des compétences.

Il en résulte que, les compétences des deux juges posent un problème de délimitation du champ d'action, puisqu'elles s'imbriquent, et se recoupent sur le contrôle des actes relatifs à l'organisation et au déroulement des opérations électorales[424]. Dans un souci de clarification des contours des compétences entre le Conseil constitutionnel et le juge administratif, la jurisprudence pose le principe d'acte détachable. En effet, le Conseil constitutionnel est compétent pour connaître des actes administratifs intimement liés, non détachables de l'élection dont il est le juge électoral. En revanche, la compétence du juge administratif est de droit, lorsque l'acte est détachable de l'opération électorale. Celle-ci étant justifiée tout d'abord par le fait que l'acte en cause est pris par une autorité administrative, et également parce que celui-ci est garant de l'ordre public et de l'application des lois et règlements.

---

[422] Favoreau (L.). « Du déni de justice en droit public Français », L.G.D.J. 1964.

[423] Le Juge qui refusera de juger, sous prétexte du silence, de l'obscurité ou de l'insuffisance de la loi, pourra être poursuivi comme coupable de déni de Justice. Favoreau (L.). « Du déni de justice en droit public Français », op cité.

[424] Diane Mandeg, op cité

## SECTION 1. LES LIMITES DU CONTRÔLE DU JUGE DE L'ÉLECTION À L'ÉGARD DES PRÉLIMINAIRES ÉLECTORAUX

La notion de préliminaires électoraux n'est pas aisément saisie ; il est difficile de faire le lien entre telle ou telle phase du processus et l'opération électorale elle-même ou avec ses préparatifs. Les préliminaires électoraux correspondent bel et bien à des actes qui préludent à une élection. C'est ce contentieux que la doctrine appelle communément le contentieux préélectoral, c'est à-dire l'ensemble du contentieux intervenant avant le jour du scrutin.

La question se pose cependant de savoir si le Conseil constitutionnel peut être saisi de recours indépendants ou uniquement à l'occasion de la contestation des résultats des élections ?

### § 1. Un contrôle juridictionnel limité à l'égard des actes préliminaires

Ces limites sont liées soit à la manière selon laquelle le Conseil constitutionnel conçoit les textes relatifs à la matière électorale, soit à la nature de ses fonctions et aux limites de l'exercice de celles-ci.

#### A. Une interprétation restrictive de « l'élection »

Logiquement, le juge électoral a vocation à intervenir après l'élection afin de sanctionner les irrégularités commises. En réalité, il est aussi opportun de prévoir une action préventive. L'intervention exceptionnelle du juge électoral procède de sa mission de garant de la régularité des élections, dont l'objet est d'assurer un contrôle effectif des actes qui concourent à la régularité du processus électoral. Le Conseil constitutionnel exerce de manière incidente et postérieure, le contrôle des actes préalables qui peuvent influencer la validité de l'élection en cause. Le caractère exceptionnel de sa compétence découle du contrôle a posteriori qu'il opère sur les opérations préélectorales.

La compétence du Conseil constitutionnel puise sa légitimité de la Constitution, de la loi organique qui le régit, des lois organiques des deux Chambres du parlement et du code électoral. Cependant ces différents textes ne précisent ses domaines d'intervention. Cette compétence n'est formulée que vaguement. Ainsi par exemple, l'article 81 de la Constitution de 1996 ne prévoit que le Conseil constitutionnel marocain « statue sur la régularité de l'élection des membres du parlement[425] ». À son tour, le chapitre 5 de la loi organique relative au Conseil constitutionnel intitulé « du contentieux des

[425] Voir l'article 132 de la constitution de 2011

élections des membres de la Chambre des représentants » n'apporte pas de précision ni les lois organiques des deux chambres non plus.

Il appartient donc au Conseil constitutionnel lui-même de préciser les contours de sa compétence. Or, dans l'absence d'une jurisprudence de ce dernier, force est de se rabattre sur le modèle français. La référence à ce modèle se justifie aisément par le fait que les textes marocains ne soient qu'une réplique à l'identique des textes français. À la lumière de ces constats, il est tout à fait raisonnable de se demander si le Conseil constitutionnel marocain est compétent pour statuer sur la légalité des préliminaires électoraux.

À cet égard, la précision de la portée de l'expression « régularité de l'élection » mentionnée dans l'article précité représente un prélude à une éventuelle réponse. Que fallait-il entendre exactement par « élection » ? Le terme peut revêtir deux sens. Pris dans un sens strict, l'élection c'est le choix de l'élu. Elle correspond uniquement à la proclamation du candidat ayant obtenu le plus grand nombre de suffrages : et tout ce qui n'est pas lié directement à cette proclamation ou qui ne peut la remettre en cause échappe à la compétence du juge de l'élection. Prise dans un sens plus large, l'élection désigne l'ensemble des opérations électorales, et la « régularité de l'élection » englobe nécessairement toute une série d'actes et d'opérations inhérente à l'élection proprement dite[426].

À cet égard, Conseil constitutionnel et le juge administratif ont été conduits, de manière coordonnée, à établir une subtile ligne de frontières traduisant le compromis adéquat entre la vocation constitutionnelle de l'ordre juridictionnel administratif à connaître le contentieux de la légalité des actes administratifs et la préservation de la mission - elle aussi constitutionnelle de la régularité des élections nationales[427].

En France jusqu'en 1981, les recours préalables aux élections législatives ont été rejetés par le Conseil constitutionnel qui a considéré que les requêtes étaient prématurées. En conséquence, le contrôle juridictionnel préalable de ces actes était inexistant. Le juge administratif s'étant déclaré incompétent pour connaître de ces actes, on assiste alors à un véritable déni de justice. En 1981, le Conseil d'État[428], saisi par un candidat d'un recours dirigé contre un décret, portant convocation des électeurs en s'appuyant sur le fait que ce texte raccourci les délais de la campagne électorale. Le Conseil d'État a rejeté ce recours en « considérant qu'il n'appartient qu'au Conseil constitutionnel qui est, en vertu de l'article 59 de la Constitution du 4

---

[426] Favoreu (L.) et Philip, les Grandes décisions du Conseil constitutionnel, 6, éd. 1991.

[427] Jean-Éric GICQUEL - Nouveaux Cahiers du Conseil constitutionnel n° 38 (Dossier : Le Conseil constitutionnel et le Parlement) - janvier 2013

[428] CE, AJDA, 1981, p 357, note C Govard in M'hamed ANTARI, les difficultés de répartition du contentieux des élections législatives, op. cité p 120.

octobre 1958, juge de l'élection des députés à l'Assemblée nationale d'apprécier la légalité des actes préliminaires des opérations électorales ».

Saisi à son tour par la même personne, le Conseil constitutionnel français décide d'accueillir le recours tout en essayant de circonscrire cette possibilité dans certaines limites. Mais cette décision a le mérite de marquer la fin d'un déni de justice. Le juge constitutionnel français a estimé que « les griefs allégués par F. Delmas mettent en cause les conditions d'applications de l'article 12 de la Constitution et à cet égard la régularité de l'ensemble des opérations électorales[429] ».

Le Conseil constitutionnel s'est donc attribué la capacité de se transformer en juge administratif. Il s'est donc reconnu compétent pour examiner les requêtes dirigées contre des actes conditionnant la régularité d'un scrutin à venir. Est ici particulièrement visée la contestation, par le biais d'un recours pour excès de pouvoir innommé, des décrets de convocation des électeurs aux élections générales (sur lesquels le Conseil d'État s'est déclaré, de son côté, incompétent[430]) dont on comprend aisément que l'irrégularité serait de nature à fragiliser juridiquement l'intégralité des opérations électorales[431]. Ce contrôle a le mérite de contraindre les gouvernements à la rigueur et la précision lors de la rédaction des décrets de convocation des électeurs.

En revanche, la jurisprudence constitutionnelle marocaine montre que le juge électoral prend le terme « élection » dans son sens le plus étriqué. À titre d'exemple, la commission constitutionnelle a annoncé en 1970 qu'elle est incompétente pour statuer sur la légalité du refus de l'affichage des résultats le qualifiant d'acte annexe aux opérations électorales[432]. La Chambre constitutionnelle, quant à elle, a considéré que sa compétence ne dépasse pas l'annulation des élections contestées ou l'abrogation de l'élection du candidat, ou encore, la rectification du résultat proclamé[433]. Le Conseil constitutionnel marocain a considéré que l'article 29 de la loi organique n° 23-93 prévoit que la contestation porte sur la régularité de l'élection du candidat proclamé élu[434].

---

[429] Cf RDP, 1981, p 1347, chron, L Favoreu, D 1181, note F Luchaire, p 589.

[430] Arguant de l'existence du recours parallèle, le Conseil d'État est incompétent pour connaître d'un recours pour excès de pouvoir dirigé contre un décret de convocation des électeurs pour les élections parlementaires (CE, Sect., 14 septembre 2001, Marini, Rec., p. 423), pour la présidentielle (CE, 5 avril 2002, Meyet, n°244101) ; ainsi qu'à l'égard d'un décret portant organisation d'un référendum (CE, Ass., 1er septembre 2000, Larrouturu, Meyet, Megret, Rec., p. 365)

[431] Jurisprudence appliquée pour les élections législatives (Déc. n° 81-1 ELEC du 11 juin 1981, Delmas, Rec., p. 97 , n° 82-2 ELEC, 16 et 20 avril 1982, Bernard, Rec., p. 109) cité par Jean-Éric GICQUEL op cité

[432] Cf. décision de la C.C.P. n° 3, datée le 09/10/70

[433] C.C. décision n° 55, datée la 12/12/1971 en langue arabe

[434] cf. Décision n° 95-84 datée le 17-07-1995 B.O. n° 4318, le 02/08/1995 en arabe.

Dans un autre cas d'espèce, le Conseil constitutionnel marocain a refusé d'examiner une demande de suspension des résultats d'une circonscription en attendant une décision de la Cour suprême intervenant en matière d'opérations préparatoires aux élections[435]. Ainsi, le juge constitutionnel s'est servi de son article fétiche (article 81 de la Constitution) pour se dire non compétent pour statuer sur cette demande. En effet, le demandeur, qui devait saisir le tribunal d'instance pour contester la décision du gouverneur, a plutôt saisi le tribunal administratif. Ce dernier se déclarant incompétent, il s'est pourvu en appel devant la Cour suprême et a demandé en même temps au Conseil constitutionnel de suspendre l'élection. Il s'est donc trompé de procédure sur toute la ligne et le juge constitutionnel, sans le déclarer explicitement, s'est proclamé étranger à cette erreur et non tenu de répondre à la demande telle qu'elle a été faite. Il aurait été intéressant de voir la position du juge constitutionnel si le requérant avait demandé l'annulation de l'élection plutôt que sa suspension !.

Force est de constater que le Conseil a opté pour l'acception étroite du terme « élection », en écartant, de manière générale, l'examen de la légalité des opérations antérieures préparant l'élection, comme l'établissement des listes électorales et l'enregistrement des candidatures. Ces exemples montrent, sans doute, que le juge de l'élection ne contrôle que la régularité de l'élection du candidat proclamé élu. Il se limite ainsi à une interprétation stricte du terme élection, exclut tout contrôle unifié sur le processus électoral.

### B. Le contrôle à posteriori des opérations préélectorales

L'unité du contentieux électoral, au sens où l'ensemble du processus électoral relevait du seul contrôle juridictionnel du juge de l'élection postérieurement à la proclamation des résultats, a été rompue par l'institution législative de recours contre des opérations préliminaires au scrutin, ainsi que par la reconnaissance jurisprudentielle d'action contentieuse en amont de l'élection, comme l'ouverture du recours pour excès de pouvoir contre les actes détachables de l'élection[436].

L'émergence d'un contentieux préliminaire à l'élection relative aux opérations préliminaires au scrutin apparaît manifestement comme salutaire en ce qu'il permet un contrôle juridictionnel avant le déroulement du scrutin et permet ainsi d'éviter que le scrutin soit organisé sur des bases irrégulières. Cela ne porte pas atteinte à la plénitude de juridiction du juge de l'élection,

---

[435] Décision 174-98 du 9 février 1998, *Elections, Irrecevabilité,* BORM n° 4564 du 26 février 1998.

[436] Pierre Esplugas, compétence juridictionnelle pour les opérations préliminaires à l'élection, édition générale n° 28, 1999

qui reste compétent pour exercer son contrôle sur les actes préparatoires à l'élection[437].

Le Conseil constitutionnel marocain exerce de manière incidente et postérieure le contrôle des actes préalables qui peuvent influencer la validité de l'élection en cause. Le caractère exceptionnel de sa compétence découle du contrôle a postériori qu'il opère sur les opérations préélectorales.Il reste qu'un certain nombre d'opérations préliminaires au scrutin ne peuvent pas être contrôlées par le juge électoral avant la tenue du scrutin, et les irrégularités en la matière ne pourront, le cas échéant, être relevées que dans le cadre d'un contentieux initié contre les résultats du scrutin : c'est le cas du contrôle exercé sur les déclarations de candidature et des listes électorales.

S'agissant d'abord de l'enregistrement des actes de candidature, il peut être confié à une autorité administrative qui peut être le ministre de l'Intérieur, le Gouverneur, le Maire ou encore une commission électorale nationale[438]. Au Maroc, c'est le Gouverneur qui est chargé de l'examen et de l'enregistrement des candidatures. En cas de refus de candidature, le candidat en est informé par déclaration motivée du gouverneur[439]. Le rejet de la déclaration de candidature doit être notifié contre récépissé, par tout moyen légal de notification, au mandataire de la liste ou au candidat intéressé. La notification doit être faite, sans délai, à l'adresse indiquée dans la déclaration de candidature.

Le refus d'enregistrement de la candidature par les services préfectoraux peut faire l'objet d'un recours spécifique devant le juge judiciaire. La décision de ce dernier ne peut être contestée que devant le Conseil constitutionnel saisi de l'élection. Ce mécanisme implique que le Conseil est juge d'appel des décisions du tribunal de première instance. Le juge constitutionnel est compétent des recours contre les décisions des tribunaux de première instance en matière de candidature, mais uniquement après la proclamation des résultats. En effet, le requérant mécontent de la décision du tribunal de première instance ne peut saisir immédiatement le Conseil ; il doit attendre le déroulement du scrutin et la proclamation des résultats pour pouvoir la contester à l'appui d'une requête contre l'élection d'un député.

Ce faisant, les contestations relatives au rejet des candidatures ne peuvent être invoquées par le requérant que comme moyen constituant une

---

[437] Favoreu (L.) et Philip, les Grandes décisions du Conseil constitutionnel, 6, éd. 1991

[438] En France, le régime contentieux des candidatures est encore plus compliqué : les candidatures sont déclarées à la Préfecture du département qui dispose, en cas de doute sur l'éligibilité du candidat, d'un délai de 24 heures pour saisir le tribunal administratif ; ce dernier doit alors statuer dans les 3 jours et sa décision ne peut être contestée que devant le Conseil Constitutionnel saisi de l'élection.

[439] Le rejet de la déclaration de candidature, qui doit être motivé, doit être notifié contre récépissé, par tout moyen légal de notification, au mandataire de la liste ou au candidat intéressé. La notification doit être faite, sans délai, à l'adresse indiquée dans la déclaration de candidature (cf. art 25 LO CR 27-11)

irrégularité influençant les résultats du scrutin. Toutefois, la demande d'annulation de la décision du tribunal de 1ére instance ne peut en elle-même faire l'objet de la requête présentée par le requérant au Conseil constitutionnel[440]. En effet, le juge constitutionnel rejette cette demande d'annulation en vertu de l'article 81[441] de la loi organique relative à la Chambre des représentants[442]. Dans d'autres cas lorsque le requérant conteste la régularité de l'élection, mais l'invoque comme grief, le juge électoral accepte de vérifier la recevabilité de ce moyen.

L'absence de voie juridictionnelle en amont du scrutin contre les déclarations de candidature limite considérablement le contrôle effectué sur les listes de candidats avant la tenue des élections. En effet, le seul contrôle exercé sur les candidatures est donc le contrôle administratif exercé par les services préfectoraux, lors de la délivrance du récépissé d'enregistrement de la candidature, qui se limite au contrôle de la régularité formelle de la candidature et, en ce qui concerne l'éligibilité du candidat, au contrôle de la seule condition d'âge et du lien personnel du candidat avec la circonscription ainsi que la jouissance des droits civiques[443].

S'agissant ensuite du contrôle administratif des inscriptions sur les listes électorales, ce dernier est effectué par une commission administrative renforcée d'autres membres du Conseil communal, devenant la commission de jugement qui reçoit les réclamations. Seulement dans ce dernier cas, cette commission dispose d'un caractère quasi juridictionnel et donc elle ne possède pas le droit d'évocation. De même, elle ne révise pas automatiquement le travail de la commission administrative, elle ne statue que lorsqu'elle est saisie d'une réclamation. Le contrôle juridictionnel des inscriptions et des radiations est largement ouvert aux intéressés, les citoyens concernés, mais aussi les représentants de l'autorité locale. Les délais de recours sont très courts, en général 48 heures après la publication des tableaux rectificatifs et la notification de la décision.

Les contestations des listes électorales sont examinées et tranchées par le juge administratif (cas du Maroc) et par le juge judiciaire pour le cas français). Cependant, le Conseil constitutionnel est susceptible de retenir des irrégularités dans l'établissement des listes électorales si celles-ci sont constitutives de manœuvres susceptibles de porter atteinte à la sincérité du

---

440 Voir dans ce sens les décisions du Conseil constitutionnel n° s 126 et 127

441 L'article 81 stipule que « la décision du tribunal de première instance ne peut être contestée que devant le Conseil constitutionnel saisi de l'élection ». La même formule est consacrée par le dernier alinéa de l'article 50 de la loi organique relative à la chambre des Conseillers.

442 Décision n du CC marocain n° 185/98

443 Par l'effet de ce système compliqué de contrôle, le Conseil se trouve donc, au bout de cette chaîne, juge de l'éligibilité des candidats. Si conformément à la tradition, il interprète de manière restrictive les textes relatifs aux inéligibilités il retient notamment l'âge la perte des droits électoraux et la non-inscription sur les listes électorales comme causes d'inéligibilité.

scrutin. Autrement dit, le Conseil marocain à l'instar de son homologue français déboute donc tout recours ou tout moyen d'une requête contestant un refus d'inscription, une radiation ou une omission. Mais, il accepte d'en connaitre et se déclare compétent dès lors que les irrégularités commises dans l'établissement de la liste sont les résultats de pressions sur les électeurs - pour les dissuader de s'inscrire, les inciter à se faire radier, - ou de manœuvres frauduleuses de nature à modifier les résultats du scrutin ou à porter atteinte à sa sincérité.

D'une manière générale, le dualisme juridictionnel continue à engendrer des complications inextricables et superflus pour le justiciable. Ceci est particulièrement vrai pour le contentieux électoral qui est une matière ou les deux ordres de juridiction judiciaire et administrative peuvent être compétents.

## § 2. L'éventuel contrôle du juge administratif des préliminaires électoraux

Tout recours contre un acte préliminaire devant le juge administratif peut se heurter à l'obstacle de l'existence d'un autre juge. Ce qui nous conduit à vérifier s'il y a des actes préliminaires qui pourront être détachés de l'élection proprement dite et qui peuvent être soumis au contrôle du juge de la légalité.

### A. Les risques de carence juridictionnelle et de conflit de compétence

Le partage des compétences s'opère entre le Conseil constitutionnel, juge électoral, et le juge administratif, juge naturel de la légalité des actes administratif. Le principe de la séparation des pouvoirs qui voudrait que le juge administratif soit seul compétent pour connaître des actes des autorités administratives, créée un environnement de concurrence, puis de partage entre ce dernier et le juge constitutionnel, chargé de veiller à la régularité des élections nationales[444].

En principe seul le juge de l'excès de pouvoir décide de la légalité des actes administratifs. Mais, en ce qui concerne les préliminaires, il peut refuser de statuer en se basant sur l'existence d'un autre juge qui a compétence générale en matière électorale.

Avant 1981, ni le Conseil constitutionnel[445] ni le Conseil d'État[446] ne se reconnaissaient compétents pour connaître des actes préalables à une élection : il fallait que l'électeur mécontent attaque le résultat de l'élection en

---

[444] ARDANT P., Le contentieux électoral devant le Conseil constitutionnel et le Conseil d'État, op. cit., p. 61

[445] Cons. const., 5 février 1975, Recueil, p. 45

[446] C.E., 14 juin 1963, Bellot, Recueil Lebon, p. 364.

invoquant l'illégalité de l'acte préalable. C'était l'application pure et simple de la théorie de l'exception du recours parallèle qui veut que lorsqu'il existe un recours spécifique, la voie du recours pour excès de pouvoir est fermée.

Ainsi le Conseil d'Etat regardait-il comme en quelque sorte prématuré le recours contre un acte préliminaire, tel que celui portant convocation des électeurs[447]. Ce refus de regarder comme détachables les actes préliminaires se traduisait au contraire en termes d'incompétence de la juridiction administrative.

Ainsi dès 1963, le Conseil d'État déclare son incompétence pour juger en excès de pouvoir des actes préliminaires. En l'espèce, il s'agissait d'un recours dirigé contre un décret portant convocation du collège électoral pour l'élection d'un député[448].

Mais par une décision Delmas de 1981[449], le Conseil d'État a donc persisté à décliner sa compétence pour connaître des recours contre les actes préliminaires à de telles élections[450]. La haute juridiction administrative ne se contenta pas de se déclarer incompétent pour se prononcer sur la légalité du décret de convocation du corps électoral pour l'élection des députés, il invita ouvertement le Conseil constitutionnel à se reconnaître compétent : « Considérant qu'il n'appartient qu'au Conseil constitutionnel, en vertu de l'article 59 de la Constitution du 4 octobre 1958, juge de l'élection des députés à l'Assemblée nationale d'apprécier la légalité des actes qui sont le préliminaire des opérations électorales ». Encore réaffirmée au début des années 1980[451], cette solution a été transposée en matière d'actes préliminaires à l'élection présidentielle[452].

Selon J.P. Charnay, « la jurisprudence du Conseil d'État s'explique moins, en fait, par la volonté de respecter la compétence de l'organe vérificateur, que par la crainte d'entrer en conflit avec lui à propos de l'appréciation de la légalité d'un acte préliminaire »[453].

Au Maroc, les recours contre les préliminaires électoraux sont d'une rareté remarquable. L'examen de la jurisprudence en la matière ne relève qu'un cas isolé, et dont la référence à la question de savoir si le juge administratif est compétent reste incertaine.

Si cette jurisprudence du juge administratif s'explique, comme on a pu le noter plus haut, par le respect de la compétence du juge électoral. Ce dernier a montré que ce soit au Maroc ou en France, et à plusieurs reprises qu'il ne vérifie que la régularité de l'élection proprement dite. Et, on comprend par la

---

[447] CE, section, 20 décembre 1946, Cazalan, Lebon, p. 314

[448] C E, 14//1963, Bellot, Rec. P 364 R.DP 1963

[449] CE, 3 juin 1981, Delmas, Recueil Lebon, p. 244.

[450] ; Ass., 8 juin 1951, Hirschowitz et autres, Lebon, p. 320. 5- CE, 14 juin 1963, Bellot, Lebon, p. 369

[451] CE, 3 juin 1981, Delmas, Lebon, p. 244

[452] CE, Ass. 6 mai 1966, Chaix, Lebon, p. 305

[453] Charnay, op. cit., p. 131.

suite que les actes préparatoires échappent à son contrôle. Ceci entraînera bel et bien une lacune juridictionnelle qui découle de l'incompétence des deux juges (juge de l'excès de pouvoir et juge de l'élection).

Cette lacune juridictionnelle a obligé le Conseil constitutionnel français à jouer un rôle qui n'est pas le sien. En effet, en 1981 des requérants saisissent tout d'abord le Conseil d'État pour annuler le décret de convocation des électeurs pour les élections législatives. Le Conseil d'État, fidèle à sa jurisprudence traditionnelle, se déclare incompétent. Ceci a obligé les parlementaires auteurs du recours de se tourner vers le Conseil constitutionnel qui accepta alors d'examiner directement la légalité du décret[454]. Ainsi le juge constitutionnel français, conscient de la nécessité de remédier à un déni de Justice, accepte finalement d'élargir sa compétence au contrôle de la légalité, par la voie de l'action, des actes préliminaires aux élections législatives, ce qui le transforme, à l'occasion, en un véritable juge de l'excès de pouvoir[455].

Cette jurisprudence était cependant contestable. Elle l'était d'abord en ce qu'il est fâcheux que des actes administratifs d'une telle portée ne puissent être soumis au contrôle d'un juge en temps utile, c'est-à-dire avant l'élection: mieux vaut prévenir que guérir et il est clair qu'un recours pour excès de pouvoir juge´ avant le scrutin est préférable à une saisine du juge de l'élection intervenant a posteriori[456].

Mais il reste à se demander si ses justifications sont suffisamment solides, ce dont on peine à se convaincre tant cette construction prétorienne revient, contra legem et sans raison véritablement déterminante, à déposséder le Conseil d'État de sa mission naturelle[457]. Et si sa décision Delmas de 1981 a pu correspondre à un « état de nécessité constitutionnel » – pour reprendre l'heureuse expression de Bruno Genevois[458], ancien secrétaire général du Conseil – cet état, qui n'avait jamais existé en matière référendaire, ayant disparu pour les autres scrutins politiques, le Conseil constitutionnel pourrait sans inconvénient renoncer à toute incursion dans le contrôle direct de la légalité des actes administratifs.

Mais cette intervention du juge constitutionnel, même si elle présente l'avantage de combler un vide juridique, elle ne semble pas adéquate. D'une part, le juge de l'élection n'est pas le juge de l'excès de pouvoir dans le sens qu'il est incompétent pour connaître la légalité des actes préliminaires. D'autre part, ce contrôle n'est ni satisfaisant pour le requérant ni efficace

---

[454] Ghevontian (R.), p. 810

[455] Ghevontian (R.), p. 810

[456] Jacques Arrighi de Casanova, le juge des actes préparatoires à l'élection, « les nouveaux cahiers du conseil constitutionnel » 2013/4 n° 41 page 10

[457] Jacques ARRIGHI, le juge des actes préparatoires à l'élection, nouveaux Cahiers du Conseil constitutionnel n° 41 (Le Conseil constitutionnel, juge électoral) - octobre 2013

[458] Voir son commentaire des décisions Diémert et Bannel à la RFDA, 1988, p. 887 cité par Jacques ARRIGHI

pour la sincérité de l'opération électorale. Tout cela nous conduit à chercher parmi les actes préparatoires aux élections ceux qui sont détachables pour les soumettre au contrôle du juge administratif et ceux qui ne sont pas détachables et leur contrôle relève par la suite de la compétence du juge constitutionnel électoral.

### B. La détachabilité de l'acte préparatoire à l'élection

Un acte est considéré comme détachable lorsqu'il est séparable de l'objet principal. En matière électorale, les actes non détachables de l'élection sont ceux qui revêtent un lien étroit avec l'opération électorale et emportent exclusivement la compétence du juge électoral.

L'acte détachable est défini par monsieur Stéphane Guérard comme un « acte administratif juridique susceptible de recours pour excès de pouvoir »[459].

Face à un risque de déni de justice résultant d'un conflit de compétence, deux solutions sont envisageable : soit faire jouer la notion de détachabilité et déclarer recevable le recours en annulation contre ces actes par le juge administratif, soit considérer tous les éléments singuliers de chaque élection comme un tout indivisible et en réserver le contrôle au Conseil constitutionnel. Comme cette dernière solution qui semble selon la doctrine peu satisfaisante, la première semble plus convaincante pour les justiciables, qui dans leur souci de voir un juge administratif exercer un contrôle direct sur les préliminaires électoraux, vont présenter au juge de l'excès de pouvoir, un certain nombre de requêtes visant à obtenir l'annulation des actes préparatoires, c'est-à-dire détachés de l'élection stricto sensu[460].

En revanche le refus de regarder comme détachables les actes préliminaires se traduisait au contraire en termes d'incompétence de la juridiction administrative[461].

S'il est indéniable qu'il n'est pas aisé de définir de manière précise les actes qui peuvent être considérés comme détachables, l'on observe une application libérale de la théorie des actes détachables par les juges, en l'occurrence le juge administratif.

Il convient de souligner que la théorie de détachabilité est l'une des plus complexes du droit électoral[462]. La recherche du critère de détachabilité a

---

[459] Guerard S., La notion de détachabilité en droit administratif français, cité par Diane Mandeng op cité.

[460] Pierre Esplugas, compétence juridictionnelle pour les opérations préliminaires à l'élection, édition générale n° 28, 1999

[461] Après 1958, l'organisation d'un contrôle juridictionnel des élections politiques, confié au Conseil constitutionnel français, n'a pas d'emblée conduit le Conseil d'État à se départir de sa réserve. Il a donc persisté à décliner sa compétence pour connaître des recours contre les actes préliminaires à de telles élections. Voir la décision du CE, 14 juin 1963, Bellot, Lebon, p. 369.

[462] Masclet (J.C.), Droit électoral, PUF, 1989, p. 324.

amené la doctrine française à procéder par la distinction entre les critères objectifs et ceux subjectifs.

S'agissant du critère subjectif, la détermination des actes détachables tient compte de la situation du requérant vis-à-vis du contentieux, à savoir l'existence ou non d'une autre voie de recours juridictionnel (la théorie de l'exception de recours parallèle)[463]. Ainsi, l'exception de recours parallèle permettait au requérant qui se sent lésé par un acte administratif, d'exercer une autre voie contentieuse —qualifiée de recours parallèle— en dehors du recours pour excès de pouvoir, afin d'obtenir la même satisfaction que celle qui aurait découlée de l'annulation de l'acte contesté[464].

La détermination de la détachabilité des actes peut également être objective, dans la mesure où elle s'intéresse directement à l'acte lui-même[465]. Le critère objectif se rapporte aux « actes à caractère général et permanent » qui survivent à l'élection proprement dite, et concerne les actes qui ne sont pas destinés à une seule opération, mais permettent d'organiser une suite d'opérations électorales[466].Ce critère objectif a ainsi permis au juge administratif de préciser le champ de son action. En effet, dans une espèce Commune de Saint-Avoid, le Conseil d'État a précisé qu'il « n'exerce qu'un contrôle minimum. Il vérifie seulement que la décision n'est pas entachée d'erreur de droit, d'une inexactitude matérielle des faits ou d'une erreur manifeste d'appréciation » [467]

Entreraient également dans ce champ les décisions de découpage électoral, le décret de convocation du corps électoral... À l'inverse, échapperaient au contrôle du juge de la légalité des actes ponctuels, individuels, ou ceux dont l'effet se limite à une seule circonscription

---

[463] Ghenvontian (R.), op. cit., p. 84.

[464] La détermination de la détachabilité de l'acte administratif paraît aisé avec le critère objectif, elle est en revanche assez complexe avec le critère subjectif, puisque son application peut paraitre superflue si la saisine du juge de l'excès de pouvoir apporte une solution plus appropriée. Nonobstant les multiples tergiversations relevées autour de l'exercice du recours pour excès de pouvoir, l'on observe que l'acte détachable connaît un plein essor contentieux et a pour but de mettre en échec la règle de l'exception du recours parallèle et de permettre une ouverture progressive de la recevabilité du recours pour excès de pouvoir. Voir à ce propos Guerard S., La notion de détachabilité en droit administratif français, p. 397 cité par Diane Mandeng op cité.

[465] Ghenvontian (R.), op. cit., p. 85.

[466] En France, les actes de sectionnement électoral d'une part, les textes relatifs aux élections des représentants français au Parlement européen d'autre part ont été considérés comme des actes détachables des opérations électorales. CE, 30 janv. 1948, Larricq-Maysonnave ; CE, 22 oct. 1979, Union démocratique du travail.

[467] COUDEVYLLE A., et Alii., « Jurisprudence administrative », in Annuaire des collectivités locales,1993,p. 165-281.

électorale[468], c'est-à-dire les actes qui sont intimement liés à l'élection elle-même selon l'expression de P. Ardant[469].

Au Maroc, le juge administratif s'est référé récemment à cette distinction entre actes attachables et actes détachables. Ainsi le tribunal administratif de Casablanca a considéré que les actes détachables en matière électorale sont ceux qui ne sont pas intimement liés aux opérations électorales[470]. À son tour la Cour suprême a exprimé son intention de connaître les recours dirigés contre le décret relatif au découpage électoral[471].

En bonne logique ces actes sont justiciables du juge d'excès de pouvoir, c'est-à-dire du juge administratif dans la mesure où ils résultent de décisions de l'administration. Le juge administratif généralement acculé à agir dans ce sens puisque le législateur a parfois lui-même envisagé sa compétence pour certains actes préparatoires, reconnaissant par là l'intérêt que peut représenter une telle intervention préalable. C'est le cas pour les décisions d'inscription sur les listes électorales et pour l'examen de la régularité de la composition de la commission d'établissement de ces listes.

Selon cette distinction, il reviendrait selon le professeur Ghenvontian au juge administratif le pouvoir de contrôler par voie d'action et avant l'élection, tous les actes administratifs à caractère général concernant l'ensemble du scrutin concerné. C'est au juge de l'élection qu'incomberait le contentieux de l'élection stricto sensu. C'est dans cette voie que semble s'engager aujourd'hui le Conseil d'État français[472]. Il laisse clairement comprendre qu'il a l'intention de récupérer désormais les compétences qu'il avait abandonnées au Conseil constitutionnel[473].

Dans une décision[474] , le Conseil d'État précise que « les requêtes dirigées contre les circulaires par lesquels est mise en œuvre l'organisation pratique du scrutin en vue de l'élection présidentielle, ne sont pas en principe au nombre de celles sur lesquelles il appartient au Conseil constitutionnel de statuer avant le scrutin, en vertu de sa mission de contrôle de la régularité de l'élection. »[475]. Certes, le Conseil d'Etat s'est, dès 1983, reconnu compétent pour connaître de la légalité d'une circulaire du ministre de l'Intérieur

---

468 Masclet (J.C.), op. cit., p. 331.
469 Ardant (P.). « Le contentieux électoral devant le Conseil constitutionnel et le Conseil d'Etat », in Conseil d'Etat et Conseil constitutionnel colloque du sénat. Paris, janvier 1988. L.G.D.J. 1988, p. 59.
470 Jugement n° 1528, le 23/10/2003, dossier n° 1552/2003.
471 La Cour suprême, jugement numéro 592, le 31-7-2003, dossier administratif 01/24/2002.
472 CE, Ass, 12 mars, union nationale écologiste et parti pour la défense des animaux, Rec., p. 67.
473 Ghevontian (R.), observations sous CC, 20 mars 1997 Mme Richard, RED adm. 13 (4) juillet-août 1997, p. 698.
474 C.E du 5 avril 2002, Cazaux, rec., table, p. 738.
475 MALIGNER B., Contentieux électoral administratif, ibidem, p. 13

relative a` la présentation des candidatures a` l'élection présidentielle[476]. Puis est venu en 1993 le tour des actes préliminaires aux élections législatives[477].

Au regard de cette jurisprudence, l'on observe que le juge administratif a affirmé sa compétence pour connaître des actes détachables de l'élection. Il convient dès lors d'apprécier cette avancée qui dénote l'audace du juge administratif français, qui ne décline pas sa compétence, mais délimite son domaine d'action.

Néanmoins attribuer l'ensemble du contentieux des actes préparatoires en matière électorale aux juridictions administratives agissant dans le cadre du contentieux de l'annulation ne correspond pas à la réalité. En effet, l'examen de la légalité des actes préparatoires n'épuise pas tous les problèmes posés et le déroulement de ces actes peut avoir des incidences sur les résultats des élections[478]. Dans ces conditions, ne serait-il pas préférable pour le juge du résultat d'envisager l'opération électorale en tant que processus unifié dont la conséquence serait l'unité du contentieux lui-même ?

Cette possibilité est à la base de l'éventuelle concurrence entre le juge de l'annulation et le juge de l'élection. Cette répartition qui n'est pas expressément aménagée par le législateur, permet l'incursion du juge administratif dans le contrôle des élections nationales. L'exercice conjoint du contrôle de ces actes par les deux types de juridictions explique les hésitations de l'un et de l'autre, ainsi que les risques de déni de justice courus par les justiciables.

Au Maroc, la Chambre administrative de la Cour suprême saisie d'un recours contre la décision du Gouverneur de refuser d'enregistrer une candidature s'est déclarée incompétente arguant que c'est le Conseil constitutionnel chargé du contrôle de la régularité des élections qui est habilité à instruire de tels recours[479]. Dans ce cas d'espèce, le déni de justice n'a pu être évité puisqu'au moment où la décision de la Chambre administrative de la Cour suprême avait été prise, le requérant se trouvait privé de toute possibilité de recours, car les délais pour le faire devant le Conseil constitutionnel étaient forclos.

Cette attitude n'est pas étrangère aux hésitations de la jurisprudence dans la mesure où la notion d'actes détachables est une notion contingente qui

---

[476] CE, 28 septembre 1983, Bauby, Lebon, p. 372.

[477] CE, Ass., 12 mars 1993, Union nationale écologiste, Lebon, p. 67 ; section, 26 mars 1993, Parti des travailleurs, Lebon, p. 87. Si l'on en croit les commentateurs « autorisés », il a alors entendu donner la portée la plus large à ses décisions, concrétisant enfin, douze ans plus tard, l'infléchissement de jurisprudence que le commissaire du gouvernement Labetoulle avait appelé´ de ses vœux en concluant en 1981 sur l'affaire Delmas. La cause pouvait ainsi sembler entendue : son refus de connaître d'un décret convoquant les électeurs pour l'élection des députés appartenait désormais a` une époque révolue. Voir à ce propos Chron. C. Maugue´ et L. Touvet, AJDA, 1993, p. 336 cité par Jacques Arrighi de Casanova op cité

[478] MALIGNER B, op cité p 13

[479] Chambre administrative de la Cour suprême, décision du 11 Mars 1996.

dépend en définitive de la politique du juge[480]. Labetoulle soulignait sur la question qu'« en la matière, il n ya pas d'acte qui par essence soient détachables ; il ya simplement ceux que le juge détache et ceux que le juge ne détache pas, et ce n'est pas mal ainsi »[481]. C'est pour cette raison que les choix des juges paraissent confortés par des considérations de politique jurisprudentielle. Le juge administratif est alors animé, lorsqu'il déclare son incompétence, par la volonté d'éviter que des conflits surgissent entre lui et le juge de l'élection. À cela, il faut ajouter le fait que le juge en question n'a pas le temps d'instruire l'affaire et de juger dans le bref délai qui sépare l'acte contesté de l'élection elle-même. Il est donc préférable de laisser agir le juge de l'élection en lui réservant la possibilité de se prononcer sur la régularité des actes contestés[482].

En revanche, il faudrait souligner que cette fragmentation ne concourt à l'effectivité de la justice électorale que si les juges impliqués établissent un dialogue qui conduit à un contrôle intégral des opérations électorales.

Dans l'atteinte de cet idéal, le dialogue des juges a-t-il permis à chacun de trouver une place dans le contentieux des actes préliminaires aux scrutins politiques nationaux, ce qui a conduit certains commentateurs à estimer que : « *les requérants sont maintenant à même de déterminer avec une certitude raisonnable le juge devant lequel ils doivent présenter les requêtes qu'ils envisagent de former contre des actes préliminaires aux élections législatives et présidentielles et aux référendums* »[483].

En définitive, et en matière d'élections législatives, le juge administratif peut être appelé à intervenir dans des secteurs très limités pour vérifier la légalité de certains actes. Dans le contexte français, la compétence du juge administratif, s'affirme de manière jurisprudentielle. À la suite des hésitations constatées entre le Conseil constitutionnel juge des élections politiques et le Conseil d'État, juge de la légalité des actes administratifs, une certaine stabilité s'impose dans la répartition des compétences entre ces deux organes[484]. Le Conseil d'État accepte désormais de statuer sur les

---

[480] Masclet J.C. (1968), Droit électoral, P.U.F. p. 324

[481] Décision d'Assemblée du 23 novembre, Tête, p. 386 (AJDA 1985, p. 216-217

[482] Masclet J.C. (1968), Droit électoral, P.U.F, op cité

[483] Chron. M. Guyomar et P. Collin, AJDA, 2001, p. 858 cité par Jacques Arrighi de Casanova

[484] Les circonstances de cette stabilité dans la délimitation des compétences entre le Conseil constitutionnel et le juge administratif sont les suivantes : En 1981, le Conseil constitutionnel, dans une décision Delmas, acceptait de contrôler un acte administratif qui, par nature lui était étranger. Le Conseil d'État ayant rejeté le recours du sieur Delmas pour incompétence, ce dernier s'adresse au Conseil constitutionnel et demande l'annulation du décret de convocation des électeurs après la dissolution de l'Assemblée nationale. Cette compétence du Conseil constitutionnel est remise en cause en 1993, puisque le Conseil d'État effectue un revirement de jurisprudence, et se déclare compétent pour connaître des actes qui interviennent avant le scrutin, il fonde sa compétence sur la notion d'actes détachables, et s'affirme comme juge de la légalité des actes administratifs.

contestations reconnues détachables du déroulement du scrutin. Il connaît en premier et dernier ressort, de recours pour excès de pouvoir, dirigés contre des actes préparatoires[485] à l'élection du président de la République et des élections parlementaires qui ne se situent pas au cœur de la régularité du scrutin[486].

## § 3. Le découpage électoral : zone d'ombre de la jurisprudence du Conseil constitutionnel marocain

La délimitation des circonscriptions électorales constitue une opération délicate, mais pour le moins importante, dans la vie politique d'un État[487]. La question du découpage électoral, c'est-à-dire la technique par laquelle le territoire national (ou une partie de celui-ci) est divisé en circonscriptions électorales dans lesquelles les électeurs sont répartis pour exercer leur droit de vote est déterminante au plan collectif sur l'expression sincère de la volonté du corps électoral[488].

Il convient de souligner que l'enjeu démocratique de ce découpage est particulièrement important, car, si sa finalité est déroutée, et sa mise en œuvre est manœuvrée, le résultat électoral sera obtenu de façon déloyale[489].

Dans les systèmes comparés, l'autorité en charge du découpage diffère d'un État à un autre. Si en Allemagne par exemple, ce pouvoir est confié à un organe indépendant (commission indépendante), ailleurs (cas de la France et du Maroc) c'est à des institutions à caractère politique qu'il l'est (Gouvernement et/ou Parlement).

---

485 Les actes concernés sont entre autres ceux relatifs ou de celle contestant la régularité des décisions du Conseil supérieur de l'audiovisuel concernant la programmation des émissions radiotélévisées pendant la campagne officielle, des circulaires relatives aux modalités d'envoi des formulaires de présentation des candidatures etc.

486 Maligner B., « Élections (contentieux électoral administratif) », Répertoire contentieux. administratif, Dalloz, 2004, p. 12et 13.

487 AVRIL (P.), *Un homme, une voix ?*, Pouvoirs, n° 120, 2006, p.126 : « Lorsque le pays tout entier forme une seule circonscription, tous les suffrages comptent et le principe « un homme, une voix » est pleinement respecté. En revanche, il n'est pas possible de répartir les électeurs de manière rigoureusement égale entre plusieurs circonscriptions et cela d'autant plus que leur nombre est élevé, de sorte que l'écart augmente logiquement avec le nombre de celles-ci ».

488 Richard GHEVONTIAN - Cahiers du Conseil constitutionnel n° 13 (Dossier : La sincérité du scrutin) - janvier 2003

489 Cette perversion de la démocratie est bien connue sous le terme de Gerrymandering du nom de ce gouverneur américain (Gerry) qui avait découpé une circonscription en forme de salamandre (salamander) pour pérenniser son élection. Cette technique politicienne est d'inspiration américaine consiste à prendre en compte « dans les découpages les opinions supposées, et quelquefois connues, des populations, de leur caractère urbain, suburbain ou rural, de leur niveau économique, pour procéder à un découpage qui favorise directement un parti ou une coalition ». Voir également PACTET (P.), op.cit., p.57

En France, le découpage des cantons est opéré par décret sous contrôle du Conseil d'État. Par contre, celui des circonscriptions législatives est dicté par la loi et est contrôlé par le Conseil constitutionnel.

En effet, le Conseil constitutionnel français a ainsi rendu des décisions intrépides. Partant de l'évidence que le principe d'équilibre démographique constitue, en soi, une règle fondamentale, la haute juridiction a été intransigeante sur la question de la représentation des populations sans l'être autant sur celle de la proportionnalité. Le critère démographique a donné lieu à une discussion relative à son contenu en France depuis 1987 : fallait-il faire référence à la population, au nombre d'habitants dans une circonscription, ou au nombre d'électeurs inscrits[490] ? Le Conseil constitutionnel français a clairement retenu la première interprétation, solution contestée par une partie de la doctrine qui considère que la représentation et le suffrage sont attachés à la qualité de citoyen, constitutive du corps électoral, et non à l'état d'habitant, constitutif de la population.

La prise en compte du principe de la continuité territoriale et de la nécessité du maintien d'un lien resserré entre les acteurs du jeu électoral, plaide toujours pour la tolérance d'écarts de représentation peu significatifs à la seule condition du strict respect du critère démographique.

Le deuxième principe mis en avant par le Conseil est celui de l'équilibre politique. L'égalité entre candidats ou forces politiques doit être respectée pour éviter tout arbitraire politique. Outre l'exigence d'équité, ce découpage, dans une perspective de conformité au principe de l'égalité de suffrages, doit faire l'objet d'une révision périodique en fonction de l'évolution démographique... ".

Ainsi le Conseil constitutionnel français avait eu l'occasion de le rappeler dans sa décision n° 2008-573 DC du 08 janvier 2009 : « doit être élue sur des bases essentiellement démographiques selon une répartition des sièges de députés et une délimitation des circonscriptions législatives respectant au mieux l'égalité devant le suffrage (et) si le législateur peut tenir compte d'impératifs d'intérêt général susceptibles d'atténuer la portée de cette règle fondamentale, il ne saurait le faire que dans une mesure limitée[491]. Bien qu'elles se déroulent dans un cadre départemental, les élections sénatoriales se doivent également de respecter le principe de l'égalité devant le suffrage tout en assurant, néanmoins, la représentation des collectivités territoriales[492].

Au Maroc, il appartient au gouvernement de créer les circonscriptions électorales. L'article 2 de la loi organique relative à la Chambre des

---

[490] Dominique Rousseau, op. cit

[491] Décis. n° 2008-573 DC du 08 janvier 2009, Loi relative à la commission prévue à l'article 25 de la Constitution et à l'élection des députés, Rec. p. 36, Consid. 21.

[492] Décis. n° 2000-431 DC du 06 juillet 2000, Loi relative à l'élection des sénateurs, Rec. p. 98, Consid. 5

représentants précise que « Les circonscriptions électorales locales sont créées et le nombre de sièges attribués à chacune d'elles est fixé par décret. La loi organique confie la prérogative du découpage des circonscriptions électorales au Premier ministre sur proposition du ministère de l'Intérieur. Celles-ci sont donc déterminées par décret[493].

Le découpage électoral échappe au contrôle du juge constitutionnel marocain qui a le droit de regard sur la constitutionnalité des lois et non sur celle des décrets gouvernementaux. Le nouveau mode de scrutin est contesté pour orienter le vote tandis que le découpage des circonscriptions donne lieu à un certain gerrymandering. La carte électorale actuelle a été fixée par décret après un consensus dégagé au sein d'une commission ad hoc. Les principes retenus sont les suivants:1 siège pour 100 000 habitants avec une liste de 5 sièges maximum.

Cependant, le découpage basé sur la taille de la population constitue une aberration de taille. En réalité, à l'intérieur de ces circonscriptions, seuls pourraient voter les électeurs inscrits, dont le nombre leur était évidemment connu.

Ce découpage ombre la volonté affichée de l'Etat d'amalgamer par des dosages subtils, populations rurale et urbaine. La hantise d'une égalité numérique apparente ne laisse entrevoir de sérieuses différences dans le poids électoral réel des représentants. Le découpage paraît respecter un certain équilibre dans la répartition globale de la population alors que c'est le nombre d'électeurs inscrits, que l'administration est seule à connaître, qui détermine en fin de compte le poids électoral effectif[494]».

La détermination de ces circonscriptions n'obéit pas toujours à des objectifs d'intérêt général. De même, l'écart par rapport à la moyenne des inscrits de la province ou de la préfecture varie de 21 à 42 %, dépassant largement la fourchette de 20 % prévue par le décret[495]. Il y'a lieu de respecter le principe de l'équilibre démographique : les différentes circonscriptions électorales doivent avoir un poids démographique sensiblement équivalent. »

Pour le politologue marocain Mohamed Ibrahimi, le découpage électoral consiste à affecter un nombre de sièges à chaque circonscription électorale, tout en respectant une moyenne nationale de nombre d'habitants représentés par chaque siège. « Avec 2 ou 3 sièges, on est plus dans la logique du scrutin majoritaire uninominal que dans celui du scrutin proportionnel de liste », dit-il. Même si l'opération d'adaptation du découpage pour les législatives de 2011 a porté sur un nombre limité de circonscriptions, le politologue soulève

[493] Décret n° 2-11-603 du 21 kaada 1432 (19 octobre 2011) portant création des circonscriptions électorales locales pour l'élection des membres de la Chambre des représentants et fixant le nombre total de circonscriptions électorales à 92

[494] J.C. Santucci : Les élections législatives marocaines de juin 1977. AAN. 79, p. 219 in article de Nadia Bernoussi sur l'évolution du processus électoral, op. cité p 350

[495] Élections et droits de l'homme. op. cit., p. 25 in article de Nadia Bernoussi, op. cité p 350

la difficulté de l'implantation et de l'ancrage territorial des partis politiques accru davantage avec l'instabilité du découpage électoral[496]. Pour Ibrahimi, toute province doit avoir un siège, même les moins peuplées, tout en veillant à ce qu'une fourchette des 20 % soit respectée pour éviter une sous-représentation des circonscriptions surpeuplées.

Ainsi, compte tenu du caractère politiquement très sensible de la matière électorale et plus particulièrement du découpage des circonscriptions en tant qu'élément fondamental de la loyauté et de la sincérité de tout scrutin, plusieurs voies s'imposent :

La première propose que la question du découpage soit examinée et adoptée au niveau du Parlement, mais rien n'empêche ce dernier de faire des propositions à ce sujet. Nouidi[497] fonde son raisonnement juridique en se référant à l'article 46 de la constitution de 1996 (art 71 de la constitution de 2011) qui intègre la question du régime électoral des collectivités territoriales et les principes du découpage des circonscriptions électorales dans les domaines de la loi. D'autres acteurs politiques[498] s'inscrivent dans la même logique et considèrent que le nouveau découpage électoral ne repose pas sur des normes démocratiques et objectives et constitue une violation du principe d'égalité démographique et géographique. Ce découpage doit être fondé sur des critères d'homogénéité, d'équilibre et de faisabilité tout en défendant la thèse de son examen et adoption au niveau du parlement.

Une deuxième voie consiste à soumettre le découpage des circonscriptions au contrôle du juge constitutionnel marocain. Il serait opportun de s'inspirer du modèle français où le respect des équilibres démographique et territorial[499] est de rigueur. En effet, le Conseil constitutionnel français ne laisse pas le législateur apprécier, comme bon lui semble, la part respective à attribuer aux différentes règles constitutionnelles pour définir les bases de la représentation. Il vérifie que les divers impératifs d'intérêt général que le Parlement a pris en compte n'aient pas abouti, surtout quand ils sont cumulés, à ruiner la règle fondamentale du critère démographique. Il s'assure également que les atténuations et aménagements apportés à ce dernier n'ont pas dépassé manifestement « la mesure

---

[496] Ibrahimi, MAP, 16/11/2011

[497] Abdelaziz NOUIDI, justice et politique, « Elections et justice constitutionnelle au Maroc, 1997 p 71 »

[498] Il s'agit de propositions faites par le Parti Justice et développement (PJD)

[499] Selon le professeur Dominique Rousseau, faire du découpage une opération rationnelle et non plus politicienne, tel est l'objectif poursuivi par le Conseil avec l'affirmation de ces quelques principes dont il vérifie la mise en œuvre « correcte » par les pouvoirs publics. La politique du Conseil en matière de contrôle des délimitations territoriales peut se résumer en deux phrases « il ne lui appartient pas estime- t'-il de rechercher si les circonscriptions ont fait l'objet de la délimitation la plus équitable possible », mais il lui revient d'apprécier si les choix effectués par le législateur n'ont pas manifestement méconnu les exigences constitutionnelles. A nouveau donc, le contrôle, réel, mais tout en nuances, de l'erreur manifeste d'appréciation.

limitée » et que les écarts de représentation ne sont pas disproportionnés de manière excessive. Il s'agit, en somme d'éviter que les atteintes au principe d'égalité démographique ne soient manifestement excessives ou injustifiables[500].

L'existence d'un contrôle des bases géographiques des circonscriptions électorales représente, sûrement, un progrès louable. Il contribue à réfréner les tentations partisanes de la majorité au pouvoir, à rendre visibles et plus transparents les choix des tracés, à rationaliser, certains diront à moraliser, les opérations de délimitation territoriales. Sans doute, le Conseil ne garantit pas un découpage politique égal, parfait, voire idéal. Le fait qu'il garantisse qu'il ne soit un « charcutage » est déjà une amélioration appréciable[501].

## SECTION 2. LE CONTENTIEUX DE LA LISTE ÉLECTORALE

Le corps électoral, agent d'exercice par excellence de la souveraineté nationale[502] est appelé régulièrement à designer ses représentants à l'Assemblée nationale ainsi que le Chef de l'État. Pour Marcel Prélot, le peuple possède juridiquement une physionomie précise, une composition certaine[503]. Il est l'ensemble des citoyens, remplissant les conditions d'acquisition de la qualité d'électeur (l'âge[504], la nationalité[505] et la capacité[506]) et inscrits sur une liste électorale.

Eugène Pierre, dans son Traité de droit politique, électoral et parlementaire soulignera l'importance de cette inscription sur les listes

---

[500] D Rousseau, contentieux constitutionnel, p 371

[501] Ibidem p 373.

[502] G. Burdeau, Droit constitutionnel et institutions politiques, L.G.D.J, 20e éd, 1984, p 475.

[503] M. Prélot, J. Boulouis, Institutions politiques et droit constitutionnel, Dalloz, 7e éd., 1978, p.66, cité par R Charvin, le droit de suffrage, stade suprême de la démocratie, op. cit. p 131.

[504] La majorité électorale- Cette condition est rappelée par l'article 3 de la organique n° 27-11 : « Sont électeurs et électrices, les Marocains des deux sexes inscrits sur les listes électorales générales ». L'âge d'éligibilité a été fixé sur celui de la majorité civile, soit 18 ans au lieu de 23 ans et ce en application des nouvelles dispositions de la nouvelle constitution de 2011 qui vont dans le sens de l'encouragement de la participation politique des jeunes

[505] Sont inéligibles à la Chambre des représentants « … les naturalisés marocains, au cours des cinq années suivant leur naturalisation, tant qu'ils ne sont pas relevés de cette incapacité dans les conditions prévues par l'article 17 du dahir n° 1-58-250 du 2 1 safar 1378 (6 septembre 1958) portant code de la nationalité marocaine, tel que modifié et complété. (art 6 de la LO CR 27-11)

[506] Pour la condition de capacité, il y a lieu de faire la distinction entre l'incapacité civile qui résulte d'une absence de discernement et l'incapacité qui résulte d'une sanction pénale. Alors qu'existaient dans différents pays des incapacités électorales définitives, il n'y a plus dans certains États, dont le Maroc ou la France, que des incapacités électorales temporaires résultat d'une sanction pénale. Ainsi, sont privés du droit de vote, les individus condamnés irrévocablement, ceux privés du droit de vote par une décision de justice, ceux en état de contumace, les interdits judiciaires, les faillis non réhabilités et les personnes condamnées à une peine de dégradation nationale. Cf art 6 de la LO CR n° 27-11.

électorales en disant que « la jouissance du droit electoral est distincte de son exercice ; pour être électeur, il suffit de ne se trouver dans aucun des cas d'incapacite prevus par la loi ; pour exercer les droits d'electeur, il faut etre en outre inscrit sur une liste electorale »[507].

La question des listes est cruciale, car elles « constituent l'ossature de l'édification de tout système électoral. La rigueur appliquée dans l'élaboration de ces listes et leur degré de fiabilité et de conformité par rapport au corps réel des électeurs déterminent, dès le départ, le niveau de sincérité des élections.

Compte tenu de l'importance des listes électorales dans le processus électoral. Le traitement du contentieux y afférent constitue un acte d'une extrême importance. Il permet d'attester d'abord que les conditions de fond qui déterminent la qualité d'électeur sont bien remplies en l'espèce. Ensuite, c'est surtout le cas pour les élections politiques, cette opération préalable est destinée à éviter qu'un électeur vote plusieurs fois pour le même scrutin[508].

Il convient de souligner que l'évolution du droit relatif aux listes électorales est passée par deux étapes; celle d'avant 2002 pendant laquelle « l'ancienne liste électorale permettait l'inscription dans les listes de la circonscription de naissance, d'habitation, de travail ou d'imposition, ce qui ouvrait la porte aux inscriptions multiples et donc au vote multiple. Ainsi, il était possible de "parachuter" les proches d'un futur candidat dans la circonscription convoitée. Depuis 2002, la loi réduit le droit à l'inscription seulement au lieu de naissance et au lieu d'habitation, mais cela ne vaut que pour les nouvelles inscriptions[509]. Les anciennes listes n'ont pas été totalement renouvelées, l'effet parachutage reste opérant[510]. »

S'agissant du contentieux des listes électorales pour les élections législatives, le code électoral décide que son contrôle est de la responsabilité du juge administratif. L'article 36 du code électoral stipule que « *les recours relatifs aux inscriptions sur les listes électorales générales sont introduits et*

[507] Eugène Pierre. Traité de droit politique électoral et parlementaire. Deuxième édition. Paris : motteroz, 1902

[508] J Claude Masclet, op. cit p 80

[509] Voir l'hebdomadaire, le journal 14-20 septembre 2002 cité par Nadia Bernoussi op cité.

[510] C'est pour cette raison que l'établissement des listes électorales et leur actualisation permettent de déterminer les personnes habilitées à exercer le droit de vote, supprimer les noms des personnes mortes, etc. Ce procédé a une importance considérable dans le processus électoral. Ces listes doivent être mises à jour et chaque électeur doit relever d'une inscription unique. À ce stade, le législateur a encore du pain sur la planche. En effet, dans un territoire où les distances sont parfois grandes entre le domicile et le bureau de vote, où le taux d'analphabétisme est encore élevé et le taux de participation est faible, l'inscription doit être automatique pour les jeunes atteignant 18 ans afin de faciliter et encourager l'exercice du vote.

*instruits conformément aux procédures prévues par la présente loi et par la loi n° 41-90 instituant des tribunaux administratifs »*[511].

Le Conseil repousse donc tout recours ou tout moyen d'une requête contestant un refus d'inscription, une radiation ou une omission[512]. Mais il accepte d'en connaître et se déclare compétent dès lors que les irrégularités commises dans l'établissement de la liste sont les résultats de pressions sur les électeurs- pour les dissuader de s'inscrire, les inciter à se faire radier, ou de manœuvres frauduleuses de nature à modifier les résultats du scrutin ou à porter atteinte à sa sincérité.

## § 1. Le contrôle juridictionnel des inscriptions et des radiations

Le contrôle juridictionnel des inscriptions sur les listes électorales relève de la compétence du juge, et le plus souvent, c'est le juge judiciaire qui est saisi (cas de la France). Ce dernier étant considéré comme ''le juge de l'électorat''[513]. C'est l'article L.25 du code électoral qui donne compétence au tribunal d'instance et éventuellement à la cour d'appel pour statuer sur les contestations relatives aux décisions émanant de la commission administrative, prévue à l'article L.17 du même code[514].

L'article L23 du Code électoral est formel : « L'électeur qui a été l'objet d'une radiation d'office de la part des commissions administratives désignées à l'article L. 17 ou dont l'inscription a été contestée devant lesdites commissions est averti sans frais par le maire et peut présenter ses observations ». Or, il est des cas où cette obligation d'information n'est pas respectée, ou alors l'administration omet, par erreur, d'inscrire une personne sur une liste. Et c'est là qu'intervient le juge judiciaire ! Ce choix s'explique tout d'abord par le fait que ce sont les questions de capacité juridique et de statut des personnes qui sont examinées : nationalité, majorité civile et électorale, etc. Ce sont des questions qui trouvent leur justification dans des considérations de proximité.

Au Maroc le contrôle juridictionnel des inscriptions et des radiations relève du juge administratif. Le recours est largement ouvert aux intéressés concernés, mais aussi les représentants de l'autorité locale. Les délais de recours sont très courts, en général 48 heures après la publication des tableaux rectificatifs et la notification de la décision. Le juge administratif a seulement quelques jours pour se prononcer (trois jours en général). Si la

---

[511] Art 36 du code électoral

[512] Dominique Rousseau, droit du contentieux constitutionnel, 7e édition Montchrestien 2006

[513] F. Délpérée, ''Le contentieux électoral'', A.I.J.C.1996, op.cit. p 400.

[514] Au titre de l'article L16 du Code électoral, les listes électorales sont permanentes et font l'objet d'une révision chaque année par une commission administrative de révision. Celle-ci est composée, comme le prévoit l'article L17, par le maire ou de son représentant, du délégué de l'administration désigné par le préfet, ou le sous-préfet, et d'un délégué désigné par le président du tribunal de grande instance.

décision n'a pas été notifiée, l'intéressé peut, à tout instant, saisir directement le juge compétent. La procédure suivie devant le juge, quant à elle, est caractérisée par sa simplicité. L'appel est formé par déclaration au greffe du tribunal qui statue sans frais ni formes de procédure et sur simple convocation adressée à toutes les parties intéressées.

S'agissant du contrôle juridictionnel concernant la régularité formelle de la révision de la liste électorale, le préfet peut déférer au tribunal administratif[515] les opérations de la commission administrative dans les deux jours qui suivent la réception du tableau des modifications quand il estime que les formalités ou les délais prescrits n'ont pas été observés. Il ne s'agit pas donc, dans cette dernière procédure, de juger des situations individuelles, mais de la manière dont la liste a été globalement établie. D'autre part, et au même titre que le Conseil constitutionnel ; le juge administratif en tant que juge de l'élection peut avoir à connaître de l'établissement des listes électorales dans des conditions particulières.

## § 2. La compétence résiduelle du Conseil constitutionnel, juge de l'élection

Saisi de moyens portant sur la constitution des listes électorales, le Conseil constitutionnel français réaffirme la compétence du juge judiciaire[516], y compris lorsque cette question est déterminante pour la seule question de la qualité pour contester l'élection[517]. Cette incompétence générale vaut également lorsqu'une requête porte sur les décisions de la commission administrative chargée de la révision des listes électorales qui ne peuvent être contestées que devant le tribunal d'instance sous le contrôle éventuel de la Cour de cassation[518].

Il n'appartient pas davantage au Conseil constitutionnel français de se prononcer sur la contestation d'une décision du tribunal d'instance ordonnant la réinscription d'électeurs sur une liste électorale[519]. Cependant, s'il convient de laisser la connaissance en premier lieu du contentieux des inscriptions électorales aux juges d'instance, il serait sans doute préférable, au lieu de déférer les recours contre les décisions de ces juges à la Cour de

---

[515] Le juge qui est compétent, pour connaître de cette action est le juge administratif de premier degré (le tribunal administratif) et en appel, le Conseil d'Etat. L'article 20 du code électoral précise que « le préfet peut, dans les deux jours qui suivent la réception du tableau contenant les additions et retranchements faits à la liste électorale, déférer au tribunal administratif les opérations de la commission administrative, s'il estime que les formalités prescrites à l'article L. 18 n'ont pas été observées.

[516] Décision similaire du CC 78/845, 12 juillet 197, A.N. Martinique, 2e circ, rec. Conseil., p 198

[517] CC 97-2126, 10 juillet 1997, AN, Oise, 1ére circ, rec.cons., p 92

[518] CC, 78-869, 31 mai 1978, AN, Bouches-du-Rhône, 3e circ, Rec.Cons.const., p 116.

[519] CC., 78-884, 14 juin 1978, A.N., Haute-Corse, 2e circ, rec. cons. const., p 153.

cassation, d'en attribuer la connaissance au juge de l'élection qui pourrait statuer avant le déroulement des opérations électorales[520].

Toutefois, les Conseils constitutionnels marocain et français sont enclins à retenir des irrégularités dans l'établissement des listes électorales si celles-ci sont constitutives de manœuvres susceptibles de porter atteinte à la sincérité du scrutin.

Il reste donc à savoir, si l'on peut contester les conditions de radiation ou d'inscription devant le juge du résultat saisi d'une requête en annulation de l'élection.

La décision du Conseil constitutionnel marocain n° 802/2010 rendue le 30/06/2010 en est une parfaite illustration. Le Conseil est naturellement compétent en matière de contrôle des opérations électorales proprement dites, lorsque le caractère massif des inscriptions ou des radiations laisse présumer l'existence d'une fraude ayant une influence sur les résultats de l'élection.

Il résulte de l'instruction, et notamment de l'enquête diligentée par le Conseil constitutionnel, et des listes en sa possession que « [......] *la personne dont l'élection est contestée a été inscrite sur la liste électorale de la chambre du commerce, de l'industrie et des services à Marrakech en 2009... et qu'elle s'est présentée aux élections du 2 octobre 2009 relatives au renouvellement du tiers des membres de la chambre des conseillers parmi les candidats inscrits sur la liste de l'Union générale démocratique des travailleurs (UGDT) en sa qualité de délégué officiel des salariés, sans qu'il fasse, dans le délai légal déterminé en vertu du décret paru le 30 décembre 2008, comme l'exige la loi, une demande de radiation de son nom de la liste électorale de la Chambre précitée, ce qui signifie qu'il a été, à la date de dépôt des candidatures, inscrit sur la liste de deux collèges électoraux que la loi n'autorise pas l'affiliation en même temps, ce qui fait que son inscription sur la liste électorale du collège duquel il s'est porté candidat est une inscription contraire à la loi* »[521]

De la même manière, dans sa décision n° 792/2010 rendue le 25 mars 2010, le Conseil constitutionnel déclare « *qu'il n'appartient pas au juge de l'élection d'apprécier la régularité des inscriptions sur les listes électorales dès lors qu'il n'est pas établi que les inscriptions contestées résulteraient d'une manœuvre frauduleuse*[522]. Le Conseil Constitutionnel récuse également de sanctionner les irrégularités entachant les listes électorales lorsqu'il s'agit d'un simple erreur, à la supposer établie et pouvant porter sur le domicile de quelques électeurs, sur l'absence de révision de la liste

---

[520] V en ce sens R. Lindon, "La déplorable organisation du contrôle de la loyauté des élections, J.C.P, 1978, I, 2906.
[521] Décision du CC marocain n° 802/2010 du 30/06/2010
[522] Décision n° 792/2010 rendue le 25 mars 2010

électorale[523] ou encore sur la non-adoption des listes électorales utilisées le jour du scrutin par la commission compétente en la matière[524]. Le Conseil constitutionnel considère que ces griefs restent dépourvus de preuves et qu'ils ne suffisent à établir l'existence d'une manœuvre une influence sur les résultats de l'élection.

La dernière décision retenue se distingue notoirement des autres pour deux raisons principales. D'une part, la gravité des faits montre combien il est nécessaire de disposer d'une réglementation efficace et d'un juge compétent pour prévenir les dérives.

Il s'agit de la décision n° 404/2000 rendue dans le cadre des élections législatives qui se sont déroulées le 22 juin 2000 dans la circonscription de Hay Hassani (province d'Ain Chok) pour la désignation des membres de la chambre des représentants[525]. Dans cette affaire, le requérant met en avant l'absence des listes électorales révisées et des tableaux récapitulatifs. La haute instance a effectué une enquête pour s'assurer de la validité de ces listes. Ainsi, après avoir entendu l'élu contesté, qui est le président de la commission administrative chargé d'examiner les demandes d'inscription et président du Conseil communal ; et après avoir entendu les autres membres de la commission administrative, et les autres parties administratives et techniques chargées de l'arrêt des listes électorales ; le juge constate l'absence aussi bien des listes électorales révisées que des tableaux récapitulatifs. Cette absence est due au travail défaillant du président de la commune, ce qui a empêché un nombre important de citoyens de participer aux élections et constitue de ce fait une entorse à un droit conféré par la constitution à tous les citoyens. À cet effet, le juge a condamné la négligence de l'Administration électorale de mettre les listes électorales à jour. Il a décidé en conséquence d'annuler les résultats du scrutin en constatant le caractère massif de la fraude en matière d'établissement de la liste électorale[526]. C'est un cas similaire à celui qui s'est présenté devant le Conseil constitutionnel français dans le cadre du recours formé contre l'élection de J. Tiberi à l'Assemblée nationale française lors des élections de 1997.

Dans cette requête, il était fait grief à l'élu, maire de Paris, d'avoir fait inscrire des électeurs d'une manière irrégulière dans la troisième circonscription de Paris. Après enquête, phénomène assez rare, le Conseil constitutionnel français a relevé d'une part que des personnes étaient inscrites avec domiciliation dans des logements sociaux où elles ne résident pas, soit qu'elles résident dans des logements appartenant, à la ville de Paris,

---

[523] Décision CC marocain n° 387

[524] Décision CC marocain n° 99/95 du 25 décembre 1995.

[525] Une telle situation s'est présentée au Conseil lors de l'élection de Mohamed Kamou à la Chambre des représentants province d'Ain Chok (circonscription de Hay Hassani)

[526] Décision CC marocain n° 404/2000 du 22/06/2000.

mais situées dans d'autres arrondissements, soit encore que leur adresse effective est inconnue. La décision prise à l'issue de l'enquête insiste sur l'accumulation de faits graves et répétés qui sont de nature à accréditer l'existence de manœuvres dans les conditions d'établissement de la liste électorale.

Un tel raisonnement ne peut que plaider en faveur de l'annulation de l'élection de M Tibéri. Cette élection n'a pas été remise en cause, car l'instruction fait ressortir que « le nombre d'électeurs dont l'inscription est et qui ont voté au second tour est sensiblement inférieur à l'écart des voix entre les candidats à ce tour : 2725 voix ». La manœuvre en cause, "aussi condamnable soit-elle, n'a été en mesure d'inverser le résultat du scrutin[527].

Cette décision ne peut qu'en étonner plus d'un et encourager les candidats à projeter de frauder massivement. De cette manière, ils devraient s'assurer une victoire confortable et d'une ampleur telle qu'elle finisse par anéantir la portée des griefs les plus pertinents lors de contestation éventuelle de l'élection. Ce contrôle est insatisfaisant et jette le discrédit tant sur la vie politique française que sur la jurisprudence électorale du Conseil, même si pour M. Ghevontian, le Conseil n'a fait qu'appliquer comme il le fait depuis l'origine une théorie classique du droit électoral : celle de l'influence déterminante[528].

Il y 'a d'autres cas où le Conseil constitutionnel français a tiré des conséquences d'irrégularité affectant les listes électorales. Dans une affaire[529], il a considéré comme nuls les suffrages émis dans une commune au motif qu'un nombre important d'inscrits sur la liste n'avaient pas de résidence connue, n'étaient pas inscrits au rôle des contributions directes et que les indications relatives à leurs dates et leur lieu de naissance étaient inexactes. Ces personnes continuaient pourtant à figurer sur la liste électorale tandis que leurs noms avaient fait l'objet d'un émargement au scrutin.

Mais si un électeur se trouve inscrit à la fois sur la liste électorale de deux communes de la circonscription, cette circonstance a été sans incidence sur les résultats du scrutin, alors qu'il ressort de l'examen des listes d'émargement que cet électeur n'a pas voté que dans une seule commune[530]. En revanche, la confirmation de la double inscription, par la personne dont

---

[527] CC, 97-211/2119/2146, 20 février 1998, AN, Paris, 2e circ, Rec. cons. const p 159

[528] R Ghevontian, note sous CC, 97 211/2119/2146/2154/2235/2242/2243, 20 février 1998, AN, Paris, 2e circ. R.F.D.C., 1999, p 139 : "le juge électoral ne sanctionne pas systématiquement les irrégularités relevées dans l'opération électorale entendue au sens large du terme par l'invalidation du scrutin. Il ne s'y résout que si ces irrégularités ont eu une influence déterminante sur le résultat final. Et, à cet égard, l'écart de voix est souvent un critère décisif. Un écart important (c'était le cas ici) amorti ainsi considérablement les effets des irrégularités, sauf si celles-ci sont massives (...) La constatation d'irrégularités n'a pas de valeur en soi, elle ne peut être prise en compte qu'à travers les effets dès que ces irrégularités produisent sur l'élection elle-même.

[529] CC, 78-883, 5 juillet 1978, A.N, Haute-Corse, 1ére circ, Rec.Cons. const., p. 193.

[530] CC 97-2238, 29 janvier 1998, AN, Essonne, 5e circ, Rec. const, p 108

l'élection est contestée pendant la période de dépôt des candidatures, sur deux listes de deux collèges électoraux que la loi n'autorise pas l'appartenance en même temps, lui fait perdre l'une des conditions qui lui permettent d'être éligible pour se porter candidat aux élections. Pour le Conseil constitutionnel marocain, la double inscription sur la liste de collèges électoraux en même temps constitue une violation du principe d'égalité entre les candidats[531].

## SECTION 3. LES RECOURS OUVERTS CONTRE LES DÉCISIONS D'ENREGISTREMENT DES CANDIDATURES

Par définition, la candidature est l'acte qui consiste à se porter candidat à une élection. Elle est réglementée par l'article 4 de la loi organique n° 27-11 relative à la Chambre des représentants[532]. Les candidatures constituent l'acte initial et fondamental de la représentation politique et sont indissociables du pluralisme[533]. Elles favorisent l'expression des courants d'opinion, et permettent de présenter et de véhiculer les programmes politiques.

Le contentieux relatif à l'acceptation ou au rejet des candidatures soulève la problématique de la déclaration des candidatures. Celle-ci revêt un double intérêt en matière électorale, elle permet aux électeurs de connaître ceux qui sollicitent leurs suffrages d'une part, et d'autre part, ouvre la voie au contrôle de l'éligibilité des candidats[534].

La présentation des candidatures est organisée autour de la garantie d'un droit fondamental inscrit dans plusieurs Constitutions, celui de l'égalité des citoyens devant l'accès aux fonctions électives. Concrètement, le droit de candidature se traduit dans le domaine électoral par l'affirmation de la liberté de candidatures. Cette liberté à valeur constitutionnelle ne peut être limitée que par la loi et dans limites permises par la Constitution[535]. Une loi qui contreviendrait à ce principe devrait être annulée par la juridiction constitutionnelle. C'est le cas bien évidemment de la décision 475/2002 dont le Conseil constitutionnel a censuré la volonté du législateur d'interdire la

---

[531] Décision CC marocain n° 802/2010 en date du 30 juin 2010

[532] Cet article correspond à l'article 4 de l'ancienne loi organique n° 31-97 relative à la Chambre des représentants

[533] Les partis politiques Œuvrent à l'encadrement et à la formation politique des citoyennes et citoyens, à la promotion de leur participation à la vie nationale et à la gestion des affaires publiques. Ils concourent à l'expression de la volonté des électeurs et participent à l'exercice du pouvoir, sur la base du pluralisme et de l'alternance par les moyens démocratiques dans le cadre des institutions constitutionnelle (cf art 7 de la constitution de 2011)

[534] LAMOUROUX S., Le contentieux des actes périphériques en matière électorale p. 67 cité par Diane Mandeng. La procédure contentieuse en matière électorale op cité p 122

[535] V. J.C. Masclet, op. cit, p 84

candidature de toute personne n'ayant pas de couleur partisane et dans laquelle le juge constitutionnel marocain a fait preuve d'audace et de sagesse aux yeux d'un bon nombre d'auteurs. Cette décision a été, d'ailleurs, saluée par la plupart des partis politiques comme une avancée très significative pour le renforcement du système démocratique au Maroc. Par cette décision le Conseil constitutionnel a mis fin à une situation que la majorité des acteurs politiques et des défenseurs des droits de l'Homme jugeaient contraire aux valeurs du pluralisme et à l'un des principes fondamentaux de la démocratie, à savoir le droit à l'éligibilité.

Un autre cas d'espèce s'est produit en Algérie, lorsqu'en juillet 1989, une loi avait été adoptée par l'Assemblée populaire nationale déclarant inéligibles les Algériens ayant des conjoints étrangers. Cette loi était en fait à l'époque dirigée contre une personnalité algérienne proche du parti officiel, mais dont la candidature à la présidence de la République pouvait rallier les voies de la mouvance islamique dont la force électorale pouvait dans les années quatre-vingt leur permettre de jouer le rôle d'arbitre[536]. Par une décision qui ne manque pas de courage, le Conseil constitutionnel algérien a déclaré les dispositions incriminées de la loi inconstitutionnelle.

Ces exemples illustrent que le principe de la liberté des candidatures doit être protégé aussi bien par un contrôle préalable de la loi que par l'organisation d'un contentieux des candidatures destiné à éviter toute exclusion des citoyens de la liste des candidats.

Le caractère sibyllin des textes juridiques en Afrique participe pour une part importante, à de nombreux rejets de la part du juge électoral, et pourrait conduire à une « crise de la représentativité[537]». En effet, parce que la loi électorale « tâtonne, hésite, bafouille, et revient sur ses pas»[538], il est nécessaire que l'office du Conseil constitutionnel concourt grandement à garantir la régularité et la sincérité des résultats du scrutin.

Pour ce faire, les conditions exigées pour l'enregistrement des candidatures doivent être bien définies par les textes applicables en matière électorale (constitution, lois organiques, code électoral).

L'enregistrement est l'acte par lequel l'autorité administrative constate la régularité de la déclaration de la candidature. Cette fonction d'enregistrement des candidatures est purement administrative peut être confié à une autorité administrative (ministre de l'Intérieur, Préfet, Gouverneur, Maire) ou à une commission électorale nationale. Au Maroc,

---

[536] Voir à ce propos la thèse du professeur Nadia Bernoussi, le contrôle de constitutionnalité au Maghreb : essai d'interprétation de l'action des organes de contrôle en Algérie, au Maroc et en Tunisie, 1998.

[537] JAUME L., « La représentation : une fiction malmenée », Pouvoirs, n°120, Voter, janvier 2007, p. 5 cité par Diane Mandeng op cité p 123

[538] MAZEAUD P., « Vœux du président du Conseil constitutionnel au président de la République, discours prononcé le 3 janvier 2005 », in Cahiers du Conseil constitutionnel, n°18/2005, p. 2-9

c'est le Gouverneur qui est chargé de l'examen et de l'enregistrement des candidatures[539]. Cette procédure, qui est la plus compromettante pour l'égalité des candidats, est adoptée au Mali[540], au Burkina Faso[541] et en République centrafricaine[542]. Ce maillon procédural peut être confié en second lieu à des autorités plus ou moins autonomes. C'est le cas du Bénin[543] et de la Guinée[544] où l'autorité chargée d'enregistrer les candidatures est la Commission électorale nationale indépendante (C.E.N.I) dont la composition varie d'une élection à une autre. Cette commission est présidée par un magistrat et compte en son sein les représentants des différentes formations politiques. Enfin, l'autorité en charge des candidatures peut être une commission ad hoc, c'est le cas à la République islamique des Comores.

En général, c'est le candidat lui-même qui dépose une déclaration de candidature en plusieurs exemplaires pendant un délai défini par la loi qui est de quatorze jours avant la date du scrutin au Maroc. En France, les déclarations de candidature doivent être remises au plus tard vingt et un jours avant celui de l'ouverture du scrutin. Ce délai, fixé par l'article de la loi 157 du code électoral, présente un caractère impératif et ne saurait être prolongé[545]. Si dans ce délai, la déclaration est incomplète ou établie en dehors du délai légal[546], c'est à bon droit que le tribunal administratif déclare la candidature irrecevable[547]. Une fois cette déclaration faite, un récépissé provisoire est délivré au candidat en attendant que le récépissé définitif lui soit délivré une fois sa candidature acceptée. Ce dernier ne peut être délivré que sur présentation du récépissé de versement de cautionnement délivré par le receveur des finances ou le régisseur en recettes[548].

Le juge de l'élection doit s'assurer de la régularité de la candidature, sans même pouvoir se pencher, à ce stade sur la sincérité des idées, des étiquettes politiques ou des investitures. Seule une fraude viciant formellement les conditions de présentation peut donner lieu à une annulation. C'est ce qui explique que le contentieux soit très peu abondant[549]. Il concerne

---

[539] Aussitôt après leur enregistrement, les candidatures sont rendues publiques par l'autorité chargée de recevoir les déclarations de candidatures par voie d'affiches ou par tout moyen traditionnel en usage (art 30 LO CR)
[540] Art 147 et 148 du code électoral
[541] Art 119 du Code électoral
[542] Art 31 du code électoral
[543] Art 28 de la loi n° 90-035 du 31 décembre 1990
[544] Art 104 du code électoral
[545] CC français, 73-595/597, 21 juin 1973, AN, corse, 3e circ, Rec.cons, p.108.
[546] Décision du CC marocain n° 605 en date du 21/03/2005
[547] CC, 81-947, 9 septembre 1981, AN, Dordogne, 3e circ, Rec. Con. const, p 138 : l'acceptation écrite du remplaçant, exigée par l'article L.155 du code électoral, n'était pas parvenue à la préfecture dans les délais légaux.
[548] Cf article n° 23 de la LO CR 27-11
[549] P Camby, Le Conseil constitutionnel, juge électoral, 5e édition, Dalloz, 2009.

essentiellement des problèmes de délai, de suppléance, de cautionnement ou de signature.

En cas de refus de candidature, le candidat en est informé par déclaration motivée du gouverneur[550]. Le contentieux portant sur la candidature est réglé par le tribunal de 1ére instance[551]. La décision de ce dernier ne peut être contestée que devant le Conseil constitutionnel saisi de l'élection. En effet, les contestations relatives au rejet des candidatures ne peuvent être invoquées par le requérant que comme moyen constituant une irrégularité influençant les résultats du scrutin. Toutefois, la demande d'annulation de la décision du tribunal de 1ére instance ne peut en elle-même faire l'objet de la requête présentée par le requérant au Conseil constitutionnel. En effet, le juge constitutionnel marocain rejette cette demande d'annulation en vertu de l'article 81 de cette loi organique[552] et considère que les irrégularités en la matière ne pourront, le cas échéant, être relevées que dans le cadre d'un contentieux initié contre les résultats du scrutin. Dans d'autres cas lorsque le requérant demande cette annulation, mais l'invoque comme grief, le juge électoral accepte de vérifier la recevabilité de ce moyen.

On distingue deux types de recours ouverts aux personnes dont la candidature a été rejetée. D'abord un recours juridictionnel présenté avant le début de la campagne électorale soit auprès d'une juridiction administrative (cas de la France[553], du Mali[554], Burkina Faso[555] et en République centrafricaine[556]), ou devant le juge judiciaire (cas du Maroc) soit auprès de la juridiction constitutionnelle (cas du Djibouti). Généralement, les délais de recours et ceux accordés aux juges (respectivement un jour après la notification du rejet de la candidature et trois jours pour le juge au Maroc) pour statuer sont suffisants pour permettre aux candidats finalement retenus d'orchestrer leur campagne électorale dans de bonnes conditions. Ce n'est, cependant, pas le cas au Mali où la décision du tribunal administratif statuant sur le contentieux de l'enregistrement des candidatures peut intervenir après l'ouverture de la campagne électorale. Il convient d'ajouter que dans certains Etats en voie de développement, se pose le problème de de l'exécution des décisions de justice favorable à la candidature. C'est contre de pareilles attitudes qu'un second recours est ouvert[557].

---

[550] Le rejet de la déclaration de candidature, qui doit être motivé, doit être notifié contre récépissé, par tout moyen légal de notification, au mandataire de la liste ou au candidat intéressé. La notification doit être faite, sans délai, à l'adresse indiquée dans la déclaration de candidature (cf. art 25 LO CR 27-11)

[551] Article 81 de la loi organique n° 31-97

[552] Décisions n° s 126 et 127.

[553] Pour les élections législatives (Cf article 159) et sénatoriales (Cf article 303).

[554] Art 147 et 148 du code électoral

[555] Art 119 du Code électoral

[556] Art 31 du code électoral

[557] Aspects du contentieux électoral en Afrique, actes du séminaire de Cotonou, 11-12 novembre 1998

Il existe un second type de recours ouvert au candidat dont la décision de rejet a été confirmée par l'une des juridictions précédentes. Rappelons que le contentieux relatif aux rejets de candidature par les autorités compétentes relève du juge judiciaire. En effet, c'est une tâche qui incombe au tribunal de première instance du ressort. Lorsque la candidature a été rejetée par le secrétaire de la commission nationale de recensement, c'est le Tribunal de première instance de Rabat qui est compétent. Toutefois, la décision du tribunal de première instance ne peut être contestée que devant le Conseil constitutionnel saisi de l'élection.

Autrement dit, le Conseil constitutionnel marocain apparaît comme le juge d'appel des décisions de la première instance. Il vérifie par exemple si le juge judiciaire a été saisi par le gouverneur, seule autorité habilitée à se demander le non-enregistrement d'une candidature[558], et annule en conséquence les décisions prises sur requête d'un particulier, s'il a été saisi dans les délais. L'appel n'est cependant ni automatique ni immédiat. En effet, le requérant mécontent de la décision du tribunal de première instance ne peut saisir immédiatement le Conseil constitutionnel ; il doit attendre le déroulement du scrutin et la proclamation des résultats pour pouvoir la contester à l'appui d'une requête contre l'élection d'un député[559], et c'est là une lacune qu'il convient de combler.

Le juge constitutionnel a, par ailleurs, considéré à maintes reprises que pour être recevable, le recours afin d'annulation du jugement du tribunal de la première instance rejetant une candidature aux élections à la chambre des représentants doit être porté devant le Conseil constitutionnel dans le cadre de la requête tendant à l'annulation des résultats du scrutin dans la circonscription où le requérant a fait sa candidature. La requête doit aussi être adressée contre le candidat déclaré élu. Pour le cas des circonscriptions dont le scrutin a eu lieu par liste, la requête doit être adressée par le mandataire d'une liste à l'encontre de toute la liste et non donc contre la décision du tribunal de première instance en cas d'éventuel rejet par celui-ci de la candidature d'une personne[560].

À ce stade, le problème de la légalité du refus d'enregistrement de la candidature passe au second plan, puisque même lorsque l'illégalité de la décision de l'administration est admise, la haute juridiction ne la prend en considération que dans la mesure où elle est considérée comme ayant une influence déterminante sur le résultat de l'élection.

Par l'effet de ce système compliqué de contrôle au Maroc, le Conseil se trouve donc au bout de cette chaîne, juge de l'éligibilité des candidats. Si conformément à la tradition, il interprète de manière restrictive les textes

[558] Décision du CC marocain n° 617 en date du 21 juin 2006
[559] Décision du CC marocain n° 605 en date du 21 mars 2005
[560] Il en est le cas par exemple des décisions suivantes : 432/2001-482/2002-483/2002-568/2004-675/2007.

relatifs aux inéligibilités, il retient notamment l'âge, la perte des droits électoraux et la non-inscription sur les listes électorales comme cause d'inéligibilité.

Ainsi, dans la fameuse décision du Conseil n° 218/1998 rendue le 09 juin 1998 suite au contentieux nourri par le rejet de la candidature d'un requérant par le gouverneur[561] en avançant l'argument que celui-ci n'a pas délivré le récépissé définitif tel qu'il est prévu par l'article 24 de la loi organique relative à la Chambre des représentants. Le tribunal de première instance saisi par le requérant rejette la demande d'annulation de la décision du gouverneur. Le requérant saisit le Conseil constitutionnel le 24/11/1997 qui décide, après instruction, que ledit tribunal n'a pas épuisé tous les moyens d'investigation légalement permis afin de vérifier la véracité des allégations du requérant.

Le Conseil a considéré dans ce cas d'espèce que l'administration a refusé de percevoir la caution financière au motif qu'elle n'a pas été présentée dans les délais arrêtés par l'administration[562]. Il déclare que l'administration doit se tenir au délai prescrit par la loi et son comportement dans cette affaire constitue un moyen d'empêcher un citoyen à se porter candidat sur le même pied d'égalité avec les autres candidats et de permettre aux électeurs de choisir en toute liberté le candidat de leur choix.

Par ailleurs, il arrive à plusieurs reprises que l'autorité compétente (gouverneur) refuse d'enregistrer une candidature pour des motifs divers, refus pouvant être suivi d'un recours auprès du juge compétent. Si la justice a pu se montrer tantôt sélective tantôt passive dans les cas d'atteinte à l'ordre public ou dans les cas d'utilisation illicite de l'argent, « elle a statué régulièrement dans le cadre d'une saine application de la loi sur plusieurs rejets arbitraires de quelques candidatures par l'administration »[563]. Il est toutefois regrettable que l'autorité absolue de la chose jugée ne soit respectée dans la mesure où parfois le gouverneur maintenait sa position en refusant d'appliquer les décisions de la justice.

La décision n° 401/2000[564] datant du 13 juin 2000 peut être qualifiée de hardie. Elle constitue l'une des décisions phares où le Conseil a avalisé une décision de justice.

Dans cette affaire déférée devant le Conseil constitutionnel dans le cadre du scrutin qui s'est déroulé le 14 novembre 1997 dans la circonscription de Oujda Sidi Driss (préfecture de Oujda Angad), le tribunal de première instance de Oujda avait considéré que le rejet de candidature du requérant n'est pas fondé et que la non-application de la décision de ce tribunal malgré

---

[561] Décision du CC marocain n° 218/98 du 09 juin 1998.

[562] Tous les candidats doivent déposer une caution de 5000DH-elle était de 2000 DH en 1977- au receveur du ministère des Finances au siège de la localité, caution remboursée si le candidat a obtenu au moins 5 % des voix exprimées, plus une fiche anthropométrique récente

[563] Bernoussi, l'évolution du processus électoral au Maroc, RDH 2005

[564] C'est le cas aussi de la décision du CC marocain n° 185/98

sa notification au gouverneur, qui a refusé d'inscrire le candidat, qui a obtenu gain de cause ce tribunal, constitue une violation de l'article 81 de la loi organique n° 31-97.

Le juge considère que cet acte de refus du gouverneur d'appliquer une décision judiciaire constitue une violation manifeste d'un droit fondamental garanti pour tous les citoyens par la constitution ainsi que par les lois supplétives, outre le fait qu'exclure irrégulièrement un candidat de la concurrence électorale est susceptible de porter préjudice au libre choix des électeurs et à la crédibilité du scrutin.

Dans le même registre, le Conseil constitutionnel marocain considère dans sa décision n° 795/2010, que le refus du Wali d'inscrire la candidature du requérant membre à la Chambre des Conseillers, malgré la parution d'un jugement qui annule la décision émanant du Wali interdisant la demande de candidature de l'intéressé, constitue une violation de l'autorité des décisions de justice et une atteinte aux dispositions de l'article 50 de la loi organique relative à la Chambre des Conseillers qui dispose dans son quatrième alinéa que : « *l'autorité compétente doit immédiatement enregistrer les candidatures déclarées recevables par le tribunal et leur donner la publicité...* ». Le Conseil déclare que « *cette pratique, contraire à la loi a eu pour conséquence d'écarter une des listes électorales de manière illégale de la compétition en vue de la représentation de la Nation, constitue une atteinte flagrante à un droit fondamental garanti par la Constitution et les lois organiques qui la complètent de tous les citoyens et qui réside dans le droit de candidature... déclare l'annulation du résultat du scrutin* ».

En France, si une déclaration de candidature ne remplit pas les conditions requises, le code électoral[565] prévoit dans les vingt-quatre heures la saisine du tribunal administratif par le préfet. Ce dernier n'a absolument pas la qualité pour refuser l'enregistrement d'une candidature ne répondant pas aux exigences précitées. Réserve faite d'une candidature tardive[566], il est tenu de saisir le juge administratif qui dispose d'un délai de trois jours pour statuer. C'est ainsi que dans une affaire ou une liste n'avait pas été enregistrée par le préfet en raison de la présence parmi ses colistiers d'un candidat qui figurait déjà sur une autre liste, le Conseil a estimé que le préfet aurait dû saisir le tribunal administratif et que cette situation avait de nature à fausser l'élection.[567] Ce jugement du tribunal administratif ne peut être contesté que devant le Conseil constitutionnel saisi de l'élection.

Rappelons que ces modalités contentieuses s'appliquent aussi à l'hypothèse où la déclaration de candidature émanerait d'une personne inéligible, qui ne peut à ce titre être enregistré par le préfet en application de

[565] Pour les élections législatives (Cf article 159) et sénatoriales (Cf article 303).
[566] V par exemple décision CC 62-285/327, 12 février 1963, AN Guadeloupe, 3e circ., Rec. const. p 118.
[567] Décision CC 86-986/1006, 8 juillet 1986, AN Haute Garonne, 3e circ., Rec. const, p 97.

l'article LO 160 du code électoral. Une fois encore, ce dernier ne peut refuser une candidature de sa propre autorité sans saisir le tribunal administratif, sous peine de commettre une illégalité fautive de nature à engager la responsabilité de l'État à l'égard de la liste ou du candidat irrégulièrement évincé. Le commissaire de la République est donc soumis à une compétence liée : il doit surseoir à l'enregistrement de la candidature et ne peut procéder à cet enregistrement que lorsque le tribunal administratif a jugé que la personne était régulièrement éligible. Sa compétence est aussi totalement liée[568] pour enregistrer la déclaration lorsqu'il a laissé expirer le délai de vingt-quatre heures sans saisir le juge administratif, ou que le tribunal saisi ne s'est pas prononcé dans le délai de trois jours.

Le Conseil constitutionnel français s'est montré particulièrement rigoureux dans l'application de ces règles de saisine. Tout en admettant que le préfet doit être en situation de pouvoir effectivement procéder à la saisine du tribunal[569], le délai dont dispose le préfet ne peut être prorogé jusqu'au lendemain lorsqu'il expire un dimanche ou un jour férié[570].

## SECTION 4. LE CONTENTIEUX DE LA DÉCHÉANCE

Le contentieux de la déchéance est une partie intégrante du contentieux électoral. Son objet vise à invalider l'élection d'un élu et non à remettre en cause les suffrages obtenus par un candidat ou l'irrégularité des opérations électorales proprement dite. La Constitution n'a pas prévu expressément la compétence du Conseil constitutionnel dans ce domaine. Cependant, on estime généralement que le contrôle de la régularité de l'élection entraîne nécessairement celui de l'éligibilité et même celui des incompatibilités.

Ce contentieux peut intervenir juste après la proclamation des résultats comme il peut intervenir durant toute la période de la législature des élus[571].

Ce type de contentieux porte sur l'appréciation des cas d'inéligibilités liées à la personne de l'élu et des cas d'inéligibilités liées à la fonction de l'élu ou les incompatibilités.

Distincte de l'incompatibilité qui se définit comme l'interdiction faite à un parlementaire de remplir, en même temps que son mandat, une ou plusieurs fonctions déterminées, l'inéligibilité s'entend de l'inaptitude

---

[568] M. Cliquennois, note sous CC, 84-983, 7 Novembre 1984, A.N, Puy-de-Dôme, 2e Circ, A.J.D.A, 1985, p 94.

[569] C.C, 77-825, 23 novembre 1977, Sénat, Yveline, Rec. const, p 87.

[570] CC, 68-505/510, 14 janvier 1969, AN, territoire français des afars et des Issas, rec.cons, p 174.

[571] Mamadou SÈNE, la juridictionnalisation des élections nationales en Afrique noire francophone: les exemples du Bénin, de la Côte d'Ivoire et du Sénégal. Analyse politico-Juridique, thèse soutenue à l'université de Toulouse en 2017

personnelle d'un candidat à être investi d'une charge élective »[572]. L'une et l'autre sont en réalité imbriquées, car vérifier l'éligibilité d'un candidat revient à apprécier tout d'abord sa capacité juridique à se porter candidat à une élection politique, puis à rechercher s'il n'exerce pas de fonction incompatible, auquel cas un choix demeure possible pendant un délai déterminé.

## § 1. L'inéligibilité liée à la personne du candidat : un contentieux purement objectif

L'inéligibilité est par définition la situation de celui qui ne remplit pas les conditions légales lui permettant de se porter candidat à une élection. La jurisprudence du Conseil en matière d'inéligibilité est dominée par le principe de l'interprétation restrictive. Il en résulte qu'un citoyen ne peut jamais être déclaré inéligible en l'absence d'un texte, et que ce texte, dès lors qu'il s'agit de l'exercice d'un droit civique, doit être interprété strictement.

### A. Une jurisprudence bannissant systématiquement l'inéligibilité

Le contentieux de la déchéance pour inéligibilité est un contentieux de pure légalité. L'invalidation de l'élection d'un élu ne peut reposer que sur des Eléments objectifs prévus par la loi, aucun élément subjectif ne peut remettre en cause la validité de l'élection d'un élu. Les cas prévus pour que le juge prononce la déchéance d'un élu ne peuvent résulter que d'un texte, ils ne peuvent être présumés[573].

L'inéligibilité est prévue par l'article 6 de la loi n° 27-11 relative à la chambre des représentants. Cet article stipule que « sont inéligibles les naturalisés marocains, les personnes qui ne remplissent plus une ou plusieurs des conditions requises pour être électeurs et les personnes condamnées à une peine d'emprisonnement autre que pour crime »[574]. La sanction serait dans ce cas la déchéance.

Il s'agit d'un contrôle partagé entre plusieurs organes en fonction du moment de l'intervention de l'inéligibilité. Si celle-ci est antérieure à l'élection, elle est régie par le Tribunal de première instance à la requête du candidat déclaré inéligible par l'autorité locale et la décision du tribunal ne pourra être contestée que devant le Conseil constitutionnel[575]. Si

---

[572] C.FRANCK : Les grandes décisions de la jurisprudence. Droit constitutionnel. 1978. Paris. p76.

[573] Mamadou SÈNE, la juridictionnalisation des élections nationales en Afrique noire francophone: les exemples du Bénin, de la Côte d'Ivoire et du Sénégal. Analyse politico-Juridique, thèse soutenue à l'université de Toulouse en 2017

[574] Art 6 LO 27-11 CR

[575] Art. 89, 5. Loi organique n° 31-97 relative à la composition et à l'élection de la Chambre des représentants

l'inéligibilité survient en cours de mandat, elle relève au niveau de la saisine du bureau du parlement, du ministre de la Justice ou du Ministère public en cas de condamnation et il appartient au Conseil constitutionnel de constater la déchéance[576].

L'inéligibilité est un moyen d'ordre public et condition substantielle pour la candidature aux élections et légitimant la représentativité de la nation, il peut être soulevé d'office et admis même s'il n'est pas présenté dans les délais de recours. Ces considérations s'appliquent, quel que soit le motif pour lequel intervient l'inéligibilité.

Si la compétence du juge de l'élection est, comme l'indique Laférriére, très tendue dès lors qu'il s'agit d'apprécier l'éligibilité, et si ce moyen peut être soulevé d'office et admis même s'il n'est pas présenté dans les délais de recours, son appréciation est limitée, quant au fond par des critères stricts[577] dans la mesure où toute inéligibilité a pour effet de porter une atteinte absolue à la liberté des candidatures, en établissant une interdiction, le Conseil interprète restrictivement ces prohibitions. T*oute inéligibilité*, déclare le Conseil constitutionnel, *qui a pour effet de porter atteinte à la liberté des candidatures doit être interprétée restrictivement* ».

Malgré son large pouvoir d'appréciation en matière de contentieux électoral, le juge électoral ne peut en aucun cas créer de restriction quant à l'éligibilité des candidats. La jurisprudence respective des Conseils constitutionnels marocain et français comporte un principe fondamental qui est le suivant : l'inéligibilité s'analyse comme une limitation à l'exercice d'une liberté électorale. Il en résulte, d'une part, qu'une inéligibilité ne se présume pas et qu'elle doit être expressément prévue par un texte, d'autre part, que les textes édictant une inéligibilité doivent faire l'objet d'une interprétation restrictive[578].

En effet, ce principe, qui vise à garantir la sécurité juridique des candidats, s'oppose catégoriquement à ce que soit déclaré dans l'incapacité d'acquérir un mandat parlementaire, une personne ne se trouvant pas très exactement dans une situation d'inéligibilité envisagée par la loi en règle générale, par la Constitution le cas échéant[579].

Force est de constater que la jurisprudence en matière d'inéligibilité est peu prolifique. Cela s'explique par le fait que les cas d'inéligibilité pouvant conduire à la déchéance de l'élu font l'objet d'un examen minutieux par le juge lors de l'examen des recours électoraux. Le contrôle de l'inéligibilité

---

[576] Art. 9, Loi organique n° 31-97 relative à la composition et à l'élection de la Chambre des représentants

[577] V M. Cliquennois, inéligibilités et incompatibilités dans le contentieux des élections législatives, AJDA 1985 p 93)

[578] Décision du CC marocain n° 762/2009 du 2 juin 2009. Voir également la décision du CC français 8-2750, 19 novembre 1998, Sénat, Walis et Futuna, Rec. const, p 306.

[579] Bernard MALIGNER - Nouveaux Cahiers du Conseil constitutionnel n° 41 (Le Conseil constitutionnel, juge électoral) - octobre 2013

met le juge électoral dans une situation délicate ; il doit concilier la protection d'un droit fondamental - un droit civique - avec celle de l'institution parlementaire étant entendu qu'une personne inéligible ne doit pas siéger au Parlement. Est-ce du fait de ce difficile équilibre que la juridiction constitutionnelle marocaine n'a prononcé que rarement les cas de déchéances ?

**B. Le contrôle de l'éligibilité : éléments de jurisprudence**

La législation électorale est claire sur les conditions d'éligibilité et d'inéligibilité des candidats et le juge électoral ''ne fait pas dans la dentelle'' quant au respect des prescriptions en la matière. Il fait une application stricte de ces textes pour garantir le droit d'éligibilité qui est un principe général du droit électoral dégagé par les textes mais n'hésite pas à prononcer la déchéance en cas d'inéligibilité. Les fondements de ses décisions se sont appuyés, respectivement sur l'âge requis[580], à la qualité de membre du collège électoral au nom duquel il s'est porté candidat[581] et à la condamnation à une peine d'emprisonnement[582].

1. L'âge

Les conditions d'éligibilité s'apprécient par rapport à la date du scrutin. L'âge minimum requis constitue une interdiction classique du candidat ou de l'élu. Au Maroc, il correspond à celui de la majorité civile, soit 18 ans révolus. Moins classique est la considération d'un âge maximum. La question de la limite d'âge (soixante ans) se pose avec acuité.

L'inéligibilité implique en principe une connaissance des textes juridiques générant une réaction déterminée : n'ayant pas l'âge requis, ou la

---

[580] V. Décision du CC marocain n° 69 en date du27/03/1995. CC français, 62-265, 22 janvier 1963, AN, Seine Maritime, 4éme Circ, Rec Cons.const, p 82

[581] Il en est le cas de l'absence de la qualité de représentant du collège des salariés avant la date de dépôt des candidatures, ce qui met la personne en état d'inéligibilité quant aux élections» (Déc. n° 802/2010). Voir également la décision du CC marocain n°265/98.

[582] La Commission constitutionnelle provisoire dans sa décision n° 134 BAHNINI/EL FASSI du 8.7.63 a invalidé l'élection d'A.E. FASSI. Ce dernier dénonçait l'inéligibilité de son concurrent BAHNINI, alors Président de la Cour suprême, en raison de sa qualité de magistrat. La Commission s'est déclarée incompétente pour statuer sur l'inéligibilité du requérant parce que tout d'abord, l'inéligibilité n'était pas l'objet initial de la requête et ensuite parce qu'elle a été saisie par un simple candidat et non pas par les autorités habilitées à le faire. Il semble qu'en France, la commission constitutionnelle provisoire ait eu la même attitude par rapport au traitement de l'incompatibilité « en déclarant irrecevable la requête présentée par un électeur portant sur l'incompatibilité de certaines fonctions avec le mandat parlementaire ». CCP.
23.12.58. A.N, Nord, 22e Cir., Rec. Const. P 89 ; 6. 1,59, AN, Oise, Rec. Const. P 132. In J. P.CAMBY Le Conseil constitutionnel, juge électoral. Op. cit p 27.

qualité d'électeur, ou la nationalité exigée ou exerçant une fonction incompatible.

Citons à cet égard l'affaire déférée devant le Conseil constitutionnel qui a fait l'objet de la décision n° 69/9 rendue lors du suffrage indirect qui s'est déroulé le 17 septembre 1993 et à l'issue duquel M Mohammed Abderrazak est élu en tant que membre de la Chambre des représentants dans le cadre du collège des représentants des salariés.

Le Conseil constitutionnel s'est référé à l'article 7 du dahir précité[583] qui précise que « les candidats qui sollicitent les suffrages de l'un des collèges prévus à l'article 1er ci-dessus[584] doivent être membres du collège pour lequel ils se présentent ». Or, comme le député M. Abderrazak est représentant du collège des salariés et est à la retraite[585], le Conseil constitutionnel a déclaré qu'il « se situe hors du collège pour lequel il se présente »[586].

Dans le cas présent, le Conseil constitutionnel marocain, déchoit le député Abderrazak, élu au scrutin indirect, représentant le collège des salariés, en se fondant sur les textes qui disposent que les représentants doivent être « membres du collège pour lequel ils se présentent », et que, le député en question, ayant dépassé soixante ans, ne pouvait être représentant des salariés, puisque se trouvant à la retraite.

Le Conseil ne se livre à aucune interprétation devant la clarté des textes et considère que l'intéressé a atteint l'âge de mise à la retraite, est légalement exclu du collège précité et n'en fait pas partie, ce qui le met en état d'inéligibilité quant aux élections législatives organisées dans le cadre dudit collège[587].

Dans le même cas d'espèce, le juge annule le scrutin en considérant que l'élu dont l'élection est contestée n'avait pas la qualité de membre du collège électoral au nom duquel il s'est porté candidat aux élections de la chambre des Conseillers[588] conformément aux dispositions de l'article 52 de la loi organique n° 32-97 précitée.[589]

---

[583] Dahir n° 1-77-177 du 9.5.77 portant loi organique relative à la composition et à l'élection de la Chambre des représentants.

[584] Ibid.

[585] Depuis le Dahir portant régime des pensions du 21.12.89, à la retraite fixée à 60 ans, les salariés n'ont plus le choix existant auparavant entre partir d'eux-mêmes ou attendre que l'administration le fasse par décision. Depuis, la retraite est irrévocable.

[586] Cette décision n° 69/1995 rendue dans le cadre du collège des représentants des salariés à la suite du suffrage indirect qui s'est déroulé le 17 septembre 1993

[587] V. Décision du CC marocain n° 69/95. Décision n° n° 265/98. Voir également décision n° 265 en date du 03/12/1998

[588] Les articles 1, 8 et 52 de la loi organique n° 32-97 relative à la chambre des Conseillers prévoient que les candidats aux élections de la chambre des Conseillers qui sollicitent les suffrages de l'un des collèges prévus au 3e alinéa de l'article premier de ladite loi doivent être membres du collège dans lequel ils se présentent.

[589] Décision n° 265/98.

Les requérants, rassurés par la régularité de leur démarche, n'ont mis en avant que la question d'âge comme moyen à l'appui de leur requête, moyen générateur de l'incapacité légale que le Conseil constitutionnel déclara d'ordre public, en annulant l'élection. Une décision rendue deux ans et demi après le dépôt de la requête au moment où l'élu siégea à la Chambre des représentants et exerça les droits que lui reconnaît la constitution.

2. L'incapacité judiciaire

Par l'article 5 de la loi organique n° 31-97[590] relative à la Chambre des représentants, renvoyant implicitement aux dispositions de l'article 5 du code électoral qui prévoient qu'entre autres, « sont inéligibles, les personnes qui ne remplissent plus, depuis l'arrêt définitif des listes électorales générales, une ou plusieurs de conditions requises pour l'inscription sur ces listes, les personnes condamnées à une peine d'emprisonnement, autre que, pour crime sont relevées de l'incapacité prévue ci-dessus à l'expiration d'un délai de dix ans à compter de la date à laquelle la peine a été purgée ou prescrite ou de celle à laquelle la condamnation est devenue définitive s'il s'agit d'une condamnation avec sursis ». Le Code électoral français va dans le même sens puisque « toute condamnation pénale impliquant la radiation de la liste électorale entraîne une inéligibilité ».

Les requérants ont à plusieurs reprises, parfois avec maladresse, invoqué l'inéligibilité du candidat élu, en dénonçant son incapacité judiciaire. À ce propos, l'organe de contrôle, dans sa réponse, s'est orienté vers des leçons de droit électoral dispensées aux requérants. Ainsi, ne sont considérés comme inéligibles que les individus condamnés irrévocablement[591] et ceux condamnés pénalement et non civilement, par une juridiction et non par une institution judiciaire telle que le barreau[592] par exemple.

Dans une décision n° 601/2005 rendue le 16 février 2005 à l'occasion du contentieux qui s'est déroulé le 27 septembre 2002 dans la circonscription électorale « Asfi Al Janoubia » (province de Safi), à l'issue duquel Messieurs Mohamed Karim, Larbi Zekri, Abdelmadjid Moulim et Abdelkbir Benzouina ont été élus membres de la Chambre des représentants. Le requérant soutenait que de nombreuses irrégularités avaient été commises lors des opérations électorales, dont celui de l'inéligibilité de Monsieur Larbi Zekri dont l'élection est contestée et que celui-ci avait effectivement déjà fait l'objet de deux poursuites pour délit de faux en écritures dans un document administratif et a été condamné par la chambre criminelle de la Cour d'appel de Safi.

---

[590] Cet article correspond à l'article 6 de la nouvelle LO n° 27-11 relative à la Chambre des représentants

[591] Décision n° 762/2009 rendue le 2 juin 2009

[592] Ibid

Dans cette affaire[593], bien qu'il soit établi que la partie dont l'élection est contestée ait bénéficié de la grâce royale, il ressort de l'enquête effectuée par le Conseil que la correspondance de la direction des affaires pénales et de la grâce ne contient aucun élément qui montre que la grâce en faveur de la partie en question soit une grâce totale. Seule cette dernière peut, postérieurement au jugement de condamnation, arrêter l'effet pénal de ce jugement et effacer en conséquence tous ses effets. Or, les effets ayant bénéficié à la partie dont l'élection est contestée se limitent à l'inexécution de la seule peine d'emprisonnement et n'effacent pas le crime et les implications juridiques qui en découlent, notamment le fait que la partie en question – graciée – est récidiviste avec cumul de délits et qu'il soit toujours privé de ses droits civiques, dont le droit d'être éligible.

Ainsi, le Conseil estime que l'éligibilité a un lien et une incidence sur l'ordre public, que la loi organique relative à la Chambre des représentants considère ainsi, dans le troisième paragraphe de son article 83, sa perte comme l'un des cas de nullité partielle ou absolue de l'élection et qu'il s'ensuit l'annulation de celle-ci.

Dans la même optique, le Conseil constitutionnel a rendu une décision constatant la déchéance d'un représentant qui avait été reconnu coupable d'un délit de fausse écriture[594].

Il ressort des exemples précédents que le juge constitutionnel marocain ne lésine pas quant au respect des prescriptions relatives à la notion d'éligibilité. Il fait une application stricte des textes.

Par ailleurs, le Conseil constitutionnel marocain rétorque et se montre strict devant les allégations sans fondement. Ainsi le Conseil constitutionnel marocain considère que les personnes ayant été condamnées à une sanction disciplinaire ou à l'encontre desquelles l'application d'une procédure de contrainte par corps ne figure pas parmi les personnes inéligibles[595]. De même, dans sa décision n° 908/2012[596], la haute instance considère que la

---

[593] Décision n° 601 en date du 16 février 2005

[594] Décision 608-2005 du 6 avril 2005, Déchéance du membre de la Chambre des représentants M. Chiibi, BORM n° 5314 du 5 mai 2005. Le membre concerné a répliqué en invoquant un recours en révision contre le jugement qui le concernait, mais en invoquant aussi l'autorité de la chose jugée d'une décision antérieure du juge constitutionnel rendue à l'occasion d'une demande d'annulation à l'encontre de son élection. Le juge constitutionnel n'a bien sûr retenu aucun de ces deux moyens, puisque d'un côté le recours en révision d'un jugement n'a aucun effet suspensif et de l'autre, l'autorité de la chose jugée concernait une décision rendue pour valider une élection et non pas pour consacrer un statut assorti d'une impunité.

[595] Décision du CC marocain n° 25/94.

[596] En l'espèce, le recours déféré devant le Conseil constitutionnel marocain vise à annuler l'élection du candidat élu au scrutin du 25 novembre 2011, étant donné que l'un des candidats, classé troisième sur sa liste de candidature… est inéligible, suite à l'arrêt de la cour d'appel… qui l'a condamné à six mois d'emprisonnement avec sursis assortis d'une amende de 35 000 dhs pour le délit d'émission d'un chèque sans provision… qu'en plus de la condamnation de Monsieur… n'était pas définitive à la date de dépôt de sa candidature aux

perte de l'éligibilité pour la personne classée troisième sur la liste de candidature ne peut, en aucun cas, affecter le candidat élu vu le caractère personnel de l'éligibilité.

Dans le même registre, le Conseil considère que l'inéligibilité de l'élu dont l'élection est contestée à cause de sa suspension des fonctions d'avocat et de président du Conseil municipal est sans fondement. En effet, selon le Conseil, le requérant n'a pas étayé ses allégations par un jugement du tribunal, décidant de l'interdiction d'exercer au barreau.

Force est de constater que le texte et la pratique sont très regardants sur l'inéligibilité, car « il est de principe qu'un régime démocratique rebute à soumettre l'éligibilité à des conditions pas trop rigoureuses »[597].

En effet, « toute inéligibilité doit être interprétée restrictivement, car elle a pour effet d'apporter une atteinte à la liberté des candidatures[598] ». Il semble que la juridiction constitutionnelle ait réagi dans ce sens. Elle n'a déchu de leur mandat que les députés dont l'inéligibilité est apparue flagrante. Bien plus, concernant la déchéance pour condamnation pénale, elle ne considéra cette dernière comme cause d'inéligibilité que lorsque la condamnation est définitive[599]. La rigueur du juge dans l'application des textes de l'inéligibilité apparait également dans le cas des incompatibilités.

3. La fonction

Les dispositions de la loi organique relative à la composition et à l'élection de la Chambre des représentants précisent que « la nullité partielle ou absolue de l'élection ne pourra être prononcée que dans les cas suivants : si l'élection n'a pas été faite selon les formes prescrites par la loi, si le scrutin n'a pas été libre ou s'il a été vicié par des manœuvres frauduleuses, s'il y a incapacité légale ou judiciaire dans la personne d'un ou de plusieurs élus ».

À cet égard, la jurisprudence du Conseil constitutionnel[600] rappelle que l'incapacité légale constitue un moyen d'ordre public. En effet, la loi organique précitée prévoit plusieurs situations d'incompatibilité visant certaines activités professionnelle telles que celles de magistrat ou d'autorité locale, quel que soit le degré de la hiérarchie occupée, l'administration pénitentiaire, les agents d'autorité sous certaines conditions de délai, les militaires et les agents de la force publique[601].

---

élections, et malgré son inéligibilité (qui reste à caractère personnel), celle-ci ne peut affecter le candidat élu. A cet égard la ne peut être que refusée »

[597] B. GENEVOIS : La jurisprudence du Conseil constitutionnel. Op. cit p. 333.

[598] F. LUCHAIRE : Le Conseil constitutionnel. Op. cit p 325.

[599] Voir décision du CC n° 607 en date du 29/03/2005.

[600] CC décision n° 69/95 du 27.3.95. A. HASSINI et Cons/M. ABDERRAZAK. Op. cit.

[601] Art 7 de la LO CR : Sont inéligibles à la Chambre des représentants dans toute l'étendue du Royaume, les personnes exerçant effectivement les fonctions ci-après ou ayant cessé de les exercer depuis moins d'un an à la date du scrutin : – les magistrats ; – les magistrats de la

Certaines inéligibilités sont aisément justifiables, d'autres s'expliquent par le souci « d'éviter que certaines personnes ne fassent pression sur tout ou partie du corps électoral car ces personnes ont un privilège que ne possèdent pas leurs concurrents. »[602]

En plus des inéligibilités précédentes, et toujours dans une perspective de bonne gouvernance et d'éthique, le périmètre s'est étendu après 2002 aux membres de la chambre des Conseillers, aux personnes condamnées irrévocablement à une peine d'emprisonnement pour fraude électorale, aux chefs des services extérieurs des ministères dans le ressort territorial où ils exercent ou ont cessé d'exercer depuis moins d'un an et aux dirigeants des établissements publics et des sociétés anonymes dont le capital appartient à l'État pour plus 30 %[603].

Le juge constitutionnel s'efforce également de vérifier si, en fait, l'exercice de telle ou telle fonction est de nature à tomber sous le coup des interdictions prévues par la loi ou à compromettre l'indépendance de l'élu, bien qu'une telle appréciation soit parfois délicate[604].

Les inéligibilités découlant de l'exercice de certaines fonctions publiques administratives ont toujours un effet rétroactif : un certain délai doit donc nécessairement s'écouler entre la cessation complète et effective des fonctions en cause et le dépôt de la candidature dans une ou plusieurs circonscriptions déterminées et limitativement énumérées, ce délai est tantôt de 6 mois, tantôt d'un an, tantôt de 3 ans »[605].

## § 2. Le contrôle des incompatibilités

Lorsque l'incompatibilité survient en cours de mandat, le juge constitutionnel peut statuer sur saisine, en déclarant le député démissionnaire. Si elle est une donnée de départ, elle constitue alors une cause d'inéligibilité. En ce sens, la distinction entre les deux notions se fonde sur le moment de l'identification de la situation et des conséquences

---

Cour des comptes et des cours régionales des comptes ; – les directeurs centraux du ministère de l'Intérieur, les walis et les gouverneurs ainsi que les secrétaires généraux de préfectures, provinces ou préfectures d'arrondissements, les pachas, les chefs de cabinet de walis et de gouverneurs, les chefs de districts, les chefs de cercle, les caïds, les khalifas, les chioukh et moqademine ; – les membres des Forces armées royales et les agents de la Force publique ; – les inspecteurs des finances et de l'intérieur ; – le Trésorier général du Royaume et les trésoriers régionaux.

[602] F. Luchaire : La protection constitutionnelle des droits et libertés. Economica. p. 447

[603] N Bernoussi, l'évolution du processus électoral au Maroc, RDH 2005

[604] André ROUX, Une analyse comparative des organes en charge du contrôle électoral, en particulier les organes judiciaires, le cas français, séminaire UNIDEM « le contrôle du processus électoral » Madrid, Espagne, 23 – 25 avril 2009

[605] C. FRANCK Droit des élections nationales et locales. J. Delmas et Cie. Au Maroc, il est de 6 mois, 1 an ou 2 ans. Cf Chap. II Dahir n° 1-7-177 précité

juridiques attenantes[606]. Dès lors, avant de s'interroger sur l'attitude de la juridiction constitutionnelle face à la règle de l'incompatibilité, il a paru nécessaire de tenter de distinguer les deux situations juridiques.

### A. L'incompatibilité et l'inéligibilité

« Élément de la morale républicainc »[607], la déchéance du parlementaire dont « l'inéligibilité se révélera après la proclamation des résultats et l'expiration du délai pendant lequel elle peut être contestée ou qui, pendant la durée de son mandat, se trouvera dans l'un des cas d'inéligibilité », est constatée par le Conseil constitutionnel. Si l'on oppose généralement l'inéligibilité qui, avant l'élection empêche le candidat de se présenter, à l'incompatibilité qui, après l'élection interdit à l'élu de cumuler plusieurs fonctions, la situation est, en réalité, plus complexe[608].

Les incompatibilités portent sur des occupations ou activités qui ne peuvent se cumuler avec le mandat parlementaire. Les incompatibilités visent à garantir l'indépendance des parlementaires, l'exercice impartial de leurs fonctions et la transparence de la vie politique. Le problème lié à l'incompatibilité ne peut apparaître qu'après l'élection et l'élu doit choisir dans les délais constitutionnels entre son mandat et son occupation. Contrairement à l'inéligibilité qui constitue un obstacle à l'élection, l'incompatibilité apparaît moins sévère, et n'est un obstacle qu'à l'exercice du mandat parlementaire[609].

L'inéligibilité emporte la déchéance, l'autre la démission d'office en cas de non-régularisation de la situation dans le délai prescrit[610].

Au Maroc et en France, le principe de l'incompatibilité s'applique aux fonctions publiques et dans une moindre mesure, aux fonctions publiques électives[611]. L'incompatibilité résulte d'une nomination, d'un évènement

---

[606] Masclet, op. cit p 225

[607] A. Taillefait, « La déchéance des parlementaires », RDP 2001, p. 175 in Jean-Éric GICQUEL, Le Conseil constitutionnel et le mandat parlementaire, nouveaux Cahiers du Conseil constitutionnel n° 38, janvier 2013

[608] Jean-Éric GICQUEL, Le Conseil constitutionnel et le mandat parlementaire, nouveaux Cahiers du Conseil constitutionnel n° 38, janvier 2013

[609] L. PHILIP : Cours de contentieux constitutionnel. Op. cit.

[610] Que doit-on penser de la situation des élus Abouyoub, Radi, Messari et Benslimane respectivement ambassadeurs de Sa Majesté en Arabie Saoudite (20.7.94), auprès de l'UlviA (24. 9,84), au Brésil (1.10.85) et en Ex-République fédérale d'Allemagne (25. 7,84). Comment peut-on expliquer l'absence de saisine, alors que les deux fonctions sont incompatibles ?

[611] Art 13 de la LO CR 27-11 : Le mandat de membre de la Chambre des représentants est incompatible avec la qualité de membre de la Cour constitutionnelle ou de membre du Conseil Economique, Social et Environnemental. Le mandat de membre de la Chambre des représentants est incompatible avec la présidence d'un Conseil de région. Il est également incompatible avec plus d'une présidence d'une chambre professionnelle, d'un conseil

extérieur, inconnu, plaçant le nominé dans une situation de choix. Elle constitue un empêchement juridique à la conservation d'un (ou plusieurs) mandat (s) électif (s).

### B. L'incompatibilité : position du Conseil

Le rapport entre l'incompatibilité et l'organe de contrôle passe par l'intermédiaire de la saisine. Celle-ci appartient au bureau de la Chambre, au ministre de la Justice ou au représentant lui-même s'il « doute sur l'incompatibilité des fonctions exercées »[612].

Si le juge constitutionnel constate l'incompatibilité, « le représentant doit régulariser sa situation dans le délai de trente jours après la notification de la décision du Conseil constitutionnel. À défaut, le Conseil le déclare démissionnaire d'office de son mandat [613]».

Le fondement de cette législation est livré par l'article 15 et 16 de la loi organique relative à la Chambre des représentants : ainsi, « l'exercice de toute fonction publique non élective à l'exception des fonctions gouvernementales, dans les services de l'État, des collectivités locales, des établissements publics ou des sociétés dont le capital appartient pour 30 % à l'État est incompatible avec le mandat de représentant ». Plusieurs décisions relatives à l'incompatibilité méritent d'être citées. En effet, par sa décision n° 963/06/2015, le Conseil constitutionnel marocain a constaté l'incompatibilité de la fonction de membre du gouvernement avec la qualité de membre de la chambre des représentants.

Dans le même cas d'espèce, le Conseil constitutionnel traite les recours sur la base d'un rapport et conclut à l'incompatibilité entre le mandat de représentant et la fonction de directeur général d'une société anonyme [614]d'une part et l'exercice de la profession de médecin, contractuel avec les œuvres de la mutualité des fonctionnaires et agents assimilés du Maroc (OMFAM)[615] d'autre part.

---

communal, d'un conseil préfectoral ou provincial, d'un conseil d'arrondissement communal ou d'un groupement constitué par des collectivités territoriales. Le mandat de membre de la Chambre des représentants est incompatible avec la qualité de membre du gouvernement (art 14 de la LO précité). Sont incompatibles avec le mandat de membre de la Chambre des représentants, les fonctions de président du conseil d'administration, d'administrateur délégué ainsi que celles de directeur général ou de directeur et, le cas échéant, celles de membre de directoire ou de membre de conseil de surveillance, exercées dans les sociétés anonymes dont le capital appartient directement ou indirectement pour plus de 30 % à l'Etat (art 15 LO)

[612] Art. 16 portant loi organique relative à la composition et à l'élection de la Chambre des représentants.

[613] Art. 17 de la loi organique relative à la Chambre des représentants n° 27-11 (art 15 de l'ancienne LO CR 31/97)

[614] Décision du CC marocain n° 589/2004. Voir également la décision du Conseil constitutionnel n° 173 du 9 février 1998

[615] Le Conseil constitutionnel marocain déclare que « Les Œuvres de mutualité des fonctionnaires et agents assimilés du Maroc » (OMFAM) ont été créées suivant des normes

Dans sa mission de contrôle des incompatibilités, il arrive au juge constitutionnel de se prononcer par une déclaration de compatibilité entre le mandat de parlementaire et la fonction en cause[616]. Tel est le constat des décisions du Conseil n° 678/2008 et n°201-98 et n° 370/2000.

Dans sa première décision n° 678/2008 rendue le 4 mars 2008, le Conseil a été saisi par Madame Nezha Lahrichi en sa qualité de membre de la Chambre des représentants qui demande au Conseil de statuer sur l'existence ou non d'une incompatibilité entre sa fonction actuelle en tant que présidente-directrice générale de la Société marocaine des Exportations et son mandat de membre de la Chambre des représentants, à l'issue du scrutin qui s'est déroulé le 7 septembre 2007.

Le Conseil constitutionnel fonde son raisonnement en s'appuyant sur les dispositions du deuxième alinéa de l'article 16 de la loi organique n° 31-97 relative à la Chambre des représentants qui précise que « *s'il y a doute sur l'incompatibilité des fonctions exercées avec le mandat de membre de la Chambre des représentants ou en cas de contestation à ce sujet, le bureau de la Chambre des représentants, le ministre de la Justice ou le représentant lui-même, saisit le Conseil constitutionnel qui décide si le représentant intéressé se trouve effectivement dans un cas d'incompatibilité* ».

La haute instance rend son verdict en considérant que le mandat de membre de la Chambre des représentants (ou de la Chambre des Conseillers) est incompatible, conformément aux dispositions légales[617], avec l'exercice de fonctions dans la Société marocaine des Exportations dont le capital appartient directement ou indirectement pour plus de 30 % à l'État.

Pour la deuxième, le juge ayant considéré en l'espèce que le parlementaire pouvait conserver et son mandat et sa fonction de comptable dans le secteur privé à condition qu'il démissionne de l'agence publique de commercialisation à laquelle il appartenait toujours, même s'il était placé en détachement auprès de la Chambre des représentants depuis son élection au

---

juridiques particulières et précises, que les fonctionnaires sont obligés juridiquement d'y adhérer, qu'elles participent à l'exécution d'une mission de service public, qu'elles sont soumises à la tutelle directe de l'État et à son contrôle financier ainsi qu'au contrôle de la Cour des comptes, ce qui les placent dans le cadre d'autres personnes de droit public telles qu'elles sont prévues au paragraphe 3 de l'article 14 de la loi organique relative à la Chambre des représentants ... qu'il s'ensuit que le mandat de membre à la Chambre des représentants est incompatible avec l'exercice de la profession de chirurgien-dentiste contractuel avec les œuvres de mutualité des fonctionnaires et agents assimilés du Maroc (OMFAM)

[616] Décision 201-98 et décision n° 370/2000

[617] L'article 13 de la loi organique n° 31-97 susmentionnée est incompatible « avec le mandat de membre de la Chambre des représentants, les fonctions de président du Conseil d'administration, d'administrateur délégué ainsi que celles de directeur général ou de directeur et, le cas échéant, celles de membre de directoire ou de membre de Conseil de surveillance, exercées dans les sociétés anonymes dont le capital appartient directement ou indirectement pour plus de 30 % à l'État

sein de cette Chambre conformément à l'article 12 de la loi organique 31-97 relative à cette institution.

La condition posée par le Conseil constitutionnel marocain n'est pourtant pas une remise en cause de cet article, le juge a exigé le non-cumul entre les trois situations : parlementaire, salarié de l'agence publique (même en situation de détachement) et comptable entretenant des relations commerciales avec la même agence, et cela pour la simple raison que ce cumul aurait introduit une situation de doute sur des relations qui doivent en être affranchies.

Pour la troisième, le Conseil constitutionnel marocain a déclaré la situation de compatibilité entre le mandat de parlementaire et la fonction en cause. Saisi par le ministre de la Justice ayant un doute sur l'incompatibilité d'une fonction déterminée, interroge celui-ci sur la base de l'article 11 de la loi organique relative à la composition et à l'élection de la Chambre de représentants. Le requérant prétend que l'élu contesté cumulait trois fonctions, celle de président du Conseil municipal, du Conseil provincial et du Conseil régional et qu'en vertu de l'article 11 alinéa 2 de la loi n° 31-97, il se trouvait dans une situation d'incompatibilité.

L'article 11 stipule : « .... Le mandat de membre de la chambre des représentants est également incompatible avec l'exercice de plus de deux présidences d'une collectivité locale, d'une communauté urbaine ou d'une chambre professionnelle ».

Le juge a exigé le non-cumul entre les trois situations alors que pour le cas d'espèce, l'élu dont l'élection est contestée avait déposé sa démission de la fonction du président du Conseil régional, et ce le 23/10/1997, et qu'au moment de son élection, il n'exerçait que deux fonctions[618].

On peut constater que les textes édictant les incompatibilités ne sauraient faire l'objet d'une interprétation extensive. Le régime des incompatibilités distingue ainsi trois types de situations : les interdictions générales et absolues, les fonctions ne pouvant être acceptées en cours de mandat, les fonctions ne pouvant être exercées qu'après autorisation préalable[619].

Un faisceau d'indices permet de mettre en valeur l'incompatibilité de la « personne publique » avec le mandat de représentant, à savoir : le fonctionnement de l'établissement, la nature des moyens financiers, le statut des moyens humains, son organisation, l'existence de la tutelle, etc. De tels éléments ne sont pas de nature à garantir l'indépendance des élus par rapport à l'exécutif, d'où la déclaration de leur incompatibilité.

---

[618] La France a adopté en janvier 2014 une loi interdisant le cumul « vertical», désormais à partir du 31 mars 2017, aucun député ne pourra exercer en même temps la fonction de maire de ville, Président d'une intercommunalité, d'un Conseil général ou régional ; c'est ce que Jean-Claude Masclet recommandait, cette interdiction s'étend aux sénateurs et aux députés européens. Voir à ce propos Jean-Claude Masclet, un remède homéopathique ? Les lois sur le cumul des mandats et des fonctions électifs, p 220 cité par Mamadou SÈNE.

[619] Louis Favoreu et Phillip Loïc, ibid. p 271 cité par Nadia Bernoussi, op. cit.

Le Conseil constitutionnel entretient avec le mandat parlementaire des relations nourries, diversifiées et subtiles. Des voies d'approfondissement sont-elles envisageables ? Assurément et on pensera à l'insatisfaction éprouvée en face d'un si faible nombre de décisions rendues sur les situations d'incompatibilités. Le Conseil n'est pas en cause, c'est le législateur qui a limité drastiquement la liste des autorités de saisine[620]. Celle-ci étant d'après les textes, l'affaire du bureau de l'assemblée, du ministre de la Justice ou du ministère public. L'élu peut donc se trouver dans une situation ne lui permettant pas de garder son siège, du fait d'une condition d'éligibilité non satisfaite, à la veille de l'élection - faiblesse du contrôle préventif ?[621].Le bureau de la Chambre des représentants, le ministre de la Justice hésitent-ils à saisir la juridiction constitutionnelle ? Les mobiles extra- juridiques sont-ils plus convaincants ? Psychologiquement, la saisine de la Chambre risque-t-elle d'être perçue comme une attaque personnelle fomentée par un bureau opposant ou un ministre aux desseins louches et qui souhaiteraient la perte de l'élu[622].

Il serait loisible de rendre à terme l'extension du droit de saisine du Conseil constitutionnel au profit des électeurs inévitable, sans doute que les parlementaires deviendraient alors plus prudents et la boulimie d'activités caractérisant l'attitude de certains d'entre eux réfrénée[623].

## Section 5. La campagne électorale

La campagne électorale est l'ensemble des opérations de propagande précédant une élection et visant à amener les électeurs à soutenir les candidats en compétition. Moment fort et souvent déterminant des élections, la campagne électorale est cette période- souvent plus longue en fait qu'elle ne l'est en droit- ou les candidats et les programmes s'affrontent en vue de séduire les électeurs et de capter leurs suffrages[624]. Certes, au cours de la campagne électorale, chaque candidat ou liste de candidats fait valoir son programme et ses mérites pour obtenir le vote des électeurs. Il s'agit d'un espace-temps aménagé et contraignant dont le maître mot et la finalité résident dans l'égalité des candidats pour l'expression des idées politiques[625].

---

[620] Jean-Éric GICQUEL, Le Conseil constitutionnel et le mandat parlementaire, nouveaux Cahiers du Conseil constitutionnel n° 38, janvier 2013

[621] Bernoussi, le contrôle de constitutionnalité au Maghreb : essai d'interprétation de l'action des organes de contrôle en Algérie, au Maroc et en Tunisie, thèse, 1998

[622] Bernoussi, le contrôle de constitutionnalité au Maghreb op cité

[623] Jean-Éric GICQUEL, Le Conseil constitutionnel et le mandat parlementaire, nouveaux Cahiers du Conseil constitutionnel n° 38, janvier 2013

[624] J C Masclet, Droit électoral, PUF 1990, p 80

[625] Xavier BIOY, La liberté de faire campagne, in Faut-il adopter le droit des campagnes électorales ? Sous la dir. de P. ESPLUGAS-LABATUT et X. BIOY, Edition Montchrestien, Lextenso Editions, 2012, 205 p., p.69-86, p. 71

Strictement réglementée par le code électoral en matière d'horizon temporel, la campagne parvient à se frayer un chemin à travers des brèches jusque-là non colmatées au niveau des textes en vigueur. Elle tend à faire appel à des procédés que les textes n'ont pas prévus ou ont insuffisamment règlementés.

En la matière, la lettre des dispositions du code électoral et des lois organiques du parlement sont particulièrement restrictives. Pour tenter d'assurer une stricte égalité entre les candidats, ces dispositions formulent un principe général d'interdictions selon lequel tout ce qui n'est pas permis est interdit.

En la matière, la démarche du Conseil constitutionnel marocain est caractérisée par une logique pragmatique et s'appuie sur une appréciation réaliste des faits, ce qui le conduit toujours à un examen des circonstances d'ensemble dans laquelle s'est déroulée la campagne électorale. Ce réalisme du juge de l'élection se vérifie plus particulièrement en ce qui concerne les irrégularités de propagande, lesquelles sont très souvent évoquées, par les demandeurs comme par les défendeurs, devant le Conseil constitutionnel. Il incombe au Conseil constitutionnel d'apprécier la manœuvre, la pression sur les électeurs ou l'irrégularité fut-elle flagrante, au regard de l'ensemble de la compétition électoral. C'est ce qui explique l'importance, mais non l'exclusivité du critère tiré de l'écart des voix ; puis celui-ci est faible, plus les répercussions des abus de propagande sont significatives aux yeux du juge.

Le code électoral et la loi organique n° 31-97 relative à la chambre des représentants réglementent et précisent les moyens de propagande autorisés. Elle sanctionne les diverses fraudes et falsifications. Cette réglementation « restrictive » tend à assurer une stricte égalité entre les candidats et limiter le pouvoir de l'argent. La loi réprime ainsi la diffamation, la persuasion des électeurs par l'usage de l'argent ou de cadeaux. Elle confirme aussi le principe de l'impartialité de l'administration à travers l'interdiction aux fonctionnaires et agents de l'administration de prendre part à la propagande pour le compte d'un candidat.

Parallèlement, la violation des textes est loin d'être systématiquement sanctionnée dans la jurisprudence du Conseil. Une sanction n'intervienne que si la violation exerce une influence sur la sincérité des résultats du scrutin. On peut que constater la souplesse de la jurisprudence sur des questions telles que la date d'ouverture et de fermeture de la campagne électorale, l'affichage électoral, la distribution des tracts et les documents dont les électeurs sont destinataires[626]. La situation politique des candidats

[626] Ainsi que l'admet M Rousseau, ''sans doute peu d'élections seraient validées si le Conseil annulait pour abus de propagande, affichage sauvage ou distribution de tracts pourtant expressément interdite par l'article 65 du code électoral. Voir dans ce sens l'ouvrage de Dominique Rousseau, Droit du contentieux constitutionnel, op. cit. p 307

est aussi traditionnellement source de contentieux de même que les réunions publiques qu'ils ne manquent jamais d'organiser. De fait, la lecture des requêtes adressées à la Chambre constitutionnelle et au Conseil constitutionnel souligne que les manœuvres dénoncées proviennent du candidat en compétition, de l'administration ou des deux à la fois.

## § 1. Les principes qui dominent le déroulement de la campagne électorale

Tout candidat doit respecter un certain nombre de règles lors de l'animation de sa campagne électorale. Sa façon de faire ne doit, en aucun cas, prendre la forme de pressions ou de manœuvres frauduleuses susceptibles de porter préjudice à la liberté et à la sincérité du scrutin.

La campagne électorale a une fourchette temporelle bien définie et permet aux candidats et à leurs partis politiques d'exposer leurs programmes aux électeurs et de confronter leurs arguments[627.] La loi organique relative à la chambre des représentants réglemente et précise les moyens de propagande autorisés. La campagne est dominée par trois principes que la réglementation s'efforce de mettre en œuvre et dont le juge constitutionnel assure le respect. Ce sont les principes d'égalité entre les candidats ou listes en présence, de neutralité de l'autorité administrative et de loyauté des procédés employés.

Le Conseil constitutionnel marocain, à l'instar de son homologue français[628], a consacré le pluralisme politique comme un principe à valeur constitutionnelle. La haute instance est arrivée à instaurer une véritable « doctrine » du pluralisme politique marocain, concept omis par la Constitution de 1996. Il met ainsi en relief plusieurs éléments interdépendants au profit des partis et des citoyens (concours à la formation des institutions représentatives, présentation de candidats aux élections des principes du multipartisme et de la libre compétition) avec pour corollaire évident, l'autonomie des partis dans la gestion de leurs affaires intérieures et leur égalité devant la loi. En effet, seul le législateur est à même de réglementer le pluralisme en le garantissant avec ses fondements[629].

---

[627] La période consacrée à la campagne électorale commence le 13e jour qui précède la date du scrutin à 08 heures et prend fin le jour précédant le scrutin à minuit (art 31 de la LO relative à la Chambre des représentants)

[628] Le Conseil opère ainsi un lien entre les deux dans plusieurs de ses décisions, en jugeant qu'une règle électorale « qui affecterait l'égalité entre électeurs ou candidats dans une mesure disproportionnée méconnaîtrait le principe du pluralisme des courants d'idées et d'opinions, lequel est un fondement de la démocratie ». L'exigence de garantie du pluralisme paraît ainsi s'imposer de manière plus stricte au législateur, sous un contrôle plus étroit du juge. Voir dans ce sens la décision du CC français n° 2004-490 et 2007-559

[629] Décision du CC marocain n° 630/07 op. cit. La décision du Conseil qui intervient dans un contexte d'éclatement et de dysfonctionnement du multipartisme marocain, sauvegarde le

### A. L'égalité des candidats

Ce principe étant un principe électoral fondamental qui conditionne même l'exigence de sincérité du scrutin[630].

Les règles progressivement mises en place par les pouvoirs publics et le législateur définissent des obligations et des interdits qui ont trait essentiellement à l'utilisation des moyens de communication et de propagande et aux modalités de financement.

L'un des éléments essentiels du déroulement des campagnes électorales aujourd'hui réside dans l'accès aux médias audiovisuels. Autrement dit, le principe d'égalité implique que les temps de parole et d'antenne des candidats et de leurs soutiens soient égaux[631].

Cette égalité de traitement des candidats par les médias lors de la campagne électorale est l'une des conditions essentielles propres à garantir la liberté de choix des élections ainsi que l'égalité de chance des candidats. La place prise par les moyens de propagande nouveaux, tels que les sondages, la publicité de type commercial, l'affichage publicitaire, l'internet, le marketing politique, et pose ainsi le problème de l'égalité des candidatures et d'accès à ces différents moyens. De même que le développement de l'outil informatique s'est révélé être un instrument précieux permettant aux candidats et à leurs partis politiques d'ouvrir des sites web pour y prôner leurs qualités et exposer leurs programmes.[632].

Cependant, la sanction de la violation des règles de campagne électorales pose d'énormes difficultés pour le juge électoral tel que la montre la jurisprudence du juge constitutionnel. Cette difficulté réside dans la complexité et l'inadaptation des textes qui régissent les principes d'égalité et de liberté des candidats en période de campagne électorale[633].

Outre les moyens de propagande nouveaux, on distingue les moyens traditionnellement utilisés tels que le porte-à-porte, l'affichage, la distribution ou l'envoi de prospectus ou de tracts, ainsi que l'organisation de réunions publiques. Certains candidats sortants élaborent parfois des dossiers comprenant toutes les actions entreprises par eux au cours de leur mandat précédent et distribuent ce document à leurs électeurs. La presse écrite a

---

principe du pluralisme à l'égard d'une réalité politique en gestation dans une phase de construction démocratique.

[630] Richard GHEVONTIAN, La notion de sincérité du scrutin, Les cahiers du Conseil constitutionnel, n° 13, 2002, pp. 63-68, p. 64.

[631] Les chaînes de télévision et les radios doivent veiller, lorsqu'il est traité d'une circonscription électorale déterminée, à ce que les listes de candidats et leurs soutiens bénéficient d'une présentation et d'un accès équitables.

[632] Le contentieux électoral en Afrique - Revue pouvoirs, n°129, 2009

[633] Selon le Professeur J. C. MASCLET, le développement des techniques de la presse électorale et le recours à des sociétés de marketing politique sans le moindre encadrement juridique constitue une atteinte au principe de l'égalité des candidats en ce sens que ces nouvelles techniques profitent aux candidats qui disposent de moyens financiers importants.

également été utilisée comme outil de support à la campagne électorale de divers candidats ou partis politiques.

La différence des ressources dont disposent les candidats met en péril cette égalité. Tant la législation marocaine que française ne se sont préoccupées qu'avec retard d'apporter une réponse à ce défi[634]. En France, le Conseil supérieur de l'audiovisuel (CSA) procède tout au long de chaque campagne électorale à des examens très réguliers et fréquents des temps de parole et d'antenne relevés sur les radios principalement concernées en raison de leur audience et de la part de leur antenne consacrée à la campagne. Le service audiovisuel doit obéir à certains principes structurants tels que le respect du pluralisme et l'équité de traitement des candidats. À cet égard, le Conseil constitutionnel français affirma-t-il que « le pluralisme des courants d'expression socioculturels est en lui-même un objectif de valeur constitutionnelle : le respect de ce pluralisme est une des conditions de la démocratie »[635].

L'article 295 du Code électoral marocain en vigueur dispose que « l'accès aux moyens audiovisuels est ouvert aux partis politiques participant aux élections générales communales et législatives dans les conditions et formes fixées par décret pris sur proposition du ministre de l'Intérieur, du ministre de la Justice et du ministre chargé de l'information »[636].

Au Maroc, le principe de l'équité a, semble-t-il, été bafoué lors du scrutin partiel d'avril 1994. La télévision marocaine a osé inviter un candidat[637], invalidé par la Chambre constitutionnelle, à intervenir dans l'émission « dialogue » la veille de l'ouverture de la campagne électorale. Une telle attitude ne peut qu'être assimilée à une campagne prématurée, déguisée en interview. Par ailleurs, la partialité de la télévision marocaine a pu être mise en évidence en délivrant les résultats avant le dépouillement[638].

En somme, la jurisprudence constitutionnelle révèle que mêmes des abus de propagande condamnés au nom de l'égalité ne sauraient entrainer l'annulation de l'élection que si leur incidence déterminante sur les résultats du scrutin est avérée.

---

634 J Claude Masclet, op. cité p 216

635 Cf CC décision n° 86-217 DC du 18.9.86, n° 93.333 DC du 21.1.94. In CAMBY : le Conseil constitutionnel, juge électoral op. cit. p 87.

636 Il est à noter qu'une charte éthique élaborée entre le département de l'intérieur en concertation avec les partis politiques afin d'assurer l'égalité de traitement entre les différents partis politiques, notamment en ce qui concerne l'accès aux médias publics lors de la campagne électorale et l'accès aux moyens logistiques.

637 Le député T.EL KHYARI fut invalidé par la Chambre constitutionnelle. Cf CHC décision n°343 du 16.8.93 M. LAGHZAOIII /T. EL KHYARI cité par Nadia Bernoussi, op cit

638 CC décision n°56/95 du 31.1.95. Op cit.

### B. La neutralité de l'autorité administrative

L'Administration contribue à la bonne organisation matérielle de la campagne électorale. L'administration ne peut être guidée que par l'intérêt général. Dans cette tâche, elle est tenue à un devoir de neutralité à l'égard des candidats et/ou listes en présence. L'impartialité de l'administration est un principe cardinal pour la crédibilité du scrutin et la moralisation de la vie politique.

La garantie de la transparence d'un scrutin repose sur la neutralité de l'administration à tous les niveaux durant les différentes étapes, c'est-à-dire depuis la phase de la campagne électorale jusqu'à la proclamation des résultats. Cette impartialité est loin d'être acquise du fait des comportements de certains agents de l'État qui outrepassent leurs prérogatives.

En outre, les candidats eux-mêmes sont portés à enfreindre la loi. En entamant leur campagne électorale avant le délai prescrit par la loi en utilisant des biens personnels ou publics, la régularité du scrutin est affectée. Le principe de l'équité pour l'ensemble des candidats lors des différentes étapes de l'opération est, dès lors, loin d'être garanti. La transparence des élections est largement tributaire de la neutralité de l'administration et de la présence des représentants des partis et des candidats dans les bureaux de vote durant toute la procédure du scrutin.

Il est interdit aux fonctionnaires publics et aux agents de l'Administration ou d'une collectivité territoriale, en exercice, de distribuer des tracts ou programmes des candidats ou autres documents électoraux pendant la campagne électorale. De même, il est interdit à quiconque de distribuer ou de faire distribuer, le jour du scrutin, des programmes, tracts ou autres documents électoraux[639].

### C. La loyauté des procédés employés

La propagande électorale s'effectue généralement par voie d'affichage, de distribution de tracts ou d'organisation de réunions. Cela ne constitue en aucune manière une liste exhaustive des moyens pouvant être utilisés. La seule limite existante, en matière de campagne électorale, est que celle-ci doit être loyale et ne pas dénigrer les candidats en lice.

Les procédés de propagande déloyaux peuvent induire certains électeurs en erreur et porter atteinte à la sincérité du scrutin. La loyauté de la compétition inspire certaines dispositions du code électoral en matière d'affichage. L'affichage électoral est régi par des règles strictes, qui ne sont pas toujours respectées en pratique. Ainsi tout affichage relatif à l'élection, même par affiches timbrées, est interdit en dehors des emplacements réservés à cette fin. En France comme au Maroc, on observe de fréquents manquements à cette règle. Ils ne peuvent entraîner l'annulation de l'élection

[639] Art 36 de la LO CR

par le juge que s'ils ont affecté le résultat du scrutin, ce qui est fort difficile à établir de sorte que le juge doit se contenter de condamner l'irrégularité sans pouvoir la sanctionner efficacement[640].

Certains moyens, comme l'utilisation de tracts faisant état de rumeurs extrêmement désobligeantes, à l'égard de l'adversaire ne sont pas admis. C'est un cas fréquent de contentieux électoral et le juge de l'élection peut modifier les résultats pour cette raison[641].

En France, la polémique même violente ne constitue pas toujours une manœuvre contraire à la loyauté.[642] Mais la compréhension du juge a des limites. Seront considérées comme des injures les expressions « politicien sans scrupule » ou « aventurier de la politique ».

La loyauté de la compétition condamne aussi l'usage de la diffamation, de l'injure, des informations mensongères ou des violences. Cependant, le juge tient compte des circonstances particulières de la compétition politique qui peuvent, à ses yeux, excuser certains excès. Les informations mensongères ou tendancieuses sont considérées comme illégales si elles ont pu tromper les électeurs et enlever des voix à un candidat[643]. Mais il faut que les faits constitutifs soient suffisamment caractérisés. Les assimilations rapides et brusques ne sont illégales que si elles ont pu tromper l'électeur. Une information matériellement inexacte peut constituer une illégalité si elle a été de nature à tromper l'électorat ou une partie de l'électorat, en particulier si l'écart des voix est faible. Tel est le cas de tracts diffusant de fausses informations à caractère politique destinées à tromper l'électeur. Fausses déclarations de soutien et fausses déclarations du candidat tendant à induire les électeurs en erreur. Il s'agit de la publication d'un journal qui avait inséré le nom du requérant au 3$^{e}$ rang sur la liste des candidats alors qu'il était sur la liste d'un autre parti politique. La haute juridiction fonde sa décision sur le fait que " que ces agissements sont incompatibles avec la loyauté du scrutin et sont de nature à porter préjudice au libre choix des électeurs[644].

Les violences commises pendant la campagne électorale, comme il s'est produit souvent contre des couleurs d'affiches, outre qu'elles peuvent donner lieu à des poursuites pénales, sont évidemment illégales, mais si graves qu'elles soient, elles n'auront de conséquence sur l'élection que si elles en ont altéré les résultats. Ainsi pour des actes d'intimidation résultant de recrutement de bandes armées pour intimider les électeurs[645].

Grosso modo, la richesse des irrégularités de propagande est irréprochable ! Elles peuvent porter par l'apposition des affiches hors des

---

640 CC français, 12 juillet 1967, AN Corse 1er Circ, Rec p 167

641 Décision du CC n° marocain n° 393/2000

642 Jean Claude MASCLET, op. cité p 224

643 Décision du CC n° marocain décision n° 393/2000

644 Décision du CC marocain n° 558/2004

645 Décisions du CC marocain n° s 189, 249, 273…

panneaux spécialement réservés à cet effet ou après la clôture de la campagne électorale, par leur contenu mensonger ou diffamatoire. Les irrégularités peuvent aussi porter sur les tracts et être constituées par leur contenu injurieux ou relatant des accusations d'ordre personnel, par leur non-signature ou par leur mode de diffusion massive, la veille ou le matin même du scrutin ou encore le cas d'une campagne électorale menée au-delà de la date limite, affichage sur des panneaux non réglementaires, l'achat des voix, l'utilisation des moyens de l'État...).

### § 2. Horaires d'ouverture et de clôture de la campagne électorale

Tout candidat doit respecter, lors de sa campagne électorale, un certain nombre de règles. Les procédés qu'il utilise ne doivent pas constituer des pressions ou des manœuvres frauduleuses susceptibles de porter préjudice à la liberté ou à la sincérité du scrutin.

L'horaire d'ouverture et de clôture de la campagne électorale est réglementé par la loi organique n° 31-97 relative à la chambre des représentants qui dispose dans son article 19 que « *[...] les dates d'ouverture et de clôture de la campagne électorale sont fixées par décret publié au Bulletin officiel 45 jours au moins avant la date du scrutin* ».

Les mêmes dispositions de la loi organique précisent dans son article 29 qu'« *à compter du 14e jour qui précède celui du scrutin, l'autorité administrative locale réserve dans chaque commune les emplacements spéciaux pour l'apposition des affiches électorales…*"

Au Maroc comme en France, les moyens tirés du non-respect des délais d'ouverture et de fermeture de la campagne électorale dans la plupart des cas, ne sont pas retenus comme susceptibles d'annuler l'élection. La juridiction constitutionnelle a souvent adopté une attitude prudente en répugnant systématiquement les requêtes dans la mesure où l'irrégularité incriminée, selon son appréciation, n'est pas déterminante.

Plusieurs exemples peuvent à cet égard être retenus. Ainsi la haute instance rejette les griefs qui se ramènent à l'allégation que la circonscription électorale a connu une campagne électorale anticipée sans fournir de preuve à l'appui du moyen invoqué[646] ou que la preuve fournie par le requérant se ramène à un journal local associé à des plaintes adressées à certains responsables[647] ; des plaintes et des déclarations[648] adressées au président de la commune, au procureur du Roi[649] ou bien au gouverneur [650]; que certains

[646] Décision du CC marocain n° 747/2009 CC du 24 mars 2009 ; voir également la DC du CC n° 763/2009

[647] Décision du CC marocain n° 287/1998

[648] Décision du CC marocain n° 352/1999

[649] Décision du CC marocain n° 283/1998

[650] Décision du CC marocain n° s 254 et 356/1999

supports ne peuvent constituer une preuve comme la présentation de cassettes[651] ; que les candidats auraient continué, malgré la clôture de la campagne, à orchestrer leurs meetings[652], à déposer des affiches[653], à distribuer des cassettes[654], à publier des journaux[655] ; que les témoignages ne sont pas produits par les personnes compétentes[656].

Le même sort a été réservé aux requêtes où il est allégué que la propagande avait commencé avant la date d'ouverture de la campagne électorale. Cette situation est illustrée par le cas d'un élu qui a été invité par la télévision marocaine dans une de ses émissions et invalidé par la juridiction constitutionnelle[657]. Cette dernière n'a pas considéré le non-respect des délais comme irrégularité déterminante et a donc tourné le dos aux requêtes mettant en avant le même grief.

On peut s'en tenir à d'autres décisions notamment celle n° 553/2004 rendue le 20 mai 2004, le juge constitutionnel a considéré que l'allégation selon laquelle les supporters du candidat contesté ont agi lors de la campagne électorale à l'intérieur des bureaux de vote de manière à nuire à la sincérité et au déroulement légal du scrutin, n'a été soutenue par aucune preuve qui puisse l'attester ou montrer son impact sur le résultat du scrutin. Le juge a poursuivi son argumentation en affirmant que les prétentions sont relatives à des faits qui ne sont soutenus d'aucun argument relatif à l'effectivité de leur réalisation ainsi que d'aucune preuve attestant que ces faits aient eu un impact sur le résultat du scrutin.

Au même titre, le juge considère que les photocopies des requêtes adressées au gouverneur et les journaux ne sont pas suffisants pour prouver l'effectivité de leur contenu[658]. Il s'avère donc que le juge constitutionnel marocain demande aux requérants, dans une même décision, de prouver l'existence des infractions, les étayer, le cas échéant, par les documents

---

[651] Décision du CC marocain n° 372/2000.

[652]CC décision n° 56/95 du 31.1.95 H. NEJMI, M. FARES, B. MELIANTJ'M. AAMHAL BO n° 4295 du 15.2.95. CC décision n° 18/94 B. EL HILALIB. AMAR BO n° 4260 du 22.6.94.

[653] CC décision n° 15/94 du 17.5.94 A. MKINSI/S. SAKHIN BO n° 4258 du 8.6.94.

[654] CHC décision n° 342 du 16.8.93. M. AIT TALEB 1M. MOUTAWAKIL.

[655] CHC décision n° 374 du *25.6.93.* Le jour du scrutin, l'élu a distribué un journal portant la couleur jaune de son parti. Affirmant qu'il s'agit d'un acte contraire à l'art. 67 de la loi 12-92 qui réglemente la durée de la campagne électorale, la Chambre constitutionnelle invalida l'élu.

[656] « le procès-verbal de la Commission régionale des élections ne constitue pas une preuve » CC décision n° 34/94. du 2.8.94. Op. cit

[657] Dans une lettre ouverte au Ministre d'Etat à l'Intérieur et à l'information, un candidat de l'Union H. ZRIKEM proteste contre l'intervention de l'administration en faveur du candidat du Parti du Progrès et du Socialisme qui plus est, avant l'ouverture du scrutin : « cet individu mène campagne électorale avant la date permise... L'administration se mobilisa pour rassembler les citoyens dans des lieux publics à une heure déterminée pour regarder la première chaîne de télévision. Les citoyens ont cru avoir été conviés pour écouter un discours de Sa Majesté.

[658] Décision du CC marocain n° 553/2004 rendu le 20 janvier 2004.

nécessaires et aussi prouver l'existence d'un impact de ces infractions sur le déroulement normal des élections et donc sur la volonté des électeurs.

On pourrait continuer les exemples. Mais l'essentiel à retenir qu'il appartiendra alors au juge électoral, d'une part, de vérifier l'existence des irrégularités dénoncées, d'autre part, d'apprécier, si par leur ampleur, lesdites irrégularités sont de nature à fausser les résultats du scrutin. Si oui, la décision d'annulation de l'élection sera prononcée. Sinon, le juge relèvera les irrégularités, mais validera l'élection.

## § 3. Les moyens de la propagande

La loi organique n° 31-97 relative à la chambre des représentants réglemente et précise les moyens de propagande autorisés. Elle sanctionne les diverses fraudes et falsifications. Cette réglementation « restrictive » tend à assurer une stricte égalité entre les candidats et limiter le pouvoir de l'argent. La loi réprime ainsi la diffamation, la persuasion des électeurs par l'usage de l'argent ou de cadeaux. Elle confirme aussi le principe de l'impartialité de l'administration à travers l'interdiction aux fonctionnaires et agents de l'administration de prendre part à la propagande pour le compte d'un candidat.

La propagande électorale doit avoir pour but d'informer les électeurs sur tout ce qui est relatif à la consultation électorale. Mais elle doit rester dans un certain cadre qu'elle ne doit dépasser sinon l'information devient conditionnement[659]. Si la propagande est excessive et si les électeurs sont sans cesse soumis à son emprise, ils ne seront plus à même de décider objectivement[660]. Certes, si tous les candidats y ont recours avec la même intensité, il se produit une sorte de compensation et la liberté des électeurs sera plus ou moins sauvegardée[661].

Mais les excès de propagande deviennent dangereux s'ils sont le fait d'un seul candidat. L'égalité entre lui et ses adversaires est alors rompue et la consultation électorale perd de sa signification.

En la matière, la démarche du Conseil constitutionnel marocain qui est celle de son homologue français, est caractérisée par une logique formelle et s'appuie sur une appréciation réaliste des faits et sur une analyse circonstancielle d'ensemble. Il s'assure d'abord que le moyen invoqué constitue une infraction, tient compte de l'influence du moyen sur la sincérité de la consultation puis ne l'annule que lorsque l'irrégularité commise a eu une incidence significative sur les électeurs à même de modifier le résultat.

[659] J Claude Masclet, op. cit p 180
[660] Maligner, droit électoral, op. cité p 320
[661] Ibid p 322

### A. Les affiches électorales

Une affiche électorale[662] est une affiche politique qui accompagne le processus électoral et vise à favoriser l'élection de la personne ou du groupe qu'elle promeut.

En matière d'affichage, le Conseil constitutionnel apprécie l'impact des griefs soulevés par le requérant sur la sincérité de l'élection. Il s'assure d'abord que le moyen invoqué constitue une infraction, tient compte de l'influence du moyen soulevé sur la sincérité de la consultation puis ne l'annule que lorsque l'irrégularité commise a pu exercer une influence suffisante sur les électeurs pour modifier le résultat.

La loi électorale[663] réglemente la procédure d'affichage en fixant son nombre, sa taille, sa couleur, son emplacement, sa date d'entrée en vigueur et prévoit une gradation de sanctions aggravées lorsque le commettant est un agent de l'État[664]. Les recours dénoncent l'irrégularité de l'affichage qui s'est déroulé hors des panneaux officiels et souvent même, à côté des bureaux de vote. Pour les requérants, il s'agit souvent d'une manœuvre servant à faire croire que le candidat contesté est le seul candidat en compétition. Ce à quoi la juridiction constitutionnelle a répondu par l'irrecevabilité du fait que l'affichage irrégulier n'a pas été prouvé[665].

En France notamment, les moyens tirés d'un affichage irrégulier dans la plupart des cas, ne sont pas retenus comme susceptibles d'annuler l'élection, même si l'affichage hors des emplacements assignés au candidat est avéré, le Conseil justifie alors que l'irrégularité est sans influence sur les résultats au scrutin… »[666], ou que ces irrégularités sont généralement considérées par le Conseil comme de simples négligences[667] “ *dès lors qu'elles ont été supportées également par tous les candidats et qu'il ne peut leur être attribué d'influence sur le résultat de vote*''[668] ou également les cas relatant l'absence d'emplacement spécial pour l'affichage dans une petite

---

[662] Il s'agit généralement d'affiches sur papier, mais dans certains pays, des fresques peintes ou des images fixes ou animées sur écrans TV géant, écrans lumineux peuvent être utilisés.

[663] L'article 29 de la loi organique relative à la Chambre des représentants prévoit qu'à compter du quatorzième jour qui précède celui du scrutin, l'autorité administrative locale réserve dans chaque commune des emplacements spéciaux pour l'apposition des affiches électorales. Dans chacun de ces emplacements, des surfaces égales sont réservées aux listes ou aux candidats dans des emplacements réglementaires. Les lieux de rassemblements mis à la disposition des candidats par l'État sont répartis équitablement (cet article correspond à l'article 32 et 33 de la nouvelle loi organique relative à la Chambre des représentants. n° 27-11.

[664] Titre IV du Dahir n° 1-92-90 précité.

[665] CC décision n° 49/94 du 25.2.94 M. Ben Rahal Hamid/M. Ben Mhamd Abarkan BO n° 4284 du 17.12.94 ; CC décision n° 56/95 du 31.1.95 H.Nejmi, M.Fares, B. Meliani ! M.Amhal. Op. cit. CC décision n° 33/94 du 25.7.94 A. Benjazdy AI A. Ben Sardi BO n° 4268 du 17.8.94.

[666] J.P CAMBY Le Conseil constitutionnel, juge électoral. Op. cit p 97.

[667] CC n° 73-581 DU 12 AVRIL 1973, AN Morbihan.

[668] CC français, 73-581, 12 avril, 1973, Morbihan, 1er p 16

commune[669] ou encore l'apposition d'affiche en faveur d'un candidat dans les deux nuits précédant le scrutin, sur des emplacements réservés à d'autres candidats.

D'autres griefs se rapportant également à l'utilisation d'un format supérieur aux limites fixées, qui n'ont concerné qu'une ou quelques affiches, du fait que des irrégularités analogues ont été commises par les concurrents du candidat élu ; ou enfin de l'intervention du candidat auquel cet affichage a profité en vue de le faire cesser. Ces dernières dispositions s'appliquent non seulement à l'affichage militant, mais aussi à l'affichage commercial, même si la présence de ces affiches provient du fait qu'elles n'ont pas été recouvertes à temps par le candidat ou l'afficheur.[670]

Au-delà de ce constat, le Conseil constitutionnel marocain est tenu de mesurer l'impact qu'un abus de propagande, la diffusion d'une information erronée ou encore le non-respect d'une prohibition ont pu avoir sur le comportement des électeurs et donc sur les résultats de l'élection. Il incombe alors au Conseil d'apprécier la manœuvre, la pression sur les électeurs ou l'irrégularité, fût-elle flagrante, au regard de l'ensemble de la compétition électorale.

Cependant, le Conseil n'a pas hésité à sanctionner fermement certaines affiches qui contiennent de fausses informations jugées inévitablement préjudiciables pour le candidat visé[671], ou lorsque celles-ci laissent faussement croire que le candidat avait renoncé à sa candidature[672], ou bien la position du candidat sur des sujets sensibles comme l'affaire du sang contaminé en France[673] ou l'école libre[674]. De même, le Conseil considère que la duperie des électeurs moyennant l'utilisant des imprimés électoraux contradictoires dans des circonscriptions différentes, est une manœuvre qui va à l'encontre du principe d'honnêteté et de transparence des élections[675].

D'une manière générale, le Conseil juge la présentation des affiches en se demandant si elle est susceptible d'abuser les électeurs. Tel est le cas de la

[669] CC français, 78-862, 07 juin 1978, AN, Indre et Loire

[670] CC français, 93-1186, 30 septembre 1993, AN, Pas de Calais, 3e circ, Rec Cons. const, p 328.

[671] Décision du CC marocain n° 393 en date du 03 mai 2000

[672] Décision du CC marocain n° 558 rendue le 11 février 2004

[673] CC, 93-1301, 4 novembre 1993, AN, Paris, 20e circ, Rec.Cons. const, p 450.

[674] CC, 81-931, 1er octobre 1981, AN, Meurthe-et-Moselle, 3e circ, Rec. const, p 163.

[675] Voir la décision du CC n° 906/2012. En l'espèce, l'élu dont l'élection est contestée a utilisé des imprimés électoraux contradictoires pendant sa campagne électorale dans des circonscriptions différentes en vue d'influencer la volonté des électeurs, en ce sens, lorsque la campagne électorale se déroule dans une circonscription donnée, l'imprimé électoral y afférent porte sa photo et son nom en sa qualité de tête de liste ainsi que les noms et photos des autres candidats de la liste, et lorsque la campagne se déroule dans une autre circonscription, il distribue un imprimé électoral différent portant son nom et sa qualité en tant que tête de liste du parti auquel il appartient et à ses côtés le candidat classé en deuxième position dans la liste en tant également que tête de la même liste

reproduction de déclarations faites sur le plan national par le président d'une formation politique, ou de la mention Roi[676] inscrite sur la plupart des documents de propagande d'un candidat qui n'était pas investi de ce mandat. Le contenu même des affiches se trouve pris en compte ainsi que leur éventuel impact sur l'électorat dont la capacité de discernement est sans doute surévaluée par le Conseil.

Notons aussi que le Conseil constitutionnel marocain emboîte le pas de son homologue français en matière d'affichage dans la mesure où la majorité des griefs ont été jugés sans influence déterminante sur les résultats du scrutin.

Par ailleurs, il convient de mentionner que les modifications intervenues en 2011 par la loi organique n° 27-11 vont dans le sens de la moralisation du processus électoral ; ainsi, les sanctions ont-elles été aggravées lorsqu'il s'agit d'infraction électorale, exacerbées quand il y a utilisation des moyens de l'État ou des collectivités locales à des fins de campagne électorale ou s'il y a tentative d'achat des voix. Les instruments répressifs vont du cumul des peines et emprisonnement au doublement des peines et emprisonnement en passant par l'inéligibilité étendue à deux mandats successifs, étant entendu que le même traitement est appliqué aux complices et intermédiaires.

Est puni d'une amende de 10 000 à 50 000 dirhams quiconque distribue ou fait distribuer, le jour du scrutin, des affiches, tracts électoraux ou autres documents électoraux. Est puni d'un mois à six mois d'emprisonnement et d'une amende de 10 000 à 50 000 dirhams tout fonctionnaire public ou agent de l'administration ou d'une collectivité territoriale qui, pendant l'exercice de ses fonctions, distribue les programmes ou tracts des candidats ou tout autre document électoral[677]. Est puni d'une amende de 10 000 à 50 000 dirhams, tout affichage concernant les élections en dehors des emplacements visés à l'article 40 de la loi organique n° 27-11 ou sur un emplacement réservé à une autre liste ou à un autre candidat.

Ces nouvelles dispositions ont le mérite d'être très rigoureuses en matière d'affichage et l'étau semble se resserrer autour des candidats envisageant de pratiquer un affichage ''clandestin'' massif. Le contrôle du juge de l'élection, souvent souple sur ces questions, peut aussi se raffermir en sanctionnant tout manquement à la législation en la matière.

### B. Les tracts distribués aux électeurs

Force est de constater qu'au Maroc comme en France, la question qui se pose le plus souvent au juge de l'élection est celle de l'appréciation de l'impact que peuvent avoir des distributions de tracts. Bien que le code électoral prohibe l'impression et l'utilisation, sous quelle forme que ce soit,

---

[676] Décision du CC marocain n° 723 en date du 27/11/2008

[677] Article 39 de la loi organique 27-11

au cours de la campagne électorale de toute circulaire, affiche ou bulletin » (autres que ceux qui relèvent des envois ou documents officiels) « et de tout tract », et qu'il sanctionne pénalement cette interdiction[678]. Il est interdit également à quiconque de distribuer ou de faire distribuer, le jour du scrutin, des programmes, tracts ou autres documents électoraux[679].

Pourtant, l'usage de tracts pendant les campagnes électorales demeure très fréquent, pour ne pas dire systématique. L'interdiction de diffusion des tracts a pour objectif d'instaurer une stricte égalité entre les candidats. Il s'agit en effet d'un moyen traditionnel de propagande dont se chargent bien souvent les militants dans les lieux les plus fréquentés. Le réalisme du juge le pousse à se fonder sur plusieurs critères qu'il combine pour apprécier convenablement l'impact provoqué par la diffusion des tracts sur le résultat des élections.

Ainsi, le Conseil constitutionnel marocain n'a pas hésité à sanctionner une élection, suite à une requête qui fait état d'un concours d'infractions et agissements sérieux dont il s'assure de l'authenticité et l'influence déterminante sur liberté des électeurs. La décision du Conseil n° 708/2008 CC rendue le 4 juin 2008 dans le cadre des élections législatives relatives à la Chambre des représentants, dans la Circonscription d'El Mohammedia (préfecture de Mohammedia) est fort éloquente.

Le plaignant invoquait, entre autres, l'utilisation par Mr Mohamed El Atouani (l'élu) de tracts comportant les photos des candidats de la liste qu'il conduit tout en faisant usage des couleurs rouge et verte pendant toute la campagne électorale ainsi que le jour du scrutin. Ces tracts comprenaient également une banderole blanche de grand format où figure en rouge « le glorieux trône alaouite » et six drapeaux nationaux, bien visibles attenants au drapeau d'un pays étranger.

La haute instance soulève après examen du tract électoral du candidat élu dont l'élection est contestée qu'il contient, à côté de sa photo et de celles des candidats dont il est tête de liste, ainsi que du nom du parti auquel ils appartiennent et de ses slogans électoraux, une photo qu'il a lui-même confectionnée contenant les noms et les sièges des communes relevant de la préfecture de Mohammedia et mettant en relief, de différentes manières, les symboles du pays, ce qui constitue aux yeux du Conseil une violation de la loi et un acte de nature à influer sur les électeurs en les amenant à voter pour le candidat dont l'élection est contestée.

Par ailleurs, Il convient de souligner que le critère de l'origine du tract n'est pas en lui-même déterminant. Il sert plutôt à corroborer le rejet d'une

---

[678] Au terme de l'article 35 alinéa 2 de loi organique n° 31-97 « est puni d'une amende de 100 à 5000 dh… tout fonctionnaire public ou agent de l'administration ou d'une collectivité locale qui, pendant l'exercice de ses fonctions, distribue les programmes ou tracts des candidats ou tout autre document électoral ».

[679] Cf article 32 de la LO, CR op. cité

requête. Un tract qui n'émane pas du candidat élu ou de ses partisans ne peut donner lieu à lui seul à une suite favorable[680]. Sa diffusion si elle est bien constitutive d'une irrégularité, elle est le plus souvent jugée sans influence[681]. Le caractère massif ou non de la diffusion d'un tract est également apprécié par le Conseil constitutionnel marocain comme étant une irrégularité entraînant rarement l'annulation de l'élection[682]. Enfin, même destinée pour le cas où a été recouru à un tract citant ''le nom de Sa Majesté le Roi''. Le simple fait de citer « le représentant suprême de la nation » ne saurait être en soi, une manœuvre de nature à influencer la volonté des électeurs et le grief avancé s'en retrouve démuni de fondement valable. Dans le même registre, le Conseil constitutionnel annule l'élection suite à une campagne utilisant des symboles nationaux (drapeau national, portrait de Sa Majesté) sur un réseau social. Le Conseil a considéré que le réseau social via internet est un moyen de communication au même titre que l'audiovisuel[683].

Toutefois, certains tracts présentent un caractère injurieux ou diffamatoire à l'égard du candidat et qui sont bien qualifiés par le Conseil ''blâmables'' voire ''diffamatoires'' à l'égard du candidat. Bon nombre de candidats s'en prennent à l'honneur et à l'image de leurs concurrents au lieu de présenter la pertinence de leur projet de société ou de leur programme politique.

Le caractère diffamatoire d'un tract entre en ligne de mire dans l'appréciation que le juge constitutionnel marocain porte sur l'impact de sa diffusion[684].

Ainsi dans une affaire mémorable objet de la décision n° 393 rendue le 03 mai 2000, le Conseil constitutionnel marocain a prononcé l'annulation de l'élection de M Larbi Akrourou à la Chambre des représentants des élections du 14 novembre 1997 dans la circonscription de Oued Zem relevant de la province de Khouribga pour un motif de détournement de la campagne des normes et de la moralité électorale.

Dans cette affaire, le requérant prétendait que pendant la campagne électorale l'élu dont l'élection contestée a publié et distribué par l'intermédiaire des de certaines personnes, un grand nombre de photographies prétendant qu'elles représentent le père du requérant en compagnie d'un haut responsable de l'administration du protectorat le décorant d'une médaille. La photographie contenait également des « expressions diffamatoires et injurieuses » envers le requérant et sa famille sans qu'elle ait aucun rapport avec la réalité. Ceci a eu une influence de façon négative le déroulement de la campagne, la réputation et le crédit du requérant. Ce qui a abouti à la saisine de la justice de l'affaire sur poursuites

---

[680] CC, 81-954, 1er octobre 1981, AN, Calvados, 3e circ, Rec. Const, P 168

[681] Décision du CC marocain n° 780 en date du 18/07/2009

[682] Décision précitée du CC marocain n° 780/2009

[683] Décision du 30 octobre 2014 n° 946/14

[684] Décision du CC marocain n° 393 en date du 03 mai 2000

judiciaires dans le cadre de la procédure du flagrant délit objet du dossier 5073/97, que ces faits constituent une violation des disposions de l'article 46 de la loi organique n° 31-97 qui punit les personnes qui, à l'aide de fausses nouvelles, bruits calomnieux ou autres manœuvres frauduleuses, détournent des suffrages ou incite un ou plusieurs électeurs à s'abstenir de voter ».

Le Conseil constitutionnel dans son appréciation a considéré que l'arrêt judiciaire rendu par la Cour d'appel de Khouribga que pendant la campagne électorale relative aux élections législatives, un nombre important de photographies ont été distribuées dans les locaux publics de ladite circonscription à l'ensemble des électeurs, que cette photographie identifie nommément et par le patronyme la personne qui y apparaît en compagnie d'un des hauts responsables de l'administration du protectorat français au Maroc au cours d'une cérémonie organisée en 1953, dans laquelle ladite personne est décorée d'une médaille, avec toute la signification que comporte cette photographie, qu'il est constant en vertu dudit arrêt judiciaire que l'imprimé sus-indiqué passe en revue à son verso des expressions graves, outrageantes, portant atteinte à l'honneur, avec imputation à la famille du requérant de qualificatifs de trahison, l'invectivant tantôt directement, tantôt par voie de déduction.

Ainsi le caractère massif de la diffusion du tract et son caractère injurieux et diffamatoire ont entraîné l'annulation de l'élection par le Conseil constitutionnel. Ce dernier a considéré à travers les éléments du dossier que le scrutin n'a pas été libre et qu'il a été vicié par des manœuvres frauduleuses en se basant sur la décision de la cour d'appel de Khouribga n° 3805 émise le 30/12/1997. Cette dernière réprimait les agissements que constituait la distribution d'une fausse photographie du père du requérant.

Le Conseil constitutionnel a rappelé à ce propos que « *la loi organique relative à la chambre des représentants a consacré des règles substantielles dans le domaine des normes et de la moralité électorale et accorde aux candidats concurrents une large liberté de propagande électorale, qu'elle a entouré de garanties que seul, limite l'abus qui serait de nature à vicier les élections par la voie de l'usage de manœuvres frauduleuses afin d'influencer les électeurs et la liberté du scrutin* ».

Le Conseil ajoute à ce sujet que « *le contenu des imprimés distribués à l'ensemble des électeurs en l'espèce, pendant la campagne électorale, par les expressions injurieuses et diffamatoires de trahison, qu'il contient, sans tenir compte de ce qu'elles sont vraies ou non, s'est écarté des normes et de la moralité électorale pour constituer des manœuvres frauduleuses tendant à vicier les élections et à influencer les électeurs afin de détourner leurs suffrages par des moyens contraires à la loi* ».

Sur cette question, le Conseil constitutionnel français affiche un positionnement antipodal à celui de son homologue marocain. Ainsi, dans sa décision n° 97-2267 du 25 novembre 1997, le Conseil déclare que « *Si le tract en cause comportait, à l'encontre de Monsieur X, des imputations excédant les limites de la polémique électorale, il résulte de l'instruction que son contenu avait été porté à la connaissance du public plusieurs semaines avant la campagne électorale. En l'espèce, le candidat a été en mesure d'y répondre utilement. Dans ces conditions, le résultat du scrutin n'a pas été altéré*[685] ». Dans le même registre, le Conseil constitutionnel français considère que « même diffamatoire et proche du scrutin, une publication à tonalité satirique *a été regardée comme sans effet sur la sincérité de celui-ci, dans une espèce où le candidat élu était étranger à cette diffusion et où le nombre d'exemplaires mis en circulation était de plusieurs fois inférieur à l'écart de voix entre le candidat élu et le candidat diffamé* »[686]. Le juge rechigne aussi parfois à annuler l'élection malgré le faible écart des voix et la diffusion de ces documents dans la nuit précédant le scrutin[687]. Dans la même perspective, le juge a tendance à ne pas prononcer une annulation si le tract se contente de répondre à des attaques antérieures[688].

Comme cela fut évoqué, l'irrégularité est d'autant plus grave et susceptible d'entraîner l'annulation de l'élection que l'intéressé n'est pas en mesure de pouvoir répondre d'une manière appropriée, c'est-à-dire en bénéficiant d'une audience comparable à celle du tract litigieux auprès des électeurs. C'est d'ailleurs à lui d'apporter la preuve que le document litigieux a été diffusé à une date à laquelle il ne pouvait plus lui opposer de réponse appropriée[689].

Si compte tenu de la date de la distribution, le candidat dont l'honnêteté avait été gravement mise en cause pouvait répondre utilement à ces accusations dès avant le premier tour de scrutin et entre les deux tours, la diffusion de ce tract n'a pas été de nature à altérer la sincérité du scrutin[690].

Il semble que la jurisprudence du Conseil constitutionnel français coïncide avec celle de la Cour européenne des Droits de l'Homme, qui retient un large principe de liberté d'expression pendant les campagnes électorales, ou la vivacité des propos est plus tolérable qu'en d'autres circonstances[691]. Toutefois, il ressort de la jurisprudence de la Cour que si tout individu qui s'engage dans un débat public d'intérêt général, comme l'est par définition une campagne électorale, est, certes, tenu de ne pas dépasser certaines limites quant au respect notamment- de la réputation et des droits d'autrui, il lui est également permis de recourir à une certaine dose

685 CC, 97-2267, 25 novembre 1997, AN, Martinique, 1ére cir, rec. Const, p 269.
686 CC, AN décision n° 97-2204 du 16 décembre 1997, Gard 2e
687 CC, 97-2168, 16 décembre 1997, AN, Drôme, 1 ère circ, Rec. Cons const, p 304.
688 CC, 97-2156/2213/2216/2245, 23 janvier 1998, AN, Seine et Marne, 9e circ, Rec.Cons.Const, p 82. voir aussi CC, 78-867/870 31 mai 1978, AN, Haut de seines, 4e circ, p 111.
689 CC, 97-2263, 13 février 1998, AN, Bas-Rhin, 1ére circ ? Rec cons. const, p 147
690 CC, 97-2225/2241, 18 novembre 1997, AN, Val d'Oise, 4e circ, Rec cons const, p 241.
691 Camby, le Conseil constitutionnel, juge électoral, Dalloz, 2013, p 83

d'exagération, voire de provocation, c'est-à-dire d'être quelque peu immodéré dans ses propos[692].

Autant dire que les irrégularités en matière d'affichage, comme celles concernant les tracts, s'analysent sous l'angle des abus de propagande et dont les diffusions ne sont pas souvent de nature à altérer la sincérité du scrutin. Dans la politique jurisprudentielle, le Conseil constitutionnel combine ces différents critères, ce qui finalement justifie que les annulations liées à la seule diffusion d'un tract soient assez rares en comparaison de la fréquence avec laquelle ce moyen est soulevé par les requérants.

### C. Les réunions électorales

Les réunions électorales sont tenues dans les conditions fixées par la législation en vigueur relative aux rassemblements publics[693]. Sont applicables à la propagande électorale les dispositions de la législation en vigueur relative à la presse et à l'édition[694]. En fait, ce texte renvoie à la loi 76-00 du 10 octobre 2002 et ne donne pas lieu à de fréquents contentieux.

Il est aussi possible d'indiquer que le code électoral n'interdisant les actes de propagande que le jour du scrutin, la tenue d'une réunion électorale avant l'ouverture de la campagne électorale ou la veille du scrutin n'est point illicite. Le code électoral fixe la période durant laquelle les candidats ou listes sont autorisés à faire valoir leurs idées et à utiliser les moyens de propagande préalablement définis.

Ainsi, plusieurs griefs relatifs à l'organisation des réunions électorales sont déboutés par le juge, car ils ne sont soutenus d'aucun argument relatif à l'effectivité de leur réalisation ainsi que d'aucune preuve étayant l'influence des faits sur le résultat du scrutin[695].

En revanche, constitue un acte de pression voire une manœuvre, le fait qu'un candidat organise des réunions en dehors du cadre réglementaire régissant la campagne électorale. La décision du Conseil constitutionnel n° 642 en date du 18 juillet 2007 en est une parfaite illustration. Dans cette affaire, le Conseil constitutionnel avait été saisi d'une requête tendant à l'annulation des opérations électorales s'étant déroulées le 8 septembre 2006 pour le renouvellement du tiers des membres de la Chambre des conseillers, dans le cadre du collège électoral des représentants des collectivités locales de la région en question, à l'issue duquel Messieurs El Mostapha Erreddad, Abdellah Mekkaoui et Abdelaziz Chraibi ont été déclarés élus membres de la Chambre des conseillers.

---

[692] Cour Européenne des Droits de l'Homme (CEDH), 11 avril 2006, Mamère c/France, n° 12697/03 in Camby, le Conseil constitutionnel, juge électoral, Dalloz, 2013, p 83

[693] Dahir n° 1-58-377 promulgué le 15 novembre 1958 modifié par le dahir n° 1.02.200 du 23 juillet 2002

[694] Article 55 relative à la LO de la chambre des conseillers

[695] Décision du CC marocain n° 403/2000

Les plaignants invoquaient plusieurs moyens dont l'un était précisément fondé sur la tenue de réunions en infraction à la loi réglementant la campagne électorale.

Le Conseil constitutionnel a déclaré à ce propos que « *que les faits mentionnés confirment les conclusions auxquelles est arrivé le Conseil constitutionnel à travers l'enquête qu'il a effectuée les 21 février et 14 mars 2007, au cours de laquelle il a auditionné un certain nombre de témoins qui ont confirmé la tenue de réunions en infraction à la loi réglementant la campagne électorale, ainsi que l'usage de l'argent par les deux candidats en question dont l'élection est contestée, afin d'attirer durant ladite campagne les voix des électeurs, sachant, toutefois, que l'enquête en question n'a pas établi que les actes concernés contraires à la loi ont impliqué, au-delà des deux personnes déclarées élues, d'autres candidats ou qu'ils ont influé sur le résultat global au scrutin* ».

En l'espèce, le juge a relevé que l'organisation de réunions électorales en dehors du cadre réglementaire régissant l'organisation de la campagne électorale et compte tenu de l'ampleur du public convié, constitue une pratique ayant pour effet de porter atteinte à la sincérité et à la liberté de la consultation, que, dès lors [...], il y a lieu de prononcer l'annulation de l'élection contestée ».

Il s'agit ici de l'une des très rares décisions où la haute juridiction en est restée à une application stricto sensu des textes en appliquant fermement les dispositions de la législation relative à la campagne électorale.

## § 4. L'utilisation des biens de l'État dans la campagne électorale

L'utilisation par un candidat des biens et moyens de l'État ou de fonctions officielles donne lieu à certaines contestations. Diverses irrégularités ont été dénoncées. Dans chaque cas, le Conseil recherche si ces irrégularités sont établies et si elles ont pu avoir une incidence sur les résultats du scrutin.

### A. L'utilisation des biens publics

En vertu de l'article 33 de la loi 31-97 « *est interdit l'utilisation, sous quelque forme que ce soit, au profit de la campagne électorale d'un candidat, du matériel et des moyens appartenant à l'état, aux collectivités locales ou aux établissements publics ou semi-publics à l'exception des lieux de rassemblement mis, à base égalitaire, à la disposition des candidats et des partis politiques par l'État et les collectivités locales* ».

Toujours dans un souci d'équité entre candidats, les pouvoirs publics ont interdit aux imams d'utiliser le prêche du vendredi à des fins politiques ou électorales et imposé l'annulation de toute inauguration de projets d'intérêt public en période préélectorale.[696]

À cet égard, peuvent être mis à profit des imams prônant les mérites d'un candidat, ayant fait des donations (ameublement, panneaux solaires…) à des mosquées. Ce grief est rejeté par le juge, car sans conséquence ni sur le déroulement de l'opération électorale ni sur les résultats du scrutin[697].

De la même manière, dans sa décision n° 741/2009 rendue le 4 mars 2009, le Conseil constitutionnel considère que *« les griefs se résument à l'allégation selon laquelle le candidat dont l'élection est contestée a illégalement agi pour mener sa campagne. En effet, en violation de la loi qui fixe la clôture de la campagne électorale la veille du scrutin à minuit, il a usé de la voiture d'une commune (pendant et après la campagne électorale) et a délibérément procédé à l'achat de votes. L'intéressé n'a pas manqué non plus d'exercer, via ses partisans devant les bureaux de vote dans la commune de Bni A'yat, des pressions sur l'électorat pour qu'il vote en sa faveur ».*

Toutefois, la haute instance déclare que toutes les allégations précitées se rapportent à des faits soulevés par de simples plaintes[698] ou déclarations écrites et les prend donc pour non véridiques et non fondés.

En tout état de cause, le fait prouvé doit être pertinent et concluant. Toutefois, la preuve de certains faits bute contre l'impossibilité de leur démonstration. Dans tous les cas le juge est souverain pour apprécier la pertinence des éléments de preuve et se réserve le droit de rejeter les demandes fantaisistes ou à caractère ambigu ou général.

### B. L'intervention de l'administration et l'utilisation des moyens de l'État

Les autorités administratives en charge de la supervision de l'opération électorale contribuent à la bonne organisation matérielle de la campagne électorale. Dans cette tâche, elles sont tenues à un devoir de neutralité à l'égard des candidats ou listes en lice.

Les élus titulaires de fonctions publiques peuvent évidemment se prononcer, en mentionnant leur mandat, pour tel ou tel candidat de leur tendance ou de leur parti. Cette démarche est naturelle puisque précisément ils ont acquis leur mandat au nom de cette opinion ou en portant les couleurs de ce parti[699].

---

[696] Décision du CC marocain n° 771/2009

[697] Décisions du CC marocain n° s 206/1999, 301/2000, 355/2000

[698] Décision du CC marocain n° 191/1998

[699] J Claude Masclet, op. cité p 220

La difficulté n'existe que lorsque ces élus sont également titulaires de fonctions publiques exercées au nom de l'Etat ou d'une collectivité locale[700]. Les ministres ne peuvent faire abstraction d'une appartenance politique au nom de laquelle ils ont été appelés au gouvernement et qui les conduit normalement à s'engager pour leurs idées ; mais ils agissent pour l'État qui doit demeurer impartial.

Les élus ne peuvent oublier l'engagement politique qui les a fait élire et que l'électeur connaît bien ; mais ils représentent la commune. Les uns et les autres sont en raison même de leur autorité, sollicités pour soutenir tel ou tel candidat. La jurisprudence est dominée par l'idée qu'ils peuvent intervenir dans la compétition électorale, mais, ce faisant, ne doivent pas engager leur qualité officielle[701].

Généralement, dans la pratique, les situations de fait sont délicates à apprécier. Il est difficile de savoir si l'intervention d'un président de commune ou d'un ministre repose sur leur qualité officielle, car les deux sont utilisés simultanément. Ceci donne lieu à une jurisprudence nuancée.

Le pouvoir exécutif déconcentré et/ou le service public audiovisuel ont été dénoncés par les requérants comme ayant intervenu dans le processus électoral, au stade de la campagne.

Les requêtes font état d'une implication passive devant l'achat des voix[702] ou d'une implication active comme dans l'organisation des meetings de l'élu, les pressions sur les électeurs, l'utilisation de la violence à des degrés variables. Pour regrettables qu'elles soient, de telles manœuvres n'ont pu ni faire l'objet de poursuites[703] ni peser d'une manière déterminante sur l'issue du scrutin.

De même, l'intervention de l'Administration ne peut être à l'origine d'une annulation des élections lorsque les griefs sont démunis de preuve[704] ou que le juge n'a pas pris en considération ce moyen d'une part à cause de la faiblesse de la preuve - témoignages non légalisés, non produits par les

---

[700] Gheventian, la sincérité du scrutin, op. cit

[701] Voir à ce propos la décision du CC marocain n° 517/2003

[702] «...En plus des recommandations « discrètes » aux notables locaux en vue de voter pour tel candidat au lieu de tel autre, les autorités ont adopté une neutralité franchement complice devant l'achat en public des voix auxquels ont eu recours beaucoup de candidats. Le commerce des voix des électeurs dans certains quartiers populaires et dans les campagnes a ainsi atteint des proportions impensables, sans que les agents d'autorité n'interviennent comme le stipule la loi électorale ». Libération. 16 & 17.4.94.

[703] « ... Malgré les innombrables cas d'immixtion dénoncés avec preuves à l'appui pratiquement par la grande partie des organes de presse et même ceux appartenant aux... partis de l'administration, nous n'avons entendu ou lu qu'un moqqadem, cheikh, caïd, chef de cercle ou encore un gouverneur, a été suspendu de ses fonctions ou poursuivi en justice en vertu de la loi 12-92 pour avoir intervenu illégalement dans le choix de la libre populaire » Libération du 15.11.93.

[704] Décisions du CC marocain n° s 186, 337 et 395

personnes compétentes[705], témoignages ne pouvant constituer une preuve comme la présentation de cassettes - et d'autre part en raison du faible impact sur le déroulement de l'élection, lorsque le requérant présente soit des documents tels qu'un article de journal[706], des déclarations[707], une plainte adressée au ministre de l'Intérieur, au Premier ministre, au gouverneur de la province[708], au président de la commune rurale[709] du moment où le juge considère que le requérant n'a pas précisé le sort réservé à la plainte adressée au procureur du Roi et qu'il n'arrive pas à prouver son influence sur le résultat du scrutin. Il en est de même pour les allégations inhérentes à la remise d'« autorisations pour la construction de forage d'un puits », aux distributions de tentes, à l'organisation d'excursions, à la mise sur pied au profit des citoyens de campagnes médicales et de colonies de vacances pendant la campagne électorale, de transport dans des voitures des électeurs aux bureaux de vote et leur incitation à voter, en contrepartie de sommes d'argent, à la pression exercée, le jour du scrutin, de la part du président de la commune et des fonctionnaires qui en relèvent sur citoyens afin qu'ils votent au profit de la partie dont l'élection est contestée[710].

Ainsi en est-il également le cas de plusieurs requêtes qui n'ont pu être accueillies par le juge, pour motif de manque de précision, de clarté et de preuve établissant leur véracité[711]. On peut citer à titre d'exemple la décision n° 680/2008 rendue le 11 mars 2008[712]. Le Conseil a rendu cette décision à l'occasion du scrutin qui s'est déroulé le 7 septembre 2007 dans la circonscription électorale « Ben M'sik » (préfecture des arrondissements de Ben M'sik).

Dans cette affaire, le plaignant (Mr Abdelmalek LAKHILI) reprochait à l'élu (Mr Mohamed Joudar) qu'il a abusé de son autorité en sa qualité de vice-président du Conseil de la ville. En effet, pour sa campagne électorale, il a recouru au service d'un certain nombre d'agents, de caïds, de Moqadem et de chioukhs et a induit en erreur les électeurs par des allégations mensongères. Dans cette même requête, Monsieur Karim Ghellab (ministre du Transport) s'est vu contester son élection pour plusieurs motifs. Il a essayé d'utiliser, dans sa campagne électorale, les agents des chemins de fer,

---

[705] « le procès-verbal de la Commission régionale des élections ne constitue pas une preuve » CC décision n° 34/94. du 2.8.94.
[706] Décisions du CC marocain 238
[707] Décisions du CC marocain n° s 268 282 309 et 370
[708] Décision du CC marocain n° 384
[709] Décision du CC marocain n° 282
[710] Décision du CC marocain n° n° 780/2009 CC rendue le 18 juillet 2009
[711] Décision n° 680/2008 CC du 11 mars 2008
[712] Cette décision du Conseil constitutionnel est une réponse à la requête enregistrée à son secrétariat général le 21 septembre 2007, aux termes de laquelle Monsieur Abdelmalek LAKHILI demande – en sa qualité de candidat – l'annulation de l'élection de Messieurs Mohamed JOUDAR et Karim GHALLAB en tant que membres de la Chambre des représentants.

du port et de la commune de Sbata dont il est le président, a obligé les services extérieurs de son Ministère à venir à son chevet lors de campagne électorale, a exercé une pression sur des propriétaires d'auto-écoles afin de mobiliser leurs véhicules à son profit et a exploité les cars des aéroports pour le transport des citoyens au meeting qu'il a organisé dans le parc de Sunday (lieu non autorisé). Ces faits réunis constituent, aux yeux des requérants, une violation de l'accord signé entre l'autorité et les candidats, une discrimination entre ces derniers en faveur du candidat élu et une manœuvre manifeste de nature à limiter la liberté des électeurs.

En rejetant ces griefs, le Conseil constitutionnel semble mal barré avec son argumentation. Il considère toutefois que « *l'allégation relative à l'abus d'autorité de la part de Monsieur Mohamed Joudar, n'a été soutenue que par la citation des noms de certains agents. Une allégation insuffisante à elle seule pour en établir la validité de son élection. Dans le cas de la contestation de l'élection de Mr Ghellab, les allégations à son encontre (abus d'autorité et manœuvres frauduleuses) n'ont été soutenues par aucun moyen ni à propos de la véracité des faits invoqués ni pour établir l'influence qui aurait pu en découler sur le résultat du scrutin* ».

En la circonstance, le Conseil n'a pas statué si le candidat avait, lors de sa campagne électorale, bénéficié de l'appui des collectivités locales, abusé de son autorité ou usé des moyens de l'État de façon à porter atteinte à l'égalité des chances entre les candidats ou à la sincérité du scrutin.

Au nom d'une logique exigeante, on pourrait trouver préférable que le Conseil constitutionnel déclare irrégulier tout usage d'une qualité officielle, ne serait que pour décourager de telles pratiques, puisque, en toute hypothèse, cette illégalité ne peut entraîner des conséquences sur les résultats de l'élection que si elle a été déterminante, ce qui ne peut être qu'exceptionnel. Mais la haute juridiction a opté pour une attitude plus souple et ne semble vouloir censurer, parmi les comportements irréguliers, que ceux qui ont pu réellement laisser penser à l'électeur que l'autorité publique s'engageait aux côtés d'un candidat ou d'une liste. Comme l'électeur n'est plus dupe, ces cas s'avèrent très rares[713].

Au cours de la campagne électorale, chaque candidat ou liste de candidats fait valoir ses mérites pour obtenir le vote des électeurs. Enfermée par le code électoral dans des délais stricts, la campagne déborde aujourd'hui de beaucoup ces limites de temps. En outre, elle fait appel à des procédés que les textes n'ont pas prévus ou ont insuffisamment réglementés.

Si les principes de la compétition électorale demeurent intangibles[714], la réglementation de la campagne électorale est devenue quasiment obsolète. De nouvelles règles, plus équitables vis-à-vis des candidats, ont désormais le

---

[713] J Claude Masclet, op. cit p 182

[714] Il s'agit des principes d'égalité, de neutralité de l'autorité administrative et de loyauté des moyens employés

vent en poupe. Ainsi, toute communication politique ne peut plus se passer des nouveaux moyens audiovisuels (télévision, l'internet[715], les sondages d'opinion) qui ont pris le dessus sur les moyens conventionnels (réunions, l'affichage…).

Des moyens nouveaux de propagande apparaissent : distribution de cadeaux divers aux électeurs[716], dîners débats[717], campagnes d'appels téléphoniques voire campagne de publicité commerciale menée dans la presse et risque d'exclure de la compétition électorale ceux qui n'arrivent pas à disposer des ressources nécessaires et de placer ceux qui ont réussi à en disposer sous l'influence de bailleurs de fonds aussi généreux qu'intéressés.

Cette évolution a également récemment mis au premier plan le problème essentiel du financement des campagnes électorales et de partis politiques. Elle explique en partie les difficultés que rencontre la sanction juridictionnelle : bien qu'irrégularités, de nombreuses pratiques échappent à la condamnation, le juge électoral par réalisme, n'acceptant d'annuler l'élection que s'il acquiert la conviction qu'elles ont eu une incidence sur le résultat du scrutin.

Malgré l'aspect coercitif de la loi électorale 12-92 qui sanctionne[718] les diverses formes de fraude et de falsification, les mœurs électorales dénotent d'une grande libéralité par rapport au droit. La litanie des arguments développés par les requérants est pléthorique : Entorses aux règlements, bavures, agressions, tentatives de soudoiement et autres agissements. La campagne électorale se poursuit et à chaque jour suffit son lot d'entorses. Des aberrations sont commises par-ci et par-là par des candidats peu soucieux des règlements en vigueur, ou de l'éthique quand ils ne sont pas franchement véreux. On se trouve souvent face à une campagne électorale menée au-delà de la date limite, affichage sur des panneaux non réglementaires, achat des voix, utilisation de la part du candidat de sa fonction d'élu local pour influencer le scrutin, atteintes à l'intégrité physique[719], campagnes prématurées, trafic d'influence, intervention de l'administration… etc.

---

[715] Les candidats ont la possibilité d'ouvrir des sites internet spécifiques pour la campagne électorale, ils peuvent également utiliser leurs sites personnels dans un but de propagande électorale. Les sites interactifs (les blogs) sont assimilés, en l'état actuel de la jurisprudence, à des sites internet ordinaires.

[716] Décision du CC marocain n° 447/2000

[717] Décision du CC marocain n° 780/2009 du 18 juillet 2009

[718] Les sanctions sont graduées de 1 mois jusqu'à un an de prison, et/ou, d'une amende allant de 200 à 5000 dirhams. Seul, l'art. 84 prévoit une peine allant de 5 à 20 ans « lorsque l'irruption... est commise par suite d'un plan concerté pour être exécuté soit sur l'ensemble du territoire du Royaume, soit dans une wilaya ou dans une ou plusieurs préfectures ou provinces, soit dans un ou plusieurs cercles ». Dahir n° 1-92-90 du 11.6.92 portant promulgation de la loi n° 12-92 relative à l'établissement et à la révision des listes électorales générales et à l'organisation des Conseils communaux.

[719] Cf les décès relevés à Bouznika en 93 et relatés par la presse.

Devant une inflation de recours dont la plupart évoquent une campagne électorale peu fiable, la juridiction constitutionnelle a adopté une attitude prudente en repoussant systématiquement les requêtes dans la mesure où l'irrégularité incriminée, selon son appréciation, n'est pas déterminante[720] eu égard au fort écart de voix. Même lorsqu'elle annule des élections contestées en ce sens, elle le fait sur la base d'un cumul de griefs, d'un ensemble d'indices, et non exclusivement sur le moyen de la campagne électorale viciée[721].

En récusant, de sanctionner les irrégularités qui ont été commises au cours de la campagne électorale, la jurisprudence du Conseil constitutionnel ne peut qu'y prêter le flanc à la critique. Ce faisant, le juge électoral fait preuve de zèle mitigé !

Le Conseil Constitutionnel déclare systématiquement irrecevables les requêtes dénuées de preuves quant à l'utilisation des moyens de l'Etat dans la campagne électorale. Cette attitude traduit son rechignement incommodant à diligenter une procédure d'enquête et d'investigation pour s'assurer de la véracité des déclarations des requérants. Il est appelé à scruter les procès-verbaux de la police judiciaire et les décisions et orientations de la commission électorale pour le suivi des opérations électorales. Il doit, de ce fait, s'atteler à mettre à profit tous les constats qui pourraient éventuellement servir à éclairer le dossier (audition des témoins, des membres des bureaux de vote, visite sur les lieux...).

Au lieu d'être un acteur passif au cours du procès électoral, le juge doit être en mesure d'ordonner une enquête sur le terrain. Il ne doit nullement lésiner sur les moyens pour en tirer toutes les conclusions utiles.

La procédure d'enquête dans le travail du juge - dont la pratique fait ressortir un emploi très modéré - ne s'est jamais ordonnée avec une garantie de résultats. Les requérants doivent démontrer un commencement de preuve assorti de moyens sérieux et convaincre de l'utilité d'une telle mesure.

Dès lors, le juge constitutionnel est dans l'obligation de recourir aux méthodes d'investigations du juge ordinaire pour le dénouement d'une affaire que l'argumentation des requérants n'aurait pas rendue possible à elle seule. Notons que la preuve par témoins est la source de certitude la plus

---

[720] Comme le Conseil constitutionnel français, la juridiction constitutionnelle marocaine mesurera « l'impact qu'un abus de propagande la diffusion d'une information erronée ou encore le non-respect d'une prohibition ont pu avoir sur l'équilibre entre les campagnes menées par les candidats, le comportement des électeurs et donc sur les résultats de l'élection. Il incombe alors (à la juridiction constitutionnelle) d'apprécier la manœuvre, la pression sur les électeurs ou l'irrégularité fut-elle flagrante, au regard de l'ensemble de la compétition électorale ». CAMBY : Le Conseil constitutionnel, juge électoral. Op oit p 69.

[721] CCP arrêt n° 161 du 18.7.63 (escroquerie, fraude, distribution irrégulière de cartes électorales parles moqquadmines). CC décision n° 97/95 du 29.11.95. BO n° 4337 du 13.12.95 : Le Conseil annula l'élection, car les électeurs n'étaient pas libres depuis le dépôt des candidatures jusqu'à la campagne électorale et le vote.

féconde dans la constatation des faits, qu'il s'agisse de la preuve testimoniale ou de l'aveu juridique.

En somme, l'analyse de la pratique jurisprudentielle dans son traitement de la question du contentieux lié à la campagne électorale nous dresse un tableau sombre de la justice électorale. Néanmoins, eu égard à quelques décisions audacieuses rendues par le Conseil Constitutionnel, des élans volontaristes pour poser les jalons de l'édification d'un État de droit se profilent dans l'horizon.

La haute instance est donc appelée à faire preuve d'une rigueur à toute épreuve et d'une perspicacité sans faille quant à la bonne application de la loi. Plus concrètement, seule la fermeté du juge en matière du respect des règles et normes électorales affermirait la démocratie. À coup sûr, le respect scrupuleux du droit dans son intégralité est le gage de la régularité électorale.

Finalement, le juge doit se résoudre à une fermeté consacrant véritablement son statut de contrôleur de la régularité électorale et non de régulateur des élections. En effet, en droit, le contrôle juridictionnel de la régularité électorale s'exerce essentiellement à travers le pouvoir d'annulation dont est investi le juge. Cela étant, il procède par l'annulation systématique des irrégularités et fraudes, comme le ferait exactement tout juge de la légalité. C'est seulement, sous cette unique forme, que le droit sera rétabli avec la mise en conformité à la loi. Partant, la régularité envisagée deviendrait une réalité. Visiblement, assurer la régularité électorale contraint inéluctablement le juge, avant tout, à faire valoir et faire triompher le droit à toute étape du processus électoral. À l'instar du juge administratif, le juge de la régularité électorale s'occupe à faire respecter la légalité, à travers une mise en conformité avec les textes régissant l'opération électorale.

Il est donc temps que les élections, véritables baromètres d'un État de droit, soient plus que jamais saines et loyales. C'est uniquement à ce prix que le Conseil constitutionnel en sa qualité de juge électoral peut aspirer à s'ériger en juge de l'État de droit ; un idéal dans les sociétés modernes.

## SECTION 6. LE FINANCEMENT DES PARTIS POLITIQUES À LA LUMIÈRE DE LA LÉGISLATION ET DE LA JURISPRUDENCE CONSTITUTIONNELLE

Les partis politiques sont des institutions vitales dans les démocraties contemporaines. Ils sont à la base de l'organisation démocratique fondée sur l'expression et la manifestation du pluralisme politique[722]. La question du financement de la vie politique est l'épine dorsale de tout système politique dans la mesure où les partis sont des entités publiques nécessaires au bon fonctionnement de la société [723] et qu'ils confortent l'exercice démocratique en permettant l'expression de la diversité des opinions dans le respect de l'intérêt général de la collectivité. Ils constituent de ce fait un organe vital dans l'organisation de l'État démocratique[724].

Pour mener à bien leurs activités et assurer la pérennité de leur existence sur la scène politique, les partis doivent disposer de ressources financières appropriées. Ce besoin d'argent doit cependant être strictement réglementé, car la relation controversée entre l'argent et la politique peut mettre en péril le processus démocratique[725]. Certes argent et politique ont toujours entretenu des rapports ambigus, souvent sulfureux, caractérisés par une relation de dépendance réciproque. À l'époque contemporaine, les modalités de fonctionnement d'une démocratie moderne, par le jeu d'élections régulières, libres, concurrentielles et au coût en constante augmentation, ont poussé les pouvoirs publics à renforcer les dispositifs législatifs et réglementaires. Cela avait permis de faire face aux besoins de financement de la vie politique, tout en garantissant une totale probité quant à l'origine, au volume et à l'usage des fonds dont peuvent disposer les partis politiques[726].

Les aspects équivoques de la finance et de la politique, qui se manifestent à travers des flux financiers illégaux qui finissent dans les caisses des partis et dans les poches des hommes politiques, ne doivent pas occulter le caractère vital que le financement de l'activité politique revêt pour le fonctionnement de la démocratie. Il faut de ce fait, l'envisager dans une vision plus large que les seules transactions illicites[727].

Plus généralement, l'activité politique suppose des dépenses qui doivent être considérées comme le coût nécessaire et inévitable de la démocratie[728]. Pour bien fonctionner, les partis politiques doivent subvenir aux besoins de leurs organisations, employer du personnel, mener des campagnes

---

[722] Ingrid van Biezen, financement des partis politiques et des campagnes électorales – Éditions du Conseil de l'Europe, 2003

[723] Conférence sur « le bilan de la démocratisation en Afrique », organisée à Libreville par l'Assemblée Internationale des Parlementaires de Langue Française (AIPLF) dont les actes ont été publiés par « Parlements et francophonie », n° 106

[724] Nicolas Tolini, le financement des partis politiques, Dalloz, 2006 p 467

[725] Les liens qui doivent nécessairement exister entre les citoyens et les acteurs économiques d'une part, et les partis politiques d'autre part, se trouvent resserrés. Toutefois, les travers d'un tel dispositif sont bien connus, notamment le risque d'influence indue que les donateurs sont susceptibles d'acquérir sur les bénéficiaires.

[726] Nicolas Tolini, op. cité, p 13

[727] Ingrid van Biezen, financement des partis politiques et des campagnes électorales – Éditions du Conseil de l'Europe, 2003

[728] Ingrid van Biezen, op. cité

électorales et communiquer avec l'ensemble de l'électorat. Pour pouvoir s'acquitter de ces fonctions, et d'autres fonctions nécessaires, ils doivent disposer de ressources financières appropriées. Toutefois, en raison de l'effet de distorsion que l'argent peut avoir sur le processus démocratique, il importe de réglementer convenablement son rôle[729].

En effet dans un monde politique en pleine mutation inhérent à un contexte de compétition exacerbée entre les partis, l'utilisation des méthodes modernes de communication politique et de véritables opérations de *marketing* exigent un coût exorbitant. De même, l'ampleur inégale des ressources financières dont disposent les partis, l'absence de règles encadrant leur utilisation, l'insuffisance des moyens disponibles, entraînent un surcroît de dépenses susceptibles de conduire à un recours aux ressources occultes, ainsi qu'à toute sorte de pratiques répréhensibles. La révélation d'importants scandales politico-financiers a provoqué une prise de conscience de la nécessité d'agir contre ce fléau dans les grandes démocraties, notamment en Allemagne[730], aux États unis[731] et en France[732] et en Grande-Bretagne[733].

Il est désormais admis que la consolidation de la démocratie requiert d'une part l'atténuation des inégalités à travers l'allocation équitable des ressources publiques et, d'autre part, l'adoption de mesures d'accompagnement visant à assainir les mœurs politiques, à lutter contre

---

[729] Ibid

[730] Le principe de transparence des comptes a été inscrit dans la constitution allemande dès 1949. La loi de 1967 sur les partis politiques, modifiée à diverses reprises, pose le principe d'un financement de l'État calculé en fonction des suffrages obtenus et des montants des dons et cotisations encaissées. Chaque année les comptes sont remis au président du Bundestag.

[731] Aux États-Unis, le législateur s'est employé dès la fin du XIX siècle à contenir l'immixtion de l'argent et des intérêts privés dans la sphère politique, mais c'est

[732] Jusqu'a 1988, la France a été la lanterne rouge des démocraties occidentales en matière de réglementation du financement de la vie politique. Il a fallu attendre cette date, sous la pression de scandales, pour que la classe politique et l'opinion publique ne feignent plus d'ignorer que la démocratie avait un prix et accréditent un véritable cadre spécifique du financement des partis, complétant les dispositions propres aux campagnes électorales, qui allait être fortement remaniée deux ans au plus tard soit adoptée.

[733] La Grande-Bretagne n'a pas jusqu'en 2000 adopté de texte d'ensemble organisant le financement des partis. De façon constante, l'idée d'un financement public global y a toujours été repoussée, tant pour des raisons économiques qu'idéologiques. Les versements des particuliers de même que ceux des personnes morales –traditionnellement les entreprises et les syndicats- étaient soumis à bien peu d'obligations, laissant la porte ouverte à tous les abus. Aucun des deux grands partis ne semblait vouloir remettre en cause ce régime peu contraignant avec lequel ils avaient su s'accommoder. Comme dans d'autres démocraties, sous la poussée des affaires, une importante loi du 30 novembre 2000 est venue réglementer les financements et créer une commission indépendante de contrôle. Toutefois, de nouvelles révélations sur le financement du parti travailliste, en 2006 ont amené le Premier ministre Tony Blair à entreprendre de réviser le récent cadre juridique.

certaines dérives pernicieuses liées à l'argent dans ses rapports avec la politique, et à combattre le financement occulte des partis politiques[734].

Au Maroc, à l'instar d'un bon nombre de pays développés comme le Canada, l'Allemagne, la France, la Belgique, les pays scandinaves des réformes législatives en matière de financement des partis politiques ont été introduites au cours des années quatre-vingt-dix. Ces réformes ont coïncidé avec la volonté des pouvoirs publics d'assurer une plus grande ouverture démocratique et de renforcer le rôle des partis politiques dans la structuration de l'espace politique. Toutefois, l'élaboration d'une législation spécifique pour le financement des partis n'a été effective qu'en 2006 par l'adoption de la loi organique n° 36-04 régissant les partis politiques. Cette loi a été modifiée et complétée par la nouvelle loi organique n° 29-11 qui a vu le jour dans un contexte politique favorable inhérent à l'adoption de la nouvelle Constitution en 2011.

L'adaptation progressive des textes régissant le fonctionnement des partis politiques atteste de la volonté du législateur de rehausser les règles qui les régissent au niveau de maturité requis par les pratiques en vigueur dans les démocraties modernes. L'avènement de cette nouvelle ère a considérablement modifié la problématique du financement, en la plaçant au centre des préoccupations des partis. Ceux-ci ont été les premiers à subir les conséquences du mouvement en cours. Devenues les chevilles ouvrières des compétitions électorales, les formations ont dû s'adapter à un rôle de premier plan dans un contexte sans précédent ; soumises à l'inflation exponentielle des coûts, la recherche de sources de financement s'est imposée comme leur principale activité, un exercice vital pour tout dire. Le même phénomène s'imposa avec force aux candidats.

Comment le financement et le contrôle des partis politiques sont-ils réglementés dans la législation actuelle ? L'État devrait-il bannir les dons effectués par des sociétés privées ? Les partis devraient-ils recevoir un financement public ? Comment sanctionner les dons illicites et prévenir le trafic d'influence ? Les dépenses de campagnes devraient-elles être plafonnées aux termes de la loi ?

Pour répondre à ces différentes préoccupations, il convient d'examiner au préalable le cadre juridique déterminant les conditions de la participation de l'État au financement des partis politiques lors des élections législatives, les critères de répartition des dotations accordées par l'État, ainsi que le contrôle exercé sur les moyens octroyés. On traitera par la suite la jurisprudence du Conseil constitutionnel marocain relative à un point important introduit dans le code électoral, à savoir le plafonnement des dépenses électorales.

---

[734] El Hadj Mbodj, article sur le financement des campagnes électorales et des partis politiques dans les États africains francophones

## § 1. Le cadre juridique du financement des partis politiques

Le financement des partis politiques dans la législation actuelle peut être examiné sous deux angles : la participation de l'État au financement des partis politiques et le contrôle exercé par l'État sur l'utilisation des fonds accordés.

### A. La participation de l'État au financement des partis politiques

Pour pouvoir s'acquitter de leurs fonctions et faire face aux dépenses nécessaires à l'accomplissement de leurs activités courantes et à l'organisation des campagnes électorales, les partis politiques doivent disposer de ressources financières appropriées. À ce titre la loi organique n° 29-11 relative aux partis politiques traite, dans son chapitre IV, des ressources et des critères de financement des partis politiques, de la contribution de l'État dans ce financement, des institutions et des mécanismes de contrôle comptable, ainsi que des mesures de suspension de financement prévues en la matière.

Le législateur a tenu à réglementer rigoureusement la question du financement des partis politiques. Il a prévu expressément que les fonds alloués par l'État doivent être dépensés conformément à leur objet et que toute utilisation de l'argent du financement public pour des buts autres que ceux pour lesquels ils ont été attribués sont assimilés à un détournement de deniers publics. Par ailleurs, l'article 31 de la loi a limité de façon drastique les sources de financement des partis qui comprennent à titre exhaustif :

- Les cotisations des membres du parti ;
- Les dons, legs et libéralités, en numéraire ou en nature, sans que leur montant ou leur valeur globale ne puisse dépasser 300 000 dirhams par an et par donateur ;
- Les revenus liés aux activités sociales ou culturelles du parti ;
- Les produits des investissements des fonds du parti dans les entreprises de presse chargées d'éditer les journaux porte-parole du parti, et dans les entreprises d'édition et d'impression œuvrant pour son compte ;
- Le soutien annuel accordé par l'État pour participer à la couverture des frais de gestion des partis politiques, ainsi que le soutien affecté à la contribution à la couverture des frais d'organisation de leurs congrès nationaux ordinaires, prévus dans la présente loi organique ;
- Le soutien affecté aux partis politiques pour contribuer au financement de leurs campagnes électorales dans le cadre des élections générales communales, régionales et législatives.

Le montant de la participation de l'État est fixé à l'occasion de chaque élection générale communale ou législative par arrêté du Premier ministre, pris sur proposition du ministre de l'Intérieur, du ministre de la Justice et du ministre des Finances.

La loi organique sur les partis politiques n° 29-11 dans son article 39 interdit aux partis toute autre subvention directe ou indirecte des collectivités territoriales, des établissements publics, des personnes morales de droit public ou des sociétés dont le capital est détenu, en totalité ou en partie, par l'État[735]. Pour éviter une perte de légitimité, les partis politiques se doivent d'être financés exclusivement par des fonds d'origine nationale. Ils ne peuvent recevoir de façon directe ou indirecte des fonds étrangers[736].

Si par le passé, l'État aidait les partis politiques d'une façon sporadique et obscure, il ne peut plus agir désormais qu'en respectant les règles élémentaires et intangibles de l'égalité et de la transparence prévues dans la loi organique n° 29-11 relative aux partis politiques, qui prévoit l'attribution de subventions annuelles que l'État accorde aux partis politiques pour couvrir leurs frais de fonctionnement, l'organisation de leurs congrès nationaux ordinaires, et leurs campagnes électorales locales, régionales ou nationales.

L'État consacre en outre une allocation financière aux partis politiques qui ont participé aux élections législatives, et ce, en fonction de l'importance électorale de chaque formation politique. Ainsi, la subvention de l'État est désormais répartie entre trois catégories de formations politiques : celles qui ont participé aux législatives et assuré la couverture d'au moins 10 % des circonscriptions perçoivent un montant forfaitaire distribué à égalité et décidé conjointement par le ministre de l'Intérieur et le Premier ministre. Viennent ensuite les formations ayant obtenu au moins 3 % sans atteindre 5 % des suffrages exprimés lors des élections législatives au niveau de l'ensemble des circonscriptions électorales locales. Enfin, celles qui ont recueilli au moins 5 % de ces derniers reçoivent un appui financier calculé selon le nombre de sièges et de suffrages obtenus.

Par ailleurs, les partis ayant participé aux élections générales législatives et ayant couvert au moins 10 % des circonscriptions électorales locales relatives à l'élection des membres de la chambre des représentants, bénéficient une fois tous les quatre ans, d'une subvention pour couvrir les frais d'organisation de leurs congrès nationaux.

Selon certains constitutionnalistes[737], le seuil de 5 % est considéré comme très élevé si l'on se réfère aux lois des pays démocratiques comme l'Espagne, l'Allemagne, la France, le Canada, la Grèce, la Suède, etc. Ce

[735] Cf article 38 de la LO 29-11 relative aux partis politiques

[736] Cf article 39 de la LO 29-11 relative aux partis politiques

[737] Omar Bendourou, La nouvelle loi marocaine relative aux partis politiques, Année du Maghreb, VIII 2006

seuil, qui a été critiqué par plusieurs partis de l'opposition, a été considéré par certains partis comme insuffisant[738].

Au regard du droit comparé, dans le système espagnol, la fraction des fonds répartie proportionnellement au nombre de voix recueillies n'est attribuée qu'aux formations qui ont obtenu au moins 3 % des suffrages exprimés. En Allemagne, sont éligibles au financement d'État les partis obtenant au moins 0,5 % des deuxièmes voix aux élections européenne et du Bundestag ou 1 % aux élections aux Landtag. La loi grecque sur le financement des partis instaure également un critère de représentativité de 3 % pour les allocataires des fonds publics. La France a opté pour critère de représentativité relativement modéré, autour de 2 % en 2003 arrêté à 1 % en 2007, afin d'assurer des ressources à des mouvements de faible poids électoral. Quant à la loi électorale du Canada, elle prévoit un financement public trimestriel des partis qui ont obtenu aux dernières élections générales au moins 2 % des voix à l'échelle nationale ou au moins 5 % des voix dans les circonscriptions dans lesquelles ils ont soutenu un candidat. La Suède qui a été parmi les premiers pays au monde à instituer un financement public des partis réserve les subventions aux groupements représentés au Rikstag ayant obtenu au moins 4 % des suffrages au niveau national ou 12 % dans une circonscription. Les partis sans élu au parlement, mais qui ont recueilli plus de 2,5 % des voix peuvent aussi y prétendre.

Au Maroc, le mécanisme de financement public obéit à deux critères conformément au décret-loi n° 2.06.176 du 21 avril 2006, à savoir le nombre des voix obtenues, et le nombre de sièges recueillis par le parti.

Le versement du montant de la participation étatique est réparti en deux tranches égales. Le montant de la première tranche est versé sur la base des voix que chaque formation politique a obtenues sur le plan national au titre des circonscriptions électorales locales et de la circonscription électorale nationale (50 %). Quant à la seconde tranche, son montant est versé sur la base du nombre des sièges obtenus par chaque parti.

Il convient de souligner que la nouvelle loi organique régissant les partis politiques a prévu une nouvelle répartition de l'allocation de l'État qui retient comme critère le nombre de voix obtenues conjugué au nombre de sièges recueillis par le parti. Cet état de fait marque une rupture avec l'ancien décret 2-92-721 du 28 septembre 1992[739] qui privilégie comme critère le

---

[738] C'est le cas des partis de l'Istiqlal et de l'Union socialiste des forces populaires (USFP) qui auraient souhaité le relever à 10 %. Au sein de l'opposition parlementaire, le Parti de la justice et du développement avait demandé de le porter à 7 %.

[739] Le décret-loi n° 2.06.176 prévoit un mode de versement en quatre tranches : La première tranche de 20 % du montant est effectuée d'une manière égale entre les différents partis politiques participant aux élections. La seconde tranche de 30 % effectuée après la clôture du délai du dépôt des candidatures est répartie en tenant compte du nombre de candidats présentés par chacun des partis. - La troisième tranche de 25 % est répartie en fonction du nombre de voix recueillies par chaque parti « sans tenir compte du nombre de voix obtenu par

nombre de candidats présentés par chaque parti. Ce dernier critère peut du reste avoir un effet pervers dans la mesure où les partis politiques seraient enclins à présenter le maximum de candidats possibles – dans certains cas juste pour la forme – afin de bénéficier d'une dotation importante[740].

À titre comparatif, actuellement dans la majorité des pays européens, les partis politiques sont essentiellement financés par les subventions de l'État[741]. Les partis créés dans des périodes de transition politique sont très dépendants du financement public. Et à l'exception de la Suisse et de la Lettonie, presque toutes les démocraties libérales en Europe, qu'elles soient récentes (Bulgarie, République tchèque, Estonie, Grèce, Hongrie, Lituanie, Pologne, Portugal, Roumanie, Slovaquie, Espagne) ou anciennes (Autriche, Belgique, Danemark, Finlande, France, Allemagne[742], Irlande, Italie, Pays-Bas, Norvège, Suède, Royaume-Uni), assurent un financement public direct aux partis politiques.

À titre d'illustration, le soutien accordé par l'État marocain a représenté pour les partis politiques bénéficiaires, la ressource financière la plus importante au titre des élections législatives de 2011, avec un taux de 88 % du total de leurs ressources[743]. Le montant global de la contribution de l'État au financement des campagnes électorales des partis politiques a été fixé à 220 millions de dirhams. Cette somme dépasse de 10 % celle octroyée en 2007 et est largement majorée par rapport à celle des législatives de 2002, laquelle ne dépassait pas les 150 millions de dirhams. Ce soutien concerne

---

chacun de leurs candidats lorsque ce nombre est inférieur à 5 % des suffrages exprimés dans la circonscription. La quatrième tranche de 25 % est répartie en tenant compte du nombre de sièges obtenus.

[740] Décret 2.92.721 du 28 septembre 1992. Dans les dispositions de ce décret, il est à préciser que l'analyse du versement du montant de la participation étatique montre que 50 % du montant de la participation de l'État alloué aux partis politiques (première et deuxième tranches) est accordé dans tenir compte de la représentativité des partis politiques concourant à l'élection : en effet, la première tranche est accordée de manière indifférenciée aux partis politiques et la seconde tranche est répartie en tenant compte seulement du nombre de candidats présentés par chacun des partis.

[741] Rapport du PNUD « Atelier sur la législation et le financement des partis politiques en Tunisie : Perspectives comparatives Tunis, 12 et 13 Mai 2011 ».

[742] En Allemagne, les partis politiques sont d'abord financés par des subventions publiques. Celles-ci sont calculées en fonction des résultats électoraux aux scrutins européens, fédéraux et régionaux ainsi qu'en fonction du nombre de leurs membres. Cette aide publique est plafonnée à 133 millions d'euros. Les dons de personnes privées ou physiques ne sont pas plafonnés, mais il y a une obligation de transparence. Les dons de plus de 10 000 euros doivent être rendus publics dans le rapport comptable des partis, souvent publié un ou deux ans après le scrutin fédéral. A partir de 50 000 euros, les dons doivent être connus immédiatement. Les partis ont d'autres sources de revenus : les cotisations de leurs membres (c'est souvent la première source de revenus des partis), la participation des élus et les « revenus économiques » tirés de l'organisation de manifestations et même de la vente de produits dérivés (Source des informations : http://fr.myeurop.info/2010/07/11/financement-des-partis-politiques-la-democratie-l'epreuve)

[743] Voir dans ce sens le rapport de synthèse réalisé par la Cour des Comptes, Octobre 2013.

l'aide directe aux activités opérationnelles des partis, aux campagnes électorales, et au fonctionnement des groupes parlementaires.

En sus des subventions annuelles qu'il attribue aux partis politiques, l'État participe au financement des campagnes électorales à l'occasion des élections générales communales, régionales et législatives[744]. Le montant global de la participation est fixé par décision du Chef du gouvernement, sur proposition de l'autorité gouvernementale chargée de l'intérieur, de l'autorité gouvernementale chargée de la justice et de l'autorité gouvernementale chargée des finances.

En ce qui concerne les campagnes électorales, le financement a toujours pris la forme de dons indexés non pas sur les résultats électoraux des partis, mais sur le nombre de candidats présentés. Ceci pousse à une course vers le recrutement des candidats à la veille des élections. Le nombre d'adhérents ou celui des sections pourraient constituer aussi une alternative, mais demeurent flous[745]. L'un des critères qui pourraient désormais être retenus est l'indexation de la subvention sur le nombre des voix obtenues. Ce critère est valable aussi bien pour le financement des campagnes électorales que pour les activités normales des partis et permet de ne pas pénaliser les petites structures.

Bref, quel que soit le système de financement des partis, il ne sera efficace que s'il est assorti de mécanismes de contrôle bien définis et de sanctions dissuasives en cas de manquement aux règles en vigueur. Les organes de contrôle devraient être composés de personnalités indépendantes et dotés de moyens suffisants (notamment des pouvoirs de perquisition et de matériel financier et technique) pour mener à bien leur mission de surveillance.

### B. Le contrôle exercé par l'État sur l'utilisation des fonds accordés aux partis politiques

Parmi les concepts de base du financement des partis, le législateur considère que l'utilisation des subventions de l'État par ces derniers à des fins autres que celles pour lesquelles elles ont été accordées, constitue un détournement de deniers publics[746]. Le financement transparent de la vie politique se retrouve, dès lors, au cœur de l'institutionnalisation de la démocratie.

---

[744] L'État a augmenté de 10 % le financement de la campagne électorale pour les législatives anticipées du 25 novembre : il sera de 220 millions de dirhams (19 millions d'euros environ) contre 200 millions de dirhams en 2007 et 150 millions de dirhams en 2002. Le financement d'une campagne est maintenant plafonné à 350 000 dirhams (30 000 euros environ), contre 250 000 dirhams en 2007.

[745] Omar Bendourou, La nouvelle loi marocaine relative aux partis politiques, Année du Maghreb, VIII 2006

[746] Cf article 47de la loi organique n° 29-11 relative aux partis politiques.

Le contrôle exercé par l'État sur l'utilisation des dotations octroyées aux partis politiques revêt deux aspects : d'un côté, il s'exerce sur les partis politiques pour vérifier l'affectation effective des subventions de l'État aux fins pour lesquelles elles ont été accordées ; de l'autre, le contrôle s'exerce sur les candidats pour vérifier leurs dépenses au titre des élections législatives.

En France, depuis 1988, la loi « relative à la transparence financière de la vie politique » fixe un cadre juridique très précis. Les dépenses électorales sont remboursées aux candidats qui ont obtenu au moins 5 % des suffrages. Ces dépenses sont plafonnées et doivent être justifiées. Les formations politiques perçoivent aussi des subventions. Elles dépendent du nombre de suffrages recueillis aux législatives et du nombre de parlementaires inscrits[747]. L'aide publique est attribuée après examen des comptes des partis par la Commission nationale des comptes de campagne et des financements politiques (CNCCFP).

Au Maroc, le contrôle des subventions accordées aux partis politiques est effectué par une commission présidée par un vice-président de la Cour des comptes désigné par le président de cette Cour et comprend un président de chambre de la Cour suprême désigné par le ministre de la Justice, un représentant du ministre de l'Intérieur et un inspecteur des finances nommé par le ministre des Finances.

En matière de dépenses électorales des candidats, le contrôle est assuré par la commission de vérification des dépenses électorales. Celle-ci est chargée d'examiner l'état des dépenses engagées par les candidats aux élections législatives, et vérifier le respect des règles de plafonnement des dépenses électorales.

Les candidats doivent établir un état des dépenses qu'ils ont engagées lors de l'élection et l'adresser à cette commission dans un délai d'un mois après la proclamation des résultats.

Dans le cadre de la législation actuelle, il existe deux commissions en charge du contrôle du financement de la vie politique, l'une assurant le contrôle de l'utilisation par les partis politiques des subventions aux fins pour lesquelles elles ont été accordées- dont essentiellement le financement des campagnes électorales- et l'autre en charge de l'examen des dépenses engagées par les candidats aux élections législatives. Cet état de fait nous pousse à proposer une éventuelle fusion ces deux entités afin de conférer une cohérence d'ensemble aux opérations de contrôle.

[747] A titre d'exemple, l'État français a versé 73 millions d'euros en 2008, dont près de 35 millions pour l'UMP et près de 24 pour le parti socialiste (PS). En complément de ce financement public, seuls les particuliers peuvent faire des dons aux partis politiques dans la limite de 7 500 euros par an et par personne. Depuis 1995, les personnes morales (entreprises, fondations...) ne peuvent pas financer un parti. A l'exception des partis politiques qui peuvent se faire des dons entre eux.

L'existence sur un plan organique d'un seul organe en charge d'assurer les missions dévolues à ces deux commissions permettrait d'assurer plus d'efficacité et de rationalité dans le contrôle du financement de la vie politique.

Il est proposé dans ce sens l'élargissement des attributions de la future commission afin de lui permettre d'exercer en plus des missions déjà confiées aux deux commissions précitées, le contrôle des comptes des partis politiques. Ce contrôle qui pourrait être effectué annuellement concernerait l'ensemble des ressources du parti, qu'elles soient d'origine publique, privée ou de fonds propres.

Il est évident que l'ampleur de la tâche qui incomberait à cette commission indépendante nécessiterait la mobilisation de façon permanente, de moyens humains et matériels conséquents et particulièrement performants.

Il serait également opportun que le contrôle du financement des campagnes électorales des partis politiques soit enfin réglementé et que son suivi soit confié au Conseil constitutionnel, à l'instar de la législation française qui prévoit une commission nationale des comptes de campagne et des financements politiques, autorité administrative indépendante[748]. Dès lors qu'elle constate une irrégularité, elle saisit le juge de l'élection du compte non approuvé. Toutefois, sa position ne lie pas le juge. Outre la saisine par ladite commission, le Conseil constitutionnel doit également répondre à tout argument contenu dans une requête recevable et portant sur les comptes de campagne d'un élu. De même, l'article LO 186-1 lui permet d'être saisi d'un compte, sans qu'il y ait intervention préalable de la commission[749].

Pour compléter l'analyse des dispositions législatives et réglementaires régissant le financement de la vie politique, il convient d'examiner l'aspect jurisprudentiel concernant la position du Conseil constitutionnel sur un principe important introduit dans le code électoral, à savoir le plafonnement des dépenses électorales. Nous allons examiner successivement le contenu de la règle du plafonnement, ainsi que la portée juridique de cette règle.

---

[748] La commission a été créée par la loi n° 90-55 du 15 janvier 1990 relative à la limitation des dépenses électorales et à la clarification du financement des activités politiques. Elle a été mise en place le 19 juin 1990. Selon l'ordonnance n° 2003-1165 du 8 décembre 2003 portant simplifications administratives en matière électorale, cette commission est une autorité indépendante composée de neuf membres : hauts magistrats, sont nommés pour cinq ans renouvelables par décret du Premier ministre. Trois membres sont nommés sur proposition du vice-président du Conseil d'État, trois sur proposition du Premier président de la Cour de cassation et trois sur proposition du Premier président de la Cour des comptes. Ils élisent leur président qui nomme un vice-président. Il ne peut être mis fin à leur mandat (sauf démission ou décès).

[749] Voir J.P. Camby, « Le Conseil constitutionnel, juge électoral », Dalloz, 3e édition, 2004, p 140.

## § 2. Le plafonnement des dépenses électorales des candidats aux élections législatives

Au Maroc, les règles relatives au plafonnement des dépenses des candidats à l'occasion des campagnes électorales concernent à la fois les élections communales et législatives. Elles font l'objet du titre II de la quatrième partie du code électoral de 1997. Cependant, les mesures d'applications prises sous forme de décret relatif au plafond à respecter et à la nature des dépenses électorales n'ont porté jusqu'à nos jours que sur les dépenses relatives aux élections législatives[750].

La règle du plafonnement des dépenses s'applique à deux niveaux différents :

- Elle limite d'une part le volume de l'argent à utiliser pendant la campagne électorale en fixant un plafond des dépenses, visant par là à assurer l'égalité entre les candidats ;
- Elle limite, d'autre part, les domaines où l'argent peut être dépensé, en ne retenant que les dépenses électorales stricto sensu, visant cette fois à moraliser la vie politique.

### A. Contenu de la règle du plafonnement

D'après l'article 289 du code électoral, les candidats aux élections générales communales et législatives sont tenus de respecter le plafonnement des dépenses fixé par décret, et ce afin d'éviter l'escalade et l'utilisation effrénée de l'argent, assurant ainsi l'équilibre des moyens déployés par les candidats, indépendamment de leur fortune personnelle.

Dans ce cadre le décret n° 2-11-607[751] du 19 octobre 2011 fixe le plafond du financement des campagnes électorales à 350 000 DH pour chaque candidat et candidate au lieu de 250 000 qui avait été fixé par le décret 2-97-234 du 22 octobre 1997.

Il y'a lieu de préciser que le décret du 19 octobre 2011maintient les mêmes dispositions contenues dans le décret précité de 1997, notamment en matière de dépenses engagées au titre de l'impression des annonces et des documents électoraux, leur affichage et leur distribution ainsi que les frais des rassemblements électoraux, les rémunérations versées aux prestataires de

---

[750] L'impact du plafonnement des frais des frais de campagne a infléchi la dangereuse spirale inflationniste des dépenses qui avait amené partis et candidats à recourir à tous les artifices, y compris les plus illégaux, pour se procurer les fonds nécessaires à la promotion de leurs idées ainsi qu'a leur succès électoral.

[751] L'article 3 dudit décret stipule que « chaque mandataire de liste de candidature ou chaque candidat, selon le cas, est tenu d'établir un état détaillé des sources de financement de sa campagne électorale et un état des dépenses engagées par lui lors de sa campagne électorale, accompagné de toutes les pièces justifiant lesdites dépenses ».

services, les frais de déplacement et toutes autres les dépenses afférentes à ces rencontres[752].

Cette définition des dépenses comporte quelques ambiguïtés :

- Tout d'abord, elle laisse entendre que les dépenses électorales sont celles engagées pendant la durée légale de la campagne électorale, ce qui est difficilement applicable en pratique. À titre d'exemple, l'impression et l'acquisition des supports de propagande exigent beaucoup plus de temps, et il aurait été souhaitable de tenir compte de cette contrainte pour fixer la date du début des dépenses. Il aurait fallu aussi préciser si les dépenses électorales sont constituées uniquement par les dépenses engagées et réglées, ou bien également par les dépenses engagées, mais dont le paiement a été différé au-delà de la durée légale de la campagne électorale.
- Ensuite, la loi ne précise pas si les dépenses engagées au profit du candidat par d'autres personnes qui le soutiennent sont considérées comme faisant partie des dépenses électorales et donc soumises au plafond fixé.
- Par ailleurs, le problème juridique le plus important apparaît lorsqu'on examine la portée de la règle du plafonnement et de l'obligation de déposer l'état des dépenses et les pièces justificatives.

### B. Portée de la règle du plafonnement : l'absence de sanctions

L'article 293 du code électoral marocain dispose que lorsque la commission de vérification constate que l'état des dépenses n'a pas été déposé dans le délai prescrit ou fait apparaître un dépassement du plafond fixé, elle en saisit la juridiction compétente. L'application de cette disposition pose problème.

En effet, bien que la règle du plafonnement des dépenses et celles du dépôt dans le délai fixé de l'état des dépenses et des pièces justificatives soient exprimées de manière impérative par le code électoral, ces deux règles ne sont pas d'ordre public puisqu'elles ne sont assorties d'aucune sanction déterminée, ni pécuniaire, ni électorale, ni pénale.

En conséquence, les termes de l'article 293 n'ont aucune portée juridique, puisque l'on voit mal comment un tribunal se déclarerait compétent et prononcerait une sanction non prévue par la loi. Il y a donc :

---

[752] Il est précisé que le financement accordé par le ministère de l'Intérieur n'est pas suffisant compte tenu notamment du dispositif de distribution adopté. En général, lors de la campagne, les partis politiques sont obligés de couvrir toute l'étendue de la circonscription électorale, de couvrir lors des élections tous les bureaux de vote... À ce titre, ils supportent les charges inhérentes à ces activités, ainsi que d'autres frais connexes supportés par le candidat. Sachant qu'une part importante des fonds est allouée à la confection des supports publicitaires et autres documents de campagne, et que le parti utilise de son côté une autre partie de ces fonds, le volet attribué au candidat se trouve réduit à une portion congrue.

- absence de sanction pécuniaire, dans la mesure où les candidats astreints au dépôt de l'état des dépenses n'est pas tenu par exemple, dans le cas où un dépassement du plafond des dépenses a été constaté, de verser au trésor public une somme égale au montant de ce dépassement.
- absence de sanction électorale, dans la mesure où le candidat qui n'a pas déposé lesdits documents dans les conditions et délais prescrits ou dont le dossier a été rejeté n'est pas déclaré, par exemple, inéligible pour une durée donnée.
- absence de sanction pénale, enfin, puisque le candidat qui aura dépassé le plafond des dépenses électorales fixé n'est puni ni d'une amende ni d'un emprisonnement.

D'ailleurs, force est de constater que la violation des dispositions législatives en matière de plafonnement des dépenses électorales ne figure pas parmi les infractions prévues et sanctionnées par le titre V du code électoral. S'agit-il d'une simple omission volontaire ou involontaire du législateur ? Dans les deux cas, le but recherché, celui de l'égalité et de la transparence de la vie politique, n'est pas atteint. Ce qui impose l'introduction de réformes législatives en la matière, à l'instar d'autres pays démocratiques, notamment la France qui a mis en place un dispositif très avancé d'aide financière aux partis politiques et de prise en charge des dépenses de campagne, en contrepartie du strict respect de la législation définie. Les manquements à cette législation exposent leurs auteurs à une panoplie de sanctions très dissuasives : sanctions pénales[753] pour les donateurs illégaux et les bénéficiaires de ces dons, amendes et prison) ; sanctions financières[754] : perte du financement public ; retrait d'agrément pour le mandataire financier ; rejet des comptes ; sanctions électorales[755] (des

[753] L'article L. 113-1 du code électoral prévoit une peine d'amende de 3 750 euros et/ou d'emprisonnement d'un an, à l'encontre du candidat qui aura recueilli des fonds sans l'intermédiaire d'un mandataire financier (article L. 52-4) ; ou celui qui a accepté des fonds en violation des dispositions de l'article L. 52-8 ;

[754] Si le juge de l'élection écarte parfois la sanction d'inéligibilité en raison de la bonne foi du candidat, il peut confirmer le rejet à bon droit du compte, conduisant ainsi de fait à l'application de sanctions financières. Ces sanctions se traduisent par le non-remboursement forfaitaire des dépenses aux candidats qui n'ont pas déposé leur compte à temps ou qui ont dépassé le plafond de dépenses ou dont le compte de campagne a été rejeté (art. L. 52-11-1). Si le juge de l'élection constate par une décision définitive un dépassement du plafond légal des dépenses, le candidat est tenu de verser au Trésor public, une somme égale au montant du dépassement (article L. 52-15, dernier alinéa).

[755] L'article L. 118-3 précise que le rôle du juge de l'élection « peut déclarer inéligible le candidat dont le compte de campagne, le cas échéant après réformation, fait apparaître un dépassement du plafond des dépenses électorales ». Si l'inéligibilité prononcée concerne un candidat élu, son élection est annulée, ou si l'élection n'a pas été contestée, il est déclaré démissionnaire d'office.

peines d'inéligibilité qui ont pour effet d'évincer temporairement de la vie politique ceux qui prennent le risque de la fraude) ; ou annulation de l'élection.

### C. Le principe du plafonnement des dépenses électorales : position du Conseil

En matière de plafonnement des dépenses électorales, le Conseil constitutionnel a eu l'occasion de se prononcer sur cette question, dans plusieurs de ses décisions notamment celles n° 205-98, n° 207-98 et n° 252-98 datées respectivement du 11 mai, 21 mai et 12 novembre 1998.

Appelé à se prononcer sur la contestation de la régularité de l'élection de certains membres de la chambre des représentants, le Conseil constitutionnel a statué par le rejet desdites contestations, en particulier le moyen tiré du dépassement du plafond des dépenses électorales. Pour arriver au rejet de ce moyen, le Conseil Constitutionnel a tout simplement souligné que la loi organique relative à la Chambre des Représentants ne prévoit dans aucune de ses dispositions le plafonnement des dépenses électorales.

Les décisions du Conseil constitutionnel marocain font fi des dispositions de l'article 289[756] du code électoral qui prévoit expressément que *« les candidats aux élections générales communales et législatives sont tenus de respecter le plafonnement des dépenses électorales fixé par décret pris sur proposition du ministère de l'Intérieur, du ministre de la Justice et du ministre des Finances ».*

Il découle de cet article qu'un plafond peut être fixé. On se demande bien évidemment sur l'existence d'un décret promulgué à cette occasion et sur le pourquoi d'une attitude pareille envers ce grief. Le code électoral (loi ordinaire) reste alors sans effet juridique du moment où les lois organiques relatives aux deux chambres du Parlement ne fixent pas de plafond aux dépenses électorales dont le dépassement n'est pas de nature à entacher d'irrégularité d'une élection législative.

Une lecture constitutionnelle permet néanmoins de comprendre les raisons ayant conduit le Conseil à cette prise de position. La constitution de 2011 prévoit dans son article 37 (2$^{e}$ alinéa), à propos de la Chambre des représentants, la disposition suivante : *« le nombre des représentants, le régime électoral, les conditions d'éligibilité, le régime des incompatibilités et l'organisation du contentieux électoral sont fixés par une loi organique ».*

---

Ces dispositions sont issues de la loi interprétative n° 96-300 du 10 avril 1996 qui a introduit la possibilité par le juge de l'élection de retenir la bonne foi du candidat pour écarter la sanction électorale.

756 L'article 289 du code électoral prévoit que "les candidats aux élections générales communales et législatives sont tenus de respecter le plafonnement des dépenses électorales fixé par décret pris sur proposition du ministre de l'Intérieur, du ministre de la Justice et du ministre des Finances

La position du Conseil constitutionnel, même si elle est justifiée selon nous d'un point de vue constitutionnel, suscite des interrogations d'ordre juridique. Elle induit ainsi certains effets préjudiciables à la cohérence et à l'applicabilité des dispositions législatives relatives aux élections. En effet, le Conseil n'a pas admis le principe de plafonnement des dépenses électorales au motif qu'il n'est pas prévu par le « régime électoral » de la Chambre des représentants et ne peut en conséquence figurer dans une loi ordinaire.

Il convient de s'interroger par ailleurs, avec un certain étonnement, sur le fait que le code électoral comporte en plus des dispositions relatives au plafonnement des dépenses électorales, d'autres dispositions qui rentrent dans le cadre du régime électoral de la Chambre des représentants, mais dont la constitutionnalité n'a jamais été remise en cause par le Conseil. Il s'agit de celles relatives aux listes électorales générales qui traitent des conditions d'inscription des citoyens sur les listes électorales et des incapacités électorales. Ce même code prévoit des dispositions relatives à l'utilisation des moyens audiovisuels lors des campagnes électorales relatives à l'élection de la Chambre des représentants.

La position du Conseil constitutionnel a créé aussi un certain trouble juridique[757], car il n'a pas pris en compte le principe de plafonnement des dépenses électorales pour les candidats à la Chambre des représentants, alors que ce principe prévu dans le code électoral n'a jamais été déclaré explicitement anticonstitutionnel par le Conseil[758].

Étant donné que le code électoral n'a pas été soumis au Conseil pour en apprécier la constitutionnalité. Ce dernier, arguant que la loi ordinaire n'est pas habilitée à traiter d'une cette question qui relève du domaine de la loi organique, estime que le dépassement du plafond des dépenses électorales n'est pas un motif d'annulation de l'élection du député élu. Cette logique a été largement critiquée par la doctrine qui appelle le Conseil à reconsidérer l'article 45 de la Constitution pour être en phase avec son esprit. En effet, cet article, en englobant le domaine de la loi ordinaire, traite du " régime électoral des assemblées et conseils des collectivités locales".

En effet, le pouvoir discrétionnaire dont jouit le juge constitutionnel pour ne pas annuler une élection comportant des irrégularités entraîne un sentiment de déception des électeurs et des partis politiques qui ont la légitimité de se réclamer lésés par des décisions inéquitables.

En somme, les trois décisions du Conseil constitutionnel marocain ont eu pour effet également de créer a posteriori une situation inégalitaire pour les candidats à la Chambre des représentants, alors que les candidats aux

---

757 Khalid SMOUNI, le contrôle des élections législatives par le Conseil constitutionnel, DAR Bouregrag, 2005, p 289 (arabe)

758 Ahmed ZEJJARI, « le contrôle de la constitutionnalité des lois, REMALD, n° 7, p 54, 1995

élections communales y sont tenus en vertu du code électoral. Cette situation crée un déséquilibre sur un plan de principe entre les deux types d'élections et une incohérence voire un désordre dans le dispositif législatif régissant les élections dans notre pays.

La position du Conseil constitutionnel a enfin pour effet de ne pas prendre en compte un principe fondamental adopté par le législateur qui permet de limiter l'influence de l'argent dans les élections et tend à assurer une égalité entre les candidats aux élections à la Chambre des représentants.

En raison de l'importance de ces décisions et leur impact sur les élections législatives futures, il serait également opportun de soumettre le contrôle des dépenses des candidats au contrôle du Conseil constitutionnel tout en renforçant ses pouvoirs dans le contentieux électoral financier afin de limiter le développement exponentiel des dépenses électorales[759] et assainir le financement des activités politiques. L'intervention du législateur est hautement souhaitable à ce sujet pour corriger ce flou juridique et mettre un terme à un imbroglio qui porte préjudice aux fondements démocratiques de la vie politique du pays.

Il serait également impérieux que notre droit constitutionnel marocain soit adapté au nouveau système de contrôle de la constitutionnalité des lois, à savoir le contrôle par voie d'exception. Ce nouveau contrôle a pour conséquence d'assainir notre arsenal juridique et de faire disparaître de notre droit des lois qui ne sont plus conformes aux exigences juridiques actuelles. De ce fait, le plafonnement des dépenses relatives aux élections législatives est mis en veilleuse, même si l'article 289 du code électoral n'a pas été expressément déclaré non conforme à la Constitution. Pour remédier à cette situation, les pouvoirs publics seront appelés à transposer les dispositions du code électoral relatives aux élections législatives (y compris la question du plafonnement des dépenses électorales), aux lois organiques relatives aux deux chambres du Parlement.

En revanche, si le Conseil constitutionnel n'a évoqué que l'article 289 du code électoral, il n'en demeure pas moins que le gel de cet article entraîne par voie de conséquence le gel d'une série de dispositions du code qui lui sont liées. D'où la nécessité de faire un "toilettage" du code électoral pour en éliminer les aspects relatifs à la Chambre des Représentants et à la Chambre des Conseillers. Les pouvoirs publics doivent profiter de la révision du code électoral pour se conformer à la décision du Conseil Constitutionnel, en présentant les textes qu'il faut dans le sens voulu par le Conseil.

---

[759] A cette fin, le législateur a fixé des plafonds aux dépenses électorales. Ces plafonds varient en fonction des élections et de la population de la circonscription. Voir à ce propos, la loi n° 95-65 du 19 janvier 1995 sur le financement de la vie politique qui est devenu le socle de la législation sur le financement de la vie politique, dont le point d'aboutissement actuel est constitué par les importantes lois du 14 avril 2011.

Enfin, il faut souligner que le contexte actuel marqué par la nouvelle constitution et par la volonté des pouvoirs publics de réaliser des élections libres et transparentes (article 11 de la constitution) tout en luttant contre le pouvoir de l'argent dans la vie politique, permettra d'offrir au Conseil constitutionnel un terrain prolifique pour un contrôle effectif de la régularité du financement des campagnes électorales, en sanctionnant sévèrement toutes les dérives qui seraient constatées et en mettant fin à toute velléité de fraude en la matière.

L'adoption d'une législation innovante en matière de financement des partis politiques instaurant des critères équitables de répartition des contributions de l'État aux partis avec des sources de financement claires, des comptes transparents et des règles strictes régissant les dons privés, sont à notre sens des conditions sine qua non pour garantir la transparence financière de la vie politique.

## § 3. Vers l'adoption d'une législation novatrice sur le financement de la vie politique

Le financement public doit être entendu dans une perspective large dépassant les allocations versées aux candidats et les dotations permanentes des partis politiques. Il doit déboucher sur un véritable système régulant en amont les ressources des partis politiques et en aval le contrôle des dépenses des partis afin d'aboutir à une moralisation véritable de la vie politique ainsi qu'à une transparence de la gestion des partis et, par ricochet, a une plus grande appropriation citoyenne des partis et à une plus grande implication des citoyens dans la vie politique du pays.

La nécessite d'une législation innovante s'avère de plus en plus pressante en l'état actuel du développement de notre démocratie pluraliste. Les réformes à introduire concernent à la fois l'amélioration des textes actuels, et l'édiction de dispositions relatives à des domaines non couverts par la loi. En effet, le principal défaut de la législation actuelle est qu'elle met l'accent sur le contrôle a posteriori des dépenses électorales, et néglige totalement la question des ressources autres que publiques.

Les mesures à adopter doivent concerner à la fois les dépenses et les recettes. À ce niveau, il y a lieu d'astreindre les partis politiques et les candidats à tenir une compatibilité de leur campagne électorale d'une part, et de définir les conditions du financement privé des partis politiques d'autre part. En d'autres termes, la réglementation du financement de la vie politique doit neutraliser les effets de l'utilisation abusive de l'argent dans la conquête et l'exercice du pouvoir. Candidats, formations politiques, élus et électeurs doivent être protégés contre toute tentative de corruption. Pour satisfaire cette finalité, la législation sur le financement des campagnes électorales doit remplir quatre objectifs : circonscrire les dépenses électorales dans des limites définies de façon objective, garantir aux candidats un seuil minimum de moyens financiers publics pour mener leur campagne électorale, leur imposer une transparence rigoureuse en ce qui concerne leurs ressources et leurs dépenses et veiller au respect de cette législation en prévoyant un contrôle strict et des sanctions dissuasives.

### A. Le contrôle des comptes

En dehors du mécanisme prévu par la loi pour contrôler les dépenses de la subvention publique à l'occasion des campagnes électorales, les partis politiques doivent être obligés de tenir une compatibilité retraçant tous les comptes du parti ainsi que ceux de tous les organismes, sociétés ou entreprises dans lesquels le parti peut légalement investir et dont il détient la moitié au moins du capital, où y exerce un pouvoir prépondérant de décision ou de gestion. Ces comptes doivent être arrêtés chaque année, certifiés par un ou plusieurs commissaires aux comptes et déposés au début de l'année suivant celle de l'exercice auprès de la commission de vérification ou d'une autre commission qui sera créée à cet effet.

Cette nouvelle approche doit permettre de mettre fin aux dysfonctionnements et aux errements constatés ces dernières au niveau de la gestion et de la tenue d'une comptabilité interne des partis politiques. Le dispositif de contrôle doit être renforcé et étendu à l'ensemble des pièces justificatives des recettes et des dépenses surtout lorsque l'on sait la facilité avec laquelle des pièces justificatives peuvent être produites[760] (mémoires d'honoraires, factures ou bien en présence de factures non numérotées, non datées, non libellées au nom du candidat, ne faisant pas état des informations relatives au fournisseur, au mode de règlement, manque d'informations détaillées sur les sources de financement des campagnes électorales des candidats…)

À cet égard, il y a lieu d'appliquer fermement les dispositions de la nouvelle loi organique de 2011 régissant les partis politiques, qui a imposé à ces derniers la tenue annuelle de leur comptabilité certifiée par un expert-comptable inscrit à l'ordre des experts-comptables et conservation des pièces comptables pendant dix ans[761]. Le contrôle pourrait être amélioré, en obligeant les partis politiques d'avoir par exemple des comptes de campagne

---

[760] Il est à signalé selon le rapport de la Cour des comptes que vingt-neuf (29) partis politiques ont bénéficié de la participation étatique au financement de leurs campagnes électorales. Parmi ces partis, dix-huit (18) ont adressé à la Cour leurs pièces justificatives dans les délais réglementaires.

[761] Selon le rapport de la Cour des comptes susvisé, la vérification des comptes des partis politiques a permis de constater que seuls quatorze (14) partis ont produit lors des élections de 2011 des comptes certifiés par un expert-comptable inscrit au tableau de l'ordre des experts-comptables, et ce conformément aux dispositions de l'article 42 de la loi organique n° 29-11 des partis politiques

spécifiques (compte bancaire), ce qui permettrait de mieux cerner l'origine des ressources et la nature des dépenses.

Ainsi, tout versement de sommes en numéraire supérieures ou égales à 10 000 dirhams pour le compte d'un parti politique doit se faire par chèque bancaire ou chèque postal. Toute dépense en numéraire dont le montant est supérieur ou égal à 10 000 dirhams, effectuée pour le compte d'un parti politique doit se faire par chèque. La Cour des comptes contrôle la comptabilité des partis qui est obligatoirement envoyée au plus tard le 31 mars de chaque année[762]. Le contrôle de la Cour s'exerce sur la légalité des dépenses au titre de la subvention de l'État ainsi que de ses recettes et dépenses globales.

C'est dans cette optique que s'inscrivent les recommandations de la Cour des comptes[763] qui propose l'adoption d'un modèle unifié de l'état des dépenses engagées par les candidats et de l'état détaillé de leurs sources de financement ; l'incitation des partis politiques et leurs candidats à respecter les lois et règlements en vigueur en ce qui concerne la production des déclarations ou la justification des dépenses (production des bons de livraison ou des factures datées, numérotées au préalable et libellées au nom du candidat concerné et comportant toutes les informations nécessaires notamment le prix, les quantités et la nature des marchandises ou services, le prix unitaire, le montant de la TVA, l'identification fiscale du fournisseur, les montants versés ainsi que les justificatifs de l'acquit, le mode de règlement (numéro du chèque ou du virement bancaire) la date de paiement… etc.

Par ailleurs, le législateur organique a prévu des sanctions pénales, alors qu'il aurait dû également prescrire des sanctions administratives qui priveraient le parti politique condamné (en fait ses représentants) du bénéfice de nouvelles subventions pour une durée déterminée[764].

Un autre dysfonctionnement a trait au patrimoine des partis, inscrit parfois au nom du leader. L'opacité des textes de loi est accentuée ainsi par la culture politique des partis. D'où la nécessité impérieuse d'établir l'enregistrement du patrimoine du parti en son nom en tant que personne morale et d'intégrer comptablement ce patrimoine dans les avoirs propres du parti. Il faudrait également instaurer des règles claires de financement électoral, basées sur la séparation entre le financement du parti et le

---

[762] Selon le même rapport, parmi les trente-cinq (35) partis légalement constitués, vingt et un (21) partis ont présenté leurs comptes à la Cour des comptes au titre de l'année 2011 : Huit (08) Partis ont produit leurs comptes dans les délais fixés par l'article 44 de la loi organique n° 29-11 relative aux partis politiques, treize (13) partis ont produit leurs comptes en dehors des délais prescrits et enfin quatorze (14) partis n'ont pas produit leurs comptes annuels à la Cour des comptes

[763] Voir à ce propos la synthèse des rapports relatifs aux partis politiques réalisés par la Cour des Comptes Octobre 2013

[764] L'exemple de la France est un éloquent modèle à suivre à ce sujet

financement de la campagne électorale. Il est de même préconisé de fixer un plafond de dépenses pour chaque élection de mettre en place une autorité autonome chargée de suivre le financement des partis politiques et des campagnes électorales et de soumettre les données s'y rapportant au contrôle du juge constitutionnel électoral.

Dans le cadre de la réforme à venir, il faudra préciser si le plafond des dépenses de campagne concerne l'ensemble de la liste ou chaque candidat en particulier. Dans tous les cas, le compte de campagne doit retracer en recettes les apports personnels des candidats, et en dépense les sommes consacrées directement au financement de leur campagne par le parti de rattachement. Ces deux éléments doivent nécessairement être comptabilisés pour vérifier le respect du plafond, sinon le principe d'égalité ne sera pas respecté. En dépenses, le compte des candidats doit retracer, selon leur nature, l'ensemble des dépenses électorales engagées ou réglées par eux-mêmes ou pour leur compte.

Quoi qu'il en soit, le dépôt des comptes et le délai du dépôt doivent devenir des règles impératives sanctionnées expressément par la loi[765]. Il faut prévoir comme indiqué auparavant, des sanctions spécifiques en cas de dépassement du plafond par les candidats. À cet égard, il serait judicieux de s'inspirer des expériences des grandes démocraties, notamment l'expérience française qui a prévu à ce sujet trois sanctions : premièrement, la sanction comptable à retentissement financier (le rejet du compte, la perte du droit au remboursement des dépenses) ; deuxièmement, des sanctions électorales à savoir une peine d'inéligibilité d'un an[766] ; l'annulation de son élection ou la démission d'office s'il a été élu) ; enfin le non-respect de ces règles entraîne une sanction financière spécifique : l'obligation de verser au Trésor public une somme égale au montant du dépassement du plafond, cette sanction étant applicable seulement dans l'hypothèse où ce dépassement serait de l'ordre de 8 % à 10 % du plafond des dépenses[767].

---

[765] On sait que l'article L. 52-4 du code électoral français fait obligation aux candidats de régler les dépenses de campagne qu'ils exposent en vue de l'élection par l'intermédiaire d'un mandataire financier qui peut être une personne physique ou une association de financement électoral(e). Il leur est donc interdit de procéder eux-mêmes directement au règlement de ces dépenses

[766] On peut souligner à cet égard que l'inéligibilité est modulable dans le temps. Le législateur de 2011 a incontestablement voulu que, quand il décide de déclarer un candidat inéligible, le juge de l'élection puisse « moduler » l'inéligibilité dans le temps, c'est-à-dire de la faire varier dans le temps, sans que le maximum de cette sanction dépasse, non pas un an, comme dans le dispositif jusqu'alors applicable, mais 3 ans. De telle sorte que, on peut le penser en tout cas, lorsqu'elle sera prononcée, la durée de l'inéligibilité dépendra selon toute vraisemblance de la gravité de la règle transgressée, d'une volonté de fraude de contourner la loi. Au 31 octobre 2012, ni le Conseil constitutionnel, ni le Conseil d'Etat n'ont rendu de décisions relatives à la modulation dans le temps des inéligibilités (voir B Maligner op. cité)

[767] C'est de cette sanction qu'a, par exemple, été frappée une personnalité politique très connue, M. Jack Lang en 1993. Voir à ce propos la décision du Cons. const. 9 déc. 1993, nos 93-1328-1487, AN Loir-et-Cher, 1re circ. : JO 10 déc., p. 17197 ; AJDA 1994. 226, note

**B. Le contrôle du financement privé des partis politiques**

De façon générale, il est admis que la subvention accordée par l'État aux partis politiques pour financer leurs campagnes électorales a pour finalité d'assurer, autant que possible, leur indépendance à l'égard des groupes d'intérêts privés. C'est là un argument d'ordre politique qui doit être conforté par le droit.

Il convient de souligner que la loi organique n° 29-11 sur les partis politiques a réglementé le financement privé des partis politiques. Ce financement est constitué des cotisations des membres, des dons, legs et libéralités en numéraire ou en nature, qui ne peuvent dépasser toutefois pour chacun d'entre eux et par an les 100 000 dirhams. À cela s'ajoutent revenus liés aux activités sociales et culturelles du parti. On constate que la loi n'interdit pas les dons provenant du secteur privé : Sociétés commerciales, industrielles ou financières, contrairement à certains pays démocratiques comme la Belgique[768], la Pologne[769], la Bulgarie, la France, la Grèce, l'Ukraine, le Canada...) qui ont interdit ou appliquent des restrictions aux dons privés des entreprises, et ce afin de soustraire les partis à l'influence des sociétés commerciales ou financières.

En Espagne, rien n'interdit à une entreprise de faire des dons à un parti politique. Toutefois, la loi établit quelques limites à cette possibilité : les partis ne peuvent pas recevoir d'argent d'entreprises privées prestataires de service pour le compte de l'administration publique. Par ailleurs l'argent versé doit être inscrit dans un compte spécialement ouvert à cet effet. La somme maximum autorisée, tant pour les personnes physiques que morales, est de 100 000 euros par an. Les dons anonymes sont interdits. Cette législation relativement souple n'empêche cependant pas les scandales. Le financement occulte des partis est ainsi, depuis un an et demi, au cœur de l'actualité avec l'affaire « Gürtel[770] ». La Justice espagnole enquête sur un

---

Maligner : cas de M. Jack Lang et Cons. const. 24 nov. 1993, nos 93-1321-1498, AN Paris, 19e circ. : JO 27 nov., p. 16409 ; AJDA 1994. 224, note Maligner (17,79 %, taux révisé à la baisse et fixé à 12,71 % à la suite de l'admission d'un recours en rectification d'erreur matérielle par Cons. const. 17 déc. 1993, nos 93-1321-1498, AN Paris, 19e circ. : JO 23 déc., p. 17936), cas de M. Jean-Pierre Pierre-Bloch.

768 La Belgique a purement et simplement interdit les dons des sociétés privées.

769 Dans le même ordre d'idée, dans un effort de limitation de l'influence du financement ploutocratique, la Pologne a récemment décidé d'interdire les dons des organisations, fondations et associations de la société civile.

770 L'affaire Gürtel ou cas Gürtel est une affaire politico-financière faisant suite à l'enquête menée à partir de février 2009 par le juge de l'Audiencia Nacional d'Espagne Baltasar Garzón, toujours en cours d'instruction et qui implique un présumé réseau de corruption lié au Parti populaire espagnol (PP). De nombreuses entreprises bénéficiaient de contrats publics contre des pots-de-vin aux édiles du PP, principal parti d'opposition. Un réseau occulte de financement illégal et organisé, baptisé réseau Gürtel, dont l'épicentre se situerait dans la région de Valence dirigée par Francisco Camps, actuellement dans la ligne de mire de la Justice, pour avoir personnellement perçu des « petits cadeaux » de la part d'entreprises. Dernier rebondissement : début juillet c'est l'antenne locale du PP à Alicante qui est, à son

système complexe de corruption destiné à financer illégalement le Parti populaire. En Grande-Bretagne, la législation électorale est très permissive en matière de financements des partis politiques. N'importe quel individu, entreprise, syndicat et même association caritative est autorisé à verser les sommes qu'il désire aux partis, sans aucun plafond[771].

Au Maroc et jusqu'à une date récente, les partis politiques se cachaient derrière le Dahir du 15 novembre 1958, présenté comme une épée de Damoclès qui interdisait aux partis d'avoir des biens ou des comptes bancaires enregistrés au nom du parti. Le patrimoine de chaque parti dépendait du bon vouloir de son leader, puisqu'il est enregistré en son nom[772]. Par ailleurs, l'article 38 de la loi organique n° 29-11 sur les partis politiques interdit à ces derniers de recevoir toute subvention directe ou indirecte des collectivités territoriales, des établissements publics, des personnes morales de droit public ou des sociétés dont le capital est détenu, en totalité ou en partie, par l'État, les collectivités territoriales, les établissements publics, des personnes morales de droit public ». Toutefois, cet article ne précise pas si le délit de financement illicite d'un parti doit être considéré comme simple infraction administrative ou s'il s'agit au contraire d'une infraction pénale qui relève de la compétence d'une juridiction répressive. Il existe, par ailleurs, une ambiguïté quant à l'objectif poursuivi par le législateur. Deux points de vue s'opposent : soit il s'agit simplement d'inciter à la moralisation des rapports entre les partis politiques et l'argent public, soit il s'agit d'imposer l'assainissement des recettes des partis et d'interdire par conséquent toute subvention d'origine suspecte. Si tel est l'objectif poursuivi par le législateur à travers l'article 38 de la loi, il nous paraît manifestement illusoire : les dons des personnes privées agissant en réalité comme des intermédiaires de personnes de droit public auraient dû être eux aussi interdits, surtout si les dons proviennent de sociétés qui exercent une activité lucrative liée aux commandes publiques.

---

tour, suspectée d'avoir touché des pots-de-vin. Insuffisant toutefois pour faire sortir le chef de fil de la droite, Mariano Rajoy, de son mutisme obstiné. Le principal parti de droite n'est pas le seul à être soupçonné de tremper dans des affaires de financement occulte. C'est également le cas de la fédération de partis politiques catalans du centre et catalanistes (CiU), dont l'un des partis fondateurs pourrait avoir, lui aussi, reçu des commissions sur la concession de travaux publics.

[771] Malgré la quasi-absence de contrôle du financement des partis politiques, un énorme scandale a ébranlé la crédibilité du parti conservateur de David Cameron en mars dernier. Lord Ashcroft, le président adjoint du parti et également son principal donateur, avec plus de dix millions de livres sterling (à l'époque 15 millions d'euros) versées entre 2000 et 2009, a reconnu ne pas payer l'intégralité de ses impôts en Grande-Bretagne comme il l'avait promis en 2000. Une enquête a donc été lancée par la commission électorale sur la légalité de ses dons et ceux réalisés via l'une de ses sociétés. Elle a rapidement conclu que ceux-ci étaient légaux, même si éthiquement l'opinion publique en a jugé différemment.

[772] On se rappelle du chantage odieux exercé par Osman qui refusait d'abandonner le siège du RNI comme il a exigé d'avoir un quitus avant de lâcher les finances du parti.

Ainsi on peut avancer que les règles destinées à encadrer le financement des partis politiques semblent a priori inefficaces. L'éventualité d'un financement occulte n'a pas été envisagée par le législateur organique qui n'a accordé aucune attention aux connivences qui pourraient exister entre élus d'un parti et leurs pourvoyeurs de fonds illicites.

Or, l'expérience de nombreux États[773] montre qu'il existe des allocations illicites de ressources financières qui excédent les limites du financement officiel des partis. C'est pourquoi le législateur organique aurait dû faire la distinction entre les dons désintéressés, motivés par la conviction ou la sympathie, et les dons fournis en échange d'un service ou d'un avantage lorsque les membres d'un parti détiennent un pouvoir de décision. Malheureusement, le Conseil constitutionnel n'a pas fait preuve de réactivité quant à l'interprétation des dispositions relatives au financement privé des partis politiques ou à leur gestion interne et organisation.

À l'examen du dispositif de la décision du Conseil, on constate que le « considérant- balai » est utilisé afin de déclarer que les dispositions non examinées dans la décision ne sont pas contraires à la constitution[774]. Or cette technique du « considérant- balai » nous paraît particulièrement inadaptée pour l'examen des lois organiques.

Selon la doctrine, l'idée que le contrôle de constitutionnalité puisse ne pas porter sur la loi dans son intégralité « comporte un risque important d'insécurité juridique, laissant dans l'ombre du contrôle certains articles de la loi » selon Guillaume DRAGO et Nicolas MOFLESSIS[775]. Quand le Conseil constitutionnel refuse d'examiner l'ensemble de la loi organique qui lui est soumise, il est permis de s'interroger sur l'existence d'un « déni de justice constitutionnelle ». Le fait que certaines dispositions de la nouvelle constitution soient ambiguës et obscures doit au contraire inciter le Conseil constitutionnel à faire preuve de perspicacité et d'adopter des décisions plus subtiles et plus nuancées.

Il convient néanmoins de se féliciter de l'essor significatif du droit du financement des partis politiques. Cette matière autrefois marginale apparaît aujourd'hui incontournable.

Cependant l'existence d'un cadre normatif minimum s'impose. Ce cadre inclut généralement une réglementation plus ou moins restrictive des contributions privées (plafonnement des dons, exclusion de certains donateurs, prohibition des dons anonymes) et des mesures de transparence

---

[773] La France a incité en revanche les pouvoirs de l'hexagone depuis la loi organique de 1988 a couper le pont entre l'argent des entreprises et les caisses politiques, en interdisant définitivement aux personnes morales -quelles qu'elles soient- de prendre part au financement de la vie politique, comme ils ont plafonné les dépenses électorales pour assurer notamment plus d'égalité entre les candidats, indépendamment de leur fortune personnelle

[774] « Déclare que les autres dispositions des articles de la loi organique n° 29-11 relative aux partis politiques ne sont pas contraires à la constitution... »

[775] Chronique constitutionnelle, in revue « justice », Ed, Dalloz, 1996, p310.

(reddition des comptes, publicité). Le contrôle devrait s'exercer par le biais d'une autorité distincte des partis, telle que la commission administrative indépendante, après que les comptes eussent été vérifiés par des professionnels de la comptabilité (experts comptables, commissaires aux comptes). Enfin des sanctions – à l'efficacité certes très variable- viennent réprimer les manquements aux obligations légales de la part des partis ou des donateurs. Pour l'avenir, les législations qu'elles soient relatives aux partis ou à la lutte contre la corruption- devront encore relever les défis d'un monde globalisé dans lequel, notamment, la complexification des circuits de la finance internationale rend toujours plus délicate la mise au jour d'opérations dissimulant les financements occultes des partis politiques[776].

[776] Le démantèlement difficile de filières financières liées au financement occulte d'activités criminelles ou terroristes démontre déjà la difficulté du défi à relever.

# CONCLUSION DU CHAPITRE 2

Les opérations préliminaires aux élections sont caractérisées par leur diversité. Elles interviennent en amont du scrutin lui-même.

Il faut toutefois tenir compte des remarques du doyen Vedel sur la délimitation précise de cette notion d'actes préparatoires[777] et préciser qu'il s'agit de tous les actes administratifs qui constituent le préalable à l'élection elle- même et qui exercent une influence sur la sincérité du scrutin[778].

Ces opérations préparatoires sont celles relatives à la convocation des électeurs, au découpage électoral, à l'établissement des listes électorales, à l'enregistrement des candidatures et enfin la campagne électorale. Leur contrôle revêt une importance cruciale que celui des opérations matérielles du scrutin, car ces actes juridiques émanent dans la plupart des cas d'autorités administratives qui peuvent à ce titre céder à la tentation de subjectivisme politique[779].

De nature protéiforme, le contentieux préélectoral reste un problème complexe et opaque pour le justiciable En effet, si le contentieux « postélectoral » peut paraître ne soulever aucune difficulté, le contentieux « préélectoral » est souvent l'objet d'un contrôle minimum, restreint ou laissé dans l'ombre[780].

S'agissant des griefs inhérents aux rejets de candidature par les autorités compétentes qui soulèvent le plus grand nombre de saisines devant le Conseil constitutionnel marocain. Il convient de rappeler que le contentieux relatif au rejet de candidature est réglé par le tribunal de 1ére instance. La décision de ce dernier ne peut être contestée que devant le Conseil constitutionnel saisi de l'élection. En effet, les contestations relatives au rejet

---

[777] George Vedel, J.C.P., 1952, I, 6810 ; ''Tous les évènements s'enchaînant dans notre monde, pour que le terme de préliminaire ait un sens, il faut entendre '' préliminaire nécessaire'' faut de quoi la nomination d'un préfet est le préliminaire d'une opération électorale, puisque c'est le préfet qui reçoit des déclarations de candidature.

[778] R.Ghevontian, Un labyrinthe juridique : le contentieux des actes préparatoires en matière d'élections politiques, op.cit. p 794.

[779] V en ce sens R. Ghevontian, ibid, p 795 : l'auteur affirme qu'il est nécessaire de mettre le citoyen à l'abri de l'arbitraire de ce pouvoir dont la stabilité et la survie dépendent précisément du résultat des élections.

[780] Cf.F. Delpérée, « Le contentieux électoral en Europe », C.C.C. 13.

des candidatures ne peuvent être invoquées par le requérant que comme moyen constituant une irrégularité influençant les résultats du scrutin. Il serait donc loisible d'accorder aux candidats dont la candidature a été rejetée par le gouverneur de déférer dans l'immédiat leurs requêtes devant le Conseil constitutionnel pour que ce dernier statue dans un délai de 48 heures, et ce dans le but d'esquiver la dilapidation des fonds et du temps.

De même, il convient de souligner que le Conseil constitutionnel marocain n'a pas la plénitude de compétence en matière du contentieux des listes électorales[781]. Les contestations des listes qui sont examinées et tranchées par le juge administratif. Cependant, le Conseil constitutionnel est susceptible de retenir des irrégularités dans l'établissement des listes électorales si celles-ci sont constitutives de manœuvres susceptibles de porter atteinte à la sincérité du scrutin.

Au terme de cet examen de la jurisprudence relative aux actes préliminaires, le constat est de celui d'une grande confusion qui nécessite un travail important de rationalisation. Cette situation est n'est certainement pas meilleure, en termes de saine administration de la justice, que celle du vide juridique. La situation est même de plus en plus ''obscure''.[782] Car aucun interlocuteur ne s'impose réellement pour le requérant qui anticipe sur le déroulement des élections. Par ailleurs, il faut absolument éviter qu'une contrariété entre le Conseil constitutionnel et le juge administratif ne succède au risque de déni de justice auquel s'exposaient les justiciables

L'éclatement de la justice électorale entre plusieurs organes rend la procédure contentieuse complexe. D'où la nécessité pour le législateur de gommer toutes les aspérités, en clarifiant la répartition des compétences entres les organes impliqués, afin de pallier un traitement malléable du contentieux électoral qui pourrait se révéler, non comme un instrument d'efficacité, mais plutôt comme une boîte de pandore, inaccessible aux électeurs peu habitués à la pratique processuelle[783].

S'agissant des campagnes électorales des candidats, il convient de souligner que la législation en la matière est aujourd'hui la plus laconique dans le droit électoral et son application par le juge électoral ne répond guerre à l'exigence du principe d'égalité des conditions de la compétition.

Le code électoral en est resté à une conception vétuste qui était à une époque valable, mais qui semble aujourd'hui anachronique.

Le système de contrôle des campagnes électorales pâtit de plusieurs lacunes et limites :

---

[781] Najib BA MOHAMMED, « Le Conseil constitutionnel et les élections », op. cit., p. 35.

[782] R Ghevontian, intervention lors du VIII cours international de justice constitutionnelle : constitution et élections, Aix-en-Provence, 9-12 septembre 1996, dans AIJC 1996, op. cité p.408.

[783] Mamadou SÈNE la juridictionnalisation des élections nationales en Afrique noire francophone: les exemples du Bénin, de la Côte d'Ivoire et du Sénégal. Analyse politico-Juridique, thèse soutenue à l'université de Toulouse en 2017

- La propagande n'a pas de bornes pendant la campagne et leur franchissement ne peut être sanctionné qu'après l'élection.
- L'examen de la pratique jurisprudentielle révèle également de grandes difficultés pratiques inhérentes à la preuve de la fraude, à l'imputabilité de la fraude à un candidat précis et à l'incidence des manœuvres frauduleuses sur le résultat du scrutin. En somme, Les fraudes de faible ampleur passent souvent inaperçues et bénéficient d'un laxisme, cet état d'esprit donne naissance à une complaisance avérée à même de bercer confortablement les aspirations des fraudeurs.
- Le caractère lacunaire de la législation en matière de plafonnement des dépenses des candidats. Le législateur marocain n'a pas réglementé les dépenses électorales ; il ne leur a pas assigné un plafond. De même, ces dépenses échappent au contrôle de la juridiction constitutionnelle.

Toutefois, ces insuffisances significatives mériteraient d'être comblées à travers la mise en place d'une réglementation efficace et d'un juge compétent pour trancher à temps les litiges et prévenir les dérives perdurées lors des campagnes électorales qui ne font qu'altérer l'image de notre démocratie.

Il serait également opportun que le contrôle du financement des campagnes électorales des partis politiques soit enfin réglementé et que son suivi soit confié à la juridiction constitutionnelle, à l'instar de la législation française qui prévoit une commission nationale des comptes de campagne et des financements politiques, autorité administrative indépendante[784].

---

[784] La commission a été créée par la loi n° 90-55 du 15 janvier 1990 relative à la limitation des dépenses électorales et à la clarification du financement des activités politiques. Elle a été mise en place le 19 juin 1990. Selon l'ordonnance n° 2003-1165 du 8 décembre 2003 portant simplifications administratives en matière électorale, cette commission est une autorité indépendante composée de neuf membres : hauts magistrats, sont nommés pour cinq ans renouvelables par décret du Premier ministre. Trois membres sont nommés sur proposition du vice-président du Conseil d'État, trois sur proposition du Premier président de la Cour de cassation et trois sur proposition du Premier président de la Cour des comptes. Ils élisent leur président qui nomme un vice-président. Il ne peut être mis fin à leur mandat (sauf démission ou décès).

# CONCLUSION DE LA PARTIE I

Cette partie comprend deux chapitres :

Le premier est consacré à la compétence électorale du juge constitutionnel. Il permet de déterminer son champ d'action et d'examiner la procédure gouvernant le contentieux électoral.

Le contentieux électoral obéit à des règles précises, parfois complexes, mais souvent mal connues concernant la recevabilité des requêtes, l'instruction, le jugement des requêtes et les voies de recours. Le juge dispose de pouvoirs étendus qui lui permettent d'annuler une élection, d'en rectifier les résultats et de sanctionner sévèrement toutes les manœuvres ou fraudes influençant le résultat du scrutin.

Le deuxième chapitre traite des mécanismes de contrôle de la haute juridiction constitutionnelle sur les actes préliminaires à l'élection ainsi que les formations juridictionnelles qui y prennent part. Ces actes se réfèrent ainsi à une très grande diversité d'actes notamment l'établissement des listes électorales, l'enregistrement des candidatures et les campagnes électorales des candidats. Elles interviennent en amont du scrutin lui-même et déterminent les conditions dans lesquelles l'élection va se dérouler et par la même exercent une certaine influence sur les résultats du scrutin.

Une attention particulière a été également consacrée à la question du financement des campagnes électorales et des partis politiques au Maroc et en droit comparé quant à eux ne sera pas en reste.

# PARTIE II

## La politique de contrôle des opérations électorales par le juge constitutionnel

Les élections représentent un moment décisif de la démocratie dans la vie politique d'un État. La tenue d'une élection entraîne inévitablement l'existence d'une phase électorale relative au déroulement du vote et une phase postélectorale qui permet de contester la validité des résultats et de réclamer l'annulation de l'élection.

Le contentieux électoral vise le refus de la défaite. Il ouvre la voie à la recherche dans le prétoire de ce qu'on n'a pas pu obtenir dans l'isoloir[785]. Le contrôle de la régularité du scrutin suppose inéluctablement celui de sa loyauté et de sa sincérité. Ainsi, le juge électoral sanctionne les irrégularités commises pendant le déroulement du scrutin. Il dispose à cet égard, d'une grande liberté pour apprécier et sanctionner les irrégularités constatées.

Le Conseil constitutionnel marocain a dès lors, la lourde mission de garantir l'expression libre et inaltérée du suffrage, et de trancher les contentieux qui lui sont soumis. Il exerce à cet effet, une compétence exclusive sur le contrôle de la régularité des élections, et connaît des réclamations ou contestations relatives aux opérations postélectorales. Il est le juge des résultats, et « se réserve le contrôle de ce qui constitue le cœur de l'opération électorale »[786].

Dans cette partie, il sera question d'aborder le contrôle qu'exerce le Conseil constitutionnel sur les opérations électorales proprement dites (depuis l'organisation matérielle du scrutin jusqu'à la proclamation des résultats) afin de bien cerner son pouvoir jurisprudentiel dans l'interprétation des faits et amorcer une politique jurisprudentielle ambitieuse au service de la consolidation de l'État de droit et de la démocratie (chapitre 1).

---

[785] DELPEREE F., Le contentieux électoral, op. cit, p. 7 cité par Diane Mandeng. La procédure contentieuse en matière électorale op cité

[786]ARDANT P., « Le contentieux devant le Conseil constitutionnel et conseil d'État », op. cit., p. 59.

Le chapitre 2 prétend dresser un bilan du juge constitutionnel marocain en matière électorale et mettre en lumière les méthodes de travail de la haute juridiction, ses limites et ses grandes orientations jurisprudentielles. L'ultime objectif est de pouvoir, in fine, esquisser une politique jurisprudentielle pour un futur proche portant sur l'examen du rapport régularité versus sincérité du scrutin.

# CHAPITRE 1

## Le contrôle strict du déroulement des opérations électorales

Quels sont les actes qui sont contrôlés par le juge des opérations électorales ? Concernant le contentieux du résultat, il s'agit en toute logique des actes constitutifs de l'élection stricto sensu, c'est-à-dire de ceux ayant trait au déroulement du scrutin.Le contentieux des résultats couvre les opérations qui concourent à l'expression du suffrage des électeurs et se rapporte aux matières relatives au fonctionnement des bureaux de vote, au déroulement des opérations du vote et de son dépouillement, à l'élaboration des procès-verbaux et à la proclamation des résultats.Pour le Doyen Francisco Djedjro Meledje, les opérations de vote, de dépouillement des votes et de proclamation des résultats constituent des âtres de vives contestations en Afrique[787]. La mission du juge électoral consistera en l'espèce à garantir le plein exercice du droit de vote des citoyens en veillant à une stricte application des règles qui l'encadrent et à la garantie de la sincérité du vote. Le véritable défi du juge constitutionnel se trouve à ce niveau, car le contentieux des résultats stricto sensu occupe une place importante dans les conflits électoraux. Dans le cadre de ce contentieux, le premier travail du Conseil constitutionnel consiste à cerner aux mieux les faits ayant pu entacher le déroulement du scrutin.Son second travail revient en effet à décider si ces irrégularités ou manœuvres frauduleuses, une fois établies avec certitude, ont pu modifier les résultats du scrutin, justifiant ainsi l'annulation de l'élection contestée. La politique jurisprudentielle du conseil dont le principe de l'influence déterminante apparaît comme l'élément central, tient donc des circonstances particulières à chaque élection. De nombreuses requêtes sont rejetées sans instruction, car elles contiennent des griefs dont la réalité ne repose sur aucun commencement de preuve ou qui manifestement, ne peuvent avoir aucune influence sur les résultats de l'élection. Pour que le juge de l'élection examine la réclamation,

[787] MELEDJE D. Fr., « Le contentieux électoral en Afrique », op. cit., p. 147.

il faut donc que le requérant établisse non seulement la réalité des faits allégués, mais aussi que ces faits soient de nature à influencer le résultat final de l'élection.

Le juge électoral apprécie souverainement les faits et les preuves. Il demeure libre des moyens de former sa conviction. Il lui appartient d'apprécier la force probante des divers documents portés à sa connaissance. Le juge bénéficie d'une grande liberté pour apprécier les conséquences à tirer des irrégularités qu'il constate.

Garant de la sincérité du scrutin, le contentieux des résultats est un instrument incontournable permettant d'assurer la crédibilité de la consultation électorale et la détermination du candidat vainqueur. Le rôle du juge de l'élection consiste à cet effet à assurer la régularité, la sérénité et la sincérité des résultats. Il veille à la régularité de l'ensemble du processus électoral.

Allons-nous aborder dans le présent chapitre les mécanismes du contrôle des opérations électorales proprement dites, et ce à travers l'analyse juridique des textes et de la jurisprudence. Il sera également question de dresser une typologie des fraudes et stratagèmes auxquels recourent, le plus souvent, les candidats ou les autorités locales dans le but d'agir sur la volonté des électeurs ; qu'il s'agisse des manœuvres frauduleuses, de la corruption ou de la contrainte sous différentes formes. Enfin, les obstacles à la lutte contre la fraude seront passés au peigne fin avant de proposer quelques pistes de réflexion à même de permettre son éradication.

## SECTION 1. L'ORGANISATION MATÉRIELLE DU SCRUTIN

L'émergence d'un contentieux des résultats apparaît salutaire en ce qu'il permet un contrôle juridictionnel du déroulement du scrutin afin d'éviter que ce dernier soit organisé sur des bases irrégulières. Il est important que le résultat des élections soit l'expression fidèle de la volonté du peuple. Pour cela, le déroulement du scrutin doit être strictement encadré, à un moment où l'intention des électeurs peut être facilement détournée. Des règles précises régissant la composition des bureaux de vote, la réglementation de leur horaire, le rapport à l'urne et à l'isoloir et enfin les opérations de dépouillement sont impératives. En outre, les procédures de vote doivent être à la fois fiables et permettre au plus grand nombre d'électeurs d'exercer leur devoir civique. Enfin, afin de s'assurer du bon déroulement du scrutin, un contrôle objectif des opérations de vote doit être autorisé.

### § 1. Les bureaux de vote

Les opérations électorales se déroulant sous l'autorité des bureaux de vote, chacun correspondant à un secteur géographique, le gouverneur détermine en vertu de l'article 67 de la loi n° 31-97, les endroits où fonctionnent les bureaux de vote.

Avant l'ouverture des opérations de vote, les membres du bureau disposent des bulletins des candidats, vérifient que l'urne est vide et procèdent à sa fermeture. Lors des opérations de vote, le bureau veille au respect du Code électoral en contrôlant l'identité[788] et l'inscription sur la liste électorale de chaque électeur, son passage obligatoire par l'isoloir, l'introduction par l'électeur d'une unique enveloppe dans l'urne, l'émargement de l'électeur (ou de son mandataire en cas de vote par procuration).

Après la clôture du scrutin, le bureau procède au dénombrement des émargements, à l'ouverture de l'urne, vérifie que le nombre des enveloppes correspond à celui des émargements. Ensuite ont lieu le dépouillement des bulletins de vote et le décompte des suffrages en présence de scrutateurs (électeurs présents).

Après la rédaction définitive du procès-verbal par le secrétaire, le président du bureau de vote proclame les résultats et les fait afficher dans la salle de vote. Le bureau de vote statue sur toutes les questions que soulèvent les opérations électorales, ses décisions sont mentionnées au procès-verbal desdites opérations[789]. Le président assure la police et le maintien de l'ordre dans le bureau de vote, car le vote doit se dérouler dans des conditions paisibles.

Chaque bureau de vote est détenteur de la liste, en double exemplaire, des électeurs dont il a à recevoir les suffrages. Cette liste doit comprendre les numéros d'inscription des électeurs sur la liste électorale, le numéro de leur carte d'identité nationale ou celui de toute autre pièce d'identité officielle présentée lors de l'inscription sur la liste électorale.

Il faut examiner en premier lieu l'implantation des bureaux de vote pour ensuite décrire leur composition et la jurisprudence relative aux difficultés qui peuvent surgir dans ce domaine.

### A. L'implantation des bureaux de vote

La création des bureaux de vote répond à des nécessités pratiques : les bureaux doivent être établis dans des conditions telles que les électeurs n'aient pas à effectuer de trop longs déplacements et qu'ils n'aient pas à patienter trop longtemps en file d'attente au moment du scrutin. Le transport des électeurs peut être constitutif d'une manœuvre si le candidat ou son suppléant, étant maire d'une commune de la circonscription, réservait le jour

[788] Décision du CC marocain n° 390 en date du 19 avril 2000

[789] Décision du CC marocain n° 762 en date du 02 juin 2009

du scrutin aux seuls électeurs favorables à leurs candidatures les autobus municipaux[790].

Les opérations électorales se déroulent sous l'autorité et le contrôle d'un bureau de vote. Le gouverneur détermine en vertu de l'article 67 de la loi n° 31-97 relative à la chambre des représentants, « les endroits ou fonctionnent les bureaux de vote et éventuellement les bureaux centralisateurs lorsqu'une circonscription électorale comporte plusieurs bureaux de vote. Ces bureaux de vote doivent être situés dans des endroits à proximité des électeurs dans des locaux publics. Le public est informé de ces endroits dix jours au moins avant le scrutin, par affiches, insertion dans la presse, avis radiodiffusés ou télévisés ou par tout autre moyen traditionnel en usage ». Toutefois, en cas de nécessité, ces bureaux peuvent être situés en tout autre endroit ou local.

En France les bureaux de vote sont établis par arrêté préfectoral, généralement à la requête du maire. Leur nombre s'élève à 65 000. À Madagascar, qui a une superficie équivalente, mais 4 fois moins d'habitants, on dénombre environ 17 000 bureaux de vote. Le Canada, qui a 30 millions d'habitants, mais un territoire presque 20 fois plus vaste que celui de la France, a recensé lors des élections générales de 2000, 56 822 bureaux ordinaires et 883 bureaux itinérants dans 17 340 lieux de scrutin. À l'opposé, à l'Île Maurice, avec une superficie inférieure à 2 000 km2 et 1,2 million d'habitants, on ne dénombre que 2 000 bureaux de vote. Quant à la Principauté de Monaco, elle ne compte qu'un seul bureau de vote[791].

La répartition des électeurs entre les bureaux de vote est d'une moyenne de 700 électeurs en France, 58 au Canada, 6000 à Monaco, 1000 au Maroc. Cette répartition des électeurs entre les bureaux de vote pose souvent des difficultés concrètes, mais il s'agit davantage de questions administratives que de problèmes qui mettent en cause la sincérité de la consultation[792] ainsi en est-il d'un arrêté préfectoral intervenu après les délais réglementaires, modifiant la répartition des électeurs entre les bureaux d'une commune, qui n'a pu, dans les circonstances de cette affaire, nuire à la participation des électeurs au scrutin[793].

Généralement le Conseil constitutionnel ne retient pas en l'absence de manœuvre, les moyens relatifs aux créations, suppressions ou déplacements de bureaux de vote, ni même l'affectation par erreur, de certains électeurs à des bureaux ne correspondant pas à leur domicile[794]. On peut donc parler dans ce domaine bien précis, d'une jurisprudence libérale. Il est vrai que

[790] CC, 93-1372, 1er décembre 1993, AN, Réunion, 4e circ, Rec. const, p 502.
[791] . P. Camby, le Conseil constitutionnel, juge électoral, 5 éd Dalloz 2009, p 219
[792] J.P. Camby, op. cité.
[793] CC, 68-259, 7 novembre 1968, AN, Réunion, 1ére circ, Rec. const, p 120.
[794] CC, 91-114, 29 janvier 1992, AN, Loire-Atlantique, 8e circ, Rec. const, p 22.

dans toutes ces affaires, les intéressés ont pu exercer leur droit de vote, ce qui est essentiel.

Dans une affaire qui date du 6 février 2001 et faisant l'objet de la décision 433/2001, le juge constitutionnel marocain en examinant le grief avancé par le requérant et consistant dans le fait que les dispositions de l'article 67 cité ci-dessus n'ont pas été respectées. Ils ont prétendu que faute de porter connaissance au public de la création et de l'emplacement des bureaux de vote, le taux de participation aux élections n'a pas dépassé 10 %. Cependant, le Conseil constitutionnel a jugé que ces allégations sont dénuées de fondement. Il a rappelé que l'emplacement des bureaux de vote concernés a été fixé par la décision du gouverneur n° 61/2000 du 15 août 2000 et qu'il a été porté à la connaissance du public par son affichage dans les lieux fixés par la loi.

Dans le même sillage, dans une autre décision n° 559/2004 CC du 17 février 2004, un certain nombre de griefs ont été analysés par le Conseil constitutionnel marocain dont celui relatif à la détermination des emplacements des bureaux de vote. En effet, le requérant a soutenu que certains bureaux de vote ont été mis en place dans des mosquées et des maisons privées. Ce grief a été rejeté par le juge au motif qu'aucune preuve ne soutient l'effectivité de la fixation des emplacements des bureaux de vote dans les lieux indiqués dans la requête[795].

### B. La composition des bureaux de vote

La composition des bureaux de vote est un élément essentiel de la réussite des opérations électorales le jour du scrutin. Elle requiert les mêmes exigences, parfois paradoxales, d'impartialité et d'efficacité que celles présidant la composition des commissions électorales. Ainsi, le personnel électoral doit, à la fois, maîtriser toutes les étapes du déroulement du scrutin tel que prévu par les textes, faire preuve de la plus grande neutralité vis-à-vis des enjeux partisans et enfin ne pas exercer une influence sur le choix des électeurs[796]. D'ailleurs la plus grande préoccupation dans l'organisation du scrutin doit être celle de la liberté de l'électeur.

Ainsi, des irrégularités concernant la composition des bureaux de vote, la qualité de leurs membres sont souvent invoquées par les requérants. Conformément aux dispositions de l'article 68 de loi organique n° 31-97 relative à la Chambre des représentants, le gouverneur désigne, 48 heures au moins avant la date du scrutin, parmi les fonctionnaires et agents de l'administration publique, des collectivités locales ou des établissements publics ou les électeurs sachant lire et écrire et connus pour leur probité et neutralité, les personnes chargées de présider les bureaux de vote, et leur

[795] Voir également les décisions du CC marocain n° s 895 et 905

[796] Maligner droit électoral, édition ellipses, p 150

remet les listes des électeurs rattachés aux bureaux qu'elles sont amenées à présider, ainsi que la liste des candidatures enregistrées dans la circonscription électorale, le formulaire réservé à l'établissement du procès-verbal des opérations électorales et les feuilles de recensement des voix[797]. Il désigne également les fonctionnaires ou les électeurs chargés de remplacer les présidents des bureaux de vote en cas d'absence ou d'empêchement.

Le président du bureau de vote est assisté par trois membres désignés par le gouverneur, dans le délai prévu ci-dessus, parmi les électeurs non-candidats, sachant lire et écrire. Le gouverneur désigne également, dans les mêmes conditions, des suppléants chargés de remplacer lesdits membres en cas d'absence ou d'empêchement. En cas d'empêchement des personnes désignées pour assister le président du bureau de vote à l'ouverture du scrutin, ce président choisit, pour l'assister, les deux électeurs les plus âgés et le plus jeune électeur parmi les électeurs non-candidats présents sur le lieu de vote et sachant lire et écrire[798]. Le plus jeune des membres fait fonction de secrétaire du bureau de vote. La présence de trois membres au moins du bureau est exigée pendant toute la durée des opérations électorales. En France chaque bureau de vote est composé d'un président, de quatre assesseurs et d'un secrétaire qui doit être électeur de la commune, ce dernier ayant seulement une voix consultative dans les délibérations du bureau.

Pendant le déroulement du scrutin, les membres du bureau de vote sont astreints à une obligation de neutralité et doivent en conséquence s'abstenir d'influencer les électeurs lors du scrutin.

Dans sa décision n° 515/2003 rendue 28 mai 2003, le Conseil constitutionnel a souligné que la désignation des présidents des bureaux de vote relève de la compétence du gouverneur et que nul ne peut mettre fin à cette compétence qu'en vertu d'une loi. Généralement le juge rejette le grief lorsque le requérant ne prouve pas que la désignation de tous les présidents des bureaux de vote relevant de la commune présidée par l'élu dont l'élection est contestée peut être constitutif d'une manœuvre frauduleuse influant les résultats du scrutin[799].

Il en est le même le cas de la décision n° 681 en date du 11 mars 2008, Le Conseil n'a effectivement considéré que l'attribution de la présidence des bureaux de vote aux fonctionnaires de la commune[800] ne constitue une violation à la loi conformément à l'article 68 de la loi organique n° 31-97 précisant que la présidence des bureaux de vote est attribuée aux

---

[797] La composition des bureaux de vote est un élément indispensable de la réussite des opérations électorales le jour du scrutin. Pour des raisons de neutralité et d'impartialité, il y'a lieu de penser à cet égard à attribuer la présidence des bureaux de vote aux magistrats (juges).

[798] Voir dans ce sens la décision du CC marocain n° 536 en date du 10 septembre 2003. DC du CC marocain n° 571 en date du 26 mai 2004

[799] Décision du CC marocain n° 515-2003 en date du 4 juin 200

[800] Décision du CC n° 681 en date du 11 mars 2008.

fonctionnaires et agents de l'administration publique, des collectivités locales ou des établissements publics ou aux électeurs sachant lire et écrire.

Il importe de souligner que le juge rejette ces griefs prétextant qu'ils sont non fondés[801] ; qu'il n'existe aucune loi l'interdisant[802] ; ou enfin qu'il n'est pas prouvé par le requérant que de tels agissements fassent office d'une manœuvre frauduleuse et avait une incidence sur le déroulement du scrutin[803].

Par ailleurs, les requérants reprochent invariablement souvent dans leurs requêtes à l'administration, son intervention par diverses actions, pour influencer le vote des électeurs. Le juge rejette généralement les griefs si les procès-verbaux ne contiennent aucune observation concernant cette intervention[804], si le requérant n'a fourni aucune preuve[805] ou si les déclarations ne peuvent, à elles seules, constituer des preuves à l'appui du moyen invoqué[806]. Les Caïds, les Pachas, les Chioukhs et les agents de l'administration sont des personnes qui, aux yeux des électeurs, incarnent l'administration. Leur présence le jour du scrutin à des endroits précis et l'expression de leur sympathie pour tel ou tel candidat, est synonyme du choix qu'attend l'administration. Ceci peut être considéré comme une forme d'intimidation des électeurs. L'administration doit faire preuve d'impartialité. Le plus souvent, les contestations contre l'administration prennent source dans les entraves administratives à la libre circulation des délégués des candidats et à l'accès aux médias publics.

Généralement, les requêtes font état d'une implication passive de l'administration devant l'achat des voix[807] ou d'une implication active notamment dans l'organisation des meetings de l'élu, dans les pressions sur les électeurs, dans l'utilisation de la violence à des degrés variables. Pour regrettables qu'elles soient, de telles manœuvres n'ont pu ni faire l'objet de poursuites[808] ni peser d'une manière déterminante sur l'issue du scrutin.

---

[801] Voir aussi décision du CC n° 284

[802] Voir aussi décision du CC n° 299

[803] Décision du CC n° 681 en date du 11 mars 2008.

[804] Décisions du CC marocain n° s 252 et 381

[805] Décisions du CC marocain n° s 225 et 304

[806] Décisions du CC marocain n° s 223 et 309

[807] «...En plus des recommandations « discrètes » aux notables locaux en vue de voter pour tel candidat au lieu de tel autre, les autorités ont adopté une neutralité franchement complice devant l'achat en public des voix auxquels ont eu recours beaucoup de candidats. Le commerce des voix des électeurs dans certains quartiers populaires et dans les campagnes a ainsi atteint des proportions impensables, sans que les agents d'autorité n'interviennent comme le stipule la loi électorale ». Libération. 16 & 17.4.94.

[808] « ... Malgré les innombrables cas d'immixtion dénoncés avec preuves à l'appui pratiquement par la grande partie des organes de presse et même ceux appartenant aux... partis de l'administration, nous n'avons entendu ou lu qu'un moqqadem, cheikh, caïd, chef de cercle ou encore un gouverneur, a été suspendu de ses fonctions ou poursuivi en justice en vertu de la loi 12-92 pour avoir intervenu illégalement dans le choix de la libre populaire » Libération du 15.11.93 (cité par Nadia Bernoussi)

La loi électorale - ordinaire[809] et organique[810] - réglemente minutieusement la composition et l'organisation des bureaux de vote. La pratique jurisprudentielle atteste de nombreuses irrégularités mises en exergue par les requérants. Tantôt la juridiction constitutionnelle, à l'instar du Conseil constitutionnel français[811] s'est montrée formelle au regard du droit et annula les élections viciées à cet endroit dès lors qu'elles emportent une atteinte à la sincérité du scrutin, absence du membre le plus jeune ou du membre le plus âgé dans ces bureaux de vote[812], bureaux de vote composés de membres analphabètes émargeant avec le pouce[813], certains membres désignés sur une liste préétablie par les autorités locales[814] tantôt elle se montra moins sourcilleuse en repoussant des requêtes dénonçant l'irrégularité de leur composition : quelques bureaux de vote ne disposent pas du nombre requis par les textes[815], un bureau de vote a vu un délégué renvoyé[816], membres du bureau de vote désignés sans respect de la procédure prévue[817], membres des bureaux de vote sont des agents de l'administration[818], membre du bureau de vote cumulant deux fonctions, membre du bureau de vote ayant la qualité du membre le moins et le plus âgé simultanément[819], bureaux comprenant des personnes de la même famille que l'élu, ou appartiennent au même parti politique que l'élu[820].

Il s'avère que le juge constitutionnel mène une politique jurisprudentielle prudente et libérale. Son contrôle paraissait bien plus souple. En recourant à la technique de l'écart des voix, il évalue le degré d'influence que peut présenter ce facteur numérique abstraction faite de la nature de l'irrégularité ! Le non-respect de la composition des bureaux de vote rend suspicieux les résultats obtenus dans lesdits bureaux et se doit donc d'écarter les voix qui y ont été exprimées et de ne pas les compter parmi celles qui ont été obtenues par les différentes listes de candidats. Malgré cela, la soustraction du nombre de voix obtenues par les élus dont l'élection est

---

[809] Dahir n° 1-92-90 du 11.6.92 portant promulgation de la loi n° 12-92. Op. cit.

[810] Dahir n° 1-77-177 du 9.5.77 portant loi organique relative à la composition et à l'élection de la Chambre des représentants.

[811] Cf CAMBY : Le Conseil constitutionnel, juge électoral. Op. cit p 113.

[812] Le juge constitutionnel soulève des irrégularités dans la composition des bureaux de vote suite à l'absence du membre le plus jeune ou du membre le plus âgé. Pour le juge, une telle irrégularité est considérée comme une violation d'une règle substantielle qui constitue une contravention aux dispositions prévues à l'article 68 de la loi susvisée et entraîne la nullité du scrutin. Voir dans ce sens la décision du CC marocain n° 427/2000

[813] Décision du CC marocain n° 587/2004 du 15.12.2004 ; Voir également les décisions du CC marocain n° s : DC72/95 ; 248 ; 267 ;275…

[814] Décision du CC marocain n° 86/95/du 9/8/95.

[815] Décision du CC marocain n° 34/94 du 2/8/94

[816] Décision du CC marocain n° 46/94 du 25/2/94/

[817] Décision du CC marocain n° 44/94 du 25/2/94/

[818] Décision du CC marocain n° 284/1999

[819] Décision du CC marocain n° 284

[820] CC décision n° 56/95 du 31.1.95. Op. cit.

contestée dans lesdits bureaux de vote du total des voix qui leur a été compté n'aura pas d'effet sur le résultat général du scrutin[821], chose qui engendre le rejet la requête. À l'inverse, le moindre grief pourra être retenu dès lors que le candidat élu l'a emporté d'une extrême justesse. Dans ce cas, le requérant se trouverait dans une position plus favorable et aurait de plus grandes chances d'obtenir l'annulation de l'élection, car il est toujours possible d'entrevoir quelques irrégularités susceptibles d'avoir modifié le vote de quelques électeurs. S'il est vrai que la combinaison d'irrégularités graves et d'un faible écart de voix entraîne le plus souvent l'annulation de l'élection litigieuse, ce facteur numérique peut suffire, à lui seul pour invalider une élection si aucune irrégularité sérieuse n'a été commise !

À noter également que la qualité des membres du bureau de vote est contestée au niveau de la composition du bureau de vote, c'est un cas qui se présente lorsque, les membres du bureau de vote ne sont pas des électeurs, ou quand ils ne sont pas inscrits sur les listes électorales, ou quand ils n'ont pas l'âge légal d'électeur[822].

Le juge constitutionnel a établi après instruction que le grief est bien fondé, il a annulé le résultat du scrutin du bureau de vote où s'est déroulée toute l'opération du scrutin qui comptait parmi ses membres une personne non inscrite sur la liste des membres des conseils communaux formant le collège électoral[823]. Le Conseil considère dans sa décision n° 73/95 que « *le deuxième alinéa de l'article 30 qui a été invoqué dispose, entre autres, que les membres du bureau de vote doivent avoir la qualité d'électeur ; qu'un bureau de vote constitué de personnes ne remplissant pas les conditions légalement requises entache sa composition d'un vice substantiel qui empêche la validation des opérations qui s'y sont déroulées et qu'il s'impose par conséquent de déclarer non valide les voix qui y sont exprimées* [824] ». Dans le même esprit, dans la décision n° 25/94 du 14 juin 1994, le requérant a constaté une violation des dispositions du 2e alinéa de l'article 30 de la loi organique relative à la chambre des représentants. En effet, le juge constitutionnel a précisé que, « *bien que la composition des deux autres bureaux soit non conforme à la loi du fait que ces derniers comprenaient respectivement une personne non inscrite sur la liste électorale et qu'il y a*

---

[821] Décision n° 747/2009 CC du 24 mars 2009. Voir aussi DC n° 7 juin 2000 n° 397/2000 du 07 juin 2000. Décision du CC marocain n° 597/2004 CC du 15 décembre 2004 ; voir aussi dans ce sens la décision n° 399 en date du 13 juin 2000 ; Décision du CC marocain n° 315 en date du 14 juillet 1999

[822] L'article 30 de la loi organique n° 31-97 dispose « que les membres du bureau de vote doivent avoir la qualité d'électeur ; que le fait que le bureau de vote soit constitué de personnes ne remplissant pas les conditions légalement requises entache sa composition d'un vice substantiel qui empêche la validation des opérations qui s'y sont déroulées et qu'il échet de déclarer non valides les voix exprimées dans ledit bureau.

[823] Décision du CC marocain n° 73/95. Voir aussi décision n° 79 en date du 06 juin 1995. Voir aussi décision DU CC n° 254 en date du 13 novembre 1998.

[824] Décision du CC marocain n° 73/95 en date du 18/04/1995

*lieu de déclarer non valides les voix qui y ont été exprimées, cela n'a pas d'incidence sur le résultat final du scrutin vu la différence considérable entre le nombre de voix obtenues par l'élu dont l'élection est contestée et celles obtenues par chacun de ses concurrents ».*

L'analyse jurisprudentielle fait ressortir qu'on est face à deux cas de figure : le premier concerne les irrégularités relatives à la constitution de certains bureaux de vote qui y provoquent l'annulation des voix, mais sans avoir la moindre influence sur les résultats du scrutin[825]. Il s'agit essentiellement de cas où il n'y a pas eu de volonté de fraude.

Le Conseil constitutionnel marocain dans ces cas précités a retenu la méthode française de déduction hypothétique des résultats du candidat élu ayant recueilli le plus grand nombre de suffrages. L'imputation de cette déduction hypothétique sur les voix du grand vainqueur n'a souvent pas abouti à une annulation de l'élection en question, parce qu'il ne s'est pas avéré que cette différence a été plus importante que l'écart des voix. C'est ainsi que plusieurs irrégularités même fondées n'avaient été retenues par le juge : tel est le cas où le juge constate la véracité d'un tel grief après consultation des procès-verbaux déposés auprès des tribunaux de première instance et retranche les voix obtenues par l'élu de ces bureaux, mais que cela puisse affecter le résultat du scrutin[826] où que le moyen invoqué soit différent de la réalité[827] ; le juge constitutionnel rejette également les moyens invoqués pour vice de forme, lorsque le requérant ne précise pas les numéros des bureaux de vote[828] , ou le requérant ne précise pas de quelle liste électorale il s'agit[829], ou lorsque le requérant apporte comme preuve des déclarations qui, d'après le juge constitutionnel, ne peuvent constituer, à elles seules, des preuves à l'appui du moyen invoqué[830].

En revanche, lorsque l'irrégularité relative à la constitution de certains bureaux de vote est fondée et qu'en conséquence, il a eu une influence sur le résultat global du scrutin, le juge annule le résultat du scrutin[831]. Ce deuxième cas est manifeste quand il y a eu volonté manifeste de fraude et où le Conseil a pu s'assurer que l'irrégularité a eu une influence sur les résultats. Se rangent dans cette catégorie les bureaux de vote composés à l'avance[832] et les bureaux qui ne comportent pas de représentant d'un candidat et où ont eu lieu des irrégularités graves et accompagnées de

---

825 Décision du CC marocain n° 529/2003

826 Décisions du CC marocain n° 180, 205, 249, 291, 294, 388, 402 et 412…

827 Décisions du CC marocain n° s 254, 255, 277 et 284

828 Décisions du CC marocain n° 335. 222, 254, 255, 277, 284, 301, 395… ; n° s 325, 358, 362

829 Décision du CC marocain n° 387

830 Décisions du CC marocain n° 240. n° 249 et 329 ;

831 Décision du CC marocain n° 571/2004

832 Voir dans ce sens décision du CC marocain n° 767 en date du 19 juin 2009. Voir aussi dans ce sens décision n° 86 en date du 25 juillet 1995.

menaces[833]. Parfois, la composition des bureaux de vote ne correspond pas aux exigences de la loi (tel qu'il ressort au niveau des procès-verbaux de ces derniers que ceux déposés au tribunal de première instance), dès lors [...], il y a lieu d'écarter les voix qui y ont été obtenues par les différents candidats, ce qui influence en l'espèce le résultat du scrutin et aboutit par conséquent à son annulation[834].

Ainsi en est-il également des irrégularités commises dans la composition du bureau de vote d'une commune qui ne donnent lieu à l'annulation que s'il résulte de l'instruction qu'elles ont eu pour objet ou pour effet de permettre des fraudes dans le déroulement du scrutin[835]. Le juge constitutionnel avait exigé que l'existence de l'infraction soit accompagnée d'une intention de fraude électorale. C'est ce qu'a rappelé le Conseil dans ses décisions n° 515/2003 et n° 517/2003, « *que le requérant n'est pas tenu uniquement de prouver l'existence d'une violation de droit, mais de démontrer l'existence d'une effective fraude que le requérant lui-même est tenu de prouver* »[836].

**Graphique n° 1 : Typologie des griefs relatifs à la composition des bureaux de vote (1994-2011)**

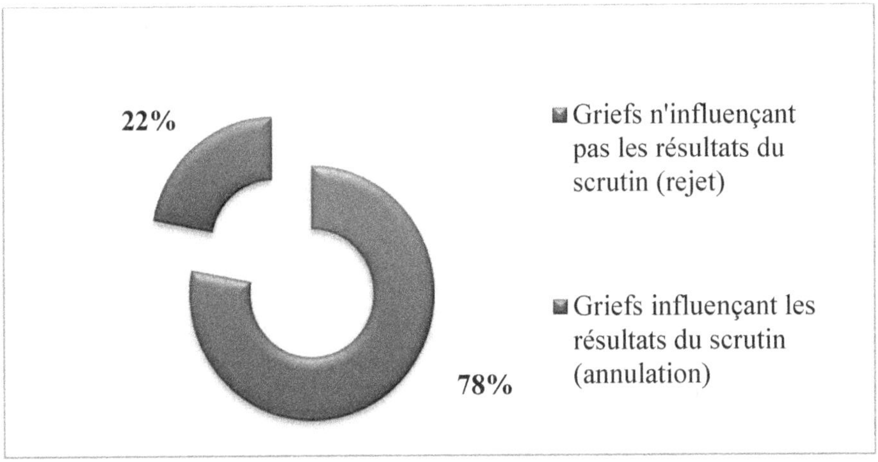


On peut déduire selon le graphique n° 1 que les griefs influençant les résultats du scrutin représentent une minorité (22 %) contre 78 % pour les griefs n'influençant pas les résultats du scrutin. Il convient à cet égard de préciser que dans la plupart des cas, la réduction du nombre des voix obtenu dans ces bureaux n'influence guère le résultat final du scrutin.[837]

---

[833] Voir dans ce sens décision du CC marocain n° 385 en date du 29 mars 2000

[834] Décisions du CC marocain du CC n° 397/2000 et décision n° 86/1995

[835] Voir dans ce sens décisions du CC marocain n° 397/2000 ; 427/2000

[836] Décision n° 507/2003 du 22 Avril 2003

[837] Décisions du CC marocain n° s 180, 205, 224, 249, 291, 294, 301, 304 308, 358...

Par l'application du principe de l'influence déterminante des irrégularités dont l'existence est établie, le Conseil doit s'efforcer d'assurer bien davantage la liberté et la sincérité du scrutin que sa régularité proprement dite. Le juge ne prononcera l'annulation d'une élection que si les faits invoqués par le requérant ont eu une influence suffisante pour fausser son résultat. Ainsi, un fait isolé ou dont l'influence n'a pu s'exercer sur quelques électeurs, n'est pratiquement jamais un motif d'annulation. En revanche, lorsque les faits ont revêtu une certaine ampleur que les irrégularités ont été particulièrement nombreuses, le Conseil se montre plus sévère.

Il est à souligner que le Conseil dans son pouvoir d'appréciation souverain des griefs électoraux, se fonde sur plusieurs critères dont essentiellement l'écart de voix, qui impose au Conseil une ligne de conduite plus contraignante selon que l'écart est modique ou consistant.

Ainsi, la faible importance de l'écart des voix étant l'élément déterminant de l'annulation, on peut penser que toute élection acquise à une très faible majorité devient suspecte et frapper d'incertitude jusqu'à la décision du Conseil dont le contrôle, étant donné les circonstances, se doit d'être minutieux. A contrario, une élection acquise avec une confortable majorité devient difficilement attaquable et l'on peut parler à son égard d'une "présomption de sincérité", le contrôle du Conseil paraissait d'ailleurs bien plus souple dans cette hypothèse. Autrement dit, quelles que soient la gravité et l'ampleur des irrégularités commises, l'élection contestée aurait peu de chances d'être annulée lorsque le candidat proclamé élu bénéficie d'une avance importante.

Certains auteurs se sont offusqués du fait que le seuil quantitatif soit déterminant pour procéder à l'annulation ou non. Ils ont même jugé cela « amoral » et favorisant une « culture d'impunité[838] » !

Il est vrai que le système n'est pas parfait puisqu'il laisse au juge le soin de sanctionner, de condamner, ou d'absoudre, les irrégularités commises lors des joutes électorales. Le pouvoir d'appréciation particulièrement étendu dont il dispose ne constitue-t-il pas le point faible du droit électoral ? Il ne s'agit pas d'apporter une réponse, mais d'effectuer un constat. Au motif de faciliter sa mission particulièrement délicate, le juge n'est-il pas aujourd'hui investi de pouvoirs démesurés ? Il s'agit bien entendu du pouvoir d'appréciation qui se trouve justifié par le principe de l'influence déterminante. C'est ce dernier qui conduit souvent le juge à rejeter les requêtes, pourtant fondées, des plaignants, au motif que les irrégularités n'ont pu avoir de conséquences sur l'issue des résultats. Les désillusions sont nombreuses et le juge électoral, invoquant presque systématiquement le principe de sincérité, ne prend pas souvent la peine d'argumenter ses décisions. Il lui serait d'ailleurs difficile de faire autrement dans nombre d'affaires où seule son intime conviction a pu forger sa décision.

---

[838] Slobodan MILACIC, Le juge face à la norme électorale, CDL-UD (2008)

Malheureusement, cette pratique ne produit que rarement les effets qui l'ont motivé. Le vainqueur « magouilleur » peut se targuer d'être « passé au travers des mailles du filet juridictionnel », tout au moins sur le plan électoral[839], et les vaincus restent dans l'incompréhension la plus totale en subissant les décisions d'un juge qui n'en revendique pas totalement le bien fondé. Cette situation est régulièrement constatée lorsque les écarts séparant les candidats en lice sont importants, mais là encore, c'est la manière dont le juge aborde ce critère qui peut susciter la critique[840]. Pour cela, il faut revenir au problème de l'appréhension de l'écart des voix qui constitue pour le juge un élément d'appréciation. Ce critère a une place prépondérante[841] et le juge, lors de l'application de la règle de l'influence déterminante, s'y réfère presque toujours[842].

L'opinion publique a de même toutes les raisons de réprouver cette distinction. À cet égard, le Professeur Dominique Rousseau laisse penser que plus la fraude est importante, plus elle est productive de voix et permet à l'élu de se mettre à l'abri d'une annulation de son élection en le blanchissant des irrégularités pourtant démontrées. " Le faible écart des voix peut-il vraiment tout absoudre et l'argument n'est-il pas un encouragement à frauder massivement[843] !

### C. Les délégués des candidats

Chaque mandataire de liste de candidats ou chaque candidat a droit à la présence, dans chaque bureau de vote, d'un délégué, électeur, habilité à contrôler, en permanence, les opérations de vote, de dépouillement et de recensement des votes effectuées par le bureau de vote. Une fois le dépouillement effectué, ils sont appelés à signer les procès-verbaux ou ils peuvent consigner toutes les observations qu'ils pourraient émettre au sujet desdites opérations[844]. Le nom de ce délégué devra être communiqué, vingt-quatre (24) heures avant la date du scrutin, à l'autorité administrative locale (pacha, caïd ou Khalifa d'arrondissement) qui en informera le président du bureau de vote. L'autorité administrative locale délivre immédiatement au

---

839 Bruno Genevois ; Francis Delpérée, le contentieux électoral, op. cité p 81

840 Jean Marc Duval, « La sanction des comportements irréguliers relevés au cours des opérations électoral, op. cité, p 831

841 B Maligner, « De la régularité des opérations électorales », LPA, 1990, n° 125 p 9 : « on sait que l'écart de voie est le critère cardinal sur lequel se fonde dans la très grande majorité des cas le juge de l'élection pour apprécier s'il y'a lieu de maintenir ou d'annuler une élection. Richard Gheventian, « Actualité du droit électoral », RFDC, 1999, note sous

842 Jean-Eric Schoettl ; « Décisions du Conseil constitutionnel, élections sénatoriales », p 11-13 sur CC 98-2569, 19 novembre 1998, Sénat, Aude, Rec cons const p, 304.

843 D Rousseau, Droit du contentieux constitutionnel, op. cit., p 307

844 L'article 68 de la loi organique n° 31-97 précise dans son alinéa 6 que ledit délégué a également le droit de demander l'inscription au procès-verbal du bureau de vote toutes les observations qu'il pourrait émettre au sujet des dites opérations.

candidat un document attestant la qualité de délégué dudit candidat. Ce document doit être présenté par le délégué au président du bureau de vote.

Cependant, les délégués sont souvent sujets d'actes par lesquels on essaie de les empêcher de mener à bien leur mission que ce soit de la part des membres des bureaux de vote ou des partisans des candidats de l'administration.

Les délégués des candidats sont habilités par ceux-ci à surveiller toutes les opérations électorales[845]. Ici encore le Conseil apprécie d'une manière pragmatique la façon dont ils ont pu exercer leur fonction. On peut citer à cet égard plusieurs décisions où le Conseil n'a pas retenu le fait qu'un délégué se soit vu interdire l'accès à un bureau, le requérant n'ayant pas prouvé que cette interdiction ait eu d'autres motifs que les incidents crées par ce délégué[846], ou encore le cas d'expulsion du bureau de vote des délégués des candidats et que malgré l'annulation des voix dans ce bureau de vote, il n'est pas établi que cela ait un effet déterminant sur les résultats du scrutin[847] ou enfin l'impossibilité pour les délégués d'exercer leur contrôle et de consigner leur réclamation aux procès-verbaux[848] alors que le code électoral oblige les présidents des bureaux de vote de ne pas refuser de consigner toutes les remarques quelle que soit leur valeur dans les procès-verbaux provenant des représentants des partis… etc.

Autant d'exemples dans lesquels l'irrégularité ne conduit pas à l'annulation, car son impact sur la sincérité du scrutin paraît très ténu. Ces exemples concernent soit l'empêchement des délégués d'exercer leur droit à l'exception de l'élu contesté, soit le refus des membres du bureau de vote de consigner les observations des délégués dans les procès-verbaux. Généralement, le juge rejette ces griefs par ce que le requérant n'apporte pas de preuve à ses allégations[849], parce que les plaintes[850] et les lettres de désapprobation ne constituent pas en elles-mêmes des preuves à l'appui du moyen invoqué[851], ou parce que le requérant n'a pas précisé les numéros de bureau de vote[852], l'impossibilité du requérant de prouver que l'observation qu'il souhaitait inscrire au procès-verbal avait une incidence sur le déroulement du scrutin, ainsi le moyen invoqué ne peut être pris en

[845] L'article 68 alinéa 6 de la loi organique n° 31-97 stipule que « chaque candidat a droit à la présence, dans chaque bureau de vote, d'un délégué, électeur, habilité à contrôler, en permanence, les opérations de vote, de dépouillement et de recensement des votes effectués par le bureau de vote ».

[846]Décision du CC marocain n° 190/1998, 222/1998, 238/1998, 239/1998…

[847] Décision du CC marocain n° 385/2000

[848] Décision du CC marocain n° n° 184/1998 ;

[849] Décisions du CC marocain n° s 246/1998, 249/1998, 369/2000, 370/2000 et 392/2000

[850] Décisions du CC marocain n° 243/1998, et 252/1998

[851] Décision du CC marocain n° 248/1998

[852] Décision du CC marocain n° 358/2000

considération[853] ou bien qu'aucune observation n'a été soulignée à ce propos dans les procès-verbaux déposés au greffe du tribunal de 1re instance[854].

Force est de constater le juge électoral déboute trop souvent les requérants pour défaut de preuve. La récurrence de ce motif de rejet a fini par convaincre l'opinion que le juge électoral ne prend pas son rôle au sérieux. Cet état de fait est encore renforcé par le refus de du juge de considérer des irrégularités établies, lorsque leurs preuves ne sont apportées que par les assesseurs ou les délégués du candidat auteur de la requête alors que la haute juridiction n'a déclenché aucun pouvoir d'investigation qui permet de confier à ses rapporteurs le soin de mener une enquête sur le terrain, dès lors que le requérant aurait apporté un commencement de preuve, des éléments de faits ou des allégations. Ainsi ce dernier ne supporterait plus la lourde charge de la preuve.

En outre, pour éclairer sa lanterne dans la résolution des litiges électoraux, le juge électoral est appelé à explorer les réalités électorales. Il doit observer le déroulement du scrutin à l'instar des cours qui déploient au niveau des bureaux de vote, des délégués chargés d'établir des rapports où ils consignent d'éventuelles fraudes et irrégularités. Inscrit dans la mission générale de surveillance des élections du juge électoral, ce procédé lui permet de s'enquérir de plus près sur le déroulement des élections. Le juge devient ainsi au fait des irrégularités et les rejets pour défaut de preuve n'en seront que considérablement réduits[855]. Seules quelques cours ont pris le devant en adoptant ce procédé[856].

## § 2. Durée et horaire du scrutin

Les bureaux de vote sont ouverts pour le suffrage universel direct à 8 heures et clos à 18 heures, néanmoins, l'heure de clôture du scrutin peut être reculée par décision du gouverneur[857] jusqu'à 20 heures de manière uniforme dans l'ensemble d'une même circonscription électorale afin de permettre à des électeurs présents en attente d'exercer leur droit de vote après l'heure légale de fermeture.

Plus captivants, parfois plus graves, mais témoignant de la même approche réaliste de la part du juge sont les circonstances qui perturbent le déroulement du scrutin tel que l'ouverture ou la fermeture différée ou

---

[853] Décision du CC marocain n° 184/1998

[854] Décision du CC marocain n° 292/1999

[855] Trop souvent le juge électoral déboute les requérants pour défaut de preuve. La récurrence de ce motif de rejet a fini par convaincre l'opinion que le juge électoral ne prend pas son rôle au sérieux.

[856] Seules les institutions béninoise, burkinabé, gabonaise, malienne, nigérienne et tchadienne observent les opérations de vote.

[857] Art. 31 2ème Dahir n° 1 -77-177. Op. cit.

anticipée de certains bureaux de vote dès lors qu'un grand nombre d'électeurs a été privé de la possibilité de voter[858].

En ma matière, le juge dispose d'une grande liberté d'appréciation. Il peut se contenter de vérifier si le non-respect des heures légales d'ouverture a contribué à une rupture d'égalité entre les candidats. Cette solution permet au juge d'apprécier si le fait incriminé a eu une influence décisive sur la sincérité du scrutin. Mais ailleurs le juge a une autre attitude en vérifiant seulement si les conditions de dérogation aux horaires prévus avaient été respectées.

Les exemples ne manquent pas. Ainsi le Conseil a rendu sa décision n° 70/1995 en date du 8 juillet 1993 à l'occasion des élections législatives du 25 juin 1993 dans la circonscription de Zmamra (province d'El Jadida). Le requérant avait exposé à cette fin plusieurs griefs dont l'un était relatif à l'horaire de fermeture du scrutin.

Dans cette affaire, le Conseil estime que l'écart des voix entre l'élu et son concurrent était de l'ordre de 98 voix alors que la non-prolongation du scrutin dans des bureaux a révélé la non-participation de 1774 électeurs tel qu'il ressort de leurs procès-verbaux. Ceci n'exclue pas l'hypothèse selon laquelle la discrimination faite entre les électeurs, en accordant à certains d'entre eux l'opportunité d'exprimer leurs voix pendant une durée plus longue que celle accordée aux autres, ait pu avoir une incidence sur les résultats du scrutin et qu'il y a lieu de prononcer son annulation ainsi que celle des résultats auxquels il a donné lieu.

La juridiction constitutionnelle n'a pas hésité à sanctionner fermement certaines élections[859] qui n'ont pas respecté l'uniformisation de l'horaire réglementaire dans la mesure où l'égalité devant le vote s'est trouvée rompue puisque tous les bureaux de vote de la circonscription n'ont pas bénéficié du même prolongement. Prenant en considération le faible écart des voix, la juridiction constitutionnelle en a conclu que celui-ci était causé par le fait que certains bureaux de vote n'ont pas pu bénéficier d'un temps plus long.

De la même manière, dans sa décision n° 272/99, le juge, est resté ferme quant aux questions de délais d'ouverture et de fermeture du scrutin. Ainsi, lorsque le conseil a constaté que le nombre d'électeurs n'ayant pas voté dans le reste des bureaux de vote ou le scrutin a été clôturé à dix-huit heures tel qu'il ressort de leurs procès-verbaux est de 3342, et que l'écart entre le nombre de voix obtenues par l'élu dont l'élection est contestée et celles obtenues par le requérant classé immédiatement après ledit élu- ne dépasse pas, 399 voix. Selon le Conseil constitutionnel, « ces faits intervenus sciemment en méconnaissance du principe d'égalité entre les électeurs en permettant à certains d'entre eux d'exprimer leurs voix pendant une durée

[858] Décision du CC marocain n° 415/2001
[859] Voir également les décisions du CC marocain n° 253/98 ; DC n° 72/95

plus étalée que celle accordée à d'autres [...], ce qui a été de nature à fausser les résultats du scrutin ».

Dans la logique du Conseil, lorsque le gouverneur prend la décision de prolonger dans la même circonscription le vote dans certains bureaux en excluant d'autres, il porte atteinte au principe d'égalité entre électeurs et de chance entre candidats. Toutefois, le conseil n'annule l'élection que lorsque la décision des autorités a une influence sur les résultats du scrutin.

En la matière, le juge dispose d'une grande liberté d'appréciation. Il peut se contenter de vérifier si le non-respect des heures légales d'ouverture a contribué à une rupture d'égalité entre les candidats. Cette solution permet au juge d'apprécier si le fait incriminé a eu une influence décisive sur la sincérité du scrutin. Mais ailleurs, le juge a une autre attitude en vérifiant seulement si les conditions de dérogation aux horaires prévus avaient été respectées.

La technique d'écart des voix entre le candidat battu, auteur de la requête, et l'élu joue un rôle prépondérant dans l'appréciation des faits. Plus cet écart est flagrant, plus l'élu se trouverait dans une position plus favorable et aurait de plus grandes chances d'obtenir la validation de son élection.

S'il est vrai que la combinaison d'irrégularités graves et d'un faible écart de voix entraîne le plus souvent l'annulation de l'élection litigieuse, ce facteur numérique ne suffit pas, à lui seul pour invalider une élection si aucune irrégularité sérieuse n'a été commise. Mais, il n'est jamais précisé à partir de quel seuil un ensemble d'irrégularités devient grave et à partir de quel chiffre un écart est considéré comme faible. Il faut souligner qu'il arrive aussi que le Conseil sanctionne les irrégularités retenues par l'annulation de l'élection malgré une avance confortable de l'élu. Sa jurisprudence est loin d'être systématique et son appréciation quantitative n'a qu'une valeur relative.

Dans les autres requêtes qui se fondaient sur la même irrégularité, la juridiction constitutionnelle a souvent opposé l'irrecevabilité[860] en arguant de l'absence de preuve ou du faible impact sur le résultat de l'élection. Par ailleurs, est-il besoin de souligner que certains requérants ignoraient que l'horaire puisse être légalement prorogé par le Gouverneur et que donc leur requête devenait sans objet ? Bien qu'irrégularités, de nombreuses pratiques échappent à la condamnation, le juge électoral par réalisme, n'acceptant d'annuler l'élection que s'il acquiert la conviction qu'elles ont eu une incidence sur le résultat du scrutin.

---

[860] Voir dans ce sens les décisions du CC n° 34/94 du 2.8.94 ; DC n° 44/94 du 25.2.94 ; DC n° 29/94 du 12.7.94

## SECTION 2. LE DÉROULEMENT DU SCRUTIN

Le jour de scrutin, le déroulement des opérations électorales est encadré par des règles précises depuis l'ouverture du vote jusqu'à la proclamation des résultats. Les seules personnes qui peuvent pénétrer aux bureaux de vote le jour du vote sont les électeurs, les délégués et les personnes chargées du contrôle des opérations de vote.

### § 1. L'urne : le symbole de la démocratie

L'urne peut être définie comme le récipient destiné à recevoir les enveloppes dans lesquelles les électeurs ont inséré le bulletin de leur choix. Il doit présenter certaines caractéristiques pour être admis dans la salle de vote, telle qu'une ouverture pour l'introduction des enveloppes qui doit se trouver fermée par un obturateur. Une seconde ouverture permet de la vider de son contenu une fois le scrutin fini. Il faut préalablement que les membres du bureau de vote, les délégués des candidats et les électeurs présents aient constaté à l'invitation du président que l'urne était vide. Elle doit ensuite rester fermée pendant toute la durée du scrutin et son ouverture n'a lieu qu'après avoir déterminé le nombre des votants tel qu'il résulte des signatures portées sur la liste d'émargement. Les dimensions de l'urne sont calculées pour qu'elle ne puisse être déplacée ou enlevée facilement.

L'article 70 de la loi organique n° 31/97 relative à la chambre des représentants dispose que « A l'heure fixée pour l'ouverture du scrutin, le président du bureau de vote constate devant les électeurs présents que l'urne ne renferme aucun bulletin, la ferme avec deux serrures ou deux cadenas dissemblables, dont les clefs restent l'une entre ses mains, l'autre entre les mains de l'assesseur le plus âgé[861].

L'urne constitue un document électoral convoité parce que manipulable et sa transparence exigée dans d'autres systèmes n'est pas fortuite lorsque les pouvoirs sont préoccupés par le respect du secret du vote. Dans la loi organique n° 31-97, seul un article[862] réglemente l'urne en affirmant le caractère délictuel des urnes bourrées. Quant à la juridiction constitutionnelle, n'a-t-elle pas annulé l'élection du député de la circonscription de Taroudant pour violation de l'article 48 de la loi électorale qui réglemente la procédure de clôture de l'urne ?[863] Dans les autres cas, se

---

[861] Ces dispositions correspondent à celles de l'article 37 de la LO n° 32/97 relative à la Chambre des conseillers.

[862] Art 70 de la loi organique n° 31-97. Op. cit. « A l'heure fixée pour l'ouverture de scrutin, le Président, après avoir ouvert l'urne et constaté devant les électeurs présents qu'elle ne renferme aucun bulletin, ni aucune enveloppe, la ferme avec deux serrures ou deux cadenas dissemblables, dont les clefs restent l'une entre ses mains, l'autre entre les mains de l'assesseur le plus âgé ».

[863] CHC décision n° 345 du 16.8.93.

fondant sur l'absence de preuve ou/et sur le faible impact sur le résultat du scrutin, elle opposa l'irrecevabilité à toutes les irrégularités dénoncées telles que l'urne changée en l'absence de l'assesseur qui a été appelé pour un coup de téléphone fictif[864]; ou transportée la nuit à la préfecture pour dépouillement du fait d'une panne d'électricité[865], etc. Les requêtes recèlent à l'évidence d'autres irrégularités ; malgré l'obligation faite par la loi au Gouverneur d'indiquer avec précision et suffisamment à l'avance l'emplacement des bureaux de vote, certains requérants ne savaient pas où voter[866], d'autres pensaient que x s'était désisté[867]. Dans un autre registre, quand des votants ne disposent pas de carte d'électeur[868] ; quand l'urne est ouverte en dehors des salles de vote[869] dans les locaux de l'administration locale et sans la présence des représentants des candidats ; lors de l'ouverture de l'urne en cours du scrutin par le président du bureau de vote et ses assesseurs, mais suivie du décompte et de la conservation jusqu'au dépouillement des enveloppes retirées de cette urne, ou lors du simple déplacement d'une urne dans un bureau de vote ; ou enfin que le président ne constate devant les électeurs que l'urne ne renferme aucun bulletin à l'ouverture du scrutin[870] ; toutes ces irrégularités n'ont pas entraîné l'annulation de l'élection en cause[871], car ils ne sont pas assortis de preuves et de précisions suffisantes propres à les établir.

Des requêtes faisaient état de la présence de trois personnes dans l'isoloir[872], ou que l'isoloir[873] se trouve non dans la salle de vote[874], mais

---

[864] Décisions du CC marocain n° 51/94 du 25.2.94 BO n° 4287 du 28. 12,94. CC décision n° 18/94 du 1.6.94. Op. cit.

[865]CC décision n° 38/94 du 13.9.94. Op. cit.

[866] Décision du CC marocain n° 49/94 du 25.2.94.

[867] Décision du CC marocain n° 30/94 du 18.7.9

[868] Décision du CC marocain n° 42/94 du 17.10.94

[869] On déduit de l'article 72 de la loi organique n° 31-97 « le dépouillement est effectué par le bureau de vote » que l'ouverture se fait dans le bureau de vote et non ailleurs.

[870] Décision du CC marocain n° 93/95 en date du 15 novembre 1995

[871] Décision du CC marocain n° 191.

[872] Décision du CC marocain n° 46/94 du 25.2.94. A ce propos, dans une autre décision (CC décision n° 33/94 du 25.7.94,) le requérant *faisait* valoir l'irrégularité selon laquelle la couleur de l'isoloir ressemblait à celle des bulletins de vote de l'élu

[873] L'isoloir est considéré comme la partie de la salle de vote aménagée pour soustraire l'électeur aux regards pendant qu'il met son bulletin dans l'enveloppe. muni du bulletin de vote, l'électeur pénètre dans l'isoloir et met, selon son choix, l'indication de son vote à l'endroit réservé à la liste ou au candidat au niveau de la circonscription électorale locale et une autre indication de vote à l'endroit réservé à la liste ou au candidat au titre de la circonscription électorale nationale et plie ce bulletin, avant de quitter l'isoloir. Le passage par l'isoloir est une obligation qui, seule garantie le secret du vote (cf Camby Jean Pierre, Le Conseil constitutionnel, juge électoral,, Dalloz, 3e édition, 2004, P 10)

[874] Décision du CC marocain n° 536 en date du 10 septembre 2003.

dans une pièce attenante, en raison de la configuration des lieux[875], le juge n'y verra pas une illégalité.[876]

Certaines requêtes mettent à l'évidence des irrégularités tout à fait originales. Ainsi, dans une requête objet de la décision n° 544/2003 du 22 octobre 2003, le requérant a soutenu que des inconnus ont attaqué un bureau de vote et ont enlevé l'urne et que le Ministère de l'Intérieur est officiellement au fait de cet incident. Du fait que le procès-verbal du bureau de vote en question et celui de la police judiciaire confirment ces déclarations, l*e juge a estimé que « ces faits dont une partie est survenue à l'extérieur du bureau de vote, sont d'une telle gravité qu'ils portent atteinte à la sincérité du scrutin. Ainsi, il a décidé de ne pas tenir compte des voix exprimées, l'écart de voix entre la personne élue et le candidat qui la suit dans le classement reste considérable* ». De ce fait, l'irrégularité soulevée, malgré son importance, n'a pas eu d'influence sur le résultat du scrutin.

Une autre technique particulière de fraude bien connue est celle du bourrage des urnes. Elle consiste en l'introduction illégale d'enveloppes dans l'urne, avant l'ouverture du scrutin et pendant sa tenue. Bien entendu, l'insertion d'un lot d'enveloppes dans l'urne immédiatement après que le président du bureau de vote ait fait constater qu'elle était vide, implique la complicité de ce dernier ou en profitant de leur inattention, à introduire dans l'urne des bulletins excédentaires destinés à modifier le résultat du scrutin.

Au fil des ans, le bourrage des urnes s'est sophistiqué avec les agissements d'électeurs partisans qui introduisent deux enveloppes pressées l'une contre l'autre et n'en formant qu'une. On ne saurait enfin oublier, les urnes fendues (non conforme au règlement) laissant un jour sur la face arrière et pouvant permettre le passage éventuel d'une enveloppe. Désormais, la transparence de l'urne rend plus périlleuse l'utilisation de tels procédés. Généralement, le juge rejette ce grief, car il n'est pas établi que les opérations électorales ont été troublées par des manœuvres de nature à porter atteinte à la sincérité du scrutin[877].

En France, la plus grande attention est apportée par le Conseil à la présence régulière et continue des urnes dans les bureaux de vote. On peut citer plusieurs cas d'annulation d'élections du fait d'irrégularités au nombre desquelles figurent l'enlèvement et le bris des urnes par des manifestants[878], mais aussi le cas dans lequel l'urne se trouve remplie par un président de bureau de vote[879]. Parfois de telles irrégularités s'accompagnent de la disparition des listes d'émargement, ce qui rend absolument impossible le

---

[875] Décision du CC marocain n° 587 en date [875]22 septembre 2004

[876] J Claude Masclet, Droit électoral, op. cité p271.

[877] Décisions du CC marocain n° s 184 et 354.

[878] CC, 62-250/251/286, 19 février 1963, AN, Réunion, 1ére circ, Rec.Cons.const, p 123.

[879] CC, 62 287, 19 février 1963, AN, Réunion, 2e Circ, Rec.Cons. const, p 124.

contrôle du Conseil sur la sincérité du scrutin et aboutit logiquement à l'annulation de l'élection[880].

## § 2. Le vote

Acte par lequel les électeurs procèdent à la désignation et à la légitimation de leurs gouvernants. Il constitue l'une des manifestations majeures de la gouvernance. Cette dernière est définie par les grands spécialistes comme étant « La capacité des sociétés humaines à se doter de systèmes de représentation, d'institutions, de règles, de procédures, de moyens de mesure, de processus, de corps sociaux capables de gérer les interdépendances de façon pacifique »[881].

La Constitution consacre le vote comme un droit fondamental de participation politique reconnu aux citoyens. Ses dispositions se répartissent concernant ce droit entre celles qui le prévoient en tant que tel et celles qui lui assurent garanties et protection, de façon directe ou indirecte, parmi les autres droits et libertés. Au titre des premières, c'est fondamentalement l'article 8 de la Constitution marocaine qui constitue la référence de base en la matière. Il déclare ainsi que « sont électeurs tous les citoyens majeurs des deux sexes jouissant de leurs droits civils et politiques ». Dans le même article, ce deuxième alinéa est précédé par le premier qui prévoit que « l'homme et la femme jouissent de droits politiques égaux ». Le droit de vote s'insère ainsi en principe dans la tendance que devrait favoriser l'État dans une dynamique de l'égalité entre les deux sexes à partir des principes et règles posées par la Constitution.

Par ailleurs, le dénouement de tout contentieux électoral a toujours été tributaire de l'appréciation que se fait le juge constitutionnel sur le respect ou non du principe de la sincérité du scrutin. Ce principe implique que le résultat de l'élection soit l'exact reflet de la volonté exprimée par la majorité du corps électoral. Or, toute désaffection à l'égard de la politique altère profondément le rôle fondamental que jouent les élections dans une démocratie représentative.

La question du vote suscite beaucoup d'interrogations dans les démocraties représentatives, d'autant plus que la crise de la participation électorale entraîne aujourd'hui des taux records d'abstention. Alors que « voter est un droit, il n'en reste pas moins « un devoir civique ». La loi organique relative à la Chambre des représentants a opté pour le libellé suivant : « le vote est un droit et un devoir national[882] ». Il paraît donc logique, à l'instar de tous les autres devoirs citoyens, que tout manquement à

---

[880] CC, 67-435, 14 janvier 1968, AN, Corse, 2e circ, Rec.Cons.const, p 196.

[881] P. Calame, « Les principes de la gouvernance au XXI siècle », Synthèse des travaux, FPH juin 2001, p. 5.

[882] Article 71 de la loi organique n° 27-11 relative à la Chambre des représentants

celui-ci soit passible de sanctions. Même si cette obligation peut paraître peu compatible avec la démocratie, la parcelle de souveraineté dont dispose chaque membre de la Nation doit pouvoir contraindre les citoyens à faire usage de leur droit qui est l'essence même du fonctionnement de l'État. Il existe d'ailleurs certains droits dont l'exercice est obligatoire et pour lesquels aucune contestation n'est opposée, tels ceux de participer à la défense nationale ou de prendre part au service de la justice par le mécanisme des jurés d'assises. À cet égard, par deux occasions, « la Cour européenne des Droits de l'Homme a précisé que l'obligation de voter n'est pas une exigence qui constitue une interférence dans la liberté de conscience, parce qu'elle n'exige pas que l'électeur vote d'une certaine façon, mais le laisse, en fait, libre de rendre un bulletin blanc ; que cette exigence a trait à la procédure et ne concerne pas l'action même du choix électoral »[883]. D'autre part, elle a précisé que « le terme « d'élections libres » signifie, non des élections où le vote n'est pas obligatoire, mais des élections, où l'acte de faire un choix électoral est libre »[884].

Les observateurs font remarquer – statistiques à l'appui - que le Maroc enregistre un mauvais score au niveau mondial quant à la participation[885]. Après avoir connu des avancées considérables en termes de participation des électeurs entre 1963 et 1977, les scrutins législatifs connaîtront un recul marquant, entamé dès 1984, et achevé en 2007. C'est ainsi que le taux de participation est passé de 67 % en 1984 à 62 % en 93 %, puis à 58 % en 1997 et à 51 % en 2002 pour atterrir à 37 % seulement en 2007. Les raisons peuvent être techniques (les vacances souvent aménagées avec les échéances électorales, les aléas climatiques[886], le caractère volontaire de l'inscription sur les listes électorales, le mode de scrutin relativement impersonnel, l'utilisation des signes et des logos alors que le taux d'analphabétisme est de 61 %.. etc.) et/ou politiques (la conviction que les jeux sont déjà faits[887], qu'il s'agit pour l'électorat d'une élection sans aucun enjeu, une classe

---

[883] CEDH, X. contre Autriche, 22 avril 1965, req. n° 1718/62, Annuaire de la CEDH, pp.169-175, et CEDH, X. contre Autriche, 22 mars 1972, req. N° 4982/71, Annuaire de la CEDH, pp.469-475.

[884] BENESSIANO (W.), Le vote obligatoire, R.F.D.C, n° 61, 2005, pp.85-86. Pour plus d'implication des citoyens dans la vie politique, il faut instaurer l'obligation du vote à l'instar de plusieurs pays (Belgique, Grèce, Luxembourg, Brésil, Danemark, Australie, Suisse et Autriche) où la non-participation est passible d'une amende d'un montant variant selon les Etats. Cependant, il faudra prévoir des aménagements alternatifs à même de faciliter cette participation.

[885] Lors du renouvellement des listes électorales avant les élections dernières de 2007 plus de 3 millions de citoyens ne sont pas inscrits

[886] Un chercheur rappelle pour les législatives de 97 qu'« invoquer la pluie, comme l'a fait le ministre de l'Intérieur, pour expliquer une abstention de cette ampleur, est certes charitable pour les 16 partis en lice, mais résiste difficilement à l'épreuve des faits, le refus de participer au vote a été une prise de position politique affichée et revendiquée. Cf technique des quotas évoquée par R. Leveau in Nadia Bernoussi op. cité p 346

[887] Cf technique des quotas évoquée par R. Leveau in Nadia Bernoussi op. cité p 346

politique jugée incapable de régler les questions de survie, n'ayant pas les moyens de le faire, et compromise à plusieurs reprises...).

Par ailleurs le dernier scrutin législatif du 25 novembre 2011, intervenu dans une conjoncture spécifique, a signalé tout de même un arrêt de la tendance décroissante, et la chute continue entamée dès 1984, puisque cette fois-ci, le taux de participation s'élèvera à 45 % dépassant ainsi le taux de scrutin de 2007, mais tout en restant au-dessous de la moyenne ; il s'agit en en effet du deuxième score le plus bas dans l'histoire des législatives après celui de 2007.

Il est évident que l'opération de vote recèle des irrégularités entravant le bon déroulement du scrutin. Le Conseil n'hésite pas à annuler une élection, suite à une requête qui fait état d'un concours d'infractions et agissements sérieux dont il s'assure de la véracité et l'influence déterminante sur la sincérité du scrutin. Citons l'exemple d'une opération électorale interrompue pendant une heure et demie en raison d'une dispute intervenue entre des personnes qui y ont fait irruption. Cette rixe a empêché 251 personnes de voter alors que l'écart de votes entre vainqueur et requérant (classé 2e) n'est que de 32 voix. De telles données ont suscité des suspicions quant à la régularité et à la véracité du scrutin menant droit à l'annulation de l'élection en question[888]. En revanche, le conseil n'annule pas l'élection [889] lorsque le vote a été suspendu dans un bureau de vote sans que cette décision n'ait une influence sur les résultats du scrutin.

Ainsi, ne constitue pas un motif sérieux d'annulation les irrégularités dénoncées telles que : le non-respect du caractère secret du scrutin[890], comme le stipulaient les dispositions des articles 36[891] et 37[892] de la chambre des conseillers ; ou que certains bureaux étaient dépourvus d'isoloirs de sorte que l'opération de vote s'est faite en public[893] ; ou que certaines personnes ont voté à la place d'autres en violation de l'article 71 de la loi électorale qui précise que le vote est personnel et que chaque électeur exprime son choix personnellement ?[894]. Le Conseil se fonde le plus souvent sur l'absence de preuve[895] et/ou sur le faible impact sur le résultat du scrutin[896] ou sur le fait

---

888 Décision du CC marocain n° 276/99

889 Décision du CC marocain n° 93/95

890 Décision du CC marocain n° 472/2002

891 « Le vote est secret, les électeurs participent au scrutin par vote direct et dans un isoloir en mettant le bulletin de vote dans une enveloppe opaque, non gommée et frappée du timbre de l'autorité administrative locale »

892 L'électeur pénètre dans un isoloir installé dans la salle précitée et glisse dans l'enveloppe son bulletin de vote

893 Décision 464/2001

894 Décisions du CC marocain n° s 283 et 289

895 Décisions du CC marocain n° s 189 206, 210, 246, 248, 249

896 Le requérant a soutenu que le principe du secret de vote a été violé dans un bureau de vote qu'il a déterminé. D'après les allégations du requérant, le membre le plus âgé composant le bureau de vote et avant l'entrée dans l'isoloir, a annoncé le nom du candidat pour lequel il

que les procès-verbaux déposés au greffe du tribunal de 1ére instance ne mentionnent pas cette infraction[897]. Le fait est que le Conseil n'a pas jugé si les infractions relatives au déroulement du vote ont été sérieuses ou déterminantes telles que : la non-conformité du nombre des votants et du nombre produit par la liste d'émargement[898], l'absence de carte d'identité nationale[899], ou de la carte d'électeur[900], la non-généralisation des cartes nationales et la possibilité de faire appel à deux témoins pour vote, la non-disponibilité des cartes d'électeurs dans des bureaux de vote le jour du scrutin[901], le vote multiple[902], l'absence d'apposition d'encre indélébile, l'inexistence de paniers dans les isoloirs, l'utilisation de bulletins multiples, l'intervention de l'administration dans les lieux du vote pour influencer le vote des électeurs alors que les procès-verbaux ne contiennent aucune observation concernant cette intervention[903], ou enfin, l'impossibilité de considérer que les déclarations, puissent à elles seules, constituer des preuves à l'appui du moyen invoqué[904].

De même, le Conseil n'a pas admis des griefs tirés de ce que le comportement de certains partisans d'un candidat aux abords des bureaux de vote le jour du scrutin, aurait été constitutif de pressions de nature à avoir influencé le corps électoral. C'est toutefois en raison de l'insuffisance de justifications relatives à la nature ou à l'ampleur des faits dénoncés que le Conseil a estimé que la preuve d'une incidence sur le déroulement du scrutin n'était pas rapportée[905].

En somme, on peut constater qu'à tous les niveaux de l'opération électorale, il peut y avoir une irrégularité qui fausse le jeu démocratique électorale : au niveau des listes électorales, de l'éligibilité, du droit de candidature, de la formation des bureaux de vote et de l'opération électorale elle-même. Deux exemples peuvent être avancés concernant les deux bouts de l'opération électorale : à l'entrée, les listes électorales et à la sortie, le vote lui-même. En ce qui concerne le premier élément, le Conseil annule le résultat de l'élection, s'il est établi qu'il y a inexistence de la liste définitive des électeurs et que parmi ceux-ci certains ont été privés de leur droit de

---

compte voter tel qu'il ressort dans le procès-verbal. Le juge constitutionnel, quant à lui a considéré dans sa décision n° 472/2002 du 26 février 2002, que même si cette personne a exprimé sa volonté de voter pour la liste « Al Baraqua, le requérant n'a pas prouvé que cet incident ait influencé le reste des électeurs. En plus, le retrait d'une seule voix de l'ensemble du résultat de la liste n'aura pas influencé le résultat de ce bureau de vote.

[897] Décisions du CC marocain n° s 283 et 289

[898] CHC décision n° 343 du 16.8.93. Op. cit.

[899] Décisions du CC marocain n° s 290 et 299 ;

[900] Décision du CC marocain n° 187

[901] Décisions du CC marocain n° s 240, 334, 336, 377.

[902] Décisions du CC marocain n° s 199, 220

[903] Décision du CC marocain n° s 252 et 381

[904] Décisions du CC marocain n° s 223 et 309

[905] Décision 571/2004

vote, car leur inscription sur les listes électorales des bureaux de vote concernés n'a pas été assurée[906].

En ce qui concerne le vote lui-même, le temps qui lui est réservé peut être déterminant dans l'annulation du résultat de l'élection s'il est accompagné d'une différence de voix peu importante entre le requérant et le candidat dont l'élection est contestée[907]. Le vote étant un choix libre entre plusieurs candidats et plusieurs listes, le scrutin est annulé à la suite de l'exclusion illégale d'une liste de la compétition électorale. Il y a ainsi une atteinte manifeste au bon déroulement du vote au regard à la fois des droits des candidats et de la liberté du choix dont doivent jouir les électeurs[908].

Généralement, le juge constitutionnel marocain apprécie de manière souple, parfois hâtive, et déboute plusieurs griefs qu'il juge sans effets sur les résultats du scrutin. Le juge de l'élection vérifie à ce propos si les faits invoqués constituent ou non des entorses aux dispositions électorales en vigueur, en particulier à celles qui régissent le déroulement du vote. Comme nous avons constaté, la violation des textes est loin d'être systématiquement sanctionnée dans la jurisprudence du Conseil, ce qui se conçoit aisément, mais ne manque pas de susciter certaines critiques. Sans nul doute, peu d'élections seraient validées si le Conseil annulait pour absence de carte d'électeur, ou de carte d'identité, absence de preuves dénonçant le vote multiple, ou violation du secret de vote. Il n'en reste pas moins que le Conseil pourrait faire évoluer sa politique jurisprudentielle vers plus de rigueur sinon plus de sévérité''.

## § 3. Dépouillement des résultats

Le dépouillement des votes constitue l'une des plus importantes étapes du processus électoral. Des retards dans le dépouillement ou dans la publication des résultats peuvent affecter la transparence du processus, miner la confiance de l'électorat et empêcher les candidats et les partis politiques d'accepter les résultats de l'élection. On a souvent tendance à sous-estimer ou à ignorer l'importance de la planification, de la formation et de l'organisation pour le dépouillement[909].

---

[906] Décision du CC marocain n° 404/2000

[907] Plusieurs décisions du CC marocain dans ce sens : 17/94, 253/98 et 272/99

[908] Décision du CC marocain n° 576/2004

[909] Les procédures de dépouillement doivent tenir compte des ressources disponibles comme les ressources humaines, les locaux, les moyens de transport et de communication et l'équipement. Le dépouillement peut être effectué par procédé manuel, mécanique ou informatique. Il peut se dérouler au niveau des bureaux de vote ou au niveau de centres de dépouillement.

Cependant, l'opération du dépouillement est l'étape où les pratiques frauduleuses sont les plus courantes[910]. Pour éviter ce danger, il devrait être confié à une entité indépendante ou à un organisme électoral. Le processus peut être assujetti à une observation, être doté de méthodes de vérification, de réconciliation et de contrôle, et prévoir un mécanisme de plaintes et d'appels clairement énoncé[911].

Il est essentiel que les règles de dépouillement soient claires, connues à l'avance et bien comprises par tous les intervenants, y compris les gestionnaires électoraux, l'électorat, les partis politiques, les candidats, les organismes non gouvernementaux (ONG) et les observateurs nationaux et internationaux. Dans certains pays, des directives précises sont énoncées dans la loi électorale. Il est également souhaitable de fournir des renseignements et une formation sur le dépouillement lui-même à tous les intervenants.

Afin de légitimer les élections, il est absolument essentiel que le dépouillement soit ouvert et transparent. On devrait permettre aux représentants des partis politiques et des candidats, ainsi qu'aux observateurs électoraux nationaux et internationaux d'assister au dépouillement et de copier le relevé des votes énonçant les résultats.

Les préposés et les responsables des bureaux de vote doivent agir en toute impartialité, observer les procédures avec diligence et s'engager à utiliser le matériel électoral avec tout le soin et tout le respect possibles. Ils doivent se rappeler que, du moins dans certains milieux, les bulletins de vote demeurent des documents légaux, même après le dépouillement. Ils doivent en tout temps garder secrets l'identité et le choix des électeurs, spécialement dans les cas où des électeurs doivent recevoir de l'aide pour voter et dans les bureaux où les électeurs sont peu nombreux à voter[912].

Le bureau désigne ensuite parmi les électeurs présents un certain nombre de scrutateurs qui devront procéder, dans des conditions telles qu'ils puissent se surveiller mutuellement au décompte des bulletins de vote par table de quatre au moins. L'article 72 de la loi organique relative à la chambre des représentants précise que « *Dès la clôture du scrutin, le dépouillement est effectué par le bureau assisté de scrutateurs. Toutefois, le président et les membres du bureau peuvent procéder eux-mêmes et sans scrutateurs au dépouillement si le bureau de vote comporte moins de deux cents électeurs inscrits* ». Le président du bureau de vote est assisté par des scrutateurs sachant lire et écrire qu'il choisit parmi les électeurs présents non-candidats et les répartit par table de quatre scrutateurs. Il permet aux candidats de

---

[910] La pratique marocaine comme celle de la France a en effet montré que trop souvent, dans certains bureaux de vote, les opérations de dépouillement entraînaient la dispersion de l'attention des uns et des autres et favorisait la multiplication des occasions d'incidents et de fraude.

[911] Maligné op. cité p 357

[912] Recommandations de la francophonie, bulletin n° 15

désigner des scrutateurs qui doivent être répartis, d'une manière égale, autant que possible entre les tables de dépouillement. Dans ce cas, les candidats doivent remettre les noms des scrutateurs proposés au président du bureau de vote une heure au moins avant la clôture du scrutin ». L'urne est ouverte et le nombre des bulletins de vote est vérifié, si ce nombre est plus grand ou moindre que celui des émargements cités à l'article 71 ci-dessus, il en est fait mention au procès-verbal.

Le président répartit entre les diverses tables les bulletins de vote. L'un des scrutateurs déplie le bulletin et le passe à un autre scrutateur qui lit à haute voix le nom de la liste ou du candidat dont l'endroit correspondant comporte l'indication du vote de l'électeur. Les suffrages recueillis par chaque liste ou candidat pour l'élection au niveau de la circonscription électorale locale et pour l'élection au titre de la circonscription électorale nationale, sont relevés par deux autres scrutateurs au moins sur les feuilles de recensement des voix préparées à cet effet[913].

La jurisprudence du Conseil constitutionnel marocain en la matière est généralement assez souple : elle s'attache à apprécier s'il y a eu des possibilités de fraude ou si la sincérité du scrutin ne peut plus être vérifiée. Le Conseil refuse de se confiner à cette seule constatation ; il va plus loin dans le contrôle du décompte des voix dans tous les bureaux de vote de la circonscription concernée par la requête. Cependant, ce nouveau décompte des bulletins par un bureau ne peut intervenir qu'en cas de contestation sur la régularité des opérations de dépouillement, mentionnée au procès-verbal, et donc, formulée au sein du bureau en cause. Dans le cas contraire, même si une demande est formulée au niveau du bureau centralisateur, il n'y a pas lieu de procéder à un nouveau décompte, opération de toute façon impossible à ce stade : seuls les bulletins blancs ou nuls doivent être conservés. Comptable, oui, mais dans les deux sens, pour revoir à la baisse ou à la hausse les résultats proclamés et tirer ainsi les conséquences qu'il faut de ce travail absorbant et minutieux qui aboutira, en fin de compte, soit à s'assurer de l'exactitude de l'écart des voix soit à corriger cet écart pour confirmer le requérant dans sa défaite ou au contraire pour invalider l'élection.

Le Conseil a eu l'occasion de faire un travail contraignant ; celui de corriger l'écart des voix à la hausse à l'encontre du requérant, mais s'est abstenu de dévoiler les dispositifs de ses décisions et les résultats revus ; une

---

[913]En France, l'article 11 de la loi du 30 décembre 1988 précise que le nombre de tables sur lesquelles s'effectue le dépouillement ne peut être supérieur au nombre d'isoloirs. Par cette disposition, il s'agit d'éviter l'augmentation du nombre des tables de dépouillement qui rend la fraude plus facile et la surveillance plus malaisée. La façon de procéder entre les scrutateurs est la suivante : l'un d'entre eux extrait le bulletin de chaque enveloppe et le laisse déplié à un autre qui lit à haute voix le nom du candidat ou de la liste. Deux autres portent ensuite l'indication de ce vote sur des feuilles de pointage qui sont remises au bureau de vote à l'issue du dépouillement.

attitude qu'il partage d'ailleurs avec le Conseil constitutionnel français. Ce faisant, le Conseil constitutionnel ne semble vouloir se suppléer ni à la volonté populaire ni à l'administration électorale.

En revanche, le Conseil s'est montré intransigeant quant à l'incertitude de l'intégralité de l'opération de dépouillement et du recensement des bulletins de vote annulés. Il annule le résultat de l'élection annoncé par le comité de recensement lorsque des fautes ont entaché l'examen et le recensement des bulletins de vote annulés. Des fautes, qui aux yeux du Conseil, peuvent influencer le résultat du scrutin.

En l'espèce, le Conseil constitutionnel a été contraint de réexaminer lesdits bulletins, de les recenser et de déclarer le candidat comme vainqueur[914].

En somme, on peut dire pour ce qui est de la phase du dépouillement du scrutin, le juge éprouve une certaine peur, réserve, timidité ou encore un manque de courage et d'engagement. Le juge a débouté plusieurs irrégularités affectant le dépouillement des votes. Les exemples étant infinis, autant ne s'en tenir qu'à quelques illustrations : un nombre de voix non recensé pour le requérant ; annulation de bulletins valable pour le compte du requérant par « la commission spécialisée » ; changement des résultats du scrutin en rajoutant des voix au profit de l'élu[915] ; et qu'enfin l'opération du dépouillement n'est pas réalisée avec précision. Le juge rejette ces griefs parce que le requérant n'a pas apporté de preuve à ses allégations [916]; ou que le requérant ne précise ni le nombre de voix ni qui a profité du rajout des voix[917], le manque de précision est dû à une faute matérielle « 44 » au lieu de « 440 » ; la consultation des procès-verbaux prouve le contraire de ce qui a été prétendu[918], ou que le juge ne comprend ce que veut dire le requérant par « commission spécialisée »[919]

Au cours du dépouillement proprement dit peuvent se poser différents problèmes matériels. Le juge tient compte des circonstances et apprécie si elles ont pu favoriser une fraude. Si tel n'est pas le cas, il n'annule pas les opérations du bureau concerné. Toutefois des irrégularités de dépouillement, combinées à d'autres irrégularités, relatives par exemple aux urnes, sont susceptibles d'entraîner l'annulation de l'élection[920]. Dans le cas d'irrégularités graves, le Conseil constitutionnel français se montre strict, comme dans le cas d'espèce dans lequel un requérant a fait valoir que des irrégularités auraient été commises lors de dépouillement des votes (annulation de l'élection en cas d'interruption de dépouillement et

[914] Décision du CC marocain 898/2012
[915] Décision du CC marocain n° 209
[916] Décision du CC marocain n° 263
[917] Décision du CC marocain n° 209
[918] Décision du CC marocain n° 205
[919] Décision du CC marocain n° 289.
[920] Décision n° 88-1062 du 21 octobre 1988 janvier, AN, Meuthre et Moselle, 2 Circ, p 174

d'irrégularités touchant les votes par correspondance)[921], ou l'enlèvement d'urne et de disparition des documents[922].

S'agissant de la présence des scrutateurs, le juge est resté laxiste face à une pléthore de griefs qu'on peut énumérer, sans être exhaustif, comme suit : si le bureau de vote non assisté par les scrutateurs[923], si le recensement a été effectué par le président du bureau de vote épaulé par trois scrutateurs et dont les signatures figurent sur la feuille du recensement[924]. De même si le requérant n'a pas précisé les numéros des bureaux de vote comprenant moins de 200 électeurs[925] et enfin si le requérant n'a pas appuyé ses allégations par des preuves[926].

## § 4. Bulletins de vote

Un bulletin de vote est un dispositif employé pour enregistrer les choix procédés par les votants. Chaque électeur utilise un bulletin individuel. Lors d'élections législatives, des bulletins préalablement imprimés sont distribués durant les élections, afin de garantir l'anonymat des votes. Le bulletin de vote est ensuite glissé dans l'urne électorale se trouvant dans les bureaux de vote.

Si un bulletin de vote comporte, à l'endroit réservé au vote, soit pour l'élection au niveau de la circonscription électorale locale, soit pour l'élection au titre de la circonscription électorale nationale plusieurs indications de vote, celui-ci est nul lorsque ces indications concernent plusieurs listes ou candidats différents. Il ne compte que pour un seul vote lorsqu'elles concernent la même liste ou le même candidat[927].

Le deuxième alinéa de l'article 65 de la loi organique n° 31/97 stipule que « le vote s'effectue à l'aide d'un bulletin de vote unique qui comprend l'ensemble des indications permettant à l'électeur d'identifier les listes de candidats ou les candidats présentés à son choix. L'électeur vote en mettant l'indication de son vote à l'endroit réservé à la liste de candidature ou au niveau de la circonscription électorale locale et à celui réservé à la liste de candidature ou au candidat au titre de la circonscription nationale.

Au Maroc comme en France, la présentation des bulletins ne soulève généralement que peu de problèmes contentieux. Pourtant, plusieurs requêtes

[921] Décision n° 67-376 du 12 juillet 1967, AN, Corse, 3 Circ, Rec.Cons.const., p 171
[922] Décision n° 67-435 du 24 janvier 1968, AN, Corse, 2 Circ, 1967, p 196
[923] Décision du CC marocain n° 780/2009
[924] Décision du CC marocain n° 284
[925] Décision du CC marocain n° 357
[926] Décision du CC marocain n° 304
[927] Sont considérés valables, les bulletins de vote qui ne comportent qu'une seule indication de vote au profit d'une liste de candidatures ou d'un candidat soit au niveau de la circonscription électorale locale soit au titre de la circonscription électorale nationale. Ce vote ne compte que pour l'élection correspondante.

soulèvent à chaque élection législative, la question des bulletins[928]. Le Conseil constitutionnel n'a pas estimé que certaines irrégularités relatives à des bulletins entraînent leur annulation. On peut à cet égard citer : des dimensions irrégulières, ce qui n'est pas un cas d'annulation, dès lors que les tailles en cause respectent les prescriptions réglementaires ; des bulletins anormalement adhésifs ayant entraîné des votes nuls[929].

Parmi les autres griefs généralement soulevés par les requérants en vue d'annuler une élection donnée, on peut citer celui relatif à l'absence des bulletins de vote du requérant dans un bureau de vote. Toutefois, le Conseil a jugé que ce moyen n'a pas de fondement valable et que ce fait n'a pas été mentionné dans le procès-verbal[930]. Dans une autre requête, le plaignant invoquait que le nombre des bulletins de vote qui lui ont été réservés (en terme de couleur) était insuffisant, ce qui a poussé les autorités locales à aller les chercher dans d'autres endroits (salé, Rabat) alors que l'opération électorale se poursuivait. Cependant, le Conseil a jugé que ce grief est infondé vu que le requérant n'a pas déterminé les bureaux de vote concernés par cette irrégularité et que les procès-verbaux des trois bureaux de vote n'ont rien mentionné en ce qui concerne ces allégations[931]. De même le grief invoquant la fuite des bulletins de vote n'est pas retenu par le juge en absence de preuve[932].

Dans certaines circonstances, le juge peut exercer un contrôle qui ne lui est pas demandé par la requête. Ainsi, si celle-ci fait état de l'annulation irrégulière survenue dans un bureau de vote déterminé des bulletins au nom du requérant, le juge de l'élection ne se contentera pas de vérifier le bien-fondé du grief articulé, mais exercera son contrôle sur tous les bulletins annulés dans ledit bureau de vote et cela afin de ne pas rompre l'égalité entre les candidats[933]. Aussi ne constitue pas une preuve, les bulletins de vote que produit le requérant lorsqu'ils ont été soustraits des bureaux de vote ou qu'ils ont été utilisés pour vicier le scrutin. Même si la loi ne le prévoit pas, le bon déroulement du vote exige de mettre à la disposition de chaque bureau de vote un nombre suffisant de bulletins de vote[934].

Le juge se montre rigoureux et annule le scrutin après avoir constaté que certains faits ne peuvent que mettre en suspicion la sincérité du scrutin et sa crédibilité. Il en est ainsi de l'annulation prononcée par le Conseil du résultat de l'élection partielle qui s'est déroulée le 8 novembre 2007, dans le cadre du collège électoral des représentants des chambres d'agriculture de la

---

[928] Camby J Pierre, "Le Conseil constitutionnel, juge électoral", édition 2004, p 121
[929] CC n° 73-587 du 14 juin 1973, AN, Val d'Oise
[930] Décision du CC marocain n° 436/2001du 21 février 2001
[931] Décision du CC marocain n° 438/2001 du 21 février 2001
[932] Décision du CC marocain n° 533/2003 en date du 5 août 2003
[933] Décision du 19 mars 1999, Dossier n° 313/97
[934] Décision du CC marocain n° 571/2004 CC du 26 mai 2004

région de « Taza-Al Hoceima-Taounate ». Dans cette affaire[935] objet de la décision n° 770/2009 rendue le 8 juillet 2009, le Conseil a jugé que le fait que les bulletins de vote concernés n'aient pas été incinérés[936] constitue une infraction à la loi en violant les dispositions du dernier paragraphe de l'article 40 de la loi organique relative à la Chambre des conseillers, qui imposent l'incinération, devant les électeurs présents, des bulletins de vote reconnus valides et n'ayant fait l'objet d'aucune contestation, après la fin des opérations de dépouillement. Le Conseil constitutionnel estime également que la conservation de ces bulletins par le président du bureau de vote soulève un doute quant à ses vraies intentions. De ce fait, une manœuvre frauduleuse n'est pas à écarter surtout avec le nombre réduit des électeurs. Dès lors, la crédibilité et l'honnêteté du scrutin ainsi que le résultat qui en découle ont été mis en question.

Il convient par ailleurs de souligner que l'opération d'incinération des bulletins de vote valides pose deux problèmes. D'une part, elle empêche le juge constitutionnel d'exercer son contrôle juridictionnel sur lesdits bulletins, et d'autre part, elle rend impossibles le réexamen et le dépouillement des voix si les candidats le réclament. Cette question problématique nécessite la modification des dispositions juridiques relatives aux bulletins valides et leur conservation pour un délai bien déterminé au lieu de leur incinération.

Aussi, dans une autre affaire déférée devant le Conseil, objet de la décision n° 706/2008 du 29 mai 2008, le juge est resté ferme aux exigences démocratiques et annule le résultat du scrutin lorsque le bulletin de vote ne contenait pas toutes les indications permettant à l'électeur d'identifier les listes de candidats ou les candidats présentés à son choix, car il est de la nature de ces éléments d'influer sur le choix des électeurs et partant sur le résultat du scrutin[937].

---

935 Décision n° 770/2009 CC du 8 juillet 2009

936 Au Maroc, le Conseil constitutionnel dispose d'une procédure précise pour la gestion des documents électoraux : après le scrutin, les bulletins de vote valides sont incinérés sur place dans les bureaux de vote ; les bulletins de vote litigieux ou nuls sont mis dans des enveloppes avec les procès-verbaux du bureau concerné ; les enveloppes sont scellées et déposées aux tribunaux de première instance de la région. Tous les procès-verbaux sont déposés aux tribunaux de première instance. Les commissions nationales, régionales et locales du recensement des élections déposent une copie des procès-verbaux au Conseil constitutionnel, une copie au ministère de l'Intérieur et une copie au tribunal de première instance concerné.

937 Décision n° 706/2008 CC du 29 mai 2008

## SECTION 3. PROCÈS-VERBAUX ET PROCLAMATION DES RÉSULTATS

### § 1. Procès-verbaux

De manière générale, un procès-verbal, communément appelé PV (abréviation), est un acte juridique écrit qui consigne toutes les informations et les incidences produites lors de l'opération électorale. Il est établi un procès-verbal pour chaque bureau de vote, signé par tous les membres du bureau et contresigné par les délégués des candidats ou des listes. Il comporte la relation de l'ensemble des opérations électorales, la mention des incidents qui ont pu se produire ainsi que les observations des membres du bureau, délégués et scrutateurs. Il fait aussi apparaître le nombre des inscrits, celui des votants, des émargements, des enveloppes et de résultats obtenus par chaque candidat ou liste. Il permet de consigner les phases relatives à l'organisation et au déroulement du processus électoral. Il constitue un élément de preuve dont le juge électoral peut se servir dans sa procédure inquisitoire puisqu'il s'en sert comme base pour la vérification des opérations électorales.

Il est également établi un procès-verbal pour l'ensemble des opérations électorales par le bureau centralisateur de la commune lorsque celle-ci a été divisée en plusieurs bureaux de vote. Il est bien évident que l'absence de mention d'une irrégularité au procès-verbal n'incitera pas le juge à la retenir. Mais dans la plupart des cas, les incidents se cumulent et sont mentionnés. Lorsqu'il est saisi d'une contestation relative à la validité des suffrages exprimés, le juge de l'élection se prononce sur chaque bulletin en particulier puis il corrige, le cas échéant le résultat d'ensemble et peut alors décider si les anomalies constatées ont eu une influence sur celui-ci.

Le calcul de la majorité étant effectué sur la base des suffrages exprimés, la détermination de ces derniers est donc essentielle. Leur nombre correspond très logiquement à celui des votants diminués des votes blancs et nuls. Une fois de plus, le juge doit faire preuve de réalisme. Les requérants contestent souvent l'authenticité des procès-verbaux. Ils prétendent que ces procès sont sujets de manœuvres frauduleuses. Ainsi les contestations se rapportent principalement aux procès-verbaux portent aussi sur leurs contenus, leurs émargements, leur remise aux représentants des candidats que sur les contradictions qu'ils comportent.

La valeur probante du procès-verbal n'est pas absolue il fait normalement foi en ce qui concerne le résultat de l'élection et les incidents qui ont pu se produire au cours des opérations électorales. Une fois établi et signé, il ne peut faire l'objet de rectifications. Il fait foi dans ses énonciations, non pas jusqu'à inscription de faux, mais simplement jusqu'à preuve du contraire[938].

[938] J Claude Masclet, op cité p.300

Les énonciations du procès-verbal peuvent être rectifiées par le juge en cas d'erreur matérielle à l'aide des feuilles de pointage ou des procès-verbaux de chaque bureau de vote. Elles sont écartées si le procès-verbal ne donne pas les garanties de sincérité requises. Enfin pour l'appréciation du nombre réel des suffrages exprimés, le juge a tendance à donner la préférence comme élément de preuve à la liste d'émargement. Les différents documents relatifs à l'élection se complètent donc sans qu'on puisse établir entre eux une hiérarchie absolue[939].

Il convient de souligner également que les requérants désavouent souvent la qualité des procès-verbaux. Ils contestent entre autres la signature des procès-verbaux[940]. Cette dernière est très importante puisqu'elle permet de vérifier si le bureau de vote est régulièrement composé ; que les membres du bureau de vote savent lire et écrire et enfin que les procès-verbaux sont rédigés en présence des membres du bureau de vote.

À l'examen des griefs des requérants, le juge a donc tendance à ne prendre en compte les irrégularités que lorsqu'elles se trouvent consignées au procès-verbal. Ceci dépend également de l'importance de leur contenu et leur établissement fréquent.

De façon générale, on peut relever que le juge adopte dans son traitement des revendications des requérants une présomption de régularité du scrutin et exige des preuves parfaites ou leur influence déterminante sur le sens du vote pour leur donner une suite favorable.

Le juge exerce un contrôle peu ferme de la sincérité du scrutin. Ainsi pour absence de preuve, le juge reste sceptique quant à la matérialité des faits. Il perd ainsi l'occasion de procéder à la qualification juridique malgré la multitude les griefs exposés par les requérants. Parmi les griefs rejetés par le juge pour moult raisons on peut citer : le cas où le juge a estimé que l'examen de certains procès-verbaux qui lui avaient été soumis laissait apparaitre l'absence de signature de certains membres du bureau de vote[941] ou par certains d'entre eux, où s'il existe des différences de signature pour

---

[939] Maligner, droit électoral op cité, p 260

[940] La signature des procès-verbaux est prévue par l'article 74 de la loi organique n°31-97 alinéa 2 : « les procès-verbaux prévus aux articles 75 à 79 de la présente loi organique sont adressé, séance tenante, en autant d'exemplaires aux candidats. Ces procès-verbaux sont numérotés, approuvés et signés, selon les cas, par le président et les membres du bureau de vote, du bureau centralisateur ou de la commission de recensement préfectorale. Toutefois si un seul des membres du bureau de vote ou du bureau centralisateur n'a pu, en cas de force majeur, être présent dans le dit bureau jusqu'à l'achèvement des opérations de vote et de proclamation des résultats, le procès-verbal est signé par les membres présents. Mention est faite au procès-verbal ». Dans sa décision n° décision n° 794/2010, le Conseil considère que le manque de signature du procès-verbal du bureau de vote conformément aux conditions mentionnées dans la loi organique de la Chambre des conseillers, lui fait perdre sa force de preuve légale et entraine par voie de conséquence sa nullité.

[941] Décisions du CC marocain n°s 195, 211, 224, 262, 264, 304, 388 et 398

une même personne[942] ou que cette absence de signature est due à l'oubli et jugée sans incidence sur l'authenticité des procès-verbaux[943]; si le requérant n'a pas pu prouver que les signatures des procès-verbaux des bureaux centralisateurs étaient falsifiées[944] ; les procès-verbaux ne mentionnent pas le nombre des isoloirs[945] ; les procès-verbaux ne signalent pas que les membres du bureau de vote sont inscrits sur les listes électorales[946] ; les procès-verbaux ne signalent pas la cause de l'annulation des bulletins nuls[947] ; où enfin le cas où il existe une double signature d'un membre du bureau de vote muni d'un émargement du procès-verbal avec une empreinte bien que ces griefs constituent selon le juge des élections des infractions suscitant l'annulation des résultats obtenus dans les bureaux de vote concernés, cette dernière reste sans influence sur les résultats du scrutin[948].

D'autres pratiques sont assez récursives dans les allégations des requérants et qui sont souvent écartées par le juge. Les requérants avaient exposé à cette fin plusieurs griefs: le refus de remise des procès-verbaux des bureaux de vote aux représentants des candidats[949] alors que la remise des procès-verbaux est qualifiée par le juge électoral comme un acte postérieur à l'opération électorale et il n'affecte en rien les résultats du scrutin ; ou que le procès-verbal ne signale pas le nombre de votants, de bulletins annulés et de bulletins valables. Le juge rejette alors le premier grief et rappelle que la mention de non-correspondance entre les nombres d'enveloppes et des émargements ne se fait que lorsqu'une différence existe. Cette mention qu'elle n'ait pas été prétendue ou confirmée par le requérant[950] ou qu'elle ait été signalée dans les procès-verbaux a été jugée sans impact sur les résultats du scrutin[951] selon le juge après instruction. Dans le second cas, le juge repousse le grief et précise que la non-indication de ces mentions reste sans importance du moment où la répartition des voix sur les candidats coïncide avec le nombre contenu dans la feuille de recensement annexée aux procès-verbaux déposés au greffe du tribunal de 1ére instance[952] ou parce que les procès-verbaux déposés au greffe du tribunal de 1ére instance montrent que l'allégation est contraire à la réalité et que le signalement demeure un simple

[942] L'article 72 alinéa 3 de la loi 31-97 stipule « l'urne est ouverte et le nombre des enveloppes est vérifié, si ce nombre est plus grand ou moindre que celui des émargements cités à l'article ci-dessus, il est fait mention au procès-verbal ». Il s'agit des émargements, des assesseurs sur leur liste respective.

[943] Décisions du CC marocain n°s 194, 195, 217, 284

[944] Décision du CC marocain n°266

[945] Décisions du CC marocain n°s 192, 284, 301 et 334

[946] Décision du CC marocain n°275

[947] Décisions du CC marocain n°268, 291, 317 et 320

[948] Décision du CC marocain n°s 224, 300, 328 et 377.

[949]Décisions du CC marocain n°s 259, 295, 299, 362,368 et 370

[950] Décisions du CC marocain n°299 et 394

[951] Décision du CC marocain n°332

[952] Décision du CC marocain n°308

oubli[953]. D'autres griefs soulevés à mainte reprise par les requérants notamment ceux se rapportant à la contradiction entre les procès-verbaux des bureaux de vote et ceux des bureaux centralisateurs ; la différence entre les résultats des bureaux de vote centralisateurs et ceux rendus publics ; l'existence de contradictions entre le nombre de votants et la somme des bulletins nuls et du nombre des bulletins valables dans le bureau centralisateur ; l'existence de différence entre le nombre d'inscrits dans les procès-verbaux des bureaux de vote et ceux de la commission régionale de recensement. Le juge après consultation des procès-verbaux déposés au greffe du tribunal de 1ère instance et leur comparaison avec ceux fournis par le requérant, rejette ces griefs parce qu'il s'agit d'une simple erreur matérielle[954] et en dépit de l'existence de contradictions, elles restent sans incidence sur le résultat du scrutin[955].

Dans ces cas d'espèce, le juge constitutionnel semble faire preuve de rigueur pédagogique, mais sa détermination à sanctionner des violations des normes électorales reste au stade velléitaire.

En revanche, le Conseil constitutionnel marocain peut dans certains cas se montrer résolu et annule sans hésitation les résultats du scrutin lorsqu'il existe des doutes quant à l'authenticité et à la loyauté du scrutin et qu'il est impossible de faire confiance au bon déroulement du scrutin[956]. Il en est ainsi le cas des exemples suivants : différences numériques entre les procès-verbaux des bureaux de vote fournis par le requérant et leurs exemplaires déposés au greffe du tribunal de 1ére instance; lorsqu'en s'appuyant sur les procès-verbaux de la C.R.S.E fournis par le requérant, il constate qu'ils ont pu être signés à blanc[957] ; concordance entre les procès-verbaux des bureaux de vote déposés au greffe du tribunal de 1ère instance et ceux des bureaux centralisateurs, alors qu'ils diffèrent de ceux fournis par le requérant ; inversion des résultats entre les candidats ou différence entre les résultats établis par les bureaux de vote et le résultat final arrêté par le bureau centralisateur du vote[958] ; ou enfin lorsque le juge constate la correction d'erreurs touchant la répartition des voix entre le requérant et le candidat d'une liste concurrente élu par un faible écart de voix. Il considère alors que d'autres dérapages aient pu avoir lieu favorisant l'un au détriment de l'autre, que, dès lors […], il y a lieu de prononcer l'annulation de l'élection contestée[959].

La lecture et le diagnostic jurisprudentiels inhérents aux procès-verbaux montrent que le juge constitutionnel accorde une place prioritaire aux

---

[953] Décisions du CC marocain n°s 199, 275, 284, 299, 304 et 368

[954] Décisions du CC marocain n°s n°252 et 292

[955] Décisions du CC marocain n°s 377, 381 et 390

[956] Décisions du CC marocain n° 371/2000.

[957] Décisions du CC marocain n°274/99 en date du

[958] Décisions du CC marocain n°s 396/2000 et n°400/2000.

[959] Décision du CC marocain n° 588/2004 CC du 22 septembre 2004

procès-verbaux élaborés dans les bureaux de vote en tant que preuve des prétentions des requérants. Ainsi, si l'un des faits invoqués par le requérant n'est pas codifié dans le procès il ne sera pas pris en compte. Par ailleurs l'existence d'erreurs matérielles dans le procès n'est pas une preuve sur la non-transparence de l'opération électorale[960]. En outre, la déclaration du président de l'un des bureaux de vote sur l'existence d'infractions ne peut pas être prise en compte tant que les membres de ce bureau ont signé les procès sans réserve.

Le juge constitutionnel marocain fait encore souvent recours à la technique de présomption de régularité. En effet, même en présence d'infractions entachant l'opération électorale, le juge constitutionnel marocain procède à un certain nombre d'hypothèses qui orientent en partie son raisonnement. En effet, cette technique de présomption en tant qu'une célèbre technique chez le juge constitutionnel peut être résumée dans l'expression suivante "*même en présence de preuves, on ne peut pas conclure à l'existence d'un impact sur le résultat du scrutin*". Le juge constitutionnel fait recours à la technique de la soustraction des voix obtenues par le candidat ayant remporté l'élection et celui qui le suit dans l'ordre pour se contenter de voir uniquement le degré d'impact qu'ont eu les voix soustraites sur la différence entre le candidat ayant remporté les élections et le candidat qui le suit dans l'ordre[961].

Cette attitude du juge électoral peut encourager certains candidats à chercher les moyens les plus efficaces pour contourner la loi électorale et éviter une annulation du scrutin prévoyant justement la décision future du juge électoral. Elle exprime aussi le faible taux d'annulation des élections par rapport aux nombres de requêtes déposées auprès du Conseil constitutionnel.

Dans le cas où l'écart des voix est important, le Conseil constitutionnel doit s'assurer que des infractions et agissements sérieux, multiples et systématiques ont été dûment établis quant à leur existence et à leur incidence décisive sur le scrutin. En d'autres termes, les griefs invoqués doivent réunir selon J.P CAMBY les critères de la qualité, de la quantité et de l'intention délibérée, ainsi qu'un lien de causalité entre les griefs invoqués et la sincérité du scrutin. Le requérant doit prouver qu'il doit son échec à ces infractions et agissements.

Alors qu'en fait la preuve de l'existence d'évènements ayant influé sur les électeurs dans un bureau ou dans des bureaux isolés ainsi que la présentation de ce qui vaut l'existence de voix obtenues de manière illégale représentent un indice qui devrait en réalité pousser le juge constitutionnel à mener une enquête, car rien ne nie l'existence d'autres cas que le requérant

---

[960] Décision du CC marocain n° 510/2003
[961] Décision du CC marocain n° 517/2003

n'a pas pu prouver et qui pourraient avoir un impact sur le résultat de l'élection dans sa totalité.

L'administration de la preuve dans le procès électoral n'est généralement pas convaincante. Le juge électoral fait d'abord peser sur le requérant la charge de la preuve des irrégularités, alors qu'il lui est souvent difficile sinon impossible de les établir avec précision. Comment, par exemple, prouver les manœuvres ou pressions exercées sur les requérants, l'ampleur de la distribution d'un tract diffamatoire? Dans la plupart des cas, le requérant ne peut faire état que de présomptions de fraude ou d'éléments d'information partiels, et le Conseil rejette alors le recours pour défaut de preuve, ou manque de précision.

La lecture des décisions laisse entrevoir des zones d'ombre et jette le doute sur l'exactitude des faits et allégations des requérants, et sur la crédibilité des actes du Conseil constitutionnel marocain.

Certes, le constat qui peut être relevé est celui de l'ambigüité du pouvoir du juge constitutionnel dans l'appréciation des faits et des preuves. En fait, il semble que celui-ci est dénué de critères qui peuvent le pousser à engager une enquête sur terrain. Dès lors, le juge adopte une argumentation qui ne manque pas d'intriguer, car si le dispositif ne souffre pas de critique, la motivation manque de clarté dans la mesure où il argue rarement les principes spécifiques que le principe de sincérité fédère (liberté et loyauté du scrutin...) s'abritant derrière le non-établissement des faits ou l'absence d'effet déterminant sur le résultat de l'élection. Ce qui laisse l'impression d'une conclusion sans prémisse avec un contrôle hésitant et une sanction hypothétique.

## § 2. Proclamation des résultats

Acte qui rend définitifs les résultats de l'élection sous réserve des recours en contentieux. La proclamation des résultats reste le moment attendu aussi bien par les candidats que par les électeurs.

L'article 74 de la loi organique n°31-97 stipule que « Aussitôt après le dépouillement, le résultat est rendu public par le président du bureau de vote. Les procès-verbaux de l'élection au niveau de la circonscription électorale locale et les procès-verbaux de l'élection au titre de la circonscription électorale nationale, prévus aux articles 75 à 79 de la présente loi organique sont dressés, séance tenante, en autant d'exemplaires que de listes ou de candidats. Ces procès-verbaux sont numérotés, approuvés et signés, selon le cas, par le président et les membres du bureau de vote, du bureau centralisateur ou de la commission de recensement préfectorale ou provinciale.

Par ailleurs, la proclamation finale du candidat élu est faite en vertu de l'article 78 de cette loi organique par la commission de recensement préfectorale ou provinciale. Toutefois, si un seul des membres du bureau de vote ou du bureau centralisateur n'a pu, en cas de force majeure, être présent dans ledit bureau jusqu'à l'achèvement des opérations de vote, de dépouillement, de recensement des votes et de proclamation des résultats, le procès-verbal est signé par les membres présents. Mention en est faite au procès-verbal. Un exemplaire du procès-verbal établi dans les formes prévues ci-dessus est remis au représentant de chaque liste ou de chaque candidat. Trois autres exemplaires sont également dressés et signés dans les conditions visées ci-dessus.

La loi exige la transmission des procès-verbaux des bureaux de vote immédiatement après la fin de l'opération de dépouillement des voix aux bureaux centralisateurs, aux commissions provinciales de recensement et à la commission nationale de recensement. Cette dernière est tenue de proclamer les résultats dès la réception des procès-verbaux de ces commissions.

Par ailleurs, lorsqu'il s'avère que le bureau centralisateur des résultats au niveau d'une circonscription n'a pas procédé à la transcription correcte du nombre de voix obtenu par chaque candidat dans les bureaux de vote, ou bien si ce bureau centralisateur a été invalidé pour constitution irrégulière, le juge se substituera alors à ce bureau pour refaire les calculs et peut être, si la rectification des résultats obtenus le permet, proclamer l'élection d'un candidat qui peut ne pas être le requérant.

Selon des sources du ministère de l'Intérieur, la lenteur prévisible des opérations de recensements des voix et de proclamation des résultats se justifie par un ensemble de facteurs nouveaux qui ont caractérisé l'opération électorale, à savoir l'extrême complexité de l'opération du dépouillement lié à l'étendue de la circonscription, le nombre élevé des bureaux de vote, au nouveau mode de scrutin de liste à la proportionnelle, à l'utilisation de bulletin unique, au double vote pour les listes locales et nationales, à l'établissement et la délivrance obligatoire de copies des procès-verbaux aux délégués des listes en lice, la fixation à 19 heures de la fermeture des bureaux de vote ainsi que les modalités complexes de calcul des résultats.

À titre d'illustration, on ne peut passer sous silence l'inquiétude causée par le retard apporté dans l'annonce des résultats du scrutin de vendredi soir (27 septembre 2002) à samedi tard dans la soirée ; les spéculations les plus alarmistes quant à la transparence du scrutin s'étaient propagées comme un feu de paille tant l'absence de tout résultat partiel, conjuguée à l'information démesurément grossie d'une percée électorale islamiste, faisait craindre le pire[962]. Selon des sources du ministère de l'Intérieur, le retard serait dû à des raisons techniques. Le dispositif complexe de la collecte informatique des résultats sur plus de 35000 bureaux dispersés sur tout le territoire ayant montré ses limites[963].

---

[962] La Vie Economique, 03/01/2003

[963] « Soyons clairs : les élections législatives du 27 septembre 2002 n'ont pas été truquées, sciemment, à un niveau supérieur. Du moins nous ne disposons d'aucune preuve pour

En contentieux électoral, la question de proclamation des résultats soulève quelques anomalies inhérentes à la non-proclamation des résultats immédiatement après le dépouillement. Le juge rejette un tel grief, car le requérant n'apporte aucune preuve à l'appui du moyen invoqué et même si le grief est fondé, il reste, aux yeux du juge, sans impact sur l'opération électorale[964].

Aussi dans une autre décision n° 514/2003 en date du 04 juin 2003, le Conseil considère que si le législateur a insisté dans la matière électorale sur l'importance de la proclamation des résultats aussitôt après l'opération de dépouillement des votes, tel qu'il résulte du dispositif organisant les élections, il l'a conditionné par la disponibilité des résultats devant être proclamés avant leur insertion immédiate dans des procès-verbaux établis conformément à la loi et constituant des documents de référence jusqu'à preuve du contraire. Il est d'ailleurs spécifié explicitement dans les dispositions du premier paragraphe de l'article 74, de la loi organique n° 31-97 relative à la Chambre des représentants que « le président du bureau de vote proclame le résultat immédiatement après l'opération de dépouillement ». De même, dans les dispositions du dernier paragraphe de l'article 78 de ladite loi, il est arrêté que « la commission nationale de recensement procède au recensement des votes obtenus par chaque liste ou candidat et en proclame les résultats ». Certes, le législateur n'a pas exigé des bureaux de vote et de la commission nationale de recensement de proclamer les résultats le jour même du scrutin, mais a lié cela à la fin de l'opération de dépouillement par le bureau de vote et à la réception par la commission nationale de recensement de tous les procès-verbaux des commissions de recensement provinciales. Or, en l'espèce, les requérants n'ont pu prouver ni que les bureaux de vote n'ont pas proclamé les résultats immédiatement après le dépouillement des votes, ni que la commission nationale de recensement n'a pas proclamé les résultats aussitôt après avoir reçu les procès-verbaux des commissions provinciales de recensement ni qu'elle s'est basée sur des sources autres que les procès-verbaux, qui lui sont parvenus de ces commissions.

Le même sort a été également réservé à d'autres griefs dénoncés par les candidats, mais qui ont suscité le rejet par le juge notamment: La diffusion des résultats par la télévision et la radio avant la fin des opérations de dépouillement et de recensement[965], la proclamation des résultats par la

l'affirmer (...). Que s'est-il réellement passé ? A-t-on diminué le score des islamistes ? Y a-t-il eu manipulation de la liste nationale, celle des femmes ? Un faisceau de présomptions le laisse supposer. Mais des preuves irréfutables nous n'en avons pas », s'interroge le journaliste D. Ksikes. TelQuel, n°72, 5-11/04/2003 in Myriam Catusse. Les vraies fausses surprises du score PJD au Maroc, législatives 2002, Hal Archives-ouvertes, 2009, p13

[964] Décision du CC marocain n°190.

[965] Décision du CC marocain n° 98 en date du 11 décembre 1995.

préfecture[966] avant réception des procès-verbaux des bureaux de vote par la commission de recensement en violation de l'article 78 qui stipule que la proclamation des résultats du scrutin se fait par la commission de recensement préfectorale ou provinciale une fois qu'elle a recensé dans l'ordre de leurs réceptions, le recensement du vote de chaque circonscription de la préfecture ou de la province.

Il ressort de notre diagnostic jurisprudentiel que le juge électoral marocain a montré que les irrégularités électorales dénoncées sans aucune preuve ne sauraient prendre le devant. À ce titre, les requêtes pour lesquelles les requérants ne produisent pas de preuves à leurs allégations ou annoncent diverses constatations sans fondement concluant sont jugées non fondées. Au contraire, le juge n'hésite pas à qualifier ces allégations non assorties de commencement de preuve.

La plupart des politologues et analystes qui se sont intéressés à la scène politique marocaine, et qui ont fourni des études sur les élections et le champ partisan, estiment que les scrutins- notamment entre 1963 et 1997[967]- ont été entachés d'irrégularités flagrantes et ne reflétaient pas la volonté des électeurs, il s'agit bel et bien de l'appréciation de quelques auteurs n'ayant aucun attachement partisan et jouissant d'une crédibilité académique. En effet, plusieurs faits témoignent de l'intervention directe de l'administration dans le déroulement du scrutin, comme l'absence dans certains cas de circonscriptions de bulletin de vote appartenant aux partis de l'opposition[968], pré-établissement de la carte électorale par le ministère de l'Intérieur avant le déroulement du scrutin[969], falsification des résultats électoraux et la création des partis « majoritaires », achats des voix, l'expulsion des observateurs partisans des bureaux de vote avant le dépouillement, l'enlèvement des urnes par les caids…etc.

Il s'agit d'une perte de confiance des citoyens vis-à-vis de l'opération électorale[970]. Le déchaînement des falsifications électorales pendant plusieurs années a poussé un grand nombre de citoyens à juger inutile le fait de se rendre aux bureaux de vote. Néanmoins, les élans d'immixtion du ministère de l'Intérieur dans l'élaboration des résultats se font de plus en plus rares.

---

966 Décision du CC marocain n°190 en date du 20 mars 1998

967 Voir les chroniques politiques de l'AAN numéros 1963, 1976, 1977, 1983, 1984, 1992, 1993, 1997

968 M Sehimi, « Etude des élections législatives au Maroc 1977 » Mémoire de DES, faculté de droit Rabat Agdal, 1978.

969 Témoignage de M Lahbabi à Alahdat Almaghribya du 10 octobre 2007.

970 Une enquête menée par Ghassane Lamrani révèle que 60 % des enquêtés affirment qu'ils ne croient pas à l'authenticité des résultats électoraux (cf article du même auteur sur « l'abstention électorale au Maroc, Revue Marocaine des Sciences Politiques et Sociales, volume n°VI, février 2013).

On peut déduire du contrôle des phases (pendant et après) les élections, qu'elles se caractérisent par un manque de détermination et d'engagement du juge électoral. Le déroulement des élections et l'après-proclamation des résultats constituent des moments où le juge électoral montre toutes ses limites. C'est durant ces phases qu'il fait preuve d'inertie en optant pour des solutions de facilité, et ce au détriment de la sauvegarde des exigences démocratiques. Le juge apprécie de manière souple et ne prend pas en considération tous les griefs mis à sa charge juste parce qu'ils n'ont pas d'effets sur les résultats du scrutin.

L'attitude classique du juge constitutionnel consiste à scruter toutes les prétentions des candidats, mais exige des preuves tangibles ou leur influence déterminante sur le sens du vote pour leur donner une suite favorable. Au demeurant, l'analyse des griefs formulés par les requérants et les réponses apportées par le conseil montre que le raisonnement du Conseil est tantôt insusceptible de reproche parce que pertinent, tantôt susceptible d'être critiqué parce que qualitativement insuffisant ». Le constat suivant bien que réaliste demeure inquiétant: La timidité du juge, son manque d'audace, sa prudence et sa réserve résideraient dans sa volonté de ne pas annuler le scrutin alors que des occasions n'ont pas manqué. Certaines requêtes mériteraient-elles que le Conseil s'y attarde, au vu du nombre et de la gravité des irrégularités dénoncées. Dans sa mission de contrôle, le juge constitutionnel est appelé, chaque fois que besoin est, à concilier fermeté et pragmatisme afin de participer plus amplement à la construction, voire à la consolidation de l'État de droit.

## SECTION 4. LE JUGE ÉLECTORAL ET LA SANCTION DES COMPORTEMENTS IRRÉGULIERS RELEVÉS AU COURS DES OPÉRATIONS ÉLECTORALES

Les opérations électorales sont de plus en plus entachées par des comportements irréguliers au regard de la loi électorale. La fraude électorale, définie comme tout acte violant délibérément une disposition du code électoral[971], toutes les sociétés utilisant le système de vote sont confrontées au problème, et cherchent à s'en prémunir. Le succès en la matière est une condition pour se prévaloir du label démocratique.

En réaffirmant l'adage suivant lequel la fraude corrompt tout, il convient de relever que, de toutes les catégories de fraudes, celles dites électorales sont les plus pernicieuses et les plus insidieuses[972]. C'est une gangrène qui ne

[971] B Maligner, ''Halte à la fraude électorale, Economica, Paris, 1986, p 26.

[972] Sur l'ensemble de la question, voir J. Vidal, Essai d'une théorie générale de la fraude en droit français, Paris, Dalloz, 1957 ; B. Audit, « Fraude », in D. Alland et S. Rials (dir.), Dictionnaire de la culture juridique, Paris, PUF, 2003, pp. 755-760.

cesse de gagner en malignité et il est, par pur civisme, plus que temps de l'éradiquer. En effet aux différentes étapes du processus électoral, les occasions de tricheries sont nombreuses. Lorsqu'elles atteignent les résultats ou font peser un doute sur leur sincérité, elles trouvent une sanction dans l'annulation ou la réformation de l'élection. La fraude peut s'insinuer à peu près à tous les stades du processus électoral : pendant la phase préélectorale notamment par la manipulation des listes électorales ; la campagne électorale, pendant la phase électorale ou à l'issue du scrutin, par le bourrage des urnes, la falsification des listes d'émargement ou l'utilisation des cartes d'électeur non retirées.

La pratique du contentieux électoral marocain fait ressortir une liste constante et impressionnante des principaux griefs ou irrégularités se rapportant au phénomène de fraude. Procéder à leur énumération, même non exhaustive dans le cadre de cette réflexion, serait fastidieux.

Dans un premier volet, il sera question de dresser une typologie des fraudes (§1) avant de procéder à la mise en lumière des méthodes de fraude auxquelles recourent, le plus souvent, les candidats ou les autorités locales dans le but d'agir sur la volonté des électeurs ; qu'il s'agisse des manœuvres frauduleuses, de la corruption ou de la contrainte sous différentes formes. Enfin, les obstacles à la lutte contre la fraude seront passés au peigne fin avant de proposer quelques pistes de réflexion à même de permettre son éradication (§4).

## § 1. Manœuvres frauduleuses : Éléments de jurisprudence

Les méthodes de fraude utilisées sont destinées à agir sur la volonté des électeurs afin de les amener à donner, malgré eux, leur suffrage à un candidat déterminé. Leur vote est détourné, il ne correspond pas à leur intime conviction.

Dans la jurisprudence du Conseil constitutionnel marocain, nous avons pu distinguer les décisions d'annulation pour motif de fraude dans le cas où le juge a constaté le bien-fondé des contestations du requérant et décisions de fraudes ou le Conseil a jugé en usant de son pouvoir discrétionnaire que ces manœuvres n'ont aucune influence sur le résultat du scrutin.

### A. Typologie des annulations pour motif de fraude

Il se dégage des décisions rendues à cette occasion que le phénomène de fraude affecte tout le processus électoral et plus particulièrement la période de la campagne électorale avec (27 %), l'opération de vote (23 %), les bulletins de vote (16 %) et les procès-verbaux (14 %) (voir graphique n° 2 ci-dessous).

**Graphique n° 2 : Typologie des annulations pour motif de fraude (1994-2009)**

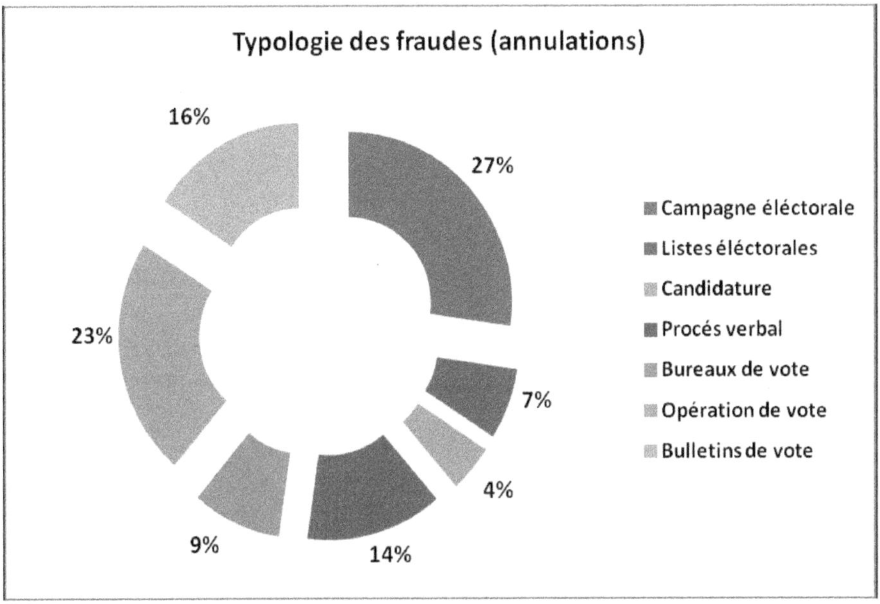


En effet, la diversité des recours s'explique par l'empressement du justiciable vers le prétoire pour dénoncer la mise à mal de la consultation. La diversité des motifs à la base des recours atteste de l'inventivité des stratagèmes frauduleux mis en œuvre aussi bien de la part de l'administration que par des candidats : faux témoignage et achat de voix[973], falsification des listes électorales et manipulation du nombre des votants en agissant sur la liste électorale en y faisant ajouter des votants fictifs[974], duperie des électeurs en introduisant le nom du requérant dans une liste d'une instance politique au nom de laquelle il ne s'est pas porté candidat[975], intimidation des électeurs le jour du vote[976], l'empêchement des délégués des candidats d'accomplir leur mission de contrôle des opérations électorales[977], constitution des bureaux de vote à l'avance[978], bulletin de vote ne contenait pas toutes les indications permettant à l'électeur d'identifier les listes de

[973] Décision n° 738/2009 rendue le 18 février 2009

[974] Décision du CC n° 404 en date du 22 juin 2000.

[975] Déc. 558/2004 c.c. V. également les décisions du Conseil constitutionnel n° s 367 du 26 janvier 2000 et 464 du 28 novembre 2001

[976] Décision du CC marocain n° 466/2009 ; DC n° 337/1999.

[977] Décision du CC marocain n° 385/2000.

[978] Voir dans ce sens les décisions du CC marocain n° 767/2009 et n° 86/1995.

candidats ou les candidats présentés à son choix[979], intervention de l'administration[980], différence entre les résultats établis par les bureaux de vote et le résultat final arrêté par le bureau centralisateur de vote[981], etc.

On peut relever dans ces cas précités que l'effet de la fraude semble être évident et que l'élection est source de suspicion. Le Conseil constitutionnel marocain se positionne en tant que garant de la liberté et de la sincérité du scrutin en rappelant à cet égard que l'élection est un acte majeur qui doit s'accomplir dans des conditions transparentes, sérieuses et honnêtes.

### B. Typologie des fraudes sans incidence sur les résultats du scrutin

Prendre pour mesure le nombre d'invalidations ne permet donc pas un recensement des fraudes, mais seulement de celles qui sont réputées avoir abouti à intervertir l'ordre des candidats au terme de la compétition électorale.

Les informations et les sources dont on dispose nous renseignent sur les fraudes contenues dans les requêtes et protestations des requérants, mais qui n'ont pas un effet sur les résultats de l'élection.

L'objectif consiste donc à examiner les contenus des requêtes arguant la présence de manœuvres frauduleuses et qui sont rebutées par le Conseil constitutionnel marocain en absence de preuves tangibles ou en raison de l'absence d'incidence sur les résultats du scrutin.

Les résultats de notre analyse font ressortir que la fraude qui a été jugée par le Conseil constitutionnel marocain sans incidence sur les résultats du scrutin peut trouver un point d'application à chaque élément du scrutin et principalement au niveau des campagnes électorales avec un taux de 25 % suivi des opérations de vote avec 20 %, les procès-verbaux quant à eux occupent 15 %, bureaux de vote (12 %) et 9 % au niveau des listes électorales.

Cette évaluation quantitative permet donc de nous donner une idée sur l'ampleur des dysfonctionnements, fraudes et irrégularités qui risquent de prospérer dans la pratique électorale.

Les recours relatifs aux manœuvres frauduleuses affectant la campagne électorale[982] sont les plus marqués dans les griefs des requérants (affichage massif dans les emplacements non autorisés[983], intervention de

---

[979] Décision n° 706/2008 CC du 29 mai 2008

[980] Décision du CC n° 363/2000

[981] Voir dans ce sens les décisions du CC marocain n° s 231, 232, 323 et 378....

[982] Cette période constitue l'un des points sensibles des opérations électorales. Elle fait évidemment partout l'objet de fréquentes contestations, le plus souvent en raison de la rupture d'égalité entre les candidats ou les partis. Et les principes du suffrage, notamment ceux relatifs à l'égalité entre les candidats et, dans une mesure moindre, la liberté de campagne, sont souvent au centre des contestations, la neutralité de l'administration étant généralement en cause.

[983] Décision du CC marocain n° 780/2009

l'administration[984]...). Il peut s'agir également des infractions liées à l'utilisation des moyens humains et matériels de l'Etat[985], à l'achat de voix[986] ou toutes formes de corruption exercée sur les électeurs durant la campagne électorale.

Il convient de souligner que cette période, propice aux dérives de tous ordres, pose souvent de grandes difficultés, car il n'est pas facile d'établir les liens de cause à effet entre les agissements répréhensibles constatés et l'issue du scrutin, car le juge est souvent confronté à des griefs qui sont difficilement quantifiables et jugés sans incidence sur les résultats du scrutin. Dans le cadre de son pouvoir souverain d'appréciation, le juge va avoir recours au principe de l'influence déterminante et à l'écart des voix pour se forger une opinion et rendre sa décision. Autrement, c'est durant cette phase de campagne que le juge de l'élection fait preuve d'inertie, de plus de timidité en cherchant des débroussaillages moins convaincants au détriment de la sauvegarde ou de la continuité des exigences démocratiques. Le juge apprécie de manière souple et ne prend pas en considération les nébuleux griefs mis à sa charge parce qu'ils n'ont pas d'effets sur les résultats du scrutin.

S'agissant des opérations de vote, la juridiction constitutionnelle marocaine s'agrippe à la prudence en ajournant plusieurs griefs qu'elle juge sans effets sur les résultats du scrutin : lorsque le requérant prétendait que le caractère secret du scrutin n'a pas été respecté ; ou que certains bureaux étaient dépourvus d'isoloirs de sorte que l'opération de vote s'est faite en public[987] ; ou que certaines personnes ont voté à la place de d'autres alors que chaque électeur exprime son choix personnellement[988], la non-conformité du nombre des votants et du nombre produit par la liste d'émargement[989], l'absence de carte d'identité nationale[990], l'interruption du vote pendant une heure et demie en raison d'une dispute intervenue entre des personnes qui y ont fait irruption[991].... etc.

Ainsi malgré la gravité de ces faits, le Conseil constitutionnel marocain se fonde le plus souvent sur le faible impact sur le résultat du scrutin[992] ou

---

[984] Décisions du CC marocain n° s191/1998 et 763/2009
[985] Décision du CC marocain n° 771/2009
[986] Décision du CC marocain n° 447/2000
[987] Décision 464/2001 du 28 novembre 2001
[988] Décisions du CC marocain n° s 283 et 289
[989] CHC décision n° 343 du 16.8.93. Op. cit.
[990] Décisions du CC marocain n° s 290 et 299 ;
[991] Décision du CC marocain n° 79/95
[992] Le requérant a soutenu que le principe du secret de vote a été violé dans un bureau de vote qu'il a déterminé. D'après les allégations du requérant, le membre le plus âgé composant le bureau de vote et avant l'entrée dans l'isoloir, a annoncé le nom du candidat pour lequel il compte voter tel qu'il ressort dans le procès-verbal. Le juge constitutionnel, quant à lui a considéré dans sa décision n° 472/2002 du 26 février 2002, que même si cette personne a exprimé sa volonté de voter pour la liste « Al Baraqua, le requérant n'a pas prouvé que cet

enfin l'absence de preuve[993] à l'appui des moyens invoqués[994]. Cette jurisprudence est à notre sens contestable en raison de son caractère trop permissif. Le juge, surtout, bénéficie d'une grande latitude pour juger des conséquences d'une irrégularité qu'il constate. Il se montre trop précautionneux à annuler des scrutins irréguliers. Le Conseil constitutionnel doit donc éventuellement changer sa position en sanctionnant fermement les irrégularités et les fraudes de grande ampleur qui sont de nature à vicier les résultats des consultations et vider le processus démocratique de toute sa substance.

Les bureaux de vote et les procès-verbaux quant à eux suscitent également les contestations des requérants. Parmi les griefs débusqués par le juge pour moult raisons, on peut citer : l'impossibilité pour les délégués d'exercer leur contrôle et de consigner leur réclamation aux procès-verbaux[995], le nombre de votants ne correspondant pas au nombre d'inscrit dans le registre d'émargement, car la déduction des voix n'affecte en rien le résultat du scrutin[996]; procès-verbaux ne signalant pas l'heure de clôture du scrutin ou sa prolongation[997] dès lors qu'il n'a pas été établi qu'elle ait eu pour objet ou pour effet de permettre des fraudes ou de provoquer des erreurs dans le calcul des suffrages ; l'interdiction faite à un candidat de se rendre auprès d'un bureau de vote ou encore le cas d'expulsion de la salle de vote de délégués qui avaient suscité des incidents, alors qu'il n'est pas établi que cela ait favorisé des fraudes. Il en est de même pour plusieurs cas ou des irrégularités relatives à la constitution de certains bureaux de vote qui provoquent l'annulation des voix dans ces bureaux de vote, mais sans que ces irrégularités aient une influence sur les résultats du scrutin[998].

On peut donc relever de cet examen jurisprudentiel plusieurs lacunes dans le raisonnement du juge constitutionnel. Ce dernier continue à réclamer la présomption de régularité du scrutin. En effet, le juge constitutionnel marocain présume que « même en présence de preuve de fraude, on ne peut pas conclure à l'existence d'un impact sur le résultat du scrutin ».

Le Conseil constitutionnel marocain est régulièrement amené à reconnaître l'existence d'irrégularités, parfois sérieuses, sans pour autant invalider le scrutin. Pour le juge de l'élection, ces manœuvres frauduleuses ne peuvent en aucun cas constituer un alibi pour l'annulation du scrutin tant que les irrégularités dénoncées n'aient eu aucune influence déterminante sur les résultats de l'élection.

---

incident ait influencé le reste des électeurs. En plus, le retrait d'une seule voix de l'ensemble du résultat de la liste n'aura pas influencé le résultat de ce bureau de vote.

[993] Décisions du CC marocain n° s 189 206, 210, 246, 248, 249

[994] Décisions du CC marocain n° s 223 et 309

[995] Décision du CC marocain n° 184

[996] Décision du CC marocain n° 273.

[997] Décisions du CC marocain n° s 181, 194, 227, 254, 28

[998] Décision du CC marocain n° 529/2003

Autrement dit, la grande lacune qu'on a pu soulever dans la position du Conseil que ce soit pour débouter la requête ou pour lui faire droit en l'annulant, a pratiquement toujours pris en considération le critère de l'écart des voix en considérant que cet écart est non lié à la gravité de l'infraction (le degré de manœuvres frauduleuses), mais plutôt au critère arithmétique c'est-à-dire au faible écart de voix entre le candidat élu et le candidat battu qui s'avère déterminant.

En somme, le constat suivant bien que réaliste demeure inquiétant : La timidité du juge, son manque d'audace, sa prudence et sa réserve résideraient dans cette volonté de ne pas arriver à annuler le scrutin alors que des occasions n'ont pas manqué. Certaines requêtes mériteraient un examen de fond au vu du nombre et de la gravité des irrégularités dénoncées.

## § 2. La corruption : cas de jurisprudence

La corruption consiste en quelque sorte à séduire des électeurs grâce à des avantages divers qu'un candidat leur procure dans le but de gagner ainsi leur voix. L'auteur de la corruption et les électeurs corrompus deviennent, si l'on peut dire, des associés dans une entreprise commune qui est l'élection du premier[999].

L'irruption de l'argent dans la vie politique et, particulièrement, dans le processus électoral ne date certainement pas d'hier. Mais, l'influence qu'il y exerçait, il y a quelques années, était devenue véritablement choquante. D'une part, la puissance financière est toujours considérée par les acteurs eux-mêmes, comme l'un des moyens les plus sûrs pour emporter, par-delà même la controverse idéologique, la bataille électorale, ou tout au moins comme l'une des conditions nécessaires à la victoire. D'autre part, l'élection, elle-même, est devenue, pour la plupart, l'un des instruments les plus efficaces pour se procurer les quantités d'argent de plus en plus importantes nécessaires à d'autres conquêtes électorales. Tous les moyens étant souvent jugés bons pour l'emporter coûte que coûte, il en est résulté un détournement du processus électoral.

La corruption électorale au Maroc a atteint un niveau critique à l'échelle nationale, gangrenant le jeu politique, faussant la réalité des rapports de forces entre les acteurs de ce jeu et condamnant l'État à composer avec des élus sans aucune réelle représentativité.

La corruption viole deux grands principes qui régissent le droit électoral, la liberté de vote et l'égalité des candidats. La rupture de l'égalité est manifeste. Seuls les candidats disposant de moyens financiers importants peuvent en user. L'égalité des chances est donc rompue dès le départ :

[999] On ne peut guère parler d'électeurs « victimes » de la corruption, car, en règle générale, cette manœuvre est apprécié par « eux puisqu'elle leur donne un avantage. Il serait plus juste de parler des « bénéficiaires » de la corruption, les seules victimes étant les autres candidats

l'auteur de la corruption s'entoure d'une « clientèle » non pas grâce à ses talons ou à son programme, ce qui est légitime, mais uniquement par l'octroi des faveurs et c'est dans cette mesure que la corruption porte également atteinte à la liberté du scrutin. Sur le plan de l'expression du suffrage, la liberté reste bien évidemment entière, mais elle est altérée sur le plan psychologique : elle est véritablement aliénée. L'électeur, objet des faveurs d'un candidat ne détermine plus son vote en fonction de l'intérêt général, mais uniquement selon ce qu'il croit être son intérêt propre, mais qui en fait ne sert que les ambitions du candidat auteur de la manœuvre. La corruption porte donc une atteinte grave à la démocratie et ceci d'autant plus que les électeurs ne s'en rendent pas facilement compte. Fréquemment employée, mais pas toujours décelable, apparaît donc comme une fraude particulièrement pernicieuse.

Toutes les instances intéressées par la chose électorale (AMDH, transparency…) pointent unanimement du doigt le recours à l'argent pour l'achat des voix en pleine campagne électorale. Leurs rapports respectifs martèlent que le mode de scrutin combiné à des taux de participation très faibles favorise ce type de pratiques, en ce sens qu'un nombre relativement limité de voix peut faire la différence ».

La corruption revêt les aspects les plus divers ; on ne saurait prétendre les dénombrer tous. On peut cependant regrouper les faits de corruption les plus fréquemment employés ou les plus originaux en deux rubriques : les faits constitutifs de corruption directe et les faits de corruption indirecte.

### A. La corruption directe

Elle consiste à faire « des dons ou libéralités en argent ou en nature, des promesses de libéralités, des faveurs, d'emplois publics ou privés ou d'autres avantages particuliers[1000] », directement et individuellement à un ou plusieurs électeurs. La gamme est donc particulièrement étendue.

Dans certaines circonstances, le Conseil constitutionnel se montre rigoureux et annule l'élection lorsqu'il dispose de preuves attestant que les partisans du candidat élu ont distribué de l'argent, des dons, des libéralités en nature pour l'achat des voix[1001]. Les preuves sont fondées lorsqu'elles sont établies par la police judiciaire ou lors d'un jugement par le tribunal[1002]. Si le requérant ne dispose pas de preuves matérielles, il n'a aucune chance de voir annuler l'élection de son adversaire[1003].

[1000] Décision du CC marocain n° 447/2000.

[1001] L'article 56 de la loi organique n° 31-97 stipule « est puni d'un emprisonnement de six mois à un an et d'une amende de 5000 à 2000 dirhams ou de l'une de ces deux peines seulement quiconque qui a obtenu ou tenté d'obtenir le suffrage d'un ou de plusieurs électeurs, par des dons ou libéralités, en argent ou en nature ».

[1002] Décision du CC marocain n° 634/2007

[1003] Décisions du CC marocain n° s 179, 184, n° 412/2000

Un nombre important de requêtes - particulièrement lors du scrutin de 1993 et 1997 et des élections partielles qui l'ont suivi[1004] - mentionne le recours à l'argent sous plusieurs formes pour l'achat des voix et la falsification du processus électoral. Pour regrettable qu'elle soit, cette mise à mal de l'éthique électorale reste difficile à prouver par le requérant et justifie que la juridiction constitutionnelle répugne à la considérer comme un moyen pouvant servir à annuler l'élection.

Nous évoquons également la décision du CC n° 637/2007, dans laquelle le juge constitutionnel s'appuie sur les conclusions d'un tribunal judiciaire avec l'écoute des témoins comme moyen de preuve [1005]: que l'élu a fait usage lors de sa campagne électorale de méthodes non légales et de manœuvres dolosives (distribution d'argent aux électeurs) afin de porter atteinte à la régularité du vote. En effet, il ressort du contenu de ses communications téléphoniques interceptées qu'il a été question d'expressions explicites ou tacites prouvant les allégations. Ce constat a été appuyé par la comparaison des données enregistrées dans les procès-verbaux des interrogatoires préliminaires et exhaustifs auxquels a été soumis la personne dont le vote est objet de contestations ainsi que les personnes qui lui sont proches ».

Dans ce cadre, le Conseil a estimé, après avoir clarifié la complémentarité entre justice répressive et justice électorale, que, pour cette dernière, le doute, à condition qu'il soit soutenu par des faits établis, constitue un élément suffisant pour rendre suspicieuses la sincérité et la régularité du scrutin, et conduit à son annulation.

Dans le même registre, la décision n° 634/2007, rendue le 9 mai 2007 suite aux élections législatives s'étant déroulées le 8 septembre 2006 dans le cadre du collège électoral des représentants des collectivités locales dans la région de Souss-Massa-Drâa.

Le Conseil constitutionnel avait été saisi d'une requête émanant de Monsieur Rachid Elfilali – en sa qualité de wali de la région de Souss-Massa-Drâa et gouverneur de la préfecture d'Agadir-Idaou-Tanane – demandant, l'annulation de l'élection du scrutin de Monsieur Mohamed Jebha, élu membre de la Chambre des Conseillers.

---

[1004] ((Après la décision de la Chambre constitutionnelle d'invalider les résultats de 13 circonscriptions suite aux irrégularités qui ont entaché le cours des dernières élections communales et législatives, il a été décidé d'organiser des élections partielles le 26. 4. 1994. Pour une fois et à l'occasion des élections législatives, qui se sont déroulées au Maroc le 25 juin, les partis politiques sont unanimes à dénoncer l'ingérence de l'administration dans le processus électoral, ainsi que le recours à l'argent illicite pour l'achat des voix des électeurs » Dossier de presse. Ministère de l'Intérieur. SPI.

[1005] Décision du CC marocain n° 637/2007 CC du 27 joumada I 1428 (13 juin 2007). La question des appels téléphoniques a suscité de vives réactions de protestation au sein des organisations des droits de l'Homme qui le qualifient comme étant une atteinte à la vie privée des citoyens.

Dans cette affaire, il a été question d'allégations d'opérations électorales non libres et entachées de manœuvres frauduleuses en raison de l'achat des consciences et d'autres moyens interdits par la loi, fait qui a porté ainsi atteinte à l'égalité devant profiter à l'ensemble des candidats et a influé sur la volonté des électeurs et le résultat du scrutin. En effet, Monsieur Mohamed Jebha, dont l'élection est contestée, a utilisé, – tel qu'il ressort des procès-verbaux dont copies ont été produites, relatifs à des communications téléphoniques interceptées conformément à la loi – à mauvais escient son droit électoral en distribuant aux électeurs sommes d'argent, dons et avantages. Ces pratiques faisant l'objet de poursuites judiciaires ont totalement vicié les résultats du scrutin. Des journaux nationaux, de tendances politiques différentes, ont unanimement rapporté ces faits à leurs lecteurs tout en les condamnant.

Le Conseil constitutionnel déclare l'annulation de l'élection lorsqu'il ressort de l'examen des communications téléphoniques du candidat contesté interceptées au cours de sa campagne électorale, de leur contexte, de leur déroulement et des renseignements explicites et implicites qu'elles contiennent, ainsi que de la comparaison du contenu de ces communications avec celui des exemplaires des procès-verbaux des interrogatoires préliminaires et de fond auxquels il a été soumis, qu'il a veillé personnellement sur les opérations de distribution de sommes d'argent aux électeurs en en confiant l'exécution à ses partisans, et ce, en vue d'attirer les électeurs et de les amener à voter pour lui et que ces pratiques contraires à la loi ont vicié l'honnêteté et la crédibilité du scrutin.

Ces mêmes faits ont fait l'objet d'un réquisitoire d'instruction présenté par le procureur général du Roi au juge d'instruction près la Cour suprême d'Agadir, aux termes duquel il demande l'ouverture d'une enquête. Le tribunal de première instance de Taroudante a rendu le 12 décembre 2006, suite à sa saisine au sujet de l'affaire par le juge d'instruction, un jugement sous le n° 559/06 condamnant Monsieur Mohamed Jebha pour sa tentative d'obtenir les voix de plusieurs électeurs au moyen de dons et de libéralités ou de promesses dans ce sens pendant la campagne électorale en vue d'influer sur le vote desdits électeurs, à huit ans d'emprisonnement ferme et une amende exécutoire de 80 000 dh, assortis d'une interdiction de voter pour une durée de deux ans et d'inéligibilité pour deux législatures successives (conformément aux dispositions des articles 56, 58 et 60 de la loi organique n° 31-97 relative à la Chambre des représentants et de l'article 55 de la loi organique n° 32-97 relative à la Chambre des Conseillers). La Cour d'appel a confirmé ce jugement en date du 7 février 2007. En définitive, les jugements rendus dans cette affaire corroborent les déductions dégagées par le Conseil constitutionnel suite à l'enquête qu'il a effectuée.

Le juge électoral a été amené dans ce cas d'espèce à examiner leur teneur, leurs circonstances et des termes explicites et implicites qui y sont contenus. Ces éléments sont étayés par une enquête effectuée au sujet des actes en question qui dénote que le candidat concerné a personnellement supervisé, en coordination avec certains de ces affidés, l'opération de distribution des sommes d'argent aux électeurs, de cadeaux et d'avantages, aux fins d'influer sur leur volonté et de les amener à voter pour lui, que ce fait qui a rompu l'égalité de chance d'élection entre les candidats, en engendrant un grand mépris pour la volonté de l'électeur et toutes les valeurs d'honnêteté, de démocratie et de citoyenneté, et que ces actes dont les détails ont été révélés sur les colonnes de différents journaux nationaux et fait l'objet de poursuites judiciaires, ont vicié la totalité de l'opération électorale et ont jeté le doute sur la validité de ses résultats.

L'affaire des élus mis en examen pour achat de voix confirme l'utilité et la pertinence du recours aux écoutes téléphoniques dans les procédures judiciaires pour les besoins de l'enquête.

Avant l'entrée en vigueur du nouveau code de procédure pénale tel que revu et corrigé par la loi 03.03 relative à la lutte contre le terrorisme, le droit positif marocain faisait fi des écoutes téléphoniques[1006]. « Cela ne veut pas dire que la pratique judiciaire ignorait ce type d'enquête. Même si les écoutes téléphoniques n'étaient pas expressément réglementées avant 2003, les juges d'instruction y avaient recours »[1007].

Ceci étant, le fondement légal, la légitimité et surtout la valeur judiciaire de ce procédé ne semblent pas faire l'unanimité. Cette question ne cesse d'opposer défenseurs de la liberté individuelle et partisans de l'ordre public.

En revanche, le législateur change de positionnement vis-à-vis des crimes de droit commun. « Le secret des correspondances est une liberté fondamentale garantie par la Constitution. Il est difficile d'envisager ces écoutes hors du cadre de la loi antiterroriste », souligne le pénaliste professeur Abderrahim El Bouhmidi.

Dans le cas d'espèce des douze conseillers, c'est le juge d'instruction qui a ordonné les écoutes selon le deuxième alinéa de l'article 108 du code de procédure pénale. Les élus sont mis en examen pour corruption, achat de voix et fraude électorale. « Et aucune de ces infractions ne figure dans la liste du troisième alinéa de l'article 108 du CPP », ajoute ce juriste.

Par ailleurs, ces écoutes téléphoniques soulèvent une autre interrogation : quelle est leur valeur juridictionnelle ? En clair, une fois que cette procédure est ordonnée et que le juge d'instruction a pu recueillir, grâce aux écoutes, des informations nécessaires à l'accusation, quelle valeur donnera la cour à

---

[1006] L'explication de cet élargissement de la portée et de la compétence se trouve essentiellement « dans l'après-11 septembre 2001 et surtout après les attentats terroristes qui ont frappé Casablanca le 16 mai 2003 », estime Me Rachid Diouri, avocat au barreau de Casablanca. Selon ce dernier, la loi antiterroriste a aussi « donné le pouvoir de les ordonner à un organe de l'accusation, alors qu'en droit commun, seul le juge d'instruction détient ce pouvoir ».

[1007] Economiste, « Ecoutes téléphoniques », une pente glissante, Edition N° 2390 du 30/10/2006

ces informations ? Seront-elles considérées comme de simples indices ? Ou bien devraient-elles occuper le rang de preuves irréfragables ?

Pour Abderrahim El Bouhmidi, « les écoutes téléphoniques ne doivent en aucun cas être considérées comme une preuve irréfutable. Il s'agit d'indices qui doivent être contradictoirement discutés devant la cour qui, seule, peut en faire l'appréciation ». L'interprétation des écoutes est d'autant plus importante « qu'elle peut donner lieu à de graves glissements », ajoute El Bouhmidi. Pour l'heure, seule une jurisprudence spécifique aux écoutes téléphoniques peut montrer la voie à suivre en la matière.

### B. La corruption indirecte

La corruption indirecte consiste aussi à séduire les électeurs afin d'obtenir leur suffrage, mais les méthodes diffèrent. On peut distinguer d'une part, les *manœuvres* qui s'apparentent à de la corruption et d'autre part, la corruption collective.

#### 1. Manœuvres qui s'apparentent à la corruption

Ce genre de corruption est assez complexe. Les avantages qui sont accordés ne constituent pas en eux-mêmes une corruption, car ils peuvent l'être même en dehors de toute consultation électorale. C'est le cas traité par la décision du Conseil constitutionnel marocain n° 780/2009 relative au scrutin qui s'est déroulé le 7 septembre 2007 dans la circonscription électorale « Nouacer » (province de Nouacer), à l'issue duquel ont été déclarés élus membres de la Chambre des représentants, Messieurs Abdelkrim Choukri, Abdelhak Echchfik et Mohammed Qrima. En effet, les griefs portent sur le fait que l'opération électorale a été entachée de manœuvres frauduleuses avant, après et pendant la campagne électorale. Il s'agissait de la distribution de logements sociaux à la veille des opérations électorales, de la construction de plus de 400 locaux nouveaux dans les douars, de l'organisation d'excursions au profit d'un certain nombre de paysans membres d'une coopérative, de campagnes médicales et de colonies de vacances au profit des citoyens et de leurs enfants, du forage d'un puits… » Dans ce cas d'espèce, les auteurs de la fraude ont cherché à faire croire aux électeurs visés par la manœuvre qu'ils étaient eux-mêmes directement, à l'origine des prestations qui leur étaient servies. C'est pour ces raisons que le Conseil a estimé qu'il y a eu corruption.[1008]

En France, les cadeaux de faible valeur ou les invitations à diverses manifestations traditionnelles sont rarement regardés comme des tentatives de corruption. Par exemple dans la 2e circonscription de l'Eure, le requérant faisait grief au candidat élu d'avoir offert à des membres de l'association des

[1008] Décision du CC marocain n° 780/2009 du 18 juillet 2009

« aînés ruraux » le déplacement et l'entrée au salon de l'agriculture qui s'est tenu du 25 février au 4 mars 2012 à Paris, et de leur avoir remis un cadeau à cette occasion ainsi que d'avoir invité des collégiens de plusieurs collèges de la circonscription à une manifestation intitulée « opéra en plein air », organisée par le conseil général très peu de temps avant l'élection. Le Conseil a estimé que ces manifestations sont dépourvues de caractère électoral dans la mesure où il résulte de l'instruction que la participation à ces manifestations revêt un caractère traditionnel et que le cadeau remis aux participants à la visite du salon de l'agriculture, de faible valeur, revêt également un caractère traditionnel[1009].

La situation est parfois moins nette : dans la 4e circonscription des Bouches-du-Rhône, le requérant faisait état d'une délibération du 25 mai 2012 par laquelle le conseil régional de Provence-Alpes-Côte d'Azur avait procédé à la distribution de subventions aux associations intervenant dans le domaine de la culture. Le Conseil a constaté que cette délibération s'était bornée à reconduire des subventions antérieurement accordées et à procéder aux rectifications rendues nécessaires par des erreurs ou des changements de situation des associations qui en étaient bénéficiaires. Le Conseil, a jugé que, dès lors, les circonstances que le candidat élu est le vice-président du conseil régional chargé de la culture et qu'une partie des associations ayant bénéficié de ces subventions ont leur siège dans la 4e circonscription des Bouches-du-Rhône ne sauraient à elles seules être regardées comme ayant constitué une irrégularité ou une pression susceptible d'altérer la sincérité du scrutin[1010]. Dans la même décision, le Conseil a jugé que si, selon le requérant, des promesses de dons en argent, d'emplois ou de logements avaient été faites à certains électeurs, l'insuffisance des témoignages produits ne permettait pas d'établir, malgré le faible écart de voix au premier tour entre les candidats arrivés en deuxième et en troisième positions, que ces promesses auraient revêtu une ampleur telle que l'issue du scrutin aurait pu s'en trouver modifiée[1011].

2. La corruption des masses

La corruption des masses cherche à séduire, par une promesse ou un avantage commun, la totalité des électeurs d'une circonscription ou de larges catégories d'électeurs ayant des intérêts semblables. Elle ne vise donc point, directement des citoyens déterminés, elle demeure impersonnelle. C'est donc la collectivité des électeurs prise en tant que telle qui est corrompue et à travers elle, des individus. Les œuvres sociales sont un domaine

[1009] 5e circonscription du Rhône (2012-4689 AN) et 4e circonscription des Français établis hors de France (2012-4710 AN).
[1010] 9e circonscription des Français établis hors de France (2013-4888 AN).
[1011] 7e circonscription des Bouches-du-Rhône (2012-4666 AN).

particulièrement propice aux pratiques de corruption collective[1012]. Une place particulière doit être accordée à la promesse de renonciation à l'indemnité parlementaire : un candidat proclame qu'il distribuera l'intégralité ou une partie de son indemnité parlementaire à ses électeurs. Cette promesse démagogique flatte incontestablement le sentiment égalitaire des électeurs. Elle ne peut être que le fait de candidats riches et désavantage donc ceux qui le sont moins. Toutefois, ce type de corruption est assez peu employé.

La corruption, qu'elle soit directe ou indirecte, peut donc avoir pour effet de rétrécir le champ des préoccupations des électeurs en leur faisant miroiter des intérêts immédiats et particuliers. Cependant, son efficacité peut s'avérer limitée si la conscience politique de l'électeur est développée. La corruption n'aura pas d'emprise sur sa volonté et il votera comme il l'entendra. Bien plus efficace semble être la pression et la contrainte.

## § 3. La pression et la contrainte

La pression et la contrainte constituent une atteinte suprême à la liberté de vote. Elles agissent sur l'expression de la volonté de l'électeur plutôt que sur la volonté elle-même. En effet, celle-ci n'est pas directement altérée par ces manœuvres. Intellectuellement, l'électeur conserve l'entière faculté de choisir en fonction de ses aspirations politiques. Il conserve intégralement sa capacité de discernement. Seulement la matérialisation de sa décision, lors du vote, est contrariée. Les actes de pression ou contrainte provoquent ainsi un divorce entre le choix réel de l'électeur et vote effectivement émis. Ce dernier peut être considéré comme étant en fait la manifestation de la volonté du tiers auteur de la fraude.

### A. La pression et la contrainte morale

Ces manœuvres ont pour effet non pas de mettre en cause la liberté physique des électeurs, mais d'agir sur leur conscience. C'est donc de l'intérieur qu'il est porté atteinte à la liberté de vote. Les électeurs se sentant menacés ou intimidés exprimeront leur vote sous l'emprise de la peur ou de la crainte. Même si la manœuvre n'est pas assez forte pour provoquer de tels sentiments, une seule pression peut quelques fois suffire à influencer les électeurs. Leur choix reposera sur des considérations qui leur sont imposées et dont ils ne tiendraient pas compte si la manœuvre n'avait pas eu lieu. La pression, la contrainte ou la violence morale peuvent avoir des origines diverses et revêtir des formes variées. Nous distinguerons les excès de la propagande électorale et l'abus d'autorité.

---

[1012] Décision du CC marocain précitée n° 780/2009

1. Les excès de propagande électorale

La propagande électorale doit avoir pour but d'informer les électeurs sur tout ce qui est relatif à la consultation électorale. Si la propagande est excessive, si les électeurs sont sans cesse soumis à son emprise, ils ne seront plus à même de décider objectivement. Certes, si tous les candidats y ont recours avec la même intensité, il se produit une sorte de compensation et la liberté des électeurs sera plus ou moins sauvegardée. Mais les excès de propagande deviennent dangereux s'ils sont le fait d'un seul candidat. L'égalité entre lui et ses adversaires est alors rompue et la consultation électorale perd sa signification.

Les excès de propagande électorale agissent plutôt sur le subconscient des électeurs. Généralement, les moyens tirés du non-respect des règles de propagande peuvent être retenus par le juge de l'élection lorsqu'ils sont de nature à influer sur la volonté des électeurs et la liberté du scrutin. L'affaire présentée devant le Conseil constitutionnel lors des élections législatives de 2007, dans la circonscription de Tiznit,[1013] est très illustrative à cet égard. Le Conseil a considéré qu'il y a eu violation des lois régissant la campagne électorale. Le fait est que Monsieur Saîd Ben Mbarek dont l'élection est contestée a financé la parution du n° 42 de l'hebdomadaire « Al Mawassim Assiyasiya » (« les saisons politiques ») dont la quatrième page fait étalage du portrait de Sa Majesté juste au-dessus du sien assortis d'une félicitation qu'il avait adressée au Souverain à l'occasion d'une fête nationale depuis près d'un mois. Par la suite, la page en question a été photocopiée et distribuée séparément dans le but de donner à l'électeur l'impression de l'existence d'un appui royal au candidat en question ; de même, il a été procédé à la distribution de ce numéro du journal gratuitement pendant la campagne électorale, ce qui constitue une exploitation insolente du collège électoral majoritairement analphabète et aisément influençable par de telles méthodes.

Ce cas met en lumière la mise à profit de la partie dont l'élection est contestée, du portrait de Sa Majesté ainsi que d'une institution sacrée du pays, symbole de son unité dans sa propagande électorale ; ce qui constitue pour le juge électoral une pratique contraire à la loi et une manœuvre frauduleuse.

2. L'abus d'autorité

Cette manœuvre consiste à se servir à des fins électorales de l'autorité dont sont investis des candidats ou leurs partisans. Il s'agit d'un véritable détournement de pouvoir ou d'influence. Les auteurs de la fraude profitent de leur situation sociale pour inciter les électeurs à voter dans un certain sens. On peut classer ces manœuvres en fonction de leur origine. Nous

[1013] Décision du CC marocain n° 705/2008 CC du 28 mai 2008

distinguerons la pression gouvernementale et administrative, et la pression religieuse.

Il convient de remarquer que ces manœuvres sont quantitativement plus le fait des partisans des candidats que des candidats eux-mêmes. Ceci est aisé à comprendre. Les candidats ne sont pas toujours en situation de pouvoir agir de telle manière sur les électeurs : un simple particulier ne dispose pas nécessairement d'autorité, et partant, de moyens de pression sur une catégorie déterminée d'électeurs. Mais très souvent, dans ses relations politiques, se trouvent des partisans capables d'agir de la sorte. Certes, c'est au niveau de la campagne électorale ou certaines personnes, certaines autorités officielles utilisent leurs titres ou leur fonction, ou des moyens de l'Etat et des collectivités locales pour faire pression sur les électeurs et chercher à influencer leur vote.

Dans une affaire jugée en 2003[1014], relative au scrutin qui s'est déroulé le 27 septembre 2002 dans la circonscription électorale « Tiflet - Rommani » (province de Khémisset), à l'issue duquel Messieurs Bouamer Taghouane, Driss El Frihti et Jamal Bounhir ont été élus membres à la Chambre des représentants.

Les requérants allèguent que Monsieur Bouamer Taghouane, après avoir, dans le cadre de la préparation du scrutin, usé de son influence en sa qualité de ministre de l'Équipement en réalisant des routes et des pistes profitant à quelques membres de son parti, a organisé, pendant la campagne électorale, des réunions publiques dans des lieux non autorisés sans déposer de déclaration préalable. Qu'il a apposé ses affiches électorales partout, mettant à profit la non-indication des emplacements qui leur sont réservés par l'administration ; qu'il a utilisé les moyens matériels et financiers du ministère dont il a la charge et a mobilisé certains de ses agents pour le transport de personnes de Rabat, Témara et Salé à la région de Romani en vue de voter pour lui ; de même qu'il a bénéficié de l'appui de certains fonctionnaires de la commune de Romani pour la distribution de son programme électoral, ainsi que de l'aide des agents de l'autorité locale pour faire pression sur les électeurs, au sein et en dehors des bureaux de vote, afin de les amener à voter pour lui ; Et qu'il a, en plus des promesses d'emploi faites, soit dans son ministère soit aux Émirats Arabes Unis, faites aux jeunes, insisté dans sa campagne électorale sur sa qualité de ministre et mentionnée dans ses tracts. Le requérant a enfin insisté sur le fait qu'un tel comportement qui porte atteinte au principe d'égalité entre les candidats a constitué une pression psychologique sur les électeurs et a influé sur la liberté de choix, si nécessaire pour les électeurs.

Le Conseil a constaté du contenu de ces déclarations que beaucoup d'électeurs partisans du requérant ont été menacés et malmenés le jour du scrutin par des bandes mobilisées par le camp adverse. C'est ainsi que

[1014] Décision n° 517/2003 CC du 10 juin 2003

l'élection en question a été annulée. En effet, le conseil a jugé que le scrutin ne s'est pas déroulé dans un climat permettant aux électeurs d'exercer le libre choix du candidat pour lequel ils désiraient voter ».

### B. La pression physique exercée sur les électeurs

La pression et la contrainte constituent une atteinte à la liberté de vote qui oriente et altère le choix des électeurs. Ces actes de pression peuvent être exercés soit par l'administration soit par les candidats eux-mêmes. Les infractions électorales accompagnées d'acte de violence sont multiformes. Elles se manifestent par la pénétration des salles de vote par les agents d'autorité, par le recrutement d'individus afin de menacer les électeurs ou de porter atteinte à l'ordre public ou encore par l'interruption de l'opération de vote suite à des disputes dans les bureaux de vote.... D'autres infractions électorales sont commises sur le matériel électoral à travers le bris de l'urne ou son enlèvement, la dispersion des bulletins de vote, leur destruction ou leur substitution...

Le graphique ci-dessous retrace l'évolution des infractions accompagnées d'actes de violence commis lors des scrutins de 1992 à 2011. Il met en évidence une période de légère baisse en nombre de ces actes qui sont passés de 700 en 1993 à 500 cas en 2002 suivie d'un épisode de légère recrudescence lors des échéances de 2011 avec 550 cas.

**Graphique n° 3 : l'ensemble des infractions accompagnées d'actes de violence, commises lors des opérations électorales**

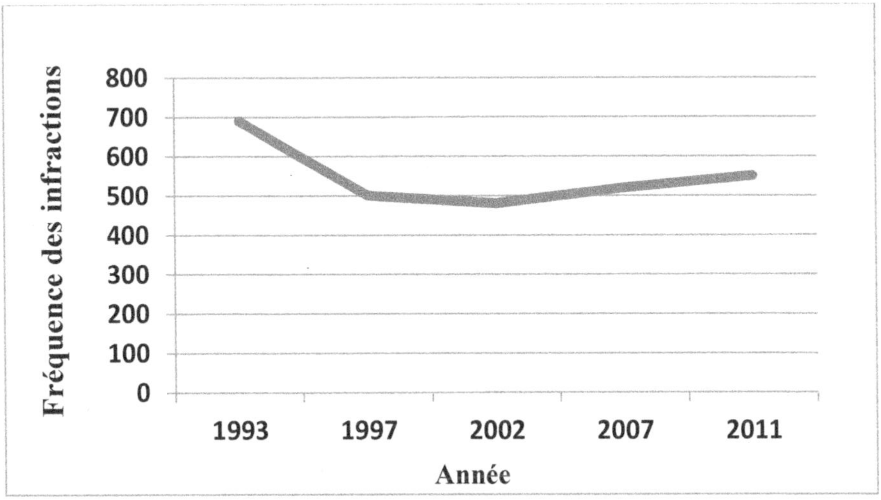


**Source** : dépouillement par l'auteur des données du BO

Généralement, le Conseil déboute plusieurs requêtes où il a été question de la pression physique que subissent les électeurs par l'intervention des autorités locales dans les opérations électorales. Les pressions par intimidation ou corruption sont très souvent difficiles à prouver. C'est ce qui explique que le grief n'est pas souvent retenu.

Le juge constitutionnel a rejeté parfois la quasi-totalité des demandes d'annulation des élections en présence même de certains éléments qui devraient le pousser à lancer une enquête. Il considère que les faits tels que les plaintes adressées au ministre de l'Intérieur et à la commission régionale chargée du suivi des élections (C.R.S.E)[1015] et faisant allusion de la contrainte physique exercée sur les électeurs par les agents de l'administration, ne peuvent être considérées comme preuves. Il constate, après instruction, que les moyens soulevés n'ont aucun fondement, c'est-à-dire non basé sur des faits réels. Une telle attitude ne peut être justifiée que par le caractère prudent de la démarche du juge dans sa recherche de la vérité en dénouant certaines « intrigues » électorales. Ce juge doit-il rester imperturbable devant des entraves au processus électoral même si celles-ci ne doivent modifier l'issue du scrutin ? Ne faudrait-il pas rendre la jurisprudence de la haute instance plus intransigeante, à l'avenir dans de tels cas, car certaines requêtes mériteraient que le Conseil s'y attarde, au vu du nombre et de la gravité des irrégularités dénoncées.

On peut en revanche noter que le juge constitutionnel a rendu des décisions hardies qui mériteraient d'être qualifiées de prouesse en affirmant le Conseil comme juge électoral garant de la liberté du scrutin et sa sincérité.

Ainsi, le libre choix et la libre volonté des électeurs sont protégés par le souci constant du juge de débusquer les manœuvres, c'est-à-dire les multiples procédés par lesquels la volonté du corps électoral peut être faussée ou dénaturée par des actions destinées à induire en erreur les électeurs.

On peut citer à cet égard plusieurs décisions notamment celles où le juge a incombé la responsabilité à l'administration dans son emprise sur le choix des électeurs. Ainsi, l'annulation de l'élection a été systématique par le Conseil lorsqu'il a été constaté la présence d'agents de l'administration dans les bureaux de vote. Ce comportement illégal qui prive le scrutin des conditions permettant de garantir son bon déroulement et altère la sincérité du scrutin[1016] a constitué un moyen de pression supplémentaire sur les électeurs.

Quant à la pression exercée par les candidats ou leurs partisans, le Conseil constitutionnel marocain s'est également affirmé en tant que garant de la liberté du vote et sa crédibilité. On peut citer à ce propos la décision n° 363/2000 rendue le 18 janvier 2000 à l'occasion du contentieux concernant la désignation des membres de la chambre des représentants dans la circonscription d'Ouled Frej (province d'El Jadida) et dans laquelle le

---

[1015] C'est le cas des décisions du CC marocain n° s 10/94 ; 448/2001, 290/1999

[1016] Décision du CC marocain n° 399/2000

Conseil déclare que : « *Considérant que ces griefs se résument dans la prétention que les partisans de la partie dont l'élection est contestée ont eu recours, le jour du scrutin à l'usage de la menace, de la pression et à des moyens frauduleux ce qui a influencé la liberté des électeurs, que la plupart d'entre eux ont été menacés d'être battus et agressés s'ils votaient pour quelqu'un d'autre que la partie dont l'élection est contestée, que certains électeurs se sont abstenus de voter pour la raison sus-indiquée, d'autres ont été obligés de voter, que ces faits de menace et de pression ont été commis dans la plupart des bureaux de vote et que le requérant a reçu en totalité 255 déclarations des électeurs ayant subi les actes précités* ».

Le Conseil constitutionnel relève que ces manœuvres ont pour effet de mettre en cause la liberté physique des électeurs. C'est sur la base de l'arrêté n° 237/98 de la Chambre criminelle de la Cour d'appel D'El Jadida en date du 25 août 1998, que le juge constitutionnel a décidé d'annuler l'élection de M Mhamed Ezzahraoui[1017]. La Chambre criminelle a condamné le dénommé Mokhtar Ettarmounia, partisan de la partie dont l'élection est contestée, à 3mois d'emprisonnement ferme pour *crime d'extorsion d'un écrit et de pièces par violence (*l'article 429 du Code pénal). Le juge a rappelé que l'inculpé a avoué les faits qui lui ont été reprochés et qui sont consignés au procès-verbal de la police judiciaire n° 6 en date du 12 mars 1998. Plus explicitement, il a avoué « … que les électeurs partisans du requérant ont été l'objet de divers harcèlements et sévices de la part de ses partisans et que lorsque les électeurs brutalisés ont rédigé des attestations relatant ce qu'ils ont enduré, il a profité de l'occasion que lui offrait la présentation d'une plainte par la partie dont l'élection est contestée à l'encontre du requérant et de ses partisans concernant les déclarations suscitées pour « semer la peur et le désarroi parmi les contestataires pour les faire revenir sur leurs déclarations ».

Le Conseil a constaté du contenu de ces déclarations qu'un nombre important d'électeurs partisans du requérant ont fait l'objet d'actes de menace et de violence le jour du scrutin de la part de bandes mobilisées par la partie dont l'élection est contestée afin de les obliger à voter pour elle. C'est ainsi qu'il a jugé que le principe de la « liberté » a été enfreint et qu'il y'a lieu d'annuler l'élection en question ».

Le juge a adopté la même attitude, en annulant l'élection, après examen des preuves fournies par les requérants et vérifiées par la police judiciaire lors des procès relatifs aux élections sur l'usage de la menace, de la pression physique exercée sur les électeurs par les partisans du candidat élu[1018]. Le Conseil constitutionnel a annulé, à maintes reprises suite à la présence des agents de l'Administration dans les bureaux de vote. Pour le Conseil, une

[1017] Décision du CC marocain n° 363/2000. Voir aussi la décision du CC marocain n° 447/2000

[1018] Voir aussi la décision du CC marocain n° 97/98 ; DC n° 704/2008.

telle présence constitue un comportement illégal qui prive le scrutin des conditions permettant de garantir son déroulement[1019]. Ceci peut être considéré aux yeux du Conseil comme une forme d'intimidation des électeurs[1020].

## SECTION 5. OBSTACLES À LA LUTTE CONTRE LA FRAUDE

Parmi les facteurs de résistance au recul de la fraude électorale, on peut distinguer les raisons techniques, juridiques et socioéconomiques.

### § 1. Raisons techniques

Parmi les raisons techniques, on distingue le caractère aléatoire de la saisine et les difficultés de la preuve qui pèse sur les requérants.

#### A. Le caractère aléatoire de la saisine du juge

La répression pénale suppose que le juge soit saisi. C'est la voie qui doit être empruntée par des candidats victimes de manipulations grossières et flagrantes. Les fraudes de faible ampleur passent souvent inaperçues ou ne semblent pas mériter les risques d'un procès. Quant aux dispositions concernant la propagande électorale : non-respect des délais légaux, violation des règles concernant les documents électoraux ou l'affichage, elles ne sont dénoncées par aucun candidat puisqu'elles sont effrontément bafouées par tous.

Dans la « poussière du combat électoral », nul candidat ne se préoccupe de respecter la règle juridique, il se doit d'abord de battre l'adversaire. Loin d'infléchir efficacement l'ingéniosité fraudulaire, le code électoral peut se targuer d'avoir contribué à transformer la lutte (électorale) en compétition. En démocratie, il ne suffit pas d'être élu, il le faut être dans les règles.

Par ailleurs, l'examen de « la sincérité du scrutin par le Conseil constitutionnel marocain lie l'invalidation à l'existence de manœuvres frauduleuses ayant gravement altéré la sincérité du scrutin et à même d'impacter directement l'issue du scrutin.

Or un légalisme pointilleux conduirait à poursuivre toutes les fraudes, quelles que soient leur nature, leur gravité et leur effet. Mais le réalisme l'emporte et l'opinion ne s'émeut que lorsque sont dépassées les limites

---

[1019] Décisions du CC marocain n° 399/2000

[1020] Prévu par l'article 57 de la loi organique n° 31-97 qui stipule « est puni d'un emprisonnement de six mois à un an et d'une amende de 10 000 à 20 000 dirhams ou de l'une des deux peines seulement, quiconque qui tente d'amener un électeur à s'abstenir de voter ou influence son vote par voie de fait violence ou menace soit en lui faisant craindre de perdre son emploi ou d'exposer à un dommage sa personne, sa famille ou sa fortune ».

convenues[1021]. En somme, les faits de fraude les moins implorants et les plus nombreux bénéficient d'un laxisme renvoyant à la faiblesse argumentative du juge. Faisant tache d'huile, cet état d'esprit donne naissance à une complaisance avérée à même de bercer confortablement les aspirations des fraudeurs.

L'examen de la pratique jurisprudentielle révèle également de grandes difficultés pratiques inhérentes à la preuve de la fraude, à l'imputabilité de la fraude à un candidat précis et à l'incidence des manœuvres frauduleuses sur le résultat du scrutin.

## B. La difficulté d'établissement de la preuve

En droit électoral comme en droit commun, la pièce de conviction constitue un élément déterminant dans la sanction d'une infraction électorale. Dans les pays africains, le juge adopte une attitude prudente et réservée à l'égard des éléments de preuve fournis par les parties au procès électoral[1022].

L'adage ancien du droit romain « actori incumbit probatio » (la preuve incombe au demandeur) est parfaitement de mise en matière électorale faute d'apporter la preuve des faits constitutifs d'une fraude par les requérants[1023].

Identifier les infractions électorales est une tâche difficile, voire impossible. C'est un « objet insaisissable[1024] » surtout quand certaines infractions se font discrètes, puisque non constatées. Ces règles de visibilité sont intimement liées à la nature même de l'infraction et au contexte où elle a été commise.

Pour le juge, les griefs déférés devant lui sont « fantaisistes » et s'appuient sur des preuves du moins non établies et certaines de ses décisions prêtent à confusion. Retenons qu'à défaut d'indications, le Conseil peine à apprécier le bien-fondé du grief et surtout l'incidence de la corruption sur les résultats[1025]».

Un observateur averti s'est écrié qu'exiger pareille preuve de la part d'un requérant « c'est une autre façon de lui signifier que sa cause est perdue d'avance[1026] ». L'exemple est loin d'être isolé. Le plus souvent le juge constitutionnel se contente de déclarer que les plaignants n'ont pas établi la preuve de leurs allégations ; « que les documents fournis par le requérant se

---

[1021] J Claude Masclet, op cité p 406

[1022] Djedjro Francisco MELEDJE. Le contentieux électoral en Afrique. Pouvoirs n°129 - avril 2009 - La démocratie en Afrique - p.148

[1023] Voir dans ce sens les décisions du CC marocain n°s 529, 536, 544/2003 et 429/2001

[1024] Dompnier Nathalie, « la mesure des fraudes électorales, Difficultés méthodologiques et enjeux politiques », Histoire de la mesure, 2007, p 125

[1025] Voir dans ce sens les décisions du CC marocain n°s 179, 184, 186,188, 189, 196

[1026] D. F. MELEDJE, « Fraudes électorales et constitutionnalisme, Paris, Montchrestien, 21è édition, 2007 p 806

rapportent à des déclarations vagues"[1027], à des déclarations et un exemplaire d'un journal hebdomadaire[1028], à des plaintes seules[1029], à des plaintes et des déclarations[1030], à une plainte adressée au procureur du Roi, à une déclaration, à une photo et un exemplaire d'un journal,[1031], **à** une plainte adressée au gouverneur et au C.R.S.E[1032] ou, enfin à un procès-verbal de police où le juge signale que le requérant n'a pas précisé la suite réservée à cette poursuite judiciaire[1033]. Il peut même se justifier le rejet par le fait que le moyen développé n'est étayé par aucune preuve[1034] ».

À supposer même que le juge considère que des manœuvres frauduleuses sont établies. Le requérant est également tenu de prouver l'imputabilité à la personne poursuivie. Or, s'il est facile d'établir à qui profite une fraude, il est très difficile d'en identifier l'auteur avec certitude. Le juge électoral, de son côté, se montre d'une certaine sévérité dans l'admission des moyens de preuve. Il exige qu'ils soient établis avec précision et sans contestation possible. Le Conseil déclare à ce propos que « *la requête ne détermine pas avec précision les actes frauduleux ayant entaché les procès-verbaux afin qu'il puisse contrôler la véracité de ces faits. Le moyen s'en retrouve alors* dénué de soutien et de fondement valable[1035] ». Cette attitude peut s'expliquer par la gravité de la décision qu'on lui demande, généralement l'annulation de l'élection.

Ces deux obstacles franchis, le juge examine, de façon presque comptable, si les manœuvres frauduleuses établies ont eu une incidence sur les résultats du scrutin. Elles sont le plus souvent difficiles à établir. Il arrive qu'on puisse mesurer la fraude, par exemple lorsque celle-ci porte sur le nombre de votants ou les bulletins déclarés nuls ou la non-incinération des bulletins de vote reconnus valides et n'ayant fait l'objet d'aucune contestation[1036], ou que le bulletin de vote ne contenait pas toutes les indications permettant à l'électeur d'identifier les listes de candidats ou les candidats présentés à son choix,[1037] ou encore en cas de concordance entre les procès-verbaux des bureaux de vote déposés au greffe du tribunal de première instance et ceux des bureaux centralisateurs, alors qu'elle diffère de ceux fournis par le requérant[1038] ou de signature à blanc des procès-

[1027] Décisions du CC marocain n°s 200, 204, 208, 217, 219, 246, 268
[1028] Décision du CC marocain n° 317/99
[1029] Décisions du CC marocain n°283/99 et 332/99
[1030] Décisions du CC marocain n°283/99 et 332/99)
[1031] Décision du CC marocain n°327/99
[1032] Décision du CC marocain n° 356/2000
[1033] Décisions du CC marocain n°260/98, n°358/2000
[1034] Décision du CC marocain n°378/2000
[1035] Décision du CC marocain n°581/2004
[1036] Décision n° 706/2008 CC du 29 mai 2008
[1037] Décision n° 706/2008 CC du 29 mai 2008
[1038] Voir dans ce sens les décisions du CC marocain n° décision 396/2000 et n°400/2000.

verbaux[1039]. Mais, à côté de ces hypothèses, il y en a d'autres cas de fraudes où la tâche du requérant est redoutable : c'est le cas des fraudes qui consistent en un abus de propagande supposé influencer sur le comportement d'une partie de l'électorat.

Généralement, c'est la fameuse « théorie de l'influence déterminante[1040]» déjà évoquée. Théorie dont l'application jurisprudentielle systématique aboutit à un résultat parfois néfaste. L'examen du contentieux de l'élection révèle que le juge a une conception de la sincérité qui le conduit à être « accusé d'écarter le droit, si ce n'est de s'écarter du droit ».[1041]

## § 2. Les insuffisances à une répression pénale efficace

En matière électorale la mise en œuvre des dispositions pénales vise la répression pénale et la crédibilisation de l'élection en la rendant plus représentative et reflétant la réalité de la volonté populaire.

Pour trancher du sort des résultats d'un scrutin, le code électoral s'en remet au juge pénal – juge naturel des comportements asociaux – davantage qu'au juge de l'élection, pour en assurer l'effectivité[1042].

La liaison entre le contentieux pénal et le contentieux de l'élection est désormais établie par l'obligation du juge administratif de saisir le parquet de tous les faits de fraude retenus dans sa décision définitive. Une liaison qui reste encore imparfaite dans la mesure où cette obligation ne concerne pas le Conseil constitutionnel. Elle ne vise que les faits de fraude et ne s'applique pas aux manœuvres frauduleuses. Enfin, le juge pénal peut et doit statuer sans être lié par le déroulement et la fin d'une instance parallèle non répressive.

Cette indépendance entre la répression pénale et le contentieux électoral rend inefficace toute dissuasion pénale. Le juge répressif conduit l'instruction sans avoir à tenir compte de l'instance qui a pu être introduite devant le juge électoral. Sa juridiction s'étend à l'interprétation et à l'appréciation de la légalité des textes invoqués devant lui et qui ne constituent pas motif à question préjudicielle. Ainsi, il peut être amené à se prononcer sur une question d'éligibilité. D'autre part, il apprécie souverainement les éléments rassemblés par l'instruction et n'est pas tenu par les constatations qu'a pu faire, de son côté, le juge électoral. Cette liberté d'appréciation l'autorise à écarter, le cas échéant, un acte authentique comme la liste d'émargement. L'absence d'effet de l'infraction sur le

---

[1039] Décision du CC marocain n°274/99.

[1040] Pour plus de détail, voir l'explication poussée de ce principe ainsi que les modalités de son application dans le chapitre 2 de la deuxième partie.

[1041] D. F. MELEDGE, « Fraudes électorales et constitutionnalisme », op cité, p. 803

[1042] J Claude Masclet, op cité p 381

résultat de l'élection, même s'il ait été constaté par le juge électoral, il reste une considération sans incidence sur le jugement rendu au pénal[1043].

Le juge électoral de son côté n'est pas lié par l'existence ou le résultat d'une poursuite pénale. Il n'est pas tenu de surseoir à statuer au motif qu'une instance correctionnelle a été introduite et qu'il conviendrait d'en attendre la conclusion. Toutefois, le jugement rendu en matière répressive peut parfois ne pas conditionner la solution donnée par le juge électoral.

Quoi que relevant de deux systèmes juridiques différents, la répression pénale et la répression politique ne doivent pas être traitées séparément. Le spécialiste de droit électoral Bernard Maligner écrivait à propos de l'indépendance des contentieux électoral et pénal. « Les profanes, les citoyens en général ont quelques difficultés à comprendre qu'une élection soit maintenue par le juge de l'élection...alors qu'une fraude a été commise ». Il existe un fondement législatif à cette autonomie des deux contentieux. Au Maroc, l'article 61 de la loi organique relative à la Chambre des représentants de 2011 stipule que « la condamnation ne peut en aucun cas avoir pour effet d'annuler l'élection ». C'est-à-dire que le juge électoral n'est pas lié par l'existence ou le résultat d'une poursuite pénale.

En France, l'article 105 du code électoral rappelle cette indépendance de la solution apportée par le juge électoral par rapport à celle retenue en matière pénale. La condamnation, s'il en est prononcé, ne pourra, en aucun cas, avoir pour effet d'annuler l'élection déclarée valide par les pouvoirs compétents, ou dûment définitive par l'absence de toute protestation régulière formée dans les délais prévus par les dispositions spéciales aux différentes catégories d'élections ». Il en résulte, inversement, que si le juge de l'élection annule celle-ci par référence à certains actes dont il fait ressortir le caractère fautif, le juge pénal n'est pas obligé de conclure à l'existence d'une infraction pénale, tout comme il n'est pas lié par les constatations du juge de l'élection.

Ce principe était rappelé aussi par le juge constitutionnel marocain dans une décision à l'occasion d'un contentieux des élections du collège électoral des représentants des collectivités locales dans la région de Marrakech-Tensift- El Haouz qui s'est déroulé le 8 septembre 2006. Au terme de cette décision, par laquelle, le Conseil constitutionnel examine dans le cadre de sa compétence en matière de contentieux électoral, les requêtes qui lui sont déférées en tant que requête à l'encontre du scrutin en vue d'obtenir l'annulation de son résultat, et non l'encontre de la personne dont l'élection est proclamée, faisant alors que la fonction fondamentale dudit Conseil consiste conformément aux dispositions du 1^er^ paragraphe de l'article 81 de la Constitution, à statuer sur la régularité du scrutin par le contrôle de sa crédibilité et de sa sincérité, sans que cette fonction implique la sanction pénale des auteurs des actes conduisant à son annulation, qui reste du ressort des juridictions répressives ».

---

[1043] J Claude Masclet, op cité p 382

Cependant, il existe des points de contact, notamment sur le terrain procédural. Dans certains cas, les poursuites pénales ne peuvent pas être intentées avant la proclamation des résultats du scrutin. D'autre part le juge électoral transmet le dossier au ministère public si des faits de fraude manifeste ont été établis. Dans ce cas, le ministère public prés la juridiction qui a prononcé la décision peut demander au juge électoral de prendre des mesures ayant un caractère de sanction comme la suspension du mandat des personnes déclarées élues d'après l'article 9 de la loi organique relative à la Chambre des représentants qui stipule que « sera déchu de plein droit de la qualité de représentant celui dont l'inéligibilité se révélera après la proclamation de l'élection et l'expiration du délai pendant lequel cette dernière peut être contestée ou qui, pendant la durée de son mandat, se trouvera dans l'un des cas d'inéligibilité prévue par la présente loi organique. La déchéance est constatée par le Conseil constitutionnel à la requête du bureau de la Chambre des représentants ou du ministre de la justice ou en outre, en cas de condamnation postérieure à l'élection, du ministère public prés la juridiction qui a prononcé la décision ».

Nombreux sont les exemples jurisprudentiels dans lesquels le juge électoral annule le résultat du scrutin en se référant à la condamnation pénale. Dans sa décision n°447/2001 du 11 avril 2001, le juge constitutionnel s'est référé au jugement du tribunal de première instance de Kalaât Sraghna du 3 octobre 2000 (dossier pénal n° 2692/2000). Il a condamné un membre du conseil de la commune pour avoir tenté de recueillir des voix en distribuant des dons, à une peine d'emprisonnement de 3 mois assortie d'une amende de 5000,00 dirhams et ce conformément aux dispositions de l'article 56 de la loi organique n° 31-97 relative à la Chambre des représentants..

De même, le juge de l'élection s'est appuyé sur le jugement de la Cour d'appel de Marrakech qui a rendu un arrêt le 25 octobre 2000, confirmant le jugement du tribunal de première instance. Il a considéré que les faits établis par voie de justice à l'encontre du prévenu sur la distribution de l'argent aux électeurs en faveur de la liste à la tête de laquelle se trouvait l'un des candidats élus, laissent en l'espèce, persister le doute quant à la sincérité et la régularité du résultat du scrutin et justifie son annulation.

Dans une autre affaire récente objet de la décision n° 1004/2016, le Conseil constitutionnel marocain procède à l'annulation du résultat d'une élection s'il fait le constat d'actes et d'agissements « brouillant les pistes » quant à la liberté et la sincérité des opérations électorales.

Ainsi, dans le souci de lutter contre les infractions électorales, la justice électorale, en statuant sur la sincérité de l'élection des membres du parlement, se distingue de la juridiction répressive par : le référentiel sur lequel elle s'appuie, l'objectif qu'elle cherche à réaliser et la nature de la sanction qu'elle édicte. La justice répressive, quant à elle, en protégeant la société, les individus et l'ordre public, châtie les condamnés par des peines contraventionnelles, délictuelles ou criminelles. Ainsi, elle écarte toute interprétation extensible des dispositions pénales en faisant pencher le doute en faveur du prévenu tout en s'assurant avec certitude que les faits incriminés sont bien établis. En revanche, la justice électorale ne peut décider l'annulation du résultat de l'élection concernée que si elle constate des actes et des agissements contraires à la loi ou qui constituent des manœuvres frauduleuses rendant suspicieuses la liberté et la sincérité des opérations électorales. Son but ultime et celui de rouvrir la voie aux parties pour solliciter la volonté des électeurs »

Cette situation qui met en présence deux juges pour apprécier, selon des critères dissemblables pour parvenir à des conclusions différentes, n'est pas sans poser problème en ce qui concerne l'intelligibilité du système juridictionnel régissant l'opération électorale. En effet, les requérants et, d'une manière générale, les citoyens ne peuvent que difficilement comprendre qu'une infraction réprimée par le juge pénal n'entraine l'annulation de l'opération électorale, ou qu'un acte dont le juge électoral a fait ressortir le caractère fautif ne soit considéré comme infraction par le juge pénal. Cette situation s'explique néanmoins par la spécificité du contentieux électoral : en cas d'annulation d'une élection, ce n'est pas le candidat indélicat qui est sanctionné, c'est plutôt le citoyen électeur qui doit revenir - sans toujours savoir pourquoi -devant les urnes[1044].

Au fond, même si les obstacles techniques et juridiques sont nombreux et universels qui se dressent devant le juge électoral, dans son office de garant de la sincérité du scrutin, la combinaison, des moyens de sanction du juge électoral (par une application raisonnée et non dévoyée de la fameuse « théorie de l'influence déterminante ») avec les moyens de la répression pénale, prévue par tous les textes en matière d'élection, aiderait à annihiler les irrégularités et contribuer à donner, à l'électeur, l'impression que sa consultation n'est point un alibi pour valider juridiquement « une farce »[1045].

Il s'avère donc impérieux d'intégrer de nouvelles dispositions dans la loi organique de la juridiction constitutionnelle marocaine permettant une meilleure coopération entre le juge pénal et le juge de l'élection, afin que ce dernier puisse déférer les affaires contentieuses objet de manœuvres frauduleuses devant le juge pénal[1046]. À ce propos la mise en place de mécanismes juridiques est susceptible de renforcer la place du juge électoral afin que ce dernier puisse agir

---

[1044] Aspect du contentieux électoral en Afrique, actes du séminaire de Cotonou, 11-12novembre , p 189

[1045] D. F. MELEDJE, « Le contentieux électoral en Afrique », p 149 in Ousmane KHOUMA, la sincérité du scrutin présidentiel devant les juridictions constitutionnelles africaines (les exemples du bénin, de la côte d'ivoire, du mali et du Sénégal)

[1046] Le contentieux répressif en matière électorale semble assez bien encadré sur un plan normatif. Cependant certaines actions de formation juridique pour les magistrats en charge de ce contentieux et de formation civique pour les protagonistes de l'opération électorale semblent nécessaires.

en synergie avec le juge pénal pour assurer une meilleure répression de tout acte de fraude qui va à l'encontre de la volonté des électeurs et mettant en péril les valeurs démocratiques qui doivent caractériser toute opération électorale.

## § 3. Les raisons socioéconomiques : la pauvreté un handicap au recul de la fraude électorale

### A. Évolution de la fraude, de la pauvreté et de la vulnérabilité

Le graphique ci-dessous fait ressortir que le niveau de la fraude est ascendant en dents de scie au fur et à mesure que le niveau de la pauvreté et de la vulnérabilité augmente. Les foyers de fraude les plus importants sont enregistrés dans les régions où le taux de pauvreté ou de vulnérabilités bat son plein. C'est le cas de la région de Marrakech Tensift Al Haouz qui enregistre un niveau maximum de fraude avec 18 % qui coïncide avec un taux de pauvreté de 23 % et un taux de vulnérabilité de 29,4 %.

**Graphique n° 4 : Evolution des taux de fraude, de pauvreté et de vulnérabilité par région (1994-2009)**

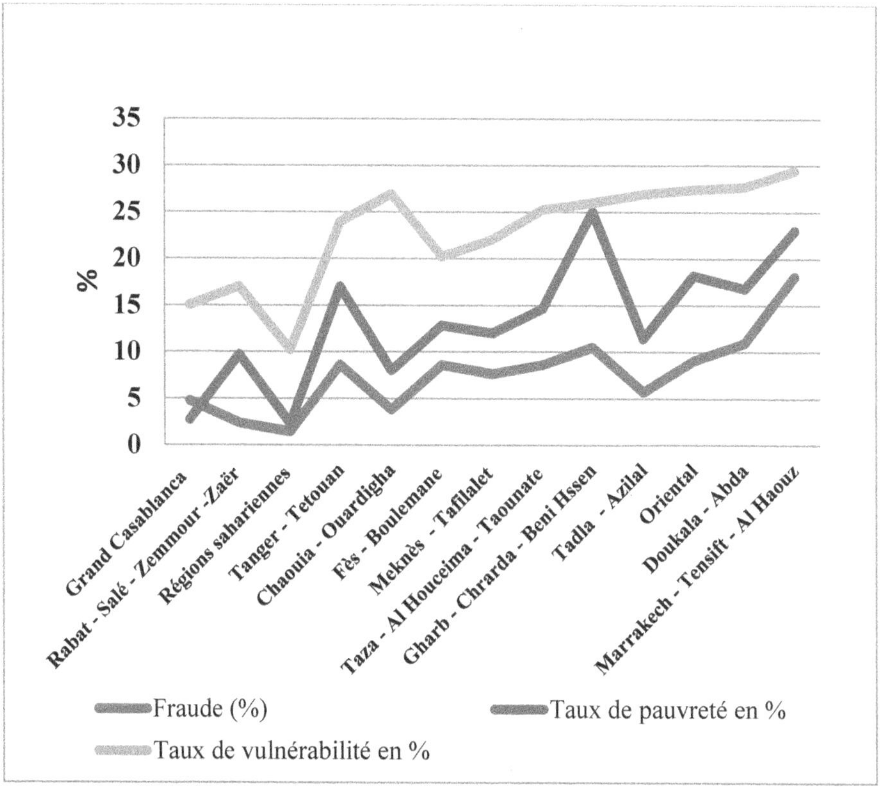

Selon le graphique ci-dessous illustrant l'évolution des taux de fraude par province, on s'aperçoit que le taux de fraude atteint son maximum dans la province de Marrakech avec 7,4 % suivie par la province de Chichaoua avec 5 % et enfin la province d'El Haouz avec 4,6 %.

**Graphique n° 5 : Evolution des taux de fraude, de pauvreté et de vulnérabilité par province (1994-2009)**

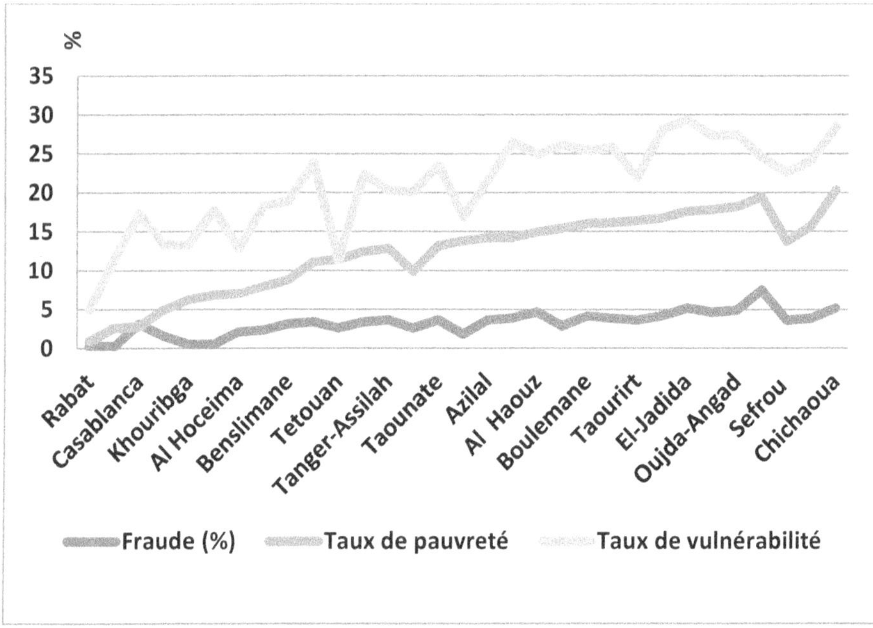


La région de Doukkala Abda avec et la région de Gharb - Chrarda - Beni Hssen viennent au deuxième rang avec un niveau de fraude qui avoisine les 11 %. Par ailleurs la fraude est fortement manifeste au niveau de la province d'El Jadida (5 %) et la province de Sidi Slimane avec un taux de 4,6 %. Enfin au niveau de la région de l'Oriental où le taux de fraude atteint 9 % contre un taux de pauvreté de 18,2 % et un taux de vulnérabilité de 27,4 %. Ce taux est relativement élevé dans la province d'Oujda-Angad (4,89 %) et dans la province de Taourirt (3,60 %).

Les régions de Tanger Tétouan, Fès Boulemane, et Taza - Al Hoceima - Taounate quant à eux enregistrent un taux de fraude qui avoisine les 8 % avec des taux de pauvreté allant de 14 à 17 %. Ces taux de fraude varient entre les provinces et atteignent 4 % au niveau de la province de Moulay Yaacoub et la province de Boulemane et 3,6 % enregistrés dans les provinces de Tanger-Assilah et Taounate.

Au niveau du grand Casablanca, le taux de fraude avoisine les 5 %. Ce taux est fortement concentré dans les quartiers urbains vulnérables notamment à Ben M'sik-Sidi Othman Mabrouka, Sidi El Bernoussi-Zenâta, sidi Moumen... ou le taux de vulnérabilité atteint 17,3 %.

Force est de constater que des déficits sociaux persistent au niveau intra et inter-régionaux. Les conséquences liées aux disparités spatiales font planer des fraudes conséquentes sur le pays dans son ensemble et alimentent des inquiétudes. Ce fait est le résultat d'une croissance urbaine accélérée et déséquilibrée, d'une dévitalisation des campagnes. Les remous d'ordre social posent des problèmes difficiles à surmonter et font surgir des préoccupations relatives à la gestion de l'espace national. Plus ces phénomènes s'accentuent, plus ardues seront les mesures à adopter pour les infléchir.

L'incapacité des structures socioéconomiques à satisfaire les prétentions des citoyens (faible niveau d'emploi) conduit à la prolifération des phénomènes de fraude considérés soit comme principale source de revenus complémentaire, soit comme appoint.

### B. La fraude électorale versus pauvreté : Essai de modélisation

1. Choix des indicateurs

Lors de notre analyse, on s'est contenté de prendre en compte deux indicateurs synthétiques à savoir le taux de pauvreté et le taux de vulnérabilité pour tester les relations de dépendance entre la variable à expliquer (la fraude) et les variables explicatives (taux de pauvreté et taux de vulnérabilité) qui répondent le plus à notre problématique.

Le taux de pauvreté est un indicateur synthétique pertinent sur lequel on a appliqué l'analyse de régression linéaire pour expliquer le phénomène de la fraude électorale. En effet, c'est un indicateur agrégé qui englobe plusieurs variables et possède une multiplicité d'images à travers lesquelles s'expriment les mauvaises conditions de santé ou d'éducation, le taux d'analphabétisme, le taux de chômage, le taux de mortalité infantile, le manque d'accès au savoir, l'impossibilité d'exercer des droits civiques, l'absence de dignité et de confiance personnelle, la dégradation de l'environnement.

Au Maroc, les travaux sur le phénomène de la fraude électorale et ses aspects spatiaux se heurtent aujourd'hui au manque de données au niveau infra-territoriale (communes). Cette réflexion tente de tester le degré de corrélation entre la fraude électorale et la pauvreté et voir dans quelle mesure la variation de la pauvreté impacte la variation de la fraude.

2. Présentation et analyse des résultats

Dans une première étape, on a commencé par analyser les corrélations entre la variable à expliquer (la fraude) et les variables explicatives (la pauvreté et la vulnérabilité).

Une base de données basée sur les estimations de fraude par région et par province a été élaborée. Ces estimations représentent d'une part les cas d'annulations des résultats de l'élection prononcés par le juge électoral[1047] et d'autre part les cas où les annulations pour motif de fraude n'ont aucune incidence sur les résultats du scrutin. Par la suite, nous avons cherché la manière dont les estimations de la fraude peuvent être combinées et analysées avec la pauvreté et la vulnérabilité.

*a) Étude de la corrélation entre la fraude électorale et la pauvreté*

En statistiques, étudier la corrélation[1048] entre deux ou plusieurs variables aléatoires consiste à étudier l'intensité de la liaison qui peut exister entre ces variables.

*- Test de corrélation*

En probabilités et en statistiques, étudier la corrélation entre deux ou plusieurs variables aléatoires ou statistiques numériques, c'est étudier l'intensité de la liaison qui peut exister entre ces variables. Le coefficient de corrélation permet de quantifier cette relation par le signe de la corrélation (positive et négative), et par la force de cette corrélation.

Le degré de corrélation se mesure sur une échelle de 0 à 1. 0 signifie une totale absence de corrélation entre les deux mesures, alors que 1 signifie une corrélation parfaite, c'est-à-dire que connaître la valeur d'une mesure nous permet de connaître exactement la valeur de l'autre.

D'après les résultats du test de corrélation, il ressort que la fraude est positivement corrélée avec la pauvreté avec un coefficient de corrélation de 0,875 6.

**Résultats issus du traitement des données par le logiciel SPSS, effectué par l'auteur[1049]**

| | Fraude (%) | Pauvreté | Taux de vulnérabilité |
|---|---|---|---|
| Fraude (%) | 1 | | |
| Taux de pauvreté | 0,8756083 | 1 | |
| Taux de vulnérabilité | 0,82244015 | 0,96737157 | 1 |

[1047] Un scrutin est annulé lorsque le juge de l'élection estime les résultats ont été modifiés par la fraude, au sens où le candidat proclamé élu ne l'aurait pas été sans ces manœuvres.

[1048] La mesure de la corrélation linéaire entre deux variables se fait alors par le calcul du coefficient de corrélation linéaire. Ce coefficient est égal au rapport de leur covariance et du produit non nul de leurs écarts types. Le coefficient de corrélation est compris entre -1 et 1.

[1049] SPSS (Statistical Package for the Social Sciences) est un logiciel utilisé pour l'analyse statistique

*b) Modèle de régression linéaire*[1050]

La régression est une des méthodes les plus connues et les plus appliquées en statistique pour l'analyse de données quantitatives. Elle est utilisée pour établir une liaison entre une variable dépendante (la fraude) et une ou plusieurs autres variables indépendantes (taux de pauvreté) sous la forme d'un modèle :

$$F = a + \delta TP + \varepsilon$$

**F : Fraude**

**TP : Taux de Pauvreté**

**ε : Erreur**[1051]

Cette méthode a permis de poser la question suivante : Dans quelle mesure la variation de la variable fraude impacte la variation de la variable à pauvreté ?

Pour ce faire, on pose comme hypothèse *:*

***Ho : L'absence d'une relation significative entre la pauvreté et la fraude***

***Ha : Il y a une significative relation entre la pauvreté et la fraude***

**Test de Régression Linéaire**

| Statistiques de la régression | |
|---|---|
| Coefficient de détermination R2 | 0,71 |
| Erreur-type | 0,86 |
| Observations | 31 |

***Résultats issus du traitement des données par le logiciel SPSS, effectué par l'auteur***

| | Coefficients | Erreur-type | Statistique t | Probabilité |
|---|---|---|---|---|
| Constante | 0,070628896 | 0,403325737 | 0,175116264 | 0,86220523 |
| Taux de pauvreté | 0,258007133 | 0,030411884 | 8,483760237 | 2,39E-09 |

[1050] En statistiques et en économétrie, un modèle de régression linéaire est un modèle de régression d'une variable expliquée sur une ou plusieurs variables explicatives dans lequel on fait l'hypothèse que la fonction qui relie les variables explicatives à la variable expliquée est linéaire dans ses paramètres.

[1051] L'erreur est parfois appelée perturbation. Il désigne ce qui n'est pas expliqué par le modèle.

D'après les résultats du test de régression linéaire, il ressort que la variable pauvreté a un effet significatif sur la fraude électorale (probabilité de la variable explicative (la pauvreté) p<*0,05* %. on rejette donc l'hypothèse Ho.

Les résultats de cet ajustement sont consignés dans le modèle suivant :

**F=*0,07*+0,258TP+ε**
**Avec :**
**F : Fraude**
**TP : Taux de Pauvreté**
**ε : Erreur**

**Test de Fisher (F)**

| | Degré de liberté | Somme des carrés | Moyenne des carrés | F | Valeur critique de F |
|---|---|---|---|---|---|
| Régression | 1 | 54,34344958 | 54,34344958 | 71,9741878 | 2,39E-09 |
| Résidus | 29 | 21,89618371 | 0,755040818 | | |
| Total | 30 | 76,2396333 | | | |

***Résultats issus du traitement des données par le logiciel SPSS effectués par l'auteur***

Les résultats de ce test montre également que le modèle en question est représentatif (F* observé= 71,97 > F théorique=2,39 E -09. Donc notre modèle est valide (bon).

On rejette donc l'hypothèse Ho, il existe un effet significatif de la pauvreté sur la fraude.

**$R^2$ squared=0,71**, s'approche de 1, ceci corrobore le résultat « empirique de la validité de notre modèle. Cela signifie que la variation de la fraude peut être expliquée par le taux de pauvreté à raison de 71 %.

Cependant, il est à préciser que d'autres variables interagissent dans l'explication du phénomène de la fraude notamment le facteur culturel et sociologique axé sur le comportement de l'électeur (approche cognitive, système de valeur, le clientélisme, analphabétisme, achat de voix...), la violence, manœuvres et pression par l'intermédiaire des autorités locales difficiles à quantifier, les failles du système (un contrôle mal exécuté, manque de confiance vis-à-vis du système électoral, indépendance des institutions de régulation des élections et leur capacité à limiter les fraudes électorales....). Par ailleurs, les informations et les sources dont on dispose souvent ne nous renseignent pas sur les fraudes, mais sur les allégations de fraude, que ce soit dans les rapports de police (PV de la police judiciaire), ou dans les requêtes et protestations.

La réussite de la plupart des manœuvres réside le plus souvent dans leur caractère secret et inaperçu. Par ailleurs, toutes les fraudes ne sont pas révélées, soit en raison de leur réussite – elles n'ont pas été repérées –, soit parce que les transactions passées avec des électeurs agissent sur le long terme. Un abus d'autorité de l'élu, une pression patronale comme la menace de licenciement peut être concluante non seulement au moment du vote, mais aussi lors de la contestation de l'élection.

Le fait de mettre en relief les interférences qui puissent exister entre la fraude et les variables précitées (pauvreté et vulnérabilité), permettra de jeter la lumière sur la structure et la composition de la fraude et d'apporter des pistes de réflexion sur la stratégie à adopter afin de lutter contre ce fléau et assurer plus de transparence et de moralisation de la vie politique.

Il n'est donc pas étonnant de dire que, vénalité, fraude et corruption transforment le droit de vote en une marchandise, en un vote alimentaire et non en un choix libre et conscient. Au-delà de la corruption, la fraude électorale vide le droit de suffrage de toute sa substance, dénature les résultats des élections et donne au droit de vote un caractère purement fictif.

Nous pouvons également soutenir que la fraude peut être d'origine rurale ou issue des milieux urbains marginalisés. Certes dans le milieu rural l'enclavement des populations constitue un frein majeur au développement économique et social de ces populations. Cette situation d'enclavement s'accompagne le plus souvent de problèmes d'accès aux services sociaux de base et aux sources de revenu, etc.

En effet, un accroissement de la pauvreté est le plus souvent perçu par les populations comme une preuve de l'incapacité des gouvernements en place à gérer les affaires publiques au bénéfice de tous. Les élus seraient alors contraints d'œuvrer continuellement pour l'amélioration du bien-être des populations et l'éradication de la pauvreté. C'est le seul moyen, à leurs yeux, pour se faire une majorité dans une population d'électeurs suffisamment rusés, très solidaires et très exigeants. Ainsi, l'objectif politique des gouvernants convergerait vers l'objectif de bien-être notamment des populations pauvres.

Au-delà des mesures juridico-institutionnelles, l'enjeu de la lutte contre la fraude est social et nécessite une nouvelle approche de développement qui soit inclusive, centrée sur les droits humains, et la reconnaissance du caractère essentiel de la réduction de la pauvreté, de l'égalité des genres, de la justice sociale. Il est devenu évident aujourd'hui qu'une stratégie nationale de lutte contre la pauvreté et l'exclusion doit être conçue comme un projet cohérent et intégré. Elle exige des solutions innovantes, de plus en plus diversifiées, qui imposent une mobilisation sans précédent, des différents acteurs du développement (État, citoyens, partis politiques et les organisations de la société civile…).Enfin, ce combat contre la pauvreté et la vulnérabilité inter et intra régionale est l'un des moyens qui permettra à notre sens d'asseoir une véritable démocratie représentative reflétant la volonté authentique du corps électoral.

# CONCLUSION DU CHAPITRE 1

Après une lecture jurisprudentielle attentive des décisions, il ressort que le juge électoral apprécie souverainement les faits et les preuves. Il demeure libre des moyens de former sa conviction. C'est sans doute dans le domaine, très concret, du déroulement du scrutin, que les innovations de la jurisprudence ont été le moins marquées : la plupart des irrégularités relevées ont été jugées sans incidence sur les résultats du scrutin. Il est exceptionnel qu'une irrégularité entraîne par elle-même et de manière automatique l'annulation de l'élection.

Toutefois, la recherche de l'irrégularité déterminante peut se révéler incommode lors de manœuvres difficilement quantifiables. Dans ces cas, lorsque la juridiction constitutionnelle s'agrippe à la prudence, elle oppose l'irrecevabilité même quand les requêtes dénoncent des irrégularités graves telles que la composition irrégulière des bureaux de vote, le renvoi des scrutateurs, l'intervention de l'administration, le changement d'urne ou la violence à l'encontre d'un président du bureau de vote...etc. En effet, certaines irrégularités qui - aux yeux du Conseil constitutionnel marocain, ne cachent pas une fraude ou une manœuvre frauduleuse - sont dans la quasi-totalité des cas, jugées sans incidence sur les résultats de l'élection.

Les décisions du Conseil constitutionnel en matière d'annulation des élections reflètent ce pouvoir discrétionnaire particulier que détient le juge constitutionnel pour évaluer les griefs des requérants et leurs moyens d'appui ainsi que la nature des vices et infractions juridiques ayant éventuellement eu un impact sur la volonté des électeurs. Ainsi la question qui se pose est de savoir quelle serait la preuve requise aux yeux du juge constitutionnel et qui est considérée comme étant déterminante et ne laissant pas de doute sur la sincérité ou la non-sincérité d'un scrutin dans un contentieux électoral.

Les pouvoirs dévolus au juge ici dérivent de sa mission particulière qui est celle d'assurer le respect du suffrage dans l'intérêt de la démocratie. Il possède à cet égard une grande liberté pour apprécier les irrégularités et les conséquences à en tirer. Il n'est pas très fréquent qu'une irrégularité entraîne par elle-même et de manière automatique l'annulation d'une élection. Il s'agit d'une démarche intellectuelle et non intelligible par un non-initié au contentieux électoral. En réalité, face à une requête qui soulève de nombreux griefs et irrégularités, le juge ne retiendra que ceux de nature à fausser les résultats de l'élection, compte tenu de l'écart des voix qui sépare les candidats ou les listes de candidats. Il n'est pas toujours évident de mesurer l'influence qu'a pu avoir une manœuvre ou un abus donné sur le corps électoral.

Toutefois, il n'est jamais précisé à partir de quel seuil un ensemble d'irrégularités devient grave et à partir de quel chiffre un écart est considéré comme faible (100, 200, 300). Il faut souligner qu'il arrive aussi que le Conseil sanctionne les irrégularités retenues par l'annulation de l'élection malgré une avance confortable de l'élu[1052]. Sa jurisprudence est loin d'être systématique et son appréciation quantitative n'a qu'une valeur relative. Il est vrai qu'il dispose en la matière d'un large pouvoir d'appréciation dont l'exercice laisse parfois un sentiment d'insatisfaction chez ceux qui espéraient se représenter devant les électeurs.

En conséquence, pouvons-nous soutenir que le Conseil constitutionnel marocain, et à l'instar de son homologue français, adopte l'idée de la présomption de la validité du scrutin. Une présomption qui l'amène davantage à rejeter parfois la quasi-totalité des demandes d'annulation des élections en présence même de certains éléments qui devraient le pousser à lancer une enquête. Une telle attitude ne peut être justifiée que par le caractère circonspect de la démarche du juge dans sa quête de la vérité en dénouant certaines « intrigues » électorales. Ce juge doit-il rester imperturbable devant des entraves au processus électoral même si celles-ci ne doivent pas modifier l'issue du scrutin ? Certaines requêtes mériteraient-elles que le Conseil s'y attarde, au vu du nombre et de la gravité des irrégularités dénoncées !

---

[1052] Bernard Maligner, La fraude électorale, Economica, Paris, 1986, p 50. Voir également J P Camby, le Conseil constitutionnel, juge électoral op cité

# CHAPITRE 2

## Le juge électoral : méthodes de travail et orientations jurisprudentielles

Les élections sont le fondement de la démocratie représentative moderne. Elles confèrent au contentieux électoral qui en découle une place centrale, puisqu'il vise le renforcement de la croyance des citoyens dans l'efficacité des règles et principes qui régissent les élections et la consolidation des régimes démocratiques.

Le règlement du contentieux électoral reste l'épine dorsale du juge constitutionnel. L'objectif du contentieux étant d'assurer la sincérité du scrutin qui est l'exact reflet de la volonté exprimée par la majorité du corps électoral, il permet à la minorité mécontente, de dénoncer les faits, ou de contester les résultats de l'élection qu'elle estime irrégulière[1053]. Aujourd'hui, « l'élection en Afrique est juste pour le gagnant et inique pour le perdant ». Elle génère d'abondants contentieux, politiques et juridiques[1054].

Force est de constater que ce qui caractérise, en particulier les juridictions constitutionnelles africaines, dont celle du Maroc, est la prédominance du contentieux électoral[1055] de sorte qu'il semble que le principal objectif pour lequel elles ont été créées est celui du contrôle de la régularité des élections parlementaires. Le nombre de décisions rendues par le Conseil constitutionnel en cette matière depuis sa création en 1994, on peut soutenir qu'il ne fait pas l'exception par rapport à ses homologues dans les autres États d'Afrique.

---

[1053] GAUTHIER S, Le juge judiciaire, juge électoral : vers une harmonisation du contentieux des élections, Presses Universitaires d'Aix-Marseille, 2007, p. 18.

[1054] Ata Messan AJAVON, « Rapport introductif », in Aspects du contentieux électoral en Afrique. Actes du séminaire de Cotonou, 11-12 novembre 1998, Paris, Organisation Internationale de la Francophonie, 2000, p. 13

[1055] Bourgi Albert, l'évolution du constitutionnalisme en Afrique, du formalisme à l'effectivité. Revue française de droit constitutionnel n° 52-2002.p 740.

Appelé à dire le droit et à superviser les élections, le juge électoral est censé construire, garantir et consolider l'État de droit. Il a le devoir de remplir un office juste et équitable. La crédibilité et la légitimité du scrutin dépendent de ses décisions. La politique jurisprudentielle du Conseil nécessite un dialogue entre le juge et le justiciable. Elles devraient donc favoriser les formes de communication et stimuler donc les revendications. Cette mission s'opère par un contrôle de la procédure électorale qui comprend chronologiquement : l'établissement des listes électorales, la réception et la supervision des candidatures, la conduite des campagnes électorales, le financement des campagnes, la proclamation des résultats, la réception des recours contentieux et la sanction des éventuelles atteintes. Cette tâche du juge est assez rude et très sensible et nous interpelle à réaliser la mesure de sa contribution dans la construction démocratique et dans la consolidation de l'État de droit en notre pays.

Chargé de veiller à la régularité des processus électoraux, le juge électoral oriente son office vers une appréciation subsidiaire de la légalité des opérations liées à l'organisation et au déroulement des processus électoraux au profit d'une recherche dominante de la sincérité du scrutin, notamment l'incidence des irrégularités alléguées sur l'issue du scrutin :là, les conditions mises pour prononcer une invalidation dessinent une politique jurisprudentielle « prudente » pour s'essayer à un jeu de mots.

Mais comme le soulignent MM Favoreu et Phillip, "Le rôle du Conseil ne se borne pas à vérifier si la réglementation a été ou non respectée. Sa véritable mission consiste à rechercher si l'élection, l'évènement majeur de la vie politique nationale, se déroule dans des conditions garantissant à tous égards la sincérité des résultats du scrutin[1056]. Le juge possède ainsi une grande liberté pour apprécier les irrégularités et en tirer les conséquences. Le juge examine subséquemment, les requêtes qui visent la contestation des résultats, afin de déterminer si des manœuvres constatées n'ont pas vicié les résultats et altéré la sincérité du scrutin. Quant au contenu de la décision, il est libre de choisir entre ; l'annulation partielle ou totale de l'élection, soit son rejet ou enfin réformer les résultats.

Ce chapitre prétend dresser un bilan du Conseil constitutionnel marocain en matière électorale et mettre en lumière les pouvoirs du Conseil en matière de contrôle des élections parlementaires. Il compte également élucider les techniques et les méthodes de travail de la juridiction constitutionnelle ainsi que ses limites et ses grandes orientations jurisprudentielles centrées autour du dilemme entre régularité versus sincérité du scrutin.

[1056] L Favoreu et L phillipe, GDCC, op. cité p 28

## Section 1. Diagnostic de la politique de contrôle des élections législatives

Le contentieux électoral est le terrain sur lequel la juridiction constitutionnelle a rendu un afflux de décision. Si la justice électorale a toujours été sur le plan quantitatif, la principale activité du Conseil, ce n'est que ces dernières années qu'elle a pris des proportions impressionnantes au point que l'évolution s'identifie à une véritable explosion électorale. En usant d'un vocabulaire emprunté à la science économique, il n'est pas exagéré de qualifier ce phénomène d'inflation contentieuse.Ceci nous amène à mettre en lumière les principaux résultats du travail du Conseil à travers une analyse quantitative des décisions rendues par la haute instance en matière électorale avant d'aborder les pouvoirs dont jouit ce dernier lors de sa politique de contrôle des élections parlementaires.

### § 1. La progression spectaculaire des recours liés au contentieux des élections législatives

La tradition française rattache toujours l'élection à la théorie de la représentation et de la volonté générale pour fonder la légitimité des institutions[1057].

L'étude du contentieux électoral comme tout contentieux nécessite plusieurs mises au point sans lesquelles la lecture des données et tableaux statistiques induirait le lecteur en erreur. Tout d'abord, il y a lieu de différencier le nombre de requêtes et le nombre de décisions. Pour les élections parlementaires, sauf lorsqu'une demande conteste plusieurs élections ou tend à la révision d'une décision ou à la rectification d'une erreur matérielle, une décision ne concerne que les résultats d'une seule circonscription. Saisi de plusieurs demandes dirigées contre une même élection, le juge joint les requêtes pour y statuer en une seule fois. La jonction de requêtes explique par conséquent le différentiel existant entre le volume des recours et celui des décisions. Le graphique donne un aperçu récapitulatif de l'évolution du volume des requêtes ''recours électoral'' par rapport aux décisions électorales par législature depuis 1963 jusqu'à 2011.

[1057] Pascal Jan, la saisine du Conseil constitutionnel, LCDJ, 1999, p 438

Tableau n°4 : Tableau récapitulatif des recours par législature

| Élections législatives | Recours | Irrecevabilités | % | Annulations | % | Réformation |
|---|---|---|---|---|---|---|
| 1963 | 192 | 185 | 96 | 7 | 4 | 0 |
| 1970 | 54 | 53 | 98 | 1 | 2 | 0 |
| 1977 | 52 | 51 | 98 | 1 | 2 | 0 |
| 1984 | 69 | 69 | 100 | 0 | 0 | 0 |
| 1993 | 184 | 163 | 88 | 21 | 11 | 0 |
| 1997 | 338 | 50 | 14 | 23 | 7 | 0 |
| 2002 | 205 | 22 | 10 | 19 | 9 | 0 |
| 2007 | 214 | 18 | 8 | 12 | 6 | 0 |
| 2011 | 170 | 22 | 13 | 12 | 7 | 1 |
| **Total** | **1478** | **633** | **48** | **96** | **6** | **0** |

Graphique n° 6 : Comparaison des recours par législature et par décision du CC

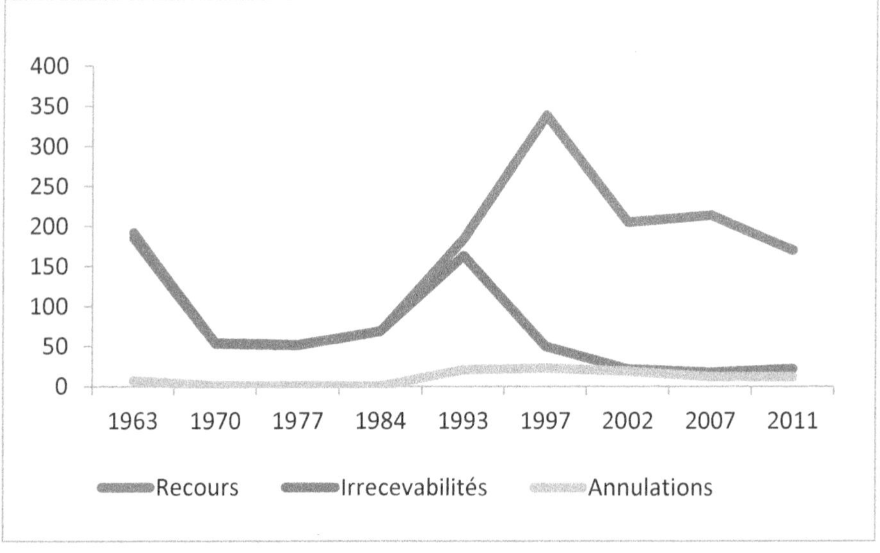


Le graphique ci-dessus révèle l'existence de fortes variations en termes de nombre de recours selon les échéances électorales. Compte tenu de la moyenne des requêtes par élection qui s'établit à 164 demandes, le pic des requêtes électorales des annulations est atteint en 1997 lorsque le Conseil a

enregistré 338 recours contre 23 annulations et les échéances les moins intenses en termes de demandes d'annulation sont celles de 1970 et de 1977.

L'importance de ces chiffres s'explique par la ruée du justiciable vers le prétoire pour dénoncer la mise à mal de la consultation. La diversité des motifs à la base des recours atteste de la perpétuelle ingéniosité dans les méthodes de fraude aussi bien de la part de l'administration que de la part des candidats : distribution irrégulière de carte électorale par les Moqadems, non-respect de l'horaire légal des bureaux de vote, falsification, falsification du vote des aveugles, substitution pure et simple des procès-verbaux authentiques par les procès-verbaux falsifiés de la part des présidents de certains bureaux de vote de la circonscription... etc.

Beaucoup de paramètres sous-tendent ce recours quasi systématique à la contestation des résultats des suffrages : la jeunesse de la pratique électorale, l'imperfection ou la mauvaise assimilation du droit électoral, les dysfonctionnements du pluralisme des courants, des idées et des opinions, le nombre des candidats appartenant à des partis et des groupements politiques nouveaux qui ne cessent de croître, le développement du phénomène partisan de ces dernières années qui accélère la multiplication des candidatures, les limites de l'environnement administratif, le degré d'évolution culturelle, etc.

### § 2. Une production jurisprudentielle abondante en matière de contentieux électoral

L'activité du juge constitutionnel en matière de contentieux électoral est une source intarissable de décisions émises par l'institution. Le Conseil constitutionnel a eu à faire face à un contentieux « numériquement » abondant, juridiquement difficile et politiquement sensible. Il ressort du graphique 7 que le Conseil Constitutionnel marocain a rendu entre 1994 et 2011, 1000 décisions dont 729 relatives au contentieux électoral soit 73 % du nombre total des décisions contre 9 % pour le contrôle de constitutionnalité des lois, 9 % pour l'application du statut juridique des parlementaires, 5 % concerne la modification d'un texte par décret et 2 % concerne les incompatibilités.

**Graphique n° 7 : répartition des décisions du CC par domaine de compétence (1994-2011)**

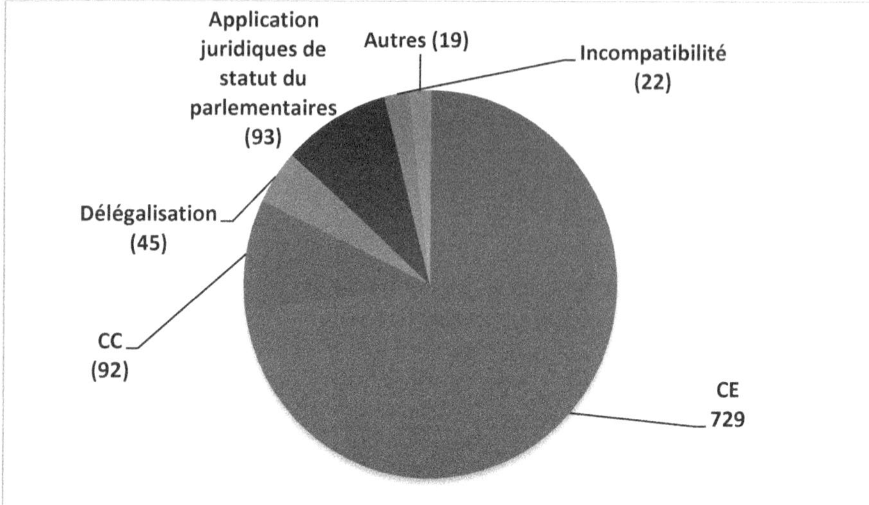


Ce constat étaye l'idée selon laquelle la principale prérogative des juridictions constitutionnelles en Afrique réside dans le contrôle des opérations électorales à travers le traitement exclusif du contentieux électoral. Le Conseil constitutionnel marocain ne fait pas l'exception compte tenu du nombre de décisions rendu en matière électorale depuis 1994, faisant du juge constitutionnel marocain un juge électoral.

Cette abondance est due notamment à l'ouverture qui caractérise la procédure de saisine en matière électorale ainsi qu'à son champ d'application : les élections parlementaires, domaine d'affrontement entre plusieurs ambitions antagonistes et terrain fécond pour les manœuvres illégales. Le juge constitutionnel cumule donc les activités qui font de lui le juge des élections législatives (des deux Chambres) dans toutes leurs étapes.

**Graphique n° 8 : Part du CE dans les décisions du CC (%)**

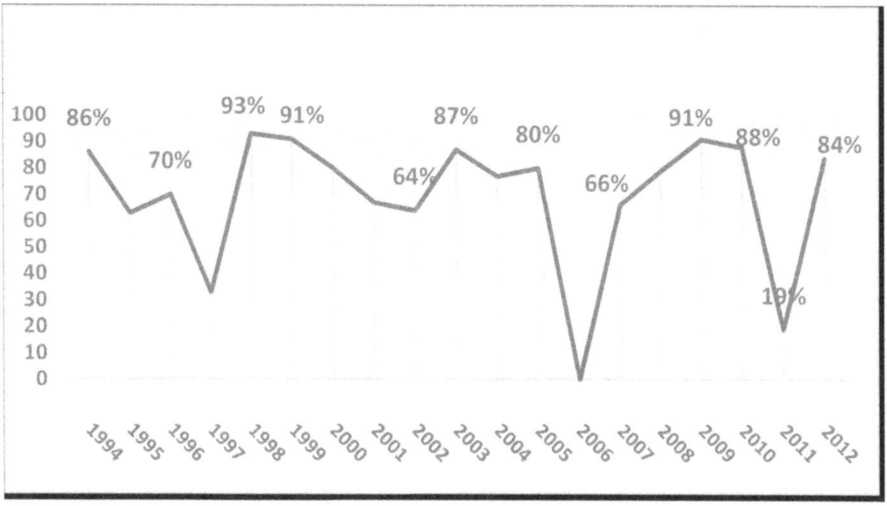


Il ressort du graphique n° 8 que l'évolution de la part du contentieux électoral dans les décisions du CC est très fluctuant d'une année à une autre et évolue en dents de scie. En effet, cette part a connu plusieurs pics, notamment, en 1994, 1998, 2003, 2008 et 2009, 2010 et en 2012. Cela signifie que les périodes relatives au nombre le plus important de contentieux sont celles qui coïncident avec les élections législatives notamment celles de 1993 et 1997, 2002, 2007 et 2011.

## § 3. Typologie des décisions : analyse quantitative

Depuis 1994 jusqu'à 2011, le Conseil Constitutionnel marocain a émis 729 décisions relatives au contentieux électoral. Les décisions rendues par le juge constitutionnel sont classées selon le tableau ci-dessous :

**Tableau n° 5 : Typologie des décisions électorales rendues par le Conseil constitutionnel de 1994 à 2011**

| Motif de la décision | Nombre de décisions |
|---|---|
| Irrecevabilités | 163 |
| Rejets | 489 |
| Annulations | 77 |
| Total | 729 |

**Graphique n° 9 : Typologie des décisions électorales rendues par le Conseil constitutionnel de 1994 à 2011**

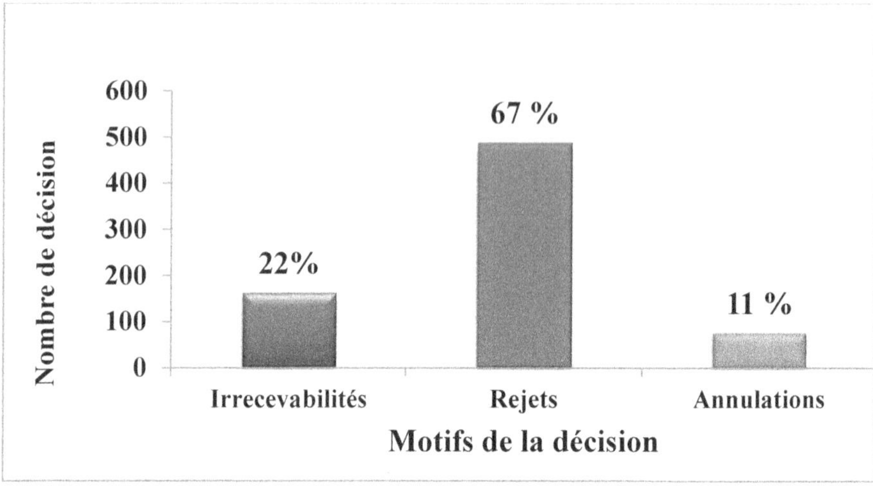


La lecture du graphique 9 permet de dégager ce qui suit :

- 163 décisions d'irrecevabilité rendues par le Conseil constitutionnel pour vice de forme soit 22 % des décisions du Conseil constitutionnel en matière du contentieux électoral. Il est difficile d'évaluer à ce jour l'ampleur des dysfonctionnements, fraudes et irrégularités que cette construction aura laissé prospérer dans la pratique électorale.
- les décisions de rejet rendues par le Conseil accaparent la part du lion avec 489 décisions soit 67 % des décisions. Nous avons pu dégager, à travers les résultats de notre analyse, une panoplie de griefs que les requérants ont soulevé durant toutes les phases de l'opération électorale.
- les décisions d'annulation sont de l'ordre de 77, soit 11 % du nombre total des décisions où le juge a constaté le bien-fondé des contestations du requérant. Ces statistiques montrent que la juridiction se réclame d'une présomption de régularité de l'élection qui ne pouvait être démontrée que par une preuve administrée dans les délais et déterminante quant à l'issue du scrutin.

Allons-nous aborder dans un premier temps une analyse synthétique des divers cas d'annulation des élections rendues par le Conseil constitutionnel (A), pour se pencher par la suite sur les divers cas de rejets (B).

**A. Place des décisions d'annulation**

Développé plus tôt que le contentieux constitutionnel - du fait de son existence dès la Constitution de 1962[1058] - le contentieux en annulation représente au Maroc une matière où les juridictions constitutionnelles successives ont été le plus prolifiques. L'importance de ce contentieux indique, d'une part, une inflation de recours - expliquée à la fois par la gratuité des requêtes et par l'étendue des irrégularités dénoncées- et révèle, d'autre part, une politique d'annulation fluctuante allant de l'extrême réserve à l'interventionnisme criant. C'est essentiellement ce contentieux qui met sérieusement à contribution la juridiction constitutionnelle affirmant son double statut de « juge électoral » et de « moralisateur de la vie politique »[1059]. L'épreuve est telle que le contentieux de l'annulation prend en considération aussi bien les contestations relatives à la personne de l'élu (fonction, âge, incapacité judiciaire) que celles relatives au déroulement de l'élection (la campagne et manœuvre résultante du candidat et/ou de l'administration, le vote, les bureaux de vote, l'horaire légal du vote, l'urne). L'épreuve interpelle toute l'engineering électoral intégrant, les normes, les institutions, les acteurs, la culture démocratique.

1. La part des élections annulées dans les décisions du CC (1994-2011)

La prudence relative du Conseil constitutionnel en ce qui concerne les annulations d'élections. Si l'on fait le bilan des décisions d'annulations intervenues, on s'aperçoit que celles-ci sont relativement rares. Sur 729 requêtes de contentieux électoral, le Conseil a enregistré 77 élections annulées pendant la période allant de 1994 à 2011, l'équivalent de 11 % du nombre total des décisions rendues par le Conseil.

---

[1058] Art 103, 2e. Constitution marocaine du 7.12.62 : « En outre, (la Chambre constitutionnelle) statue sur la régularité de l'élection des membres du Parlement et des opérations de référendum ».

[1059] Cité par Najib BA MOHAMMED dans son article sur le Conseil constitutionnel à l'épreuve du prochain scrutin, communiqué dans le cadre de la table ronde organisée le 29/12/2002 par le club d'analyse de réflexion sur la politique (CARP).

**Graphique n° 10 : La part des élections annulées dans les décisions du CC relatives au CE**

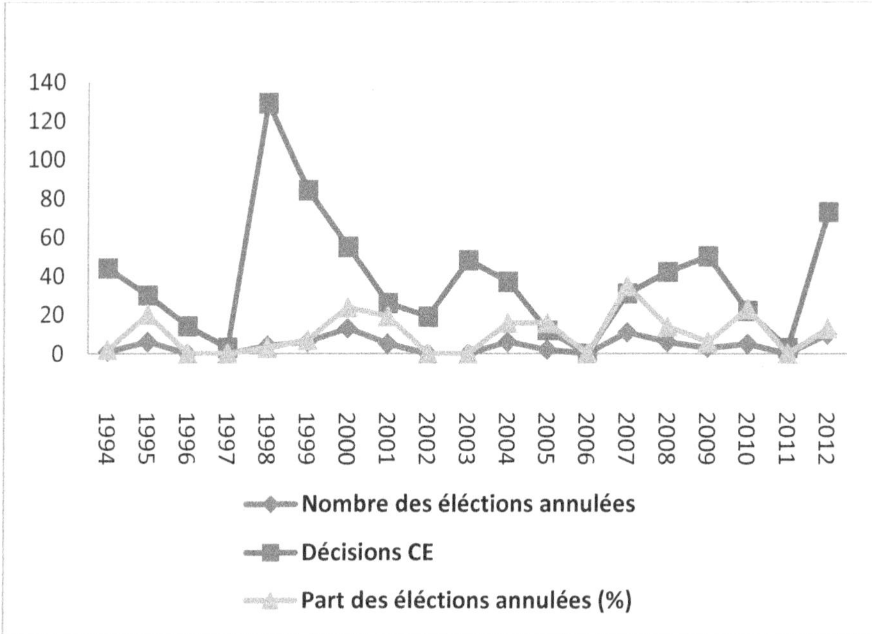


Le graphique n° 10 ci-dessus illustre l'évolution de la part des élections annulées dans le contentieux électoral. Les chiffres de ce graphique font ressortir que le nombre maximum de requêtes relatives au contentieux électoral a été enregistré en 1998, juste après les élections de 1997, et dont la part des élections annulées ne dépasse guère les 3 % avec seulement 4 cas d'annulation. En revanche, la grande part des élections annulées est celle des années 1995, 2000, 2007 et 2010 avec respectivement 20 %, 24 %, 35 % et 23 %.

À noter que le nombre d'annulations prononcées par le Conseil entre 1994 et 2011 n'est pas négligeable dans une démocratie en construction : 77 annulations sur les 722 recours déjà examinés. Le Conseil a ainsi invalidé 11 % de la totalité des sièges du parlement. Sur ce registre, le Conseil constitutionnel français a prononcé 26 annulations en 20 ans pour plus de 3500 recours, soit moins de 0,74 %.

Le Conseil constitutionnel marocain a invalidé des élections lorsque le faible écart de voix s'y prêtait. C'est dire que la tendance à l'annulation ne prévaut que lorsque l'irrégularité est déterminante et influe foncièrement sur l'issue du scrutin en en modifiant le résultat. D'aucuns[1060] auraient souhaité

[1060] Philip, contentieux constitutionnel. Op. cit. F. Luchaire : Le Conseil constitutionnel. Op. cit. p. 353

que la juridiction constitutionnelle puisse annuler dès qu'il y a violation des règles en vigueur, fraude, qu'il y ait ou non impact sur l'issue du scrutin.

Une telle rigueur par rapport au droit et à l'éthique électorale ne peut-être que louable si elle n'entraînait pas dans son sillage, le double inconvénient d'annulations massives[1061] et de remise en cause consécutive de la légitimité d'un tribunal électoral doté de trop larges pouvoirs.

Généralement l'annulation totale est la remise en cause de l'ensemble des résultats du scrutin. Elle est prononcée en cas de vice substantiel ou lorsqu'en raison de multiples irrégularités, le juge électoral n'a aucune possibilité de déterminer avec certitude les résultats du scrutin. Dans cette hypothèse rarissime, le juge électoral annule les élections en cause en faisant fi de l'incidence que les irrégularités ont pu avoir sur les résultats du scrutin.

Il faut bien considérer que le taux d'annulation est extrêmement bas (10%), pratiquement négligeable. Confronté à des obstacles relatifs au financement d'une nouvelle élection et à des risques de remise en cause de la stabilité politique du pays, le juge électoral choisit l'option de la prudence.

Ce dernier semble être très exigeants envers les requérants lorsqu'il s'agit de prouver la véracité de leurs allégations soutenant l'annulation d'une élection.

2. Les cas d'annulation d'une élection par le Conseil Constitutionnel

La restitution des résultats de l'analyse des décisions afférentes au contentieux électoral nous a renseigné sur les différents cas d'annulation qui sont similaires que ce soit pour la chambre des Conseillers ou la chambre des représentants, et sont au nombre de trois :

- Incapacité légale ou judiciaire dans la personne d'un ou de plusieurs élus
- Le scrutin n'a pas été fait selon les formes prescrites par la loi
- Le scrutin n'a pas été libre ou vicié par des manœuvres frauduleuses

Le tableau et le graphique ci-dessous permettent de visualiser la part de chaque cas dans les décisions d'annulation :

[1061] Jugeant trop sévères les annulations prononcées par le Conseil constitutionnel marocain, un observateur s'inquiète quant à l'influence sur l'équilibre des pouvoirs. « N'eût été la large majorité dont disposent les partis au pouvoir, l'action du Conseil constitutionnel eut pu provoquer une suite de crises gouvernementales. Si la majorité avait été plus étriquée, le Conseil constitutionnel aurait pu en effet, au rythme des annulations affectant respectivement l'un et l'autre bord, faire et défaire les gouvernements » M. Ibrahimi : Du contrôle des élections législatives par le Conseil constitutionnel. REMALD. No 13. Oct-Déc. 1995. P. 25.

**Tableau n° 6 : Le nombre des décisions d'annulation prises par cas (période 1994-2011)**

| **Nature de l'annulation** | **Nombre** |
|---|---|
| L'élection n'a pas été faite selon les formes prescrites par la loi | 31 |
| Incapacité légale ou judiciaire dans la personne d'un élu | 7 |
| Le scrutin n'a pas été libre et a été vicié par des manœuvres frauduleuses | 39 |
| **Total** | **77** |

**Graphique 11 : Typologie des annulations en matière du contentieux électoral entre 1994 et 2011**

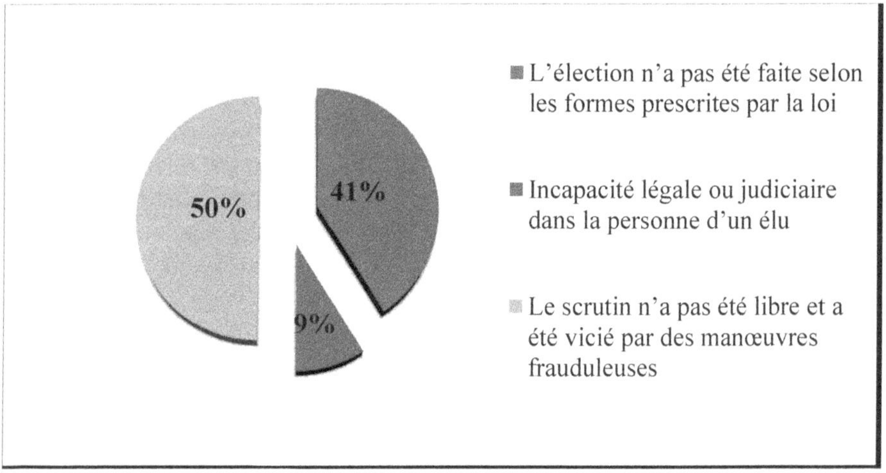


Ces annulations sont basées sur trois motifs essentiels, soit que le scrutin n'a pas été libre et a été vicié par des manœuvres frauduleuses (50 %), soit que l'élection n'a pas été faite selon les formes prescrites par la loi (41 %), soit enfin qu'il existe une incapacité légale ou judiciaire de la personne de l'élu qui se manifeste dans des cas très rares avec (9 %).

Graphique n° 12 : Evolution du nombre des cas d'annulation entre 2004 et 2009

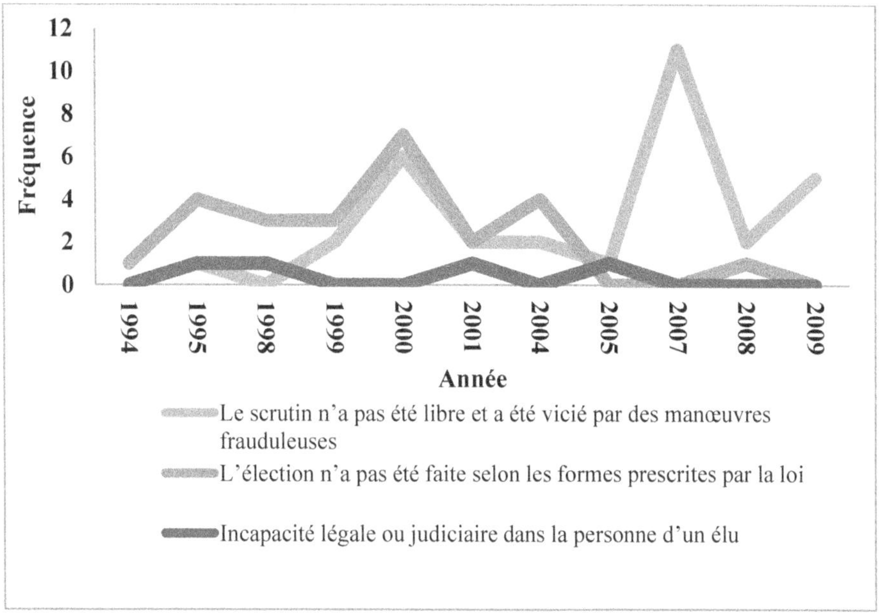


Le graphique n° 12 dénote que la part des élections annulées a connu une fluctuation pendant les années. À titre d'illustration, le Conseil a annulé toutes les requêtes déférées devant lui en 2007 (année du scrutin) où le juge a constaté le bien-fondé des contestations du requérant pour motif que le scrutin n'a pas été libre et a été vicié par des manœuvres frauduleuses.

En fait l'analyse des cas d'annulation d'une élection par le Conseil constitutionnel est un travail très important, puisqu'il permet d'appréhender le degré d'appropriation de la culture électorale à la fois par l'électeur, par l'élu et même par l'Administration.

Le graphique ci-dessus montre que les raisons d'annulation sont dues principalement aux manœuvres frauduleuses et aux agissements touchant la liberté du scrutin avec une diminution progressive des cas d'annulation liés aux infractions des règles prescrites par la loi. Ceci illustre nettement l'implication de l'administration dans une démarche d'amélioration de ses services et la pertinence du travail d'investigation du juge constitutionnel dans la recherche du bien-fondé du requérant.

### B. Place des décisions de rejet

Les décisions de rejet de la demande et les décisions d'irrecevabilité de la requête nous permettent de faire le point sur les principaux vices de forme et de fond entachant les recours ainsi que la nature des seuls griefs pouvant amener le juge constitutionnel à annuler une élection[1062]. Par ailleurs et compte tenu du fait que les décisions de rejet nous permettent de dégager la panoplie des griefs que les requérants soulèvent. Nous essayons dans ce troisième paragraphe de relever quelques statistiques de ces cas de rejet.

1. Une place prépondérante dans le contentieux électoral

De 1994 à 2009, le Conseil constitutionnel marocain a rendu 624 décisions relatives au contentieux électoral. Les décisions rendues par année en cette période peuvent être classées selon le graphique suivant :

**Graphique n° 13 : Typologie des décisions électorales rendues par le Conseil constitutionnel par année**

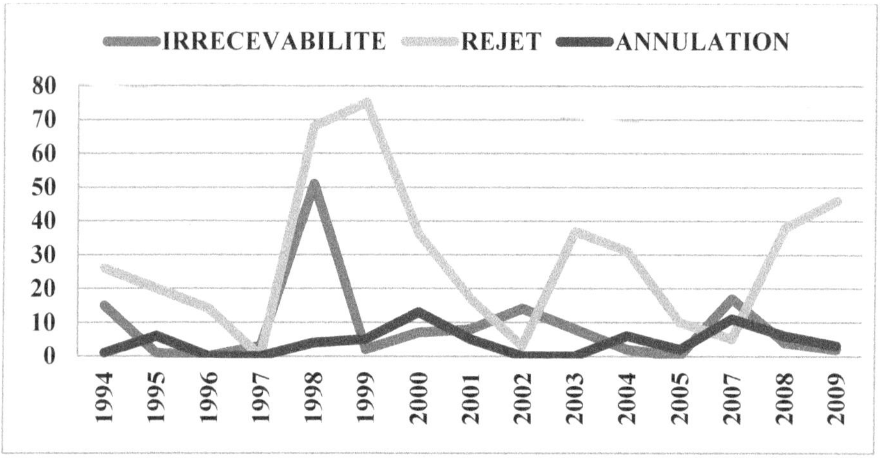


On constate d'après le graphique n° 13 que les décisions de rejet rendues par le Conseil constitutionnel accaparent la part du lion durant toutes les années d'échelonnement du contentieux électoral (avec un maximum en 1999) suivies par les décisions d'irrecevabilité qui occupent une part significative et enfin les décisions d'annulation avec une part infime. Cela veut dire qu'en seize ans la juridiction continue à se réclamer d'une présomption de régularité de l'élection qui ne pouvait être démontrée que par une preuve administrée dans les délais et déterminante quant à l'issue du scrutin. C'est ainsi que nous allons essayer de relever les divers cas de rejet de l'annulation de l'élection dont les résultats sont contestés auprès du Conseil constitutionnel.

---

[1062] Cité par Najib BA MOHAMMED dans son article sur le Conseil constitutionnel à l'épreuve du prochain scrutin, communiqué dans le cadre de la table ronde organisée le 29/12/2002 par le club d'analyse de réflexion sur la politique (CARP)

2. Inventaire des décisions de rejet de l'annulation

Sur 722 requêtes de contentieux électoral, on a enregistré 497 requêtes rejetées par le Conseil constitutionnel pendant la période allant de 1994 à 2012, soit 68 % du nombre total des décisions rendues par le Conseil en matière électorale. Le tableau ci-dessous illustre la part des élections rejetées par année dans les décisions du Conseil constitutionnel.

**Tableau n° 7 : Comparaison entre l'évolution du nombre des décisions du CC relatives au contentieux électoral et celles du nombre des décisions rejetées**

| Année | Nombre de requêtes rejetées | Nombre de décisions CE | % des décisions de rejet |
|---|---|---|---|
| 1994 | 26 | 44 | 59 |
| 1995 | 20 | 30 | 67 |
| 1996 | 14 | 14 | 100 |
| 1997 | 0 | 3 | 0 |
| 1998 | 68 | 129 | 53 |
| 1999 | 75 | 84 | 89 |
| 2000 | 36 | 55 | 65 |
| 2001 | 17 | 26 | 65 |
| 2002 | 3 | 19 | 16 |
| 2003 | 37 | 48 | 77 |
| 2004 | 31 | 37 | 84 |
| 2005 | 10 | 12 | 83 |
| 2006 | 0 | 0 | 0 |
| 2007 | 5 | 31 | 16 |
| 2008 | 38 | 42 | 90 |
| 2009 | 46 | 50 | 92 |
| 2010 | 12 | 22 | 55 |
| 2011 | 2 | 3 | 67 |
| 2012 | 57 | 73 | 78 |
| **Total** | **497** | **722** | **68** |

**Graphique n° 14 : Evolution des décisions de rejets entre 1994 et 2011**

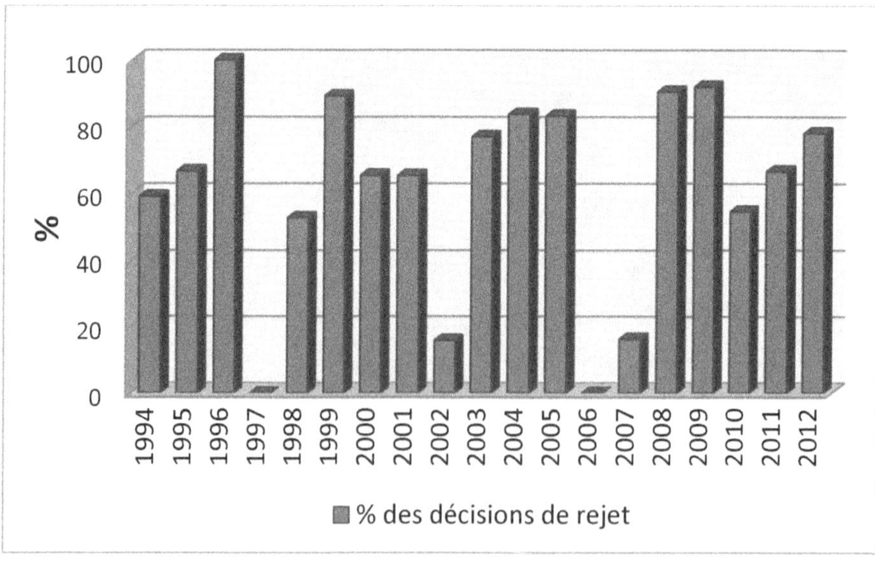

Quant à l'évolution des décisions de rejet, on s'aperçoit d'après le graphique n° 14 que le taux de rejet est très fluctuant d'une année à une autre et évolue en dents de scie. En effet, en 1996, année précédant le scrutin de 1997, le CC a débouté un nombre important de requêtes avec 100 % de décisions de rejets. Par la suite, le taux de rejet résultant du contentieux de 1997 a continué sur sa lancée jusqu'à atteindre son paroxysme en 1999 à 89 %. Mais à partir de 2002, cette tendance du CC à procéder au rejet s'est maintenue à niveau élevé. À partir des échéances de 2002 et 2007, le taux de rejet s'est toujours établi respectivement à 84 % et 92 %. Le taux de rejet a connu une légère baisse en 2011 avec un taux qui avoisine 67 %.

Ces chiffres reflètent clairement la prééminence du principe de la présomption de régularité de l'élection dans la façon de procéder de la haute juridiction. Cette dernière ne peut prononcer l'annulation d'une élection que si elle dispose de preuves palpables et ayant une incidence déterminante sur les résultats du scrutin.

3. Les cas de rejet de l'annulation d'une élection par le Conseil constitutionnel

En scrutant les décisions du rejet prises par le Conseil Constitutionnel en matière de contentieux électoral entre la période de 1994 à 2011, il ressort clairement d'après le graphique 15 que celles sanctionnées par le rejet pour motif d'absence de preuves occupent une place prépondérante avec (80 %), contre 20 % pour celles qui n'ont pas d'influence déterminante sur le résultat.

**Graphique n° 15 : répartition des décisions de rejet selon le motif du juge (1994-2011)**

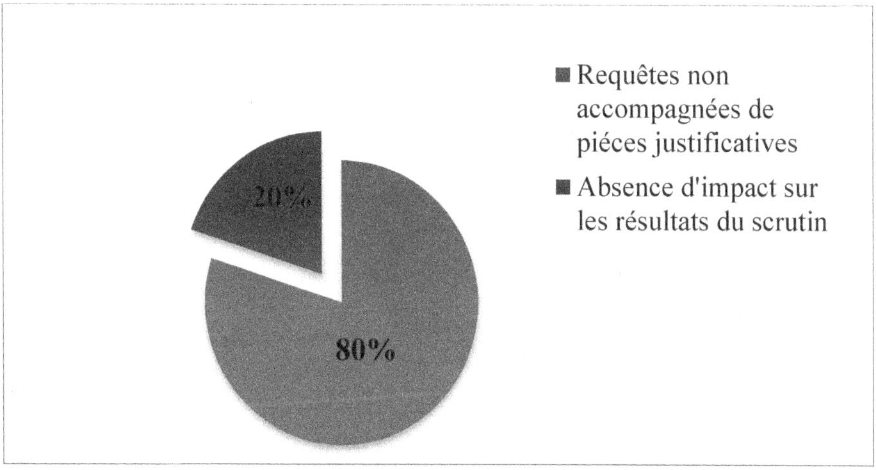

Il s'agit là de l'angle mort du contentieux électoral, car en dépit de la gravité des faits invoqués, ceux-ci ne sont pris en considération que s'ils peuvent être prouvés matériellement. D'un côté, l'exigence de la preuve part d'une préoccupation de sécurité électorale du mandat dans la mesure où elle met l'élu à l'abri des recours dilatoires ou malveillants, et contribue alors à protéger ses droits. D'un autre côté – facette nettement moins avenante – l'obligation de fonder la requête et de mettre en exergue les moyens, fragilise le recours jusqu'à l'anéantir complètement parfois à cause de défis difficilement expugnables.

La prudence du juge électoral tient à l'objet du contentieux. Il s'agit de vérifier si les conditions de régularité – souvent minutieuses- qui doivent entourer et accompagner l'élection ont bien été respectées. Il s'agit de vérifier si la règle du jeu électoral n'a pas été enfreinte de manière délibérée. Il s'agit encore de vérifier si les résultats de l'élection ne se trouvent pas faussés de manière patente. Il ne s'agit pas pour le juge de s'interroger sur la validité ou la pertinence des choix des électeurs. Il suffit de vérifier si les conditions dans lesquelles ils se sont exprimés étaient régulières. Il faut admettre ce fait politique qui est aussi un fait juridique. Le contentieux électoral a vocation à se mouvoir dans le domaine du contrôle marginal. Les peccadilles, les maladresses, les fautes vénielles, les infractions légères ne sauraient retenir durablement l'attention du juge électoral.

Afin de visualiser la part de chaque cas dans les décisions de rejet, on se propose de présenter le graphique suivant :

**Graphique n° 16 : Typologie des décisions de rejet rendues par le CC entre 1994 et 2011**

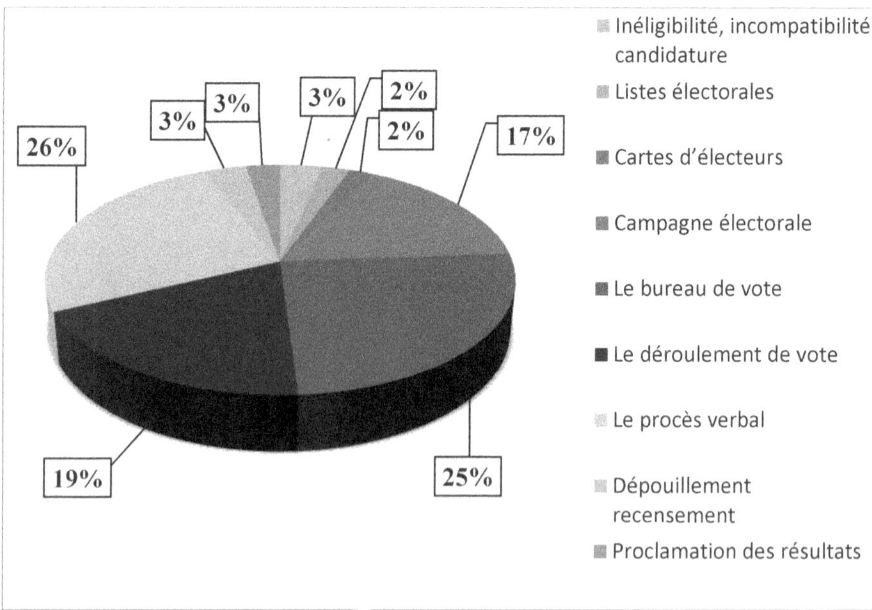

Le graphique16 dénote que la litanie des arguments développés par les requérants est pléthorique et touche principalement les procès-verbaux (26 %), les bureaux de vote (25 %), le déroulement du scrutin (19 %) et la campagne électorale (17 %). Ces résultats statistiques interpellent le Conseil constitutionnel à renforcer davantage son contrôle pour rétablir la vérité électorale. Le rôle imparti au Conseil à l'occasion des litiges quels que soient leurs objets est naturellement de débusquer les pressions, d'identifier les irrégularités et sanctionner toutes manœuvres susceptibles d'avoir un incident déterminant sur les résultats du scrutin.

L'examen des décisions du Conseil constitutionnel révèle que la haute juridiction constitutionnelle est en droit de rejeter les demandes ne remplissant toutes les formalités considérées comme substantielles pour vice de forme. Cependant, il a été reproché au Conseil constitutionnel également le fait que sur le plan de la motivation des décisions, ce dernier n'accorde pas au contenu des requêtes une importance particulière. En outre, certains auteurs affirment qu'en appliquant le droit dans toute sa rigueur, le Conseil constitutionnel sacrifie l'intérêt démocratique au formalisme le plus anodin[1063].

Néanmoins, ce vice de forme peut être réduit si le Conseil constitutionnel marocain mettait à la disposition des requérants un formulaire englobant toutes les conditions de forme de présentation de la requête devant être remplies. Les motifs de rejets pour absence de preuve, quant à eux, restent dominants dans les décisions du Conseil. Ainsi, vu l'importance du processus électoral et son impact sur la démocratie dans le pays, le juge électoral doit tenir compte des allégations, même sans preuve, particulièrement lorsqu'il s'agit de l'intervention de l'administration. Il devrait alors décider d'une enquête.

Toutefois, la recherche de l'irrégularité déterminante peut se révéler incommode lors de manœuvres difficilement quantifiables. Dans ces cas, lorsque la juridiction constitutionnelle s'attache trop à la prudence, elle oppose l'irrecevabilité même quand les requêtes dénoncent des irrégularités graves telles que la composition irrégulière des bureaux de vote, le renvoi des scrutateurs, l'intervention de l'administration, le changement d'urne ou la violence à l'encontre d'un président du bureau de vote.

En revanche, il semble que le Conseil marocain s'oriente, à l'instar du Conseil français vers une attitude plus libérale dans la mesure où il ne rejette les requêtes viciées que lorsqu'elles ne sont pas fondées ou que le grief dénoncé n'a aucune influence sur le résultat de l'élection. Dans des espaces politiques où la connaissance du droit électoral est insuffisante, la rigueur extériorisée par le juge constitutionnel dans la réception des requêtes ne peut

---

1063 Cité par Najib BA MOHAMMED dans son article sur le Conseil constitutionnel à l'épreuve du prochain scrutin, communiqué dans le cadre de la table ronde organisée le 29/12/2002 par le club d'analyse de réflexion sur la politique (CARP).

être qu'injuste, et ce, en dépit de l'argumentaire en faveur de la fonction pédagogique de l'irrecevabilité[1064].

Le rôle du Conseil à l'occasion des litiges est naturellement de débusquer les pressions, d'isoler les manœuvres, d'identifier les irrégularités. Sa raison d'être ne se limite pas à condamner moyennant l'annulation ou la réformation. Il lui incombe aussi, chaque fois que les faits, les omissions ou les irrégularités n'ont pas d'effet substantiel de nature à modifier le cours d'une élection, de prononcer des condamnations morales. Ainsi en est-il de son homologue français, dont l'essentiel des condamnations se place sur le terrain moral[1065].

## SECTION 2. LES POUVOIRS DU JUGE CONSTITUTIONNEL EN MATIÈRE DU CONTRÔLE DES ÉLECTIONS LÉGISLATIVES

Chargé de veiller à la régularité des processus électoraux, le juge, doté d'un important pouvoir discrétionnaire d'appréciation, se voit ainsi assigner la lourde mission de garantir l'expression libre et inaltérée du suffrage.

Dans le cadre de son traitement des recours électoraux, le Conseil constitutionnel peut, soit réformer l'élection, rejeter les requêtes ou annuler l'élection.

En statuant en matière électorale, le juge apparait non comme le « sanctionnateur » des fraudes et délits électoraux afin de garantir la régularité de l'élection, mais comme celui qui ne s'intéresse qu'au contrôle de la sincérité du scrutin. Ce faisant, le juge électoral tranche avec la mission qui lui est dévolue par les textes juridiques, puisqu'il est chargé de « veiller à la régularité de l'élection ».

En conséquence, la disproportionnalité relevée dans le taux d'annulation des élections législatives démontre que le juge électoral fait preuve d'une grande retenue dans son office. Le Conseil utilise, en une méthode d'analyse trop protectrice pour conclure à l'annulation d'une élection, c'est à dire il faut que les irrégularités soient d'une gravité et aient une influence déterminante sur les résultats de l'élection.

Il en résulte que le juge constitutionnel marocain à l'instar du juge constitutionnel africain élude sa mission principale en adoptant une attitude qui restreint les larges pouvoirs qui lui sont octroyés. Il opte pour une politique jurisprudentielle prudente et libérale qui allie un contrôle minimal de la régularité à celui maximaliste de la sincérité du scrutin au grand dam

---

[1064] N. BERNOUSSI, le contrôle de constitutionnalité au Maghreb, thèse du doctorat d'État soutenue le 8 JUIN 1998.

[1065] François Luchaire, le Conseil constitutionnel, Economica, 1980.

des électeurs qui ont l'impression de voir leurs droits civils et politiques bafoués et le pouvoir politique usurpé[1066].

## § 1. L'étendue du pouvoir du Conseil constitutionnel en matière des élections législatives

Dans le contentieux des résultats, les législations électorales ont doté le juge constitutionnel mais aussi tout juge de l'élection de pouvoirs étendus lui permettant d'assurer la cohérence et la sincérité des résultats. Autrement dit, le juge électoral s'offre plusieurs possibilités en vue d'assurer la sincérité des scrutins.Soit le rejet de la protestation, soit la réforme des résultats, soit enfin l'annulation.

Au cours de l'accomplissement de son travail de juge électoral, le juge constitutionnel s'est inspiré de la manière de faire du juge administratif en matière d'élections locales. Cette méthode ne sanctionne les irrégularités que si, en fait, elles ont eu une influence importante sur la sincérité du scrutin, et ce, tout en tenant compte de l'écart des voix séparant les candidats.

Le juge constitutionnel ne se fonde que sur des griefs et des moyens bien construits. En effet, les affirmations non fondées sur des observations écrites au procès-verbal et les griefs formulés en des termes généraux sont rejetés par le juge constitutionnel. Il agit de même en cas d'absence de documents permettant d'apprécier le bien-fondé de la requête. Ainsi, en contrôlant la régularité des opérations matérielles aussi bien que celle du vote et celle de la campagne électorale, le Conseil constitutionnel vérifie toujours dans quelle mesure les griefs formulés sont « de nature à altérer la sincérité du scrutin et ayant ou non une influence décisive sur ce dernier.

### A. Le rejet de la protestation

C'est en fait la décision la plus fréquente. Elle correspond aux cas d'allégations non fondées. Elles sont émises aussi en cas d'existence d'une différence de voix trop grande entre le candidat élu et son concurrent le plus immédiat. Cet écart de voix est à même d'anéantir un effet significatif d'allégations, même fondées, sur le résultat du scrutin. Le moins qu'on puisse est que l'expérience de la juridiction constitutionnelle a été féconde en la matière. En vertu de ce critérium fondamental, le juge de l'élection ne prononce l'annulation d'une élection que si les faits invoqués par le requérant ont eu une incidence probante sur le résultat du scrutin.

---

[1066] Diane Mandeng. La procédure contentieuse en matière électorale : recherches sur le contentieux des élections au Cameroun, Thèse Droit public. Poitiers : Université de Poitiers, 2017

En tout état de cause, la jurisprudence en matière de contentieux électoral a toujours été dominée par le principe dit de l'influence déterminante fondé par l'écart des voix. Le juge de l'élection ne prononce l'annulation d'une élection que si les faits prétendus par le requérant ont eu une incidence directe certaine, une influence suffisante pour fausser le résultat du scrutin. En matière de contentieux électoral, le juge ne doit pas confondre le jugement à porter sur des actes illicites, immoraux, délictueux, avec le jugement même de l'élection. En cas de fraude, le scrutin n'est annulé que si celle-ci a eu une influence sur le résultat, le juge électoral n'étant pas juge de la moralité du scrutin, mais de sa sincérité et donc de l'adéquation entre le résultat proclamé et la volonté majoritaire librement exprimée des électeurs.

Notons que la décision de rejet de la protestation ne blanchit pas l'élection de tout soupçon, pas plus qu'elle ne constitue nullement un certificat de bonne conduite pour le candidat élu ou une attestation de sincérité pour le scrutin. Elle implique simplement que les griefs articulés par le requérant n'ont pas été de nature à conclure l'annulation du scrutin. La présentation d'autres griefs auraient donné peut-être un autre aboutissement. Ce fait souvent méconnu apparaît avec clarté lorsqu'une élection au niveau d'une circonscription a fait l'objet de deux requêtes en annulation qui n'ont pas été jointes lors de leur traitement par le juge. Dans ce cas précis, la demande l'annulation de l'élection peut être rejetée sur la base de l'une d'entre elles et acceptée sur le fondement de l'autre. C'est dire que le juge électoral, comme tout magistrat n'est pas le juge d'une réalité, mais celui qui juge à partir de l'instruction de dossiers.

L'expérience de la Chambre constitutionnelle de la Cour suprême a été à ce sujet concluante. Cette juridiction à laquelle devait se substituer le Conseil Constitutionnel n'avait pas pour pratique habituelle de joindre les requêtes concernant une même circonscription. En 1994, huit requêtes en annulation avaient été présentées contre l'élection qui a eu pour cadre la circonscription d'Erfoud, c'est la vérification de la régularité de l'élection sur la base de la septième requête que l'élection a été annulée.

Généralement, les requêtes sont sanctionnées par le rejet soit parce qu'elles se fondent sur des moyens insuffisants pour justifier une annulation de l'élection contestée, soit du fait de la nette avance du candidat élu, soit encore en raison du caractère peu convaincant des argumentaires produits.

Il faut cependant remarquer que d'un point de vue juridique une décision de validation couvre en principe tous les vices dont l'élection peut demeurer entachée.

### B. La réformation des résultats

En tant que juge remplissant l'office de contrôler la régularité et la sincérité des opérations électorales, le Conseil constitutionnel marocain est susceptible d'exercer un pouvoir de réformation, c'est-à-dire « le droit de substituer la proclamation d'un candidat à un autre »[1067], aussi bien à l'occasion d'un recours dirigé contre le déroulement de la campagne électorale que lors d'un recours concernant le déroulement du scrutin.

C'est donc au Conseil qu'il revient souverainement d'apprécier s'il convient de sanctionner par l'annulation ou la réformation des résultats les irrégularités commises. Il s'agit bien d'une « affirmation de l'extension de la pleine juridiction dans le contentieux électoral »[1068].

La réformation des résultats dont l'objectif théorique, hors d'atteinte, est de restituer l'exacte volonté du corps électoral. Elle peut entrainer soit la proclamation de l'élection d'un candidat autre que celui qui a été initialement élu, ce qui est un fait très rare, soit l'annulation de l'élection, soit enfin lorsqu'elle ne change pas le résultat, le rejet de la protestation. Au Maroc ainsi qu'en France, le Conseil constitutionnel n'a jamais usé de son pouvoir de réformation et ne semble y être disposé que dans des conditions bien particulières. Les décisions d'inversion des résultats sont le plus souvent présentées « comme des actes juridictionnels politiques[1069] ».

L'utilisation du pouvoir de rectification reste plus complexe lorsqu'il s'agit d'illégalités sur le décompte des voix. Dans ce cas, le juge est amène à faire des calculs arithmétiques en vue de rétablir la volonté réelle des électeurs et par ricochet le nombre de voix obtenues par chaque candidat. Il utilise la technique de la déduction hypothétique des voix de la même manière qu'il utilise son pouvoir d'annulation. Le pouvoir arithmétique du juge électoral porte naturellement des conséquences sur les résultats du scrutin. Le juge électoral s'intéressera à cet effet à la finalité. Il ne sanctionnera les irrégularités que si elles ont entraîné un écart des voix considérable entre les candidats en lice. Cette attitude du juge démontre à suffisance qu'une simple constatation de fraude, même grossière, ou une violation grave à la loi électorale ne saurait motiver l'annulation ou la réformation des résultats du scrutin[1070]. Le juge accordera à ce titre peu d'importance aux griefs invoqués et soutiendra que malgré l'existence d'irrégularités, celle-ci n'ont pas pu influencer le résultat du scrutin. Par conséquent, il valide l'élection en déboutant généralement le candidat malchanceux.

La réformation est un exercice périlleux au terme duquel peut être proclamé élu un candidat autre que celui désigné par les électeurs. Dans ces circonstances, ce pouvoir de rectification se manifeste « sous sa forme la plus achevée »[1071], mais qui ne doit concerner que les affaires pour lesquelles

---

[1067] E Lafferriére, Traité de la juridiction administrative et des recours contentieux, Berger-Levrault et Cie, 1ére édition, 1887-1888 (Nelle éd, L.G.D.J, 1989), t 2, p 318

[1068] J Paul Charnay, « Le Contrôle de la régularité des élections parlementaires », op cit, p 34

[1069] B Maligner, Halte à la fraude électorale, Economica, 1986, p 40

[1070] GHEVONTIAN R., « La notion de sincérité du scrutin », op. cit, p. 8.

[1071] Ibid, p 39

le juge de l'élection est en mesure de restituer l'exacte volonté du corps électoral[1072]''.

Pratiquement, pour que la réformation soit envisageable, il est indispensable que le recensement effectué au niveau d'un bureau de vote, au niveau d'un bureau centralisateur ou au niveau de la commission provinciale de recensement révèle une erreur matérielle. C'est la situation à la fois la plus simple et la plus rare. Sa rectification entraine la proclamation du nouvel élu et conduit le juge électoral à se faire son propre entendement sur la volonté des électeurs, mais elle se présente rarement dans la réalité.

La situation qui est la plus problématique est celle où la réformation des résultats, bien que nécessaire, n'entraine aucune certitude pour le juge de l'élection. Celui-ci peut annuler l'élection en se basant sur les doutes qu'il nourrit à l'égard du résultat de l'élection. C'est le cas quand existe un décalage entre le nombre des émargements indiqués sur la liste des électeurs d'un bureau de vote et le nombre de votants[1073]. Le juge électoral se place dans la situation la plus défavorable pour l'élu: il suppose que ce décalage est généré par des bulletins de vote ajoutés en sa faveur. Il les prélève, et si ce fait change le résultat, il annule l'élection. Autrement dit, lorsque dans un bureau de vote le nombre de bulletins retrouvés dans l'urne ne correspond pas à celui des émargements, il faut retenir le moins élevé de ces deux nombres et diminuer corrélativement le nombre des votants et celui des suffrages exprimés[1074].

Si des divergences entre le nombre des bulletins et le nombre des émargements sont patents, le Conseil constitutionnel se déclare saisi de l'ensemble des opérations de recensement des suffrages, examine les procès-verbaux de tous les bureaux de vote et procède aux corrections nécessaires[1075].

Certaines circonstances acculent le Conseil à l'annulation. Pour Favoreu et Philip, « on peut se demander si une trop grande prudence se justifie toujours. En effet, l'annulation de l'élection constitue une sanction beaucoup moins efficace que la réformation des résultats »[1076]. En empruntant ce sillage, le Conseil tend, au fil de sa jurisprudence, « à se comporter comme un simple juge de l'annulation, ce qui est contraire à la nature du contentieux

---

[1072] B Maligner, ''Des conditions d'exercice du pouvoir de réformation du juge de l'élection'', Mélangs Chapus, Montchrestien, 1992, p 399.

[1073] Décision du CC marocain n°273.

[1074] CC 12 novembre 1981, AN, Val de Marne, 3 Circ, Rec Cons.const, p 198 in B Maligner, le droit électoral, op cit

[1075] CC 12 juillet 1978, AN Paris, 16 circ, Rec.CC, p 215.

[1076] Favoreu et L.Philip, « Les grandes décisions du Conseil constitutionnel, op cit p 221. Dans le même sens, cf L. Phillipe, « Les attributions et le rôle du Conseil constitutionnel en matière d'élections et de référendums, RDP, 1962, P 100 : ''Si en matière d'élections législatives, ses décisions d'annulation sont inefficaces, il ne tient qu'a lui user parfois de son pouvoir de réformation pour obtenir une certaine moralisation du scrutin et imposer aux candidats le respect de certains règles'' .

électoral ». Ceci est d'autant plus vrai que le candidat invalidé se trouve le plus souvent réélu lors de l'élection partielle consécutive à cette annulation[1077]. Et la sociologie électorale nous montre clairement que dans la plupart des cas l'électeur ne tient guère compte de considérations morales au moment d'effectuer de nouveau son choix[1078].

On croirait alors à l'existence d'une « prime à la fraude »[1079]. Le rôle même du juge de l'élection s'en retrouve ainsi affaibli[1080]. Une telle réélection ne saurait être assimilée maladroitement à une défaillance d'appréciation du Conseil. L'annulation de l'élection litigieuse n'est pas toujours une sanction suffisamment dissuasive.

De ce fait, l'usage du pouvoir de réformation doit être plus sérieusement envisagé par le Conseil, « notamment en cas de manœuvres particulièrement déloyales ou de fraude particulièrement grave au cours du déroulement du scrutin ». Toutefois, le juge électoral se trouve parfois confronté ici à une difficulté matérielle majeure: la réformation le transforme en bureau de recensement et il doit donc pouvoir donner un résultat précis en termes de voix avant de proclamer le nouvel élu. Très souvent, cela est impossible faute de pouvoir quantifier à l'unité près l'impact réel de la fraude. Du coup, et parfois à regret, il doit se contenter de la simple annulation ce qui ouvre la perspective d'une nouvelle élection à laquelle tous les candidats peuvent se présenter, y compris l'auteur ou le bénéficiaire de la fraude[1081].

---

1077 L.Philip, Le contentieux des élections aux assemblées politiques françaises, op cit, p 218. Cf également J.Paul Charnay « Le Contrôle de la régularité des élections parlementaires », op cit, p 35

1078 Richard GHEVONTIAN, « Les pouvoirs du conseil constitutionnel français en matière électorale, Rapport du séminaire UNIDEM, les standards européens du droit électoral dans le constitutionnalisme contemporain, 28-29 juin 2004

1079 B Maligner, Halte à la fraude électorale, Economica, 1986, p 50 : ''plus on commet d'irrégularités, plus on fraude et mieux on fraude, plus on a de chances (…) de s'assurer une victoire large ou confortable. Bin plus, alors même que le juge, eu égard aux faits de l'espèce, à l'ampleur des manœuvres ou des fraudes, estimerait opportun de déroger à la ligne directrice de sa jurisprudence traditionnellement décidant néanmoins d'annuler le scrutin, le bénéficier des fraudes conserve une nouvelle chance de l'emporter lors du scrutin qui sera organisé en conséquence de l'annulation des élections''.

1080 L.Philip, Le contentieux des élections aux assemblées politiques françaises, op cit, p 215. Le rôle du Conseil constitutionnel est de sanctionner les opérations qui ne reflètent pas la volonté réelle de la majorité, mais sa mission est également plus large : par son action, il doit permettre une moralisation progressive du scrutin. Par la crainte qu'il inspire, il doit contraindre les candidats au respect de certaines règles dans lesquelles une consultation perd toute signification. La lutte électorale n'est pas une bataille sans loi ; les candidats doivent avoir un minimum d'égards pour leurs adversaires et un certain respect pour le libre choix des électeurs''

1081 Richard GHEVONTIAN - Cahiers du Conseil constitutionnel n° 13 (Dossier : La sincérité du scrutin) - janvier 2003

### C. L'annulation du scrutin

Dans le cadre de son contrôle, le juge électoral n'hésite pas à sanctionner des résultats qui ne reflètent pas l'expression de la volonté du corps électoral. L'annulation de l'élection constitue la sanction la plus radicale dans le contentieux des élections, puisqu'elle invalide les résultats du scrutin, le rendant par conséquent nul. Selon Monsieur Stéphane Bolle, «l'annulation d'une élection est un acte grave, parce qu'elle signe l'échec circonstanciel de la démocratisation, elle ne peut être que la sanction exceptionnelle d'irrégularités majeures et massives, de fraudes de grande ampleur et/ou d'anomalies substantielles »[1082]. Il importe de souligner que l'annulation de l'élection ne comporte ni d'effets suspensifs, ni rétroactifs, puisqu'un élu dont l'élection est annulée reste en fonction jusqu'à l'intervention d'une décision définitive ayant un caractère de chose jugée.

Les décisions d'annulation sont infimes par rapport au rejet des protestations. Ainsi au Maroc, 61 annulations ont été prononcées lors des épisodes électoraux de 1993, 1997, 2002 et 2007 au cours desquelles 624 protestations ont été présentées soit 10 % des décisions du Conseil entre la période s'étalant de 1994 à 2009. Aussi, lorsque le juge électoral a acquis la certitude que la manifestation de la volonté des électeurs a été viciée (matériellement ou arithmétiquement) sans qu'il lui soit possible d'effectuer une simple restitution arithmétique, il doit se borner à prononcer l'annulation afin de permettre au collège de se prononcer en connaissance de cause.

La seule hypothèse dans laquelle on peut dire avec certitude que le juge annule systématiquement l'élection contestée est celle du constat d'une cause d'inéligibilité du candidat élu. La manifestation de volonté est reconnue exacte, mais non valable, car contraire aux lois en vigueur[1083].Elle affecte nécessairement la régularité de l'élection puisque, par hypothèse, le candidat proclamé élu ne pouvait être élu. C'est la raison pour laquelle, d'ailleurs, l'inéligibilité est l'un des rares moyens susceptibles d'être soulevés d'office par le juge constitutionnel et, à tout moment, par les requérants.

Ainsi, il ne suffit pas que le processus des opérations électorales soit, par endroits, émaillé d'irrégularités formelles ou de dysfonctionnements, pour faire annuler les résultats des élections. Il faut que ces irrégularités formelles ou de dysfonctionnements aient pu exercer une incidence déterminante sur l'issue des élections, de nature à altérer les scrutins ou à en fausser les résultats. Par exemple, l'élection peut-être valable quoiqu'on y relève des cas isolés d'intimidation[1084], de pression sur les électeurs[1085], d'utilisation de

---

[1082] BOLLE St., « Vices et vertus du contentieux des élections en Afrique », op. cit., p. 548 cité par Diane Mandeng op cité
[1083] Décision du CC marocain n°762-09 du 02/06/2009
[1084] Décision du CC marocain n°363 en date du 18/01/2000
[1085] Décision du CC marocain n° 338 en date du 20/10/1999

l'argent[1086], de corruption[1087], lorsqu'il est avéré qu'ils ont pu agir que sur un nombre important d'électeurs, et que l'annulation de leurs suffrages, en les supposant acquis à l'élu, l'empêche de conserver une majorité appréciable. C'est la raison pour laquelle l'écart de voix joue souvent un rôle décisif dans ce type de contentieux.

Le Conseil constitutionnel marocain s'est doté d'une gamme extrêmement variée de critères lui permettant de décider que les résultats du scrutin ont été faussés ou, suivant une terminologie équivalente, que la sincérité du scrutin a été altérée. Tantôt, il recourt à un seul critère, tantôt, il prend en compte plusieurs éléments.

Le critère tiré du différentiel ou l'écart des voix entre les candidats élus et battus revêt aux yeux du Conseil constitutionnel un intérêt crucial. S'appliquant à tout type d'irrégularités, de manœuvres ou de fraudes, quel que soit le moment où celles-ci sont commises, que ce soit avant le scrutin – spécialement pendant la campagne électorale – que le jour de l'élection, pendant les opérations de vote ou postérieurement (dépouillement, rédaction du procès-verbal, etc.). La faible importance de l'écart des voix étant l'élément déterminant de l'annulation, on peut penser que toute élection acquise à une très faible majorité devient suspecte et frappée d'incertitude jusqu'à la décision du Conseil dont le contrôle, étant donné les circonstances, se doit d'être minutieux. C'est au critère tiré de l'existence d'un faible différentiel de voix entre les candidats que le Conseil constitutionnel se réfère le plus souvent pour annuler une élection législative[1088].

L'annulation de l'élection a été également systématique lorsque le Conseil dispose de preuves mentionnées dans les procès-verbaux qui attestent qu'une bonne partie majorité des bureaux de vote a connu des violations de la loi alors que l'écart des voix après correction reste faible par rapport à l'élu contesté[1089]. Incessamment la juridiction constitutionnelle,

---

[1086] Le Conseil annule également l'élection lorsqu'il dispose des preuves que les partisans du candidat élu ont distribué de l'argent pour l'achat des voix. Les preuves sont fondées lorsqu'elles sont établies par la police judiciaire ou lors d'un jugement par le tribunal (décision n° 447/2000).

[1087] Décision du CC marocain n° 738 en date du 18/02/2009 ; voir aussi DC n°646 en date du 18/07/2007.

[1088] Décision du CC marocain n° n°70/95. On cite également l'exemple de la décision n° 272/99 ou le Conseil a constaté que, le nombre d'électeurs n'ayant pas voté dans le reste des bureaux de vote ou le scrutin a été clôturé à dix-huit heures-tel qu'il ressort de leurs procès-verbaux est de 3342, et que l'écart entre le nombre de voix obtenues par l'élu dont l'élection est contestée et celles obtenues par le requérant-classé immédiatement après ledit élu- ne dépasse pas, 399 voix, ce qui n'exclut pas l'hypothèse que la distinction faite entre les électeurs, en permettant à certains d'entre eux d'exprimer leurs voix pendant une durée plus longue que celle accordée à d'autres, a eu une incidence sur le scrutin qui suscite des suspicions sur sa validité et sa sincérité.

[1089] Décision du CC marocain n°385/2000

s'est montrée formelle au regard du droit et annule les élections viciées à certains endroit dès lors qu'elles emportent une atteinte à la sincérité du scrutin comme l'absence du membre le plus jeune ou du membre le plus âgé dans ces bureaux de vote[1090], bureaux de vote composés de membres analphabètes émargeant avec le pouce[1091], que l'un des membres n'ayant pas la qualité d'électeur[1092], que certains membres désignés sur une liste préétablie par les autorités locales[1093], le cas de la présentation de candidature avec l'investiture d'un parti politique sans avoir quitté préalablement le parti auquel il appartient[1094], duperie des électeurs[1095] en introduisant le nom du requérant dans une liste d'une instance politique au nom de laquelle il ne s'est pas porté candidat, ou la duperie des électeurs en prétendant détenir des qualifications scientifiques et professionnelles[1096], ou enfin s'il est établi qu'il y a inexistence de la liste définitive des électeurs et que parmi ceux-ci certains ont été privés de leur droit de vote, car leur inscription sur les listes électorales des bureaux de vote concernés n'a pas été assurée[1097].

De même, l'élection encourt l'annulation si le contrôle du juge est rendu impossible par exemple à la suite de l'enlèvement d'une urne et de la disparition des listes d'émargement[1098], à la suite d'émargement porté au crayon sur la liste électorale d'une commune ; annulation des suffrages émis dans cette commune, en présence de plusieurs procès-verbaux ne portant pas les mentions nécessaires à l'exercice de son contrôle, ou à la suite de la disparition de la liste d'émargement d'une section électorale le soir du scrutin, retrouvée seulement le lendemain matin : sont autant d'irrégularités faisant obstacle au contrôle par le Conseil constitutionnel de la sincérité des opérations électorales et entraînant l'annulation de l'élection.

Dans la méthode de travail du juge constitutionnel, deux critères sont pris en considération. Par exemple le faible écart de voix et l'impossibilité de répondre adéquatement à la distribution tardive de tracts à une information radiophonique ou télévisuelle. Parfois enfin, plusieurs critères sont pris en

[1090] Décision du CC marocain n° 427/2000
[1091] Décision du CC marocain n°72/95. Voir aussi les décisions du CC marocain n°: 192/1998, 275/1999...
[1092] Décision du CC marocain n°73/95
[1093] Décision du CC marocain n°86/95
[1094] Décision du CC marocain n° 867/2012. Il s'agit en l'espèce « ...du fait qu'une personne appartenant à un parti politique donné se présente aux élections avec l'investiture d'un autre parti politique sans qu'elle se retire du premier, est considéré, en vertu des dispositions de l'article 22 de la loi organique relative aux partis politiques, comme une adhésion à plus d'un parti politique en même temps, ce qui est banni et puni par ladite loi
[1095] Décision du CC marocain n°558/2004.. Voir également les décisions du Conseil constitutionnel n°s 367 du 26 janvier 2000 et 464 du 28 novembre 2001
[1096] Décision du CC marocain n°888/2012
[1097] Décision du CC marocain n° 404/2000
[1098] Décision du CC marocain n°544/2003 du 22/10/2003 et n°s 263 et 331

considération. Même si c'est rarissime, et donc à ce titre très remarquable, il arrive que le juge de l'élection, en dépit de l'existence d'un important écart de voix entre les candidats ou listes, décide néanmoins d'annuler l'élection dans le cas où des irrégularités ou manœuvres frauduleuses sont tout à la fois graves, nombreuses et organisées.Pour Monsieur Bernard Maligner, la rareté de l'annulation totale des opérations électorales se justifie par le fait que le juge électoral entend garantir « l'ordre public électoral »[1099]. Selon Monsieur Oumar Diop, l'annulation totale des résultats d'une élection est une décision grave en ce sens qu'elle entraîne la reprise des opérations de vote et pose la question d'un déblocage de sommes exorbitantes pour financer une nouvelle élection[1100]. Confronté à des obstacles relatifs au financement d'une nouvelle élection et à des risques de remise en cause de la stabilité politique du pays, les juges électoraux choisissent l'option de la prudence[1101].

## § 2. Éléments de la politique jurisprudentielle de contrôle

Après une qualification des faits et actes, considérés comme ayant entaché la régularité de l'élection, le Conseil constitutionnel décide si ces irrégularités ont pu modifier les résultats du scrutin et justifiant en conséquence l'annulation de l'élection. À cet égard, le diagnostic de la politique de contrôle du Conseil en matière des élections législatives révèle une politique jurisprudentielle trop prudente.

Le dépouillement statistique relevé ci-dessus a montré que les décisions d'annulation représentent en général la minorité par rapport aux décisions de rejet des protestations. En effet on a pu constater que le Conseil constitutionnel ne procède à une annulation d'une élection qu'en présence de manifestes fraudes et manœuvres frauduleuses qui s'ajoutent à un faible écart des voix obtenues par le candidat déclaré élu et celui qui le suit dans l'ordre après la proclamation des résultats. En conséquence de cette attitude, la majorité des requêtes soulevées devant le Conseil constitutionnel a connu un rejet. Ceci dit, qu'aux yeux du Conseil constitutionnel c'est la présomption de sincérité qui continue à caractériser le scrutin. À cet égard et à la lumière d'un examen approfondi des requêtes en matière électorale, soulevé devant le Conseil, il est à signaler que les requêtes de la demande d'annulation de l'élection concernent à la fois les griefs relatifs aux

---

[1099] MALIGNER, B., Le droit électoral, op.cit., p. 891

[1100] DIOP O, Partis politiques et processus de transition démocratique en Afrique noire : Recherches sur les enjeux juridiques et sociologiques du multipartisme dans quelques pays de l'espace francophone, Paris, Publibook, 2006, op. cit., p. 650 cité par Diane Mandeng, La procédure contentieuse en matière électorale op cité p 262

[1101] DIOP O, Partis politiques et processus de transition démocratique en Afrique noire : Recherches sur les enjeux juridiques et sociologiques du multipartisme dans quelques pays de l'espace francophone, Paris, Publibook, 2006, op. cit, p. 650 cité par Diane Mandeng, La procédure contentieuse en matière électorale op cité p 262

opérations préliminaires au scrutin (A) et les griefs relatifs à l'opération électorale proprement dite (B). Ainsi et à travers notre examen minutieux des décisions, nous essayons de relever dans chacune de ces deux grandes étapes les divers principes sur lesquels se fondent le raisonnement et les attitudes du juge électoral ainsi que les limites qui peuvent entacher les positions du juge constitutionnel dans son refus des griefs soulevés.

### A. L'examen des requêtes liées aux opérations préliminaires au scrutin

Pour ce qui est des opérations préliminaires au scrutin, le Conseil constitutionnel marocain, et à la lumière d'une lecture de sa jurisprudence, semble avoir une conception large de la liberté d'action des candidats (1). Une conception qui n'est pas à l'abri d'un certain nombre de limites inhérentes aux lacunes liées au retard dans l'intervention du juge en la matière (2).

#### 1. Une conception large de l'action des candidats lors de la campagne électorale

La conception large qu'a le Conseil constitutionnel à propos de l'action des candidats réside dans le fait que celui-ci autorise un large champ de débat lors de la campagne électorale et qu'il exige une pression clairement établie sur les électeurs pour pouvoir annuler une élection. Ce, en plus du fait que ce même juge ne se permet de trancher sur les infractions commises lors de la campagne électorale qu'une fois le vote effectué.

##### *a) Le juge constitutionnel électoral : juge d'appel des décisions rendues par les tribunaux de première instance et les tribunaux administratifs*

Le Conseil constitutionnel a eu le soin de cerner les interventions du juge judiciaire en matière de contrôle des actes préliminaires du scrutin[1102]. En tant que juge de l'élection, il a la compétence pour apprécier l'intervention du juge judiciaire sur les actes préliminaires aux opérations électorales. Cependant, cette compétence exclusive n'est pas sans poser de nombreux problèmes pratiques du fait qu'elle ne s'exerce qu'une fois l'élection achevée. En conséquence, des situations délicates comme la confusion volontairement entretenue dans la dénomination d'une étiquette ou une diffusion de propos violemment attentatoires à l'honneur d'un candidat peuvent donc perdurer faute d'un juge compétent pendant toute la campagne.

---

[1102] C'est-à-dire que le Conseil constitutionnel agit toujours à cet égard en tant que juge d'appel et sa compétence ne s'exerce qu'une fois l'élection déroulée du fait qu'il est un juge de résultat. Voir à cet égard Abdeltif Menouni, constitution et contentieux électoral, académie internationale de droit constitutionnel, recueil des cours, volume 10.première édition 2002.p 314 et suivant.

Une telle option s'explique par le fait que toute intervention du juge constitutionnel lors du déroulement de la campagne électorale peut être exploitée par l'un des candidats. C'est ainsi donc qu'il a été jugé nécessaire d'éviter que les décisions de justice deviennent ainsi des éléments du débat, voire de la propagande électorale[1103].

*b) Un champ de débat sans limites lors de la campagne électorale*

Aucune limite n'a donc été prévue au champ du débat électoral au cours de la campagne. De ce fait, la propagande n'a pas de bornes pendant la campagne et leur franchissement ne peut être sanctionné qu'après l'élection.

Concernant les lettres et tracts, il semble que le Conseil constitutionnel a clairement opté pour le maintien de sa jurisprudence antérieure. Le tract est perçu comme un élément non dissociable de l'ensemble de la campagne et des possibilités de réponse. C'est une jurisprudence qui est fondée sur l'analyse de la diffusion dans un contexte qui est celui d'une campagne électorale où prime le principe de la liberté d'expression[1104]. Ainsi, en dépit de la diffusion d'éléments relatifs à la vie privée d'un candidat et même avec la diffusion à l'avant-veille du scrutin d'un tract mettant en cause l'honnêteté d'un candidat et de sa famille, le Conseil constitutionnel s'en tient au fait que le candidat aurait pu répondre. Par conséquent, ne donnent pas lieu à annulation une polémique à laquelle le candidat battu a pris part[1105], des tracts répondant aux arguments de l'adversaire[1106], ou une diffusion « regrettable », appréciée en fonction de l'écart des voix[1107]

On peut inférer de cette jurisprudence que le contenu du tract en lui seul n'est jamais susceptible de donner lieu à une annulation, contrairement à la jurisprudence, du Conseil d'État[1108]. Occasion manquée ? On peut regretter que le Conseil constitutionnel n'ait pas transposé cette jurisprudence, qui permet de fixer certains garde-fous à la polémique électorale. Quoi qu'il en soit, on doit en conclure que la charge de la preuve, dans tous ses éléments, incombe ainsi au requérant qui doit démontrer que les critères dégagés par la jurisprudence sont tous réunis, faute de quoi l'annulation n'est pas prononcée.

Il s'avère dès lors opportun de disposer d'une réglementation efficace et d'un juge compétent pour trancher à temps les litiges et prévenir les dérives perdurées lors des campagnes électorales qui ne font qu'altérer l'image de notre démocratie.

---

[1103] Jean-Pierre CAMBY. Op. cit. P 97 et suivant.

[1104] Il en est le cas par exemple dans la décision du CC marocain n° 559/2004. Voir aussi la décision du CC marocain n° 393/2000

[1105] DC n° 97-2236 du 18 Novembre 1997, A.N. Gers, 2e circ.

[1106] DC n° 97-2182 du 14 Octobre 1997, A.N. Maine et Loire, 5e circ. Rec. p. 173

[1107] DC n° 97-2193 du 9 Janvier 1998, A.N. Aveyron, 3e circ.

[1108] JP CAMBY, op. cité p 7

*c) Une pression sur les électeurs qui devrait être clairement établie*

À cet égard la jurisprudence du Conseil constitutionnel marocain semble fixer des règles assez sévères. En effet, une lecture de ses décisions prouve que celui-ci a maintenu une grille d'analyse qui est la sienne. L'élément le plus marquant de cette grille est que la pression doit être manifeste et clairement établie par la requête. Le Conseil n'est pas, en fait, sorti de son cadre traditionnel d'analyse où sont pris en compte l'ensemble des éléments de la campagne, dont l'écart des voix, ainsi que l'impact que cette pression ait pu avoir sur un nombre suffisant d'électeurs pour mettre en doute le résultat qui justifie l'annulation de l'élection[1109].

S'inscrivant dans la même logique du Conseil constitutionnel français, la juridiction constitutionnelle marocaine mesure par exemple « l'impact qu'un abus de propagande, la diffusion d'une information erronée ou encore le non-respect d'une prohibition ont pu avoir sur l'équilibre entre les campagnes menées par les candidats, sur le comportement des électeurs et donc sur les résultats de l'élection. Il incombe alors à la juridiction constitutionnelle d'apprécier la manœuvre, la pression sur les électeurs ou l'irrégularité fut-elle flagrante, au regard de l'ensemble de la compétition électorale[1110].

Généralement, les décisions sont souvent difficiles à prendre dans ce domaine, car les irrégularités commises au cours de la campagne électorale sont souvent nombreuses, et il n'est pas toujours aisé d'évaluer précisément leur influence.

2. Limites de cette jurisprudence

La compétence exclusive du juge de l'élection n'est pas sans poser de nombreux problèmes pratiques du fait qu'elle ne s'exerce qu'une fois l'élection a pris fin. En conséquence, des situations choquantes comme la diffusion de propos violemment attentatoires à l'honneur d'un candidat peuvent donc perdurer, faute d'un juge compétent, pendant toute la campagne. À cet égard donc faut-il appeler à une modification de la législation de manière à ce que ce genre de litiges puisse être tranché en temps utile, c'est-à-dire avant l'élection.

En fait, la même controverse s'est déclenchée en France. Cependant, le Conseil constitutionnel français avait toujours mis en avant l'exclusivité de la compétence a posteriori du juge de l'élection, dès lors que des actes liés à l'élection sont en cause. Une jurisprudence qui tend à écarter toute possibilité de référé en cours de campagne. Il arrive que des juges, en référé, ne la respectent et ordonnent la cessation de la diffusion d'un tract. Comme cette intervention peut être exploitée par un candidat, il est nécessaire

---

1109 Voir à cet égard la décision du Conseil constitutionnel n° 556/2004.

1110 CAMBY : Le Conseil constitutionnel, juge électoral. Op oit p 69.

d'éviter que les décisions de justice deviennent ainsi des éléments du débat, voire de la propagande électorale[1111].

Dans ce cadre et au sujet des débats lors de la campagne électorale, la jurisprudence paraît fixer un principe de liberté d'expression sans l'assortir de restrictions qui pourtant devraient exister. Cependant, doit-on laisser diffuser un appel à la haine raciale clairement illégal pendant une campagne électorale ? Cette liberté doit-elle permettre la diffamation d'un adversaire. Il semble, selon certains observateurs, que cette jurisprudence devrait trouver une limite.

Pour ce qui est de la prise en considération de la pression que peut exercer un candidat sur les électeurs pour voter en sa faveur, le Conseil constitutionnel marocain exige que celle-ci ait un impact sur un nombre suffisant d'électeurs. C'est-à-dire que cette pression est jugée comme étant trop marquée à travers un nombre si important d'électeurs dépassant même l'écart des voix entre candidats. Or, une telle exigence reste généralement difficile à satisfaire de la part du requérant dans un temps où la charge de la preuve dans tous ses éléments lui incombe. Ce même requérant doit démontrer que les critères dégagés par la jurisprudence sont tous réunis, faute de quoi l'annulation n'est pas prononcée. C'est ce qui fait que dans la majorité des cas cette notion de pression n'est pas retenue pour les raisons précitées.

**B. Le contrôle strict des opérations électorales proprement dites**

Dans ce domaine, les élections objet de notre étude ont montré que les innovations inhérentes à la jurisprudence ont été le moins marquées. En effet, la plupart des irrégularités ont été considérées comme étant minimes par le Conseil constitutionnel ou du moins jugées sans incidence sur les résultats du scrutin.

Certains constitutionnalistes considèrent que les opérations électorales, en elles même, sont sans doute les éléments les plus faciles à traiter en jurisprudence, que la plupart des faits signalés sont bénins, voire anecdotiques. En effet, et en règle générale, dès qu'il le peut et que cela est nécessaire, le Conseil procède par une méthode dite de la double déduction hypothétique : les écarts ou les irrégularités sont hypothétiquement attribués au vainqueur et déduits à la fois du total des suffrages et du nombre des voix recueillies par ce dernier[1112]. Tel est par exemple le cas lorsque le nombre de bulletins trouvé dans l'urne diffère du nombre des électeurs ayant émargé. La déduction de la différence s'impute sur les voix du vainqueur. Si cette différence est plus importante que l'écart des voix, l'annulation est alors

---

[1111] Jean-Pierre CAMBY, « Le contentieux des élections des députés : éléments pour un bilan », - Cahiers du Conseil constitutionnel n° 5 - novembre 1998, p 6
[1112] Ibidem, p 9

prononcée, selon une jurisprudence constante qui ne prête guère lieu à débat, puisqu'elle ne requiert aucune appréciation du comportement des membres des bureaux de vote et des candidats.

Dans ce même cadre de contrôle des faits relatifs au déroulement du scrutin dont intervient celui portant sur l'identité dans les bureaux de vote, il est à relever que la sévérité du Conseil constitutionnel est bien non marquante. En effet, en dépit de la présence de certaines irrégularités dans ce sens et si ces mêmes irrégularités aux yeux du Conseil constitutionnel marocain, ne cachent pas une fraude ou une manœuvre frauduleuse, elles sont, dans la quasi-totalité des cas, jugées sans incidence sur les résultats de l'élection. Ainsi donc, le Conseil constitutionnel s'est montré très souple pour les cas d'absence de contrôle d'identité ouvrant la possibilité de voter, sans papier d'identité, à certains électeurs[1113]. Cependant faut-il soutenir que, d'une manière générale, la jurisprudence devrait dans l'avenir connaître une plus grande sévérité dans de tels cas puisque le contrôle d'identité est de plus en plus pratiqué sans véritable difficulté.

En un mot et d'une manière générale, les abus relatifs au déroulement du scrutin donneront généralement, dans la jurisprudence du Conseil constitutionnel marocain, comme c'est le cas également pour son homologue français, à une soustraction des suffrages litigieux du nombre total des voix du vainqueur. À la lumière de cette soustraction, si l'écart des voix est supérieur au nombre de voix litigieuses, le Conseil constitutionnel a moins tendance à annuler le scrutin et donc c'est le rejet de la demande d'annulation soulevée par le requérant qui triomphera.

En conséquence, pouvons-nous soutenir que le Conseil constitutionnel marocain, adopte l'idée de la présomption de la validité du scrutin qui l'accule à rejeter parfois de nombreuses demandes d'annulation quoique disposant d'indices de nature à permettre l'initiation d'une procédure d'enquête. Or, ne faudrait-il pas faire preuve d'une certaine souplesse quant à l'adoption d'une telle attitude dans le cas d'élection dont la sincérité peut éventuellement être mise en cause.

### § 3. Techniques de travail du juge constitutionnel en matière de contentieux électoral

Les juridictions constitutionnelles africaines, dont celle du Maroc, sont connues par la prédominance du contentieux électoral[1114]. Il semble qu'elles aient été créées est pour le contrôle de la régularité des élections

---

[1113] Voir le cas par exemple des décisions suivantes : n° 309/2003 ; décision du CC marocain n° 547/2003

[1114] Bourgi Albert, l'évolution du constitutionnalisme en Afrique, du formalisme à l'effectivité. Revue française de droit constitutionnel n° 52-2002.p 740.

parlementaires. Le nombre de décisions rendues par notre Conseil constitutionnel en cette matière depuis sa création en 1994 en atteste.

S'agissant des grandes orientations de la jurisprudence du Conseil constitutionnel marocain en matière électorale, on peut relever deux importantes remarques. D'abord, en examinant la forme des requêtes, continue à l'instar de sa devancière - la chambre constitutionnelle - à lui accorder une place prépondérante. Ainsi, le nombre de requêtes refusées suite à des vices de forme est resté important (A). En second lieu, lors de l'exercice par le juge constitutionnel de son pouvoir d'interprétation, il veille à ce que l'annulation d'un scrutin n'ait lieu que dans le cas où les griefs présentés ne laissent aucun doute sur l'impact des manœuvres sur l'orientation des choix des électeurs et partant sur le résultat du suffrage (B).

### A. Examen de la forme des requêtes

Une simple analyse des statistiques sur les requêtes rejetées par le Conseil Constitutionnel montre l'importance capitale que revêt, de nos jours, le respect des règles de forme dans le contentieux électoral. En effet, jusqu'à 2009, parmi les 624 décisions rendues par le Conseil constitutionnel, seules 137 requêtes ont été rejetées pour vice de forme, soit 24 % des décisions à réponse défavorable. Une part significative qui reflète une non-maîtrise de la procédure par les requérants et montre l'extrême attachement par le juge constitutionnel au respect des règles de forme lors de la présentation d'une requête en matière de contentieux électoral.

À travers un examen de quelques-unes des décisions du Conseil constitutionnel, on va essayer d'éclairer davantage ces constats :

L'approche formaliste est visible à travers trois volets à savoir, la qualité pour agir, la formulation de la requête et le fondement.

1. 1^er^ cas : Irrecevabilité des requêtes émanant des organisations et des partis politiques

Relativement à la qualité pour agir, le Conseil constitutionnel déclare irrecevable la requête émanant d'un parti politique, du syndicat national des professionnels du théâtre[1115], de l'Organisation de l'Action démocratique et populaire[1116], d'une association[1117]. Ils ne peuvent demander l'annulation des opérations électorales qu'ils soient même électeurs ou candidats dans la circonscription concernée.

Le juge constitutionnel a eu l'occasion de rappeler le droit de contester une élection qui (conformément à l'article 82 de la loi organique relative à la

[1115] Décision du CC marocain n° 419 en date du 13 décembre 2000.
[1116] Décision du CC marocain n° 21 en date du 07 juin 1994.
[1117] Décision 22 mars 1973, AN, Rec Cons const, p 59 décision 1989, sénat Gironde

Chambre des représentants[1118]) appartient aux électeurs et candidats inscrits sur les listes électorales de la circonscription où il a été procédé à l'élection litigieuse. Le même recours est ouvert aux Gouverneurs et au Secrétaire de la commission nationale de recensement.

Pour la haute juridiction constitutionnelle, les organisations et les partis politiques ne sont pas qualifiés pour contester les élections ». Et comme les partis politiques - selon l'article 3 de la Constitution - « concourent à... l'encadrement et à la représentation des citoyens », il est légitime qu'ils interviennent pour défendre la régularité du suffrage. Ceci appelle à s'interroger sur la relation entre la représentativité politique, les partis politiques et les élections à travers l'article 3 de la Constitution.

2. 2e cas : l'exercice de droit de requête et sa relation avec le niveau territorial dans le cadre duquel s'organise cette élection

Dans cette décision, le juge constitutionnel a fait remarquer que le législateur a conditionné la possibilité de l'exercice de droit de requête auprès du Conseil constitutionnel de la part d'un électeur par sa relation avec le niveau territorial dans le cadre duquel s'organise cette élection.

Sous ce prétexte, le Conseil constitutionnel a déclaré non recevable, la demande faite par un requérant qui ne s'est pas contenté de contester le résultat de l'élection au sein de la circonscription dont il relève, mais qui est allé jusqu'à contester ceux des élections tenues dans toutes les circonscriptions électorales.

La contestation soulevée à l'encontre des opérations électorales tenues dans toutes les circonscriptions n'est en réalité qu'une contestation des résultats des listes nationales réservées aux femmes. Cette attitude du Conseil a laissé saillir une grande problématique juridique.

Dans une autre décision n° 475-2002[1119], le juge constitutionnel a exprimé ses réserves sur le mode de scrutin qui veut que l'électeur élise avec un bulletin unique et de manière indépendante sur deux listes différentes sans que la liberté de l'élection ne soit affectée. Le Conseil constitutionnel a alors déclaré que l'électeur est considéré comme appartenant à deux circonscriptions, celle créée par décret et la nationale. Il considère que ce même électeur doit avoir la possibilité de choisir de manière indépendante dans chaque liste sur un même papier ou sur des papiers différents[1120]. Or, la

---

[1118] Loi organique n°31-97 relative à la Chambre des représentants, telle que modifiée et complétée par la loi organique n° 06-02 organique n°31-97 relative à la Chambre des représentants

[1119] À l'occasion de laquelle il avait examiné la loi organique n° 06-02 modifiant et complétant la loi organique n° 31-97 relative à la chambre des représentants.

[1120] Décision n° 475/2002 rendue le 25 juin 2002 BO n° 5017 du 1er juillet 2002.

loi organique amendée[1121] a stipulé dans son article 65 paragraphes 2 que « l'électeur vote pour la liste de candidature au niveau de la circonscription locale et pour la liste électorale au niveau de la circonscription électorale nationale… »

Dès lors, il importe de savoir s'il n'est pas valable d'apposer deux croix sur un seul papier portant deux listes, l'une nationale et l'autre locale. Si le juge a considéré irrecevable la requête contestant les opérations électorales dans leur totalité, quelle est la forme sous laquelle le Conseil va accepter la requête formulée de manière individuelle à l'encontre de la liste nationale, étant donné que la loi organique n'a pas exigé une conformité de vote dans les deux listes[1122] et qui a donc la qualité de contester les résultats ?

3. 3e cas : irrecevabilité des requêtes par application de l'article 34 de la loi organique du Conseil constitutionnel

Le Conseil constitutionnel s'est montré sévère dans l'appréciation des conditions de forme, en ce qui concerne les mentions et le mode de dépôt de la requête. Il a, dans bon nombre de ses décisions, recouru à l'article 34 de la loi organique du Conseil constitutionnel n° 29-93 à la fois pour déclarer l'irrecevabilité des requêtes[1123] et pour les rejeter quand il n'a pas été prouvé que les faits avancés ont eu un impact sur le résultat du scrutin. Ainsi, les requêtes ne comportant pas la signature[1124], ou les noms et prénoms du requérant[1125], ou l'adresse[1126] et qualité du ou des requérants[1127], ont toutes été déclarées irrecevables. Toutefois, le Conseil constitutionnel français a admis une requête dont la signataire n'a pas précisé sa qualité, car elle était « électrice et candidate » pour l'élection qu'elle contestait[1128]. Il est enclin à

---

[1121] Loi organique n° 29-02 modifiant et complétant la loi organique n° 31-97 relative à la chambre des représentants telle que modifiée et complétée par la loi organique n° 06-02 (BO n° 5026 du 1er Aout 2002)

[1122] C'est-à-dire la liste nationale et celle locale.

[1123] Le deuxième paragraphe de l'article 34 de la loi organique n° 29-93 relative au Conseil constitutionnel dispose que : « le Conseil peut rejeter, sans instruction préalable, les requêtes irrecevables ».

[1124] Décision de la Chambre constitutionnelle marocaine n° 37 en date du 11 septembre 1970.

[1125] Décision du CC marocain n° 742 en date du 5 mars 2009 ; Voir aussi Décision du CC marocain n° 600 en date du 9 février 2005 ; Décision du CC marocain n° 693 n date du 13 mai2008 ; DC marocain n° 178 en date du 24 février 1998.

[1126] Il y'a beaucoup de cas dont le Conseil constitutionnel avait déclaré non recevable des requêtes du fait qu'il n y'est pas indiqué l'adresse du requérants, on cite à titre d'exemple :

- Décision du CC marocain n° 486/2002.
- Décision du CC marocain n° 496/2003.
- Décision du CC marocain n° 677/2007.

[1127] Le Conseil constitutionnel marocain a déclaré irrecevable dans sa décision n° 693 en date du 13 mai 2008 un requête qui n'a pas précisé la qualité du requérant.

[1128] C.C.P. n° 58-68/126 du 05 janvier 1959. A.N. Drôme, 3e circ., M. Paul DEVAL ET M. RUBICHON.

accepter la requête s'il n'y a aucune ambiguïté sur ce point[1129]. Ainsi, la désignation précise de la circonscription suffit[1130], mais ce n'est pas le cas si la requête vise une entité géographique répartie sur plusieurs circonscriptions[1131], si la requête dirigée contre l'ensemble des élections n'est pas recevable[1132] ou si la requête est dirigée contre l'ensemble des élus d'un parti déterminé[1133].

Si la Constitution semble donner de larges pouvoirs au Conseil Constitutionnel marocain en matière de contrôle de la régularité des élections des deux chambres parlementaires, ces attributions restent limitées aussi bien par la loi organique que par celle relative à l'élection et à la composition de ses chambres. Ces limites ont largement affecté sa jurisprudence qui continue à s'attacher aux conditions de forme de la requête[1134] poussant à la hausse le nombre de décisions de rejet pour vice de forme.

4. 4e cas : l'irrecevabilité des recours en annulation des jugements des tribunaux de première instance

Les candidats ayant fait acte de candidature ou attestant leur inscription dans la liste des électeurs ont le droit de contester le résultat des élections. Par candidat intéressé, le législateur entend dire qu'un candidat n'est en mesure de contester que les résultats des élections de l'arrondissement dans lequel il s'est présenté. Il ne peut demander l'annulation des résultats des élections d'un candidat relevant d'un autre arrondissement.

Le juge constitutionnel a, par ailleurs, considéré que pour être recevable, le recours afin d'annulation du jugement du tribunal de la première instance

---

[1129] C.C.P. n° 58-68/126 du 05 janvier 1959. A.N. Drôme, 3e circ., M. Paul DEVAL ET M. RUBICHON.

[1130] Cons. Const. n° 62-264 du 15 janvier 1963. A.N., Rhône, 6e circ., M. André LOUISON.

Cons. Const. n° 68-506/515 du 17 octobre 1968. A.N., Alpes-Maritimes, 4e circ., M. Jacques VECKER.

Cons. Const. n° 71-575/578 du 20 janvier 1972.

Cons. Const. n° 78-858/885 du 17 mai 1978. A.N., Puy-de-Dôme, 1re circ., M. Maurice TERROLLE et M. Pierre PASCALLON.

[1131] C.C.P. n° 58-61bis du 27 janvier 1959. A.N. Haute-Garonne, Toulouse, M. NICOLT, M. SEVEILLAC, M. MONTELS et M. MAURE.

Cons. Const. n° 62-296/296 bis du 22 janvier 1963. A.N., Bouches-du-Rhône, Marseille, Emmanuel ROUX.

[1132] Cons. Const. n° 68-509 du 26 juillet 1968. A.N., l'ensemble des opérations électorales, M. Claude BLANCHARD.

[1133] Cons. Const. n° 78-829 du 27 avril 1978. A.N., l'ensemble des opérations électorales, M. Claude BLANCHARD.

[1134] Le dépouillement statistique révèle pertinemment que les conditions de forme de la requête continuent d'avoir une place de taille dans le contentieux électoral. Sur la période 2001- 2007, on compte 103 décisions de rejet de la demande d'annulation d'une élection (sur les 176 décisions rendues par le Conseil constitutionnel) dont 49 pour des motifs liés à la forme de la requête soit 28 % des décisions dont il a été déclaré l'irrecevabilité.

rejetant une candidature aux élections à la chambre des représentants doit être porté devant le Conseil constitutionnel dans le cadre de la requête tendant à l'annulation des résultats du scrutin dans la circonscription où le requérant a fait sa candidature. La requête doit aussi être adressée contre le candidat déclaré élu. Pour le cas des circonscriptions dont le scrutin a eu lieu par liste, la requête doit être adressée par le mandataire d'une liste à l'encontre de toute la liste et non contre la décision du tribunal de première instance en cas d'éventuel rejet par celui-ci de la candidature d'une personne[1135].

C'est dans cette logique que le Conseil constitutionnel marocain a déclaré irrecevable une requête afin d'annulation du jugement du tribunal de première instance refusant la candidature présentée avant que le Conseil n'ait été saisi de l'élection. Le même sort a été réservé aux requêtes qui n'ont pas été dirigées à l'encontre du candidat déclaré élu comme celles dirigées contre les décisions des bureaux de vote, les bureaux centralisateurs et la commission nationale de recensement[1136].

5. 5e cas : Une intransigeance du Conseil constitutionnel concernant le respect du délai

Le Conseil constitutionnel s'est montré intransigeant quant au respect du délai en tant qu'élément ayant un caractère impératif et le requérant ne saurait se plaindre de n'avoir pu disposer de l'intégralité de ce délai pour conduire les investigations nécessaires au soutien de sa requête, à laquelle il doit impérativement annexer les pièces utiles au soutien des moyens qu'il invoque ; exceptionnellement, le Conseil peut lui accorder un délai supplémentaire pour la production d'une partie de ces pièces.

Le Conseil constitutionnel a, par ailleurs, proclamé non recevables des requêtes dont il a été saisi hors du délai imparti aux contestataires des résultats[1137]. Ce délai est de 15 jours à compter de la date de la proclamation des résultats de l'élection concernée[1138] et diffère d'une situation à une autre.

Le Conseil constitutionnel marocain déclare irrecevable et prématurée une requête enregistrée avant la proclamation des résultats de l'élection. Or, cette situation se rencontre lorsqu'un requérant trop pressé dépose sa requête

---

1135 Il en est le cas des décisions du CC marocain suivantes : 432/2001-482/2002-483/2002-568/2004-675/2007.

1136 Voir dans ce sens la décision du Conseil constitutionnel MAROCAIN n° 81/95

1137 Voir aussi la décision du CC marocain n° 166 en date du 2 décembre 1997 où le juge constitutionnel déclare irrecevable la requête parvenue au secrétariat du Conseil, un jour après la date limite du délai de présentation des requêtes qui coïncidait avec le 1er décembre 1997.

1138 Selon l'article 29 de la loi organique relative au Conseil constitutionnel, ce délai est de 15 jours suivant la date de la proclamation du résultat de l'élection. C'est seulement pendant ce délai que l'élection peut être contestée.

la veille de l'élection alors que la proclamation n'a lieu que le lendemain[1139]. Le même sort a été réservé aux requêtes tardives[1140].

Dans un autre cas d'espèce, un requérant s'est vu rejeter sa demande de prorogation pour appuyer sa requête initiale par d'autres justificatifs après avoir déposé la première partie des documents auprès du secrétariat général du Conseil hors du délai prévu par la loi. Le Conseil s'y est référé à l'alinéa 3 de l'article 31[1141] qui précise que des requêtes doivent être déposées dans les jours qui suivent la date de la proclamation des résultats. Cette décision reflète le rigorisme du Conseil constitutionnel dans l'application des prescriptions relatives à la forme des requêtes déférées devant lui.

En témoigne le délai de la saisine du Conseil constitutionnel en matière de contentieux électoral qui est fixé à quinze (15) jours. Ce délai nous paraît trop court pour permettre au requérant de rédiger une requête en bonne et due forme.[1142]. Le Conseil constitutionnel n'accepte d'accorder un délai supplémentaire au requérant pour fournir des pièces soutenant sa requête que si les premières pièces fournies dans le délai prescrit sont si fortes que le juge s'aperçoit que celles-ci sont seules en mesure de mettre en cause la sincérité du scrutin dans la circonscription concernée[1143]. À cet égard, la loi organique est censée assouplir cette condition de délai. Un éventuel second délai accordé au requérant sera perçue comme un dernier recours qui lui est offert non pas pour fonder sa requête – chose qui devrait avoir lieu dans le délai de 15 jours fixé par la loi –, mais pour la renforcer davantage et faciliter la tâche de tranchage du juge dans le contentieux en question[1144].

---

[1139] Cons. Const. Marocain n° 636 en date du 17 mai 2007.
Cons. Const. n° 68-506/515 du 17 octobre 1968. A.N., Alpes-Maritimes, 4e circ., M. Jacques VECKER.
Cons. Const. n° 73-583 du 22 mars 1973. A.N., Paris, 3e circ., M. André DUPONT.
Cons. Const. n° 78-828 du 27 avril 1978. A.N., Val-de-Marne, 7e circ., M. Claude BLANCHARD.
Cons. Const. n° 81-896 du 10 juillet 1981. A.N., Loiret, 1re circ., M. Michel BROQUET.
Cons. Const. n° 93-1177/1208 du 1er juillet 1993. A.N., Moselle, 3e circ., M. René VIGREUX et M. Gérard-Marie MULLER.

[1140] Décision du CC marocain n° 633 en date du 25 avril 2007.

[1141] Décision du CC marocain n° 664/2007

[1142] Mohamed ZAOUI, op. cit. page 276.

[1143] Voir décision du Conseil constitutionnel n° 664/2007 du 28 novembre 2007.

[1144] Ceci dit que les premières pièces devraient être en mesure de pousser le juge constitutionnel éventuellement à annuler l'élection. Ainsi si d'autres pièces seront fournies suite à un délai supplémentaire accordé par le juge constitutionnel, ce n'est en fait que pour faciliter la tâche de ce dernier plus que pour l'examen en faveur du requérant.

6. 6e cas : Les allégations de caractère général et les moyens fantaisistes entraînant le rejet de la requête

La recevabilité de la requête est subordonnée à la réunion de plusieurs conditions autres que les conditions de forme, les requêtes doivent avoir pour objet de contester l'élection et s'appuyer sur des moyens sérieux.

Ne retiennent pas l'attention du juge des griefs sans rapport avec l'élection ainsi que ceux qui sont dépourvus de justifications suffisantes ou qui doivent être distingués des griefs non fondés, erronés[1145] ou enfin ceux sans incidences sur l'élection. Il en est de même pour les moyens inopérants ainsi que pour les griefs nouveaux[1146].

Dans ce contexte, les allégations de caractère général et les moyens fantaisistes ne peuvent entraîner le rejet de la requête. Autrement dit, les requêtes rédigées en termes très généraux, de façon sommaire ou laconique et dont la portée est vague ou difficile à déterminer sont rejetées par le Conseil. Les requêtes doivent présenter au moins un motif sérieux d'annulation, faute de quoi de telles conclusions sont jugées irrecevables. Le Conseil élimine aussi les griefs relatifs à l'élection litigieuse, mais qui sont dépourvus de précisions suffisantes et donc ne peuvent constituer des moyens d'annulation. La position adoptée par le juge de l'élection est la même lorsque les moyens présentés à l'appui de la requête ne sont assortis de commencement de preuve. Les cas suivants peuvent être cités comme exemples : Si le requérant soutient d'une manière générale que des bureaux de vote ont été constitués d'une manière irrégulière sans indiquer leurs numéros ou leurs emplacements[1147], s'il ne contente d'alléguer que des électeurs ont voté plus d'une fois[1148], sans indiquer leurs noms, leur nombre et sans apporter un début de preuve, la requête est déclarée irrecevable.

Le Conseil a jugé que les requérants dans les cas précités n'apportaient aucun élément probant au soutien de leur grief. Cette jurisprudence est à plaindre en raison de son « formalisme excessif », car une telle demande est loin d'être fantaisiste et laisse supposer l'existence d'irrégularités déterminantes.

### B. Le pouvoir interprétatif dans l'adaptation des griefs des requérants

Une fois saisi, lors de sa recherche de la solution applicable dans une requête, le Conseil constitutionnel mène un exercice d'interprétation dans chaque cas de contestation d'une élection. C'est ainsi que le président du Conseil procède à la désignation d'un juge constitutionnel d'instruction pour

[1145] Décision du CC marocain 763 en date du 08/06/2009
[1146] Décision du CC marocain n° 323 en date du 08/12/1999
[1147] Décision du CC marocain n° décision n° 335/2000
[1148] Décision du CC marocain n° 392/2000

qu'une décision finale soit rendue en proclamant l'annulation de l'élection ou en rejetant la requête soulevée devant lui.

Si le pouvoir du juge constitutionnel marocain est délimité en matière des règles de procédures liées aux conditions de formes pour la présentation de la requête, du fait de l'existence de conditions prédéterminées par le législateur, ce même juge jouit d'un large pouvoir discrétionnaire lors de l'examen du fond et du contenu des requêtes. Cette large marge de manœuvre lui est utile pour évaluer les circonstances, pour éclairer son interprétation des faits ainsi que pour déterminer si les abus commis lors des opérations électorales ont pu atteindre le degré d'une violation d'une des normes les organisant. Par ailleurs cette opération d'appréciation et d'adaptation des faits comme étant une activité qu'exerce le juge constitutionnel relève de ses compétences propres pratiquées à la lumière des exigences de chacune des requêtes qui lui sont présentées.

Il s'agit là d'une opération juridique du fait qu'elle est liée à la recherche de la règle juridique applicable. En effet, si les requérants peuvent déposer devant le juge constitutionnel tous les documents et les griefs lui demandant de statuer à la lumière du contenu des griefs avancés, le juge constitutionnel reste le seul en mesure de décortiquer la relation reliant les faits du litige électoral à la règle de droit. Le fait est que les codes électoraux qui se sont succédé n'ont pas fixé, de façon irréfutable, les éventuels cas qui mènent systématiquement à l'annulation de l'opération électorale objet de requête. Il s'agit d'un exercice intellectuel où le juge concilie entre les faits du contentieux électoral et l'esprit de la règle électorale voulue par le législateur dans une quête « obstinée » d'une issue jurisprudentielle.

En matière de justice constitutionnelle électorale, le fait que la loi organique relative au Conseil constitutionnel, dans son volet inhérent au contentieux électoral, ne soit qu'une procédure pour la maîtrise des mesures de forme déterminant la relation entre le juge constitutionnel et le requérant, est problématique. Or, le fond des griefs des requérants s'inscrit dans le domaine des lois organiques des élections et à propos duquel le législateur avait donné au juge constitutionnel un pouvoir discrétionnaire particulier[1149].

Les décisions du Conseil constitutionnel en matière d'annulation des élections reflètent ce pouvoir discrétionnaire particulier que détient le juge constitutionnel pour évaluer les griefs des requérants et leurs moyens d'appui ainsi que la nature des vices et infractions juridiques ayant éventuellement eu un impact sur la volonté des électeurs. Ainsi la question qui se pose est de savoir qu'elle serait la preuve requise aux yeux du juge constitutionnel et qui soit considérée comme étant déterminante et ne laissant pas de doute sur la sincérité ou la non-sincérité d'un scrutin dans un contentieux électoral. En fait l'inventaire d'un certain nombre de cas peut nous éclairer sur cette question.

---

[1149] Voir Abderahim El Manar Eslimi. Op. cit p 292.

1. Premier cas : Les requêtes contenant des griefs dénonçant des faits qui, à les supposer établis, ne seraient pas suffisants pour altérer la sincérité du scrutin[1150]

Des requêtes mettaient en cause, en tout ou partie, des irrégularités dans le déroulement du scrutin, qui, à les supposer même établies, paraissaient, à elles seules, largement inopérantes.

En évaluant les prétentions et les preuves des requérants, le Conseil juge dans sa décision n° 10/1994, que les attestations écrites, les cassettes vidéo et les photographies ne permettent d'établir que les pressions ainsi que les contraintes et les violences alléguées par les requérants aient contraint les électeurs à user de leur droit de vote de sorte à influencer le résultat du scrutin[1151].

Le juge constitutionnel use de son pouvoir d'appréciation subjectif. C'est sa propre conviction qui le guide pour statuer sur le degré de pertinence des preuves avancées par le requérant.

Nous évoquerons dans le même registre, la décision 372/2000 du 16 février 2000. Dans cette affaire, le requérant déclare que la personne dont l'élection est contestée a poursuivi sa campagne électorale le jour même du scrutin au sein d'une mosquée. En examinant ce grief, le juge a considéré que ce qui a été avancé par le requérant pour soutenir ses prétentions à savoir la vidéo cassette ''ne fait pas force de preuve''[1152]. Dans la décision n° 553/2004 rendue le 20 mai 2004, il s'agit d'une affaire où les requérants prétendent que les supporters de l'élu contesté ont agi lors de la campagne électorale à l'intérieur des bureaux de vote d'une manière nuisant à la sincérité et au déroulement légal du scrutin et impactant le résultat de celui-ci. Le juge en y statuant a considéré que ce fait « *n'a été soutenu par aucune preuve qui peut l'attester ou montrer son impact sur le résultat du scrutin même en supposant son occurrence* ». Ainsi, le juge met en cause l'effectivité de réalisation de faits dont l'impact sur le résultat du scrutin n'est appuyé d'aucune preuve.

Dans le même registre, le juge constitutionnel considère que les photocopies de requêtes adressées au gouverneur et les journaux ne sont pas suffisants pour prouver l'effectivité de leur contenu[1153].Il s'avère donc que le juge constitutionnel marocain demande aux requérants, dans une même décision, de prouver l'existence des infractions et de les soutenir, le cas échéant, par les documents nécessaires. Même dans ce cas faut-il prouver l'existence de l'impact de ces infractions sur le déroulement normal des élections et donc sur la volonté des électeurs.

---

[1150] Il ne s'agit que de faible preuve selon l'interprétation du juge constitutionnel.

[1151] Décision n° 10/1994 en date du 19/04/1994

[1152] Décision du CC marocain n° 372/2000.

[1153] Décision du CC marocain n° 553/2004 rendu le 20 janvier 2004.

Ne retiennent également pas l'attention du Conseil constitutionnel les prétentions des requérants concernant la proclamation des résultats notamment celles relatives à leur diffusion par la télévision et la radio avant la fin des opérations de dépouillement et de recensement[1154], la proclamation des résultats par la préfecture[1155] avant réception des procès-verbaux des bureaux de vote par la commission de recensement. Le Conseil rejette ces griefs, car le requérant n'apporte aucune preuve à l'appui du moyen invoqué et même si le grief est fondé, il reste, à ses yeux, sans impact sur l'opération électorale[1156].

En jugeant que « les éléments de preuve produits par le requérant restent insuffisants à établir les faits ». De la sorte, le juge opte pour des prises de position hâtives et non fondées sur des bases juridiques solides au lieu de mobiliser une procédure d'enquête[1157] sur des faits qui peuvent être en faveur du requérant et partant en faveur de la démocratie.

2. 2e cas : Le juge demande plus de précision dans les preuves

De nombreuses requêtes ont été rejetées, soit pour l'imprécision des griefs invoqués, soit pour l'absence de toute justification permettant au Conseil constitutionnel d'en apprécier la portée. Le Conseil ne peut apprécier le bien-fondé d'un grief que s'il est assorti de précisions suffisantes. Or, à chaque élection législative, on constate que de nombreux requérants se bornent à émettre des allégations, sans apporter un minimum de précisions.

Il en le cas des griefs inhérents à la dégradation des panneaux électoraux par un candidat, à ce que les tracts de l'élu ont été affichés hors emplacement qui lui ont été réservés par la loi et de ce que des pressions et intimidations auraient été exercées par des sympathisants du candidat élu, dans la mesure où le requérant ne produit aucun élément permettant d'apprécier l'étendue et la portée des incidents qu'il dénonce[1158].

Force de constater est que dans certains cas, même si le requérant présente quelques documents qui prouvent l'existence d'infraction lors du déroulement de l'opération électorale, le juge constitutionnel passe outre l'exigence de moyens de preuves à celle de la précision dans ces preuves. Ainsi par exemple, les prétentions avancées et soutenues au travers un certain nombre de documents sur l'existence d'infractions et de fraudes dans les bureaux de vote n'ont pas été jugées convaincantes par le juge

---

1154 Décision du CC marocain n° 98 en date du 11 décembre 1995.

1155 Décision du CC marocain n° 190 en date du 20 mars 1998

1156 Décision du CC marocain n° 190.

1157 Voir aussi la décision du CC marocain n° 38-94 ou le juge a refusé d'enquêter dans une affaire ou le requérant avance l'interruption du courant électrique ; voir également la DC du CC marocain n° 79/95.

1158 Décisions du CC marocain n° s 774, 189, 196

constitutionnel qui a demandé de faire une mention du nombre et des noms des bureaux concernés. Par ailleurs et dans une autre requête, des questions liées à l'identité des électeurs dans certains bureaux ont été considérées comme étant insuffisantes et qu'il fallait prouver que les électeurs objets de soupçon n'ont pas été inscrits dans les listes électorales de la circonscription concernée ou que les numéros des bureaux où de telles pratiques ont eu lieu n'ont pas été signalés[1159].

Généralement, le juge demande plus de précisions dans les preuves. Les prétentions avancées et soutenues à travers un certain nombre de requêtes sont rejetées lorsque les griefs se ramènent à l'allégation que le requérant n'a présenté aucune preuve concernant la distribution d'argent[1160]. Le même sort attend les plaintes et déclarations [1161]; une plainte adressée au procureur du Roi, une déclaration, une photo et un exemplaire d'un journal,[1162] une plainte adressée au gouverneur et au C.R.S.E[1163], un procès-verbal de police où le juge signale que le requérant n'a pas précisé la suite réservée à cette poursuite judiciaire[1164]... La position adoptée par le juge de l'élection est la même lorsque les moyens présentés à l'appui de la requête ne sont assortis d'aucun commencement de preuve.

3. 3e cas : Un juge adoptant une démarche pragmatique dans la recherche de preuve

Dans une affaire récente, le Conseil emprunte la robe du juge judiciaire, il instruit l'affaire, évoque les moyens des parties, examine les preuves... etc. Pour l'illustration, nous évoquons une affaire très célèbre, connue dans la presse sous le nom de « l'affaire des écoutes téléphoniques[1165] », dans laquelle le juge constitutionnel s'appuie sur les conclusions d'un tribunal judiciaire, ainsi que sur l'écoute des témoins comme moyen de preuve. Le

---

[1159] Il en est le cas par exemple dans les décisions du CC marocain suivantes : 529 ; 536 ; 544/2003 et 429/2001.

[1160] Décisions du CC marocain n° s 179, 184, 186 188, 189, 196...

[1161] Décisions du CC marocain n° 283/99 et 332/99)

[1162] Décision du CC marocain n° 327/99

[1163] Décision du CC marocain n° 356/2000

[1164] Décisions du CC marocain n° 260/98, n° 358/2000

[1165] Il s'agit de la requête enregistrée à son secrétariat général le 22 septembre 2006, présentée, à l'encontre de Monsieur Larbi Mohaddab par Larbi Sebbari Hossni – en sa qualité de wali de la région de Doukkala Abda et gouverneur de la province de Safi – et les deux requêtes enregistrées audit secrétariat général les 15 et 22 septembre 2006, présentées, à l'encontre de tous les candidats élus, par Messieurs Abdelghani Mekhdad et Brahim Benbrahim en tant que candidats, aux termes desquelles, ils demandent tous l'annulation du résultat du scrutin qui s'est déroulé le 8 septembre 2005 en vue du renouvellement du tiers des membres de la Chambre des Conseillers dans le cadre du collège électoral des membres des Conseils des collectivités locales de la région en question, à l'issue duquel ont été déclarés élus Messieurs Omar Kerdoudi, Mohamed Mouhaddab, Bouchaib Hilali et Mohamed Ben Ezzaydia. Voir aussi la décision du CC marocain n° s 637/2007 CC du 13 juin 2007

juge adopte une démarche pragmatique qui le conduit à apprécier certains faits qui peuvent être constitutifs de véritables manœuvres afin de mobiliser des électeurs.

Dans son travail d'investigation, le Conseil se réfère toujours aux procès-verbaux relatifs aux communications téléphoniques, interceptées pendant la campagne électorale et les compare avec ceux des interrogatoires préliminaires et de fond auxquels il a été soumis le candidat, lui et ses affidés, devant le juge d'instruction. Le juge électoral est amené à examiner leur teneur, leurs circonstances et des termes explicites et implicites qui y sont contenus. Ces éléments sont étayés par une enquête effectuée au sujet des actes en question qui dénote que le candidat concerné a personnellement supervisé, en coordination avec certains de ces affidés, l'opération de distribution des sommes d'argent aux électeurs, de cadeaux et d'avantages, aux fins d'influer sur leur volonté et de les amener à voter pour lui, que ce fait qui a rompu l'égalité de chance d'élection entre les candidats, en engendrant un grand mépris pour la volonté de l'électeur et toutes les valeurs d'honnêteté, de démocratie et de citoyenneté, et que ces actes dont les détails ont été révélés sur les colonnes de différents journaux nationaux et fait l'objet de poursuites judiciaires, ont vicié la totalité de l'opération électorale et ont jeté le doute sur la validité de ses résultats.

4. 4e cas : Le juge constitutionnel exige l'existence d'une relation de causalité dans la preuve (même en présence d'une infraction, encore, faut-il prouver que ce qui est voulu par celle-ci est la fraude électorale)

Nombreux sont les cas où le juge constitutionnel a invoqué cette condition de causalité dans la preuve. Dans un cas précis, un requérant prétend que le gouverneur a nommé les chefs des bureaux de vote parmi les membres et les fonctionnaires de la commune présidée par le candidat élu. Le juge quant à lui a précisé que ce grief reste sans intérêt tant qu'il n'a pas été prouvé que cette nomination ait un impact sur le résultat du scrutin. Pour lui, il ne s'agit pas dans le cas d'espèce de démontrer que les présidents des bureaux de vote n'étaient pas indépendants, mais de prouver que par leur non-indépendance, ils ont influé sur les résultats du scrutin[1166].

Le juge tient compte donc des circonstances et apprécie si elles ont pu favoriser une fraude. Ainsi dans sa décision n° 515/2003, le Conseil constitutionnel a pu souligner que la désignation des présidents des bureaux de vote relève de la compétence du gouverneur et que nul n'est habilité à l'annihiler qu'en vertu d'une loi. Généralement, le juge rejette le grief lorsque le requérant ne prouve pas que la désignation de tous les présidents des bureaux de vote relevant de la commune présidée par l'élu contesté, peut

[1166] Il en est le cas par exemple de la décision n° 554/2004 rendue le 21 Janvier 2004. Voir aussi la DC du CC n° 10-94 en date du 19/04/1994

être constitutive d'une manœuvre frauduleuse influant les résultats du scrutin[1167].

C'est le cas de plusieurs exemples jurisprudentiels où le juge constitutionnel exige que l'existence de l'infraction soit accompagnée d'une intention de fraude électorale. En effet, il a considéré dans une de ses décisions que le requérant n'est pas tenu uniquement de prouver l'existence d'une violation de droit (bureau de vote non assisté par des scrutateurs)[1168], mais de démontrer également celle d'une fraude effective[1169].Ce faisant, le juge s'aligne sur la règle qui exige que la lésion soit entachée d'un dol en droit civil marocain.

5. 5e cas : Place prioritaire aux procès-verbaux élaborés dans les bureaux de vote en tant que preuve

La valeur probante du procès-verbal n'est pas absolue, le juge fait normalement foi en ce qui concerne le résultat de l'élection et les incidents qui ont pu se produire au cours des opérations électorales. Une fois établi et signé, il ne peut faire l'objet de rectifications. Il fait foi dans ses énonciations, non pas jusqu'à inscription de faux, mais simplement jusqu'à preuve du contraire[1170].

Lors de l'examen des prétentions des requérants, le juge constitutionnel marocain se réfère beaucoup aux procès-verbaux en en écartant les faits non codifiés. Les énonciations du procès-verbal peuvent être rectifiées par le juge en cas d'erreur matérielle[1171] à l'aide des feuilles de pointage ou des procès-verbaux de chaque bureau de vote. Elles sont écartées si le procès-verbal ne donne pas les garanties de sincérité requises.

Le procès-verbal est donc un moyen de preuve, le juge a tendance à ne pas prendre en compte des allégations lorsqu'elles n'y sont pas mentionnées. C'est l'importance de leur contenu et la régularité de leur établissement qui sont prises en compte. La déclaration du président d'un bureau de vote sur l'existence d'infractions ne peut être prise en compte tant que les membres ont signé les procès sans mentionner aucune remarque et sans exprimer des réserves.

En l'absence de manœuvre et si l'irrégularité n'a pas eu d'influence sur les résultats du scrutin, le Conseil constitutionnel ne retient pas les moyens invoqués par le requérant. Il s'agit notamment du vote sans signature dans le registre des listes qui se trouve dans la salle de vote[1172] et du nombre de

---

[1167] Décision du CC marocain n° 515-2003 en date du 4 juin 200

[1168] Décision du CC marocain n° 246/1998 en date du 30/1998

[1169] Décision n° 507/2003 du 22 Avril 2003.revue du Conseil constitutionnel n° 5.p 292.

[1170] J Claude Masclet, op. cité p.300

[1171] L'existence d'erreurs matérielles dans le procès n'est pas une preuve sur la non-transparence de l'opération électorale (voir la décision du CC n° 510/2003

[1172] Décision du CC marocain n° 239

votants qui ne correspond pas au nombre d'inscrit dans le registre d'émargement, car la déduction des voix n'affecte en rien le résultat du scrutin[1173]. Le conseil agit de même en cas de procès-verbaux ne signalant pas l'heure de clôture du scrutin ou sa prolongation[1174] tant qu'elle n'a pas permis de commettre des fraudes et n'a pas induit des erreurs dans le calcul des suffrages.

Ne retiennent pas également l'attention du Conseil constitutionnel les prétentions des requérants se rapportant à une signature manquante d'un membre du bureau de vote[1175] ; ou si la non-signature est due à l'oubli et est sans incidence sur l'authenticité des procès-verbaux[1176] ; si le requérant n'a pas pu prouver que les signatures des procès-verbaux des bureaux centralisateurs étaient falsifiées[1177] ; si le procès-verbal ne signalant pas le nombre de bulletins obtenus[1178] si les procès-verbaux ne mentionnent pas le nombre des isoloirs[1179] ; si les procès-verbaux ne signalent pas que les membres du bureau de vote sont inscrits sur les listes électorales[1180] ; si les procès-verbaux ne signalent pas la cause de l'annulation des bulletins nuls[1181] ou enfin en cas de non-rature de cadre prévu pour les observations dans le procès-verbal[1182].

Par ailleurs, le juge électoral se montre particulièrement sévère et annule sans hésitation les résultats du scrutin lorsque persistent des suspicions quant à la régularité et à la véracité du scrutin et qu'il est impossible de faire confiance au bon déroulement du scrutin[1183]. Le juge garde la même ligne de conduite lorsqu'en s'appuyant sur les procès-verbaux de la C.R.S.E fournis par le requérant, il constate qu'ils ont pu être signés à blanc[1184] ou que les procès-verbaux des bureaux de vote fournis par le requérant et leurs exemplaires déposés au greffe du tribunal de 1ére instance et des bureaux centralisateurs présentent des différences numériques. Il agit pareillement lorsqu'il n'y a aucune trace des enveloppes annulées dans chaque bureau de vote parmi les documents déposés au greffe du tribunal de 1ére instance ; ou que les listes électorales n'ont pas été fournies au Conseil constitutionnel.

Dans le même registre dans ses décisions n° 396/2000 et n° 400/2000, il a été établi de l'instruction et des témoignages des présidents des bureaux de vote, des bureaux centralisateurs que les nombres contenus dans les procès-

---

1173 Décision du CC marocain n° 273.
1174 Décisions du CC marocain n° s 181, 194, 227, 254, 28
1175 Décisions du CC marocain n° s 195, 211, 224, 262, 264, 304, 388 et 398
1176 Décisions du CC marocain n° s 194, 195, 217, 284
1177 Décision du CC marocain n° 266
1178 Décisions du CC marocain n° s 231, 232, 323 et 378.
1179 Décisions du CC marocain n° s 192, 284, 301 et 334
1180 Décision du CC marocain n° 275
1181 Décisions du CC marocain n° 268, 291, 317 et 320
1182 Décision du CC marocain n° 356
1183 Décisions du CC marocain n° 371/2000.
1184 Décisions du CC marocain n° 274/99 en date du

verbaux ne correspondent pas aux résultats obtenus dans les bureaux de vote. Autrement dit, le conseil relève qu'il y a eu inversion des résultats entre les candidats ou différence entre les résultats établis par les bureaux de vote et le résultat final arrêté par le bureau centralisateur du vote. Il conclut que l'opération électorale a été sujette à des manœuvres frauduleuses et que celles-ci constituent un manquement à la sincérité de l'opération électorale[1185].

De même, dans sa décision n° 588/2004 CC rendue le 22 septembre 2004, le juge constate la correction d'erreurs touchant la répartition des voix entre le requérant et le candidat d'une liste concurrente élu par un faible écart de voix. Il considère alors que d'autres dérapages aient pu avoir lieu favorisant l'un au détriment de l'autre. Ce fait a permis à lui seul de mettre en suspicion le résultat obtenu par le candidat élu et a justifié l'annulation de son élection[1186].

Dans ses décisions, le Conseil écarte souvent moult griefs soutenant ce qui suit : la contradiction entre les procès-verbaux des bureaux de vote et ceux des bureaux centralisateurs, la différence entre les résultats des bureaux de vote centralisateurs et ceux rendus publics, l'existence de contradictions entre le nombre de votants et la somme des bulletins nuls et du nombre des bulletins valables dans le bureau centralisateur et enfin l'existence de différence entre le nombre d'inscrits dans les procès-verbaux des bureaux de vote et ceux de la commission régionale de recensement. Le juge en scrutant les procès-verbaux déposés au greffe du tribunal de 1re instance et en les comparant avec ceux fournis par le requérant, déboute ces griefs parce qu'il s'agit d'une simple erreur matérielle[1187] et même en dépit de l'existence de contradictions, elles restent sans incidence sur le résultat du scrutin[1188].

Cette jurisprudence est critiquable en raison de son caractère trop laxiste. Le juge jouit d'un large pouvoir discrétionnaire pour statuer sur les conséquences d'une irrégularité qu'il constate. Il se montre très réticent à annuler des scrutins irréguliers. Ne risque-t-il pas d'encourager la fraude et les résultats des consultations peuvent s'en trouver viciés. Ne faudrait-il pas que le Conseil hausse le ton au vu de l'aspect grave et pléthorique des irrégularités dénoncées ?

### 6. 6e cas : Un juge constitutionnel qui continue à se réclamer d'une présomption de régularité

À la lecture des décisions du Conseil constitutionnel marocain, on peut constater que ce dernier fait souvent recours aux techniques de présomption. En effet, même en présence d'infractions entachant l'opération électorale, le

1185 Décisions du CC marocain n° s 396/2000 et n° 400/2000.
1186 Décision du CC marocain n° 588/2004 CC du 22 septembre 2004
1187 Décisions du CC marocain n° s n° 252 et 292
1188 Décisions du CC marocain n° s 377, 381 et 390

juge constitutionnel marocain procède à un certain nombre de suppositions qui orientent en partie son raisonnement. C'est ainsi que ce même juge pratique deux types de présomptions à savoir celle implicite et celle explicite.

La présomption explicite en tant qu'une célèbre technique chez le juge constitutionnel peut être résumée dans l'expression suivante ''même en présence de preuves, on ne peut pas conclure à l'existence d'un impact sur le résultat du scrutin''.

Ainsi le Conseil constitutionnel, dans l'une de ses décisions, dont il répond aux prétentions des requérants, a déclaré que : « En plus de la non-détermination des bureaux de vote dont il a été prétendu que certains citoyens n'ont pas pu voter, le fait de citer les noms de quelques personnes avec des chiffres qui peuvent concerner leurs cartes électorales, et à supposer qu'ils sont tous venus et qu'on leur est interdit de voter pour le candidat qui suit dans l'ordre celui dont l'élection a été contestée, ceci n'aura pas d'effet sur le résultat du scrutin, étant donné que celui dont l'élection est contestée reste en avance par rapport au candidat qui le suit dans l'ordre[1189] ». Ceci dit que même en cas de vote des personnes dont l'identité est contestée[1190] ou en cas d'existence de problèmes liés à la clôture des bureaux de vote avant ou après le temps réglementaire, le juge constitutionnel fait recours à la technique de la soustraction des voix obtenues par le candidat ayant remporté l'élection et celui qui le suit dans l'ordre pour se contenter de voir uniquement le degré d'impact qu'ont eu les voix soustraites sur la différence entre le candidat ayant remporté les élections et le candidat qui le suit dans l'ordre[1191]. Alors qu'en fait, la preuve de l'existence d'évènements ayant influé sur les électeurs dans un bureau ou dans des bureaux isolés ainsi que la présentation de ce qui vaut l'existence de voix obtenues de manière illégale, représentent un indice qui devrait en réalité pousser le juge constitutionnel à mener une enquête, car rien ne nie l'existence d'autres cas que le requérant n'a pas pu prouver et qui pourraient avoir un impact sur le résultat de l'élection en sa totalité.

En recourant à cette technique, le juge constitutionnel met l'accent sur les voix réellement obtenues et procède à la soustraction de celles contestées dans les bureaux suspects et apprécie le réel impact sur les résultats (annulation ou maintien des résultats, en en raison de l'écart important des voix obtenues par le candidat élu).

Le fait qu'une ou plusieurs irrégularités ou manœuvres soient commises n'engendre pas automatiquement l'annulation de l'élection. Le juge apprécie, au cas par cas, si la sincérité du scrutin a pu être affectée. Pour ce

[1189]Décision n° 450/2001 rendu le 16 mai 2001.
[1190] N'ayant pas de carte d'identité ou n'existant pas physiquement.
[1191] Décision n° 517/2003 (revue du Conseil constitutionnel n° 5 p139)

faire, il met dans sa ligne de mire, la gravité, l'ampleur et les répercussions potentielles de ces irrégularités comparées à l'écart des voix.

Lors d'une présomption implicite, le juge constitutionnel ne déclare pas explicitement sa supposition qui peut être conclue de son propre développement argumentaire. Concrètement, le non-respect de la composition des bureaux de vote rend douteux les résultats obtenus dans lesdits bureaux et il se doit donc d'écarter les voix qui y ont été exprimées. Malgré cela, la soustraction du nombre de voix obtenues par les élus dont l'élection est contestée dans lesdits bureaux de vote du total des voix qui leur a été compté n'aura pas un impact déterminant sur le résultat du scrutin. Dans un autre cas d'espèce, le juge constitutionnel a précisé que, « *bien que la composition des deux autres bureaux soit non conforme à la loi du fait que ces derniers comprennent respectivement une personne non inscrite sur la liste électorale et qu'il y a lieu de déclarer non valides les voix qui y ont été exprimées, cela n'a pas d'incidence sur le résultat final du scrutin vu la différence considérable entre le nombre de voix obtenues par l'élu dont l'élection est contestée et celles obtenues par chacun de ses concurrents*[1192] ».

Le Conseil constitutionnel dans les cas précités a retenu la méthode française de déduction hypothétique des résultats du candidat élu ayant recueilli le plus grand nombre de suffrages. L'imputation de cette déduction hypothétique sur les voix du grand vainqueur n'a souvent pas abouti à une annulation de l'élection en question, parce qu'il ne s'est pas avéré que cette différence a été plus importante que l'écart des voix.

Nous pouvons constater donc à travers plusieurs exemples jurisprudentiels que le Conseil constitutionnel marocain s'attache à l'idée de la présomption de la validité du scrutin. Une présomption qui l'amène davantage à rejeter la quasi-totalité des demandes d'annulation des élections même en présence d'éléments tangibles.

La juridiction constitutionnelle s'accroche à la prudence en opposant l'irrecevabilité quand les requêtes dénoncent des irrégularités graves (*composition irrégulière des bureaux de vote*[1193] *intervention de l'administration*[1194]*, renvoi des scrutateurs*[1195]*, atteinte au secret de vote*[1196]*...)*

On imagine en effet difficilement le juge invalider un scrutin, et ainsi effacer le choix des électeurs, pour des violations minimes du droit électoral (affiches d'un format supérieur aux limites fixées par le code électoral...). Cette mansuétude bien compréhensible concerne toutes les étapes de

---

[1192] Voir dans ce sens les décisions du CC marocain n° 73/95, DC n° 254/1998, DC n° 25/1994

[1193] Décision du CC marocain n° 582 en date du 03/08/2004.

[1194] Décision du CC marocain n° 763 en date du 08 juin 2009.

[1195] Décision du CC marocain n° 692 en date du 13/05/2008

[1196] Décision du CC marocain n° 572 en date du 08/06/2004

l'élection, du déroulement de la campagne au scrutin lui-même et à la détermination des résultats. C'est ainsi que l'apposition d'affiches de propagandes en dehors des emplacements spéciaux réservés à cet effet en méconnaissance de l'article 29 de la loi organique relative à la chambre des représentants n'est pas un grief justifiant l'invalidation du scrutin[1197].

Il est clair que le réalisme électoral interdit au juge de l'élection de donner droit aux requérants demandant l'annulation au motif que le bureau de vote ait fermé quelques minutes avant l'heure réglementaire, les privant ainsi de la possibilité d'exercer leur droit de vote[1198] ; ou que plusieurs bureaux n'aient pu être ouverts à huit heures en violation de l'article 69 de la LO de la Chambre des représentants[1199]. Même des manquements aux procédures de contrôle durant le scrutin tel des bulletins comptabilisés comme blancs ou nuls, mais sans être joints aux procès-verbaux ou sans être signés par les membres des bureaux de vote, empêchant tout contrôle de la liste de recensement, restent sans influence sur la validité du scrutin dès lors que ces omissions n'ont pas revêtu un caractère systématique.

Il est donc établi que pour affecter le scrutin il convient que les irrégularités aient eu une influence tangible sur le résultat des opérations au profit du candidat élu[1200]. C'est dire qu'une petite infraction –comme peut l'être une affiche électorale apposée sur un emplacement prohibé- n'est pas par elle-même suffisante pour influer sur les résultats et ne saurait en conséquence justifier l'invalidation d'une élection[1201].

D'ailleurs des infractions infimes, mais persistantes peuvent aussi, à la longue, influer sur le résultat et justifier une sanction sur le plan du jugement de l'élection. À titre d'illustrations, la non-classification des bulletins de vote nuls et ceux faisant l'objet de contentieux[1202] ou la non-lacération des bulletins de vote sont par des faits susceptibles d'avoir « une influence significative sur l'issue du scrutin », justifiant son annulation, si ces agissements revêtent un « caractère systématique »[1203].

Inversement, la gravité intrinsèque d'une irrégularité n'implique pas nécessairement la sanction du juge de l'élection dès lors que cette infraction est isolée. Ainsi l'impossibilité pour les délégués d'exercer leur contrôle et de consigner leur réclamation aux procès-verbaux[1204], l'interdiction faite à un candidat de se rendre auprès d'un bureau de vote n'ayant pas d'effet sur le résultat de l'élection ou encore le cas d'expulsion du bureau de vote des délégués des candidats malgré l'annulation des voix sont autant de

---

1197 Décision du CC marocain n° 49 en date du 22 novembre 1994
1198 Décision du CC marocain n° 517 en date du 10 juin 2003
1199 Décision du CC marocain n° 362 en date du 06 janvier 2000
1200 Décision du CC marocain 570/2004 du 25 mai 2004
1201 Décision du CC marocain n° 49 en date du 22 novembre 1994
1202 Décision du CC marocain n° 385 en date du 29 mars 2000
1203 Décision du CC marocain n° 770 en date du 29 mars 2009.
1204 Décision du CC marocain n° 184/1998

considérations qui ne suffisent pour établir l'existence d'effet déterminant sur les résultats du scrutin[1205].

Ainsi, de nombreuses raisons sont susceptibles d'expliquer le faible taux d'invalidation (évalué à 10 % de 1994 à 2009). Il faut d'abord évoquer les difficultés propres à la charge de la preuve, pesant sur le requérant, et qui est souvent difficile à apporter. De surcroît, on refuse de considérer les irrégularités comme établies lorsque les faits sont rapportés par les assesseurs ou délégués du requérant. Il est encore plus complexe de démontrer l'existence de pressions ou l'ampleur des conséquences d'un tract mensonger ou diffamatoire sur le corps électoral.

Le juge de l'élection est régulièrement amené à reconnaître l'existence d'irrégularités, parfois sérieuses, sans pour autant invalider le scrutin. Le faible taux d'annulation n'est donc pas dicté par l'absence de preuves avérant des manœuvres électorales, mais simplement par le respect du choix des électeurs.

Ce pragmatisme ne peut être compris qu'à partir du moment où l'on conçoit que la régularité formelle des opérations électorales n'est qu'un indice au service des juges dans le jugement de l'élection. C'est pourquoi ce dernier n'est pas tenu d'annuler un scrutin entaché d'infraction comme il peut l'annuler en raison d'une manœuvre non directement prohibée par le Code électoral, mais visant à influencer le choix de l'électorat[1206] ou la liberté de vote[1207].

## Section 3. Limites afférentes à la politique jurisprudentielle du juge constitutionnel

Les limites inhérentes à la politique jurisprudentielle du Conseil trouvent leur origine dans une conception limitée de ses compétences, une approche conformiste de l'élection et une attitude circonspecte et pondérée face à l'annulation.

### § 1. Une conception limitée de ses compétences

Le contentieux électoral est une matière complexe dans laquelle on assiste à une myriade d'intervenants entre lesquelles les répartitions de pouvoirs ne sont pas toujours bien fixées, conjuguée à un enchevêtrement des procédures, mais qui donne aussi à voir une certaine fragilité. Outre la complexité de la matière électorale, le juge électoral ne dispose pas d'une compétence générale, mais uniquement d'une compétence d'attribution. Son

---

[1205] Décision du CC marocain n° 385 en date du 29 mars 2000

[1206] Décision du CC marocain n° 363 en date du 18/01/2000. Voir aussi la décision du CC marocain n° 97 en date du 29/11/1995

[1207] Décision du CC marocain n° 720/2008

rôle se confine à statuer sur des réclamations en adoptant une appréciation ciblée dans l'interprétation des requêtes.

### A. Un contentieux compliqué par la multiplicité des intervenants

La matière du contentieux électoral est complexe aussi bien par la diversité des contentieux que par la sensibilité de la question de la compétence des juges impliqués.

Ainsi le recours électoral est toujours cantonné par la complexité du contentieux qui est susceptible d'affaiblir le contrôle. C'est une complexité double : d'une part, le contentieux se démultiplie et son éventail ne cesse de s'élargir, d'autre part, les règles relatives à la procédure contentieuse sont rigoureuses et exigent le plus souvent une grande technicité[1208]. De surcroît, ce contentieux est fortement tributaire de la configuration d'un processus qui se déroule dans le temps, celui de l'opération électorale elle-même.

N'étant pas une opération régulière, elle englobe des étapes relativement différenciées : celles de l'inscription sur les listes électorales, du vote et de la proclamation des résultats. Cet anachronisme n'est pas sans poser des problèmes à l'organisation du contentieux électoral : faudrait-il organiser un seul contentieux pour l'ensemble des opérations électorales ou bien faire la distinction entre les différentes phases du processus électoral de façon à ne pas laisser les litiges s'accumuler et à pouvoir traiter les recours articulés avant le jour du scrutin[1209]. Dans ce cas, on ferait la distinction entre plusieurs contentieux : des listes électorales, celui des candidatures et celui de l'élection proprement dite appelée souvent contentieux du résultat. Et puisque cette distinction s'accommode mal avec l'unité juridictionnelle, on répartira les contentieux entre plusieurs juges conformément à leurs spécialités et vocations[1210].

Ainsi, le Conseil constitutionnel marocain n'a pas la plénitude de compétence en matière du contentieux électoral[1211]. La compétence du Conseil constitutionnel diffère selon le stade de l'opération électorale de sorte qu'on distingue :

- Les contestations des listes électorales qui sont examinées et tranchées par le juge administratif. Cependant, le Conseil constitutionnel est susceptible de retenir des irrégularités dans l'établissement des listes électorales si celles-ci sont constitutives de manœuvres susceptibles de porter atteinte à la sincérité du scrutin.
- Le contentieux des candidatures qui relève du juge judiciaire. Le Conseil constitutionnel est juge d'appel des décisions rendues par le

---

1208 J-C. Masclet, « Rapport introductif », Aspects du contentieux électoral en Afrique, Actes du Séminaire de Cotonou, 11-12 novembre 1998, p. 33.

1209 J. P.Camby, le Conseil constitutionnel, juge électoral. 5e édition, Dalloz, 2009 p 140

1210 Francis Delpérée, le contentieux électoral, PUF, 1998, coll. « Que sais-je », p 106

1211 Najib BA MOHAMMED, « Le Conseil constitutionnel et les élections », op. cit., p. 35.

tribunal de première instance à l'occasion d'un recours dirigé contre l'élection, de sorte que son office principal porte sur le contentieux des candidatures. Cependant, ce système de recours engendre un gaspillage énorme de fonds publics et du temps en cas d'annulation des élections par le Conseil constitutionnel et nécessite la réorganisation des élections partielles après jugement du tribunal de première instance et saisine du juge constitutionnel, en tant que juge d'appel du jugement dudit tribunal.

- Enfin, le contentieux de l'opération électorale proprement dite au niveau duquel le Conseil constitutionnel intervient en étant saisi d'une requête contestant une élection (juge du résultat).

Le cadre juridique en vigueur au Maroc entretient une illisibilité déconcertante autour de la répartition des compétences entre les organes chargés de régler les litiges électoraux. Cette multiplicité des instances du traitement du contentieux est dommageable[1212]. Adoptées par maints États, elle ne peut que renforcer la perplexité des justiciables candidats et surtout électeurs pour trouver le juge compétent face à un délai de recours très écourté. Elle conduit parfois au déni de justice[1213]. Au surplus, cette multiplication des contentieux se double de la complexité de la procédure contentieuse : variété et brièveté des délais, exigences spécifiques dans la présentation des requêtes, de telle sorte qu'à l'heure actuelle, dans la majorité écrasante des cas, seuls les candidats présentent des recours et ils le font très souvent par l'intermédiaire d'avocats[1214].

Il convient à ce propos de clarifier la répartition des compétences entres les organes impliqués, afin de pallier un traitement malléable du contentieux électoral qui pourrait se révéler comme une boîte de pandore, inaccessible aux électeurs peu habitués à la pratique processuelle[1215]. C'est dans l'esprit d'y remédier que le Conseil constitutionnel français a érigé la clarté de la loi au rang de principe constitutionnel, alors que l'accessibilité et l'intelligibilité de la loi deviennent assimilables à des exigences qualifiées d'objectifs de valeur constitutionnelle. Il pose l'urgence d'une meilleure organisation de la justice électorale et une clarification des missions qui sont dévolues aux

---

[1212] Bernard MALIGNER - Nouveaux Cahiers du Conseil constitutionnel n° 41 (Le Conseil constitutionnel, juge électoral) - octobre 2013

[1213] J-C. Masclet, « Rapport introductif », in J-C. Masclet, A. Zinzindohoue et Ch. Desouches, Aspects du contentieux électoral en Afrique, Actes du Séminaire de Cotonou, 11-12 novembre 1998, p. 34.

[1214] Abdelatif Menouni, constitution et contentieux électoral, in Académie Internationale de Droit Constitutionnel, 2002

[1215] MASCLET J-C., Le droit des élections politiques, op. cit., p. 39 cité par Diane Mandeng op cité p 130

organes compétents, notamment les règles relatives à la saisine aux organes de contrôle dont l'accès est quasi-restrictif[1216].

### B. Un juge électoral statuant qu'une fois régulièrement saisi

Le juge est saisi pour l'examen des griefs qui ont été formulés dans les requêtes des requérants[1217] et il ne peut ni se saisir d'office ni statuer ultra-petita[1218]. Le juge constitutionnel ne peut s'opposer, de sa propre initiative et de son propre gré, à l'une des questions relevant de sa compétence. Il ne statue que sur le résultat d'une seule élection. Il s'agit là d'une tradition judiciaire que le Conseil Constitutionnel veille à respecter, sans écarter toutefois la possibilité de soulever de sa propre initiative un moyen qu'il considère, à l'instar de la capacité à la candidature, comme relevant de l'ordre public.

Néanmoins, si les décisions « sur saisine » contribuent à juridictionnaliser l'organe, il est vrai également que des irrégularités peuvent rester impunies faute de saisine et que donc le juge constitutionnel « peut-être conduit à annuler une élection, tout en laissant subsister une autre pourtant entachée de la même irrégularité que celle qui a été annulée, car personne n'a contesté devant lui la régularité de cette autre élection[1219] ». Il pose l'urgence d'une meilleure organisation de la justice électorale et une clarification des missions qui sont dévolues aux organes compétents, notamment les règles relatives à la saisine aux organes de contrôle dont l'accès est quasi-restrictif[1220].

---

[1216] Diane Mandeng. La procédure contentieuse en matière électorale : recherches sur le contentieux des élections au Cameroun, Thèse Droit public. Poitiers : Université de Poitiers, 2017 p130

[1217] La loi n'accorde, en matière d'élection des membres du Parlement, le droit de recours qu'aux électeurs et aux candidats concernés, c'est à dire les électeurs et les candidats de la circonscription électorale dans laquelle s'est déroulé le scrutin attaqué ainsi qu'au Gouverneur et au Secrétaire général de la Commission nationale de recensement

[1218] Cette règle constante n'est pas sans exception ; elle souffre également des limites. L'exception quasi universelle qu'on rencontre dans tous les pays est celle de l'inéligibilité considérée presque partout comme étant d'ordre public. Si au cours de l'examen de la requête, le juge se rend compte que le candidat élu, ne réunit pas toutes les conditions de l'éligibilité et même si l'inéligibilité n'a pas fait l'objet de grief. Le juge annule l'élection. Du reste, l'inéligibilité comme grief peut être présentée même en dehors du délai légal.

[1219] Cf Genevois, La jurisprudence du Conseil constitutionnel, op. cit. p 328.

[1220] CHARNAY J.-P., « Les techniques d'investigation dans le contrôle des élections parlementaires », RDP, 1964, p. 9.

### C. Un juge électoral adoptant une interprétation restrictive de sa compétence

En matière électorale, le juge se limite à un contrôle minimum en ce sens qu'il assimile la matière électorale à la matière constitutionnelle, alors que la matière électorale fait de lui un juge réaliste.Il reste évident qu'au-delà des textes, l'avancée de la justice électorale repose, dans une certaine mesure, sur « l'audace » interprétative des compétences et de la mission des juges constitutionnels électoraux. Les lacunes des textes devraient en principe être palliées grâce à l'action interprétative du juge.

En effet, c'est la manière dont le juge conçoit et accomplit sa mission qui est en cause. Le juge a tendance à s'autolimiter, à interpréter littéralement et restrictivement ses compétences et à se prononcer quasi systématiquement sur des questions de régularité formelle et non de fond.

L'examen de la jurisprudence du Conseil constitutionnel révèle que celui-ci ne statue que sur la régularité de l'élection de l'élu. Autrement dit, le Conseil ne statue pas sur l'ensemble des opérations électorales, mais uniquement sur celles qui sont liées à la proclamation de l'élu. La constitution marocaine précise les attributions de la haute instance en matière électorale en énonçant que celle-ci « *statue... sur la régularité de l'élection des membres du parlement* »[1221]. Ces termes ouvrent une l'opportunité au juge constitutionnel pour adopter une interprétation extensive des compétences eu égard de sa mission protectrice de l'élection et de la démocratie. Ces dispositions, claires en apparence, posent en réalité un problème d'interprétation du terme « élection ». Entend-on par-là toutes les opérations qui ont un rapport avec les élections, à partir des opérations de préparation des listes électorales et de fixation de la date du scrutin jusqu'à la proclamation des résultats ? Où que le terme « élection signifie précisément tout ce qui concerne la victoire d'un des candidats, englobant la propagande électorale et les opérations de vote, de dépouillement et d'établissement des résultats dans les procès-verbaux des bureaux de vote avant leur proclamation ?

L'interprétation restrictive de sa compétence en matière électorale a également conduit le Conseil à refuser d'examiner les réclamations annexes à l'élection[1222], celles qui ne sont pas susceptibles de remettre en cause les résultats de l'élection[1223] ou celles omettant une de ces formalités considérées comme substantielles[1224].

---

[1221] Article 132 de la constitution de 2011

[1222] Décision du CC marocain n° 195 en date du 27 mars 1998

[1223] Voir Loïc PHILIP, Le Conseil constitutionnel juge électoral, Pouvoirs n° 13 - Le Conseil constitutionnel - avril 1980

[1224] Décision du CC marocain n° 742 en date du 5 mars 2009 ; Voir aussi DC du CC n° 600 en date du 9 février 2005

On peut aussi relever que le Conseil constitutionnel a été amené initialement à donner un sens très étroit à la notion d'élection, avant d'interpréter de manière un peu plus large sa compétence.

Le mot « élection » peut, en effet, revêtir deux sens. Dans un sens strict, l'élection c'est le choix de l'élu. L'expression désigne alors uniquement les opérations qui ont abouti à la proclamation du candidat ayant obtenu le plus grand nombre de suffrages et tout ce qui n'est pas lié directement à cette proclamation et n'aboutit pas à la remettre en cause échappe au juge de l'élection.

Dans un sens plus large, l'élection désigne l'ensemble des opérations électorales et l'expression « régularité de l'élection » englobe nécessairement toute une série d'actes et d'opérations annexes à l'élection proprement dite. En particulier, la régularité de l'élection suppose la légalité des actes préliminaires (convocation du corps électoral, organisation de la consultation). Si l'on se fie à ce sens, on doit admettre l'existence, au profit du Conseil constitutionnel, d'un véritable « bloc de compétence » qui réunit toutes les opérations liées à l'élection[1225]. Or, Il appert de l'analyse jurisprudentielle, que le Conseil constitutionnel marocain a opté pour l'acception étroite du terme « élection », en écartant, de manière générale, l'examen de la légalité des opérations antérieures préparant l'élection, comme l'établissement des listes électorales et l'enregistrement des candidatures. Cependant et de manière exceptionnelle, il n'hésite pas à se prononcer sur ces opérations s'il s'avère, qu'elles ont une relation avec le résultat de l'élection. Il a exprimé cette orientation dans sa décision n° 185 lorsqu'il a déclaré que « la compétence englobe, pour le Conseil Constitutionnel saisi de la question de l'élection, l'examen des actes antérieurs et préparatoires aux opérations électorales dont les décisions administratives relatives au rejet de la déclaration de candidature, étant donné l'influence que cela peut avoir sur le résultat des élections ».[1226] Lorsqu'il est saisi d'une contestation qui ne met pas en cause la régularité de la désignation d'un élu, il se déclare incompétent[1227].

La juridiction constitutionnelle oppose l'irrecevabilité lorsque le requérant conteste les résultats des élections législatives dans leur ensemble, et non ceux d'une circonscription déterminée[1228]. La haute instance ne statue que sur les irrégularités visant la proclamation de l'élu et non sur le déroulement du scrutin en général. Fidèle à la jurisprudence française

---

[1225] André ROUX, Une analyse comparative des organes en charge du contrôle électoral, en particulier les organes judiciaires – le cas français, séminaire UNIDEM « le contrôle du processus électoral » Madrid, Espagne, 23 – 25 avril 2009

[1226] Décision n° 185/98 dans les dossiers n° 226/97 et 140/97

[1227] Voir dans ce sens la décision du CC marocain n° 127 en date du 13 novembre 1997

[1228] Requête du 12.7.93 M AYBAR/A BENSLIMANE. Requête du 19.7.94 A CHOUIYNE/E Jaj EL AMARA

Rebeuf[1229], elle ne se considère pas compétente pour apprécier l'ensemble de l'opération électorale. D'ailleurs, le Conseil constitutionnel français « *avait rejeté par le passé les requêtes qui contestaient l'intervention manifeste des agents d'autorité au motif que la requête ne visait pas expressément la contestation d'une élection précise* ».

Il convient de souligner que les juridictions constitutionnelles ont une conception minimaliste de leurs prérogatives et manquent de hardiesse dans leur interprétation du droit[1230] ». C'est le cas de nombreux pays africains où l'on observe une faiblesse qualitative et quantitative de la jurisprudence constitutionnelle. Le droit y peine d'une manière patente à saisir la politique et pâtit pour garantir les libertés fondamentales en dépit de leur consécration par les constitutions. Ainsi, le choix du juge constitutionnel marocain de l'interprétation restrictive de ses compétences électorales ne relève que d'une démarche réductrice et pusillanime en faisant de sa déclaration d'incompétence son principe sur toutes les matières qui ne sont pas nommément énumérées par la constitution et les lois électorales. Ce statu quo trouve son origine dans le cantonnement de la justice constitutionnelle électorale dans un champ de compétence restreint.

Une intervention prophylactique réduirait remarquablement les possibilités contentieuses. Le respect de la régularité de l'élection serait alors assuré par la prise en charge directe par la haute juridiction constitutionnelle de l'ensemble du processus électif.

Sur un autre registre, il convient de souligner que le Conseil constitutionnel marocain ne statue donc pas sur la constitutionnalité d'une loi ou de l'opportunité des dispositions réglementaires (découpage, listes électorales, composition des bureaux de vote...) à l'occasion d'une contestation de l'élection d'un parlementaire. Pourtant, les textes relatifs aux élections – loi électorale, loi organique relative à l'élection de la Chambre des représentants, décret relatif au découpage électoral – ne sont pas à l'abri des critiques[1231]. Malgré cela, ils ne semblent pas être la cible des requérants, ces derniers regrettant plus le défaut ou la mal-application du droit que le droit lui-même. Se fondant sur le fossé séparant la norme de sa mise en vigueur jugée perverse, ils n'ont, semble-t-il, pas remis en cause le cadre juridique établi.

De ce fait, elles occupent une place de première importance dans la vie démocratique d'un Etat. Alexis de Tocqueville ne dit pas autre chose quand il écrit : en démocratie les lois électorales sont les plus importantes. Elles ne doivent pas changer trop souvent. On ne peut les toucher que lorsqu'elles

---

[1229] C.C.P décision 58-34. A.N Gard. 1re circ, 1958 Rebeuf. Ibid.

[1230] GUEYE (B.), « La démocratie en Afrique : succès et résistances », Pouvoirs, 2009/2, N° 129, pp.8.

[1231] Y. Fassi Fihri : Le Conseil constitutionnel et le contrôle des consultations populaires. Op. cit in Nadia bernoussi, l'évolution du processus électoral au Maroc, RDH op. cité p 360

4. Décision no 21/94 CC du 7.6.94. Op. cit.

sont dangereuses, mauvaises ou inefficaces[1232] . Bien entendu, « à cette phase, la prévention juridictionnelle des crises exige du juge constitutionnel, aujourd'hui plus qu'hier, ni myopie, ni angélisme, ni cynisme, ni iniquité. Il doit nécessairement faire preuve de rigueur et d'audace couplées de prudence et de vigilance »[1233].

Pour plus de clarté, le juge électoral ne devrait-il pas se limiter à contrôler l'issue de l'élection plutôt que ses actes fondateurs, qui sont d'une autre nature et surtout qui relèvent d'un contexte plus apaisé [1234]? L'instauration du contrôle de constitutionnalité par voie d'exception au Conseil constitutionnel statuant comme juge électoral, pourrait être une solution idoine des réponses en présence d'une inconstitutionnalité patente[1235].

Aussi, par ses décisions, le juge donne le sentiment qu'il n'est pas le recours indiqué contre les atteintes à la Constitution et surtout il ne nourrit pas le débat nécessaire à l'enrichissement de la constitution par voie électorale[1236], car le juge électoral est en principe appelé à exercer une activité interprétative et créatrice de normes qui s'intègre dans la définition donnée par Charles Eisenmann selon laquelle « *est auteur ou coauteur d'un acte, toute autorité qui participe de manière décisionnelle au processus d'édiction de l'acte, autrement dit toute autorité dont le consentement est indispensable à la formation de l'acte* [1237]».

La thèse du syllogisme judiciaire est aujourd'hui dépassée ; le jugement n'est plus un syllogisme, dont la prémisse majeure est la loi, la mineure, le fait et la conclusion la sentence[1238]. Le juge électoral dispose donc d'un pouvoir interprétatif parce qu'il dégage des principes qui s'insèrent dans le bloc de constitutionnalité et incite parfois à des révisions constitutionnelles. Il consacre, en effet, les évolutions de la société par la constitutionnalisation

---

[1232] Alexis de TOCQUEVILLE, De la démocratie en Amérique, Paris, France : J. Vrin, 1990. Cité par Mamadou SÈNE, op cité p 180

[1233] Ibidp p 180

[1234] Voir article du professeur Nadia bernoussi op. cit p 360

[1235] Guillaume FICHET, D'une révolution à l'autre : le droit électoral à l'épreuve de la question prioritaire de constitutionnalité (analyse de la décision du 12 janvier 2012 du point de vue des progrès du contentieux électoral), http://blogdroitadministratif.net/2012

[1236] MBAYE (A.), op. cit. p.4.

[1237] On peut remarquer à ce propos que cette formule signifie que le professeur Eisenmann renonce, à juste titre, à une distinction qu'il avait proposée dans sa thèse sur la Justice constitutionnelle en Autriche entre les pouvoirs du juge dans le cas d'une interprétation donnée in abstracto et dans le cas une interprétation in concreto. Il écrivait alors que le juge n'est constituant que s'il a le pouvoir de donner une interprétation « dans l'abstrait, en dehors de tout procès sur un acte ». En réalité, le Pouvoir du juge est le même dans les deux cas. Voir dans le même sens BRUNET (P.), « Le juge constitutionnel est-il un juge comme les autres ? Réflexions méthodologiques sur la justice constitutionnelle », in : La notion de justice constitutionnelle, sous. dir. de O. Jouanjan, C. Grewe, E. Maulin et P. Wachsmann, Paris, D., 2005, pp. 115-135.

[1238] TROPER (M.), op.cit., « Le pouvoir des juges constitutionnels », Publié dans laviedesidees.fr, 7 avril 2010, p.1 in Nadia bernoussi op. cit

de nouveaux droits politiques et incite aux réformes. Le fait est que les constitutions et les lois qui ne sont ni figées ni immuables ne sont pas, selon Royer-Collard, des « tentes dressées pour le sommeil ». Elles constituent plutôt « un cadre de significations au sein duquel les interprètes, principalement les juges, opèrent des choix et construisent des énoncés implicites qu'aucun texte n'exprime par nature[1239] ». De fait, le juge n'est plus un simple « vecteur de la loi », il en devient un véritable créateur.

La construction du droit étant aussi l'œuvre de politiques juridiques et d'audace jurisprudentielle – sur laquelle s'est d'ailleurs établi le Conseil constitutionnel – le juge constitutionnel ne pouvait manquer l'occasion d'investir la matière du droit électoral qui demeure un élément matriciel de la démocratie[1240].

## § 2. Une approche conformiste de l'élection

L'approche conformiste est visible d'une façon criante aussi bien au niveau du droit de saisine qu'au niveau de la formulation de la requête et de son fondement.

### A. Un droit de saisine étriqué

Le recours au contentieux électoral constitue la manifestation visible d'une adhésion aux procédures juridiques de règlement des conflits électoraux. On souligne souvent qu'en matière électorale, le Conseil constitutionnel peut être saisi très facilement. C'est un cas exceptionnel, car dans tous les autres domaines où il exerce une compétence, le droit de saisine est au contraire limité[1241].

En Afrique, le contentieux électoral est une affaire entre les candidats et les formations politiques, un contentieux dans lequel, pour l'opinion, le juge apparaît comme un arbitre entre les forces politiques en présence. Ce qui fait du contentieux électoral un contentieux sans électeurs pour reprendre les termes de Jean Claude MASCLET[1242]. Au Maroc, le droit de contester une élection appartient principalement conformément à l'article 82 de la loi organique relative à la Chambre des représentants aux électeurs et candidats qui sont inscrits sur les listes électorales de la circonscription dans laquelle il

---

[1239] GUASTINI (R.) cité par MERCIER (J.), in « Le droit constitutionnel réinterprété », Publié dans laviedesidees.fr, le 14 mai 2010, p.2.

[1240] Guillaume FICHET, D'une révolution à l'autre : le droit électoral à l'épreuve de la question prioritaire de constitutionnalité (analyse de la décision du 12 janvier 2012 du point de vue des progrès du contentieux électoral), http://blogdroitadministratif.net/2012

[1241] Louis FAVOREU, Loi Philip « les grandes décisions du Conseil constitutionnel », 6e édition, Sirey, 1991, p : 21.

[1242] MASCLET (J.C.), Rapport de synthèse, Colloque international sur le contentieux électoral et l'état de droit, Les Cahiers de l'Association Ouest-Africaine des Hautes Juridictions Francophone, p.45.

a été procédé à l'élection litigieuse aussi bien qu'au candidat titulaire. Le même recours est ouvert aux gouverneurs et au secrétaire de la commission nationale de recensement, chacun en ce qui le concerne.

En conséquence, est irrecevable toute requête qui est présentée par une personne qui n'est ni candidate[1243] dans la circonscription sur laquelle porte la requête[1244], ni inscrite sur les listes électorales dans cette circonscription.

Les personnes morales (associations et partis politiques) en sont privées ? Ces derniers n'ont pas de qualité juridique pour formuler un recours[1245] à l'instar des pays qui ont accordé l'accès au prétoire des personnes physiques et morales[1246]. Le juge constitutionnel considère irrecevable une contestation présentée au nom du parti de l'Organisation de l'Action démocratique et populaire contestant l'élection dans la circonscription de Tan Tan[1247].

De même, le Conseil a déclaré irrecevable la requête émanant du syndicat des professionnels du théâtre qui n'a pas qualité pour attaquer les décisions des bureaux de vote, des bureaux centralisateurs, des commissions préfectorales ou provinciales et des commissions nationales de recensement[1248].

Il aurait donc été normal de permettre à ces personnes morales d'intervenir pour défendre la régularité de ce même suffrage. Si cette conception devait l'emporter dans l'esprit public, on voit quel danger cela pourrait représenter pour le juge et pour la démocratie. En effet, l'argument de risque d'encombrement des juridictions ne semble pas assez pertinent pour limiter la saisine aux seuls candidats et électeurs. La possibilité pour les juridictions de mettre en œuvre une procédure de filtrage des requêtes est un remède qui permettrait d'éviter un quelconque encombrement[1249].

En effet, la majorité des juridictions constitutionnelles subissent un afflux exceptionnel de recours, auquel elles ne sont pas forcément préparées. Pour cela, les requêtes doivent faire l'objet d'une analyse préliminaire afin d'éviter une surcharge de travail difficilement supportable[1250].Le cas de la France est édifiant à cet égard. Un filtrage s'opère par le biais des commissions départementales de recensement pour l'élection du président de la République qui centralisent un nombre important de réclamations

---

1243 Décision du CC marocain n° 265 en date du 30/09/1998

1244 Décision du CC marocain n° 693 en date du 13/05/2008

1245 Décision du CC marocain n° 21/94

1246 La saisine de la Cour constitutionnelle du Gabon par les personnes physiques et morales est facultative. Elle porte sur les lois, les ordonnances et les actes réglementaires censés porter atteinte aux droits fondamentaux de la personne humaine et aux libertés publiques, que sur le contrôle de la régularité des élections.

1247 Décision du CC marocain n° 21/94 précitée

1248 Décision du CC marocain n° 419/2000

1249 MASCLET (J.C.), op cité p 46

1250 COLLIARD (J.-C.), « Le contentieux électoral », Séminaire UNIDEM sur l'"Organisation des élections par un organe impartial", Commission de Venise, Belgrade, 24-25 juin 2005, p.3

électorales. C'est là un mécanisme qui non seulement permettrait de soulager le juge électoral, mais aussi et surtout d'associer l'électeur au contentieux afin de respecter son droit légitime qu'est celui de choisir librement ses dirigeants. Il faut donc que l'électeur s'approprie le contentieux électoral et que celui-ci devienne un contentieux populaire[1251].

### B. Un formalisme excessif dans la recevabilité des requêtes

On constate donc que la saisine du Conseil constitutionnel est soumise à des règles de procédure, car leur non-respect a été souvent à la base du renvoi des requêtes. Le juge constitutionnel accorde autant d'importance aux conditions de forme qu'aux conditions de fond, car en droit la forme est aussi importante que le fond.

De ce fait, la juridiction constitutionnelle marocaine a rejeté les demandes omettant certaines conditions de forme considérées comme substantielles. En réalité, le Conseil constitutionnel s'est montré sévère à cet égard et a débouté un nombre important de requêtes ayant négligé de préciser les noms et prénoms du requérant[1252] ou de l'élu dont l'élection est contestée[1253], la signature du requérant[1254], l'adresse[1255] et la qualité des requérants[1256] ; ainsi que l'exposé des faits et les moyens d'annulation invoqués ». Toutefois, le Conseil constitutionnel français a admis une requête dont la signature n'a pas précisé sa qualité, car elle était « sans ambiguïté » « électrice et candidate » pour l'élection qu'elle contestait[1257].

---

[1251] A ce propos, COLLIARD (J.-C.) considère que « La démocratie étant l'affaire de tous, le contrôle de l'opération démocratique peut être ouvert à tous », COLLIARD (J.-C.), « Le contentieux électoral », Séminaire UNIDEM sur l'"Organisation des élections par un organe impartial", Commission de Venise, Belgrade, 24-25 juin 2005, p.3.

[1252] Décision du CC marocain n° 742 en date du 5 mars 2009 ; Voir aussi Décision du CC marocain n° 600 en date du 9 février 2005 ; Décision du CC marocain n° 693 n date du 13 mai2008 ; DC marocain n° 178 en date du 24 février 1998.

[1253] Irrecevable les requêtes qui ne contiennent pas le nom et prénom de l'élu dont l'élection est contestée (cf décision du CC marocain n° 440 en date du 13 mars 2001)

[1254] Décision du CC marocain n° 36 en date du 11 septembre 1970.

[1255] Décision du CC marocain n° 789 en date du 18 mars 2010. Voir aussi décision du CC marocain n° 663 en date du 28 novembre 2007.

[1256] Décision du CC marocain n° 693 en date du 13 mai 2008

[1257] C.C.P. n° 58-68/126 du 05 janvier 1959. A.N. Drôme, 3e circ., M. Paul DEVAL ET M. RUBICHON. Pour le contentieux des élections législatives de 1997, le Conseil constitutionnel français a décidé de demander la régularisation de la requête dans les cas où celle-ci se trouve entachée d'un défaut véniel susceptible d'être couvert en cours d'instance, tel que le défaut de signature manuscrite. La pratique antérieure était particulièrement sévère, car faute d'avoir régularisé spontanément et dans le délai de dix jours, le requérant se voyait opposer l'irrecevabilité. La pratique désormais suivie par le Conseil se montre beaucoup plus soucieuse de la volonté de ceux qui veulent contester une élection. C'est ainsi qu'un requérant a été admis en 1997 à régulariser sa demande en apposant sa signature sur le mémoire introductif d'instance présenté par son avocat (C.C 97 -2236, 18 novembre 1997 A.N Gers, 2e circ., Rec. Cons. const)

En revanche, il semble que le Conseil constitutionnel marocain à l'instar de son homologue français[1258] mène une politique plus libérale dans la mesure où il ne rejette les requêtes viciées dans ce sens que lorsqu'en plus, elles ne sont pas fondées[1259] ou que le grief dénoncé n'a aucune influence sur le résultat de l'élection[1260].

Ainsi parmi les 624 décisions rendues par le Conseil constitutionnel entre 1994 et 2009, 137 requêtes ont été rejetées pour vice de forme, soit un taux de 22 %. Il est difficile d'évaluer à ce jour l'ampleur des dysfonctionnements, fraudes et irrégularités que cette construction aura laissé prospérer dans la pratique électorale. Il s'agit d'une part significative qui s'explique à la fois par le manque d'une culture procédurale des requérants et par l'excès d'attachement au respect de la forme de la requête par le Conseil constitutionnel marocain.

Se cantonnant dans une situation jugée extrême, le juge constitutionnel marocain opte pour une solution de facilité au risque de voir toujours siéger au parlement des membres qui sont censés être évincés. De la sorte, la consécration d'une élection saine et transparente, clé de voûte de toute véritable démocratie est purement bafouée.

Il est donc souhaitable que le juge constitutionnel, sans se départir de sa rigoureuse pédagogie, instaure néanmoins les conditions d'un dialogue confiant et apaisé avec les justiciables. Le juge gagnerait à élaborer un guide processuel qui servira de référentiel au profit des chercheurs, praticiens, requérant ou toute autre autorité interpellée par la question du contentieux électoral. Ledit guide aura également le mérite de s'attaquer aux problèmes de fond et de contribuer à la vie du droit électoral, à son appropriation par le corps social et à son développement progressif.

### C. Une position disproportionnée par rapport à l'annulation

Il résulte des textes attribuant compétence au juge constitutionnel marocain en matière électorale qu'il ne peut prononcer que sur les recours

---

[1258] Décision no 24/94 CC en date du 7.6.94 BO no 4260 du 22.6.94, Décision no 27/94 CC en date du 7.6.94

[1259] Décision du CC marocain n° 330 en date du 28/09/1999 ; voir aussi DC n° 557 en date du 27/01/2004

[1260] « Le Conseil admet par exemple la recevabilité d'une requête, même si elle ne mentionne pas le nom du député dont l'élection est contestée, lorsqu'elle tend à l'annulation des élections à l'Assemblée nationale qui se sont déroulées à une date et dans une circ. qu'elle indique (Décision no 62 264 du 15.1.63 AN. Rhône, 6e circ ; no 68-506/515 du 17.10.68, AN, Alpes maritimes, 4e circ ; no 78-858/585 du 17.5.78, AN, Puy-de-Dôme, 1er circ) » Bien plus, « une requête est suffisamment explicite et, par suite, recevable, dès lors qu'elle traduit clairement l'intention de son auteur de contester une élection, même si elle ne contient ni une demande formelle d'annulation, ni le nom du député ou celui de la circ. (Décision no 73/711 du 24.5.73, AN, Ardennes, 3e circ) ». J. P.Camby, le Conseil constitutionnel, juge électoral. 5e édition, Dalloz, 2009

visant à mettre en cause une élection déterminée et non sur la régularité de l'ensemble des élections.

Le juge électoral est amené à s'interroger que sur la régularité des comportements qui ont concouru au résultat contesté. Cela le conduit à n'examiner, en fait, que les actes et les faits accomplis par le candidat élu, ceux qui peuvent lui être imputés et tous ceux dont il a pu être bénéficiaire sans se préoccuper de ceux accomplis par les autres candidats ou susceptibles de leur être imputés[1261].

On pourrait penser que la mission du juge électoral, même limitée au jugement des seules élections contestées, consiste à en contrôler la régularité, c'est à- dire à vérifier que les opérations qui y ont conduit se sont déroulées conformément au droit. Autrement dit, le juge exige et vérifie si les actes et les faits accomplis sont constitutifs de manœuvres (comportements licites ou illicites destinés à faire pression sur les électeurs ou à les tromper), ou de fraudes (comportements illicites visant à fausser le recensement des bulletins et le décompte des voix). Mais, il est bien rare que manœuvres et fraudes, même graves, soient par elles-mêmes, et en tout état de cause suffisantes pour entraîner, sur cette seule base, une annulation.

La seule hypothèse dans laquelle on peut dire avec certitude que le juge annule systématiquement l'élection contestée est celle du constat d'une cause d'inéligibilité du candidat élu, ou de son suppléant. Elle affecte nécessairement la régularité de l'élection puisque, par hypothèse, le candidat proclamé élu ne pouvait être élu. C'est la raison pour laquelle, d'ailleurs, l'inéligibilité est l'un des rares moyens susceptibles d'être soulevés d'office par le juge constitutionnel et, à tout moment, par les requérants[1262].

Face à un tel constat, le juge s'interroge sur le point de savoir, non pas s'il y a lieu d'annuler l'élection contestée en raison de la gravité des irrégularités constatées, mais s'il est opportun, en raison de leur incidence sur son résultat, de procéder à une nouvelle élection.

S'il a la conviction que, abstraction faite de ces irrégularités, ce dernier aurait été identique, il estimera qu'un nouveau recours aux électeurs ne s'impose pas et, en conséquence, refusera d'annuler l'élection contestée. Ce n'est que dans la mesure où il a la conviction que des comportements irréguliers ne permettent pas d'avoir la certitude qu'elle correspond à la volonté réelle des électeurs. Et, dans ce cas seulement, il prononcera l'annulation de l'élection contestée.

---

[1261] B Maligner, Droit électoral, Edition Ellipses, 2007

[1262] P. Ardant, Le contentieux électoral devant le Conseil constitutionnel et le Conseil d'État, p 25

## § 3. Une politique jurisprudentielle circonspecte et pondérée

### A. L'exigence de preuves tangibles

Le juge constitutionnel adopte une position prudente et libérale. Les chiffres sont éloquents, nous constatons que sur 424 recours examinés au fond, 343 (81 %) recours ont été rejetés pour absence de pièces justificatives.

En effet, toutes les requêtes rejetées ont en commun de se fonder sur des moyens insuffisants pour justifier une annulation de l'élection contestée, soit du fait de l'avance du candidat élu, soit, plus généralement, en raison du caractère peu convaincant des argumentaires produits. En fait, l'action du Conseil est animée du principe libéral selon lequel, une présomption de régularité habille toute élection, présomption ne tombant qu'avec l'apport d'une preuve, produite dans les délais et ayant une influence déterminante sur l'issue du scrutin.

À cet égard, le contentieux électoral ne saurait prétendre à une certaine infaillibilité, car en dépit de la gravité des faits invoqués, ceux-ci ne sont pris en considération que s'ils peuvent être prouvés matériellement. D'un côté, l'exigence de la preuve part d'une préoccupation de sécurité électorale du mandat dans la mesure où elle met l'élu à l'abri des recours dilatoires ou malveillants, et contribue alors à protéger ses droits[1263]. D'un autre côté – facette nettement moins avenante – l'obligation de fonder la requête et de mettre en exergue les moyens, fragilise le recours jusqu'à l'annihiler.

Il est vrai que la loi organique relative au Conseil constitutionnel prévoit dans son article 30 que le requérant doit annexer à sa requête les pièces produites au soutien de ces moyens. À défaut de constituer des moyens de preuve, elles peuvent tout au moins fournir un commencement de preuve. Elles permettent donc au juge d'orienter son enquête pour établir la véracité des faits. C'est certainement privé de cet élément utile pour son investigation, le juge a estimé qu'il « ne disposait d'aucun élément permettant d'effectuer une enquête ni d'évaluer l'ampleur des prétendues irrégularités. En conséquence, pour absence de preuve, le juge se refuse à opérer un examen de fond, ce que ne lui permet pas de donner la pleine mesure de son contrôle en dépit d'un riche potentiel.

Certes il appert des considérants formulés par le Conseil que les requérants n'ont effectivement présenté aucun commencement de preuve[1264] de leurs prétentions. À vrai dire, le contentieux n'entend pas à sanctionner la moindre peccadille. Avec la prudence nécessaire, il s'efforce de faire œuvre constructive. Il doit permettre au parlement de remplir sans retard excessif les fonctions pour lesquelles elle a été constituée.

Certes, cette défaillance dans la présentation des éléments de preuve est due à plusieurs facteurs notamment la brièveté des délais dont dispose le

---

[1263] N Bernoussi l'évolution du processus électoral au Maroc, RDH, 2005 op cité

[1264] Décision du CC marocain n° 378/2000

requérant (15 jours[1265]) pour pouvoir disposer de la matérialité de ses moyens et rédiger une requête bien formulée et bien fondée, ce qui rend difficile la préparation du dossier de la demande en annulation qui doit être complet. Cette complexité dans la préparation de la requête se justifie aussi par le changement dans la nature de la fraude qui est difficile à apprécier et à dénoncer. En revanche, l'élu, quant à lui, dispose de tout son temps pour préparer les éléments de sa défense. Cette inégalité est multipliée par deux si l'élu appartient à la majorité qui l'aide par l'administration en place »[1266].

D'autres difficultés sont inhérentes à ce que la recherche de l'irrégularité déterminante reste incommode lors de manœuvres difficilement quantifiables et que la preuve de l'existence et de l'influence de fraude incombe aux requérants. Pour la juridiction constitutionnelle, la preuve est attestée par des faits précis ayant une influence sur l'élection attaquée et non des allégations de caractère général[1267], flou[1268]... et pour la circonscrire, « les mentions aux procès-verbaux jouent un rôle essentiel[1269] ». Dans les cas les plus graves, le juge constitutionnel marocain « peut avoir recours à la technique du jugement avant dire droit avec enquête, nomination d'un rapporteur- enquêteur »[1270], le tout étant de vérifier dans quelle mesure, le contenu de la requête ressemble à la réalité et dans quelle mesure, l'irrégularité démontrée est-elle déterminante quant à l'issue du scrutin.

Il en ressort de ce qui précède que le rôle du juge électoral ne doit nullement se cantonner dans l'arbitrage passif entre les parties en litige. La haute instance est appelée à réhabiliter son pouvoir d'ordonner des mesures d'instruction en confiant à ses rapporteurs le soin de mener des enquêtes locales.

En somme, le constat suivant bien que réaliste demeure inquiétant : La timidité du juge, son manque d'audace, sa prudence et sa réserve résideraient dans cette volonté de ne pas arriver à annuler le scrutin alors que des occasions n'ont pas manqué. En fait, le faible taux d'annulation relevé dans la gestion du contentieux électoral par le juge électoral laisse soupçonner son manque de fermeté et d'audace. Un constat à nuancer quand on a la certitude qu' « aucune élection n'est totalement régulière ».

### B. L'obstacle de « la théorie de l'influence déterminante »

En statuant en matière électorale, le juge constitutionnel marocain à l'instar de son homologue français n'est pas vraiment libre. En effet, le Conseil utilise, en cas de contestation d'une élection, une méthode d'analyse

[1265] Ce délai est devenu 30 jours dans le cadre de la LOCC
[1266] F. Luchaire, Le Conseil constitutionnel. Op. cit. p. 309
[1267] Décision du CC marocain n° 760/2009 du 07 mai 2009.
[1268] Décision du CC marocain n° 556/2004
[1269] Voir dans ce sens la décision du CC marocain n° 597/2004
[1270] L. Philip : Cours de contentieux constitutionnel. Op. cit in Nadia Bernoussi op. cit

trop protectrice pour conclure à l'annulation d'une élection, c'est à dire il faut que les irrégularités soient d'une gravité et aient une incidence certaine sur l'issue du scrutin, autrement dit si elle en modifie les résultats.

Puisant directement dans l'expérience et la jurisprudence du Conseil d'État forgées dans le contentieux des élections locales, il a, dès le début, admis l'idée que les conséquences à tirer de l'existence de manoeuvres et d'irrégularités doivent s'apprécier aussi à l'aune de l'écart de voix entre le candidat élu et les autres[1271]. On comprend, dès lors, que « l'écart de voix » joue un rôle décisif dans le contentieux électoral, et en particulier dans la quête de la sincérité du scrutin, puisque celle-ci est censée être « le révélateur de la volonté réelle de l'électeur ». Pour le juge, les infractions à la législation électorale ne sont susceptibles d'affecter la sincérité du scrutin que si elles peuvent remettre en cause l'issue de la consultation. Le Juge de l'élection dispose ainsi d'une grande latitude d'appréciation des conséquences qu'il doit tirer des anomalies relevées. Il prend en compte l'ampleur des irrégularités, les comportements respectifs des candidats en lice et l'importance des écarts de voix les séparant[1272]. Dit abruptement, plus le différentiel de voix est important et plus il est difficile au Conseil d'affirmer que des fraudes, même criantes, aient pu avoir une influence décisive sur le scrutin[1273].

Au regard de la pratique jurisprudentielle devenue constante, l'office du juge électoral est particulier, car, au-delà de la matérialité de la fraude, il garde son libre arbitre, celui de déterminer le degré d'incidence de la fraude alléguée sur le résultat final du scrutin ; ce que Henry Roussillon qualifie de « jurisprudence de l'influence déterminante »[1274], ou de « jurisprudence de l'effet utile » pour reprendre une expression de Ferdinand Mélin-Soucramanien[1275]. De là s'est développé, au moins sur un plan prétorien, un principe qui guide l'action du juge dans le contentieux électoral, celui de « l'incidence significative sur le résultat du scrutin », qualifié par certains de « nouvelle tendance du juge électoral »[1276] ou de « tradition

---

[1271] Jean-Éric GICQUEL, Le Conseil constitutionnel et le mandat parlementaire, nouveaux Cahiers du Conseil constitutionnel n° 38, janvier 2013

[1272] BRUNO GENEVOIS, « Le nouveau rôle du juge de l'élection », *in* Revue *Pouvoirs*, n° 70 - septembre 1994 - Pages 69-71

[1273] Jean-Éric GICQUEL, Le Conseil constitutionnel et le mandat parlementaire, op cité

[1274] H. Roussillon, op. cit., p. 115. Aussi en ce sens, L. Favoreu et L. Philip, Les grandes décisions du Conseil constitutionnel, Paris, Dalloz, 1995, p. 27 ; C. Sietchoua Djuitchoko, « Introduction au contentieux des élections législatives camerounaises devant la Cour Suprême statuant comme Conseil constitutionnel », Juridis Périodique, n° 50, avril,-mai-juin 2002, p. 89

[1275] F. Mélin-Soucramanien, « Le Conseil constitutionnel, juge électoral », Pouvoirs, n° 105, 2003, p. 124.

[1276] A. D. Olinga affirme en effet qu'une autre tendance du contentieux électoral est l'objectivation progressive de la notion d'irrégularités n'entachant pas la sincérité du scrutin, in La Constitution de la République du Cameroun, Yaoundé, Presses de l'UCAC, 2006,

jurisprudentielle » pour d'autres[1277]. Il peut aujourd'hui, eu égard à son étendue et à sa prégnance, s'intégrer dans le « patrimoine commun des sociétés politiques modernes »[1278]. À ce titre, l'écart des voix reste un indice fondamental dans le calcul opéré par le juge[1279]. Si la victoire a été acquise à une large majorité, le juge est en droit de penser que les irrégularités constatées, même graves, n'ont pas exercé d'influence sur le résultat de l'élection. À l'inverse, mais seulement dans ce cas, si le résultat de l'élection contestée est « serré », le juge peut douter, qu'en raison des irrégularités constatées et décider, par voie de conséquence, qu'il y a lieu de prononcer l'annulation.

Le critère arithmétique de l'écart des voix, non lié à la gravité de l'infraction (la fraude) n'est pas nécessairement d'ordre qualitatif ; il serait plutôt d'ordre quantitatif en ce que c'est le « faible écart de voix » entre le candidat élu et le candidat battu qui s'avère déterminant.

Ainsi, le juge recourt à une logique presque comptable : il soustrait à l'avance du candidat élu le nombre de bulletins hypothétiquement viciés. Si l'avance du candidat élu est inférieure au nombre de bulletins soustraits, le juge est alors en mesure de rétablir la volonté réelle de l'électorat en invalidant l'élection. Donc, à condition de pouvoir déterminer avec exactitude le nombre de suffrages entachés d'irrégularités, le juge électoral cherche à rétablir, si possible, l'exacte volonté de l'électorat.

Toutefois, le Conseil constitutionnel marocain n'est pas en mesure de connaître avec précision l'étendue exacte de l'influence de telle ou telle irrégularité sur le choix de l'électeur. C'est ce qui explique son recours dans le contrôle qu'il exerce sur la sincérité des élections politiques à l'infime

---

p. 253 peut toutefois se poser la question de savoir si l'on peut objectiver une telle notion sans courir le risque de dénaturer le contentieux électoral qui, par nature, laisse une très large marge de manœuvre à l'appréciation du juge.

[1277] B. Maligner, « Les tribunaux administratifs et le contentieux des élections municipales ou la sérénité juridictionnelle et la passion politique », Les Petites Affiches, n° 116, 19 octobre 1983, p. 13.

[1278] Sur l'ensemble de cette problématique, voir L. Sindjoun, La formation du patrimoine constitutionnel commun des sociétés politiques. Eléments pour une théorie de la civilisation politique internationale, CODESRIA, Dakar, 1997. En ce sens aussi, voir P. Garrone, « Le patrimoine électoral européen, une décennie d'expérience de la commission de Venise dans le domaine électoral », RDP, 2001, n° 5, p. 1417-1454.

[1279] Dans la méthode du décompte des voix adoptée par le Conseil constitutionnel marocain à l'instar de son homologue français, le juge soustrait l'ensemble des bulletins irréguliers de la circonscription des voix de l'élu, et si malgré ce retrait, l'élu garde une majorité appréciable, il maintient son siège. Ainsi, que ce soit pour débouter la requête ou pour lui faire droit en l'annulant, la juridiction constitutionnelle a pratiquement toujours pris en considération l'écart des voix en rappelant à cet égard, que plus ce dernier est faible et plus la garantie d'exactitude s'en trouve amoindrie. Voir à ce titre J P Camby, le Conseil constitutionnel, juge électoral. 5 éme édition, Dalloz, 2009 p 31

écart des voix comme déterminantes (55, 60, 70)[1280] ; par contre il a tendance à estimer que l'irrégularité, qui demeure regrettable en elle-même, n'a pu altérer la sincérité des résultats si l'écart des voix est fort (600, 700, 800)[1281]. Cette jurisprudence semble être discutable. Elle ne permet de préserver réellement la sincérité du vote en ce sens qu'elle implique que plus la fraude est grande plus le résultat du vote sera considéré comme sincère[1282].

Ainsi plusieurs interrogations s'imposent ? Il n'est pas précisé ce qu'il faut entendre par écart important ? En se fondant sur l'arithmétique, il n'a jamais précisé ou simplement dit à partir de quel ''SEUIL'' un écart est considéré faible : 100, 200, 300[1283] ? Qu'est-ce qu'un faible écart de voix ? Faible par rapport à quoi ? À l'importance du corps électoral ? À la nature de la fraude ? À la fragilité supposée de l'électeur ?

Si le juge constitutionnel marocain semble avoir trouvé dans cette « théorie de l'influence déterminante et de l'écart de voix » un refuge confortable. Il y recourt presque systématiquement dans le contrôle des élections législatives directes et indirectes malgré la distinction des deux en raison de la nature du corps électoral et le nombre des candidats ainsi que le degré d'influence des irrégularités sur les électeurs. Cependant l'opération de soustraction de voix (l'écart de voix) peut être admise en tant qu'élément de preuve pour les élections législatives directes dans des cas où l'écart de voix entre le candidat élu et le candidat battu s'avère déterminant (flagrant), mais une telle technique semble être infime pour les élections législatives indirectes puisque le nombre des électeurs est très limité.

Ensuite, cette technique peut avoir un effet pervers puisque le juge se montre très réticent à annuler des scrutins irréguliers dont les résultats font apparaître un grand écart de voix, cela peut inciter certains candidats peu scrupuleux à utiliser des moyens illégaux qui leur conféreraient une confortable avance. Cette dernière devant théoriquement les mettre à l'abri de toute annulation. Plusieurs auteurs dénoncent ce risque de dérive. Pour **Bernard Maligner**, *« Cette jurisprudence incite les fraudeurs à faire toujours plus, de manière à créer un grand écart de voix* [1284]*»*.

Quant à **Dominique Rousseau**, il pense que *« Plus la fraude est importante, plus elle est productive de voix et plus l'élu se met à l'abri d'une annulation* [1285]*»*. Enfin, François **Luchaire** souligne que *« Toute élection acquise à une faible majorité devient suspecte et le contrôle du juge paraît*

---

1280 Décision du CC marocain n° 70-95 du 3/4/1995

1281 Décisions du CC marocain n° 211-98 ; n° 227-98 ; n° 211-98 R. El Moussaoui, « Le financement des partis politiques : entre exigence d'efficacité et impératifs de transparence et de moralisation », Actes du colloque » Les partis politiques au Maroc » Tangis 2005, p. 37.

1282 Richard GHEVONTIAN - Cahiers du Conseil constitutionnel n° 13 (Dossier : La sincérité du scrutin) - janvier 2003

1283 B. MALIGNER, Droit électoral, ellipses, 2007

1284 Bernard Maligner, La fraude électorale, Economica, Paris, 1986, p 50

1285 Dominique Rousseau, Droit du contentieux constitutionnel, op. cité, p 389-390

*dans ce cas plus minutieux. À l'inverse, une élection acquise avec une confortable majorité est difficilement attaquable, sa présomption de sincérité est considérable puisque celle-ci se mesure à l'importance de celle-là, le contrôle du juge paraît dans ce cas beaucoup plus lâche* [1286]*».*

En somme, l'appréciation de l'incidence effective des comportements irréguliers sur les résultats du scrutin est un exercice risqué. Particulièrement délicate, elle comporte, en tout état de cause, une bonne part de subjectivité.

Cette notion relève de l'appréciation souveraine du juge. En plus, le fait qu'il ait un silence des codes électoraux ou même leur lacune fait que le juge est seul maitre de son interprétation des faits qui lui sont soumis, et même si la violation de certains faits ou irrégularités est expressément sanctionnée par la loi, le juge se focalise plus sur l'impact de cette violation sur les résultats du scrutin que sur la violation elle-même[1287].

Il est souvent reproché au juge une tendance à minorer cette incidence[1288]. En plus, le fait de prendre en compte le seuil « écart des voix » signifie que le juge électoral se comporte en comptable de l'opération électorale. Ce qui confère à cette jurisprudence un caractère nécessairement subjectif, aléatoire et incertain. D'autant plus qu'un autre impératif se dessine dans la jurisprudence du Conseil constitutionnel. Il s'agit de l'impératif « d'utilité de la décision » qui fausse définitivement la logique du contrôle. Puisque « la décision utile », qui reste l'objectif permanent du Conseil constitutionnel, met ce dernier devant deux situations en cas d'irrégularités : soit jeter un voile pudique sur de nombreuses irrégularités prouvées et valider l'élection[1289]. Soit au contraire annuler l'élection pour sanctionner « le fraudeur » quitte de le voir triomphalement réélu 15 jours après.

La technique jurisprudentielle de « l'influence déterminante et de l'écart de voix est aujourd'hui fortement établie dans le contentieux des élections politiques. Elle éveille les critiques les plus vives formulées à l'encontre du juge électoral : Incompréhensions des justiciables, déni de justice voire injustice[1290]. Il leur est également reproché, en bloc, de se comporter en juges politiques ; de concentrer leur attention sur les élections les plus disputées, voire d'encourager leur contestation au détriment de celles acquises à une large majorité ; d'encourager, par leur manque de fermeté, une fraude massive ; de ne voir, dans le contentieux électoral, que des conflits de

[1286] François Luchaire, « Commentaire de l'article 60 de la constitution » in La constitution de la République française, Economica Paris, 1979, p 749-750

[1287] Stéphane GAUTHIER, cité par Mamadou, op cité p 253

[1288] Les candidats ont certainement sur la question un autre point de vue puisqu'ils n'hésitent pas à recourir systématiquement à certains procédés irréguliers notamment en matière d'affichage.

[1289] Sylvie Torcol, contentieux des élections législatives: réflexions autour d'un contentieux à risques, n°5, 2004

[1290] B. MALIGNER, Droit électoral, ellipses, 2007

personnes ; d'être trop timides de crainte d'être désavoués par les électeurs[1291].

Au total, il n'est pas interdit de penser que le droit jurisprudentiel positif n'est pas, en matière de contrôle de la sincérité du scrutin et d'annulation de l'élection, pleinement satisfaisant. Certains qualifient de regrettables les décisions du juge électoral basées sur l'utilisation abusive du principe de l'influence déterminante et de l'écart des voix. Les recours systématiques à ces techniques altèrent l'image du juge électoral. D'ailleurs, dans un témoignage récent portant sur la vie interne du Conseil constitutionnel, J. Robert exprime[1292] le malaise résultant de l'application de ce principe. Il a le mérite de mettre en exergue, au bénéfice de son expérience parmi les « neuf sages », que les manœuvres ou les fraudes électorales portent gravement atteinte à la moralité de l'élection et que le critère du grand écart à l'aune duquel le juge de l'élection, conclut à la sincérité de l'élection et à l'absence d'annulation du scrutin est, finalement, fragile sinon incontestable[1293].

### C. Le pouvoir de réformation abandonnée

Les textes et la jurisprudence reconnaissent au juge le pouvoir de rectifier les résultats de l'élection contestée[1294]. Lorsqu'il est en mesure d'apprécier l'incidence numérique exacte des erreurs ou irrégularités, même les plus vénielles, sur ces résultats il peut procéder à une substitution d'élus. L'article 35 de la loi organique du Conseil stipule que « lorsqu'il est fait droit à une requête, le Conseil Constitutionnel peut soit annuler l'élection contestée soit réformer les résultats chiffrés annoncés par la commission de recensement et proclamer le candidat qui a été régulièrement élu ».

Toutefois, il est bien rare que ce cas se présente. C'est la raison pour laquelle l'utilisation par le juge constitutionnel d'un tel pouvoir demeure exceptionnelle. La haute juridiction constitutionnelle n'a jamais usé de son pouvoir de réformation en refusant de se substituer au suffrage, même quand le décompte des voix allait inévitablement en faveur du requérant. Celle-ci préférera laisser aux élections partielles consécutives le soin de proclamer le candidat malheureux ou de reconfirmer l'élu peu scrupuleux[1295].

---

[1291] Jean-Marc Duval, Droit électoral, « La sanction des comportements irréguliers relevés au cours des opérations électorales, P.U.F. Revue française de droit constitutionnel, 2001/4 - n° 48

[1292] J Robert a écrit à cet égard que : « (...) de toutes les missions confiées au Conseil constitutionnel, cette qui m'a laissé, après neuf années de mandat, une curieuse impression de malaise, pour ne pas dire un sentiment désagréable d'insatisfaction, est, à n'en point douter, le contrôle de la régularité des élections législatives et présidentielles

[1293] J Robert, La garde de la République, Plon, 2000, spécialement page 154à 161

[1294] P. Ardant, Le contentieux électoral devant le Conseil constitutionnel et le Conseil d'État, précité ; B. Malinger, « Des conditions d'exercice du pouvoir de réformation du juge de l'élection », Mélanges R. Chapus, Montchrestien, 1992, p. 397.

[1295] Nadia Bernoussi, l'évolution du processus électoral au Maroc, op. cité

Le Conseil constitutionnel français, à ce jour, n'en a jamais fait utilisation, sans cependant que l'on puisse affirmer qu'il y ait là, de sa part, une position de principe. Il semble en effet que, dans une affaire récente, la mise en œuvre d'un tel pouvoir ait été sérieusement envisagée avant d'être abandonnée dans la décision finale, en raison de l'impossibilité de déterminer avec certitude l'incidence numérique exacte des agissements constatés sur les résultats de l'élection. Celle-ci fut finalement annulée[1296]. La réformation transforme donc le juge électoral en bureau de recensement parce qu'il doit pouvoir donner un résultat précis en termes de voix avant de proclamer le nouvel élu[1297]. Devant, une telle impossibilité matérielle, il reste au juge électoral le pouvoir d'annulation, qui, lorsqu'il est mis en œuvre, conduit à de nouvelles élections visant à rétablir la coïncidence entre la volonté du corps électoral et les résultats proclamés.

Nonobstant, il serait plus sage de s'inspirer de la jurisprudence du Conseil d'État qui dispose du pouvoir de rectifier les résultats du scrutin. Ce pouvoir, qui semble de prime abord donner au juge de l'élection, la faculté de se substituer à la volonté du corps électoral. En effet, après avoir imputé des suffrages aux candidats, le juge tire les conséquences de ces rectifications sur le résultat de l'élection. Ainsi peut-il, le cas échéant, attribuer les suffrages correspondants à des bulletins qui ont été écartés à tort à chacun des candidats qu'ils mentionnent et reconstituer le résultat de l'élection[1298]. Dans le cas contraire, il est amené tout au plus à annuler les opérations électorales dans leur ensemble[1299].

Ce pouvoir s'exerce dans des conditions différentes selon que les victimes ou les bénéficiaires des faits litigieux, des irrégularités, des manœuvres ou des fraudes sont identifiés ou inconnus. Mais, dans le premier comme dans le second cas, la technique de rectification[1300] employée par le juge de l'élection est la même : après avoir imputé des suffrages aux candidats, le juge tire les conséquences de ces rectifications sur le résultat de l'élection[1301].

---

[1296] CC, 3 février 1999, AM Bouches-du-Rhône, 9e, D 2000, Som.Com, p 295, obs R Gheventian

[1297] R. GHEVONTIAN, « La notion de sincérité du scrutin », op. cit., p. 68.

[1298] CE 20 février 2002, Él. mun. de Saint-Elie, M. Wellington et autres, Rec. T. p. 755.

[1299] CE 10 mai 1972, Él. mun. de Sarcelles, Rec. p. 357.

[1300] Pour s'en tenir à quelques exemples, il y a donc lieu de déduire des bulletins dans l'urne supérieurs au nombre des émargements ; d'électeurs irrégulièrement inscrits sur la liste électorale qui ont néanmoins participé irrégulièrement au vote ; de votes émis par des électeurs dont la radiation a été ordonnée par une décision de justice notifiée aux parties et aux autorités compétentes ; de votes irrégulièrement émis par procuration…

[1301] Selon B Maligner, l'attribution des rectifications ne soulève aucune difficulté particulière lorsque les bénéficiaires ou/et les victimes des irrégularités sont connus. Lorsqu'un suffrage a été à tort attribué à un candidat, il procède à une déduction réelle ou effective du nombre de suffrages recueillis par l'intéressé Il procède alors à une rectification réelle ou effective. En revanche, lorsque les bénéficiaires et/ou les victimes des irrégularités sont inconnus, il

Dans la majorité des cas, les conséquences des rectifications peuvent, aboutir à ne rien changer au résultat de l'élection, n'avoir qu'une conséquence numérique sur ce résultat sans modification de l'ordre des élus, nécessiter l'annulation d'un ou de plusieurs candidats proclamés élus à l'issue du scrutin qui perdent, à la suite des calculs opérés par le juge, la majorité requise.

## § 4. Un juge constitutionnel aux pouvoirs d'investigation contraignants

Les textes relatifs au Conseil constitutionnel sont faillibles et imprécis, car ils octroient à cette institution des pouvoirs d'investigations limités, des moyens d'enquête insuffisants.

Il appert de l'analyse des décisions du Conseil constitutionnel que le pouvoir du juge constitutionnel dans l'évaluation des faits et des preuves est entaché d'ambiguïté. Il est en disette de normes qui puissent l'amener à enclencher une procédure d'inspection dans les opérations électorales. Au lieu de répondre favorablement aux demandes qui lui ont été formulées, le juge constitutionnel s'est contenté de faire allusion, dans le contenu des décisions en matière électorale, de l'inutilité d'une quelconque enquête[1302]. Cet état des faits suscite des interrogations sur la notion d'enquête dans le travail du juge constitutionnel marocain. S'agit-il d'une simple audition des témoins (électeurs et membres des bureaux de vote) au sein d'une circonscription électorale objet de litiges ou d'un simple examen des procès des bureaux de vote au sein du tribunal de première instance de la circonscription où l'élection a eu lieu ou bien[1303] va-t-elle jusqu'à la mise en place de tous les moyens nécessaires pour mener une véritable enquête dont le Conseil mobilisera tous les moyens nécessaires pour enquêter dans toute sorte de litiges. Force est de constater que les décisions aux fins d'ordonner une enquête[1304] sont peu nombreuses par rapport aux décisions refusant[1305] d'ordonner une enquête sollicitée par le requérant.

---

procède à une imputation hypothétique. C'est-à-dire à une simulation, destinée à vérifier que les candidats élus ne doivent pas leur élection à ces irrégularités ou faits litigieux. À cet effet, les candidats élus, ainsi, le cas échéant, que ceux qui demandent à l'être, sont placés dans la situation la plus défavorable.

[1302] Décision du CC marocain n° 727/2008 en date du 25/12/2008

[1303] Peut- parler des mesures d'investigation sans auditionner les électeurs. Dans sa décision n° 192-98 en date du 27 mars 1998, le pouvoir d'investigation du Conseil s'est traduit par la mobilité de l'un des juges constitutionnels chargé de l'affaire au tribunal de première instance de la circonscription électorale objet de litiges et son examen des procès des bureaux de vote sans auditionner les témoins malgré que le recours en question se focalise principalement sur leur témoignage.

[1304] Décision du CC marocain n° 648 en date du 10/07/2007 ; Voir aussi la décision du CC marocain n° 105 en date du 12/03/1996

[1305] Décision du CC marocain n° 759 en date du 07/05/2009

D'après les entrevues menées avec des membres du Conseil constitutionnel, le refus de mobilisation des juges enquêteurs sur le terrain s'explique par le manque de moyens dont dispose le Conseil ![1306] Le juge constitutionnel en a fait quelques fois[1307], mais cela n'a pas pour autant abouti à des annulations[1308]. Sans oublier qu'à cause des moyens limités du Conseil, ces enquêtes traînent longtemps (parfois jusqu'à trois ans pour rendre une décision !).

De surcroît, le travail du juge constitutionnel, en matière électorale, peut être assimilé à celui d'un enquêteur judiciaire. Mais le problème qui se pose devant lui, c'est le fait qu'il n'a pas les mêmes moyens et la même formation, ce qui rend sa tâche un peu difficile. De plus, il peut même arriver que des documents électoraux soient saisis par une commission dérogatoire avant que le conseil ne puisse y avoir accès.

Le Conseil constitutionnel peut également se faire reprocher le refus de la communication d'un certain nombre de documents ayant servi à la prise de décision. Tout en mettant en avant sa volonté de protéger le secret du délibéré, il se justifie par le fait que ces documents ne peuvent être perçus comme une pièce détachable de ces délibérations et ne peuvent donc être communiqués ». En cas d'enquête judiciaire, le juge d'instruction ne peut pas bénéficier des éléments de l'enquête du rapporteur, il est obligé de recommencer l'enquête à zéro.

À cela s'ajoute le fait que la décision du Conseil constitutionnel ne peut être contestée, bien qu'il peut être induit en erreur, soit par manque de moyens ou d'informations. Donc, ses décisions ont l'autorité de la chose jugée. Cependant, en matière du contentieux électoral, l'autorité de la chose jugée pose problème, du fait que ce contentieux doit tenir compte des faits. In fine, les textes en vigueur rendent le contentieux électoral extrêmement fragilisé et le Conseil constitutionnel s'en retrouve dénué des moyens de sa jurisprudence.

Outre les moyens limités dont dispose le Conseil, l'enquête n'est diligentée que si les faits dénoncés dans le recours sont assortis d'un commencement de preuve[1309], si le dossier ne comporte pas suffisamment d'éléments pour forger la conviction du juge et enfin et surtout si la concordance et l'importance des faits incriminées sont susceptibles de motiver l'annulation de l'élection contestée.

En somme, l'originalité du contentieux électoral et les exigences de trouver des solutions en la matière contribuent à expliquer la grande liberté dont jouit le juge non seulement dans l'appréciation des faits, mais

---

[1306] Propos recueillis lors de mon entretien avec quelques membres du Conseil constitutionnel marocain.

[1307] *Décision* du CC marocain n° 64-95 ; du CC marocain n° 67-95

[1308] Décision du CC marocain n° 105-96 et décision du CC marocain n° 113-96

[1309] Décision du CC marocain n° 396 en date du 07/06/2000

également dans la possibilité d'écarter une enquête demandée, de refuser l'audition de témoins, de traiter les requêtes avec une certaine rigueur formelle. D'une manière générale, le principe de contradiction des débats et de leur publicité est très atténué, voire complètement anéanti.

## SECTION 4. L'OFFICE DU CONSEIL CONSTITUTIONNEL, JUGE ÉLECTORAL : LA PRIMAUTÉ DE LA SINCÉRITÉ SUR LA LÉGALITÉ

L'élection est considérée comme le mode quasi universel d'exercice du pouvoir politique et comme l'instrument qui fonde et légitime le pouvoir politique. Sa régularité est une exigence fondamentale à laquelle doivent satisfaire les opérations électorales. Toute la législation relative aux élections consacre cette exigence comme une nécessité en vue d'éliminer tout acte ou tout comportement susceptible de porter atteinte à la liberté, à l'objectivité et à la sincérité du scrutin.

Le contentieux est donc consubstantiel aux élections tout comme l'élection le serait à la démocratie selon la célèbre formule de Jean Gicquel[1310]. Il purge, en effet, le scrutin de tous les vices susceptibles d'entacher la légitimité interne et internationale des élus. Ce contrôle est donc indispensable dans l'intérêt des candidats et des électeurs qui sont de plus en plus attachés à un contrôle rigoureux de ces opérations, afin que leur choix s'exerce dans des conditions suffisantes de liberté et de sincérité.

Ainsi, l'existence des recours électoraux en matière électorale présente une garantie fondamentale dans un système démocratique. Le contentieux électoral interpelle directement le juge. Il lui pose la question de la signification de son action[1311]. En intervenant de façon plus ambitieuse en matière de contentieux électoral, le juge se contente de vérifier l'application conforme, transparente et loyale, des règles du jeu politiques. Il n'est pas aisé d'apprécier l'attitude du Conseil constitutionnel marocain dans sa tâche délicate de juge des élections de sanctionner l'élu, en cas de grief confirmé, ni de cerner exactement la nature de sa mission. Le juge électoral marocain n'est-il pas un juge de la régularité ? Sera-t-il un strict applicateur du droit ou plutôt un simple juge « de la sincérité de l'élection » ou est-il moralisateur de la vie politique ? Le juge constitutionnel marocain, en tant que juge électoral s'est-il acquitté de son obligation de veiller au respect du choix des électeurs ?

---

[1310] J. GICQUEL, « Le contentieux des élections parlementaires en droit comparé », Nouveaux Cahiers du Conseil constitutionnel,, n°41, octobre 2013, p.191.

[1311] Francis DELPEREE, le contentieux électoral, collection « que sais-je », 1998 p 12

## § 1. Le juge électoral marocain n'est pas juge de la régularité de l'élection

Il faut commencer par dire que toute élection est présumée être régulière. Et le juge électoral ne peut se saisir de lui-même d'un scrutin quand bien même il estimerait irrégulier.

Même si la Constitution marocaine dans son article 132 assigne à la haute juridiction constitutionnelle marocaine de « veiller à la régularité » des élections, en réalité la haute instance ne peut qu'en assurer la sincérité. Cela implique que toute violation des textes législatifs et règlementaires lors du processus électoral n'entraine pas systématiquement une remise en cause des résultats du scrutin.

Saisi par les requérants, le juge de l'élection ne sanctionne pas la moindre peccadille entachant les opérations électorales. En fait, la seule hypothèse dans laquelle on peut dire avec certitude que le juge annulera une élection est celle ou une cause d'inéligibilité frappe le candidat élu[1312]. En dehors de cette hypothèse, les infractions se révèlent le plus souvent sans conséquence sur les résultats du scrutin. En conséquence, nous pouvons constater à travers plusieurs exemples jurisprudentiels que le Conseil constitutionnel marocain adopte l'idée de la présomption de la validité du scrutin. Une présomption qui l'amène davantage à rejeter parfois la quasi-totalité des demandes d'annulation des élections en présence même de certains éléments qui devraient le pousser à lancer une enquête.

La juridiction constitutionnelle s'accroche à la prudence en opposant l'irrecevabilité quand les requêtes dénoncent des irrégularités graves (*composition irrégulière des bureaux de vote*[1313] *intervention de l'administration*[1314]*, renvoi des scrutateurs*[1315]*, atteinte au secret de vote*[1316] *...).*

On imagine difficilement le juge invalider un scrutin, et ainsi faire tomber le choix des électeurs, pour des violations minimes du droit électoral (affiches d'un format supérieur aux limites fixées par le code électoral ...). Cette mansuétude bien compréhensible concerne toutes les étapes de l'élection, du déroulement de la campagne au scrutin lui-même et à la détermination des résultats. C'est ainsi que l'apposition d'affiches de propagandes en dehors des emplacements spéciaux réservés à cet effet en

---

[1312] L'inéligibilité est d'ailleurs l'un des rares moyens à pouvoir être soulevé d'office par le juge électoral. Voir dans ce sens décision du CC marocain n°438 en date du 21 février 2001. Voir aussi DC du CC n°802/2010. Voir également la décision du CC marocain n°762-09 du 02 juin 2009.

[1313] Décision du CC marocain n° 582 en date du 03/08/2004.

[1314] Décision du CC marocain n° 763 en date du 08 juin 2009.

[1315] Décision du CC marocain n°692 en date du 13/05/2008

[1316] Décision du CC marocain n°572 en date du 08/06/2004

méconnaissance de l'article 29 de la loi organique relative à la chambre des représentants n'est pas un grief justifiant l'invalidation du scrutin[1317].

On constate donc que le réalisme électoral interdit au juge de l'élection de faire droit aux requérants demandant l'annulation au motif que le bureau de vote ait fermé quelques minutes avant l'heure règlementaire, les privant ainsi de la possibilité d'exercer leur droit de vote[1318]. Le juge n'est en mesure, non plus, d'annuler les résultats du scrutin si plusieurs bureaux n'ont pu être ouverts à huit heures en violation de l'article 69 de la LO de la Chambre des représentants[1319]. Même des manquements aux procédures de contrôle durant le scrutin tel des bulletins comptabilisés comme blancs ou nuls, mais sans être joints aux procès-verbaux ou sans être signés par les membres des bureaux de vote, empêchant tout contrôle de la liste de recensement, restent sans influence sur la validité du scrutin dès lors que ces omissions n'ont pas revêtu un caractère systématique.

En effet, et on touche ici un fait central, pour affecter le scrutin il convient que les irrégularités aient une influence tangible sur le résultat des opérations électorales en profitant au candidat élu[1320]. C'est dire qu'une petite infraction –comme peut l'être une affiche électorale apposée sur un emplacement prohibé- n'est pas par elle-même suffisante pour influer sur les résultats et ne saurait en conséquence justifier l'invalidation d'une élection[1321].

D'ailleurs des infractions mineures, mais persistantes peuvent aussi, à la longue, influer sur le résultat et justifier une sanction sur le plan du jugement de l'élection. La non-classification des bulletins de vote nuls et ceux faisant l'objet de contentieux[1322] ou la non-lacération des bulletins de vote est une manœuvre susceptible d'avoir « une influence significative sur l'issue du scrutin », justifiant son annulation, si ces agissements revêtent un « caractère systématique »[1323].

Inversement, la gravité intrinsèque d'une irrégularité n'implique pas nécessairement la sanction du juge de l'élection dès lors que cette infraction est isolée. Ainsi l'impossibilité pour les délégués d'exercer leur contrôle et de consigner leur réclamation aux procès-verbaux[1324], l'interdiction faite à un candidat de se rendre auprès d'un bureau de vote n'ayant pas d'effet sur le résultat de l'élection ou encore le cas d'expulsion du bureau de vote des délégués des candidats et que malgré l'annulation des voix dans ce bureau de

---

[1317] Décision du CC marocain n°49 en date du 22 novembre 1994
[1318] Décision du CC marocain n°517 en date du 10 juin 2003
[1319] Décision du CC marocain n°362 en date du 06 janvier 2000
[1320] Décision du CC marocain 570/2004 du 25 mai 2004
[1321] Décision du CC marocain n°49 en date du 22 novembre 1994
[1322] Décision du CC marocain n°385 en date du 29 mars 2000
[1323] Décision du CC marocain n° 770 en date du 29 mars 2009.
[1324] Décision du CC marocain n° 184/1998

vote, il n'est pas établi que cela ait un effet déterminant sur les résultats du scrutin[1325].

Ainsi, de nombreuses raisons sont susceptibles d'expliquer le faible taux d'invalidation des épisodes électoraux. Les chiffres sont éloquents ; deux décennies d'exercice jurisprudentiel, le juge électoral a annulé 77 élections sur 729 recours représentant 11 % du nombre total des requêtes électorales couvrant la période de 1994-2011. En fait, le juge constitutionnel est animé du principe libéral selon lequel une présomption de régularité habille toute élection, présomption ne tombant qu'avec l'apport d'une preuve, produite dans les délais et ayant une influence déterminante sur l'issue du scrutin.

Le juge de l'élection est régulièrement amené à reconnaître l'existence d'irrégularités, parfois sérieuses, sans pour autant invalider le scrutin. Le faible taux d'annulation n'est donc pas dicté par l'absence de preuves avérant des manœuvres électorales, mais simplement par le respect du choix des électeurs.

Ce pragmatisme ne peut être compris qu'à partir du moment où l'on conçoit que la régularité formelle des opérations électorales n'est qu'un indice au service des juges dans le jugement de l'élection. C'est pourquoi le juge n'est pas tenu d'annuler un scrutin ayant souffert d'infractions. C'est aussi pourquoi il peut annuler un scrutin en raison d'une manœuvre non directement prohibée par le Code électoral, mais visant à influencer le choix de l'électorat[1326] ou la liberté de vote[1327].

On peut critiquer cette approche qui peut aboutir in fine à blanchir de graves irrégularités. Mais on peut aussi penser que cette démarche révèle pour le juge un souci de respecter la volonté des électeurs et, dans le cas où celle-ci apparaît suffisamment explicite, d'éviter de déplacer à nouveau et en vain le corps électoral. En effet, comme le souligne l'ancien sage, *« pourquoi demander aux électeurs de venir voter une nouvelle fois, c'est-à-dire refaire leur copie, ce qu'ils n'aiment pas, si les résultats du premier scrutin doivent être, ce qui arrive souvent, confirmés par le second ? »*[1328].

En définitive, le juge constitutionnel est appelé à vérifier la légalité du processus électoral et s'assurer de l'absence des irrégularités et autres fraudes ou tripatouillages nuisibles à la régularité électorale. Du reste, la fiabilité des résultats définitifs dépend de la scrupuleuse vérification juridictionnelle des phases opérationnelles des élections, y compris la proclamation définitive. La mission du juge électoral se résume certes à assurer le respect du suffrage universel, mais il doit par ailleurs veiller à la légitimité politique des élus, car comme le souligne le professeur Luc

---

[1325] Décision du CC marocain n°385 en date du 29 mars 2000

[1326] Décision du CC marocain n°363 en date du 18/01/2000. Voir aussi la décision du CC marocain n°97 en date du 29/11/1995

[1327] Décision du CC marocain n°720/2008

[1328] J. Robert, La garde de la République, op cité p 157

Sindjoun, la souveraineté nationale s'exprimant à travers l'élection[1329]. La régularité électorale, une fois acquise, est incontestablement l'authentique source de la légalité et de la légitimité de tout pouvoir dévolu par voie du suffrage universel dans un État de droit démocratique libéral.

Aussi, cette réflexion de Jean Foyer, commentant l'un des préceptes de Montesquieu renseigne-t-il davantage sur la signification de l'office du juge: « Juger est, comme le terme l'indique, une opération d'intelligence plutôt qu'une opération de volonté; elle est la constatation qui doit être impartiale de fait dont la loi, par voie générale a déterminé par avance la conséquence juridique[1330]». Au demeurant, le haut juge est la pierre angulaire de la régularité électorale, notamment à travers une exemplarité juridictionnelle et la qualité de ses décisions.

## § 2. Le juge électoral, juge de la sincérité des résultats du scrutin

La notion de " sincérité du scrutin " est, sans doute, l'une des plus répandues du droit électoral. Le juge électoral, quel qu'il soit, l'utilise très fréquemment dans ses décisions et lui fait même jouer un rôle majeur puisque c'est son respect ou son atteinte qui détermine, le plus souvent, le sort du contentieux en cours.

Ainsi après avoir déterminé la portée et les contours du concept de la sincérité du scrutin et les principes garantissant son respect, il importe de préciser par la suite la notion de la technique de l'influence déterminante, d'en rechercher les fondements juridiques et les finalités dans l'appréciation de la sincérité du scrutin.

### A. La notion de sincérité du scrutin

La notion de sincérité du scrutin a pour unique objet de préserver la volonté des électeurs. Le juge doit vérifier que le vote du corps électoral, qui n'est autre que la traduction matérielle de sa pensée, n'a pas été trompé ou modifié par des agissements ou des manœuvres frauduleuses. C'est pourquoi la régularité des opérations électorales n'est pas une fin en soi, mais seulement un critère permettant d'apprécier la sincérité globale d'une

[1329] INDJOUN L., Les grandes décisions de la justice constitutionnelle africaine : Droit constitutionnel jurisprudentiel et politiques constitutionnelles au prisme des systèmes politiques africains, Bruxelles, Bruylant, 2009, p. 493 cité par p Diane Mandeng op cité p 349

[1330] Jean FOYER. La justice : histoire d'un pouvoir refusé, Pouvoirs n°16, 1981 reprise in P. Fraissex, Droit Constitutionnel, Vuibert, 6e édition, 2013, p 10 cité par Stéphane GAUTHIER op cité.

élection[1331]. C'est à juste titre que Richard Ghevontian définit la sincérité du scrutin comme « le révélateur de la volonté réelle de l'électeur »[1332].

Une opération électorale vierge d'éléments contestables est par conséquent sincère. En revanche, lorsqu'elle se trouve entachée d'irrégularités, sa sincérité peut être remise en cause[1333].

Le respect de la sincérité du scrutin impose au juge d'adopter un raisonnement original *« La mission du juge n'est pas de vérifier objectivement la régularité de l'élection, mais de rechercher si sont fondées les critiques portées par le requérant contre les résultats[1334] »*. Pour cette raison, la constatation d'une irrégularité ne conduira pas pour autant le juge à prononcer l'annulation du scrutin s'il estime qu'elle n'a pu avoir une influence suffisamment déterminante sur les résultats.

Il convient de souligner que la mission du juge électoral n'est donc pas de s'assurer que la règlementation a fait l'objet d'une stricte application, mais de vérifier que la sincérité du scrutin a été préservée et que l'électeur a clairement et librement manifesté sa volonté.

C'est pour cela que les infractions au Code électoral donneront donc lieu à l'annulation de l'élection à la seule condition qu'elles aient pu par leur gravité, leur répétition ou leur nature, porter atteinte à la liberté et la sincérité du scrutin ; et donc à la liberté de choix des électeurs[1335]. Dès lors, tout aussi grave que soit une fraude ou une manœuvre, ou tout aussi vénielle que puisse être un manquement aux règles sur le format des affiches électorales, il importe qu'elles soient de nature à remettre en cause l'issue de la consultation. Le juge électoral est simplement juge de l'authenticité des résultats du scrutin, de la sincérité collective des élections. L'annulation n'est donc pas dictée par le nombre d'irrégularités, ni même- contrairement à ce que l'on pourrait penser- par leur gravité intrinsèque, mais en raison de l'impossibilité d'attester de la réalité des résultats électoraux[1336].

La méthode utilisée par le juge électoral est qualifiée de réaliste, car elle ne vise pas seulement à rechercher et à sanctionner les irrégularités. Dans la pratique jurisprudentielle, la mission du juge tient plus à la sincérité du scrutin qu'à la régularité du scrutin comme l'ont bien démontré Georges de Grandmaison[1337], Marie France Boulte et Christophe Parent[1338]. Pour ces

---

[1331] B Maligner, op cit p 75

[1332] GHEVONTIAN R., « La notion de sincérité du scrutin », op. cit., p. 8.

[1333] Jean Pierre CAMBY, p 20

[1334] Phillipe Ardant, op cité p 79

[1335] Décision du CC marocain n° 646/2007 ; Voir aussi la décision du CC marocain n°706/2008.

[1336] Christophe Parent, Office du juge constitutionnel, revue de droit public, n° 5-2011

[1337] Georges De GRANDMAISON et Marie-France BOULTE, « Le contrôle des élections législatives par le Conseil constitutionnel », Dalloz-Sirey, 1973, Chronique IV, p. 53-58.

[1338] Christophe Parent, « L'office du juge électoral », Revue de Droit public et de science politique en France et à l'étranger, septembre 2011, n° 5, p. 1213. Cité par Mamadou SÈNE op cité p 244

auteurs, la mission du juge n'est pas de se focaliser objectivement sur la conformité des actes de vote de l'électeur à la réglementation électorale mais de rechercher si les irrégularités invoquées par les requérants ont eu une influence déterminante sur les résultats du scrutin. C'est à juste titre qu'ils soutiennent que le juge électoral est non seulement juge du droit quand il y a une violation de la loi électorale, mais aussi juge de l'équité en se basant sur les faits[1339].

Ainsi en délaissant le terrain de la régularité des opérations électorales au profit de la seule sincérité du scrutin, le juge se pose non en gardien de la loi électorale-, mais en garant de l'expression démocratique[1340]. De la sorte, il n'est plus tant la « bouche de la loi » que celle du suffrage. Reste qu'il ne faut pas laisser penser que la mission du juge est réductible à la seule bonne fin du processus démocratique qui fait de lui la voix des électeurs[1341]. Le juge de l'élection assume aussi une mission plus classique, proprement juridictionnelle, celle d'arbitre entre deux parties qui en appellent aux juges pour trancher leur litige. Or cet arbitrage juridictionnel, conditionné par la théorie de l'effet utile, se fonde non sur la loyauté, mais, plus modestement, sur l'équité de la compétition électorale et révèle en conséquence une approche restrictive de la mission du juge ; quitte à mettre au second plan la protection des électeurs[1342].

Toute la question est alors de savoir ce qui permet de garantir cette sincérité du scrutin. Et il faut bien reconnaître, qu'ici, la réponse n'est pas aisée tant les cas retenus par la jurisprudence du Conseil constitutionnel sont nombreux et variés. En réalité, en y regardant de près, on s'aperçoit que cette notion en apparence éclatée trouve son unité autour du principe de l'égalité la liberté du vote, la loyauté du scrutin, le caractère secret du vote, le principe de la moralité électorale. Ces principes sont d'ailleurs si importants qu'ils font l'objet, dans la plupart des démocraties respectueuses de l'État de droit d'une consécration constitutionnelle.

### B. Les principes garants de la sincérité du scrutin

La démocratie ne se conçoit pas sans des élections respectant les principes sur lesquels repose le droit électoral. Les cinq principes du patrimoine électoral européen sont le suffrage universel, égal, libre, secret et direct ainsi que la périodicité des élections. S'inscrivant dans la même lignée que ses congénères européens, le juge constitutionnel marocain se livre à des

---

[1339] Cité par Mamadou SÈNE, la juridictionnalisation des élections nationales en Afrique noire francophone: les exemples du Bénin, de la Côte d'Ivoire et du Sénégal. Analyse politico-Juridique, thèse soutenue à l'université de Toulouse en 2017 p 244

[1340] Christophe Parent, Office du juge constitutionnel, revue de droit public, n° 5-2011 cité par Cité par Mamadou SÈNE op cité

[1341] L Phillip, « Le Conseil constitutionnel, juge électoral », pouvoirs, n°13, 1980

[1342] P CAMBY Le Conseil constitutionnel, juge électoral. Op cit p 102

analyses de sincérité en se prononçant sur des droits politiques-ceux des électeurs, des éligibles et des élus- en vue de rétablir à tout prix la vérité électorale par le biais de la mise en place de l'égalité et de la liberté qui doivent gouverner toute l'opération électorale. D'autres principes récemment répertoriés par le juge constitutionnel viennent les compléter, à savoir, ceux du secret du vote, de moralité du scrutin, de loyauté et de dignité[1343] du scrutin.

Les principes d'égalité et de liberté du scrutin sont deux principes de droit électoral largement reconnus par la doctrine[1344]. Dans ce sens, Jean Claude Masclet précise que les différentes branches du contentieux électoral sont au service de deux impératifs majeurs qui dominent l'ensemble du droit applicable et les solutions judiciaires. D'abord l'égalité qui implique l'égalité entre les électeurs ou universalité du droit de suffrage, l'égalité entre les candidats ou listes en présence, laquelle suppose la neutralité des autorités intervenant dans l'organisation du scrutin et une réglementation appropriée de la propagande électorale. Ensuite la liberté qui est celle du vote, assurée par le secret du vote, et qui est aussi celle de la candidature[1345].

Ces principes permettent au juge de disposer d'une marge de manœuvre assez considérable. L'égalité et la liberté ne constituent en fait que des paravents bien pratiques pour pouvoir appliquer tout un dispositif de règles propres au contentieux électoral[1346]. Celles-ci tirent leurs origines de la constitution et des textes qui régissent les élections législatives : principe de représentation politique, d'universalité du suffrage, d'égalité des candidats, de sincérité du vote, oriente le cours du contentieux électoral, le soumet à un certain nombre de contraintes et le légitime tout en lui donnant une signification démocratique ».

Certaines réclamations des candidats comportent des griefs qui auraient pu offrir au juge l'occasion de s'appuyer sur tous les principes du droit électoral qui, ensemble, concourent à garantir la sincérité du scrutin.

Quelle est donc la portée de ces principes, leur contenu et finalité. Celles-ci ne peuvent être identifiées que par un examen minutieux de la jurisprudence du Conseil constitutionnel et des situations de fait qui en sont à l'origine.

---

[1343] Pour le principe de dignité du scrutin récemment utilisé par le conseil constitutionnel marocain lors du contentieux électoral de 2011 (voir les détails dans la section réservée à l'examen du contentieux électoral de 2011)

[1344] Voir dans ce sens Jean Pierre Camby, « l'utilisation des listes électorales à des fins de propagande », LPA, n° 18, 2003, p 19. ; Dominique Rousseau « Droit du contentieux constitutionnel », Montchrestien, Paris 7e éd 2006 p 357 et s.

[1345] MASCLET (J.C.), Rapport de synthèse, Colloque international sur le contentieux électoral et l'Etat de droit, Les Cahiers de l'Association Ouest africaine des Hautes Juridictions Francophones, 14-16 mai 2002, p.41.

[1346] Stephan Guathier, Le juge judiciaire, juge électoral, 2007 p 242

1. Le principe d'égalité

D'une manière générale, le principe d'égalité joue un rôle majeur dans la conception démocratique de l'État de droit, comme l'atteste la place que le Conseil constitutionnel marocain lui accorde dans sa jurisprudence. À ce niveau, le juge constitutionnel resserre les mailles de son contrôle pour éviter tout arbitraire ou atteinte au principe d'égalité.

Le contrôle de la sincérité de l'élection des membres du Parlement constitue pour le Conseil constitutionnel l'occasion de dégager des règles et des principes qui vont dans le sens de la sauvegarde des droits et libertés politiques des électeurs et des candidats lors de la compétition électorale. Le Conseil constitutionnel français a rappelé dans une décision que la qualité de citoyen ouvre le droit de vote et l'éligibilité dans des conditions identiques à tous ceux qui n'en sont pas exclus pour une raison d'âge, d'incapacité ou de nationalité, ou pour une raison tendant à préserver la liberté de l'électeur ou l'indépendance de l'élu ; que ces principes de valeur constitutionnelle s'opposent à toute division par catégories des électeurs ou des éligibles ; qu'il en est ainsi pour tout suffrage politique[1347]. Il en résulte que le suffrage est universel et égal.

L'égalité se traduit donc doublement en matière électorale puisqu'elle concerne à la fois les acteurs en jeu notamment les électeurs (a) et les candidats (b). Leur respect doit être de rigueur afin de permettre à ces derniers de s'organiser pour accomplir leurs droits civiques.

*a) L'égalité des candidats*

Le principe d'égalité des candidats connaît de nombreuses applications dans la jurisprudence du Conseil constitutionnel marocain.

Ce principe a été mis en valeur par le Conseil à raison du refus de l'autorité administrative d'inscrire un candidat ayant obtenu gain de cause devant le tribunal de première instance. Le Conseil constitutionnel considère que le refus de l'autorité locale en la personne du gouverneur d'appliquer une décision judiciaire annulant sa propre décision constitue une violation manifeste d'un « droit fondamental garanti par la Constitution et les lois qui la complètent, outre le fait qu'exclure irrégulièrement un candidat de la concurrence électorale est susceptible de porter préjudice au libre choix des électeurs et à la crédibilité du scrutin »[1348].

La teneur de ce considérant montre la rigueur et la témérité dont fait preuve le juge dans son contrôle de cette période préélectorale en veillant au strict respect du principe d'égalité entre les candidats.

---

[1347] Rec. p. 66, cons. n° 7. Cette formule sera en partie reprise dans la décision n° 98-407 DC du 14 janvier 1999, Quotas par sexe II, (Rec. p. 21) dans laquelle le Conseil constitutionnel précisera qu'aucune distinction ne peut être opérée entre électeurs ou éligibles « en raison de leur sexe ».

[1348] Voir dans ce sens les décisions du CC marocain n° 185-98 et n° 401/2000

Il importe de souligner également que le droit de candidature et la liberté de choix des électeurs revêtent une place centrale dans la jurisprudence du Conseil constitutionnel. Leur violation conduit le Conseil à annuler une décision de sanction irrégulière de l'autorité administrative compétente ayant repoussé la déclaration de candidature présentée par un candidat, au motif que ce dernier n'a pas été présenté dans les délais arrêtés par l'administration alors que le délai est prescrit par la loi. Par la même occasion, le Conseil a annulé le jugement du tribunal qui a rejeté le recours du même candidat contre la décision de l'autorité administrative précitée. Pour le Conseil, le tribunal « n'a pas épuisé tous les moyens d'investigation qui lui sont régulièrement permis afin de vérifier la véracité des allégations du requérant « relatives au refus par le service du Trésor public de percevoir le montant du cautionnement remis, pendant le délai légal, par l'épouse du candidat absent en mission. Le Conseil estime à ce propos que le tribunal n'a pas valablement motivé sa décision et n'a pas, par conséquent, établi ladite décision sur un fondement juridique valable ».

Le Conseil avait souligné à ce propos que « *le fait d'exclure irrégulièrement un candidat de la compétition électorale constitue, d'une part* une violation manifeste et délibérée *à un droit fondamental garanti par la Constitution et les lois organiques qui la complètent de tous les citoyens et qui réside dans le droit à la candidature, et d'autre part, une atteinte à la liberté des électeurs et la possibilité de leur donner l'opportunité complète de choisir selon leur volonté celui qu'ils préfèrent parmi les candidats* »[1349].

Attendu que ces agissements portent une atteinte injustifiée et discriminatoire à l'égalité des candidats des formations politiques et au libre choix par les citoyens de leurs représentants. De telles prises de position ne peuvent qu'être de nature à renforcer la crédibilité du juge constitutionnel et à rassurer les acteurs du jeu électoral quant à sa capacité à tenir en respect les acteurs qui foulent aux pieds les règles électorales.

L'importance d'une telle décision dans la consolidation de la démocratie est de taille dans la mesure où le juge constitutionnel ne peut nullement contribuer au renforcement de la démocratie et à la construction de l'État de droit qu'à partir du moment où il bénéficie de la possibilité de s'opposer au pouvoir en place notamment le pouvoir judiciaire.

De la même manière, dans sa décision n° 449/2001, le juge, est resté ferme aux exigences démocratiques quand il a estimé que le refus par l'autorité administrative compétente de la candidature d'électeurs ayant fait l'objet de jugements qui ne sont ni définitifs ni par contumace au moment de la présentation de leur candidature est de nature à priver ces électeurs du droit de se porter candidat sur un pied d'égalité et aux électeurs de choisir en toute liberté et de leur plein gré le candidat à élire et qu'il n'est pas exclu que

[1349] Décision du CC marocain n°218-98 et décision n°795/2010 ; voir également les décisions n° 796/2010 et 800/2010

ceci ait une influence sur le résultat du scrutin et qu'il doit de ce fait être annulé.

Il importe de souligner que l'égalité des candidats se rapproche du principe de liberté. Elle porte à la fois sur la candidature et sur la propagande électorale. D'après l'interprétation donnée par le Conseil Constitutionnel, la liberté de candidature[1350] découle directement de l'égale admissibilité aux emplois publics et de la libre communication des idées et des opinions. De ce fait, ce principe interdit toute forme de monopole, de discrimination ou même de contrôle d'un parti, d'un syndicat, d'une collectivité ou de tout groupement quelconque sur l'acte de candidature. Quant à la propagande électorale, elle est totalement libre tant qu'elle ne porte pas atteinte à l'ordre public et qu'elle ne dépasse pas les limites de la polémique électorale.

*b) L'égalité des électeurs*

La liberté de vote et l'égalité entre les électeurs constituent d'autres principes sur lesquels le Conseil constitutionnel marocain insiste dans ses décisions. Ainsi, la prolongation dans la même circonscription le vote dans certains bureaux en excluant d'autres, porte atteinte au principe d'égalité entre électeurs et de chance entre candidats. Mais il faut préciser que cela ne peut donner lieu à annulation du scrutin, que si l'écart des voix entre l'élu et son concurrent est étroit en sorte qu'il a une influence sur les résultats.

La décision n° 70-95 du 03 avril 1995 en est une parfaite illustration. Le Conseil constitutionnel a considéré que l'écart était de 98 voix tandis que la non-prolongation du scrutin dans les bureaux a révélé la non-participation de 1774 électeurs, ce qui avait une influence décisive sur le scrutin. On constate donc que l'égalité entre électeurs constitue un revirement jurisprudentiel sans précédent. Il imprègne le raisonnement du juge constitutionnel dans le dessein d'assurer une véritable représentativité politique des citoyens. Des décisions similaires témoignent de son audace en veillant au respect des règles d'équité, d'égalité des conditions de la compétition électorale entre candidats.

Il en est le cas des décisions n° 72/95, n° 253/98. Lorsque le Conseil a constaté dans la première décision que la prolongation dans certains bureaux et non dans l'ensemble de la circonscription a conduit à l'exclusion de plus de 5000 électeurs selon leurs procès-verbaux, alors que la différence entre l'élu et son concurrent était de 382 voix. Il en est de même pour la seconde, après instruction, le juge relève que cette prolongation a conduit à l'exclusion de 337 d'électeurs, alors que la différence entre l'élu et son concurrent était de 29 voix, ce qui n'exclut pas l'hypothèse que la distinction faite entre les électeurs, en permettant à certains d'entre eux d'exprimer leurs voix pendant une durée plus longue que celle accordée à d'autres, a eu une

[1350] Décision du CC marocain n° 449/2001

incidence sur le scrutin qui suscite des suspicions sur sa validité et sa sincérité.

On peut constater à ce propos que le juge constitutionnel va dans son raisonnement au-delà des données arithmétiques entre les candidats et adapte les faits invoqués dans ledit grief avec la question de représentativité politique en préservant le principe de libre choix des électeurs et de la sincérité du scrutin.

Dans le même sillage, l'établissement des listes électorales, autre élément de la phase préalable aux opérations électorales où le juge constitutionnel se réfère expressément au principe d'égalité. C'est dans le cadre de sa décision n° 404/2000 citée précédemment que le juge estime que le manquement de l'autorité compétente à son obligation d'établir le tableau modificatif concernant la révision annuelle des listes électorales, aboutit en effet à priver les électeurs de droits qui leur sont garantis par la Constitution. Le Conseil a fait preuve d'audace en incombant cette omission au travail défaillant des autorités communales, ce qui a empêché un nombre important de citoyens d'exercer leur droit de vote.

La représentation politique est considérée comme principe à valeur constitutionnelle. Le juge constitutionnel, à travers sa jurisprudence, met en place des mécanismes qui contribuent à la préservation de la signification constitutionnelle de ce principe, et ce en veillant à la préservation des choix des électeurs et de la transparence du scrutin[1351].

Il importe de rappeler ici que le contrôle du Conseil constitutionnel sur la régularité des élections parlementaires a donné lieu à une jurisprudence sensible à la protection des droits et libertés. Cette jurisprudence fait abondamment état au principe d'égalité des candidats et des électeurs durant toutes les phases de l'élection, qu'il s'agisse de la phase préalable à l'opération électorale ou à l'opération électorale elle-même.

L'arbitrage du juge de l'élection est donc consubstantiel à l'équilibre du jeu électoral. Le juge constitutionnel veille à ce que les conditions de l'égalité des conditions de la compétition électorale soient respectées. Celui-ci a comme préoccupation majeure la recherche de l'adéquation entre le résultat proclamé et la volonté majoritaire librement exprimée des électeurs. On comprend, dès lors, que « l'écart de voix » joue un rôle décisif, et en particulier dans la quête de la sincérité du scrutin, puisque celle-ci est censée être « le révélateur de la volonté réelle de l'électeur.

Le juge accomplit ici une tâche difficile qui consiste à veiller à ce que ne se produisent pas de ruptures d'égalité flagrantes entre les candidats. Pour réaliser cette mission, il a dû faire preuve d'adaptabilité : « *souvent confronté à l'imprécision du droit écrit, le juge a été contraint de forger quelques*

---

[1351] Décision du CC marocain n° s 561/2004

*règles d'éthique pour lesquelles il a entendu conserver une marge d'appréciation certaine, liée aux circonstances de chaque espèce »*[1352].

Jean Pierre Camby souligne qu'« *en réaffirmant le principe de l'égalité de traitement, le juge électoral marque également le caractère précis de son contrôle, étendu aux circonstances concrètes qui, seules permettent d'assurer l'effectivité de cette égalité des chances dans la compétition électorale* »[1353]. Selon Jean-Claude Masclet, c'est dans le domaine de la rupture d'égalité entre les candidats, et précisément dans les moyens de propagande dont ils disposent aujourd'hui, qu'apparaît avec le plus de clarté le divorce entre le droit et la réalité[1354]. Lorsque le juge brandit le principe d'égalité, il se réfère aux dispositions écrites censées assurer son respect, mais il doit aussi faire preuve de créativité pour sanctionner les atteintes non répertoriées et qui sont susceptibles d'entacher la sincérité du scrutin[1355]. De cette manière le juge se délie des règles écrites pour les réajuster à des situations qu'elles n'avaient pas prévues. Cette méthode semble donc correspondre à l'un des critères de création d'un principe général du droit.

### 2. Le principe de la liberté des électeurs

Le principe de liberté est, quant à lui, plus difficile à cerner que le principe d'égalité, car il n'est pas évident de déterminer le sens qui doit être donné à la notion de liberté en matière électorale et à qui elle doit s'adresser ? En fait, la liberté doit ici s'appréhender très largement, [1356] car elle constitue un élément majeur de la démocratie[1357]. Elle s'adresse à la fois aux électeurs [1358] et aux candidats[1359].

Les premiers doivent pouvoir se prononcer en dehors de toutes contraintes et d'assumer pleinement les résultats des votes. Les seconds[1360] doivent pouvoir postuler aux fonctions électives sans que l'appareil étatique n'entrave leur volonté. Ainsi pour que le scrutin soit sincère, il est indispensable que les électeurs pris dans leur ensemble soient à l'abri de toute pression de l'État et plus généralement de l'autorité publique. Cette garantie de liberté passe par la neutralité et l'objectivité de l'État et le libre

---

[1352] Laurent Burdeley, op. cite p. 506

[1353] Jean Pierre Camby, « L'utilisation des listes électorales à des fins de propagande » op. cit, p. 20

[1354] Jean-Claude Masclet, Droit des élections politiques, op. cit., p. 74

[1355] Loïc Philip, « Les attributions et le rôle du Conseil Constitutionnel en matière d'élections et référendums », R.D.P., 1962, p. 69 : « La loi est souvent incomplète et n'interdit pas certaines pratiques susceptibles d'altérer la liberté ou la sincérité de l'élection ».

[1356] Jean-Claude Masclet, Le droit des élections politiques, op. cit., p. 8

[1357] Bruno Genevois, « Le nouveau rôle du juge de l'élection », op. cit, p. 77 : « L'office du juge de l'élection est de vérifier si telle irrégularité a été ou non de nature à altérer la liberté ou la sincérité du scrutin ».

[1358] Jean-Claude Masclet, Droit électoral, op. cit., pp. 268-270

[1359] Jean-Pierre Camby, « La liberté ou la sincérité du scrutin » op. cit p 25

[1360] Il convient à cet égard de rappeler que la mise en œuvre du principe de liberté pour les candidats se confond assez largement avec celui de l'égalité.

choix de la volonté du corps électoral. L'État a une mission d'organisation des élections, et du bon déroulement du scrutin et ne doit nullement faire pencher la balance au profit de tel ou tel candidat ou de telle ou telle formation politique que ce soit de manière directe ou indirecte.

*a) La liberté du suffrage à travers la neutralité de l'État*

La libre expression de la volonté des électeurs exige de l'État non seulement qu'il s'abstienne de faire pression sur les électeurs pour qu'ils votent d'une manière ou d'une autre, mais surtout qu'ils prennent toutes les mesures nécessaires au bon déroulement du scrutin.

Cependant la libre formation de la volonté des électeurs peut être violée si l'autorité contrevient à son devoir de neutralité[1361].

Une grande panoplie de dispositions de la loi organique relative à la chambre des représentants[1362] et du code électoral[1363] est destinée à garantir la neutralité de l'administration et à empêcher les corruptions et autres violences destinées à perturber le déroulement du scrutin ou à fausser son résultat. Il ressort des textes que le juge dispose d'une marge de manœuvre importante pour rechercher et sanctionner les atteintes qui pourraient entacher la validité de l'élection. Le caractère souvent imprécis des dispositions textuelles lui laisse un large pouvoir d'appréciation pour identifier et caractériser les irrégularités ; elles reflètent aussi fortement les limites du rôle du pouvoir législatif en matière électorale. L'inhérente faiblesse des dispositifs pour contrer certains agissements a eu pour conséquence de favoriser l'extension des attributions laissées à la haute juridiction. Cette dernière est venue pallier les involontaires, mais également les inévitables lacunes textuelles[1364].

Force est de constater que l'intervention de l'administration dans la propagande électorale et dans le déroulement du scrutin est souvent déboutée par le Conseil qui considère que les requêtes des plaignants sont démunies de preuves ou que celles-ci n'ont pas pu avoir sur les électeurs une influence de nature à porter atteinte à la liberté et à la sincérité du scrutin.

Plusieurs requêtes font état d'une implication des autorités dans l'achat des voix[1365] duperie et pression sur les électeurs[1366], campagne électorale fortement bouleversée par les partisans du candidat élu[1367] et utilisation de la violence à des degrés variables. Le juge repousse ces griefs pour différents

---

[1361] Décision du CC marocain n° 399/2000

[1362] Art 68 de la LO CR

[1363] Art 53 du code électoral marocain

[1364] Stephan Guathier, Le juge judiciaire, juge électoral, presses universitaires d'Aix Marseille 2007 p 250

[1365] Décision du CC marocain n° 704 en date du 28/05/2008

[1366] Décision du CC marocain n° 680/2008 CC du 11 mars 2008

[1367] Décision du CC marocain n° 337/1999 du 20/02/1999

motifs. Tel est le cas des procès-verbaux où aucune observation concernant cette intervention n'est mentionnée [1368]; où le requérant ne fournit aucune preuve quant à l'utilisation des moyens ou matériel appartenant à la commune[1369] où lorsque la nomination des membres de la commission de recensement parmi les fonctionnaires de la préfecture n'a pas été jugée incompatible avec le principe de neutralité de l'administration[1370] ou enfin il est considéré que les déclarations ne peuvent, à elles seules, constituer des preuves à l'appui du moyen invoqué[1371]. Pour le Conseil, il n'est pas établi que les opérations électorales ont été troublées par des manœuvres ou des pressions de nature à porter atteinte à la liberté et à la sincérité du vote des électeurs.

En revanche d'autres décisions ou le juge a reconnu le bien-fondé des griefs :

La première décision n° 399 en date du 13 juin 2000 concerne les élections législatives du 14 novembre 1997 dans la circonscription de Settat, et qui a abouti à une annulation. Le plaignant invoquait plusieurs moyens dont l'un était précisément fondé sur l'intervention de l'autorité locale dans le déroulement du scrutin et son influence sur la liberté de suffrage des électeurs. Selon le Conseil, la présence d'agents de l'administration dans les bureaux de vote constitue un moyen de pression sur les électeurs et un comportement illégal qui prive le scrutin des conditions permettant de garantir sa crédibilité et sa sincérité[1372].

En l'espèce, le Conseil constitutionnel va affirmer que ces pratiques sont une « *atteinte au principe même de la démocratie*[1373] ». Il annule l'élection en se référant au principe de liberté et en évoquant directement l'élément que ce dernier est en charge de faire respecter : la démocratie. Cette décision peut être qualifiée d'hardiesse puisqu'elle constitue l'une des décisions phares ou le Conseil avait incombé la responsabilité à l'administration dans son emprise sur le choix des électeurs.

Dans une autre affaire, objet de la décision n° 385/2000 rendue le 29 mars 2000, le Conseil constitutionnel avait été saisi par plusieurs candidats malheureux pour contrôler les opérations électorales s'étant déroulées le 14 novembre 1997 dans la préfecture de Casablanca pour la désignation des membres de la chambre des représentants.

En réponse à ces requêtes, le juge n'a pas hésité à sanctionner les résultats du scrutin quand il dispose de preuves mentionnées dans les procès-verbaux qui attestent que les autorités ont obligé les délégués des candidats

---

[1368] Décisions du CC marocain n° s 252/1999 et 381/1999

[1369] Décisions du CC marocain n° 191 en date du 20 mars 1998.

[1370] Décisions du CC marocain n 580 en date du 04/07/2004

[1371] Décisions du CC marocain n° s 771/2009, DC n° 309/2000…

[1372] Décision du CC marocain n° 399/2000

[1373] Décision du CC marocain n° 646/2007

de quitter les bureaux de vote[1374] et qu'une bonne partie de ces bureaux a connu des violations de la loi même si l'écart des voix après correction reste favorable à l'élu contesté[1375]. Le Conseil constitutionnel qualifie d'actes attentatoires destinés à tromper le corps électoral et à lui faire subir des pressions inadmissibles portant atteinte à la liberté de la consultation, que, dès lors [...], il y a lieu de prononcer l'annulation de l'élection contestée ».

Dans le même registre, le Conseil constitutionnel considère dans sa décision n° 704/2008 rendue le 28 mai 2008 à l'occasion du scrutin qui s'est déroulé le 27 septembre 2007 dans la circonscription « Guéliz-Ennakhil » (préfecture de Marrakech). En scrutant les indications contenues dans le procès-verbal de la police judiciaire, le Conseil considère que le candidat vainqueur a personnellement supervisé les opérations électorales en confiant le soin de leur exécution à certains agents d'autorité, et ce, en vue d'amener les électeurs à voter pour lui, et que ces pratiques contraires à la loi ont porté atteinte à l'honnêteté et la sincérité du scrutin.

Le Conseil a souligné à ce propos après enquête, sur la base de la plainte présentée à Monsieur le procureur du Roi auprès du tribunal de première instance de Marrakech, que « *ces actes et pratiques effectués ont suscité, au vu des manœuvres frauduleuses entreprises et des circonstances de l'affaire, le doute quant à la liberté de choix des électeurs et qu'il s'impose, dès lors, de déclarer l'annulation de son élection en tant que membre de la Chambre des représentants et de procéder en conséquence, dans le cas d'espèce, à l'organisation d'une élection partielle conformément aux dispositions de l'article 83 de la loi organique n° 31-97 de la Chambre des représentants* ».

*b) La protection de la liberté de l'électeur : Une garantie à la sincérité du scrutin*

La sincérité du vote est le corollaire évident de la liberté du vote. On ne peut attester de la sincérité du scrutin que si l'on est en mesure de connaître clairement le choix, et donc la volonté, de l'électeur. L'expression du suffrage ne doit être altérée par aucun facteur, quel qu'il soit. Le droit électoral doit être envisagé comme un droit réaliste[1376]. Le principe qui le domine est que le juge doit contrôler si l'électeur a clairement et librement manifesté sa volonté[1377]. La libre expression de la volonté des électeurs a pour objet de garantir le caractère facultatif du vote et une protection à

[1374] Décision du CC marocain du CC n° 385/2000 en date du 29 mars 2000

[1375] L'écart de voix entre l'élu et le requérant est de 183 voix

[1376] Bernard Stirn. « Rumeurs calomnieuses et régularité des élections », conclusions sur CE, section, 18 mai 1990, élections municipales de Saint-Vincent-de Paul, p 807.

[1377] L'électeur doit être en mesure d'effectuer son vote en toute conscience et en suivant sa seule volonté.

l'égard des pressions qu'ils peuvent subir, celles-ci pouvant être autant morales que physiques[1378].

Cependant, cette liberté peut être violée par les partisans des candidats et peut prendre une allure multiforme (pression, menaces ou contraintes exercées sur les électeurs...). Ce principe de liberté est prévu par l'article 57 de la loi organique n° 31-97[1379] qui stipule « est puni d'un emprisonnement de six mois à un an et d'une amende de 10 000 à 20 000 dirhams ou de l'une des deux peines seulement, quiconque qui tente d'amener un électeur à s'abstenir de voter ou influence son vote par voie de fait violence ou menace soit en lui faisant craindre de perdre son emploi ou d'exposer à un dommage sa personne, sa famille ou sa fortune ».

Plusieurs irrégularités fondées sur le principe de liberté des électeurs avaient été retenues par le juge électoral. Pour se borner à quelques exemples, ainsi que l'atteste la décision n° 363/2000 rendue le 18 janvier 2000. Dans ce cas d'espèce, le juge reconnaît notoirement la pression exercée par les candidats ou leurs partisans sur les électeurs. Le Conseil a, de même, estimé dans ce sens « *qu'il ressort ainsi des pièces du dossier et des circonstances de la cause que l'opération électorale à laquelle il a été procédé ne s'est pas déroulée dans un climat permettant aux électeurs d'exercer le libre choix du candidat pour lequel ils désiraient voter...* »

Le soudoiement est l'un des grands facteurs d'altération de la sincérité du vote. On évoque, dans ce sens, l'annulation des résultats du scrutin par le juge constitutionnel lorsqu'il dispose des preuves fournies par les requérants et vérifiées par la police judiciaire lors des procès relatifs aux élections sur l'usage de la menace, de la pression et des moyens frauduleux par les partisans du candidat élu, ce qui a influencé le libre choix des électeurs, constituant par conséquent un alibi pour l'annulation de l'élection[1380].

On citera également la décision n° 276 rendue le 17 février 1999, où le juge constitutionnel marocain adopte une démarche commode le menant à apprécier certains faits faisant office de véritables manœuvres destinées à contraindre l'électeur à voter de telle ou telle manière ou à ne pas voter, notamment par l'interruption violente des opérations électorales pendant une heure et demie. En l'espèce, le Conseil déclare que « *considérant que ces faits commis, qui ont vicié la liberté du scrutin sont de nature, par les manœuvres frauduleuses qu'ils contiennent, à faire douter de la portée de la liberté accordée aux électeurs d'exprimer leur volonté*[1381]... »

Ainsi, il convient de souligner que le libre choix et la libre volonté des électeurs sont protégés par le souci constant du juge de contrecarrer les

---

[1378] Claude Franck, op. cit., p. 30

[1379] Cf articles 62 et 67 de la nouvelle loi organique n° 27-11 relative à la chambre des représentants.

[1380] Décision du CC marocain n° 97/95.

[1381] Décision du CC marocain n° 276/1999

manœuvres, les fraudes et divers actes d'intimidation et de corruption. Il a la lourde et périlleuse tâche de déjouer les multiples procédés par lesquels la volonté du corps électoral peut être faussée, voire dénaturée ou destinée à induire en erreur les électeurs ou à les tromper à quelque moment que ce soit du processus électoral.

Les exemples sont infinis, il suffit d'en donner ici quelques illustrations : Insertion dans un journal porte-parole d'une formation politique conduite par l'élu, du nom du requérant en troisième rang de cette liste alors qu'il est candidat d'une autre formation politique et a mené sa campagne électorale en cette qualité, que des milliers d'exemplaires dudit journal ont été diffusés dans toute la circonscription électorale, induisant ainsi en erreur les électeurs de ladite circonscription qui ont été amenés dans leur grande majorité, sinon leur totalité, à voter pour la liste publiée par le journal en question, permettant à l'élu de gagner l'élection et d'obtenir un nombre de voix dépassant toutes les prévisions et que le requérant a été dans l'impossibilité de faire face à ces manœuvres frauduleuses qui ont eu lieu deux jours avant la date du scrutin[1382] ; mobilisation par l'élu dont l'élection est contestée d'un groupe de personnes ayant des précédents judiciaires en vue d'user de la violence, à l'encontre de ses adversaires et d'imposer son hégémonie sur la région, ce qui a créé un climat malsain ayant empêché les électeurs de voter librement[1383] ; que la partie dont l'élection est contestée a veillé personnellement sur les opérations de distribution de sommes d'argent aux électeurs en en confiant l'exécution à ses partisans, et ce, en vue d'attirer les électeurs et de les amener à voter pour lui et que ces pratiques contraires à la loi ont vicié l'honnêteté et la crédibilité du scrutin[1384] ; distribution de dons et d'avantages et sommes d'argent destinées à l'achat des consciences des électeurs ce qui a permis au juge de révéler que l'opération électorale a connu comme mépris pour la volonté des électeurs et pour toutes les valeurs d'honnêteté, de démocratie et de citoyenneté et qu'il a été décidé, en conséquence, de poursuivre, pour infractions électorales, les deux mis en cause et leurs acolytes et de les déférer tous devant la justice[1385] ; ou enfin la distribution dans un journal du portrait de Sa Majesté le Roi juste au-dessus du nom de l'élu assorti d'une félicitation qu'il avait adressée au Souverain à

[1382] Décision du CC marocain n°° 558/2004 du 11 février 2004

[1383] Décision du CC marocain n° 738/2009 en date du 18 février 2009

[1384] Décision du CC marocain n° 634/2007 CC du 9 mai 2007 ; DC n° 447/2001. DC n° 434/2001, DC n° 338/1999

[1385] Voir dans ce cas la décision du CC marocain n° 664/2007 et DC 447/2001. Le juge dans ce cas d'espèce s'est référé aux s communications téléphoniques interceptées des candidats dont l'élection est contestée, avec un groupe d'électeurs et ayant fait l'objet des deux procès-verbaux établis par la police judiciaire le 20 septembre 2006, sous les numéros 38/P.J. et 152/PJ, contiennent, de manière explicite ou implicite, à travers les termes qui y ont été échangés, des indications sur leur recours à l'usage de l'argent dans le but d'attirer un certain nombre d'électeurs pour voter en leur faveur, ou sur l'intermédiation à cet effet par autrui en contrepartie de sommes d'argent.

l'occasion d'une fête nationale dans le but de donner à l'électeur l'impression de l'existence d'un appui royal au candidat en question, chose qualifiée par le Conseil comme étant une exploitation insolente du collège électoral majoritairement analphabète et aisément influençables par de telles méthodes[1386].

Plus subtilement, la propagande mensongère émanant des candidats peut avoir un effet attentatoire à la liberté de vote. Une telle violation ne peut toutefois être constatée si les faits qui ont fait l'objet d'une telle propagande mensongère n'ont pu être démentis à temps avant l'élection[1387].

Ces exemples jurisprudentiels permettent d'apprécier clairement l'étendue de la mise en œuvre du principe de liberté. Tous les domaines de l'élection peuvent être contrôlés au regard de ce principe qui constitue sûrement le rempart essentiel contre les atteintes portées à la démocratie. C'est pour cette raison que le Conseil constitutionnel, désireux de dénoncer avec force les atteintes qui lui sont portées et soucieux de moraliser l'attitude des acteurs de la vie politique lors des joutes électorales s'est montré courageux, voire hardi en s'affirmant en tant que garant de la liberté du vote et de sa crédibilité.

3. La loyauté du scrutin

Indépendamment des actes de violence qui ne sauraient être admis, le juge attend des candidats et plus largement de tous les participants au processus électoral (électeurs, administration, partis politiques...) qu'ils se comportent loyalement[1388].

Il est bon de rappeler que dans une démocratie, l'élection n'est pas un combat, mais plutôt une compétition ou chaque concurrent doit se comporter d'une manière loyale. Autrement dit, la loyauté semble être une règle fondamentale qui doit encadrer la propagande électorale et qui interpelle le juge à en assurer le respect.

En dépit de la passion qui caractérise la période électorale, il y a des limites que la polémique électorale ne doit pas dépasser. C'est sur le contenu des tracts que la jurisprudence du Conseil constitutionnel se prononce le plus.

Les moyens les plus utilisés sont de nature très différente : il peut ainsi s'agir de tracts qui ont pour vocation de diffuser de fausses informations à caractère politique destinées à tromper l'électeur. Fausses déclarations de soutien[1389] et fausses déclarations du candidat[1390] induisant ainsi en erreur les électeurs de ladite circonscription. Il s'agit de la publication dans un journal,

---

[1386] Décision du CC marocain n° 705/2008 CC du 28 mai 2008

[1387] Voir dans ce sens la décision du CC marocain n° 393/2000

[1388] Maligner droit électoral, ellipses, p2007, p 885

[1389] Décision du CC marocain n° 705/2008 CC du 28 mai 2008

[1390] Décision du CC marocain n°° 558/2004 du 11 février 2004

porte-parole d'une formation politique, d'une liste des candidats et parmi lesquels figure le nom du requérant en troisième rang de cette liste alors qu'il est candidat d'une autre formation politique. Ces techniques utilisées en période électorale et dont le caractère déloyal ne fait pas de doute. La haute juridiction fonde sa décision sur le fait que " que ces agissements sont incompatibles avec la loyauté du scrutin et sont de nature à porter préjudice au libre choix des électeurs.

Les citoyens, quant à eux, doivent exprimer un choix éclairé par une campagne honnête et loyale. Sont donc réprouvés les excès de langage non seulement lorsqu'ils ont donné lieu à une condamnation pénale[1391], mais encore les propos injurieux[1392], diffamatoires et même les allégations mettant en cause la moralité et l'honnêteté des candidats. À ce titre, ne sauraient être admises des imputations personnelles visant un candidat avec des tracts contenant des propos excessifs, outrageux et avilissants relatifs aux origines ou à l'honorabilité d'un candidat ou moyennant des actes d'harcèlements et sévices de la part des partisans de l'élu. Selon le Conseil, ces actes qui sont destinés à discréditer un candidat auprès de l'électorat constituent des pratiques contraires à la loyauté et à la crédibilité du scrutin[1393].

De fait, la loyauté du déroulement du scrutin est reconnue comme un présupposé évident semble dans un contexte national et même international de plus en plus transparent[1394]. La Clarté de vote et la sincérité des élections sont autant de principes qui concourent à regagner la confiance des citoyens dans le droit et fondent les bases de la démocratie. Démocratie qui repose sur des élections libres et sincères. La reconnaissance des droits et libertés est également de mise. Elle suppose l'accessibilité ainsi qu'une certaine transparence concernant les décisions prises par les pouvoirs publics afin d'éviter toute équivoque. Ces principes contribuent également à garantir une plus grande sécurité juridique.

En somme, la liberté de vote érigée comme principe démocratique essentiel embrasse plusieurs aspects : il suppose que l'électeur ne puisse être contraint dans ses choix par des pressions, par l'absence de secret ou encore par l'absence de possibilité de choisir. Cela suppose également qu'il puisse exprimer sa volonté en ayant pleinement conscience des conséquences de son vote. Ceci constitue l'essence même de l'exigence de clarté et de loyauté des consultations.

---

[1391] Décision du CC marocain n° 363 en date du 18 janvier 2000.

[1392] Décision du CC marocain n° 704/2008 CC du 28 mai 2008

[1393] Voir dans ce sens la décision du CC marocain n° 393/2000

[1394] Exigence constitutionnelle de clarté et de loyauté des consultations (Extraits d'un article publié in Renouveau du droit constitutionnel, Mélanges en l'honneur de Louis Favoreu, Dalloz, 2007, pp. 1525-1552).

4. Le secret du vote

Le secret du vote est une des composantes qui concourt au respect de la liberté du scrutin et qui vise à soustraire l'électeur à toutes les pressions qui pourraient résulter de la connaissance de son choix par des tiers. À titre individuel, l'électeur doit pouvoir exprimer son choix en toute liberté, à l'abri de toute pression. Mais à partir du moment où ces pressions sont exercées sur les individus, elles sont très difficiles à déceler. En réalité, ce qui importe est qu'au bout du compte, l'électeur effectue son vote en toute conscience et en suivant sa seule volonté.

Il s'impose à toutes les étapes de la procédure, et spécialement lors du scrutin proprement dit et du dépouillement. Il s'agit non seulement d'un droit, mais aussi d'une obligation pour l'électeur, qui doit être sanctionnée par la nullité des bulletins dont le contenu a été révélé. Ce principe, trop souvent négligé, parce que sans doute considéré à tort comme accessoire ou secondaire, est pourtant de toute première importance. S'appliquant " en bout de chaîne ", au moment décisif, c'est finalement sur lui que repose " in extremis " le respect de la sincérité du scrutin[1395].

Le principe du secret de vote au Maroc, a fait, l'objet de nombreuses dispositions textuelles notamment l'article 75 de la loi organique relative à la chambre des représentants n° 27-11 qui stipule que « *Le vote est secret. L'électeur vote dans un isoloir en mettant une indication à l'endroit réservé à la liste ou au candidat de son choix sur le bulletin de vote unique frappé du timbre de l'autorité administrative locale* ». De même, l'article 60 du code électoral dispose que « *le vote est secret, les électeurs participent au scrutin par vote direct... dans les bureaux de vote les électeurs ne peuvent s'occuper que du vote pour lequel ils sont convoqués ; les discussions et débats de quelque nature que ce soit leur sont interdits* ».

Le secret du vote est une obligation qui s'impose à chaque électeur et à laquelle il ne peut pas déroger, semble depuis quelque temps négligé, toutes les formalités qu'il impose (isoloir, enveloppes, bulletins...) semblant trop lourdes et inutiles[1396].

Le vote doit être individuel. Le vote familial - qui permet à l'un des membres de la famille de contrôler le vote des autres[1397] ou le vote de certaines personnes à la place de d'autres[1398] - est contraire au secret du vote. C'est une violation du droit électoral qui est fréquemment constatée. Toute autre forme de contrôle d'un électeur sur le vote d'un autre doit également être interdite. La consécration de ce principe est donc considérée comme une conquête de la démocratie. L'article 75 de la loi organique n° 27-11 relative

---

1395 Richard GHEVONTIAN - Cahiers du Conseil constitutionnel n° 13 (Dossier : La sincérité du scrutin) - janvier 2003

1396 Richard GHEVONTIAN, la sincérité du scrutin) - janvier 2003

1397 Décisions du CC marocain n° s 199, 220

1398 Décisions du CC marocain n° s 189 et n° 206

à la Chambre des représentants précise dans une formule sobre que : " Le vote est secret''. L'électeur vote dans un isoloir en mettant une indication à l'endroit réservé à la liste ou au candidat de son choix sur le bulletin de vote unique frappé du timbre de l'autorité administrative locale.

Ici, l'électeur prend tous les bulletins mis à sa disposition dans le bureau de vote et, comme cela se fait au vu et au su de tous, il doit choisir la liste de candidats ou le candidat de son choix.

Parmi les atteintes patentes au secret du vote, on peut énumérer : la prise d'un seul bulletin ou la mise d'un signe dans le bulletin de vote (celui que l'on va glisser dans l'urne)[1399] et la déclaration de son vote pour une liste donnée avant son passage par l'isoloir[1400]. Le choix unique effectué par l'un des candidats pour lui-même est une pratique fréquente et est à son tour ; le Conseil constitutionnel tache toujours d'en rappeler l'interdiction.

En revanche, parfois le Conseil constitutionnel marocain constate des actions graves qui ont entaché l'ensemble de l'opération électorale et ont abouti à la violation du secret du vote. Ces faits qui portent atteinte à la loyauté du scrutin, à sa sincérité et à sa régularité dans la circonscription électorale concernée donnent lieu à l'annulation de l'élection contestée. [1401]

Tout comme la violation des autres aspects de la liberté de vote, la violation du secret du vote doit être sévèrement sanctionnée.

5. Le principe de la moralité électorale

Le droit électoral est-il saisi par la morale ? Si la question paraît singulière, elle répond à un constat. Est-ce que le juge constitutionnel marocain à l'instar de son homologue français peut franchir le Rubicon et rendre des jugements allant jusqu'à assumer une fonction morale[1402] ?

En effet, l'analyse de la jurisprudence de la juridiction constitutionnelle française montre qu'elle est marquée par un « aspect moralisateur ». Ainsi, dans plusieurs de ses décisions, le juge constitutionnel français, s'affranchissant du cadre électoral, fait des condamnations morales. Ces dernières apparaissent dans le qualificatif « *pour regrettable* » qu'elles soient, « *pour condamnable qu'il soit* », et faute d'avoir eu une influence déterminante sur les résultats, ne peut altérer la sincérité du scrutin[1403]. Pour autant, si on peut facilement se satisfaire de cette indulgence à l'égard d'infractions mineures, un tel mariage de décisions de rejet et de condamnations morales devient intenable lorsque les reproches au juge deviennent acerbes[1404].

---

[1399] Décision du CC marocain n° 803/2010
[1400] Décision du CC marocain n° 472/2002
[1401] Décision du CC marocain n° 564/2004 CC du 14 avril 2004
[1402] Nadia Bernoussi, op. cit
[1403] CC, déc n° 88-1072 du 21 octobre 2007, AN, Hauts de seine (6e circ)
[1404] CC, déc n° 67-432 du 29 juin 1967, AN, Indre (1e circ)

Ainsi, une irrégularité d'une « indéniable gravité », des propos injurieux, diffamatoires, d'une gravité inadmissibles », tenus par un candidat et visant à disqualifier son principal concurrent sont « admis » puisque rendus à l'écart de voix[1405]. Le Conseil constitutionnel français peut même juger que la sincérité d'un scrutin n'est pas affectée par la diffusion massive et tardive d'un tract qui « outrepasse de façon inacceptable les limites de la polémique électorale »[1406]. En effet, seul compte l'écart de voix et, dès lors que le juge de l'élection estime qu'une manœuvre est peu à même de renverser le sens d'une consultation, il se contente de condamner platoniquement le procédé sans en tirer de conséquence sur la validité de l'élection.

Par ailleurs, l'analyse des décisions révèle des incertitudes quant à la volonté du juge d'assurer un strict respect du principe de la moralité électorale. Le plus clair du temps, il se borne à faire des condamnations. Ainsi que l'atteste la décision n° 97-226 du 25 novembre 1997. C'est une affaire où un tract a été distribué mettant en cause en termes diffamatoires l'honnêteté et le civisme d'un candidat. Le Conseil constitutionnel français dans son considérant a estimé « que compte tenu du moment où cette diffusion avait été faite qui permettait au candidat mise en cause de répondre à ces allégations et du caractère restreint de la zone géographique de diffusion, ce tract n'avait pas faussé le résultat ».

Le tract est perçu comme un élément non dissociable de l'ensemble de la campagne et la possibilité de réponse qui s'offre aux candidats pour y répondre. C'est une jurisprudence qui est fondée sur l'analyse de la diffusion dans un contexte qui est celui d'une campagne électorale où prime le principe de la liberté d'expression[1407].

Le juge électoral est très souvent confronté à la délicate question de la nécessaire conciliation entre les principes du droit électoral notamment la sincérité du scrutin et la libre expression du corps électoral. Le respect de la liberté d'expression, qui constitue aux dires répétés comme un leitmotiv de la Cour européenne des droits de l'homme « est une exigence absolue voire l'un des fondements essentiels de la société démocratique[1408].

Contrairement à son homologue français, le juge constitutionnel marocain est dispensé de faire toute condamnation morale de certains comportements. L'examen de la jurisprudence du Conseil constitutionnel marocain révèle que les candidats ont le droit -de par la loi- d'user d'une large liberté de propagande électorale sans pour autant transgresser les normes et la moralité électorale, sinon l'élection est annulée.

1405 CE, 8 juin 2009, élection municipales d'Aix-en-Provence, Req n° 321974

1406 Christophe PARENT, L'office du juge électoral, revue de droit public, n° 5/2011

1407 Il en est le cas par exemple dans la décision du CC marocain n° 559/2004. Voir aussi la décision du CC marocain n° 393/2000

1408 Richard GHEVONTIAN, Nouveaux cahiers du Conseil constitutionnel n° 36 5dossier : la liberté d'expression et de communication, juin 2012

Le Conseil précise que le non-respect de ces règles consiste à détourner les suffrages des électeurs par des moyens contraires à la loi[1409]. Le conseil a annulé l'élection lorsque le candidat élu use d'expressions injurieuses et diffamatoires au cours de la campagne électorale. À ce propos, le Conseil constitutionnel rappelle « *que la loi organique relative à la chambre des représentants a consacré des règles substantielles dans le domaine des normes et de la moralité électorale. Elle accorde aux candidats concurrents une large liberté de propagande électorale, qu'elle a entourée de garanties, et qui ne serait enfreinte que par l'abus viciant les élections par des manœuvres frauduleuses afin d'influencer les électeurs et la liberté du scrutin* ».

Ainsi, le juge constitutionnel dans ce cas d'espèce a fait preuve de rigueur pédagogique en restant ferme aux exigences démocratiques quand il a considéré que le contenu des tracts distribués à l'ensemble des électeurs, pendant la campagne électorale, par les expressions injurieuses et diffamatoires de trahison, qu'il contient, sans tenir compte de ce qu'elles sont vraies ou non, s'est écarté des normes et de la moralité électorale pour constituer des manœuvres frauduleuses tendant à vicier l'opération électorale et à influencer les électeurs afin de détourner leurs suffrages par des moyens contraires à la loi.

En l'espèce, le Conseil relève explicitement l'aspect négatif de ce genre d'exercice et considère que le langage irrespectueux, la diffamation et les insultes n'ont pas leur place sur l'échiquier politique et décide de mettre un terme aux déluges d'injures et d'incorrections dont fait preuve nos politiques.

De la même manière, le Conseil considère dans sa décision n° 704 /2008 CC du 28 mai 2008 que les allégations de diffusion écrite de rumeurs, menaces à l'arme blanche, mobilisation de femmes chargées d'insulter les adversaires, intoxication d'un requérant, intervention des autorités locales, sont des pratiques contraires à la loi et portent atteinte à l'honnêteté et la sincérité du scrutin. À ce propos, le Conseil constitutionnel rappelle que le législateur qui a consacré dans le domaine électoral des règles de fond relatives aux limites à respecter et au comportement des électeurs, a reconnu aux candidats en compétition une grande liberté soutenue par des garanties sauf dépassements de nature à vicier le scrutin par le recours à des manœuvres frauduleuses destinées à influer sur les électeurs et leur liberté de vote[1410].

Il semble que le juge constitutionnel veuille inciter les candidats à ne pas dépasser les limites de la polémique électorale et qu'elle s'efforce, sinon d'imposer le strict respect du code électoral, du moins d'inciter les candidats à accepter des règles de déontologie politique pendant la période électorale.

[1409] Décision n° 393/2000 du 3 mai 2000, RCC, n° 2/2002, p. 240-244.
[1410] Décision du CC marocain n° 704 /2008 CC du 28 mai 2008

Le juge fustige en particulier les attaques personnelles dirigées contre l'adversaire, les manœuvres destinées à tromper les électeurs, notamment lorsqu'il s'agit de retrait ou de désistement, les allégations mensongères, etc. Et, lorsque l'écart des voix entre les deux principaux adversaires est peu important, il n'hésite pas à annuler l'élection pour sanctionner de tels comportements.

L'analyse des espèces susmentionnées permet de dire que le juge électoral rehausse la portée et le sens de la notion de sincérité du scrutin. Son rôle consiste non plus simplement à sanctionner les irrégularités avérées, mais à apprécier essentiellement la sincérité du scrutin avec en fond de toile, le souci de respecter l'expression du suffrage. L'irrégularité même établie n'entraine pas ipso facto l'annulation d'une élection. Seul le principe de l'influence déterminante permet au juge de se détacher des textes et d'apprécier de façon discrétionnaire l'influence manifeste ou non des faits irréguliers invoqués sur la volonté des électeurs.

### C. Le principe de l'influence déterminante, une technique cardinale caractérisant le contentieux électoral

Le principe de l'influence déterminante est avant tout une technique de jugement qui sert de ligne directrice pour le juge et qui lui rappelle avec insistance la spécificité du contentieux qu'il est amené à traiter. Pour comprendre cette technique, il est nécessaire de se plonger au cœur des enjeux du contrôle de l'élection. C'est en effet la spécificité du contentieux électoral qui justifie l'utilisation du principe de l'influence déterminante (1). Cependant, seule une étude de sa mise en œuvre permet de mesurer la lourde responsabilité qu'elle fait peser sur le juge électoral (2).

#### 1. Une technique justifiée par la spécificité du contentieux électoral

L'originalité du contentieux électoral résulte du fait que le juge n'est pas tenu de sanctionner toutes les irrégularités[1411]. La matière électorale étant à l'origine de cette spécificité, il est intéressant d'en expliquer les causes pour comprendre la mise en œuvre de la technique de l'influence déterminante. Cette dernière tente de répondre aux antagonismes du contrôle électoral (a) et permet d'apprécier la sincérité du scrutin (b).

##### *a) Une réponse appropriée aux antagonismes du contrôle électoral*

Se différenciant nettement de la majorité des autres contentieux, celui des élections doit être traité avec une attention particulière. Le juge contrôle un processus démocratique, en s'assurant que le choix du corps électoral n'a pas

---

[1411] Loic Phillipe, le contentieux des élections aux assemblées politiques françaises, LGDJ 1961, p 70 et s.

été vicié. Le contrôle qu'il opère constitue le dernier rempart contre les atteintes à la démocratie et présente une véritable particularité. Contraint par le droit électoral à se conformer à certains impératifs, le juge doit, tout en sanctionnant les irrégularités, modérer ses immixtions pour préserver le processus démocratique[1412].

Le juge électoral se voit donc attribuer deux missions qui peuvent paraître antagonistes puisqu'il doit garantir la sincérité des résultats du scrutin tout en limitant ses interventions dans les consultations. L'importance de ce principe est justifiée par l'originalité du contentieux électoral[1413] en ce sens que le juge n'est pas sensé sanctionné toutes les irrégularités du scrutin même si elles sont avérées, il se focalise surtout sur le respect du choix réel du corps électoral comme l'exige la démocratie électorale. Stéphane Gauthier qualifie ce principe d'une réponse aux antagonismes du contrôle électoral.

De ce fait, le rôle du juge électoral se trouve donc compliqué par la nature même de la matière qu'il est en charge de contrôler. S'il se comporte de façon trop complaisante, il risque d'encourager la fraude et les résultats des consultations peuvent s'en trouver affectés ; s'il effectue un contrôle trop minutieux, il est conduit à remettre en cause nombre de scrutins où il a pu constater des anomalies, ce qui nécessitera d'organiser une nouvelle consultation avec toutes les conséquences qui en découlent (coût exorbitant, mobilisation des moyens humains et matériels...). Dans les deux cas, le juge électoral serait la cible de critiques puisqu'il porterait finalement atteinte au système démocratique.

Pierre Mazeau qualifie que le fondement du juge repose dans ce cas sur des considérations extra-juridiques plutôt que juridiques[1414]. Ainsi, il faut d'abord que les irrégularités invoquées aient une influence sur les résultats du scrutin ; ensuite, il faut qu'il ait un faible écart de voix entre les candidats.

Il faut noter que l'application du principe de l'influence déterminante » est celle qui soulève les critiques les plus acerbes formulées à l'encontre du juge électoral. La jurisprudence électorale de « l'effet utile » comporte à cet effet un nombre hypertrophié de décisions où la haute juridiction après avoir reconnu l'existence d'irrégularités estime que ces irrégularités n'ont pas une influence telle sur les élections[1415] qu'il serait indiqué d'annuler lesdites élections.

---

[1412] Jean-Yves Vincent et Michel de Villiers, code électoral, Litec, Paris, 7éme ed 2004, Introduction, p XVIII : « On peut comprendre que le juge hésite à remettre en cause une élection qui parait acquise malgré les irrégularités, voire les fraudes commises-et le désintérêt de la chose publique qui transforme l'électeur en abstentionniste ne peut que renforcer sa circonspection ».

[1413] Stéphane Gauthier, Le juge judiciaire juge électoral, ANRT, Université de Lille 3, Villeneuve d'Asq, 2008, 458p., p. 271.

[1414] Pierre MAZEAUD, « La place des considérations extra-juridiques dans l'exercice du contrôle de constitutionnalité », Conseil constitutionnel, 5 juin 2008, cité par Mamadou SÈNE, op cité

[1415] Voir dans ce sens la décision du CC marocain n°379/200 en date du 07/03/2000

Toutefois, le juge ne se laisse pas totalement enfermer dans ces considérations face à l'évidence d'un cas de fraude. Toujours pragmatique, pour lui, la mise en œuvre de la technique de l'influence déterminante ne revêt pas un caractère obligatoire, mais ne fait que conforter sa mission. Dans certains cas, la constatation de l'irrégularité lui suffit comme unique fondement pour prononcer l'annulation[1416]. Rappelons que lorsque la nature des faits ne lui permet pas de prononcer l'annulation directement sur la violation de la loi, le juge utilise la technique de l'influence déterminante de manière subsidiaire. Par ailleurs, en présence d'agissements avilissants qui portent atteinte aux formes protectrices de la sincérité du scrutin[1417], le juge prononce l'annulation sur son intime conviction pour ainsi redonner la parole aux électeurs.

Même si certains auteurs le laissent entendre, le principe de l'influence déterminante n'empêche en aucun cas le juge électoral de sanctionner certaines, irrégularités. Il lui permet simplement de disposer d'une méthode d'analyse pour se forger son opinion lorsqu'il éprouve un doute. Le juge électoral apprécie souverainement les faits et les preuves et le pousse à rechercher si les circonstances critiquées sont de nature à avoir altéré d'une manière déterminante les résultats de la consultation[1418]. Il demeure libre des moyens de former sa conviction. Il lui appartient d'apprécier la force probante des divers documents portés à sa connaissance.

De toute façon, cette règle n'entrave nullement la liberté d'appréciation dont il dispose. Elle ne peut être mise en cause pour justifier le laxisme dont le juge électoral fait parfois preuve, lequel résulte uniquement de la spécificité de la matière électorale.

Le principe de l'influence déterminante ayant été précisé, il importe d'en rechercher également ses fondements juridiques. Pour se faire, il faut revenir sur les éléments antagonistes qui gouvernent ce contentieux et qui ont été à l'origine de la consécration de ce principe.

*b) Une technique d'appréciation de la sincérité du scrutin*

La sincérité du scrutin[1419] justifie la méthode d'analyse adoptée par le juge et, par là même, la possibilité de se référer à la technique de l'influence déterminante. La sincérité du scrutin implique que le résultat de l'élection soit l'exact reflet de la volonté, exprimée par la majorité du corps électoral.

---

1416 Décision du CC marocain n° 705 en date du 28 mai 2008

1417 Phillipe Ardant, « Le contentieux électoral devant le Conseil constitutionnel et le Conseil d'Etat », in Conseil constitutionnel et Consil d'Etat, Actes du colloque des 21 et 22 janvier 1988, Paris II, L.G.D.J, Montchrestien, Paris 1988p 78-79

1418 Charles Debbasch et Jean Claude Ricci, contentieux administratif, op cité, n°983, pp 863-864.

1419 Richard Gheventian, « La notion de sincérité du scrutin », Cahiers du Conseil constitutionnel n° 13, p 63

Elle est, sans doute, l'une des plus répandues du droit électoral. Le juge électoral, quel qu'il soit, l'utilise très fréquemment dans ses décisions et lui fait même jouer un rôle majeur puisque c'est son respect ou son atteinte qui détermine, le plus souvent, le sort du contentieux en cours.

Plusieurs irrégularités fondées sur le principe de sincérité avaient été retenues par le juge électoral. C'est en application du principe de sincérité du scrutin que le Conseil annule une élection pour fraude. Et l'on sait que sur ce plan celle-ci peut couvrir une multitude de domaines et, bien entendu, tout est question de preuves fournies par le requérant et convaincantes pour le juge. Cela peut aller de la fermeture prématurée des bureaux de vote[1420] jusqu'à la signature à blanc des procès-verbaux que le Conseil a constaté suite à une enquête[1421], en passant par l'achat des voix[1422], la présence des agents de l'administration dans les bureaux de vote[1423] et la différence entre les procès-verbaux des bureaux de vote et ceux établis à la préfecture[1424].Le Conseil constitutionnel n'a pas hésité à sanctionner ces pratiques qui, en plus de revêtir un caractère déloyal, avaient pour effet de porter atteinte à la sincérité de la consultation, que, dès lors [...], il y a lieu de prononcer l'invalidation de l'élection contestée ».

La sincérité donne au juge d'intervenir de manière pragmatique et globale sur les faits soumis à son contrôle[1425]. Au-delà du respect des règles qui gouvernent le droit électoral, le juge va pouvoir prendre en compte d'autres éléments qui ont pu nuire à la sincérité du scrutin tels que la liberté du scrutin, l'égalité et disposer d'un large pouvoir dans leur appréciation. Le Conseil prend soin de vérifier la matérialité des faits quand c'est nécessaire. Il examine toujours si les fraudes commises ont eu une influence déterminante sur les résultats du scrutin.

Il est à souligner que la mission du juge électoral n'est donc pas de s'assurer que la règlementation a fait l'objet d'une stricte application, mais de vérifier que la sincérité du scrutin a été préservée. Le professeur Phillip affirme, à propos des attributions électorales de la juridiction constitutionnelle, que *« le Conseil constitutionnel n'est pas, comme on le pense trop souvent, juge de la régularité de l'ensemble de l'opération électorale, mais uniquement juge de la régularité de la proclamation de l'élu[1426] ».*

---

[1420] Décision du CC marocain n°272-99 du 09 février 1999

[1421] Décision du CC marocain n°274-99 du 10 février 1999

[1422] Décision du CC marocain n° 447/2000. Voir également les décisions du CC marocain n° 646/2007 et n°706/2008.

[1423] Décision du CC marocain 399-00 du 13 juin 2000

[1424] Décision du CC marocain n°371-00 du 8 février 2000

[1425] Olivier Henry, « La sincérité du scrutin outre-mer : observations sur les élections dans les départements français d'Amérique », R.F.D.A., 2002, p. 1054

[1426] Loic Phillipe, le contentieux électoral, op cit in Stéphan Gauthier, le juge judiciaire, juge électoral, vers une harmonisation du contentieux de l'élection », Presses Universitaires d'Aix-Marseille, 2007 p 278

Le contentieux n'a pas la prétention de se substituer le verdict au juge au verdict de l'électeur. Il a des ambitions plus limitées. Il se donne pour objectif de faire respecter des règles élémentaires de loyauté. De ce point de vue, il entreprend de rectifier les erreurs, de corriger les irrégularités, de faire respecter les règles de forme et de fond qui régissent le processus électoral.

Cette approche oblige cependant le juge électoral à un exercice délicat : estimer les effets des infractions sur les résultats de l'élection. Le juge regarde avec attention, dans chaque cas, si le résultat reflète sincèrement la volonté des électeurs. Ce résultat risque donc d'être d'autant plus facilement altéré que l'écart de voix entre les candidats est faible ». La subjectivité de la notion de sincérité est ainsi contrebalancée par le recours à l'arithmétique.

Force est de constater que c'est moins la nature de l'infraction que le faible écart des voix entre le candidat élu et le candidat battu qui s'avère donc déterminant pour le juge constitutionnel marocain. Ce dernier soustrait simplement à l'avance du candidat élu le nombre de bulletins hypothétiquement viciés. Une fois cette opération réalisée, et sans avoir à opposer une véritable « décision » de sa part, le juge peut *rétablir* la volonté réelle de l'électorat et invalider l'élection si l'avance du candidat élu était inférieure au nombre de bulletins soustraits[1427]. Le juge électoral décide d'annuler l'élection pour rendre la parole au suffrage universel s'il ce dernier a la conviction que l'irrégularité a une influence *déterminante* sur les résultats[1428].

Cette politique jurisprudentielle emporte ainsi un écueil majeur : une large victoire interdit presque systématiquement d'invalider une élection. Une manœuvre électorale d'une telle gravité, fut-elle condamnable, aura rarement « *une influence déterminante sur les résultats du scrutin* » à même de *« changer le sens de la consultation*[1429] ».

C'est donc apparemment sur l'appréhension de l'irrégularité que la sincérité du scrutin repose. Une opération électorale vierge d'éléments contestables est par conséquent sincère. En revanche, lorsqu'elle se trouve entachée d'irrégularités, sa sincérité peut être remise en cause. Si ces considérations permettent de limiter le champ d'investigation aux seuls contentieux présentant des irrégularités, il faut maintenant se focaliser sur son objectif.

La méthode utilisée par le juge électoral est qualifiée de réaliste, car elle ne vise pas seulement à rechercher et à sanctionner les irrégularités. Comme

---

[1427] CC décision du CC marocain n°549/2004

[1428] Lorsque l'irrégularité relative à la constitution de certains bureaux de vote est fondée et qu'en conséquence, il a eu une influence sur le résultat global du scrutin, le juge constitutionnel annule le résultat du scrutin (voir dans ce sens la décision du CC marocain n° n°571/2004)

[1429] Il y a lieu de voir à cet égard la décision du CC marocain n°772/2009, malgré l'annulation des voix dans un bureau de vote (irrégularité dans la composition), l'écart de voix reste flagrant entre l'élu et son conçurent

le souligne Laurent Burdeley en matière électorale, le juge est tenu d'adopter des solutions ou prime le réalisme. En effet, le juge se trouve face à un dilemme puisqu'il doit sanctionner les irrégularités sans remettre trop souvent en cause le résultat des urnes. Une attitude trop rigide lui imposerait d'annuler de très nombreuses consultations, ce qui consisterait à soigner un mal par un autre qui serait aussi préjudiciable à la démocratie. En adoptant une telle attitude, il ne pourrait pas concilier son activité de contrôle avec les autres impératifs qui gouvernent cette matière[1430].

Pour mener à bien la lourde tâche qui lui incombe, le juge s'en remet à la règle de l'influence déterminante. Toutefois, il ne le fait que lorsqu'il a un doute, c'est-à-dire quand, de prime abord, il ne peut mesurer les conséquences des irrégularités sur la sincérité des résultats. Le professeur Jean-Claude Tcheuwa s'interrogeant sur la place et le rôle du juge dans la restauration de la confiance dans les élections, se pose la question de savoir si ce dernier ne se trouvait pas investi des pouvoirs et compétences disproportionnés dans le cadre de son office en matière électorale[1431]. Le juge électoral s'est vu indiscutablement attribué de larges pouvoirs d'appréciation dans l'examen des requêtes qui lui sont soumises. Il met un accent particulier dans l'examen des éléments de faits, privilégiant ainsi le critère de l'influence déterminante au détriment du contrôle de légalité des opérations électorales.

2. La mise en œuvre du principe de l'influence déterminante : l'aubaine d'un large pouvoir d'appréciation du juge

Le principe de l'influence déterminante est une technique propre au droit électoral. Le juge doit disposer pour la mettre en œuvre d'un large pouvoir d'appréciation (a) puisque c'est à l'occasion du contrôle de la validité du scrutin qu'il peut décider d'y recourir. La jurisprudence électorale de la juridiction constitutionnelle va permettre d'illustrer sa mise en œuvre (b).

*a) Un juge électoral bénéficiant d'une grande liberté pour juger les conséquences d'une irrégularité*

Le pouvoir d'appréciation dont jouit le juge électoral pour juger les conséquences d'une irrégularité caractérise son travail et sa liberté d'évaluer les faits et les preuves. Cette liberté est le résultat de la démarche adoptée par

---

[1430] Marcel Waline affirme : « si l'on voulait annuler toutes les élections ou n'ont pas été scrupuleusement respectées les prescriptions légales relatives à l'affichage électoral, c'est presque toutes les élections qu'il faudrait annuler », cf Préface des Grandes décisions du Conseil constitutionnel, Louis Favoreu et Loic Phillip, op cit, Introduction, p XVII.

[1431] TCHEUWA J.-Cl., « Droit constitutionnel étranger : Les principes directeurs du contentieux électoral camerounais : à propos de « l'influence significative sur le résultat du scrutin » dans sa mise en œuvre à l'occasion des élections législatives et municipales du 22 juillet 2007 », op. cit., p. 4.

le juge et de son raisonnement. Une analyse de la mise en œuvre du principe de l'influence déterminante par le juge électoral nous révèle l'aubaine d'un large pouvoir d'appréciation du juge. Cette notion relève de l'appréciation souveraine du juge. Le juge est notamment libre des moyens de former sa conviction.En plus, le fait qu'il ait un silence des codes électoraux ou même leur lacune[1432] fait que le juge est seul maitre de son interprétation des faits qui lui sont soumis, et même si la violation de certains faits ou irrégularités est expressément sanctionnée par la loi, le juge se focalise plus sur l'impact de cette violation sur les résultats du scrutin que sur la violation elle-même.

Dans le même sens, il lui appartient d'apprécier la force probante des divers documents produits par les parties ; À ce propos, il n'est jamais tenu de convoquer les témoins allégués, même si les requérants le lui demandent ; quant aux procès-verbaux des opérations, ils ne font foi que jusqu'à preuve du contraire.

Le juge bénéficie surtout d'une grande liberté pour juger des conséquences d'une irrégularité constatée. La spécificité du contentieux électoral fait qu'une irrégularité n'entraine pas pour elle-même et de manière automatique l'annulation de l'élection. Le juge se pose la question de savoir si cette irrégularité aussi grave soit-elle a eu une influence sur le résultat.

Pour cela il se demande si les résultats seraient les mêmes dans l'hypothèse où ces irrégularités n'avaient pas été commises[1433]. Seules les irrégularités de nature à influencer d'une manière déterminante le résultat de l'élection sont retenues. Plus l'écart de voix est faible, plus les répercussions de l'irrégularité sont flagrantes aux yeux du juge. Cet élément n'est naturellement pas le seul : le Conseil doit situer en toute hypothèse, un grief dans son contexte, ce qui l'amène à dégager des critères précis.

En usant du principe de l'influence déterminante, Le juge électoral se livre donc à une double appréciation des éléments litigieux. Après avoir relevé les irrégularités, il les analysera afin de connaitre leurs effets sur le résultat du scrutin. Dans cette dernière phrase, il mettra en œuvre le principe de l'influence déterminante qui n'est autre qu'une méthode d'appréciation de la sincérité des résultats. Le professeur Richard Ghevontian note ainsi que la théorie de l'influence déterminante dans le contentieux électoral a une force comparable à celle rattachée aux formalités substantielles dans le contentieux de la légalité[1434].

Ces faits permettent de comprendre pourquoi le juge bénéficie de pouvoirs étendus dans le domaine électoral. Le principe de l'influence déterminante se justifie par l'objectif du contrôle, c'est-à-dire le respect de la sincérité du scrutin. Ce dernier permet au juge d'accroître considérablement son pouvoir d'appréciation. Le juge électoral n'est pas tenu de sanctionner

---

[1432] Stéphane GAUTHIER, cité par Mamadou, op cité p 253

[1433] CF. Charnay J.P., op. cit.; et Masclet, op cit.

[1434] GHEVONTIAN R., « La notion de sincérité du scrutin », op. cit, p. 8

toutes les fraudes et irrégularités soulevées devant lui, même si celles-ci sont avérées, lorsqu'il estime que ces dernières n'ont pas remis en cause la sincérité du scrutin[1435]. Le pouvoir exorbitant dont dispose le juge résulte du fait que *« le contentieux électoral n'est pas un contrôle de légalité de l'élection, mais de sa sincérité et exceptionnellement de sa moralité*[1436] *»*.

Dans certains cas, la constatation d'irrégularités substantielles suffit à entrainer l'annulation de la consultation, notamment, lorsque celles-ci portent atteinte à la sincérité du scrutin[1437]. Certains agissements ne laissent pas de place au doute et doivent impérativement être sanctionnés par le juge constitutionnel marocain.

Un certain nombre de décisions porte la marque de cette jurisprudence. Par exemple, un fait constaté même s'il n'est pas puni par la loi, s'il est accidentel ou le fait du hasard peut être pris en considération, si dans certaines conditions, il a une incidence sur le résultat de l'élection. Ainsi le Conseil Constitutionnel marocain a annulé les résultats d'un scrutin où l'élu ne devançait son concurrent immédiat que par dix voix, en prenant en considération un fait auquel le candidat élu était tout à fait étranger. En effet, le vote a été suspendu pendant quarante-cinq minutes dans un des bureaux de vote à la suite d'altercations entre électeurs. Cet incident dû au hasard, en déterminant un certain nombre d'électeurs sur place à quitter le bureau sans voter, en dissuadant d'autres à participer au scrutin a fait douter du résultat serré de l'élection[1438].

Si le juge s'en remet souvent au principe de l'influence déterminante et à la méthode d'analyse qui le caractérise, il peut tout aussi bien s'en dispenser quand il considère que son utilisation est superflue. Il dispose donc d'une totale liberté dans les moyens à mettre en œuvre pour accomplir sa mission[1439].

Ce large pouvoir d'appréciation peut faire l'objet de critiques. Monsieur Stéphane Bolle remarque que la mission de trancher les litiges électoraux dévolue au juge électoral s'avère une tâche particulièrement ingrate, parce

---

[1435] Voir dans ce sens la décision du Conseil constitutionnel marocain n°571/2004. Dans cette décision, une irrégularité peut être constatée par le Conseil constitutionnel, mais ne pas entrainer pour autant l'annulation d l'élection envisagée, si le Conseil constitutionnel estime qu'en l'espèce cette irrégularité n'a pu avoir une influence suffisamment déterminante sur les résultats du scrutin ».

[1436] Phillipe Ardant, « Le contentieux électoral devant le Conseil constitutionnel et le Conseil d'Etat », in Conseil constitutionnel et Consil d'Etat, Actes du colloque des 21 et 22 janvier 1988, Paris II, L.G.D.J, Montchrestien, Paris 1988, p 55

[1437] Il en est le cas des décisions du Conseil constitutionnel marocain suivantes : DC n° 97/1995, n° 338/1999, n° 447/2001, n° 363/2000, et n° 650/2008.

[1438] Décision du CC marocain n° 272/99

[1439] Stéphan Gauthier, « Le juge judiciaire, juge électoral, vers une harmonisation du contentieux des élections », Presses Universitaires d'Aix-Marseille, 2007 p 283

qu'elle l'expose à l'accusation de partialité et d'inféodation aux autorités et à la cristallisation des maux de tout un processus électoral.[1440]

Sans remettre totalement en cause le système, certains spécialistes déplorent le manque de rigueur dont fait parfois preuve le juge électoral. Jean-Yves Vincent et Michel De Villiers relèvent le paradoxe entre la fréquence des méconnaissances des prescriptions électorales et le pourcentage très minime des annulations qu'elles entrainent[1441]. Quant à François Luchaire, il voudrait que le juge se limite à sanctionner la fraude sans se soucier des conséquences de celles-ci sur le scrutin[1442]. Selon lui, le respect de la règle qui impose au juge d'interférer le moins possible dans le processus électoral met plus en jeu la démocratie qu'il ne la protège.

Le juge électoral fait donc preuve de modération dans l'utilisation de son large pouvoir d'appréciation et, si certaines critiques sont fondées, elles doivent aussi prendre en compte la difficulté de son contrôle.[1443]

*b) L'application de la technique de l'influence déterminante par le juge constitutionnel*

Au regard de la pratique jurisprudentielle devenue constante, l'office du juge électoral est particulier, car, au-delà de la matérialité de la fraude, il garde son libre arbitre, celui de déterminer le degré d'incidence de la fraude alléguée sur le résultat final du scrutin ; ce que Henry Roussillon qualifie de « jurisprudence de l'influence déterminante »[1444], ou de « jurisprudence de l'effet utile » pour reprendre une expression de Ferdinand Mélin-Soucramanien[1445]. De là s'est développé, au moins sur un plan prétorien, un principe qui guide l'action du juge dans le contentieux électoral, celui de « l'incidence significative sur le résultat du scrutin », qualifié par certains de « nouvelle tendance du juge électoral »[1446] ou de « tradition

---

1440 BOLLE S., « Vices et vertus du contentieux des élections en Afrique », in Démocratie et élections dans l'espace francophone, op. cit., p. 534

1441 Stéphan Gauthier, « Le juge judiciaire, juge électoral, vers une harmonisation du contentieux des élections », Presses Universitaires d'Aix-Marseille, 2007 p 284

1442 François Luchaire, « Le Conseil constitutionnel en accusation », Le monde, 20-21 aout 1978

1443 Philippe Ardent, op cit, p 81

1444 H. Roussillon, op. cit., p. 115. Aussi en ce sens, L. Favoreu et L. Philip, Les grandes décisions du Conseil constitutionnel, Paris, Dalloz, 1995, p. 27 ; C. Sietchoua Djuitchoko, « Introduction au contentieux des élections législatives camerounaises devant la Cour Suprême statuant comme Conseil constitutionnel », Juridis Périodique, n° 50, avril,-mai-juin 2002, p. 89

1445 F. Mélin-Soucramanien, « Le Conseil constitutionnel, juge électoral », Pouvoirs, n° 105, 2003, p. 124.

1446 A. D. Olinga affirme en effet qu'une autre tendance du contentieux électoral est l'objectivation progressive de la notion d'irrégularités n'entachant pas la sincérité du scrutin, in La Constitution de la République du Cameroun, Yaoundé, Presses de l'UCAC, 2006, p. 253 peut toutefois se poser la question de savoir si l'on peut objectiver une telle notion sans

jurisprudentielle » pour d'autres[1447]. Il peut aujourd'hui, eu égard à son étendue et à sa prégnance, s'intégrer dans le « patrimoine commun des sociétés politiques modernes »[1448].

L'examen des décisions relatives au contentieux électoral des dernières législatives de 2011 dénote que le Conseil constitutionnel marocain continu toujours, à se réclamer d'une présomption de régularité qui l'amène à rejeter parfois la quasi-totalité des demandes d'annulation des élections même en disposant d'éléments susceptibles (ou à même) de donner lieu à une enquête[1449].

En effet, le juge adopte une jurisprudence constante dans le temps et considère que « *même en présence des irrégularités entachant l'opération électorale, on ne peut pas conclure à l'existence d'un impact sur le résultat du scrutin* »[1450]. Le Conseil constitutionnel semble avoir trouvé dans la « théorie de l'influence déterminante et de l'écart de voix un refuge confortable[1451]. Il y recourt presque systématiquement.

On imagine en effet difficilement le juge annuler un scrutin, et ainsi effacer le choix des électeurs, pour des violations minimes du droit électoral

---

courir le risque de dénaturer le contentieux électoral qui, par nature, laisse une très large marge de manœuvre à l'appréciation du juge.

[1447] B. Maligner, « Les tribunaux administratifs et le contentieux des élections municipales ou la sérénité juridictionnelle et la passion politique », Les Petites Affiches, n° 116, 19 octobre 1983, p. 13.

[1448] Sur l'ensemble de cette problématique, voir L. Sindjoun, La formation du patrimoine constitutionnel commun des sociétés politiques. Eléments pour une théorie de la civilisation politique internationale, CODESRIA, Dakar, 1997. En ce sens aussi, voir P. Garrone, « Le patrimoine électoral européen, une décennie d'expérience de la commission de Venise dans le domaine électoral », RDP, 2001, n° 5, p. 1417-1454.

[1449] On ne peut que faire le constat patent que le requérant se résigne à une présomption de fraude et ne parvient à fournir que des bribes d'information. Pour défaut de preuve, ou manque de précision, le Conseil est ainsi acculé à rejeter le plus souvent ces recours. Ce sentiment de déni de justice se renforce davantage chez le requérant lorsque le Conseil rechigne de considérer des irrégularités établies dont les preuves ne sont apportées que par ses assesseurs ou ses délégués. Voir à titre d'exemple la décision du CC marocain n° 683 en date du 09/04/2008

[1450] Il convient de souligner que l'examen de la jurisprudence du Conseil constitutionnel marocain révèle sa démarche par étapes. Dans un premier temps, le juge recherche l'existence d'infractions avérées. Et de façon déjà restrictive d'ailleurs, puisque la charge de la preuve qui pèse sur le requérant est souvent difficile à fournir. Dans un deuxième temps, le juge va chercher si ces irrégularités avaient pour but ou pour effet de favoriser des fraudes. Si tel est le cas, ces irrégularités ont-elles profité à un candidat et étaient-elles constitutives de manœuvres ? Le juge exige ici, pour une annulation, que ces manœuvres aient été sinon persistantes du moins systématiques. Dans un troisième temps, est-ce que cette manœuvre avérée a pu tromper l'électeur ? A l'issue de ce parcours seulement, le juge se pose la question finale : ces manœuvres frauduleuses ont-elles été de nature à modifier le résultat des élections ? C'est la réunion de l'ensemble de ces éléments qui peut être constitutive de ce que le juge appelle « *une altération grave de la sincérité du scrutin* ».
Voir dans ce sens les décisions du CC marocain n° s 847/12 ; 884/12 ; 894/12 ; 888/12.

[1451] Voir dans ce sens les décisions du CC marocain n° s 847/12 ; 884/12 ; 894/12 ; 888/12...

(sauf dans le cas d'affichage de tracts électoraux en dehors des emplacements qui leur ont été réservés et usage partiel de lieux de culte dans des tracts électoraux par un candidat[1452]). Cette mansuétude bien compréhensible peut affecter toutes les étapes de l'élection, du déroulement de la campagne au scrutin lui-même et à la détermination des résultats.

On constate donc que le réalisme électoral interdit tout autant au juge de l'élection de faire droit aux requérants demandant l'annulation pour moult motifs tels que l'intervention de l'administration[1453] ou que le bureau de vote, ait fermé quelques minutes avant l'heure réglementaire[1454], ou que des bulletins comptabilisés comme blancs ou nuls, mais sans être joints aux procès-verbaux ou sans être signés par les membres des bureaux de vote[1455]... etc. Ces griefs sont déclarés aux yeux du juge sans influence sur le résultat du scrutin dès lors que ces omissions n'ont pas revêtu un caractère systématique.

Il importe de souligner que la grande lacune qu'on a pu soulever dans la position du Conseil que ce soit pour débouter la requête ou pour lui faire droit en l'annulant, a pratiquement toujours pris en considération le critère de l'écart des voix en considérant que cet écart est non lié à la gravité de l'infraction (le degré de manœuvres frauduleuses), mais plutôt au critère arithmétique c'est-à-dire au faible écart de voix entre le candidat élu et le candidat battu qui s'avère déterminant[1456].

Ainsi, le juge recourt à une logique presque comptable : il soustrait à l'avance du candidat élu le nombre de bulletins hypothétiquement viciés. Si l'avance du candidat élu est inférieure au nombre de voix soustraites, le juge est alors en mesure de restituer la volonté réelle de l'électorat en annulant l'élection.

En revanche, le juge électoral est en mesure de disculper une manœuvre frauduleuse dès lors que, compte tenu du nombre limité d'électeurs que ces faits concernent, ils n'ont pu avoir « une influence déterminante sur le résultat du scrutin[1457] ».

L'influence de la jurisprudence électorale française se fait nettement sentir. Le juge électoral n'y est pas vu comme un redresseur de torts, un juge répressif ou un juge de l'orthodoxie électorale, mais comme « un juge de

---

[1452] Dans l'ancienne jurisprudence du Conseil constitutionnel (avant la réforme constitutionnelle de 2011), l'apposition d'affiches de propagandes en dehors des emplacements spéciaux réservés à cet effet en méconnaissance de l'article 29 de la loi organique relative à la chambre des représentants n'est pas un grief justifiant l'invalidation du scrutin (voir à ce sujet la décision du CC marocain n° 49 en date du 22 novembre 1994)

[1453] Décision du CC marocain n° 891/12 en date du 04/10/2012

[1454] Décision du CC marocain n° 847/12 en date du 18/04/2012

[1455] Décision du CC marocain n° 891/12 en date du 04/10/2012

[1456] Voir dans ce sens les décisions du CC marocain précitées n° s 847/12, 894/12

[1457] Décision du CC marocain n° 863/12 en date du 25/06/2012

plein contentieux, doté de larges pouvoirs – dans le but de veiller à la liberté et à la sincérité du scrutin »[1458].

Il en découle donc de ce qui précède, que le contentieux de 2011 se veut plus circonspect et pondéré. La haute instance s'accroche toujours à la prudence en opposant l'irrecevabilité quand les requêtes dénoncent des irrégularités graves (composition irrégulière des bureaux de vote[1459], intervention de l'administration[1460], procès-verbaux signés à blanc[1461], impossibilité pour les délégués d'exercer leur contrôle et de consigner leur réclamation aux procès-verbaux ou encore le cas d'expulsion du bureau de vote des délégués des candidats[1462], atteinte au secret de vote[1463]…

Ainsi il s'avère de l'analyse jurisprudentielle que le juge électoral fasse preuve d'inertie, de plus de timidité en cherchant des échappatoires moins convaincantes au détriment de la sauvegarde ou de la continuité des exigences démocratiques. Le constat suivant bien que réaliste demeure inquiétant : le juge électoral s'est abstenu d'annuler un scrutin alors que des occasions n'ont pas manqué.

Une telle position du juge électoral est de nature à frustrer les requérants qui voient leurs dénonciations dépourvues d'effet du fait de circonstance extérieure à leur requête telles que l'écart de voix entre les candidats. Cependant, considérant la longue liste d'irrecevabilité, le juge électoral doit-il rester imperturbable devant des entraves au processus électoral même si celles-ci ne doivent modifier l'issue du scrutin ? L'utilisation du principe donne l'impression qu'une élection est une affaire de change : on peut commettre des irrégularités pourvu qu'on ait la chance de devancer sérieusement le candidat le plus proche.

Il s'agit d'une démarche intellectuelle parfois méandreuse, que le justiciable non spécialiste du contentieux électoral ne saurait comprendre, d'où le caractère très acerbe des critiques faites parfois au juge électoral[1464]. Le juge doit alors concilier la rigueur juridique avec d'autres paramètres propres à cette matière. Les solutions juridictionnelles *« réalisent un*

---

[1458] B. Genevois : La jurisprudence du Conseil constitutionnel. Op. cit. p. 329

[1459] Décision du CC marocain n° 863/12 en date du 25/06/2012. Le juge considère dans ce cas d'espèce que malgré l'annulation des voix dans ces bureaux de vote, il n'est pas établi que cela ait un effet déterminant sur les résultats du scrutin.

[1460] Décision du CC marocain n° 843/12 en date du 11/04/2012

[1461] Décision du CC marocain n° 902/12 en date du 24/10/2012

[1462] Décision du CC marocain n° 847/12 en date du 18/04/2012

[1463] Décision du CC marocain n° 843/12 en date du 11/04/2012

[1464] Voir A. D. Olinga, « Contentieux électoral et État de droit au Cameroun », Juridis Périodique, édition spéciale, janvier-février- mars 2000, n° 41, p. 35-52 ; C. Keutcha Tchapnga, op. cit., p. 45. Sur les éléments de discussion concernant le Conseil constitutionnel français, voir D. Rousseau, Droit constitutionnel, Paris, Montchrestien, 6e édition, 2001, p. 364 et s. D. Chagnollaud, RDP, n° 1, février 2002, p. 514 et 515 ; J. Robert, La garde de la République. Le Conseil constitutionnel raconté par l'un de ses membres, Paris, Plon, 2000, p. 154.

*équilibre entre la nécessaire stabilité des institutions et l'exigence de sincérité dans la désignation des élus*[1465]*».* Le principe de l'influence déterminante n'est que la face émergée du processus de contrôle des élections, il est la résultante du mode particulier de traitement de ce contentieux qui relève lui-même de la spécificité du droit régissant les élections politiques.

## § 3. Vers un raffermissement du système de contrôle en aval des opérations électorales

Dans une perspective d'endiguer le fléau de la fraude électorale, les pouvoirs du juge de l'élection doivent être renforcés davantage. Toutefois, son efficacité reste tributaire de l'unification et de l'homogénéisation d'organes de contrôle afin d'éviter des divergences de jurisprudence, ou, plus grave encore, des dénis de justice et enfin l'implémentation d'une politique jurisprudentielle novatrice et ambitieuse au service des électeurs et de la démocratie représentative.

### A. Une politique de contrôle efficace contre la fraude électorale

Autant qu'il soit possible d'en juger, le juge répressif, à la condition qu'il soit saisi, réprime assez sévèrement les fraudes électorales. Le juge répressif doit agir en synergie avec le juge constitutionnel pour assurer une meilleure répression des actes frauduleux. Il serait souhaitable que cette sévérité sévisse aussi bien dans le camp des fraudeurs que dans celui des bénéficiaires de ces opérations de fraude.

Il s'avère donc impérieux d'intégrer de nouvelles dispositions dans la loi organique du Conseil constitutionnel permettant une meilleure coopération entre le juge pénal et le juge de l'élection, afin que ce dernier puisse déférer les affaires contentieuses objet de manœuvres frauduleuses devant le juge pénal. À ce propos, la mise en place de mécanismes juridiques est susceptible de renforcer la place du juge électoral afin que ce dernier puisse agir en synergie avec le juge pénal pour assurer une meilleure répression de tout acte de fraude qui va à l'encontre de la volonté des électeurs et mettant en péril les valeurs démocratiques qui doivent caractériser toute opération électorale.

En passant au crible, le système de contrôle présente des faiblesses qu'il convient de citer :

Les décisions du Conseil constitutionnel appellent quant à elles quelques réserves. L'idée qui domine la jurisprudence du Conseil constitutionnel est simple. Les opérations électorales sont annulées dans leur totalité si les irrégularités, les manœuvres ou les fraudes ont été de nature à altérer la

[1465] Philippe Ardant, op. cit, p 81

sincérité du scrutin, c'est-à-dire à fausser les résultats. En outre, le recours par le Conseil constitutionnel à l'écart des voix séparant les candidats n'a qu'une valeur relative. Un même écart de voix, rapporté au nombre des suffrages exprimés, est tantôt regardé comme faible, tantôt comme grand. En fermant les yeux devant les tricheries qui n'auraient ni influence déterminante sur le scrutin ni justification, est-ce le meilleur moyen d'édifier une communauté civique majeure[1466]? Est-ce là son rôle? Devant la recrudescence de l'insalubrité électorale, ne faudrait-il pas œuvrer dans le sens de la régularité du scrutin et invalider sans état d'âme des élections légitimement contestées à ses yeux.

En France, le juge constitutionnel tient compte de ce que l'on peut appeler des facteurs « réducteurs » d'annulation. L'un d'entre eux, le plus fréquemment retenu, est la possibilité de réponse dont dispose le candidat battu pour dénoncer l'attaque de dernière heure. Quand il en est ainsi, et alors même qu'un faible écart de voix sépare les compétiteurs, le juge de l'élection se refuse à annuler le scrutin[1467].

Par ailleurs, le système de contrôle doit sa faiblesse à une exigence rédhibitoire, celle rendant à charge du requérant d'apporter la preuve des irrégularités. Il se retrouve ainsi sommé de prouver, entre autres : les manœuvres frauduleuses ou pressions exercées sur les électeurs, l'ampleur de la distribution d'un tract diffamatoire, l'intervention de l'administration… On ne peut à notre sens que faire le constat patent que le requérant se résigne à une présomption de fraude et ne parvient à fournir que des bribes d'information. Pour défaut de preuve, ou manque de précision, le Conseil est ainsi acculé à rejeter le plus souvent ces recours. Ce sentiment de déni de justice se renforce davantage chez le requérant lorsque le Conseil rechigne de considérer des irrégularités établies dont les preuves ne sont apportées que par ses assesseurs ou ses délégués[1468].

Il n'en reste pas moins que le Conseil pourrait faire évoluer sa politique jurisprudentielle vers plus de rigueur sinon plus de sévérité. Autrement dit, le Conseil constitutionnel est appelé à adopter une approche draconienne en annulant les résultats du scrutin lorsque des irrégularités ou manœuvres frauduleuses visent sciemment à porter atteinte à la liberté et à la sincérité du vote, c'est-à-dire des actes délibérément accomplis dans le but d'altérer les résultats d'une élection. Un légalisme minutieux conduirait certes à poursuivre toutes les fraudes, quels que soient leur nature, leur gravité et leurs effets.

Il apparaît certes que le pouvoir que détient le juge constitutionnel dans l'évaluation des faits et des preuves est entaché d'ambigüité. Il est en disette de normes qui puissent l'amener à enclencher une procédure d'enquête dans

[1466] N Bernoussi op cité
[1467] Maligner, op cité
[1468] Décision du CC marocain n° 683 en date du 09/04/2008

les opérations électorales. On peut même se demander si le juge constitutionnel peut aller jusqu'à la mise en place de tous les moyens nécessaires pour mener une véritable enquête où le Conseil mobilisera tous les moyens nécessaires pour enquêter dans toute sorte de litige.

C'est dans ce raisonnement qu'intervient l'idée de Dominique Rousseau qui propose de faire évoluer la politique jurisprudentielle vers plus de rigueur, en demandant au conseil de mieux et davantage utiliser son pouvoir d'ordonner des mesures d'instruction et en exigeant des administrations qu'elles fournissent tous les documents et informations dont elles disposent[1469] dès lors que le requérant aurait apporté un commencement de preuve, des éléments de faits ou des allégations. Ainsi ce dernier ne supporterait-il plus la lourde charge de la preuve[1470].

De même, la politique jurisprudentielle du Conseil constitutionnel en matière électorale ne doit pas être réductrice à un simple conflit entre l'élu et son concurrent le plus immédiat, mais plutôt s'inscrire dans une approche globale de protection des intérêts des électeurs et de la démocratie. Cette jurisprudence mérite d'être prise au sérieux. C'est dans ce cadre que le professeur Dominique Rousseau, soutenu par Chagnollaud, estime que le Conseil constitutionnel devrait exercer un contrôle plus ferme des irrégularités électorales afin de maintenir la croyance en la vertu de la légitimité démocratique[1471]. Le juge est appelé à concilier fermeté, pragmatisme et réalisme afin de participer plus amplement à l'édification de l'État de droit.

### B. Une harmonisation du contentieux des élections

Les interférences plausibles entre organes en charge du contentieux expliquent en partie l'inefficacité observée. En prenant l'exemple du schéma français du contentieux électoral reconnu aux seules juridictions strictement entendues, on note avec Jean-Claude Masclet que « la diversité des juridictions n'affecte pas l'unité du droit, en ce sens que les solutions apportées s'inspirent généralement des mêmes principes. Mais cela ne se vérifie pas toujours. Et l'on ne peut éviter que subsistent des divergences de jurisprudence, ou, plus grave encore, des dénis de justice[1472] ». Et quant à Jean du Bois de GAUDUSSON, il nous fait savoir que « le contentieux des élections se caractérise dans la plupart des États africains par une complexité décourageante pour les populations, provoquée par le partage des compétences entre plusieurs juges et ordres de juridictions ainsi que les

[1469] Dominique Rousseau op cité p393
[1470] Décision du CC marocain n° 508 en date du 29/04/2003
[1471] Dominique Rousseau, droit du contentieux constitutionnel, p 364.
[1472] Jean-Claude Masclet, Droit électoral, op. cit., p. 313.

conflits qui ne manquent pas de surgir dans l'application de lois électorales rédigées en des termes propices aux divergences d'interprétations[1473]... ».

À ce titre, l'harmonisation de la compétence juridictionnelle impose de déterminer une juridiction susceptible de connaitre de l'ensemble du contentieux électoral. D'où cette réclamation insistante de supprimer la compétence électorale du Conseil constitutionnel. Dans cette ligne de conduite, P. Jan[1474] prône la création d'une Cour électorale spéciale, une sorte de « junta » comme c'est le cas en Espagne et dans la plupart des pays d'Amérique du Sud.

Sa proposition est étayée par la fatalité d'alléger l'activité du Conseil constitutionnel déjà débordé par le contentieux des activités normatives et la question prioritaire de constitutionnalité. En effet, son organisation actuelle laisse présager une tendance haussière du contentieux constitutionnel, source de dysfonctionnement patent. De même, le Conseil constitutionnel ne serait plus instrumentalisé au terme d'une campagne politique qui l'expose aux critiques rendant ces décisions incomprises par l'opinion publique[1475]. Enfin, la suppression électorale du Conseil constitutionnel réunifierait le contentieux juridictionnel des actes préparatoires et des opérations électorales. Le citoyen, en sa qualité d'électeur de recourir à une seule et même juridiction selon des procédures simples et si possible identiques.

Contrairement à cette position, B. Genevois plaide non seulement pour un maintien des compétences électorales du Conseil constitutionnel, mais aussi pour un renforcement de ses attributions[1476].

Il propose de retoucher le texte de la Constitution comme préconisé par le Comité consultatif pour la révision de la Constitution présidé par le doyen Vedel. Ce dernier, dix ans déjà, a proposé de réviser l'article 63 de la Constitution pour qu'il comporte désormais un deuxième alinéa prévoyant qu'«... une loi organique détermine également les règles applicables au contentieux des opérations préalables aux consultations dont le Conseil constitutionnel assure la régularité ». Cette proposition a le mérite d'unifier solidement le contentieux juridictionnel des actes préparatoires et des opérations électorales en créant des blocs de compétences bien identifiés[1477].

---

[1473] Jean du Bois de Gaudusson, *op. cit.*, p. 103.

[1474] Pascal Jan, la saisine du Conseil constitutionnel, LCDJ, 1999 in Stéphan Gauthier, le juge judiciaire, juge électoral, vers une harmonisation du contentieux de l'élection », Presses Universitaires d'Aix-Marseille, 2007 p 286

[1475] Ferdinand Mélin-Soucramanien, le Conseil constitutionnel, juge électoral, pouvoir 2003 p 122 in Pascal Jan, RDP, n° 1, février 2002

[1476] La VIe République, RDP n°1/2 pp 525-529

[1477] Voir l'article de Richard Ghévontian, « Les progrès de la constitutionnalisation du droit électoral, éléments de réflexion », La Constitutionnalisation des branches du droit (dir. Bertrand Mathieu et Michel Verpeaux), Economica, 1998, p. 62 et 63.

Vraisemblablement, le Conseil constitutionnel peinerait à assurer la totalité du contentieux préélectoral avec ses moyens actuels.

Plus intriguant encore, la juridiction électorale serait-elle la meilleure solution pour concrétiser l'harmonisation du contentieux électoral ? Le juge constitutionnel semble bien parti pour supplanter les autres juges et centraliser l'ensemble des litiges issus d'élections. En démontrant que le respect de la démocratie ne peut être l'apanage de plusieurs ordres juridictionnels, il était logique d'émettre une telle proposition tout en mesurant les bouleversements qu'elle serait susceptible d'entrainer. Mais quoi que posant clairement la question de la reconnaissance du droit électoral, une telle solution semble concevable de nos jours. Si le juge constitutionnel est le garant de la démocratie, ne mériterait-il pas de jouir de la plénitude de contrôle sur l'ensemble du processus électoral?

L'unification du contrôle du contentieux électoral s'impose au Maroc et se doit de préserver une identité la distinguant d'une organisation du contentieux électoral jalonnée d'insuffisances. Ainsi, les requérants n'auront plus affaire à une pléthore d'organes et leurs requêtes ne sauraient plus vaine devant une forclusion éventuelle des délais.

En somme, sur ce premier point, nous ne pensons pas que la compétence du juge constitutionnel en matière électorale nécessite une révolution copernicienne consistant soit à ôter au Conseil constitutionnel sa compétence, soit à créer à son profit un bloc de compétences monolithique qui de toute manière se fissurera tôt ou tard, mais plutôt une évolution en douceur favorisant un dialogue constructif des juges[1478].

### C. Une jurisprudence novatrice vouée au respect du choix des électeurs et de la démocratie

Faut-il déduire à travers l'examen jurisprudentiel que l'état de notre droit jurisprudentiel est versatile. Il est source d'incompréhension et d'ambivalence chez les justiciables.

Par le principe de l'influence déterminante des irrégularités, le juge de l'élection sanctionne celles dont il peut établir l'incidence directe sur le résultat de l'élection. D'où l'importance du critère de l'écart des voix, si contesté par la doctrine : « faible, il rend probable, car plausible l'idée d'un résultat vicié par la fraude et donc pousse à l'annulation ; fort, il interdit quasiment toute possibilité de revenir sur l'issue du scrutin »[1479]. Voilà bien résumée la jurisprudence du juge de l'élection. Ces observations sur la tolérance excessive du Conseil constitutionnel concernent la plupart des orientations de la jurisprudence, en particulier celles qui touchent à la

[1478] Ferdinand Mélin-Soucramanien, le Conseil constitutionnel, juge électoral, pouvoir n°105, 2003, p 123

[1479] O. Ihl, op. cit., p. 100.

campagne électorale et du déroulement du scrutin (propagande, composition des bureaux de vote, opérations de vote…).

Au nom des exigences démocratiques et des termes de la déontologie démocratique, cet aspect "minimaliste" de l'annulation lui est reproché. "Anormal", est l'étiquette collée par certains spécialistes[1480] au contentieux électoral, pointant du doigt la prévalence de l'arithmétique générale du vote dans la déclaration de certaines irrégularités. Tout fraudeur est alors, insidieusement incité à frauder massivement pour creuser l'écart avec son "Dauphin"! À elle seule, cette façon de faire est à même d'expliquer le faible taux d'annulation des élections par rapport aux nombres de requêtes déposées auprès du Conseil constitutionnel marocain.

Par ailleurs, il arrive que le scrutin soit validé lorsqu'il existe un faible écart de voix entre les candidats. Comme il peut être annulé même avec l'existence d'un grand écart de voix séparant les candidats.

Ainsi plusieurs interrogations s'imposent ? Il n'est pas précisé ce qu'il faut entendre par écart important ou faible ? En se fondant sur un indicateur arithmétique, il n'a jamais précisé ou simplement dit à partir de quel ''SEUIL'' un écart est considéré faible : 100, 200, 300 ? Qu'est-ce qu'un faible écart de voix ? Faible par rapport à quoi ? À l'importance du corps électoral ? À la nature de la fraude ? À la fragilité supposée de l'électeur ? Cette jurisprudence semble être discutable[1481]. Elle ne permet de préserver réellement la sincérité du vote en ce sens qu'elle implique que plus la fraude est grande plus le résultat du vote sera considéré comme sincère.

Il convient de souligner que le critère de l'écart de voix n'est pas à notre sens un référentiel pertinent pour apprécier la sincérité du scrutin compte tenu de son caractère changeant et instable dans les décisions du juge. En effet, le juge rapproche l'écart de voix finalement constaté du nombre d'électeurs susceptibles d'avoir modifié leur vote du fait de la manœuvre. Il opère donc une analyse concrète et circonstanciée.

Il serait également judicieux d'adopter selon B Maligner deux directions réformatrices. Elles reposent l'une et l'autre sur une appréciation non plus quantitative – la référence à l'écart de voix – de l'atteinte à la sincérité du scrutin, mais sur des observations objectives et qualitatives.

Une première orientation qui porte sur une appréciation objective puisqu'elle reposerait sur des éléments constatés. Il serait décidé que l'élection dans son ensemble est souillée d'irrégularité et qu'il a lieu, par suite, de l'annuler lorsque plusieurs irrégularités ont ponctué les différentes phases des opérations électorales. Ainsi serait assurée au sens strict de

---

[1480] JP CAMBY, op cit p 80

[1481] B Maligner op cité.

l'expression la régularité absolue du scrutin[1482]. Cette orientation peut paraître trop rigoureuse puis qu'elle contraindrait le juge à annuler l'élection même lorsque des irrégularités vénielles ont émaillé l'une quelconque des opérations électorales. De plus, elle ne s'attacherait pas à sanctionner particulièrement les manœuvres et les fraudes.

Pour sa part, B Maligner[1483] explore une autre piste. Celle qui consiste à assurer non pas la régularité des élections, mais leur sincérité. Dans son entendement, une élection ne risque l'invalidation que si le juge constate l'existence de manœuvres, de fraudes ou d'actes ayant des effets préjudiciables affectant le résultat du scrutin et dont il n'est pas en mesure de déterminer exactement l'incidence sur le comportement du corps électoral.

En d'autres termes, cela revient à « garantir que le résultat de l'élection est conforme à la volonté du corps électoral et que cette volonté a pu s'exprimer de manière libre et sincère[1484] ». Outre le lien de causalité entre la sincérité du scrutin et les griefs invoqués, ces derniers doivent réunir, selon J.P CAMBY, les critères de la qualité, de la quantité et de l'intention délibérée. Le requérant doit prouver qu'il doit son échec à ces infractions et agissements.

Pour toutes ces considérations, la seconde option semble être la plus adéquate avec l'état actuel de notre droit jurisprudentiel. Elle aura le mérite de s'assurer que l'élu ne doit par son élection à des fraudes, des manœuvres dont l'effet exact sur le choix des électeurs ne peut être circonscrit ou mesuré exactement. Dès lors, serait vérifiée et garantie la sincérité relative de l'élection. Le juge est ainsi investi d'une mission de recherche de l'adéquation entre le résultat proclamé et la volonté majoritaire librement exprimée par les électeurs.

Ces inflexions jurisprudentielles, et bien d'autres permettraient au Conseil d'exercer un contrôle plus ferme sans pour autant entamer son caractère nécessairement pragmatique afin de tracer les voies possibles d'une évolution jurisprudentielle favorable à l'État de droit et à la démocratie représentative.

## SECTION 5. LA NÉCESSITÉ D'UN RÉEXAMEN DE LA POLITIQUE ÉLECTORALE

La Démocratie est un processus dynamique ; un cadre favorable à sa construction et son expression doit être mis en place.

---

[1482] Cf l'auteur fait le constat en 2007 dans le dossier de « regards sur l'actualité » Élection et campagnes électorales, La documentation française, mars 2007. B Maligner, contrôle des résultats et contentieux électoral, p 65, V spécialement p.75

[1483] Maligner, op cité

[1484] J. C. MASCLET, Droit électoral, Paris, P.U.F, 1989, p. 26

Les conditions d'organisation des élections sont déterminantes pour la fiabilité du scrutin. La vulnérabilité du scrutin est telle qu'un simple dysfonctionnement est susceptible de remettre en cause tout le processus électoral. Les différentes opérations pré- électorales, électorales et post-électorales, leur forme juridique, leur gestion et leur légitimité ne peuvent que s'en retrouver violemment critiquées et les résultats du scrutin légitimement contestés.

Il est évident que la réussite de toute opération électorale dépend de l'efficience des éléments techniques et juridiques qui la sous-tendent (précision et mise à jour des listes électorales, découpage électoral, actes de candidature, opérations de vote, dépouillement, mode de scrutin, etc.…). Bien entendu, le rôle des acteurs directement concernés par le processus électoral n'est pas en reste.

## § 1. Un cadre juridique favorable

Le diagnostic SWOT est indéniablement d'une importance capitale, dans l'appréhension systémique de l'opération électorale, l'anticipation, la régulation et la maîtrise des vives tensions sociopolitiques qui puissent découler des échéances électorales.

Le diagnostic[1485] du cadre juridique et réglementaire encadrant les élections indique que les opérations électorales pâtissent de plusieurs dysfonctionnements. Certaines mesures d'ordre juridique s'imposent tout au long du processus afin d'en garantir la sincérité.

### A. Actes préliminaires à l'élection

S'agissant du Contentieux des actes préparatoires ou des opérations préalables qualifié de préélectoral, il concerne les opérations préliminaires du scrutin englobant l'ensemble des opérations et des actes administratifs qui concourent à l'organisation de l'élection [1486]: convocation du corps électoral, découpage électoral, listes électorales, enregistrement des candidatures, campagne électorale… etc.

1. Les listes électorales

La question des listes est cruciale, car elles constituent l'élément de base sur lequel se construit l'ensemble de l'échafaudage de tout système électoral. La rigueur appliquée dans l'élaboration de ces listes et leur degré de fiabilité et de conformité par rapport au corps réel des électeurs déterminent, dès le

[1485] Ce diagnostic a fait l'objet des entretiens entre des personnes-ressources du ministère de l'Intérieur et des membres du Conseil constitutionnel

[1486] CAMBY (J-P), cité par KESSOUGBO (K.), « La Cour constitutionnelle et la régulation de la démocratie au Togo », RJP, Vol.59, 2005, p.64.

départ, le niveau de sincérité des élections. Ces listes souffrent des lacunes et dysfonctionnements (absence de mise à jour, amendement partiel[1487], inscriptions multiples, absence de procédure de collection et d'informatisation systématique centralisée[1488], etc.)

Il semble par conséquent inévitable que les listes utilisées soient corrompues, fraudées et reprennent une proportion non quantifiable d'électeurs en réalité inéligibles. Cette marge d'erreur est susceptible, en particulier dans les circonscriptions rurales de taille réduite, d'être mise à profit à des fins de manipulation électorale. À supposer que l'imprécision soit suffisamment importante, elle pourrait également, du fait de son inflation, affecter le calcul du taux de participation[1489].

À ces insuffisances d'ordre législatif et réglementaire, s'ajoutent celles inhérentes au manque de moyens humains, matériels et financiers. Tous les responsables et observateurs s'accordent pour considérer que les listes électorales ne sont pas complètes ni entièrement fiables. Le travail de saisie des listes informatiques n'était pas terminé à 50 % dans la plupart des pays africains le jour des élections, en dépit des moyens considérables engagés[1490]. On sait aussi que les imperfections des listes sont source de nombreux contentieux et d'un certain nombre de blocages des processus électoraux. Diverses formules sont envisagées pour résoudre les questions relatives à l'établissement du fichier électoral notamment des listes électorales[1491] et la généralisation de la carte nationale d'identité comme pièce unique justifiant l'identité de l'électeur avant son passage à l'urne, mais toutes demeurent tributaires de la fiabilité de l'état civil qu'il reste à construire ; là encore, l'ampleur de la tâche nécessite la mobilisation de ressources dont l'origine ne saurait être seulement nationale.

### 2. Le découpage électoral

Le découpage électoral est le mécanisme qui conduit à la subdivision du territoire en plusieurs circonscriptions électorales, destiné à favoriser l'expression des citoyens par le vote et déterminante au plan collectif sur l'expression sincère de la volonté du corps électoral.

---

[1487] Les listes électorales relatives au scrutin de 2011 ont été légèrement modifiées.

[1488] Le Code électoral ne prévoit, en effet, que le dépôt de la liste définitive auprès du tribunal administratif du ressort ou d'études statistiques utilisables relatives au degré de fiabilité des listes, il est difficile de porter un jugement catégorique.

[1489] Rapport transparency Maroc 2007

[1490] Aspects du contentieux électoral en Afrique, actes du séminaire de Cotonou, 11-12 novembre 1998

[1491] Il y a lieu à cet égard de procéder au parachèvement de l'informatisation des listes électorales en utilisant des données des électeurs à partir d'un Recensement Général de la population et de l'Habitation revu et actualisé notamment le RGPH de 2014

Il convient de souligner que l'enjeu démocratique de ce découpage est particulièrement crucial, car, si sa finalité est détournée, et sa mise en œuvre est manœuvrée, le résultat électoral sera obtenu de façon déloyale.

Le découpage électoral doit prendre en considération l'équilibre démographique et territorial des circonscriptions avec une révision chaque 5 ans ou 10 ans au maximum. Ce découpage doit être fondé sur des critères d'homogénéité, d'équilibre et de faisabilité tout en défendant la thèse de son examen et adoption au niveau du parlement, mais rien n'empêche le gouvernement de faire des propositions à ce sujet.

Une deuxième voie consiste à soumettre le découpage des circonscriptions au contrôle du juge constitutionnel marocain. Il serait opportun de s'inspirer du modèle français où le respect des équilibres démographique et territorial[1492] est de rigueur. En effet, le Conseil constitutionnel français ne laisse pas le législateur apprécier, comme bon lui semble, la part respective à attribuer aux différentes règles constitutionnelles pour définir les bases de la représentation. Il vérifie que les divers impératifs d'intérêt général que le Parlement a pris en compte n'ont pas abouti, surtout quand ils sont cumulés, à ruiner la règle fondamentale du critère démographique. Il s'assure également que les atténuations et aménagements apportés à ce dernier n'ont pas dépassé manifestement « la mesure limitée » et que les écarts de représentation ne sont pas disproportionnés de manière excessive. Il s'agit, en somme d'éviter que les atteintes au principe d'égalité démographique ne soient manifestement excessives ou injustifiables[1493].

3. Les candidatures

Les griefs inhérents aux rejets de candidature par les autorités compétentes sont les recours qui soulèvent le plus grand nombre de saisines devant le Conseil constitutionnel. Il convient de rappeler que le contentieux relatif au rejet de candidature est réglé par le tribunal de 1ère instance. La décision de ce dernier ne peut être contestée que devant le Conseil constitutionnel saisi de l'élection. En effet, les contestations relatives au rejet des candidatures ne peuvent être invoquées par le requérant que comme moyen constituant une irrégularité influençant les résultats du scrutin.

---

[1492] Selon le professeur Dominique Rousseau, faire du découpage une opération rationnelle et non politicienne, tel est l'objectif poursuivi par le Conseil avec l'affirmation de ces quelques principes dont il vérifie la mise en œuvre « correcte » par les pouvoirs publics. La politique du Conseil en matière de contrôle des délimitations territoriales peut se résumer en deux phrases « il ne lui appartient pas estime- t'-il de rechercher si les circonscriptions ont fait l'objet de la délimitation la plus équitable possible », mais il lui revient d'apprécier si les choix effectués par le législateur n'ont pas manifestement méconnu les exigences constitutionnelles. A nouveau donc, le contrôle, réel, mais tout en nuances, de l'erreur manifeste d'appréciation.

[1493] D Rousseau, contentieux constitutionnel, p 371

Les résultats de nos entretiens permettent de s'arrêter sur quelques faiblesses du système de contrôle en l'occurrence le gaspillage de fonds publics et du temps en cas d'annulation des élections par le Conseil constitutionnel et nécessité de procéder à des élections partielles après jugement du tribunal de première instance et saisine du juge constitutionnel en tant que juge d'appel du jugement dudit tribunal.

Il serait donc loisible d'accorder aux candidats dont la candidature a été rejetée par le gouverneur de déférer dans l'immédiat leurs requêtes devant le Conseil constitutionnel pour que ce dernier statue dans un délai de 48 heures, et ce dans le but d'esquiver la dilapidation des fonds et du temps.

4. Les campagnes électorales et leur financement

Les résultats des entretiens menés auprès des personnes-ressources du Conseil constitutionnel et du ministère de l'Intérieur révèlent un divorce entre le droit et la réalité. Le code électoral en est resté à une conception vétuste qui était à une époque valable, mais qui semble aujourd'hui anachronique.

Le système de contrôle des campagnes électorales pâtit de plusieurs lacunes et limites :

- La propagande n'a pas de bornes pendant la campagne et leur franchissement ne peut être sanctionné qu'après l'élection.
- Le caractère lacunaire de la législation en matière de plafonnement des dépenses des candidats. Le législateur marocain n'a pas réglementé les dépenses électorales ; il ne leur a pas assigné un plafond. De même, ces dépenses échappent au contrôle de la juridiction constitutionnelle.

Toutefois, ces insuffisances significatives mériteraient d'être comblées à travers la mise en place d'une réglementation efficace et d'un juge compétent pour trancher à temps les litiges et prévenir les dérives perdurées lors des campagnes électorales qui ne font qu'altérer l'image de notre démocratie.

Il serait également opportun que le contrôle du financement des campagnes électorales des partis politiques soit enfin réglementé et que son suivi soit confié au Conseil constitutionnel, à l'instar de la législation française qui prévoit une commission nationale des comptes de campagne et des financements politiques, autorité administrative indépendante[1494]. Dès

[1494] La commission a été créée par la loi n° 90-55 du 15 janvier 1990 relative à la limitation des dépenses électorales et à la clarification du financement des activités politiques. Elle a été mise en place le 19 juin 1990. Selon l'ordonnance n° 2003-1165 du 8 décembre 2003 portant simplifications administratives en matière électorale, cette commission est une autorité indépendante composée de neuf membres : hauts magistrats, sont nommés pour cinq ans renouvelables par décret du Premier ministre. Trois membres sont nommés sur proposition du

lors qu'elle constate une irrégularité, elle saisit le juge de l'élection du compte non approuvé.

Quoi qu'il en soit, le dépôt des comptes et le délai du dépôt doivent devenir des règles impératives sanctionnées expressément par la loi. Il faut prévoir comme indiqué auparavant, des sanctions spécifiques en cas de dépassement du plafond par les candidats. À cet égard, il serait judicieux de s'inspirer des expériences des grandes démocraties, notamment l'expérience française qui a prévu à ce sujet trois sanctions : premièrement, la sanction comptable à retentissement financier (le rejet du compte, la perte du droit au remboursement des dépenses) ; deuxièmement, des sanctions électorales à savoir une peine d'inéligibilité d'un an ; l'annulation de son élection ou la démission d'office s'il a été élu) ; enfin le non-respect de ces règles entraîne une sanction financière spécifique : l'obligation de verser au Trésor public une somme égale au montant du dépassement du plafond, cette sanction étant applicable seulement dans l'hypothèse où ce dépassement serait de l'ordre de 8 % à 10 % du plafond des dépenses.

### B. L'opération électorale

Les conditions de déroulement des élections seront notablement améliorées si des actions conjointes sont menées. Des mesures doivent être prises pour réformer les conditions de déroulement des opérations de vote d'une part ; pour entourer le dépouillement du scrutin de garanties supplémentaires d'autre part.

#### 1. Bureaux de vote[1495]

Les opérations électorales se déroulent sous l'autorité et le contrôle d'un bureau de vote. Chaque bureau de vote correspond à un secteur géographique. Ainsi, des irrégularités affectant les bureaux de vote peuvent se produire et faire l'objet de recours dilatoire si leur composition[1496] et organisation[1497] ne sont pas assorties des garanties nécessaires pour le bon déroulement de l'opération électorale.

---

vice-président du Conseil d'État, trois sur proposition du Premier président de la Cour de cassation et trois sur proposition du Premier président de la Cour des comptes. Ils élisent leur président qui nomme un vice-président. Il ne peut être mis fin à leur mandat (sauf démission ou décès).

[1495] Le bureau de vote assure la régularité du scrutin et veille au maintien de l'ordre. Il joue le rôle de garant de la transparence du scrutin et de sa sincérité

[1496] Parmi les faiblesses du système de contrôle, on cite à titre d'exemple : l'attribution de la présidence des bureaux de vote aux fonctionnaires de la commune ; la présence minimum de trois membres du bureau de vote peut faciliter les risques de fraude…

[1497] Quelques bureaux de vote souffrent d'un problème organisationnel notamment l'absence des moyens logistiques en milieu rural

La composition des bureaux de vote est un élément indispensable de la réussite des opérations électorales le jour du scrutin. Il y'a lieu de penser à cet égard à attribuer la présidence des bureaux de vote aux magistrats. Il ne serait certainement pas inutile de porter à cinq le nombre de membres du bureau devant siéger en permanence. Enfin, la mise en place des bureaux de vote doit garantir toutes les conditions d'aération, d'éclairage, de proximité ainsi que la disponibilité de commodités et d'une logistique adéquate à cet effet.

2. Les procédures de vote[1498]

Afin de permettre la réalisation d'élections démocratiques, les procédures électorales définissent de manière précise les modalités dans lesquelles les votes sont recueillis et comptabilisés afin de garantir que l'électeur puisse librement exprimer son vote, et que les résultats électoraux soient déterminés de manière sincère, en évitant les divers mécanismes d'une fraude électorale.

On peut noter que le système de contrôle de la procédure de vote enregistre plusieurs atouts. Les procédures de vote sont généralement claires. La présence de délégués des partis et candidats est une mesure de transparence positive et l'utilisation de l'encre indélébile une procédure importante pour la prévention du vote multiple.

Toutefois, on peut relever que l'état du droit en matière de contrôle d'identité, s'avère déficient et de nature à faciliter les manœuvres frauduleuses. Ces limites peuvent être surmontées par :

- un contrôle ferme de l'identité des électeurs de manière à le rendre efficace.
- la vérification préalable de la liste d'émargement avant l'octroi du bulletin de vote en vue d'éviter son invalidation par le bureau de vote. Les délégués des candidats ainsi que les assesseurs désignés par eux, peuvent utilement prévenir les risques de fraudes et, au même titre que les électeurs, faire le constat officiel par l'inscription au procès-verbal des opérations électorales de toute observation qu'ils jugent nécessaire de consigner.

3. Bulletins de voix

Les bulletins de vote font aussi l'objet de beaucoup de manœuvres frauduleuses et soulèvent des problèmes importants devant le juge constitutionnel.

En effet, l'opération d'incinération des bulletins de vote valides pose deux problèmes. D'une part elle empêche le juge constitutionnel d'exercer

[1498] Les procédures de vote sont traitées séparément dans les deux textes de base que sont la loi organique relative à la Chambre des représentants (Art. 75 à 77) et le Code électoral (Art. 55 à 62).

son contrôle juridictionnel sur lesdits bulletins, et d'autre part, elle rend impossibles le réexamen et le dépouillement des voix si les candidats le réclament.

Il serait donc souhaitable de modifier les dispositions juridiques relatives aux bulletins valides et leur conservation pour un délai bien déterminé au lieu de leur incinération.

4. Dépouillement[1499], recensement des votes et proclamation des résultats

Les opérations du dépouillement des votes et de proclamation des résultats donnent fréquemment lieu à de vives contestations. Ce sont là les opérations ultimes et, l'on pourrait dire, décisives du processus électoral, celles à l'occasion desquelles se cristallisent toutes les récriminations réelles ou fantaisistes des acteurs de la compétition politique ; c'est très régulièrement que les partis politiques, y compris ceux qui ont remporté l'élection, se plaignent d'irrégularités. Le moment du dépouillement des résultats est une occasion pour les candidats ou leurs représentants de présenter des observations et réclamations éventuelles au moment où ils signent le procès-verbal des résultats.

On a constaté que c'est souvent lors du dépouillement du scrutin que les fraudes sont commises. Pour que cette opération cruciale puisse à l'avenir se dérouler dans des conditions de nature à garantir et à conserver la manifestation de la volonté du corps électoral, des précautions supplémentaires pour sa sécurisation s'imposent notamment :

- la refonte de la législation pour autoriser, expressément, la présence des représentants des partis et des candidats à chaque étape des opérations de recensement.
- l'annonce des résultats du recensement à chaque étape et leur affichage public.
- Enfin, l'obligation que les procès-verbaux comportent, outre le résultat agrégé du recensement, le détail de l'opération d'agrégation réalisée à l'échelon directement inférieur, et ce, à chaque étape de transmission des résultats.

Au terme de ce diagnostic et à la lumière des entretiens conduits auprès de personnes-ressources du Conseil constitutionnel et du Ministère de l'Intérieur, nous avons pu établir un diagramme de causes et effets (diagramme Ishikawa). Ce diagramme a permis de faire le point sur les facteurs de blocage au processus de contrôle aussi bien en amont qu'en aval des opérations électorales, de déceler les causes de ces blocages pour les solutionner d'une manière adéquate.

---

1499 Les bureaux centralisateurs forment un niveau déterminant dans la chaîne de transmission et d'agrégation. La loi ne précise pas si les représentants des partis et candidats sont autorisés à suivre les travaux de ces bureaux.

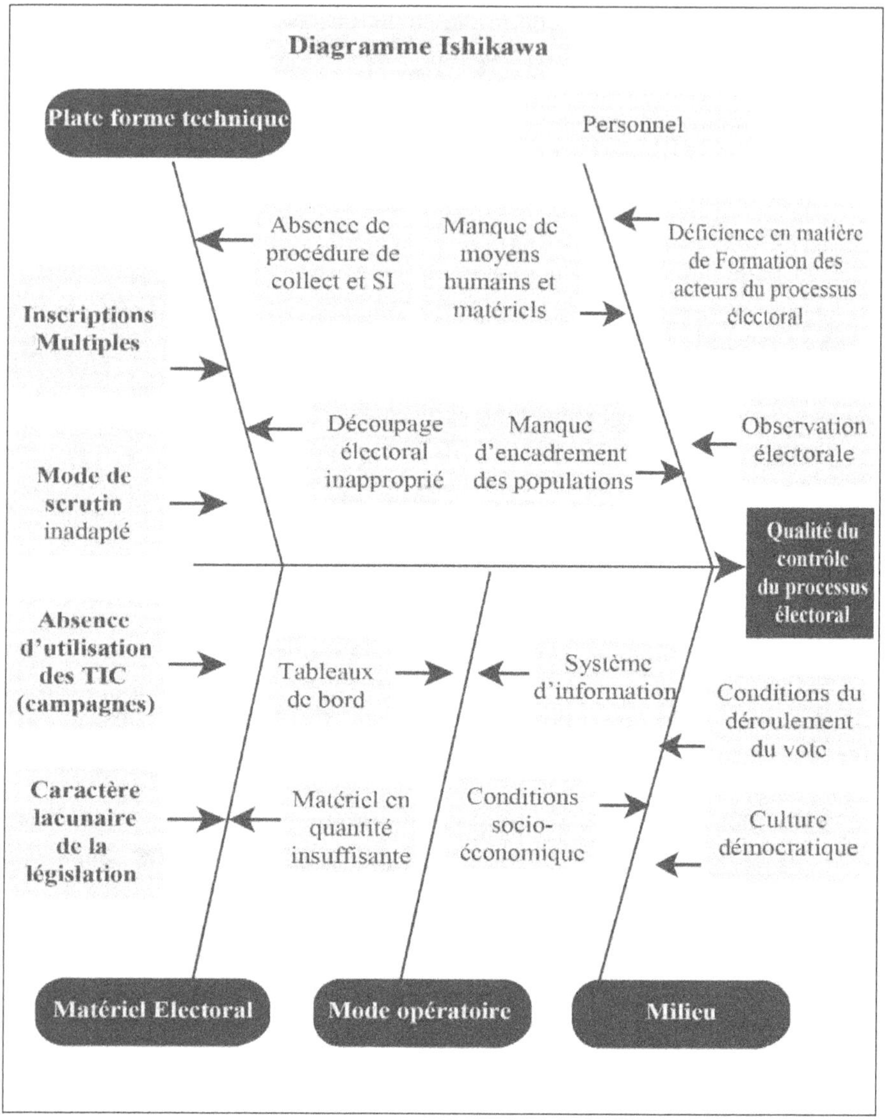


### § 2. Le mode de scrutin : une adaptation nécessaire

Le mode de scrutin est un autre facteur important qui détermine la carte politique voire le paysage politique en entier. Celui-ci désigne tout type de processus permettant la désignation de représentants par un corps électoral donné, souvent dans le cadre d'une élection où des candidats sont élus pour exercer un mandat public. Comme le dit métaphoriquement Michel Hastings : les systèmes électoraux permettent « la transmutation des voix en sièges, moment alchimique où le choix de l'électeur se métamorphose en représentant élu.

Au Maroc, comme dans bien de pays, la question du mode de scrutin le plus adapté a toujours suscité un vif débat[1500]. Dès l'indépendance, les pouvoirs publics ont opté pour le mode uninominal à un seul tour[1501]. Ce mode a été préféré en raison de sa simplicité et aussi pour des considérations d'ordre politique (création de nouvelles élites politiques pour le Maroc indépendant) et surtout culturel et sociologique (le taux considérable d'analphabétisme et de ruralité).

Cependant, les divers acteurs politiques affirment que c'est justement ce mode qui est à l'origine de tous les problèmes et tendent à le diaboliser. Ils prétextent qu'il nuit sévèrement au bon déroulement des élections et qu'il ne permet pas de représenter le choix des électeurs de manière efficace. Largement dénigré, ce mode de scrutin est taxé de creuser davantage le gouffre social en maintenant les élites au niveau local[1502], l'éloignement des partis politiques[1503] ainsi que l'altération des résultats[1504].

---

[1500] Les modes de scrutin s'accommodent plus ou moins à la culture et à la composante sociologique de chaque peuple et à la géographie de chaque pays. Un mode de scrutin qui s'avère valable dans un pays peut ne pas l'être automatiquement dans un autre pays. Quel que soit le degré de sa perfection, un mode de scrutin ne peut pas se réduire en une simple mécanique électorale transformant des voix en sièges, il dépend en large partie aussi bien de sa combinaison avec d'autres subtiles techniques politiques telle que le découpage électoral que de l'usage qu'en font les acteurs du jeu politique et de sa réception par le corps électoral sans oublier bien évidemment les desseins de la stratégie électorale des pouvoirs publics.

[1501] Le Maroc, et cela jusqu'en 2002 a eu recours au scrutin uninominal à un tour, permettant d'attribuer un siège au candidat qui a remporté le plus grand nombre de voix. Un scrutin préconisé notamment par feu Sa Majesté Hassan II, comme étant un mode de scrutin permettant un soutien au régime de par son maintien des élites.

C'est un mode ancien qui permet de désigner les élus, favorisant la création d'un lien entre les électeurs et le candidat plutôt qu'un lien entre les électeurs et le parti. Il permet donc aux grands partis, possédant une plus grande influence sur les esprits, de remporter le plus grand nombre de sièges. En effet, ce mode de scrutin a largement bénéficié à des partis tels que l'Istiqlal.

[1502] L'application du mode de scrutin uninominal au Maroc expliquée par le fait que l'administration l'utilise comme moyen de former des élites intermédiaires pouvant renouveler l'attachement au passé. Ce mode de scrutin serait alors un facteur déterminant dans la reconstitution du réseau des élites locales, en supposant qu'il renforce la domination de ces élites – notables – qui assurent leur victoire lors des élections grâce aux rapports de clientèle qu'ils entretiennent avec la population. » O Filali : L'élite parlementaire marocaine sous le cinquième mandat 1993-1997 Op. cit p. 186, in Nadia Bernoussi op. cité p 348

[1503] « Il est démontré que le vote uninominal à un seul tour n'avantage pas les partis politiques et favorise le maintien des élites locales. Ce cheval de bataille permanent des partis politiques que représente le système des élites est resté inchangé, ce qui a fait que l'influence des élites a continué à primer et que les partis politiques restent éloignés du milieu local. Nous espérons cette fois que la promesse du nouveau roi Mohammed VI, d'une réforme de la loi électorale avant les élections de 2002 conduira à un système plus égalitaire pour toutes les forces politiques et plus représentatif des différentes options politiques existant actuellement dans la population marocaine. » R. Ojeda Garcia : Les élites locales face à la décentralisation. In Anciennes et nouvelles élites du Maghreb. p. 168.

[1504] Sur près de 12 millions d'électeurs inscrits, l'USFP totalise 884 061 voix, et ses 57 élus, qui la placent en tête des partis en nombre des sièges, représentent à eux seuls environ

Il ressort de l'analyse des élections législatives de 2002, 2007 et 2011 que l'application d'un nouveau mode de scrutin, en l'occurrence la proportionnelle à plus fort reste avec des seuils de 3 % puis de 6 %, n'a guère amélioré le champ politique marocain qui continue de pâtir d'un fractionnement criant. Il a contribué bien au contraire à une plus grande fragmentation politique en débouchant sur un multipartisme anarchique. Cette prolifération accélérée des partis politiques est accentuée par ce double phénomène inquiétant d'amenuisement du taux de participation et de rétrécissement du volume du corps électoral. Alors une politique électorale susceptible de freiner les effets pervers et insolites de la *machine électorale s'impose* puisque le vote se fait beaucoup plus pour les personnes que pour l'appartenance politique[1505].

Le plus grave est à notre sens le taux d'abstentionnisme qui prend des proportions alarmantes. Les motivations qui le sous-tendent sont très diverses. Non seulement il constitue une condamnation sans ambiguïté de la classe politique tout entière, mais aussi une manière de contester les règles du jeu politique.

Aussi, est-il nécessaire d'adopter une nouvelle politique électorale mettant l'accent sur la clarification, la cohérence et l'intelligibilité de la carte politique marocaine. Une telle politique ne serait concluante qu'avec un mode de scrutin qui permettrait de rationaliser le champ partisan en engendrant le regroupement des partis au sein de deux ou trois pôles politiques[1506].

La réussite de ce mode à deux tours dans le champ politique marocain est conditionnée par plusieurs paramètres indispensables. En premier lieu, le candidat gagnant doit recueillir, outre la majorité absolue, un nombre de suffrages correspondant au moins au quart des électeurs, comme c'est le cas en France, afin d'éviter qu'il ne représente qu'une petite minorité des électeurs inscrits, notamment lorsque le taux d'abstentionnisme est élevé. En second lieu, il doit être appliqué sur la base d'un découpage électoral

---

400 000 voix soit 6,30 % des électeurs. On mesure là un des effets pervers du mode de scrutin retenu, uninominal à un seul tour, qui en poussant à la multiplication des candidatures et en favorisant la dispersion de voix, contribue à dénaturer la logique du rapport nombre de voix/nombre d'élus, dans la distribution des sièges entre les différents partis. Ainsi, le parti de l'Istiqlal qui arrive en deuxième position en nombre de voix, avec 43 746 de moins que l'USFP, n'obtient que 32 sièges ; par ailleurs, il dépasse de 192 569 voix l'Union constitutionnelle qui totalise 50 sièges... » J.C. Santucci : Les partis politiques marocains à l'épreuve du pouvoir. p. 77.

[1505] El Rhazi Sebhallah : « Etudes politiques & constitutionnelles » - Collection Droit, Politique et Histoire, Tome I, Rabat, 2013, 264 pages

[1506] Selon le professeur El Rhazi le système majoritaire à deux tours tend selon la formule de M. Duverger à un « multipartisme tempéré par les alliances ». Ce système permet aux électeurs de ne « voter utile » qu'au second tour et tend à éviter « la brutalité » du scrutin majoritaire à un tour et à contourner l'insoutenable légèreté de la proportionnelle et la ruse et l'extrême complication des seuils électoraux.

respectant l'égalité des circonscriptions électorales et conjugué à une mise à niveau démocratique des partis politiques et à une moralisation de la vie politique. Autant de mesures qui auront avec le temps l'effet escompté c'est-à-dire simplifier et clarifier le champ politique et permettre aux partis politiques de conclure des alliances au second tour. Cette idée qui n'est pas nouvelle dans l'histoire politique marocaine[1507] permettrait une participation politique active et par voie de conséquence, l'exercice d'une citoyenneté dynamique et réfléchie. Mais le succès d'une telle mécanique électorale ne peut se réaliser pleinement que si elle fonctionne de manière relativement autonome loin des machineries et de ruses des ingénieurs électoraux. Mais est-ce possible ? Il s'agit là d'une autre problématique[1508].

## § 3. La responsabilité des acteurs du processus électoral

Les acteurs du jeu électoral et de leur comportement laissent toujours leur une empreigne indélébile sur le sort des élections. Quant à l'impact des améliorations techniques et réglementaires aussi bien que celui des institutions est relégué au second plan. Une grande responsabilité pèse sur les juges chargés de la gestion du contentieux, ce lieu stratégique où se croisent élections et démocratie. La question qui se pose est de savoir si les juges des élections ne se trouvent pas investis de compétences et de pouvoirs qui dépassent leur moyen et leur statut. Le contexte démocratique encore fragile aggrave davantage les conséquences politiques qui découleraient de leurs jugements[1509].

La mission du juge constitutionnel en tant que juge électoral peut être qualifiée « d'acrobatique » et ne peut qu'être délicate en soi. Ce juge est le plus souvent inconscient, de bon ou mauvais gré, qu'il peut affecter sensiblement le cours d'une évolution politique ainsi que le sort d'un conflit entre acteurs politiques[1510].

À leur tour, les défaillances des formations partisanes peuvent être également derrière tant de tensions et d'échecs. On ne peut que faire le constat de la faible efficacité de systèmes de partis politiques disposant le plus souvent d'un monopole électoral (prohibition des candidatures

---

[1507] Le Roi Hassan II a été au début favorable à « un système de balance à deux plateaux », mais par la suite en 1966 il a souhaité un système tripolaire, Voir également l'ouvrage du Professeur El Rhazi « Alternance et démocratie », ed Taha Hussein, Oujda, 2000.

[1508] El Rhazi Sebhallah, « mode du scrutin et champs politique publié in REMALD, n° 109-110, mars-juin 2013

[1509] Jean du BOIS de GAUDUSSON op. cité

[1510] Sur ces questions, cf. Aspects du contentieux électoral en Afrique, Organisation internationale de la francophonie, 1998 ; Alioune Fall, " Le juge, le justiciable et les pouvoirs publics : pour une appréciation concrète de la place du juge dans les systèmes politiques en Afrique ", in Les défis des droits fondamentaux, sous la dir. de J.-Y. Morin et G. Otis, AUF, éd. Bruylant, Bruxelles, 2000).

indépendantes), mais insuffisamment structuré pour animer et donner substance à la compétition démocratique. Le système de partis est fondamentalement affaibli à la fois par le nomadisme politique, l'absence de permanence dans les options, l'anémie de nombreuses formations politiques, la balkanisation que connaît notre champ partisan. Sans oublier l'absence d'une démocratie interne au sein des partis, le désenchantement à l'égard du politique et le faible taux de participation…).

Des transformations profondes dans ce sens s'opèrent très progressivement. Le renforcement d'un système de partis passe par des évolutions lentes de la pratique. Elles sont en cours, mais elles peuvent être favorisées par l'adoption de mesures relatives au mode de scrutin, au découpage électoral, au financement de la vie politique et aussi à la formation des membres et agents des partis politiques.

Il revient donc aux acteurs politiques de parvenir à cette dédramatisation de l'élection comme gage d'un bon déroulement du processus électoral. À cet égard, la diffusion d'une culture démocratique moyennant l'organisation périodique d'élections est incontournable. Par ailleurs, le succès des élections passe à la fois par la fixation de règles du jeu politique ouvertes et capables d'éviter l'exclusion (ou ce qui est ressenti comme tel) des perdants et des minorités et par des modalités d'élaboration consensuelles. Le Maroc représente un modèle de cette corrélation entre le déroulement non contesté des élections (et à tout le moins l'acceptation de leurs résultats) et l'utilisation de procédures de concertation visant à l'obtention d'un consensus et sur l'élaboration du Code électoral et sur l'organisation des opérations du scrutin. C'est le défi que lancent les élections aux nouvelles démocraties d'Afrique et à leurs dirigeants politiques.

La marche vers le développement institutionnel et démocratique dépend de la croyance de tous en un processus régulé par des élections libres et transparentes. Pour leur part, les différents acteurs et forces politiques ont un travail considérable à faire sur eux-mêmes. Ils sont appelés à reconsidérer leurs promesses et leur engagement, discours, et programmes respectifs en termes de faisabilité et de sincérité[1511]. La gestion interne de leurs formations, leur renouvellement, leur éthique ainsi que leur sens de l'intérêt public sont autant de chantiers de réformes pour que l'électorat soit politiquement encadré. Il y'a urgence de cultiver et de vulgariser la pratique démocratique au sein des institutions politiques. Parallèlement, il importe de promouvoir l'individu et ses droits au sein des groupes et des communautés (sang neuf, circulation des idées, évolution des organisations et renouvellement des hommes)[1512]. Il serait également souhaitable que

---

[1511] Nadia Bernoussi, l'évolution du processus électoral au Maroc, RDH 2005

[1512] Tredano Abdelmougit, la question politique et partisane dans la perspective d'une recomposition du champ politique, in la Revue Marocaine de Sciences Politiques et Sociales, n° 1, 2010-2011

l'électeur ne se trouve plus dans la situation désolante où « élire se transforme en applaudir », où élire ne génère que des « badauds », où élire implique ne plus revenir[1513].

De même, le renouvellement et l'élargissement de l'élite pourraient être source de changement, d'enrichissement et d'engagement déterminé, tranchant avec un code de conduite basé essentiellement sur des règles de « convenance » politique.

La démocratisation et la modernisation ne peuvent se faire que sur la base d'un référentiel de valeurs qui constituerait le socle de base de toute organisation politique (démocratie, modernité, vision rénovée et non simpliste, de la chose politique, progrès avec tout ce que cela suppose comme mutations et évolutions dans toutes les sphères de la société et de l'État). Elle va de pair avec la modernisation de l'action politique et publique ; cela devrait passer par le primat du leadership d'idées sur les rentes de situations, la transparence et la rationalisation au niveau du discours et du comportement politiques.

## § 4. L'observation électorale : un outil efficace pour la promotion de la démocratie

La préparation de l'élection est une phase du processus électoral qui relève en général de la compétence de l'exécutif et de l'autorité administrative qui en dépend. Cette préparation comprend, chronologiquement, la convocation des électeurs, la fixation de la date du scrutin, la veille sur les procédures de dépôt des candidatures, la fourniture du matériel électoral, le contrôle de la campagne électorale et l'organisation des bureaux de vote. L'organisation d'un évènement aussi grandiose et décisif dans la vie politique du pays accule l'État à recourir au Ministère de l'Intérieur pour assurer un encadrement étroit des populations sur l'ensemble du territoire est très fréquent. Or, dans les pays démocratiques, on s'accommode de commissions plus au moins autonomes qui œuvrent en concomitance avec l'Administration tout en veillant à en réduire les dysfonctionnements en matière de contrôle.

En effet, cette opération incontournable pour la démocratie est une entreprise de grande envergure, mobilisant les individus, les organisations et donc l'ensemble du pays. Elle nécessite de la vision, de la planification et de l'organisation. Dans ce contexte, elle requiert des talents, des aptitudes et des capacités dans divers domaines et notamment en matière de leadership, de négociation, de communication de budgétisation de gestion, de maîtrise des technologies de l'information et de communication et enfin de reddition de

[1513] Nadia Bernoussi, op. cité

compte. La réussite des élections et la bonne administration électorale sont étroitement liées aux prérequis précités.

Ainsi, pour garantir des élections libres, fiables et transparentes, un accompagnement de toutes les étapes du processus électoral s'impose. Outillées d'un soutien technique et matériel adéquat, les missions d'observation et d'information sont d'une importance capitale durant toutes les étapes du déroulement du scrutin. Des missions exploratoires permettent d'identifier les besoins et d'établir les priorités. Des interventions adaptées concernent le renforcement des capacités des acteurs institutionnels et de la société civile[1514] en matière de préparation et d'organisation des échéances électorales. Les préparatifs comprennent également, l'appui à la rédaction de textes électoraux, la confection de listes fiables et informatisées et la sécurisation de la transmission et du traitement des résultats électoraux. Ces différentes actions doivent être menées en coordination avec les juridictions compétentes, les commissions électorales, les médias, les partis politiques, la société civile, ainsi qu'avec les partenaires bilatéraux et multilatéraux de pays engagés dans les processus électoraux (coopérations bilatérales et organisations internationales et régionales impliquées dans l'organisation et l'observation des élections[1515]).

L'observation internationale joue un rôle important dans la protection de l'intégrité électorale. Elle s'est imposée à l'échelle mondiale comme l'un des moyens d'accroître la transparence des processus électoraux et la confiance de l'électorat en l'intégrité de ceux-ci.

Contrairement à une idée répandue, l'observation indépendante n'est pas limitée aux États en transition. Des démocraties bien établies comme les États-Unis, l'Italie, l'Espagne, la Belgique ou le Royaume-Uni, ont accueilli, au cours de l'année écoulée de telles missions internationales[1516]. Dans le monde arabe, des missions internationales d'observation ont été déployées au Yémen, au Liban, au Maroc, en Tunisie et en Mauritanie.

La constitution de 2011 est donc venue accorder une place importante à l'observation des élections. Ainsi, l'article 11 de la constitution stipule que « … La loi définit les conditions et les modalités de l'observation

---

[1514] Par exemple, dans la période qui précède des élections, la société civile dispense l'éducation civique, favorise la compréhension de la démocratie et du processus électoral et parfois rassure un public inquiet. Elle peut jouer un rôle crucial en faveur de réformes électorales, demandant des mécanismes plus effectifs pour garantir des élections libres et justes.

[1515] L'observation électorale par des acteurs nationaux ou internationaux constitue une garantie essentielle de la crédibilité et la transparence des processus électoraux. Bien davantage, l'observation électorale peut devenir un dispositif important de prévention et de résolution des conflits liés aux élections. Par leur présence, les observateurs peuvent en effet contribuer à réduire les risques d'incidents violents ou de manipulations électorales dans un contexte politique polarisé.

[1516] Pour les détails, voir le site de l'OSCE/ODIHR : http://www.osce.org/odihr-elections/14207.html

indépendante et neutre des élections en conformité avec les normes internationalement reconnues ». Lors des dernières élections législatives du 25 novembre 2011, vingt et une organisations de la société civile avaient mis sur pied un collectif d'observation, habilité à opérer sur une base ad hoc par le ministère de l'Intérieur[1517].

En somme, l'appropriation et la responsabilisation nationale sont l'axe central de toute stratégie nationale de renforcement durable des capacités nationales. L'accent est particulièrement mis sur l'identification d'expertises et sur le transfert de savoir-faire via une étroite collaboration entre experts nationaux et internationaux[1518].

L'intervention est généralement axée sur les points focaux suivants :

- Le renforcement des capacités du personnel impliqué dans le processus électoral pour une meilleure maîtrise de l'enjeu démocratique et des élections.
- La sensibilisation des structures électorales et des acteurs des élections à la démocratie, à la liberté et au jeu électoral. Cette sensibilisation doit viser également l'acceptation des résultats électoraux et la gestion des contentieux qui peuvent survenir. À cet effet, des formations ciblées doivent être organisées pour la maîtrise des procédures en matière de contentieux.
- Le recours aux services et aux prestations pointues de l'expertise internationale sur la base des besoins exprimés par les bénéficiaires ciblés.

Pour sa part, la société civile en tant que contre-pouvoir est appelée également à œuvrer activement et positivement au contrôle de tout le processus électoral. À ce titre, elle doit exercer une fonction socio-régulatrice des forces politiques en présence, de façon à influencer significativement, le processus électoral. Pour ce faire, elle a la lourde tâche d'occuper du terrain, et de contrôler et sanctionner les actions antidémocratiques des politiques.

En somme, l'implication effective de la société civile dans le processus électoral, notamment dans la gestion des résultats dépend, entre autres, du degré d'internalisation de l'esprit démocratique ainsi que de l'intégration par

---

1517 En effet, plusieurs pays africains ont considéré le déroulement des dernières élections législatives au Maroc comme exemplaire. Un cas d'école à suivre. En effet, les dernières consultations électorales avaient brillé à plus d'un niveau. Ce sont des élections qui ont eu lieu dans un nouveau contexte constitutionnel. Elles ont été marquées par le rôle accordé aux observateurs des élections. Qu'il s'agisse des observateurs nationaux ou internationaux. Position qui leur est accordée tant par la Constitution de 2011 que par une loi spécifique qui réglemente les conditions et le déroulement de l'observation électorale.

1518 Beaucoup moins contraignants que les arrangements politiques, les codes de bonne conduite conclus entre les acteurs politiques, quelquefois à l'instigation des acteurs internationaux, viennent compléter l'arsenal normatif dans le droit constitutionnel électoral en Afrique.

la classe politique au pouvoir de la perspective même de l'alternance politique qui caractérise tous les régimes démocratiques. En d'autres termes, la société civile ne peut se déployer efficacement dans le processus électoral tant que le système politique en place continuera de la percevoir comme une institution déguisée qu'il assimile à un pouvoir d'opposition et non comme un partenaire dans la réalisation des Objectifs du Millénaire pour le Développement. Seuls un État et une société civile démocratiques peuvent cohabiter durablement et se soutenir mutuellement.

Avec l'adoption de la nouvelle Constitution de 2011, nous nourrissons tous l'espoir de voir jaillir des idéaux de la démocratie. Notre modèle de démocratie gagnerait à ce que fleurisse une société civile forte, dynamique, et surtout proactive. C'est cette forme de société civile telle que dépeinte par Alexis de Tocqueville qui saurait s'ériger en forteresse infranchissable d'une société libérale et démocratique.

## SECTION 6. CONSTITUTION DE 2011 : RENOUVEAU DU CADRE CONSTITUTIONNEL ET PRÉÉMINENCE DE LA DÉMOCRATIE

Adoptée par référendum le 1er juillet 2011 dans un contexte social et politique singulier, la nouvelle Constitution marocaine eut pour premier mérite de renouveler le « pacte sacré » qui unit le peuple marocain à son Roi. Surtout, elle conforta le processus de transition démocratique à l'œuvre au Maroc depuis plus d'une décennie, en offrant à un parti islamiste modéré l'opportunité inattendue d'expérimenter le nouveau système primo-ministériel qu'elle entend instaurer. Mais au-delà de ces premiers signes tangibles du changement annoncé par le Roi Mohammed VI dans son discours historique du 9 mars 2011, la Constitution de 2011 pose les jalons d'un régime politique particulièrement original et novateur.

Expression moderne d'un parlementarisme dualiste réinventé[1519], le nouvel ordre constitutionnel marocain redéfinit profondément les pouvoirs du Roi, l'organisation du pouvoir exécutif et ses rapports avec le parlement. Il bouleverse aussi et surtout des pans entiers du droit public marocain[1520]. De la consécration de la primauté du droit international à la constitutionnalisation des droits de l'Homme[1521] tels qu'universellement

---

[1519] La constitution marocaine de 2011 -Analyses et commentaires, Sous la direction du Centre d'Études Internationales, Collectif L.G.D.J, 2012

[1520] La révision constitutionnelle opère une rupture au niveau du contenu avec l'émergence de principes nouveaux : séparation des pouvoirs, libre administration, responsabilité, reddition des comptes, élections libres et transparentes, coopération, solidarité, parité, subsidiarité, moralisation, etc.

[1521] La constitution de 2011 est qualifiée par le souverain dans son discours du 9 mars et du 17 juillet 2011 comme une véritable charte des droits et des obligations de la citoyenneté ». De même, la reconnaissance des droits et des libertés dans le préambule en tant que partie

reconnus, de l'instauration de l'exception d'inconstitutionnalité à la consécration de l'indépendance du pouvoir judiciaire, la nouvelle Charte fondamentale accorde une place prépondérante à l'élection en tant que pilier fondamental de l'État de droit. Elle donne à voir, enfin, le nouveau visage d'un Maroc résolument porté vers l'idéal démocratique.

## § 1. Un nouveau cadre normatif régissant les élections législatives

### A. L'émergence d'un « droit constitutionnel des élections

Le Constituant marocain a été conscient de l'importance vitale de l'élection dans l'édification d'un État moderne et démocratique. Certaines dispositions générales ont certes touché indirectement l'élection, telles que l'article premier de la nouvelle constitution de 2011 qui énonce que « le Maroc est une monarchie constitutionnelle démocratique parlementaire et sociale », ou l'article 2 stipulant que « la souveraineté appartient à la nation qui l'exerce directement par voie de référendum et indirectement par l'intermédiaire de ses représentants. La nation choisit ses représentants au sein des institutions élues par voie de suffrages libres, sincères et réguliers ».

Ainsi en est-il de l'article 6 pour qui « la loi est l'expression suprême de la volonté de la nation. Tous, personnes physiques ou morales, y compris les pouvoirs publics, sont égaux devant elle et tenus de s'y soumettre. Les pouvoirs publics œuvrent à la création des conditions permettant de généraliser l'effectivité de la liberté et de l'égalité des citoyennes et des citoyens, ainsi que de leur participation à la vie politique, économique, culturelle et sociale ».

D'autres dispositions ont une proximité plus nette avec le suffrage. C'est ce que stipule l'article 19 qui dispose que l'homme et la femme jouissent de droits politiques égaux. La nouvelle constitution consacre également plusieurs droits[1522] et libertés fondamentaux qui trouvent leur application

---

intégrante de la constitution. Certes, la prise en considération de cette formule, en mettant fin à toute conception spécifique des droits de l'Homme pourrait mieux éclairer la nature et l'étendue des libertés reconnues dans le dispositif. Elle suppose la construction par la juridiction constitutionnelle d'un bloc de constitutionnalité englobant non seulement les lois organiques, ce qui est le cas à l'heure actuelle, mais également le préambule. Le nombre assez restreint des décisions rendues jusqu'ici par le Conseil constitutionnel n'a pas conduit la Haute juridiction à s'interroger sur de telles perspectives auxquelles elle serait interpellée d'y répondre. En tout état de cause, même en l'absence d'un tel bloc de constitutionnalité auquel la doctrine dans son ensemble est favorable, le Conseil constitutionnel eu égard à sa fonction de gardien de la Constitution, peut contribuer à la protection des droits fondamentaux.

[1522] A titre d'exemple la constitution fait allusion au principe d'égalité tel que l'égalité de tous les Marocains devant la loi, égalité entre l'Homme et la femme dans le domaine de la jouissance des droits politiques et électoraux (art 19), égalité devant l'accès aux fonctions et emplois publics (art31), égalité devant les charges publiques (art 39). En même temps, certaines libertés fondamentales sont proclamées : la liberté d'expression sous toutes ses formes (art 25) et la liberté de réunion, de rassemblement, de manifestation pacifique,

dans le processus électoral tels que : le droit de vote, la liberté de voter en toute sécurité, le droit au secret du vote, le droit d'assemblée ou de réunion à des fins politiques, la liberté de parole, d'opinion et d'association ainsi que le droit à l'information.

La Constitution de 2011 tout en interdisant le parti unique, charge les partis politiques de concourir à l'encadrement et à la formation politique des citoyennes et des citoyens ainsi qu'à la promotion de leur participation à la vie nationale et à la gestion des affaires publiques[1523]. Le Constituant marocain a donc accordé aux partis politiques le droit de traduire l'expression de la volonté des électeurs et de participer à l'exercice du pouvoir, sur la base du pluralisme et de l'alternance par des moyens démocratique dans le cadre des institutions constitutionnelles (art 7).

Mais la grande nouveauté de la Constitution actuelle au niveau des droits politiques réside dans la reconnaissance à l'opposition parlementaire d'un « statut » qui lui confère « des droits à même de lui permettre de s'acquitter convenablement de ses missions afférentes au travail parlementaire et à la vie politique » (article 10). En outre, l'article 60 stipule également que « l'opposition est une composante essentielle des deux Chambres. Elle participe aux fonctions de législation et de contrôle ». Un rôle jusqu'ici sous-entendu et jamais expressément accordé[1524].

Force est de constater que les missions qui incombent au contentieux électoral sont explicitement indiquées par la Constitution de 2011 : garantir des élections sincères et transparentes, veiller à la liberté du vote et des candidatures et assurer les contrôles nécessaires sans porter atteinte aux

---

d'association et d'appartenance syndicale et politique de leur choix (art29), le droit d'accéder à l'information détenue par l'administration publique, les institutions élues et les organismes investis de mission de service public (art 25), le droit des citoyennes et des citoyens de procéder à des motions en matière législative (art 14), le droit des citoyens de présenter des pétitions aux pouvoirs publics conformément à des normes fixées par une loi organique (art 15), le droit de grève (art 29), la liberté de la presse est garantie et ne peut être limitée par aucune forme de censure préalable (art 28). De même, la présomption d'innocence et la garantie des conditions du procès équitable sont garanties par la nouvelle constitution (art 23).

[1523] La Constitution marocaine accorde plus de place aux partis politiques, qui inaugurent ses nouvelles dispositions à l'occasion des élections législatives anticipées du 25 novembre. Avant, un seul de ses articles les évoquait, précisant que syndicats, communes, chambres et partis organisaient et encadraient les citoyens. À présent, chacune de ces entités fait l'objet d'un article distinct dès le titre premier. Pour les partis, c'est l'article 7. La loi organique n° 11-29 introduit même plusieurs principes de leur fonctionnement, dont la mise en place de règles garantissant la stabilité politique au sein des conseils élus et la consécration de moyens matériels et humains. Elle instaure en particulier une plus grande transparence dans leur financement.

[1524] Si l'opposition arrive à atteindre un certain degré de maturité, elle pourra contrôler le gouvernement de façon intelligente. Le texte le permet, mais il faut les hommes pour l'appliquer ». Le professeur Darif, pour sa part, est encore plus pessimiste. Pour lui, « il faut d'abord lutter contre la balkanisation politique qui fait qu'aujourd'hui on se retrouve avec une opposition morcelée stérile et hétérogène en 3 ou 4 pôles d'opposition en conflit direct entre eux.

principes constitutionnels ou à valeur constitutionnelle. Ainsi, il en découle de l'article 11 de la constitution que « les élections libres, sincères et transparentes constituent le fondement de la légitimité de la représentation démocratique. La loi définit les règles garantissant l'accès équitable aux médias publics et le plein exercice des libertés et des droits fondamentaux liés aux campagnes électorales et aux opérations de vote. Les pouvoirs publics sont tenus d'observer la stricte neutralité vis-à-vis des candidats et la non-discrimination entre eux.

La nouvelle formule a consacré également des principes permettant l'émergence d'un « droit constitutionnel des élections », ce qui a permis le renforcement des fondements constitutionnels de l'arsenal juridique infra-constitutionnel régissant les élections des membres de la Chambre des représentants. Il est à noter à cet égard que la nouvelle formule consacrant, au niveau de préambule, la primauté des conventions internationales dûment ratifiées sur le droit interne, ainsi que les dispositions des articles 11, 17,19 30 et 33 ont eu un impact positif en termes de modernisation de l'arsenal juridique régissant les élections législatives, notamment au niveau de l'institutionnalisation de l'observation indépendante et neutre des élections, le renforcement du dispositif de régulation normative de l'économie électorale, la définition des principes du découpage électoral, l'élargissement de l'accès équitable des partis aux médias audiovisuels publics, ainsi que le renforcement des mécanismes « d'action affirmative » visant le renforcement de la représentation des femmes et de jeunes.

En outre, la constitution ouvre une nouvelle ère mettant un terme au nomadisme politique des parlementaires[1525]. Aujourd'hui, la Constitution de 2011 est venue réhabiliter et crédibiliser le travail politique des parlementaires. La charte fondamentale prévoit une sanction répressive pour tout acte de migration politique. L'article 61 stipule que « *Tout membre de l'une des deux Chambres qui renonce à son appartenance politique au nom de laquelle il s'est porté candidat aux élections ou le groupe ou groupement parlementaire auquel il appartient, est déchu de son mandat* ».

---

[1525] Il est vrai que le nomadisme politique est un déplacement "physique" du député. Mais c'est également une migration de principes, d'opinions, d'idées, d'expériences, d'outils et de méthodologies de travail ; il peut même s'agir d'une transmission de secrets professionnels. L'ensemble constitue un patrimoine précieux faisant le noyau de toute formation politique et hypothéqué chez ses membres dans le cadre d'un contrat moral. Un acte de transhumance constitue une sorte "d'infidélité" allant à l'encontre du respect de la morale. Les attitudes paradoxales des députés confirment l'existence de défaillances de l'éthique et le manque de l'honnêteté. Ils pratiquent la migration politique, interdite par la loi sur les partis qu'ils ont eux-mêmes votée.

## B. Une nouvelle loi organique n° 27.11[1526] relative à la chambre des représentants

Inspirée par les nouveautés de la constitution de 2011, la loi organique n° 27-11relative à la chambre des représentants a subtilement introduit d'importantes modifications, des propositions émanant des partis politiques ainsi que des enseignements tirés de la jurisprudence administrative et constitutionnelle et de la pratique électorale. Ces réformes visent la simplification des procédures de vote, de dépouillement des résultats et de recensement des voix comme elles s'efforcent de garantir une bonne organisation du scrutin. Ces nouvelles dispositions, qualifiées par tous de positives et avancées, peuvent être synthétisées comme suit :

1. Des règles plus précises pour les cas d'incapacité électorale et d'incompatibilité

Il s'agit à ce niveau de réguler, moraliser et rendre plus efficace l'action politique, en la mettant en harmonie avec les principes de bonne gouvernance. En ce qui concerne les incapacités électorales, le législateur prévoit une règle nouvelle qui consiste à priver toute personne qui a été révoquée d'une fonction élective de se porter candidat pour les élections de la chambre des représentants.

De même, sera déchu de la qualité de membre de la Chambre des représentants tout représentant qui a dépassé le plafond des dépenses électorales ou n'a pas indiqué les sources de financement de sa campagne électorale ou celui qui ne produit l'état de ces dépenses dans les délais fixés par la loi, ou n'ayant pas joint audit état les documents justifiant lesdites dépenses et ne s'est pas conformé à la mise en demeure qui lui a été adressée, à cet effet, par le Premier président de la Cour des comptes en application des dispositions du dernier alinéa de l'article 96 de la présente loi organique.

Dans un autre registre et dans un but de rationalisation des mandats électoraux, la loi organique institue une incompatibilité entre le mandat de député et celle de membre de la Cour constitutionnelle ou du conseil économique et social et environnemental ou membre du gouvernement[1527]. Lorsqu'un représentant est nommé membre du gouvernement, la Cour constitutionnelle, sur demande du président de la Chambre des représentants, déclare, dans un délai d'un mois, la vacance du siège. Dans la même optique, le mandat de membre de la Chambre des représentants est incompatible avec la présidence d'un Conseil de région. Il est également incompatible avec plus d'une présidence d'une chambre professionnelle, d'un conseil

[1526] Loi organique n° 27.11 relative à la chambre des représentants promulguée par le dahir n° 1.11.165 du 16 kaada 1432 (14 octobre 2011) et ses textes d'application

[1527] Article 13 de la LO CR n° 27-11

communal, d'un conseil préfectoral ou provincial, d'un conseil d'arrondissement communal ou d'un groupement constitué par des collectivités territoriales.

2. L'amélioration des règles relatives à la campagne électorale, aux opérations de vote et à la proclamation des résultats

Il convient de souligner que la nouvelle loi organique instaure le cumul de l'amende et de la peine privative de liberté pour certaines infractions préjudiciables au processus électoral (fraude électorale, l'extension du périmètre des inéligibilités), en prévoyant une revalorisation substantielle de la quasi-totalité des amendes appliquées aux infractions commises à l'occasion de la campagne électorale et des opérations électorales.

En matière d'organisation de campagnes électorales et de lutte contre les manœuvres portant atteinte aux opérations électorales, la loi organique n° 27-11 a augmenté le montant des amendes prévues dans l'ancienne loi organique n° 31-97, et a aggravé certaines sanctions d'emprisonnement ou de détention. À titre d'exemple, l'article 39 de cette loi stipule ce qui suit « … Est puni d'une amende de 10 000 à 50 000 dirhams quiconque distribue ou fait distribuer, le jour du scrutin, des affiches, tracts électoraux ou autres documents électoraux. Est puni d'un mois à six mois d'emprisonnement et d'une amende de 10 000 à 50 000 dirhams tout fonctionnaire public ou agent de l'administration ou d'une collectivité territoriale qui, pendant l'exercice de ses fonctions, distribue les programmes ou tracts des candidats ou tout autre document électoral. De même, l'article 40 précise ce qui suit : « … Est puni d'une amende de 10 000 à 50 000 dirhams, tout affichage concernant les élections en dehors des emplacements visés à l'article 32 de la présente loi organique ou sur un emplacement réservé à une autre liste ou à un autre candidat.

La nouvelle loi organique n° 27-11 apporte également des améliorations aux procédures et aux modalités régissant les opérations de vote, de dépouillement et de recensement des votes, et ce dans un but de clarification, de simplification et de sécurisation du processus électoral dans son ensemble. C'est dans ce sens et dans le but est de mettre fin à certaines pratiques qui portent atteinte au secret du vote, la loi organique propose de sanctionner la divulgation des bulletins de vote hors des bureaux de vote avant ou pendant l'opération électorale. Elle interdit également l'introduction des téléphones portables ou de tout appareil informatique ou tout autre moyen de photographie ou de communication audiovisuelle à l'intérieur des salles réservées aux bureaux de vote, aux bureaux centralisateurs, aux commissions de recensement relevant des préfectures, des provinces ou des préfectures d'arrondissements ou à la commission nationale de recensement[1528].

---

1528 L'article 50 de la LO CR 27-11 stipule que : « Est interdite l'introduction du téléphone portable, de tout appareil informatique ou tout autre moyen de photographie ou de

Par ailleurs et dans le cadre des efforts visant la fiabilisation et la sécurisation des opérations électorales, deux mesures ont été introduites par la nouvelle loi organique. Il s'agit de l'institution de la carte nationale d'identité comme pièce unique justifiant l'identité de l'électeur avant son passage à l'urne et la suppression de la carte d'électeur et son remplacement par un simple avis écrit informant l'électeur du bureau de vote ou il est appelé à voter. Cette mesure est très importante dans la mesure où elle met fin aux problèmes qui étaient liés au retrait ou à la distribution des cartes d'électeurs, et permet d'éviter les manœuvres dont les cartes pouvaient faire l'objet.

Enfin, pour rendre l'opération de proclamation des résultats plus rapide, la loi a prévu deux commissions de recensement au niveau provincial ou préfectoral. La première commission se chargera du recensement des voix et de la proclamation des résultats au niveau des circonscriptions électorales locales, la seconde étant chargée du recensement et de la proclamation des résultats de la circonscription électorale nationale.

3. Le renforcement de la représentativité des femmes et jeunes au niveau de la chambre des représentants

La nouvelle loi organique de la Chambre des représentants a prévu le renforcement de la représentation politique des femmes et des jeunes de sexe masculin dont l'âge ne dépasse pas 40 ans en réservant respectivement à ces deux composantes du corps électoral, 60 (au lieu de 30 qui étaient réservés tacitement aux femmes lors des élections de 2007) et 30 sièges au niveau de la liste nationale

L'article 23 de cette loi organique dispose que la liste nationale de candidature doit comprendre deux noms successifs de candidates femmes, suivies par le nom d'un candidat de sexe masculin, la première place dans la liste de candidature doit être réservée aux candidatures féminines, jusqu'à épuisement du nombre requis pour l'ensemble de la liste. Le projet de loi ne pouvait poser de telles règles de discrimination positive, si la nouvelle constitution marocaine de 2011 ne prévoyait dans son article 30 que la loi pose des règles de nature à encourager l'égalité des chances entre les hommes et les femmes pour l'accès aux fonctions électives ; sachant bien entendu que rien n'interdit de présenter des femmes candidates au niveau des circonscriptions locales. En plus de ce qui précède, et pour garantir l'obtention de sièges au niveau de la liste électorale nationale par toutes les forces politiques, même les moins importantes, le législateur a réduit le seuil d'éligibilité requis pour participer à la répartition des sièges de 6 % à 3 %.

---

communication audio-visuelle à l'intérieur des salles réservées aux bureaux de vote, aux bureaux centralisateurs, aux commissions de recensement relevant des préfectures, des provinces ou des préfectures d'arrondissements ou à la commission nationale de recensement.

Enfin, la mesure phare à cet effet vise le rajeunissement de l'élite politique en fixant l'âge légal requis pour fonder une formation politique à 18 ans au lieu de 23 ans conformément aux dispositions de l'article 30 de la constitution de 2011 (premier alinéa) qui dispose « Sont électeurs et éligibles, tous les citoyennes et les citoyens majeurs jouissant de leurs droits civils et politiques. La loi prévoit des dispositions de nature à favoriser l'égal accès des femmes et des hommes aux fonctions électives. » Dans le même ordre d'idées, la loi organique dispose que les partis politiques doivent œuvrer à l'élargissement et la généralisation de la participation des femmes et des jeunes dans le processus de développement politique de la société.

## § 2. Vers une reconsidération de la place du juge constitutionnel

Le constituant marocain a été conscient, dès le début du processus constitutionnel moderne du Royaume, de l'importance vitale de la justice constitutionnelle dans l'édification d'un État moderne et démocratique. Conscient de cette finalité qui caractérise les juridictions constitutionnelles, le Royaume vient de décider, dans le cadre de la nouvelle constitution adoptée par référendum du 1er juillet 2011, la création d'une Cour constitutionnelle [1529] en remplacement de l'actuel Conseil et investie de prérogatives et compétences élargies, illustrant la place éminente de la justice constitutionnelle dans le système démocratique moderne.

C'est ainsi que le statut du juge constitutionnel marocain a connu de profondes modifications. Certains aspects ont été repris de la constitution précédente, tandis ceux nouvellement institués, ils seront précisés par une loi organique qui en déterminera l'application. On peut relever que parmi les six membres nommés par le Roi, l'un d'entre eux est proposé par le secrétaire général du Conseil supérieur des Oulémas. Quant aux nominations des autres membres, les dispositions y afférentes ont été considérablement modifiées par rapport à celles de la constitution de 1996.

En effet, l'article 130 de la nouvelle Constitution précise que les membres sont élus par le président de la Chambre des représentants et celui de la Chambre des Conseillers à parts égales, à l'issue d'un vote à bulletin secret et à la majorité des deux tiers des membres composant chaque chambre[1530].

[1529] Une Cour constitutionnelle a été définie comme « une juridiction créée pour connaître spécialement et exclusivement du contentieux constitutionnel, située hors de l'appareil juridictionnel ordinaire et indépendante de celui-ci comme des pouvoirs publics » (cf « La justice constitutionnelle », table ronde de Tunis (13 – 16 oct. 1993), centre d'Etudes et de Recherche et de Publication, Tunis, 1995, p : 45

[1530] Sachant que la Chambre des représentants se compose de 396 membres, les trois candidats à la fonction de juge constitutionnel devront obtenir chacun un minimum de 264 voix contre 80 voix pour la chambre des Conseillers qui se compose de 120 Conseillers.

Par ailleurs, elle a exigé que les membres de la haute autorité soient choisis parmi les personnalités disposant d'une haute formation dans le domaine juridique, d'une compétence judiciaire, doctrinale ou administrative et ayant exercé plus de quinze ans. De telles conditions garantissent l'édification d'une jurisprudence où le raisonnement juridique l'emporte sur tout autre élément[1531]. Kelsen soutient ce constat en affirmant qu'il est de la plus grande importance d'accorder dans la composition de la juridiction constitutionnelle une place adéquate aux juristes de profession[1532]. De telles dispositions ne manqueront pas d'affecter positivement la qualité des décisions[1533] et le travail de la Cour en réduisant le grand retard enregistré jusqu'alors dans le contentieux électoral[1534].

Réservée auparavant aux quatre plus hautes autorités politiques (le Roi, le Chef du Gouvernement, le Président de la Chambre des Représentants et le Président de la Chambre des Conseillers), la saisine, avec la révision constitutionnelle, est désormais possible devant la haute juridiction au 1/5 des membres de la Chambre des représentants ou au 1/3 des membres de la chambre des conseillers[1535].

Outre les attributions qui lui sont dévolues par la Constitution (Contrôle de la constitutionnalité des lois, la répartition des domaines de la loi et du règlement et le contrôle de la régularité de l'élection et des opérations du référendum) la Cour peut se targuer de la pléthore de ses nouvelles compétences.

En effet, la première innovation concernant le travail du juge constitutionnel est relative à sa compétence pour statuer sur les exceptions d'inconstitutionnalité [1536] soulevée au cours d'un procès, lorsqu'il est soutenu par l'une des parties que la loi dont dépend l'issue du litige a des effets attentatoires sur les droits fondamentaux garantis par la constitution.

---

[1531] Article du professeur Amine Benabdellah, le statut du juge constitutionnel, REMALD n° 82, 2013, p 240

[1532] Hans Kelsen : La garantie juridictionnelle.RDP. 1928.P 227

[1533] Une lourde responsabilité pèse sur les épaules des futurs juges et un défi qui ne pourra être relevé que si un travail de fond est effectué sur leur formation, leur statut, leur indépendance tout en développant des capacités interprétatives adaptées à l'évolution de la société.

[1534] L'exigence d'une compétence juridique est exigée dans la quasi-totalité des Cours constitutionnelles européennes à l'exception toutefois du Conseil constitutionnel français ou il y a absence de toute condition. Ph. Ardant a défendu cette exigence de la compétence juridique dans son article : « Le Conseil constitutionnel d'hier à demain » in Mélanges Terré, 1999, p.731. Toutefois, cette exigence ne suppose absolument pas qu'il faut écarter les nominations à caractère politique.

[1535] Cf article 132 de la constitution

[1536] La constitution de 2011 dispose aussi en son article 133 que « la Cour Constitutionnelle est compétente pour connaître d'une exception d'inconstitutionnalité soulevée au cours d'un procès, lorsqu'il est soutenu par l'une des parties que la loi dont dépend l'issue du litige, porte atteinte aux droits et libertés garantis par la Constitution ». Une loi organique fixera les conditions et modalités d'application du présent article.

Cette nouvelle procédure vient équilibrer le contrôle a priori de constitutionnalité, réservé aux autorités constitutionnelles énoncées par l'article 132 de la Constitution. La « porte étroite » du Conseil constitutionnel, pour reprendre l'expression évangélique utilisée par le doyen Georges Vedel[1537], est devenue la porte ouverte du justiciable et plus largement les citoyens.

Le contrôle par voie d'exception, appelé QPC en France constitue une véritable révolution juridique qui consacre un nouveau droit, et qui va tonifier la haute juridiction marocaine, car elle purgera notre arsenal juridique des dispositions inconstitutionnelles désuètes. Tout en insérant le Maroc dans le cadre du constitutionnalisme moderne, elle permettrait aux citoyens de s'approprier davantage leur Constitution. Mais plus important encore, l'exception d'inconstitutionnalité pourrait constituer le prélude d'une nouvelle ère dans la jurisprudence constitutionnelle protectrice des droits de l'Homme.

Dès son préambule, la constitution ne cesse de rappeler les fondements religieux, identitaires et culturels du royaume, tout en proclamant l'adhésion aux principes universels des droits de l'Homme. Or, la cohabitation entre spécificités nationales et valeurs universelles dans le même système juridique ne relève pas de l'évidence[1538]. Afin d'éviter les conflits entre les règles de droit international et celles du droit interne et réaliser l'intégration de la norme internationale, le constituant a opté pour l'arbitrage du juge constitutionnel. Conformément au 4e alinéa de l'article 55 de la constitution : « Si la Cour Constitutionnelle, saisie par le Roi ou le Chef de gouvernement ou le président de la chambre des représentants ou le président de la chambre des conseillers ou le sixième des membres de la première chambre ou le quart des membres de la deuxième chambre, déclare qu'un engagement international comporte une disposition contraire à la constitution, sa ratification ne peut intervenir qu'après révision de la constitution »

On retiendra que s'il est certain que le statut du juge constitutionnel découle essentiellement des textes qui le régissent, il n'en reste pas moins que son application dans la réalité reste tributaire de facteurs purement humains. La constitution, la loi organique et tous les textes qui les complètent ne font que tracer le cadre dans lequel s'exerce cette noble et lourde fonction, mais ce qui importe le plus c'est la personnalité du juge, la perception qu'il se fait de sa propre mission. En un mot, le véritable statut, c'est le juge constitutionnel lui-même qui se l'octroie[1539].

---

[1537] G. Vedel, L'accès des citoyens au juge constitutionnel. La porte étroite, *La vie judiciaire*, n° 2344, 11-17 mars 1991, p. 1, 13 et 14.

[1538] Hamid RBII, « La place de la convention internationale dans la nouvelle constitution : Cas des conventions des
droits de l'homme », REMALD, Collection thème actuel, n° 82.p 344.

[1539] Amine Benabdellah, op. cité, p 241

## § 3. Le contentieux électoral à l'épreuve des élections de 2011 : continuité ou revirement dans la jurisprudence du Conseil ?

Le Conseil constitutionnel marocain a statué sur la régularité de l'élection des membres du Parlement en attendant la mise en place de la Cour constitutionnelle. Il s'agit du premier contentieux électoral sous l'égide de la nouvelle constitution de 2011.

Force est de constater que les décisions électorales relatives aux élections de 2011 représentent, dans les faits, l'activité la plus absorbante du Conseil constitutionnel. Le nombre des dossiers instruits et jugés au titre du contentieux des élections de 2011 s'élève à 147 décisions[1540]. Le Conseil a été saisi de 170 requêtes qui concernent 71 circonscriptions électorales locales et d'une requête concernant la circonscription électorale nationale. Il a déclaré irrecevables 22 requêtes n'ayant pas été faites dans les formes prescrites par la loi et a rejeté 115 autres pour manque ou insuffisance de preuves ou pour avoir été fondées sur une interprétation erronée de la loi, dont 15 requêtes ont été rejetées, sans instruction préalable, d'autant qu'elles ne peuvent avoir une influence sur les résultats de l'élection. La haute instance a prononcé l'annulation de l'élection de 12 membres de la Chambre des représentants appartenant à 10 circonscriptions électorales. Le Conseil constitutionnel "a réformé pour la première fois de son histoire le résultat du scrutin dans la circonscription Marrakech-Ménara après avoir réexaminé tous les bulletins de vote annulés" dans sept circonscriptions sans que cette annulation n'ait une influence sur le résultat du scrutin.

Il convient de souligner en comparaison avec les élections des membres de la Chambre des représentants qui se sont déroulées le 25 novembre 2011, on remarque une nette diminution du nombre de recours qui sont passés de 170 en 2011 soit (10,5 %) à 138 lors du dernier scrutin du **07 octobre 2016** (8,5 %), sachant que le nombre de recours avait atteint 214 en 2007 et 205 en 2002, soit une diminution de 19 % par rapport aux élections de 2011 et de 35 % par rapport aux élections de 2007 (graphique 17).

[1540] A titre indicatif, sur les 914 recours qui lui ont été soumis depuis son institution en 1994 et jusqu'au 1er novembre 2014, 713 décisions concernent le contentieux électoral soit 79 %

**Graphique n° 17 : Recours électoraux relatifs aux échéances électorales (1993-2016)**

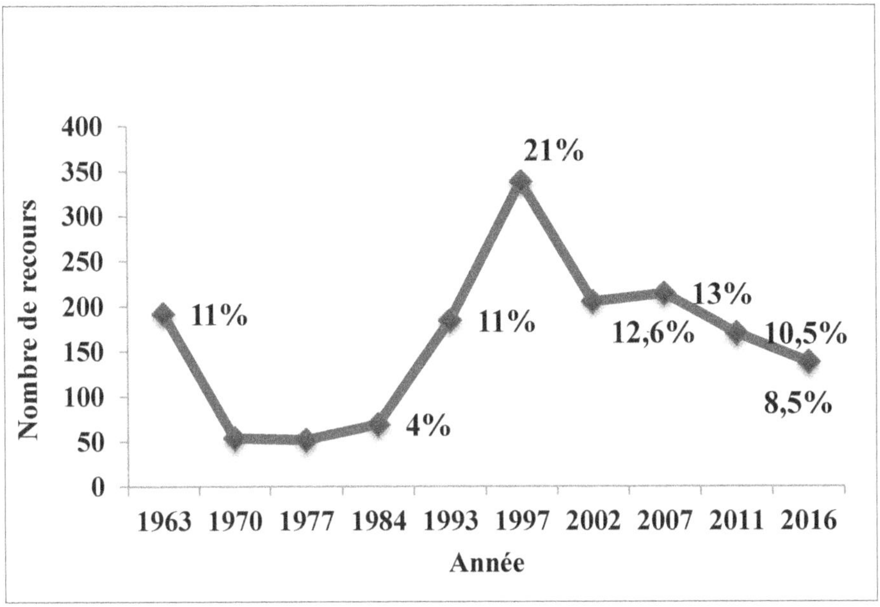


**Source** : élaboré par l'auteur partir du dépouillement des statistiques et archives du Conseil

## A. L'examen de la forme des requêtes

1. Le formalisme : Un boulet traîné par la recevabilité des requêtes

En analysant les décisions prises par le Conseil Constitutionnel en matière du contentieux des élections de 2011, il ressort clairement que les décisions sanctionnées par le rejet occupent une place prépondérante avec (68 %), soit pour motif d'absence ou l'insuffisance de preuves[1541], soit que les griefs dénoncés n'ont aucune influence déterminante sur le résultat[1542]. Ainsi, de nombreuses raisons sont susceptibles d'expliquer le faible taux d'invalidation relatif au contentieux de 2011 avoisinant 6 %. Il faut d'abord évoquer les difficultés propres à la charge de la preuve, pesant sur le requérant, et qui est souvent difficile à apporter. En effet, et on touche ici un fait central, pour affecter le scrutin il convient que les irrégularités aient une influence tangible sur le résultat des opérations électorales en profitant au candidat élu.

Quant aux décisions irrecevables pour motif de non-respect des procédures de formes (nom[1543], adresse[1544], signature, etc....), elles

[1541] Décision du CC marocain n° 859 en date du 13/06/2012
[1542] Décisions du CC marocain n° n° s 831/2012 ; 832/2012 ; 833/2012 ; 834/2012...
[1543] Décision du CC marocain n° 896/2012 CC en date du 17/10/2012 ; Décision du CC n° s 832/2012 en date du 14/02/2012
[1544] Décision du CC n° s 832/2012 en date du 14/02/2012

demeurent importantes puisqu'elles représentent 13 % de la globalité des décisions. De ce fait, la juridiction constitutionnelle a rejeté les demandes omettant une de ces formalités considérées comme substantielles. En réalité, le Conseil constitutionnel marocain s'est montré particulièrement sévère à cet égard et a débouté un nombre important de requêtes ayant négligé de préciser le nom, ou le domicile, ou le défaut de motivation[1545].

Le juge constitutionnel a refusé également d'examiner des recours pour des vices de forme comme le défaut de motivation [1546] (cette motivation peut n'être constituée que par l'indication de l'âge de l'élu, à condition que cet âge constitue lui-même un motif d'inéligibilité), l'absence d'un élément formel de l'identité du demandeur comme son adresse par exemple[1547]. Dans le même sens, le Conseil constitutionnel s'oppose à toute requête formulée par quelqu'un dont le nom ne figurait pas parmi les candidats ou qui n'était pas inscrit sur la liste électorale de la circonscription concernée[1548]. Toujours dans le domaine de la recevabilité des saisines, le juge constitutionnel demande plus de précision et déclare irrecevable le recours qui demandait l'annulation de l'opération électorale[1549] dans sa totalité.

Si le contentieux électoral obéit à un formalisme « pragmatique et utilitaire »[1550], il apparaît complexe aux yeux des justiciables qui se noient dans les méandres processuels. Monsieur Jean-Marc Duval observe dans ce sens que les opérations électorales sont de plus en plus polluées par de nombreuses irrégularités, en raison de la multiplication des exigences imposées par un législateur de plus en plus pointilleux, pour en assurer la moralité, la transparence et la sincérité[1551]

La recevabilité de la requête doit également s'appuyer sur des moyens sérieux. Ne retiennent pas l'attention du juge des griefs qui sont dépourvus de justifications suffisantes[1552], ou sans incidences sur l'élection[1553], de même que les allégations de caractère général et les moyens fantaisistes qui ne peuvent qu'entraîner le rejet de la requête[1554]. Le Conseil élimine aussi les griefs qui sont bien relatifs à l'élection litigieuse, mais qui sont dépourvus de

---

[1545] Décision du CC marocain n° 847/2012

[1546] Décision du CC marocain n° 847/2012

[1547] Décisions du CC marocain n° s 832/2012 en date du 14/02/2012

[1548] Décision du CC marocain n° 801/2010

[1549] Décision du CC marocain n° 888/12

[1550] BERGEL J.-L., Méthodologie juridique cité par Diane Mandeng. La procédure contentieuse en matière électorale : recherches sur le contentieux des élections au Cameroun, Thèse Droit public. Poitiers : Université de Poitiers, 2017 p 387

[1551] DUVAL J.-M., « Droit électoral. La sanction des comportements irréguliers relevés au cours des opérations électorales », Revue Française de Droit Constitutionnel, 2001/4, n° 48, p. 825-846 cité par Diane Mandeng, op cité p 387

[1552] Décision du CC marocain n° 859/12

[1553] Décision du CC marocain n° 831/12

[1554] Décision du CC marocain n° 876/12

précisions suffisantes et donc insusceptibles de constituer des moyens d'annulation[1555].

Aussi, le Conseil constitutionnel s'est montré intransigeant quant au respect du délai et déclare irrecevable, sur le plan de la forme, la requête déposée auprès du Secrétaire général du Conseil constitutionnel en dehors du délai légal[1556].

De même, le Conseil déclare irrecevable la requête émanant du requérant qui ne dispose pas, à la date du déroulement de l'élection objet de contestation, de la condition d'appartenance au collège d'électeurs[1557], a, de ce fait, perdu la qualité que lui accorde le droit de contester le résultat qui a couronné l'opération électorale, ce qui exige de déclarer l'inadmissibilité du recours.

De ce constat, il découle que les modes de saisine du juge électoral ne sont pas bien maîtrisés par les candidats. Sur cette base, il serait intéressant d'organiser des journées de portes ouvertes. Dans la même dynamique, pour plus de crédibilité du juge électoral, diverses stratégies doivent être mobilisées : stratégies de communication comprenant notamment la diffusion des communiqués de presse accompagnant les décisions, non pas pour s'expliquer, mais pour en expliquer le sens et la portée, un rapport à la fin de chaque échéance électorale mentionnant les difficultés et les réformes souhaitées…

2. Vers un juge expéditif dans l'instruction des requêtes

Depuis deux décennies, on constate un allongement de la durée du procès électorale. Les tentatives du Conseil pour y remédier semblent vaines pour des raisons qui le dépassent.

Aucun texte[1558] n'impose au Conseil un horizon temporel bien défini pour statuer, ce qui peut surprendre[1559]. Chose qui explique en quelque sorte la longue durée qui sépare l'introduction de la requête devant le Conseil constitutionnel et la décision rendue par ce dernier (des requêtes introduites en 1997 n'ont été tranchées qu'en 2000). D'autres, introduites en 2002 ont été tranchées en 2005), ce qui peut entraver le processus démocratique dont le contentieux électoral constitue l'un des piliers majeurs.

On a donc reproché au Conseil constitutionnel de prendre son temps. Si l'élite politique a tendance auparavant, non sans raison parfois, à critiquer la lenteur qui est parfois apportée dans le traitement du contentieux électoral

---

1555 Décision du CC marocain n° 840/12

1556 Voir les décisions du CC n° s marocain n° 809/2011 ; DC du CC n° 873/12…

1557 Décision du CC marocain n° 801/2010

1558 Aucun délai n'est précisé ni dans la loi organique n° 29-93 relative au Conseil constitutionnel ni celle relative à la Chambre des représentants n° 31-97.

1559 Cf P H Desaubliaux, "La lenteur incomprise des neufs sages", Le Figaro, 1er janvier 1998, p 7.

allant de deux ans à trois ans, le constituant a accordé à la haute juridiction constitutionnelle un délai d'une année afin de ne pas laisser trop longtemps le doute peser sur l'élection des représentants de la Nation. On a toujours qualifié la haute juridiction par la léthargie et la lenteur de son fonctionnement. Toutefois, la haute juridiction a statué, durant le délai d'un an fixé par la constitution, sur l'ensemble des recours relatifs aux élections législatives du 25 novembre 2011. Bref, le respect du délai fixé par le nouveau texte constitutionnel est de nature à garantir la stabilité de l'institution parlementaire et l'efficacité du travail parlementaire.

3. Le déclenchement d'une procédure d'enquête : dernier recours du juge

À la lecture des décisions du Conseil constitutionnel rendues à l'occasion du scrutin de 2011, il ressort que le juge n'a pas répondu favorablement aux demandes où il lui est demandé de mener des enquêtes et s'est contenté de faire allusion, dans le contenu des décisions en matière électorale, à l'inutilité d'une quelconque enquête[1560].

Force est de constater que le travail du juge, dans la quête de la vérité électorale, est dépourvu de normes qui puissent l'amener à enclencher une procédure d'inspection dans les opérations électorales. Le juge constitutionnel procède en effet à une lecture trop prudente des éléments avancés par les demandeurs de l'annulation. Il recourt également à une pesée de la gravité des irrégularités pour apprécier leur impact sur le résultat de l'élection concernée et pour recalculer le cas échéant les voix en écartant les bureaux suspects et voir si cela aurait pu changer les résultats (et dans ce cas justifier une annulation) ou n'aurait aucune influence sur ceux-ci en raison de l'écart important des voix obtenues par le candidat élu. Il vérifie aussi s'il n'y a pas lieu de compenser les irrégularités commises par le candidat élu par celles commises par les autres candidats. Ces solutions ne conviennent évidemment pas aux puristes, qui y voient un encouragement du non-respect de la loi. Mais la philosophie de la jurisprudence électorale, aussi bien au Maroc qu'en France, est orientée plus vers l'issue du scrutin. Ce qui implique une recherche de la frontière entre les deux types d'irrégularités, celles qui font basculer les élections vers l'annulation et celles qui relèvent du domaine du tolérable, puisqu'il n'existe pas, selon toute vraisemblance, d'élection parfaite.

Le Conseil constitutionnel a prêté le flanc à certaines critiques concernant certaines de ses positions. C'est le cas quand il a invoqué l'intervention de l'administration, le principe de secret du scrutin pour éviter d'effectuer des enquêtes sur le terrain. Une telle attitude trouve son explication principalement dans le manque de moyens, allongeant, le cas échéant, la

---

[1560] Voir dans ce sens les décisions du CC marocain n° s 910/2012 ; 915/2013 et décision n° 876/12

durée de ces enquêtes (jusqu'à trois ans) sans que cela n'aboutisse à des annulations pour autant.

4. La jurisprudence de l'effet utile : une technique prégnante dans le contentieux de 2011

L'examen des décisions relatives au contentieux électoral de 2011 dénote que le Conseil constitutionnel marocain continu toujours, à se réclamer d'une présomption de régularité. En effet, le juge adopte une jurisprudence similaire qu'auparavant et considère que « *même en présence des irrégularités entachant l'opération électorale, on ne peut pas conclure à l'existence d'un impact sur le résultat du scrutin* ».

Le Conseil constitutionnel marocain brandit la primauté de la présomption de la validité du scrutin. Une présomption qui l'amène à rejeter parfois la quasi-totalité des demandes d'annulation des élections même en disposant d'éléments susceptibles (ou à même) de donner lieu à une enquête.

On imagine en effet difficilement le juge annuler un scrutin, et ainsi effacer le choix des électeurs, pour des violations minimes du droit électoral (sauf dans le cas d'affichage de tracts électoraux en dehors des emplacements qui leur ont été réservés et usage partiel de lieux de culte dans des tracts électoraux par un candidat[1561]). Cette mansuétude bien compréhensible peut affecter toutes les étapes de l'élection, du déroulement de la campagne au scrutin lui-même et à la détermination des résultats.

On constate donc que le réalisme électoral interdit tout autant au juge de l'élection de faire droit aux requérants demandant l'annulation pour moult motifs tels que l'intervention de l'administration[1562] ou que le bureau de vote, ait fermé quelques minutes avant l'heure réglementaire[1563], ou que des bulletins comptabilisés comme blancs ou nuls, mais sans être joints aux procès-verbaux ou sans être signés par les membres des bureaux de vote[1564]... etc. Ces griefs sont déclarés aux yeux du juge sans influence sur le résultat du scrutin dès lors que ces omissions n'ont pas revêtu un caractère systématique.

En effet, on touche ici un fait central, pour affecter le scrutin il convient que les irrégularités aient une influence déterminante sur le résultat des opérations électorales en profitant au candidat élu. Pour le Conseil constitutionnel marocain, la présence d'irrégularités et la constatation de la

[1561] Voir plus loin les décisions rendues par le Conseil à ce sujet. Dans l'ancienne jurisprudence du Conseil constitutionnel, l'apposition d'affiches de propagandes en dehors des emplacements spéciaux réservés à cet effet en méconnaissance de l'article 29 de la loi organique relative à la chambre des représentants n'est pas un grief justifiant l'invalidation du scrutin (voir à ce sujet la décision du CC marocain n° 49 en date du 22 novembre 1994)

[1562] Décision du CC marocain n° 891/12 en date du 04/10/2012

[1563] Décision du CC marocain n° 847/12 en date du 18/04/2012

[1564] Décision du CC marocain n° 891/12 en date du 04/10/2012

méconnaissance de la loi électorale ne peuvent être prises en considération que lorsque le vice est déterminant.

Ainsi, dans ses décisions rendues lors du contentieux électoral de 2011, le Conseil constitutionnel semble avoir trouvé dans la « théorie de l'influence déterminante et de l'écart de voix un refuge confortable[1565]. Il y recourt presque systématiquement. En basant sa jurisprudence sur le fait que les irrégularités n'avaient pas eu une « influence déterminante » sur l'issu du scrutin, le juge faisait œuvre prétorienne.

L'annulation du scrutin peut aussi résulter de la survenance d'irrégularités moins graves, dès lors qu'elles ont eu une influence sur les résultats du scrutin. Dans ce cas, le juge doit mesurer l'altération des résultats du scrutin avant d'envisager sa nullité.

L'examen de la jurisprudence révèle sa démarche, par étapes. Dans un premier temps, le juge recherche l'existence d'infractions avérées. Et de façon déjà restrictive d'ailleurs, puisque la charge de la preuve qui pèse sur le requérant est souvent difficile à fournir. Dans un deuxième temps, le juge va chercher si ces irrégularités avaient pour but ou pour effet de favoriser des fraudes. Si tel est le cas, ces irrégularités ont-elles profité à un candidat et étaient-elles constitutives de manœuvres ? Le juge exige ici, pour une annulation, que ces manœuvres aient été sinon persistantes du moins systématiques. Dans un troisième temps, est-ce que cette manœuvre avérée a pu tromper l'électeur ?

À l'issue de ce parcours seulement, le juge se pose la question finale : ces manœuvres frauduleuses ont-elles été de nature à modifier le résultat des élections ? C'est la réunion de l'ensemble de ces éléments qui peut être constitutive de ce que le juge appelle « une altération grave de la sincérité du scrutin ».

Le juge constitutionnel marocain rappelle que : « […] si les irrégularités commises […] ont enlevé à l'opération électorale les éléments nécessaires de transparence, de crédibilité et d'honnêteté et l'ont totalement viciée, et qu'il s'ensuit, dès lors, que ses résultats ne peuvent être pris en compte [1566]».

Il importe de souligner que la grande lacune qu'on a pu soulever dans la position du Conseil que ce soit pour débouter la requête ou pour lui faire droit en l'annulant, a pratiquement toujours pris en considération le critère de l'écart des voix en considérant que cet écart est non lié à la gravité de l'infraction (le degré de manœuvres frauduleuses), mais plutôt au critère arithmétique c'est-à-dire au faible écart de voix entre le candidat élu et le candidat battu qui s'avère déterminant.

Ainsi, le juge recourt à une logique presque comptable : il soustrait à l'avance du candidat élu le nombre de bulletins hypothétiquement viciés. Si l'avance du candidat élu est inférieure au nombre de voix soustraites, le juge

---

[1565] Voir dans ce sens les décisions du CC marocain n° s 847/12 ; 884/12 ; 894/12 ; 888/12…

[1566] Décision du CC marocain n° 888-2012 rendue le 29 septembre 2012

est alors en mesure de restituer la volonté réelle de l'électorat en annulant l'élection.

En revanche, le juge électoral est en mesure de disculper une manœuvre frauduleuse dès lors que, compte tenu du nombre limité d'électeurs que ces faits concernent, ils n'ont pu avoir « une influence déterminante sur le résultat du scrutin[1567] ».

L'influence de la jurisprudence électorale française se fait nettement sentir. Le juge électoral n'y est pas vu comme un redresseur de torts, un juge répressif ou un juge de l'orthodoxie électorale, mais comme « un juge de plein contentieux, doté de larges pouvoirs – dans le but de veiller à la liberté et à la sincérité du scrutin »[1568].

Il en découle donc de ce qui précède, que le contentieux de 2011 se veut plus circonspect et pondéré. La haute instance s'accroche toujours à la prudence en opposant l'irrecevabilité quand les requêtes dénoncent des irrégularités graves (composition irrégulière des bureaux de vote[1569], intervention de l'administration[1570], procès-verbaux signés à blanc[1571], impossibilité pour les délégués d'exercer leur contrôle et de consigner leur réclamation aux procès-verbaux ou encore le cas d'expulsion du bureau de vote des délégués des candidats[1572], atteinte au secret de vote[1573]...

Ainsi il s'avère de l'analyse jurisprudentielle que le juge électoral fait preuve d'inertie, de plus de timidité en cherchant des échappatoires moins convaincantes au détriment de la sauvegarde ou de la continuité des exigences démocratiques. Le constat suivant bien que réaliste demeure inquiétant : le juge électoral s'est abstenu d'annuler un scrutin alors que des occasions n'ont pas manqué.

La teneur de ces considérants montre le laxisme du juge électoral au seul motif que les prétentions des requérants sont dénuées de preuves solides ou dans la majorité des cas ces preuves restent sans influence déterminante sur le sens du vote pour leur donner une suite favorable.

Si l'application de la « théorie de l'influence déterminante » est ainsi constante dans la jurisprudence du Conseil constitutionnel marocain, elle ne laisse d'interpeller la conscience du juriste. Parce que toute pragmatique et même parfois raisonnable que puisse être cette jurisprudence électorale, elle peut affaiblir la « déontologie » de l'élection. Le juge constitutionnel est le garant de l'expression libre et inaltérée du suffrage universel. Il lui revient de

---

1567 Décision du CC marocain n° 863/12 en date du 25/06/2012

1568 B. Genevois : La jurisprudence du Conseil constitutionnel. Op. cit. p. 329

1569 Décision du CC marocain n° 863/12 en date du 25/06/2012. Le juge considère dans ce cas d'espèce que malgré l'annulation des voix dans ces bureaux de vote, il n'est pas établi que cela ait un effet déterminant sur les résultats du scrutin.

1570 Décision du CC marocain n° 843/12 en date du 11/04/2012

1571 Décision du CC marocain n° 902/12 en date du 24/10/2012

1572 Décision du CC marocain n° 847/12 en date du 18/04/2012

1573 Décision du CC marocain n° 843/12 en date du 11/04/2012

donner ou de ne pas donner force de vérité légale au recensement administratif des voix. Même si l'on comprend aisément que toute violation de la loi électorale ne peut pas nécessairement emporter l'invalidation des résultats. La jurisprudence électorale comporte à cet effet un certain nombre de décisions où la haute juridiction après avoir reconnu l'existence d'irrégularités frauduleuses estime que ces irrégularités n'ont pas une influence telle sur les élections[1574].

Au demeurant, l'analyse des griefs formulés par les candidats et les réponses apportées par le conseil montre que le raisonnement du conseil est tantôt insusceptible de reproche parce que pertinent, tantôt susceptible d'être critiqué parce que qualitativement insuffisant.

Une telle position du juge électoral est de nature à frustrer les requérants qui voient leurs dénonciations dépourvues d'effet du fait de circonstance extérieure à leur requête, telle que l'écart de voix. Cependant, considérant la longue liste d'irrecevabilité, le juge électoral doit-il rester imperturbable devant des entraves au processus électoral même si celles-ci ne doivent modifier l'issue du scrutin ? L'utilisation du principe donne l'impression qu'une élection est une affaire de change : on peut commettre des irrégularités pourvu qu'on ait la chance de devancer sérieusement le candidat le plus proche. Pour reprendre une expression du professeur Dominique Rousseau « *plus la fraude est importante, plus elle est productive de voix, et plus l'élu se met à l'abri d'une annulation de son élection* ». On se demande donc si le faible écart de voix peut sans doute tout innocenter et si le principe n'est pas une exhortation à frauder massivement. Toutes ces interrogations constituent autant de frustration ressentie par les requérants qui n'avaient pour autre objectif, en présentant leurs requêtes, que le juge électoral décide à prononcer l'annulation des élections.

Ne faudrait-il pas parfois que le Conseil constitutionnel donne raison aux candidats malheureux pour procéder à des annulations ponctuelles et symboliques de l'élection dans les bureaux de vote critiques par exemple sans pour autant invalider la totalité du scrutin. Cela aurait montré, à titre de pédagogie, la sanction des cas de violation même mineure et aurait, sans nul doute, contribué à écourter la frustration des candidats malheureux à l'élection sans rien enlever à la grandeur de la victoire de l'élu.

### B. Examen de fond des requêtes : commentaire de quelques décisions phares

Après avoir examiné la forme des requêtes, le Conseil constitutionnel a eu l'occasion de traiter diverses questions inhérentes aux opérations électorales. Un bref passage en revue des décisions permet d'énumérer moult

[1574] Voir dans ce sens les décisions du CC marocain n° s 863/12 ; 847/12 ; 884/12 ; 894/12 ; 888/12…

motifs ayant entaché la candidature et la campagne électorale des candidats, notamment l'usage partiel de lieux de culte dans des tracts électoraux par un candidat, l'affichage de tracts électoraux en dehors des emplacements qui leur ont été réservés, la communication de fausses informations, la position du juge face aux invectives et propos avilissants contenus dans le discours des candidats, la question de l'appartenance politique des candidats, le vote des Marocains résidents à l'étranger, la question de l'éligibilité et du désistement du requérant, les droits fondamentaux... etc.

1. 1er cas : L'usage partiel de lieux de culte dans des tracts électoraux par un candidat

La justice constitutionnelle est particulièrement vigilante quant à l'instrumentalisation des lieux de culte, n'hésitant pas à annuler les résultats du scrutin si l'utilisation de ce moyen a été prouvée. Dans sa décision n° 855-2012[1575] rendue le 13 juin 2012 dans le cadre du scrutin organisé le 25 novembre 2011 dans la circonscription électorale locale « Gueliz-Annakhil » (préfecture de Marrakech), le juge a eu affaire à l'usage partiel de lieux de culte[1576] dans des tracts électoraux par un candidat. En effet, ce dernier a reproduit, en arrière-plan, l'image du minaret d'une mosquée dans son affiche électorale biaisant considérablement le jeu en ce faisant. Le Conseil considère que l'exploitation des mosquées dans la campagne électorale en apposant une telle photo dans son affiche électorale constitue une violation de la constitution qui énonce dans son préambule le principe de l'égalité chances ainsi que le bannissement de toute forme de discrimination et qui dispose dans l'alinéa 3 de son article 1er que « la nation s'appuie dans sa vie collective sur des constantes fédératrices, en l'occurrence la religion musulmane modérée », et dans l'alinéa 2 de l'article 2 que « la nation choisit ses représentants au sein des institutions élues par voie de suffrages libres, sincères et réguliers » et dans l'alinéa 1er de l'article 11 que « les élections libres, sincères et transparentes constituent le fondement de la légitimité de la représentation démocratique ». Le Conseil considère également qu'une telle utilisation constitue une violation de l'article 118 de la loi n° 57-11 relative à l'utilisation des moyens audiovisuels publics lors des campagnes électorales.

[1575] Cette décision a été rendue suite à la requête enregistrée à son secrétariat le 9 décembre 2011 aux termes de laquelle, Monsieur Abderahim El Kamil demande, en sa qualité de candidat, l'annulation de l'élection de Monsieur Ahmed Motassdek, membre de la Chambre des représentants, dans le cadre du scrutin organisé le 25 novembre 2011 dans la circonscription électorale locale « Gueliz-Annakhil » (préfecture de Marrakech), à l'issue duquel ont été élus membres de la Chambre des représentants, Ahmed El Motassdek, Rachid Ben Drïouch et Jamila Afif.

[1576] Décision du CC marocain n° 855-2012 en date du 13 juin 2012

L'invalidation de l'élection de trois députés du PJD dans la circonscription de Tanger-Asilah par le Conseil constitutionnel constitue une décision discriminatoire selon les responsables locaux du parti[1577]. Toujours est-il que la présence « d'une partie d'un lieu de culte en arrière-plan sur l'affiche du PJD peut influencer les résultats ou porter atteinte au principe d'égalité des chances » ? S'agit-il d'une nouvelle prise de position de la part du Conseil alors que dans ses anciennes décisions notamment celle du 16 février 2000, le juge constitutionnel, a considéré que le grief avancé par le requérant, à savoir l'utilisation de la cassette vidéo par la personne dont l'élection est contestée ''ne fait pas force de preuve''[1578]. Le Conseil est également resté inanimé lors de l'exploitation des lieux religieux à travers les imams qui tiennent des discours en faveur d'un candidat, ayant participé à l'ameublement des mosquées ou ayant fait don de panneaux solaires.

Dans ces cas d'espèce, le juge a débouté ces requêtes sous prétexte « qu'elles n'ont aucune influence sur les résultats du scrutin[1579] ». La teneur de ce considérant montre le laxisme du juge électoral en cherchant des échappatoires moins convaincantes au détriment de la sauvegarde ou de la continuité des exigences démocratiques.

Au regard de la doctrine, la décision rendue par les sages au sujet de l'utilisation des symboles religieux sur les affiches électorales laisse beaucoup d'interrogations quant à ses fondements juridiques.

Selon certains constitutionnalistes[1580], le juge constitutionnel se réfère à l'article 36 de la loi organique de la Chambre des représentants n° 27-11 qui interdit la tenue des campagnes électorales dans des lieux de culte alors qu'aucun article dans ladite loi organique ou textes relatifs aux élections n'interdit l'utilisation des symboles religieux sur les affiches électorales. Pourtant, le PJD ait obtenu, lors du dernier scrutin législatif, 43 000 voix dans cette circonscription, lui permettant de devancer tous ses émules.

Toujours est-il que dans un Etat qui se dit musulman, dont le chef d'État agit en sa qualité de Commandeur des croyants et dont le statut personnel est à fondement religieux, il peut paraître surprenant que des élections soient invalidées par le juge électoral parce que des tracts électoraux des candidats vainqueurs comportaient des photos des candidats dont l'arrière-plan laissait paraître un minaret. On pourra certes ergoter qu'il s'agissait de tracts et non pas de clips électoraux diffusés sur l'audiovisuel public marocain. Mais il est à souligner que seule la loi pénale doit s'interpréter strictement sans recours à l'analogie – or ici, il s'agit du Conseil constitutionnel en tant que juge électoral, qui apprécie la régularité des opérations électorales et qui n'a pas pour rôle de réprimer des infractions pénales éventuellement commises par

---

1577 Najat Faïssal, aujourd'hui le Maroc, 2012-07-31 n° 2736

1578 Décision n° 372/2000.

1579 Voir dans ce sens les décisions du CC marocain n° s 206, 301, 309, 355

1580 Propos du Professeur H Jamai, Aujourd'hui le Maroc

les candidats. Il est donc loisible au Conseil constitutionnel de faire – comme il le fait ici en précisant que l'interdiction de l'article 118 s'applique indépendamment du support – une application par analogie de l'article 118 à d'autres supports que les clips électoraux, cela fait sens, car si le législateur a voulu interdire aux candidats d'exploiter le sentiment religieux ou national en prohibant notamment l'usage d'images de lieux de culte, il le fera indépendamment du support choisi par les candidats, tract électoral, clip télévisé ou clip sur internet.

Si l'objectif visé – empêcher la manipulation des sentiments religieux des électeurs en interdisant aux candidats de se mettre en scène dans des lieux réservés au culte – est légitime, et on peut estimer qu'il l'est, la loi est loin d'être infaillible : quid du candidat imprimant des versets coraniques, faisant figurer des exemplaires du Coran sur un tract ou invoquant des titres religieux (imam, ou diplôme religieux) ? Ce serait sans doute pousser l'analogie trop loin que de prohiber l'utilisation de telles mentions ou symboles religieux dans l'état actuel de la loi. Et l'on pourrait sans doute franchir la fine ligne de démarcation séparant l'interdiction de la manipulation des sentiments religieux des électeurs et l'interdiction de l'expression d'une sensibilité religieuse ou philosophique, que chaque candidat doit être libre de pouvoir invoquer dans une société démocratique.

On pourrait imaginer ainsi une inquisition contre les candidats barbus ou les candidates voilées[1581]. Le Paradoxe est ainsi à son paroxysme si l'on retient que le Code électoral français - pays où les écolières sont expulsées de l'école publique si elles ont un couvre-chef d'apparence musulmane et où les principaux candidats à l'élection présidentielle discutaient de viande halal et d'horaires séparés de piscine – ne contienne aucune interdiction de contenu religieux dans les affiches ou tracts électoraux de candidats aux élections en France – tout juste l'article R-27 de ce code interdit-il l'usage des trois couleurs du tricolore (et encore, sauf si ces couleurs sont incluses dans le symbole du parti dont se réclame le candidat, ce qui est par exemple le cas du Front national). Le PJD aurait ainsi pu se présenter en France avec ce tract, sans encourir de sanction de la part du juge électoral français.

Ce n'est donc bien évidemment pas la laïcité qui a animé le législateur marocain en adoptant l'article 118 de la loi n° 57-11 – la Constitution de 2011 affirme dans son préambule que le Maroc est « un État musulman souverain « dans son article 3 que « l'Islam est la religion de l'État «, puis dans son article 41 que « le Roi, Amir al mouminine, assure le respect de l'Islam « qu' » il préside le Conseil supérieur des oulémas » et qu'il « exerce par dahirs les prérogatives religieuses inhérentes à l'institution d'Imarat al mouminine... « . Cet enchevêtrement du religieux avec le politique ne dérange guère l'État marocain : c'est le fait que son monopole – ou plutôt celui du Roi - soit rompu si chaque candidat ou parti pouvait également se

[1581] Propos du Professeur Hassan Jamai, aujoud'hui le Maroc 2013

réclamer de l'islam. Cette volonté de monopole est clairement exprimée dans la Constitution : l'article 41 précise ainsi les prérogatives que cette disposition lui attribue « lui sont attribuées de manière exclusive » et que seul le Conseil supérieur des oulémas qu'il préside peut valablement émettre des fatwas (cette institution semble d'ailleurs ne pas pouvoir s'autosaisir ou être saisie par une autre autorité que le Roi lui-même)[1582].

Bien évidemment, la communication électorale d'un candidat aux élections en France demeure soumise au droit commun en matière de diffamation ou d'injures publiques, d'incitation à la haine raciale ou encore en cas d'appel à la violence.

Dans le cadre de cette décision, le juge est resté ferme aux exigences démocratiques quand il a considéré que « .... *le tract électoral utilisé, par la personne dont l'élection est contestée, pendant la campagne électorale représente une photo prise par cette personne selon sa préférence, un minaret d'une mosquée avec à ses côtés l'emblème de sa liste électorale suivi de sa photo personnelle et de celles des autres candidats de cette liste électorale, que ce tract implique l'utilisation partielle des lieux de culte ; que ce comportement qui a entaché la campagne électorale est contraire à la loi, qu'il* ***échet*** *de déclarer, en conséquence, l'annulation de l'élection* ».

Peut-on alors qualifier cette décision de fondatrice voire de spectaculaire en matière de consolidation de la démocratie et dans laquelle la haute juridiction a été fortement attachée au corset des textes qui régissent sa compétence. Néanmoins, aux yeux de la doctrine et de la classe partisane (PJD), la sanction d'une simple publication d'une photo de candidats comportant un minaret en arrière-plan par le juge constitutionnel est une affaire qui a fait couler beaucoup d'encre !

2. 2e cas : Affichage de tracts électoraux en dehors des emplacements qui leur ont été réservés

Le Conseil constitutionnel marocain a pointé du doigt des pratiques susceptibles d'influencer le résultat des élections, comme l'accrochage des banderoles électorales à l'extérieur des endroits qui leur sont réservés[1583]. Ainsi, le simple affichage de tracts électoraux en dehors des emplacements qui leur ont été réservés serait qualifié par de violation du principe d'équité et d'égalité des chances des candidats.

---

[1582] Ibid

[1583] Décision du CC marocain n° 878/2012. Le Conseil déclare l'annulation du scrutin lorsqu'il a été prouvé que le candidat dont l'élection est contestée a procédé durant la période de la campagne électorale et au jour du scrutin à l'accrochage de 15 banderoles électorales dans des sites répartis sur l'ensemble du territoire de la circonscription électorale à l'extérieur des endroits qui leur sont réservés par l'autorité administrative locale constitue une violation explicite aux dispositions des articles 32 et 33 de la loi organique relative à la chambre des représentants.

Si la loi électorale réglemente l'affichage en fixant son nombre, sa taille, sa couleur, son emplacement, sa date d'entrée en vigueur et prévoit une gradation de sanctions aggravées lorsque le commettant est un agent de l'État. Les recours dénoncent l'irrégularité de l'affichage qui s'est déroulé hors des panneaux officiels et souvent même, à côté des bureaux de vote. Pour les requérants, il s'agit souvent d'une manœuvre servant à faire croire que le candidat contesté est le seul candidat en compétition.

On dénombre plusieurs cas dans lesquels la juridiction constitutionnelle a répondu par l'irrecevabilité, l'affichage irrégulier n'a pas été prouvé[1584]. En France notamment, les moyens tirés d'un affichage irrégulier dans la plupart des cas, ne sont pas retenus comme susceptibles d'annuler l'élection. Même si l'affichage hors des emplacements assignés au candidat est avéré, le Conseil constitutionnel français justifie alors que l'irrégularité est sans influence sur les résultats du scrutin[1585], ou que ces irrégularités sont généralement considérées par le Conseil comme de simples négligences[1586] " dès lors qu'elles ont été supportées également par tous les candidats et qu'il ne peut leur être attribué d'influence sur le résultat de vote"[1587]. Ainsi, en matière d'affichage, le Conseil Constitutionnel marocain gagnerait à emprunter cette résolution de son homologue français dans la mesure où il n'y a pas d'influence significative sur les résultats du scrutin.

S'agit-il d'une bévue manifeste de la part du juge en adoptant une attitude plus libre vis-à-vis de l'acte d'annulation, et in fine expéditive, dans le rendu de ses décisions. Il est vrai que certaines décisions étonnent et peuvent apparaître comme sévères, non pas parce que l'élection en cause est forcément transparente, mais du fait que la rédaction des considérants, de par leur faiblesse, entoure l'annulation de suspicion. D'autant plus qu'à cette sévérité – certes isolée – tranche un laxisme opposé à une quantité appréciable de requêtes fondées sur des moyens similaires.

Peut-on expliquer qu'une telle prise de position versatile, par endroit, du Conseil constitutionnel, est liée à un changement circonstanciel inhérent à l'adoption de la nouvelle constitution et qui va dans le sens de la moralisation du processus électoral. Ainsi, les sanctions ont été aggravées lorsqu'il s'agit d'infraction électorale, de l'utilisation des moyens de l'État ou des collectivités locales à des fins de campagne électorale ou s'il y a tentative d'achat des voix. Les instruments répressifs vont du cumul des peines et emprisonnement au doublement des peines et emprisonnement en passant par l'inéligibilité étendue à deux mandats successifs. Le même traitement est réservé aux complices et intermédiaires. Ces dispositions ont ainsi modifié le contentieux classique en matière d'affichage et semblent

---

[1584]Décision du CC marocain n° 49/94 du 25.2.94 ; ; CC décision n° 56/95 du 31.1.95

[1585] J.P CAMBY Le Conseil constitutionnel, juge électoral. Op. cit p 97.

[1586] CC français n° 73-581 DU 12 AVRIL 1973, AN Morbihan.

[1587] CC français, 73-581, 12 avril, 1973, Morbihan, 1er p 16

avoir dissuadé les candidats de pratiquer un affichage ''clandestin'' massif. Le contrôle du juge de l'élection, souvent souple sur ces questions, peut aussi se raffermir en sanctionnant tout manquement à la loi électorale. Dans ce cas de figure, l'appréciation d'une telle infraction et de son impact sur la capacité de discernement de l'électorat est sans doute surévaluée par le Conseil.

3. 3e cas : Le Conseil et l'usage des emblèmes nationaux- Apparition fracassante au sein d'un siège officiel via le net :

S'agissant des requêtes électorales qui contenaient notamment des griefs ayant trait à l'existence de problèmes particuliers posés par les règles relatives à la campagne électorale. Le Conseil constitutionnel marocain relève toutefois, dans une affaire objet de la décision n° 946/2014, le fait que l'usage des emblèmes nationaux avec une apparition fracassante au sein d'un siège officiel via le net s'étend à tous les moyens de communication utilisés pendant la campagne électorale, étant donné qu'elles contredisent les principes et les objectifs prévus par la Constitution... bien que le législateur n'ait pas régularisé les conditions d'utilisation de l'internet pendant les campagnes électorales, les matières et programmes diffusés à travers ce moyen de communication, obéissent aux mêmes principes généraux régissant cet aspect... se basant sur ce fait, il échet de déclarer, en conséquence, l'annulation de l'élection contestée de ladite personne ».

En France, le Conseil constitutionnel français adopte une posture aux antipodes de celle de son homologue marocain en prenant en compte les irrégularités pouvant résulter de l'envoi de documents par internet[1588]. De même, il admet que dans des sites internet, l'usurpation d'identité d'un candidat peut constituer une manœuvre outrepassant les limites de la polémique électorale[1589]. Toutefois, pour les prendre en compte dans l'explication de l'écart des voix, le Conseil doit disposer d'éléments produits par le requérant relatif à l'ampleur de la diffusion, ou à l'importance de l'audience du site.

Des griefs relatifs au « blog » d'une personne candidate aux élections législatives et de liens vers ce blog sur des sites officiels (du conseil général du département ou de l'Assemblée nationale) ont également été soulevés. Le Conseil constitutionnel, adoptant une approche pragmatique, a considéré que de tels liens ne pouvaient être considérés, « en l'absence de tout élément faisant la promotion du candidat », comme un concours prohibé par l'article

---

[1588] Décision n° 2012-4589 AN, 7 décembre 2012, Meurthe-et-Moselle (5e circ.) pour des envois tardifs de document, au-delà de la veille du scrutin à zéro heure. Décision n° 2012-4599 AN, 4 octobre 2012, Vaucluse (5e circ.) pour un message susceptible de discréditer le candidat dans l'esprit des électeurs.
[1589] Décision n° 2012-4630 AN, 7 décembre 2012, Seine-Saint-Denis (5e circ.)

L. 52-8 du code électoral[1590]. Il en va de même pour la publication d'une lettre du candidat au président d'une association sur le site internet de cette association[1591]. De même, les éléments d'information figurant sur le site internet du candidat élu ne peuvent être regardés comme une campagne de promotion publicitaire[1592].

Ainsi, l'usage d'internet pose de nouveaux défis et nécessite une adaptation de la législation pour prendre en compte cette nouvelle donne technologique et les usages qui peuvent en être faits.

Sur un autre registre, dans sa décision n° 919/2013, le Conseil constitutionnel marocain est resté ferme par rapport à l'usage de l'hymne national lors d'un rassemblement pendant la campagne électorale. Il considère que… le fait d'utiliser l'hymne national est considéré comme une violation à la disposition d'une loi fondamentale visant à interdire cette pratique à des fins de propagande électorale, qu'il échet de déclarer, en conséquence, l'annulation de l'élection contestée de ladite personne.

4. 4e cas : Un juge électoral adoptant une posture légaliste et protectrice de la loyauté du scrutin

C'est sans aucun doute dans la campagne électorale que le principe de loyauté prend tout son sens. Ici, il faut faire en sorte que les candidats respectent un certain nombre de règles d'honneur et n'utilisent pas les moyens déloyaux comme la diffamation, l'insulte que ce soit par voie de presse ou sur les affichages de propagande.

Le juge attend des candidats et plus largement de tous les participants au processus électoral qu'ils se comportent loyalement, c'est-à-dire correctement, tout en gardant des limites que la polémique électorale ne doit pas dépasser. La loyauté apparaît alors comme l'une des règles cardinales qui doivent encadrer la propagande électorale.

Aussi bien sont réprouvés les excès de langage non seulement lorsqu'ils ont donné lieu à une condamnation pénale, mais encore les propos injurieux, diffamatoires et même les allégations mettant en cause la moralité et l'honnêteté des candidats. C'est sur le contenu des tracts que la jurisprudence du Conseil constitutionnel est sur ce point, la plus nombreuse. Les moyens les plus utilisés sont de nature très différente : il peut ainsi s'agir de tracts qui ont vocation à diffuser les fausses informations à caractère politique destinées à tromper l'électeur[1593] : fausses déclarations de soutien, fausses déclarations du candidat… sont malheureusement des techniques utilisées en période électorale et dont le caractère déloyal ne fait pas de doute.

---

[1590] Décision n° 20 124 647 AN, 14 décembre 2012, Sarthe (5e circ.)
[1591] Décision n° 2012-4616 AN, 29 novembre 2012, Seine-Saint-Denis (8e circ.).
[1592] Décision n° 2012-4639 AN, 20 novembre 2012, Alpes-Maritimes (2e circ.)
[1593] Décision du CC marocain n° 888-2012 rendue le 29 septembre 2012

Dans le même registre, le conseil, dans sa décision n° 920/2013, annule l'élection, lorsqu'il dispose de preuves probantes (CD) prouvant la participation d'une délégation étrangère à la campagne électorale de la partie dont l'élection est contestée, sans que ce fait soit réfuté par cette dernière. La haute instance adoptant une posture légaliste ferme juge cette pratique contradictoire aux principes et aux dispositions constitutionnelles, et susceptible d'influencer la libre expression de la volonté et du choix des électeurs.

De la même manière, dans sa décision n° 888-2012 rendue le 29 septembre 2012, le Conseil constitutionnel considère que la communication de fausses informations sur les aptitudes scientifiques et professionnelles d'un candidat constitue une manœuvre frauduleuse tendant à induire en erreur les électeurs et qui est incompatible avec le principe de la liberté, de la loyauté du scrutin appelant ainsi à l'annulation de l'élection de l'intéressé en tant que membre de la Chambre des représentants.

Cette décision démontre clairement que le juge constitutionnel adopte une attitude légaliste, parfois sévère, en application stricte des dispositions de la nouvelle constitution notamment en se référant à l'alinéa 1er de l'article 11 qui stipule que « les élections libres, sincères et transparentes constituent le fondement de la légitimité de la représentation démocratique » et à l'article 89 de la loi organique relative à la Chambre des représentants qui énonce que la nullité partielle ou absolue de l'élection peut être prononcée lorsque le scrutin n'a pas été libre ou s'il a été vicié par des manœuvres frauduleuses.

La haute juridiction énonce que ces agissements conduits par le candidat élu sont incompatibles avec les principes d'honnêteté et la loyauté du scrutin et ont été de nature à porter atteinte à la liberté des électeurs[1594]. Cette jurisprudence nous semble être novatrice puisqu'elle évoque un principe général nouveau non consacré par la constitution. L'énonciation du principe de la loyauté peut aussi s'expliquer par la volonté du juge de clarifier les fondements de ses décisions. Si ce principe se trouve rattaché à celui de la liberté, il aurait pu directement s'y référer sans donner plus de détails. Il exprime un nouveau pan du contrôle qu'il réalise sur le fondement du principe de liberté.

Dans ce cas d'espèce, on peut relever que le Conseil s'est imposé à la fois comme un strict applicateur de la loi (juge de la légalité des élections) et juge de la moralité des électeurs. La sincérité du scrutin était également pour lui une préoccupation cumulable avec les autres et souvent fondamentale. Le juge a emprunté un mode de raisonnement où la violation de la loi électorale et l'atteinte à la liberté du scrutin constituent les moyens de sa décision. Cependant, ne doit-on pas conclure que le Conseil dans ce cas d'espèce

[1594] Voir également la décision du CC marocain n° 874/2012 du 06/09/2012

statue librement et souhaite-t-il influencer la nouvelle Cour Constitutionnelle en lui laissant une marque moralisatrice ?

5. 5e cas : Un juge électoral bannissant l'utilisation de termes à connotation régionaliste ou ségrégationniste lors de la campagne électorale :

Le Conseil constitutionnel a rendu, le 28 avril 2016, une décision portant invalidation de l'élection d'un membre parlementaire de la chambre des conseillers, et ce à cause de son utilisation de termes à connotation régionaliste et ségrégationniste, durant sa campagne électorale.

Le Conseil constitutionnel a jugé ce comportement anticonstitutionnel enfreint les dispositions de la constitution qui proclame dans son préambule que le Royaume du Maroc « entend préserver son unité nationale et son intégrité territoriale dans sa plénitude et sa diversité, son identité nationale une et indivisible. Son unité, forgée par la convergence de ses composantes arabo-islamique, amazighe et saharo-hassanie » et bannir toute forme de discrimination ; qu'il a enfreint aussi les dispositions de l'article premier de la constitution où l'unité nationale aux affluents multiples est mise en avant[1595].

6. 6e cas : Le Conseil constitutionnel et le respect du principe de la dignité du scrutin

Un autre principe « pilier » dans la jurisprudence du Conseil constitutionnel marocain de 2011 est le principe de la dignité du scrutin. Concept habituellement attaché à la personne humaine, ce principe n'est explicitement prévu par aucun texte, mais il est consubstantiel au bon fonctionnement de la démocratie. Aussi le Conseil constitutionnel s'est-il fondé sur une atteinte à la " dignité du scrutin et à l'honneur du candidat" pour annuler les résultats du scrutin.

Il s'agit en l'occurrence de la décision 934/2014 rendue le 18 février 2014 à l'occasion du scrutin partiel qui s'est déroulé le 3 octobre 2013 dans la circonscription électorale de « Moulay Yacoub » (province de Moulay Yacoub), à l'issue duquel a été élu Monsieur Lahcen Chehbi membre de la Chambre des représentants.

Cette décision peut être qualifiée de prouesse. Elle constitue l'une des décisions phares où le conseil fait face à la médiocrité du contenu du discours politique. Le requérant (PJD[1596]) a obtenu l'annulation de l'élection de l'élu Istiqlalien à Moulay Yaacoub dans le cadre de l'élection partielle qui a eu lieu le 03 octobre 2013. Le plaignant avance plusieurs griefs parmi lesquels figurent des actes qui portent atteinte à sa réputation et à celle du

[1595] Décision du CC. n° 996/2016c.c).
[1596] Parti de la justice et du développement

secrétaire générale du parti au nom duquel il se présente. Le vocabulaire utilisé notamment durant le meeting de ladite Circonscription incitait à la haine.

En guise de preuve, le plaignant a présenté à la haute juridiction, un CD-ROM retraçant la campagne électorale de l'élu dont l'élection est contestée et qui pour sa part n'a pas réfuté la véracité de l'enregistrement.

En visionnant le CD, le Conseil constitutionnel a relevé la diffamation, les invectives et propos avilissants contenus dans le discours tenu par Hassan Chehbi à l'encontre de Mohamed Youssef et Abdelilah Benkirane. A été prise en considération également, l'insolence des slogans clamés par l'assemblée présente. Des slogans répétitifs et déplacés sans qu'aucun membre du parti organisateur du meeting n'ait eu la sagesse d'endiguer cette violence verbale qualifiée par le Conseil de scandaleuse et inadmissible.

Pour les sages, l'esprit de concurrence, propres aux périodes électorales ne doit en rien outrager les règles de respect et de dignité. Il en va des principes de la liberté d'expression et de la critique autorisée durant la campagne.

Par ailleurs, le Conseil relève l'aspect négatif de ce genre d'exercice et considère que le langage irrévérencieux et les insinuations à connotation péjorative sont à bannir de la scène politique. Il décide alors de mettre un terme aux incartades de nos politiciens.

Ces écarts de conduite, aux yeux du Conseil, peuvent compromettre l'encadrement politique des citoyens et leur participation à la vie politique. Une mission pourtant attribuée par la Constitution aux partis politiques. L'article 7 de la loi suprême et l'article 118 de la loi 57-11 relatifs aux listes électorales générales proscrivent l'atteinte à la dignité humaine et à la vie privée ainsi que la mise en danger délibérée de la personne d'autrui durant les programmes des campagnes électorales. Le Conseil rappelle, par cette décision, que les règles en vigueur en matière d'utilisation des médias publics restent de mise au niveau des meetings politiques.

7. 7e cas : Un juge constitutionnel protecteur de la déontologie électorale

Connu sous le nom de transhumance ou de nomadisme politique qui désigne le changement d'appartenance politique des militants ou leaders de partis.[1597] C'est le cas des députés, élus avec accréditation partisane, qui migrent sciemment d'un parti politique ou de sa formation parlementaire pour regagner un autre parti au cours d'un mandat législatif.

Plus récemment encore, le Conseil a fait preuve d'activisme et de créativité en déclarant conforme à la constitution l'article 26 de la loi

[1597] Omar Diop « Partis politiques et processus de transition démocratique en Afrique noire : recherches sur les enjeux juridiques et sociologiques du multipartisme dans quelques pays de l'espace francophone ». Editions Publibook, 2006.

organique relative à la Chambre des conseillers interdisant la candidature à la chambre des conseillers de toute personne modifiant l'appartenance politique ou syndicale par laquelle elle a été élue au Conseil de la collectivité territoriale ou à la Chambre professionnelle[1598]. Dans un esprit de moralisation de la vie politique, le juge constitutionnel s'est fondé sur le principe de loyauté politique et syndicale.

Or l'on sait que l'article 61 de la Constitution[1599] n'a institué la procédure de la déchéance qu'à l'encontre du membre de l'une des deux chambres qui a renoncé à l'appartenance politique sous la bannière de laquelle il s'est porté candidat aux élections ou au groupe ou groupement parlementaire auquel il appartient.

Cependant, il existe bel et bien des principes qui dépassent les textes juridiques et viennent réguler la vie politique : Les valeurs éthiques. Elles engagent le parlementaire vis-à-vis de son parti et de ses électeurs à la fois. C'est ce que la nouvelle constitution a voulu consacrer à travers son article 61 interdisant la pratique du nomadisme entre les partis politiques et leurs groupes parlementaires.

D'autant que le parlementaire transhumant change de tendance politique sans préavis tenant compte de l'opinion de ses électeurs, ceux-ci se sentent « trahis ». Ils remarquent que leurs votes n'étaient pour le candidat qu'un simple tremplin vers le pouvoir, plutôt qu'un motif du militantisme politique.

Cette « trahison » va à l'encontre du contrat moral engageant l'élu envers l'électeur. Il s'agit d'une sorte d'« infidélité » claire si l'on rappelle le principe du processus de vote. Ce dernier incarne une promesse explicite de la part du candidat, de concrétiser le plan sur lequel il s'est mis d'accord avec les électeurs. Une promesse qui n'est plus en mesure, ou presque, d'être tenue suite à un cas de nomadisme.

En outre, les votes expriment la volonté de la nation. Cependant, quand ils sont déplacés, via la transhumance politique, en faveur d'autres partis, ils ne reflètent plus la volonté des citoyens issue initialement des urnes, ce qui va à l'encontre des valeurs et principes de la démocratie tels qu'ils sont universellement reconnus.

Le respect d'un contrat moral conclu dans une campagne électorale est une des règles reconnues comme contraignantes. C'est ce que l'on appelle la « déontologie » en référence à ce qui concerne la partie de l'éthique qui

[1598] Décision du CC marocain n° 845-12 du 12 avril 2012

[1599] « Tout membre de l'une des deux Chambres qui renonce à son appartenance politique au nom de laquelle il s'est porté candidat aux élections ou le groupe ou groupement parlementaire auquel il appartient, est déchu de son mandat. La cour constitutionnelle, saisie par le président de la chambre concernée, déclare la vacance du siège et ce, conformément aux dispositions du règlement intérieur de la chambre concernée, qui fixe également les délais de la procédure de saisine de la cour constitutionnelle »

recouvre la morale professionnelle. C'est-à-dire un ensemble de principes qui régissent les comportements au sein même du métier que l'on exerce.[1600]

Dans une décision récente rendue le 27 avril 2016[1601], le Conseil constitutionnel marocain a prononcé l'annulation de l'élection de Mohamed Daidaa suite à l'élection des Chambres professionnelles le 2 octobre 2015. Le Conseil justifie sa décision par le changement d'affiliation syndical opéré par le désormais ex-conseiller, juste avant les élections. Une décision prise en vertu de l'article 26 de la loi organique relative à la Chambre des conseillers, disposant que la candidature d'une personne qui change son appartenance syndicale alors qu'elle était élue sous une autre étiquette pour les Chambres professionnelles ne peut être acceptée.

Le Conseil constitutionnel a fait preuve de création en introduisant « une sorte d'exigence éthique dans le jeu politique » en invitant par extrapolation, le législateur organique à étendre la même interdiction aux élus locaux.

8. 8e cas : Une attitude intransigeante du Conseil en matière d'éligibilité et de désistement du requérant

Force est de constater que le contrôle de l'inéligibilité met le juge électoral dans une situation délicate dans la mesure où il doit concilier la protection d'un droit fondamental - un droit civique - avec celle de l'institution parlementaire étant entendu qu'une personne inéligible ne doit pas siéger au Parlement.

Ainsi, le Conseil s'est montré constamment intransigeant en matière d'éligibilité, considérée comme partie intégrante de l'ordre public et donc peut être soulevée d'office en tout état de la procédure tant qu'elle constitue une condition de fond pour la candidature à l'élection[1602]. Dans la même logique, le juge ne considère que la perte d'éligibilité, à n'importe quel moment, conduit inéluctablement, selon le cas, à l'interdiction de candidature ou à la nullité de l'élection. En ce sens, le caractère définitif d'un jugement entraîne l'inéligibilité et, corrélativement l'annulation de

[1600] Louis, Porcher, Martine, Abdallah-Pretceille, « Éthique de la diversité et éducation ». Edition P.U.F, Paris 1998.

[1601] « Mohamed Daidaa a été élu lors du scrutin du 3 juin 2015 relatif à l'élection des représentants des professionnels dans les commissions administratives, sous l'étiquette Syndicat national démocratique des finances qui est affilié à la Fédération démocratique du travail (FDT), et a été élu le 2 octobre 2015 membre à la Chambre des conseillers sous l'étiquette Syndicat national démocratique », détaille la décision du Conseil constitutionnel qui précise que « ce syndicat n'a pas participé lors des élections du 3 juin 2015 et n'est pas affilié à la Fédération démocratique du travail (FDT). »

[1602] Voir dans ce sens la décision du CC marocain n° s 762-2009 du 02 juin 2009

l'élection d'un candidat qui en est concerné[1603], tout comme, le changement de l'appartenance politique[1604] ou la porte d'arme[1605].

Une autre marque que l'on peut qualifier de revirement jurisprudentiel concerne le désistement du requérant. Le juge constitutionnel avait constamment considéré que le désistement d'un requérant en matière de contentieux électoral devait avoir pour effet de le dessaisir de l'affaire qui lui est soumise. Autrement dit, le juge constitutionnel accepte systématiquement de mettre fin à l'examen de la requête si le demandeur de l'annulation d'une élection renonce clairement à sa demande[1606].

Cette position dans le contentieux électoral est très critiquée, elle a même été accusée de permissivité, puisqu'elle permettrait de valider d'éventuels arrangements et de transaction entre le candidat élu et ses adversaires.

Dans la situation qui prévalait, il suffit donc, aux yeux du juge constitutionnel, que le désistement soit clair et sans équivoque pour qu'il soit accepté, ce qui aura pour conséquence l'abandon de la procédure et donc le risque, de passer à côté d'irrégularités certaines et nécessitant une invalidation.

Avec la révision constitutionnelle de 2011 et à la faveur des articles 2 et 11 de la constitution précisant respectivement que la Nation choisit ses représentants au sein d'institutions élues par voie de suffrages libres, sincères et réguliers et que les élections, sincères et transparentes constituent le fondement de la légitimité de la représentation démocratique, cette attitude a été finalement abandonnée.

En effet, la question du désistement est apparue ambiguë et suspecte aux yeux du juge constitutionnel, qui continue désormais malgré la demande du désistement à examiner la requête. Il considère désormais qu'il peut prendre acte de la demande de désistement tant que la requête ne porte pas sur la condition de capacité qui est d'ordre public ou qu'elle ne contient pas des pièces ou des preuves attestant de faits de nature à porter atteinte à la liberté, la sincérité et la transparence des élections[1607].

Sur un autre registre, le Conseil se prononce contre le fait du désistement d'une femme élue à la Chambre des Conseillers. C'est ainsi qu'en cas de désistement de femmes élues à la chambre des conseillers conformément aux articles 19 et 30 de la Constitution, le Conseil prévoit que leurs sièges vacants sont acquis à la gent féminine et qu'ils ne soient en aucun cas réaffectés à des candidats de sexe masculin. En application de cette disposition de la Constitution, le siège laissé vacant par la conseillère femme reviendra à la première candidate inscrite sur la liste au nom de laquelle s'est

---

[1603] Décision du CC marocain n° 908/12. Voir également la décision du CC marocain n° 813/2011

[1604] Décision du CC marocain n° 867/12

[1605] Décision du CC marocain n° 896/12

[1606] Exemple des décisions 171 et 172-98 du 3 février 1998

[1607] CC Décision n° 845-12

présentée cette dernière[1608]. Une telle position mériterait d'être qualifiée de prouesse dans le domaine de la parité des sexes montre la rigueur du juge et sa fermeté pour faire face aux éventuels arrangements et de transaction qui pourraient surgir entre le candidat élu et les autres partisans de la même liste.

De ce fait, on peut dire que le désistement n'est alors plus une simple affaire du demandeur comme en matière civile, mais il est assujetti à l'appréciation du Conseil constitutionnel chargé de contrôler la régularité des élections. La règle est que tant que le juge n'est pas saisi, il n'est pas censé savoir qu'il y'a irrégularité, mais dès lors qu'il l'est, il doit aller jusqu'au bout de son contrôle pour s'assurer de la véracité des faits. Une fois enclenché, le mécanisme de vérification ne s'arrêtera qu'au terme de l'étude du dossier dans son ensemble et non point par la simple volonté du requérant.

Au terme de cette vue d'ensemble de quelques décisions phares de la jurisprudence constitutionnelle électorale, on se rend compte de l'utilité de l'étude de la jurisprudence du Conseil constitutionnel et de la pertinence de ses décisions rendues à l'occasion des élections législatives de 2011. Quoique prêtant le flanc à certains reproches - léthargie, lenteur, « mimétisme » et relents de conservatisme dans sa jurisprudence[1609]- la justice constitutionnelle au Maroc évolue résolument eu égard au progrès vertigineux qu'elle connaît au niveau international. Sans nul doute, le Conseil ne fait qu'amorcer ses premières percées avant de se transformer bientôt en Cour constitutionnelle, mais nul ne saurait nier que dans sa production beaucoup de décisions méritent d'être qualifiées celles de principe notamment celles inhérentes à la protection des droits et libertés fondamentaux du citoyen. Cependant, il est hâtif de porter une appréciation critique sur ces décisions qui demeurent encore à l'état « embryonnaire ». Elles mériteraient d'être constamment enrichies par des commentaires doctrinaux à même d'apporter leur pierre à l'édifice démocratique.

En somme, la haute autorité juridictionnelle est actuellement acculée à relever plusieurs défis. Elle ne doit se cantonner dans son rôle classique de régulation des pouvoirs en place, de veille à la sincérité du scrutin et à la moralisation du champ électoral. Elle est appelée à s'affranchir du légicentrisme[1610], à accompagner la jeune démocratie marocaine dans son

---

[1608] CC Décision n° 984/2016

[1609] El Rhazi Sebhallah : « Etudes politiques & constitutionnelles » - Collection Droit, Politique et Histoire, Tome I, Rabat, 2013, 264 pages

[1610] Par ailleurs, la critique la plus virulente, dans ce sillage, est celle qui fait de la juridiction constitutionnelle depuis sa création une simple machine destinée à rationnaliser les pouvoirs du Parlement et à conforter en contrepartie le gouvernement dans ses prérogatives. De surcroit, cette haute juridiction semble être, selon beaucoup d'observateurs, allergique à ce que le Parlement développe des us et coutumes parlementaires nécessaires à sa fonction naturelle de contrôle. Voir à ce sujet l'article du professeur El Rhazi Sebhallah « Y-a-il un droit parlementaire marocain ? » in « L'institution parlementaire au Maroc », REMALD, Thèmes actuels n°23,2000,pp.169-179.

processus de mutation et de maturation et à contribuer à l'édification de l'État de droit. C'est dans cet esprit d'innovation dynamique qu'elle doit s'ériger en tant qu'institution forte et agissante en changeant son mode de fonctionnement et de gestion, ses méthodes d'interprétation et en faisant preuve de plus d'audace et de témérité. Car, en fin de compte, il ne s'agit pas seulement de concrétiser la Constitution, mais de l'interpréter[1611]. La nouvelle Cour constitutionnelle instituée par la Constitution de 2011 aura-t-elle l'audace de changer une telle « orthodoxie jurisprudentielle » ? Il est très tôt pour y répondre.

## § 4. Vers une administration managériale de la Cour constitutionnelle

L'amélioration des façons de faire de la Cour constitutionnelle reste tributaire de l'adoption de certains aspects considérés comme fondamentaux dans la performance des organisations à savoir une conception renouvelée de la gestion des ressources humaines assortie d'une approche proactive dans la conduite du changement.

### A. Restructuration et conception renouvelée de la gestion des ressources humaines

L'environnement des administrations connaît des mutations et changements importants qui se présentent en évolutions économiques, innovations technologiques, changements politiques et transformations socioculturelles. Cet environnement changeant influe sur d'autres évolutions : évolutions des attentes et des besoins des citoyens, nouveaux outils de travail, nouvelles missions à accomplir... etc. L'interaction de ses différents facteurs d'évolution précipite des évolutions organisationnelles du travail. Ceci se répercute, in fine, sur la configuration des besoins en emplois.

L'un des enjeux majeurs pour la Cour constitutionnelle, aujourd'hui consiste à mobiliser et dynamiser les ressources humaines dont elle dispose pour la réalisation des programmes ambitieux planifiés. Les mécanismes de réajustement, de dynamisation et d'enrichissement sont nombreux et variés,

---

[1611] La Cour constitutionnelle, bientôt mise en place, affrontera, en application des dispositions avancées de la nouvelle Constitution en matière des droits de l'Homme, de nouveaux défis concernant des problématiques liées notamment à la spécificité et l'Universalité des droits de l'Homme, à la hiérarchie entre les conventions internationales et les lois nationales, au contenu et portée à donner à certains nouveaux principes et droits introduits par la nouvelle Constitution... Mais dans tout cela la Constitution, comme l'a bien affirmé SM Le Roi Mohamed VI, ne peut être interprétée que démocratiquement.

et s'étendent notamment de la motivation, à la valorisation, à la sensibilisation, à la formation du personnel dans les domaines juridiques[1612], à la veille juridique[1613] informationnelle afin de collecter, analyser, traiter et diffuser l'information sur l'environnement (législation, jurisprudence et son évolution dans les systèmes comparés, commentaires des décisions, refonte de la revue, tableau de bord et indicateurs statistiques par domaine de contrôle…) pour accompagner de façon permanente les membres de la Cour constitutionnelle. D'où la nécessité impérieuse de mettre en place une politique de Gestion prévisionnelle des Emplois et des Compétences (GEPEC) qui permet d'une part d'analyser la situation en matière de GRH au niveau de la Cour (analyse des effectifs, analyse des processus RH, élaboration d'une typologie des métiers..) et assurer d'autre part, une meilleure anticipation de l'adaptation des compétences aux emplois.

Par ailleurs, et en plus de la gestion des carrières, ce projet novateur permet de mettre à la disposition des managers stratèges (président, secrétaire général) un référentiel pour la réorganisation et la restructuration des différents services. L'amélioration de la gestion des ressources humaines passe par une meilleure adéquation des binômes « Métiers/Compétences » et « Postes/Métiers ».

La juridiction constitutionnelle est aussi une administration qui doit intérioriser **l'esprit managérial** (New public management) basé sur la culture du résultat et dans laquelle le Secrétaire général, à l'instar des autres juridictions constitutionnelles modernes, doit non seulement diriger ses services, mais surtout prendre les mesures nécessaires à la préparation et à l'organisation des travaux de la Cour ; il doit être la mémoire vivante de la Cour aussi bien au niveau de la programmation, du pilotage stratégique des activités que dans leur implémentation. Il s'agit à ce propos d'une nouvelle forme de réingénierie de la décision qui oblige à inventer des approches managériales innovantes qui favorisent à la fois la performance de l'organisation, l'innovation participative, et l'engagement des collaborateurs.

**La création d'un service juridique** s'impose inéluctablement. À l'instar des Cours constitutionnelles modernes, ce service doit être étoffé de compétences juridiques afin de jouer un grand rôle dans le processus de préparation de la décision. Toutefois, le renforcement des capacités de ce service en moyens humain et logistique s'impose afin de donner plus d'élan à l'activité juridique de la Cour aussi bien dans l'assistance des membres de la Cour (préparation en temps réel d'une jurisprudence pertinente et benchemark avec le droit comparé, analyse des textes de loi, études,

[1612] La saisine citoyenne connue son le nom de l'exception d'inconstitutionnalité exige le recrutement de nouvelles compétences dans des domaines variés pour répondre à des enjeux multiples en matière de l'environnement, de l'urbanisme, du droit administratif, du droit foncier, du droit international…)

[1613] La veille juridique est une veille spécialisée dans le domaine du droit. Elle intègre naturellement la veille législative et/ou règlementaire.

restitutions statistiques et données objectives, suivi des étapes successives franchies par un projet ou une proposition de loi depuis son dépôt sur le bureau de l'une ou de l'autre chambre, jusqu'à son adoption définitive....) que dans le travail inhérent à l'enregistrement des requêtes et saisines ainsi que des actes de procédure nécessaires à leur traitement.

### B. Proactivité et gestion du changement : La Cour Constitutionnelle au vent des nouvelles tendances managériales

La culture de l'anticipation dans une organisation constitue une composante essentielle de toute approche stratégique et le meilleur garant de sa pérennité. Depuis le milieu du XX^e^ siècle, notre monde connaît une constante accélération des rythmes politiques, économiques, sociaux, écologiques et juridiques, qui place plus que jamais la capacité à anticiper au cœur du système.

La technologie, la mondialisation, la globalisation des échanges, l'internationalisation du droit contribuent aux mutations rapides qui caractérisent la société d'aujourd'hui. Les organisations les plus performantes sont celles qui sont capables d'anticiper les modifications et de mitiger les risques avec efficacité, en préparant de manière proactive des plans de réponse et de contingence.

Les services de la Cour constitutionnelle sont appelés à évoluer d'une manière coordonnée entre eux. Ils fonctionnent sous la houlette du Secrétaire général qui veille à cette coordination dans un esprit d'anticipation[1614]. Des moyens nouveaux permettent de répondre en temps réel à ces exigences. Cette nouvelle culture relève du simple réalisme. Elle permet à la Cour de statuer sur des saisines de plus en plus nombreuses et de s'y prononcer parfois bien avant l'expiration des délais constitutionnels.

Pour le contrôle des élections nationales, des outils informatiques spécifiques sont à créer. Ils permettent de contrôler les différentes phases de l'élection (présentations ; décompte des voix ; financement) et de gérer d'une façon presque automatisée un « bureau d'ordre » placé sous l'autorité d'un greffier : partie contradictoire du contentieux ; envoi des pièces ;; tableau de bord ; enrôlement des affaires ; statistiques…

Le service de la documentation de la Cour est d'une importance capitale. Il est appelé, plus que jamais, à fournir une aide logistique irremplaçable et hautement professionnelle pour « documenter » la démarche du rapporteur : mise à disposition d'articles, résumés ou d'extraits d'ouvrages pertinents, recherche des textes et de la jurisprudence, revue de doctrine, mais aussi élaboration de « dossiers documentaires » devenus depuis quelques années partie intégrante du processus de prise de décision.

---

[1614] B. Genevois in « Le Conseil constitutionnel a 40 ans », LGDJ et Conseil constitutionnel, 1999, p. 48.

Le service juridique de la Cour, quant à lui, doit contribuer activement dans le processus de préparation de la décision. Il est appelé à apporter son assistance juridique aux membres de la Cour et à son Secrétaire général en leur fournissant des notes d'informations destinées à éclairer l'opinion du juge sur des questions de droit ou sur la position de la doctrine sur une question donnée.

# CONCLUSION DU CHAPITRE 2

L'activité du juge constitutionnel en matière de contentieux électoral est une source intarissable de décisions émises par l'institution. Le Conseil constitutionnel a eu à faire face à un contentieux « numériquement » abondant, juridiquement difficile et politiquement sensible. Entre 1994 et 2011, le Conseil Constitutionnel marocain a rendu 1000 décisions, dont 729 relatives au contentieux électoral soit 73 % du nombre total. Ce constat étaye l'idée selon laquelle la principale prérogative des juridictions constitutionnelles en Afrique réside dans le contrôle des opérations électorales à travers le traitement exclusif du contentieux électoral. Le Conseil constitutionnel marocain ne fait pas l'exception compte tenu du nombre important de décisions rendu en matière électorale depuis 1994, faisant du juge constitutionnel marocain un juge électoral.

En scrutant les décisions prises par le Conseil Constitutionnel en matière de contentieux électoral (1994-2011), il ressort clairement que celles sanctionnées par le rejet occupent une place prépondérante avec (67 %), soit pour absence et/ou insuffisance de preuves, soit parce que les griefs dénoncés n'ont pas d'influence déterminante sur le résultat. Les décisions irrecevables pour motif de non-respect des procédures de formes (adresse, délai, etc....), quant à elles, demeurent importantes puisqu'elles représentent 22 % de la globalité des décisions. Les décisions en annulation en matière électorale représentent 10 %, ce qui est non négligeable dans une démocratie en voie de construction[1615]. Ces annulations sont basées sur trois motifs essentiels : soit que le scrutin n'a pas été libre et a été vicié par des manœuvres frauduleuses (50 %), soit que l'élection n'a pas été faite selon les formes prescrites par la loi (43 %), soit enfin qu'il existe une incapacité légale ou judiciaire de la personne de l'élu (7 %).

En revanche, il semble que le Conseil constitutionnel marocain s'oriente, à l'instar du Conseil constitutionnel français vers une attitude plus libérale dans la mesure où il ne rejette les requêtes viciées que lorsqu'elles ne sont pas fondées (80 %) ou que le grief dénoncé n'a aucune influence sur le

[1615] Sur ce registre, le Conseil constitutionnel français a prononcé 26 annulations en 20 ans pour plus de 3500 recours, soit moins de 0,70 %.

résultat de l'élection (20 %). La rigueur manifestée par le juge constitutionnel dans la réception des requêtes ne peut être qu'injuste compte tenu de la connaissance du droit électoral qui reste encore insuffisante, conjuguée à un taux d'analphabétisme qui bat son plein et un degré d'appropriation de la culture électorale à la fois chez l'électeur, l'élu et même l'Administration qui n'est pas alors encore bien maîtrisée.

Le contentieux des élections doit être traité avec une attention particulière, car cette matière présente une différence fondamentale avec la majorité des autres contentieux[1616]. Le juge doit ici contrôler un processus démocratique, c'est-à-dire qu'il doit s'assurer que le choix du corps électoral n'a pas été vicié. Le contrôle qu'il opère constitue le dernier rempart contre les atteintes à la démocratie et présente une véritable particularité. En effet, le droit électoral impose au juge de se conformer à certains impératifs. D'une part, il doit sanctionner les irrégularités, d'autre part, il doit modérer ses immixtions afin de ne pas compromettre trop souvent le processus démocratique[1617].

De ce fait, le rôle du juge électoral se trouve donc compliqué par la nature même de la matière qu'il est en charge de contrôler. S'il se comporte de façon trop laxiste, il risque d'encourager la fraude et les résultats des consultations peuvent s'en trouver viciés ; s'il effectue un contrôle trop tatillon, il est conduit à remettre en cause nombre de scrutins où il a pu constater des anomalies, ce qui nécessitera d'organiser une nouvelle consultation avec toutes les conséquences qui s'en suivent. Dans les deux cas, le juge électoral serait la cible de critiques puisqu'il porterait finalement atteinte au système démocratique.

Il apparaît que le système comporte des failles, néanmoins, elles doivent être relativisées et le juge ne doit pas être pris pour cible. D'une part, les méthodes qu'il a dégagées sont destinées à mettre en adéquation le droit électoral avec les pratiques électorales, c'est-à-dire à faire respecter la sincérité du scrutin[1618]. Le juge doit alors concilier la rigueur juridique avec d'autres paramètres propres à cette matière. Les solutions juridictionnelles *« réalisent un équilibre entre la nécessaire stabilité des institutions et l'exigence de sincérité dans la désignation des élus* [1619]». Pour réaliser cette

[1616] Françis Délpérée, Le contentieux électoral, PUF, Paris, coll. Que sais-je ?, 1998, n° 3334, p 5 : « Le contentieux électoral, n'est cependant, pas un contentieux comme les autres. Le temps, l'espace, l'action ne se présentent pas ici comme ailleurs ».

[1617] Jean-Yves Vincent et Michel de Villiers, code électoral, Litec, Paris, 7e ed 2004, Introduction, p XVIII : « On peut comprendre que le juge hésite à remettre en cause une élection qui paraît acquise malgré les irrégularités, voire les fraudes commises-et le désintérêt de la chose publique qui transforme l'électeur en abstentionniste ne peut que renforcer sa circonspection ».

[1618] Laurent Burdeley, art préc, p 505 in Stéphan Gauthier, le juge judiciaire, juge électoral, vers une harmonisation du contentieux de l'élection », Presses Universitaires d'Aix-Marseille, 2007 p 286

[1619] Philippe Ardant, op. cit, p 81

alchimie, il doit nécessairement disposer d'un large pouvoir d'appréciation[1620].

En tout état de cause, dans le travail jurisprudentiel du juge constitutionnel, il ne s'agit pas pour le juge électoral de sanctionner par principe toutes les irrégularités, mais de rechercher celles qui sont susceptibles d'avoir exercé une influence déterminante sur le résultat de l'élection.

Le juge électoral doit faire donc preuve de modération dans l'utilisation de son large pouvoir d'appréciation et, si certaines critiques sont fondées, elles doivent aussi prendre en compte la difficulté de son contrôle. La circonspection du juge électoral tient à l'objet du contentieux. Il s'agit de vérifier si les conditions de régularité – souvent méticuleuses- qui doivent entourer et accompagner l'élection ont bien été respectées. Le juge électoral doit, sans rien ignorer des prétentions des parties essayer de faire œuvre aussi constructive que possible.

Livré à son propre entendement, le juge électoral dispose donc, quant au contenu de la décision d'une large gamme de solutions. C'est au gré de sa jugeote qu'il fixe le seuil de tolérance ou le degré d'incidence intelligent et intelligible à partir duquel il déclenche la sanction. Il est appelé à définir dans sa jurisprudence une sorte d'équité électorale faisant référence à la fois au fait et au droit.

[1620] Françis Donnat et Didier Casas, « Le contentieux des élections municipales et cantonales » A.J.D.A, 2002, p 1015 : « Juge de plein contentieux, le juge électoral jouit d'un pouvoir de décision étendu et d'une large faculté d'appréciation ».

# CONCLUSION DE LA PARTIE II

Le premier chapitre s'intéresse au traitement du contentieux des résultats qui domine largement le contentieux postélectoral. En effet, les opérations de vote, de dépouillement et de proclamation des résultats font toujours l'objet de vives contestations, car elles restent décisives pour l'issue du scrutin. Cet examen minutieux des recours inhérents au déroulement du scrutin permet de cerner le pouvoir discrétionnaire que détient le juge pour apprécier souverainement l'influence manifeste ou non des faits irréguliers invoqués sur la volonté des électeurs.

Ce chapitre jette également la lumière aussi sur la question de la fraude et propose des mesures appropriées pour lutter contre ce fléau tout en analysant les divers hics à cette entreprise. Ces obstacles à la lutte contre la fraude seront passés au peigne fin avant de proposer quelques pistes de réflexion notamment la conceptualisation et la mise en place d'un modèle économétrique explicatif des facteurs de résistance à l'éradication de la fraude électorale, l'institutionnalisation d'une coopération fonctionnelle entre le juge de l'élection et le juge répressif en matière de dissuasion des fraudes.

Le Chapitre 2 prétend dresser un bilan du Conseil constitutionnel marocain en matière électorale et mettre en lumière les méthodes de travail de la juridiction constitutionnelle, ses limites et ses grandes orientations jurisprudentielles. Le but est de pouvoir, enfin, amorcer une politique jurisprudentielle ambitieuse au service de la consolidation de l'État de droit et de la démocratie.

Au terme de ce travail, des pistes de réflexion ont été dégagées dans la perspective de faire évoluer la politique jurisprudentielle de contrôle vers plus de rigueur et de sévérité. Ces pistes portent, entre autres, sur l'élargissement des pouvoirs du juge Constitutionnel pour un meilleur contrôle de toutes les étapes des élections, sur le rallongement des délais de saisine et aussi sur l'obligeance du Conseil à mieux utiliser son pouvoir d'ordonner des mesures d'instruction. Sans oublier la nécessité de procéder à un réexamen de la politique électorale, à la responsabilité des acteurs du processus électoral ainsi que le renforcement du rôle de l'observation électorale et des capacités des acteurs du processus électoral.

# CONCLUSION GÉNÉRALE

Voilà plus d'un quart de siècle que derrière une appellation plus prospère et au succès bien assuré, se propage l'idée d'une constitutionnalisation du droit sous l'égide des juridictions constitutionnelles. L'expression, devenue slogan, caractérise un phénomène par lequel se manifeste l'influence des juridictions constitutionnelles sur une ou plusieurs branches du droit[1621]. N'assure-t-on pas d'ailleurs qu'un tel essor du droit constitutionnel sous l'égide du Conseil constitutionnel constituerait un progrès du droit[1622] ?

Au Maroc, la position qu'occupe le juge constitutionnel dans le système juridique et politique ne cesse de croître. Appelé à dire le droit et même à superviser les opérations électorales, le Conseil constitutionnel est amené dans une certaine mesure à construire, garantir et consolider l'État de droit. Cette tâche du juge est assez ardue et très sensible. C'est pour cette raison qu'il serait fort intéressant de s'interroger sur la contribution de notre juge dans cette construction démocratique.

Ainsi, on pourrait conclure que le Conseil constitutionnel marocain, à l'instar de son homologue français, qui est un initiateur à cet égard, contribue de par sa position dans le régime constitutionnel marocain, à l'évolution de notre système juridique au travers ce qu'on pourrait considérer comme étant une irrigation du droit par les décisions du conseil.

En sa qualité, de juge électoral, le Conseil constitutionnel marocain, avait mis en place un certain nombre de principes constitutionnels[1623] en faveur d'une construction démocratique tournée vers la protection des droits et des libertés politiques notamment l'égalité entre les électeurs et les candidats (Déc. n° 800/2010 et Déc. 185-98), le respect du principe de l'égalité devant

[1621] Nicolas Molfessis, L'irrigation du droit par les décisions du Conseil constitutionnel, pouvoirs n° 105, 2003, p2

[1622] Nicolas Molfessis, p 2

[1623] Les principes constitutionnels sont ceux consacrés explicitement par la Constitution. Il s'agit des grands principes constitutionnels sur lesquels repose la Constitution en matière d'exercice des droits politiques, dont notamment, la citoyenneté, la liberté d'élection et de candidature par le moyen du suffrage universel reposant sur les mêmes règles et conditions, l'égalité des chances ainsi que l'interdiction et la lutte contre toutes les formes de discrimination, conformément à ce qui est prévu par la Constitution dans son préambule et dans ses articles 2, 19 et 30 (Déc. n° 817/2011).

les critères adoptés en matière de soutien financier de l'État au profit des partis politiques (Déc. n° 818/11), la liberté des électeurs dans le choix des candidats (Déc. 800/2010), le droit d'éligibilité comme droit intangible (Déc. 762-09). La sincérité du scrutin (Déc. 874/2012, le principe de la loyauté du scrutin (Déc. n° 888-2012), le principe de la dignité du scrutin (Déc. 934/2014), la liberté d'élection et de candidature par le moyen du suffrage universel reposant sur les mêmes règles et conditions, l'égalité des chances ainsi que l'interdiction et la lutte contre toutes les formes de discrimination (Déc. n° 817/2011), le pluralisme des courants d'idées et d'opinions (Déc. n° 818/2011), le respect par les candidats des règles de moralité au cours de la campagne électorale (Déc. 393/2000), le secret du vote (Déc. 793/2010) et le droit de candidature protégé à l'égard des jugements arbitraires des tribunaux ou d'actes administratifs irréguliers (Déc. 471/2004).

Toutefois, il convient de souligner que malgré son volume important et le surcroît de travail qu'il implique pour la Haute Instance, le traitement des affaires électorales n'a jamais conduit à la paralysie de l'institution. Cela démontre que tout en assurant les contentieux de type normatif, le Conseil peut simultanément se plier à des règles procédurales strictes et conformes à ce qu'on attend d'un organe juridictionnel. Pour G. Drago, « le Conseil constitutionnel, parvenu à maturité dans son fonctionnement, possède une heureuse capacité d'adaptation à des situations et à des calendriers politiques dont il n'a pas la maîtrise »[1624], ce dont le jugement des affaires électorales apporte la brillante démonstration.

Par ailleurs faut-il relever que les décisions rendues par le juge électoral ont fait souvent l'objet de critiques virulentes. Les candidats battus à l'élection, ou déchus de leurs mandats, le chef de parti ou la presse ne ménagent pas le juge de l'élection dans leurs critiques acerbes. Parce que le contentieux électoral est un contentieux politique, qu'il soulève des passions, met en jeu des intérêts partisans, il ne peut échapper aux diatribes des perdants[1625]. Il est évident que le contentieux électoral sera toujours un terrain favorable aux polémiques sur l'impartialité du Conseil constitutionnel, mais le principal reproche que l'on pourrait faire à la jurisprudence du Conseil tient à sa souplesse. Celle-ci, aux yeux de la doctrine, paraît bien trop laxiste.

Il est vrai que les annulations devraient être plus nombreuses, sans parler du pouvoir de réformation qui n'a jamais été utilisé par le Conseil. Les chiffres sont éloquents ; deux décennies d'exercice jurisprudentiel, le juge électoral a annulé 73 élections sur 727 recours représentant 10 % du nombre total des requêtes électorales couvrant la période de 1994-2014. En fait, le

---

[1624] G. Drago, Contentieux constitutionnel français, P.U.F., 1998, p. 201.

[1625] JP CAMBY, le contentieux des élections des députés, éléments pour un bilan » in les Cahiers du Conseil constitutionnel n° 5/98 p 76

juge constitutionnel il est animé du principe libéral selon lequel une présomption de régularité habille toute élection et qui ne tombe qu'avec l'apport d'une preuve, produite dans les délais et ayant une influence déterminante sur l'issue du scrutin.

En présence de comportements irréguliers, avant même d'envisager l'annulation de l'élection contestée, le juge exige et vérifie qu'ils sont constitutifs de manœuvres ou de fraudes. Mais, il est bien rare que manœuvres et fraudes, même graves, soient par elles-mêmes, et en tout état de cause, suffisantes pour entraîner, sur cette seule base, une annulation. Son travail revient en effet à décider si ces irrégularités, une fois établies avec certitude, ont pu modifier les résultats du scrutin, justifiant par la même l'annulation de l'élection contestée. Ceci dit que dans la politique jurisprudentielle du conseil le principe de l'influence déterminante apparaît comme l'élément central et tient compte donc des circonstances particulières à chaque élection.

L'examen de l'évolution du contentieux électoral au Maroc laisse transparaître l'attitude d'un juge électoral tourné non vers la recherche de la régularité de l'élection, mais de la sincérité du scrutin reposant sur le critère de l'influence. Seule la quête de la sincérité et la loyauté du suffrage demeure constante à l'esprit du juge électoral lorsqu'il examine les recours qui lui sont soumis[1626]. Le juge de l'élection assume une mission plus classique, proprement juridictionnelle, celle d'arbitre entre deux parties qui en appellent aux juges pour trancher leur litige. Or cet arbitrage juridictionnel, conditionné par la théorie de l'effet utile, se fonde non sur la loyauté, mais, plus modestement, sur l'équité de la compétition électorale et révèle en conséquence une approche restrictive de la mission du juge ; quitte à mettre au second plan la protection des électeurs[1627].

Par le principe de l'influence déterminante des irrégularités, le juge de l'élection sanctionne celles dont il peut établir l'incidence directe sur le résultat de l'élection. D'où l'importance du critère de l'écart des voix, si contesté par la doctrine : « faible, il rend probable, car plausible l'idée d'un résultat vicié par la fraude et donc pousse à l'annulation ; fort, il interdit quasiment toute possibilité de revenir sur l'issue du scrutin »[1628]. Voilà bien résumée la jurisprudence du juge de l'élection. Ces observations sur la tolérance excessive du Conseil constitutionnel concernent la plupart des orientations de la jurisprudence, en particulier celles qui touchent à la campagne électorale et du déroulement du scrutin (propagande, composition des bureaux de vote, opérations de vote…).

Ce « trop peu » d'annulation lui est reproché au nom des exigences démocratiques ; de la déontologie démocratique, notamment. Certains

---

[1626] GHEVONTIAN R., « La notion de sincérité du scrutin », op. cit., p. 8.
[1627] P CAMBY Le Conseil constitutionnel, juge électoral. Op cit p 102
[1628]O. Ihl, op. cit., p. 100.

spécialistes[1629] du contentieux électoral ont repris et gardé le qualificatif « amoral », pour dénoncer la tendance générale consistant à ne retenir certaines irrégularités qu'en fonction de l'arithmétique générale du vote. Les comportements frauduleux ne sont pas retenus lorsque le nombre de voix annulables ne change rien au résultat final. Mais dans ce cas, ne s'agit-il pas d'une sorte d'incitation à la fraude voire même à une surenchère dans la fraude, puisque le candidat concerné aurait tout intérêt à beaucoup frauder pour creuser l'écart avec le suivant et éviter une annulation du scrutin prévoyant justement la décision future du juge électoral!. Elle exprime aussi le faible taux d'annulation des élections par rapport aux nombres de requêtes déposées auprès du Conseil constitutionnel marocain.

Dans le cas où l'écart des voix est important, le Conseil constitutionnel doit s'assurer que des infractions et agissements sérieux, multiples et systématiques ont été dûment établis quant à leur existence et à leur incidence décisive sur le scrutin. En d'autres termes, les griefs invoqués doivent réunir selon J.P. CAMBY les critères de la qualité, de la quantité et de l'intention délibérée, ainsi qu'un lien de causalité entre les griefs invoqués et la sincérité du scrutin[1630]. Le requérant doit prouver qu'il doit son échec à ces infractions et agissements.

Il convient par ailleurs de souligner que l'étude de la jurisprudence électorale du Conseil constitutionnel marocain en matière électorale révèle que celle-ci s'est inspirée dans une large mesure de celle du Conseil constitutionnel français. En effet, la haute juridiction continue à accorder beaucoup de considération au respect des conditions de forme de la requête (respect de la forme, du délai, l'exigence de moyens de preuves…).L'examen de fond s'en retrouve alors relégué au second plan pour bon nombre de requêtes et ramenant à la baisse le nombre des décisions d'annulation.

Toujours est-il qu'un excès de formalisme de la part du juge peut paralyser, non seulement le processus électoral, mais aussi le processus législatif et pour tout dire, le processus démocratique.

La problématique en matière de justice constitutionnelle électorale réside dans le fait que la loi organique relative au Conseil constitutionnel en matière de contentieux électoral n'est en fait qu'une procédure pour la maîtrise des mesures de forme déterminant la relation entre le juge constitutionnel et le requérant. Le fond des griefs des requérants s'inscrit dans le domaine des lois organiques des élections et à propos duquel le législateur avait donné au juge constitutionnel un pouvoir discrétionnaire particulier. Ce pouvoir lui est extrêmement utile pour adapter et évaluer les faits et pour mener sa réflexion et son interprétation sur ce qui est évoqué par les requérants ainsi que pour déterminer dans quelle mesure les cas d'abus

---

[1629] JP CAMBY, op. cit p 80

[1630] JP CAMBY, op. cit p 80

lors des opérations électorales ont pu atteindre le degré d'une violation d'une norme organisant ces mêmes opérations.

Il appert de l'analyse des décisions de la haute juridiction que le pouvoir du juge constitutionnel dans l'évaluation des faits et des preuves est entaché d'ambiguïté. Il est en disette de normes qui puissent l'amener à enclencher une procédure d'inspection dans les opérations électorales. Au lieu de répondre favorablement aux demandes qui lui ont été formulées, le juge constitutionnel s'est contenté de faire allusion, dans le contenu des décisions en matière électorale, de l'inutilité d'une quelconque enquête[1631]. Cet état des faits suscite des interrogations sur la notion d'enquête dans le travail du juge constitutionnel marocain. S'agit-il d'une simple audition des témoins (électeurs et membres des bureaux de vote) au sein d'une circonscription électorale objet de litiges ou d'un pur examen des procès des bureaux de vote au sein du tribunal de première instance de la circonscription où l'élection a eu lieu. On peut même se demander si le juge peut aller[1632] jusqu'à la mise en place de tous les moyens nécessaires pour mener une véritable enquête où le Conseil mobilisera tous les moyens nécessaires pour enquêter dans toute sorte de litiges. Force est de constater que les décisions aux fins d'ordonner une enquête[1633] sont peu nombreuses par rapport aux décisions refusant[1634] d'ordonner une enquête sollicitée par le requérant. Ce refus de mobilisation des juges enquêteurs sur le terrain s'explique selon les entrevues effectuées par le manque de moyens dont dispose le Conseil ! Le juge constitutionnel en a diligenté quelques fois. Même dans les cas où ces enquêtes traînent jusqu'à trois ans, les décisions qui en découlent ne donnent pas lieu systématiquement à une annulation[1635].

En guise de conclusion, le contentieux électoral, tel qu'exercé aujourd'hui, est loin d'être parfaitement maitrisé. Il pose énormément de problèmes aussi bien sur le plan théorique que pratique. Dès lors, des mesures palliatives s'imposent avec insistance pour parvenir à concilier entre les exigences de la démocratie et celles de la sécurité juridique ?

Cependant, une batterie de réformes peut être adoptée pour rendre le contentieux électoral plus souple. Ces réformes auront trait, notamment au rallongement des délais pour donner au requérant le temps nécessaire pour apporter les moyens de la preuve ainsi qu'à l'épaississement de la procédure

---

[1631] Décision du CC marocain n° 727/2008 en date du 25/12/2008

[1632] Peut- parler des mesures d'investigation sans auditionner les électeurs. Dans sa décision n° 192-98 en date du 27 mars 1998, le pouvoir d'investigation du Conseil s'est traduit par la mobilité de l'un des juges constitutionnels chargé de l'affaire au tribunal de première instance de la circonscription électorale objet de litiges et son examen des procès des bureaux de vote sans auditionner les témoins malgré que le recours en question se focalise principalement sur leur témoignage.

[1633] Décisions du CC marocain n° 648/2007 et n° 105/1996

[1634] Décision du CC marocain n° 759 en date du 07/05/2009

[1635] Décisions du CC marocain n° 105/96 et n° 113/96

contradictoire. L'élargissement des pouvoirs du juge qui doit passer au crible l'ensemble de l'opération électorale y compris les actes préalables avant la proclamation des résultats du scrutin.

Il serait également loisible de ne pas multiplier les organes de contrôle afin d'aller dans le sens de l'unification et de l'homogénéisation pour guider les requérants vers un Guichet Unique et ne voir déchoir leurs requêtes après épuisement des délais. Ainsi, le fait de confier tout le contentieux au juge constitutionnel permet à ce dernier de pouvoir mesurer et d'apprécier la portée de chacun des actes du processus électoral sur la sincérité du scrutin. Il lui permet d'adopter une politique jurisprudentielle cohérente dans une dynamique de respect du suffrage universel.

Il serait également normal que le recrutement des juges soit tributaire de leur niveau de compétence, de leur indépendance et de leur intégrité pour mettre l'homme qu'il faut à la place qu'il faut.

Il n'en reste pas moins que le Conseil pourrait faire évoluer sa politique jurisprudentielle vers plus de rigueur sinon plus de sévérité. Une première voie consisterait pour le Conseil à exercer son contrôle « dans l'intérêt des électeurs » et de la démocratie alors qu'il « donne trop souvent l'impression, comme le remarque François Luchaire, de ne voir dans le contentieux électoral que des conflits entre deux personnes, l'élu et son concurrent le plus immédiat »[1636]. Et comme l'avait dit Guy Carcassonne « le contentieux électoral devrait, en fait consister à savoir, non pas si la décision est juste à l'égard des candidats, mais de savoir s'elle est juste ou non à l'égard des électeurs. Car s'il décide que non[1637], le vainqueur innocent est pénalisé et c'est regrettable, mais s'il valide un scrutin qui n'a pu être totalement sincère, il sanctionne le suffrage universel et c'est choquant »[1638].

Une autre voie consisterait pour le Conseil à mieux utiliser son pouvoir d'ordonner des mesures d'instruction en confiant à ses rapporteurs le soin de mener des enquêtes locales et en exigeant des administrations qu'elles fournissent tous les documents et informations dont elles disposent, dès lors que le requérant aurait apporté un commencement de preuve, des éléments de faits ou des allégations[1639]. Ainsi ce dernier n'aurait plus à endosser la lourde charge de la preuve.

Le juge doit, en matière électorale, où il est confronté à la volonté du suffrage universel, assurer son autorité en ne cédant ni à la facilité de tout admettre ni à celle de ne rien laisser passer[1640]. Le juge constitutionnel est appelé à vérifier la légalité du processus électoral et s'assurer de l'absence des irrégularités et autres fraudes ou tripatouillages nuisibles à la régularité

---

1636 François LUCHAIRE, op. cit, p 354 cité par Dominique Rousseau, droit du contentieux constitutionnel, p 390

1637 C'est-à-dire que l'élection n'est pas valide même si elle l'est dans les faits.

1638 Cité par Jean-Pierre CAMBY. Op. cit. p 93.

1639 Dominique Rousseau, droit du contentieux constitutionnel, p 390

1640 DELPÉRÉE F., Le contentieux électoral, op cité p 7

électorale. Un revirement de jurisprudence est nécessaire, le juge ne doit laisser persister de telles pratiques. De ce point de vue, il entreprend de rectifier les erreurs, de corriger les irrégularités, de faire respecter les règles de forme et de fond qui enserrent le processus électoral.

Admettons enfin, que comme pour toute décision tranchant un procès, les décisions du Conseil constitutionnel marocain ont été tantôt saluées tantôt huées. Le fait est qu'évidemment, toute décision n'est que l'aboutissement naturel d'une quête passionnelle vers la vérité, teintée d'animosité[1641].

Le Conseil a eu le temps, d'une élection législative à l'autre, d'approfondir ou d'affiner certains aspects de sa jurisprudence, et même d'innover dans certaines matières, sans remettre en cause les fondements et critères de sa jurisprudence.

Pour jeune qu'elle est, la jurisprudence du Conseil constitutionnel agissant en qualité de juge électoral n'a pas porté en elle-même les germes de sa propre destruction : l'inconsistance et l'éparpillement[1642]. Tout se résume en ces mots : c'est cette jurisprudence harmonieuse, aujourd'hui affinée et connue de tous, et s'offrant, comme toute jurisprudence, à la maturation du temps et par-là même à l'évolution. Des signaux jurisprudentiels prometteurs sont perceptibles. Il importe simplement de les raffermir, de les amplifier, compte tenu du rythme global d'avancée de l'expérience démocratique.

En dernier lieu faut-il signaler que dans ce processus de réforme de la justice constitutionnelle électorale, la politique jurisprudentielle de la juridiction constitutionnelle est appelée à faire évoluer pleinement le droit électoral à l'instar de son homologue français qui ne ménage aucun effort dans cette voie de la réforme[1643]. Le fait est que les constitutions et les lois qui ne sont ni figées ni immuables ne sont pas, selon Royer-Collard, des « tentes dressées pour le sommeil ». Elles constituent plutôt « un cadre de significations au sein duquel les interprètes, principalement les juges, opèrent des choix et construisent des énoncés implicites qu'aucun texte n'exprime par nature[1644] ». De fait, le juge n'est plus un simple « vecteur de la loi », il en devient un véritable créateur.

---

[1641] Francis DELPEREE, « Le contentieux électoral », op. cit

[1642] ibidem

[1643] Il est devenu traditionnel pour le Conseil constitutionnel français de formuler, après les échéances électorales, des « observations » comportant des invitations à la réforme du droit électoral en l'occurrence le financement des campagnes électorales, la délimitation des circonscriptions législatives, la révision des listes électorales… etc.). De même, le juge a rendu lors de son contrôle de constitutionnalité des lois, de très importantes décisions intéressant le droit électoral, notamment l'établissement des circonscriptions électorales, les règles des quotas ou le régime de répartition des sièges. Cité par BOITARD Eric, le contentieux électoral en France, Thèse, Paris V, 2000

[1644] GUASTINI (R.) cité par MERCIER (J.), in « Le droit constitutionnel réinterprété », Publié dans laviedesidees.fr, le 14 mai 2010, p.2.

La construction du droit étant aussi l'œuvre de politiques juridiques et d'audace jurisprudentielle – sur laquelle s'est d'ailleurs établi le juge constitutionnel – il ne pouvait manquer l'occasion d'investir la matière du droit électoral qui demeure un élément matriciel de la démocratie[1645]. Ce n'est qu'en ce faisant que la haute juridiction puisse être un acteur central de notre régime constitutionnel et contribuer efficacement à l'édification de l'État de droit en tant qu'ultime aspiration de toute société moderne.

---

[1645] Guillaume FICHET, D'une révolution à l'autre : le droit électoral à l'épreuve de la question prioritaire de constitutionnalité (analyse de la décision du 12 janvier 2012 du point de vue des progrès du contentieux électoral), http://blogdroitadministratif.net/2012

# LISTE DES TABLEAUX

# LISTE DES GRAPHIQUES

# ANNEXE

## QUESTIONNAIRE

**Grille d'entretien relatif aux méthodes de travail du juge constitutionnel en matière du Contentieux électoral**

### Questions liminaires

**Le contentieux des élections est-il foncièrement différent du contentieux du contrôle des normes ? Se rapproche-t-il du contentieux ordinaire ?**

..........

..........

..........

### A) La préparation des élections

Les différents services du Conseil sont-ils réorganisés pendant la période électorale ? Si oui, comment ?

..........

..........

..........

Le Conseil fait-il appel à des spécialistes des problèmes électoraux ?

..........

..........

..........

De quelle origine (ministère de l'Intérieur, commissions électorales) ?

..........

..........

..........

Quels sont les actes préliminaires qui échappent au contrôle du juge constitutionnel, en sa qualité de juge électoral ?

...................................................................................................................................
...................................................................................................................................
...................................................................................................................................

Quelle juridiction susceptible de connaître l'ensemble du contentieux électoral (administrative, judiciaire ou constitutionnelle) ?

...................................................................................................................................
...................................................................................................................................
...................................................................................................................................

Quels sont les risques qui résultent d'une pléthore d'organes intervenants au niveau de l'opération électorale (conflits de compétence, déni de justice, délai forclos...)

...................................................................................................................................
...................................................................................................................................
...................................................................................................................................

Quelle est selon vous la meilleure solution pour concrétiser l'harmonisation du contentieux électoral

...................................................................................................................................
...................................................................................................................................
...................................................................................................................................

**B) Le jour des élections**

La haute juridiction a-t-elle un rôle actif ? Lequel : permanences juridiques, déploiement des observateurs sur le terrain... ?

...................................................................................................................................
...................................................................................................................................
...................................................................................................................................

Des missions d'observation sont elles organisées, si oui, comment

...................................................................................................................................
...................................................................................................................................
...................................................................................................................................

**C) Le contentieux de l'élection**

La procédure électorale devant le Conseil constitutionnel

...................................................................................................................................
...................................................................................................................................
...................................................................................................................................

Quel est le circuit d'une saisine en matière électorale ?

...................................................................................................................................
...................................................................................................................................
...................................................................................................................................

Comment le Conseil adopte une décision en matière électorale ?

Est-ce que le Conseil reconnaît l'existence des opinions dissidentes ? Quels sont à votre avis les risques qui en résultent ?

Comment s'effectue l'Instruction ?

Quels sont les prérequis exigés pour diligenter une enquête ? Dispose-t-il des moyens nécessaires ?

Comment se concrétise ce contrôle (matériel spécifique, recrutement de personnel…) ?

Les décisions des Conseils eu matière électorale sont-elles publiées ? Sous quelle forme ? Dans quels délais ?

L'audience est-elle publique ou à huis clos ? Comment se déroule-t-elle ?

Hormis les membres, le Secrétaire général, des personnels administratifs assistent-ils au délibéré ? Lesquels ?

Comment la décision est-elle prise (vote à bulletin secret, à main levée, consensus...) **?**

Techniques adoptées par le juge électoral en matière du contentieux électoral

Quelle appréciation faites-vous de la technique de l'influence déterminante et de l'écart de voix ? Êtes-vous pour ou contre cette technique ?

Pensez-vous que la pauvreté (monétaire) est un facteur explicatif du phénomène de la fraude électorale ?

Existe-t-il une synergie entre le juge répressif (juge pénal) et le juge électoral en matière de lutte contre la fraude ?

Comment expliquez-vous le taux infime des invalidations ?

Est-ce que le juge dispose d'un référentiel pour l'annulation d'une élection

Le Conseil émet-il des observations/recommandations après le scrutin à l'instar des juridictions constitutionnelles comparées ?

**Mesures prises pour accompagner le contrôle des opérations électorales :**

Quels sont les préalables pour une politique de contrôle ferme efficace et efficiente

Quelles sont les limites de la politique jurisprudentielle du Conseil en matière électorale ?

Quels sont les facteurs de blocage qui entravent le processus de contrôle aussi bien en amont et en aval de l'opération électorale

Quelles sont les orientations de la politique jurisprudentielle à esquisser pour les années à venir :

# BIBLIOGRAPHIE

## OUVRAGES

**AIVO Frédéric Joèl,** Le juge constitutionnel et l'état de droit en Afrique, l'exemple du modèle béninois, Paris, l'Harmattan, Études africaines, 2006

**ARDENT Philippe**, Institutions politiques et Droit constitutionnel, L.G.D.J, 17e édition, 2005

**BASRI, ROUSSET ET VEDEL** (sous-direction), Trente ans de vie constitutionnelle au Maroc, LGDJ, 1993.

**BENABDELLAH M. Amine**, contribution à la doctrine du droit constitutionnel marocain, série manuels et travaux universitaires, REMALD n° 60,2005.

**BURDEAU (G.), HAMON (F.), TROPER (M.)**, *Droit constitutionnel*, 27e éd., LGDJ, septembre 2001

**BOUDAHRAIN A.**, Eléments de Droit public marocain, L'Harmattan, 1994.

**CAMBY J.P**, Le Conseil constitutionnel, juge électoral. Sirey. Paris 2009

**CARRE de MALBERG** (R.), Contribution à la théorie générale de l'État, Tome I, Sirey, Paris, 1920

**CHAGNOLLAUD Dominique**, Droit constitutionnel contemporain, Les régimes étrangers, t.1, 4e éd., Armand Colin, 2005

**CHAGNOLLAUD Dominique**, *Science politique*, Dalloz, 5e éd., 2004

**CHANTEBOUT Bernard**, Droit constitutionnel, Armand Colin, 22e éd., août 2005

**COTTERET Jean Marie**, Les systèmes électoraux », PUF 1994

**COLLIARD (Claude-Albert) et LETTERON (Roseline)**, Précis, *Libertés publiques*, 8e édition, Paris, DALLOZ, 2005, 569 p.

**CHEVALIER J.J,** L'État de droit. Montchrestien. Clés. Politiques. Paris 1996.

**COHEN TANUGI L.** La métamorphose de la démocratie. Odile Jacob. Paris.1989.

**Constitution marocaine de 2011** (Sous la direction du Centre d'Etudes Internationales) : Analyses et commentaires, éditions LGDJ, 2012

**CUBERTAFOND Bernard**., La vie politique au Maroc, L'Harmattan, 2001.

**CUBERTAFOND Bernard**., Le système politique marocain, L'Harmattan, 1997.

**EISNMAN Charles,** la justice constitutionnelle et la haute cour constitutionnelle d'Autriche, Economica, Presses universitaires d'Aix – Marseille. Collection droit public positif. 1986

**DELPEREE Francis**. (1998), le contentieux électoral, P.U.F., collection Que sais-je ?

**TURPIN Dominique**, le Conseil constitutionnel, son rôle, sa jurisprudence, Hachette supérieur, 1995.

**TURPIN Dominique**, Contentieux constitutionnel, PUF, 1ére édition, 1986.

**DEBARD Thierry et François Robbe** (dir.), Le Caractère équitable de la représentation politique, L'Harmattan, 2004.

**DRAGO Guillaume**, Contentieux constitutionnel français, PUF, Thémis droit, 2e édition, 2006.

**DUHAMEL Olivier**, Droit constitutionnel, Les démocraties, Seuil, 3e éd., février 2000

**DUVERGER Maurice**, Institutions politiques et droit constitutionnel, Les grands systèmes politiques, PUF, Thémis, 1980

**DUVERGER Maurice**, *Les partis politiques*, A.Colin, 1951

**EHAB Farhat**, le contentieux de l'élection des députés en France et en Égypte, L'Harmattan, 2010.

**EL RHAZI Sebhallah :** « Études politiques & constitutionnelles » - Collection Droit, politique et Histoire, Tome I, Rabat, 2013, 264 pages

**EL MANAR ESLIMI Abderrahim,** les méthodes de travail du juge constitutionnel marocain : étude socio-judiciaire. REMALD série manuels et travaux universitaires n° 65.première édition 2006 (en arabe)

**ECHARKAOUI ESAMOUNI Khalid,** le Conseil constitutionnel et son contrôle des élections législatives, dar Abi ragrag première édition 2005. (en arabe)

**FAVOREU Louis,** Les grandes décisions du Conseil Constitutionnel Français, Dalloz 14e édition, 2007.

**FAVOREU Louis,** Droit constitutionnel, Dalloz, 8e éd., septembre 2005

**FAVOREU. (L),** Le Conseil constitutionnel. PUF. Que sais- je, Paris 1995.

**FAVOREU. (L)**, La politique saisie par le droit. Alternances, cohabitation et Conseil *constitutionnel*. Paris Economica, 1988.

**FRANCK C**, Droit des élections nationales et locales. J. Delmas et Cie. Paris. 1986.

**GENEVOIS B**, La jurisprudence du Conseil : Principes directeurs. STH. Paris. 1988

**GRAWITZ (M.), LECA (J.),** *Traité de science politique, L'action politique*, Tome III, PUF, juin 1985

**GAXIE, Daniel**. La démocratie représentative. Paris : Montchrestien, 1993.

**GICQUEL (J.)**, *Droit constitutionnel et institutions politiques,* Montchrestien, 19e éd., août 2003

**GICQUEL (J.), GICQUEL (J-E.)**, *Droit constitutionnel et institutions politiques,* Montchrestien, 21e éd., septembre 2007

**GHELLAB A.**, L'évolution constitutionnelle et parlementaire au Maroc, 1908-1988, Ennajah Aljadida, Casablanca, 1988.

**HAMIEDDINE A.**, La Constitution marocaine et le pari de l'équilibre des pouvoirs : La monarchie, les partis, les islamistes (En arabe), Cahiers de Point de vue, Ennajah Aljadida, Casablanca, 2005.

**IHL, Olivier**, « Les fraudes électorales, problèmes de définition juridique et politique », in Raffaele Romanelli, How did they become voters ?, La Hague, Londres, Boston, Kluwer Law International, 1998.

**MATHIEU Bertrand et Michel VERPEAUX**, Constitutionnalisation des branches du droit », Economica.1998

**MARCOU**, **Jean**. Justice constitutionnelle et systèmes politiques : États-Unis, Europe, 1997, 166 p. France. Grenoble : Presses universitaires de Grenoble, 1997, 165 p.

**Stéphan GAUTHIER**, le juge judiciaire, juge électoral, vers une harmonisation du contentieux de l'élection », Presses universitaires d'Aix-Marseille, 2007

**MARCOU (J)**, Justice constitutionnelle et système politiques, PUF 1997.

**MASCLET Jean-Claude**, Droit électoral, PUF, coll. « Droit politique et théorique », 1989

**MASCLET Jean-Claude**, Le Droit des élections politiques, PUF, coll. « Que sais-je ? », 1992.

**MALIGNER B**, La fraude électorale, Economica, Paris, 1986

**NOUIDI Abdelaziz**, le Conseil constitutionnel au Maroc, REMALD série manuels et travaux universitaires n° 29.deuxième édition 2003. (en arabe)

**J.-Cl. Masclet**, Droit électoral, Paris, PUF, 1989

**KARAMI M.**, La fonction législative en droit marocain, Afrique Orient, Casablanca, 1992.

**B. MALIGNER**, Droit électoral, ellipses, 2007

**MELIN-SOUCRAMANIEN**, Ferdinand. Le principe d'égalité dans la jurisprudence du Conseil constitutionnel. Paris : Economica, Presses universitaires d'Aix-Marseille, 1997.

**MEDOUAR R.**, Le travail parlementaire au Maroc (En arabe), Top Presse, Rabat, 2006.

**MOUATASSIM M.**, La vie politique marocaine (1962-1991) (en arabe), Isis, Casablanca, 1992.

**MOUATASSIM M.**, Le système politique constitutionnel au Maroc (en arabe), Isis, Casablanca, 1992.

**NOUYIDI A.,** La justice et la politique : les élections et la justice constitutionnelle au Maroc (En arabe), Najah al Jadida, Casablanca, 1997.

**LUCHAIRE F,** Le Conseil constitutionnel, Economica. Paris 1980.

**LUCHAIRE F,** La protection constitutionnelle des droits et libertés. Economica. Paris 1987.

**LOIC Philippe,** « Les attributions et le rôle du Conseil constitutionnel en matière d'élections et de référendums », Revue du droit public et de la science politique en France et à l'étranger, tome 78, 68e année, 1962.

**LOIC Philippe,** "Les Cours constitutionnelles". In LECA Jean et GRAWITZ Madeleine. Traité de science politique. Paris : PUF, Tome II, 1985.

**PACTET (P.), MELIN-SOUCRAMANIEN (F.),** Droit constitutionnel, Dalloz, Sirey Université, 26e éd., 2007

**ROUSSEAU Dominique**., Droit du contentieux constitutionnel, Montchrestien, 2006, 7e édition.

**ROUSSEAU Dominique**, La justice constitutionnelle en Europe, Montchrestien, Clefs, 3e édition, 1998.

**ROUSSILLON H**, le Conseil constitutionnel, 4e édition, Dalloz, 2001

**ROBERT, Jacques**. *La garde de la République. Le Conseil constitutionnel raconté par un de ses membres*. Paris : Plon, 2000, 227 p.

**ROBERT, Jacques** et DUFFAR, Jean. Droits de l'homme et libertés fondamentales. Paris, Montchrestien, 7e ed. 1999, 909 p.

**RBII Hamid** Décisions du Conseil constitutionnel rendues dans le cadre de la nouvelle Constitution, REMALD, n° 98, 2013 (en arabe)

**SHAPIRO, Martin**, 1999. "The Success of Judicial Review", in Sally J. Kenney, William M. Reisinger & John C. Reiz (eds.). Constitutional Dialogues in Comparative Perspective. London : Macmillan, pp. 193-219.

**STECKEL M.C.**, Le Conseil constitutionnel et l'alternance, Collection Bibliothèque constitutionnelle et de sciences politiques n° 106, LGDJ, 2002

**Nicolas TOLINI**, le financement des partis politiques, DALLOZ, 2006

**VEDEL (G.),** *Manuel élémentaire de droit constitutionnel*, Sirey, 1949

## MEMOIRES ET THESES

**ADLI, Abdelhak,** Le Conseil constitutionnel au Maroc, Casablanca, Faculté des Sciences juridiques, économiques et sociales, 1996. Mémoire de DES (arabe).

**AKBANI Hamza,** Le Contrôle de Constitutionnalité du règlement intérieur par la Chambre constitutionnelle (contexte institutionnel et pratique juridictionnelle), Faculté des Sciences juridiques, économiques et sociales, Rabat, Mémoire du DESA, 2001.

**BELFKIH Ahmed,** Techniques et orientations du juge constitutionnel en matière électorale, Faculté des Sciences juridiques, économiques et sociales Fès, Mémoire de master (arabe), 2009

**BOITARD Eric,** le contentieux électoral en France, Thèse, Paris V, 2000

**BERNOUSSI N.A.,** La jurisprudence de la Chambre constitutionnelle marocaine, Thèse, Université de Montpellier, 1985.

**BERNOUSSI N.A.**, Le contrôle de constitutionnalité au Maghreb, Thèse d'Etat, Université Mohamed V Rabat, 2 tomes, Rabat, faculté des sciences juridiques, économiques et sociales, 1998.

**CHARNAY J.P,** le contrôle de la régularité des élections parlementaires, Thèse, Paris 1962

**Redouane JRILA,** la justice constitutionnelle au Maroc : Lecture dans la jurisprudence du Conseil entre 1977 et 1996, Faculté des Sciences juridiques, économiques et sociales de Rabat, 1997. Mémoire de DESA (arabe).

**Benoît SADRY,** Bilan et perspectives de la démocratie représentative, Thèse de doctorat, Université de Limoges, Faculté de Droit et des Sciences Economiques, 2007

**ZAOUI M'hamed,** la chambre constitutionnelle de la Cour suprême, mémoire du cycle supérieur de l'école nationale d'Administration publique. Année 1983

**ZERARKI Khalil,** Le Conseil constitutionnel marocain, Khalil Zerarki/Ali Kacimi, Rabat, Faculté des Sciences juridiques, économiques et sociales, 1995 (arabe).

## ARTICLES ET CONTRIBUTIONS

**ARDANT Phillipe,** « Le contentieux électoral devant le Conseil constitutionnel et le Conseil d'État », in Conseil constitutionnel et Conseil d'État, Actes du colloque des 21 et 22 janvier 1988, Paris II, L.G.D.J, Montchrestien, Paris 1988

**ANTARI (M),** les difficultés de répartition du contentieux des élections législatives entre le Conseil constitutionnel et le juge administratif, REMALD, n° 24 juillet, septembre 1988.

**ACHAH'CHAH N.,** « La problématique du constitutionnalisme marocain », (En arabe), Revue marocaine d'Administration Locale et de Développement, REMALD n° 69 juillet- août 2006

**AL ARAJ M.,** « La procédure de saisine et le fonctionnement du Diwan Al Madhalem » (En arabe), Revue marocaine d'Administration Locale et de Développement, REMALD n° double 57-58 juillet- octobre 2004.

**BA MOHAMMED N.,** « La constitution marocaine et ses révisions », Revue marocaine d'Administration Locale et de Développement, REMALD n° double 54-55 janvier- avril 2004.

**BA MOHAMMED N.**, « Le Conseil constitutionnel à l'épreuve du prochain scrutin », Revue marocaine d'Administration Locale et de Développement, REMALD n° 46 septembre- octobre 2002

**BA MOHAMMED N.**, « Le Conseil constitutionnel et les élections », Revue marocaine Administration Locale et de Développement, REMALD n° double 62-63, mai- août 2005.

**BENABDALLAH M.A.**, « La constitutionnalité des cas d'incompatibilité : Note sous C. C., 15 mars 2000, Incompatibilité » Revue marocaine d'Administration Locale et de Développement, REMALD n° 33 juillet-août 2000.

**BENDOUROU Omar,** le Conseil Constitutionnel et les droits fondamentaux, REMALD n° 56, mai-juin 2004.

**BENMESSOUD Tredano**, « De la transparence et de la participation à l'inutilité d'un scrutin », p 250 in les élections et les modes de scrutin au Maroc, Revue marocaine des Sciences Politiques et Sociales, n° 4, volume VI, février 2013

**BRAHIMI Mohamed,** Du contrôle des élections législatives par le Conseil constitutionnel, in « Revue marocaine d'Administration locale et de Développement », n° 13, 1995.

**BERNOUSSI Nadia,** l'évolution du processus électoral au Maroc, RDH, 2005

**BOUAZAOUI B.**, « Les techniques d'examen du contentieux électoral parlementaire » (En arabe), Revue marocaine Administration Locale et de Développement, REMALD n° 53 novembre – décembre 2003

**BOUAZAOUI B.**, « Le Conseil constitutionnel et le désistement en matière du contentieux électoral, Note sous décision n° 477-2001 du 11 avril 2001 » (En arabe), Revue marocaine Administration Locale et de Développement, REMALD n° 64 septembre- octobre 2005.

**Myriam Catusse.** Les vraies fausses surprises du score PJD au Maroc, législatives 2002, Hal Archives-ouvertes, 2009

**COLLIARD (Jean-Claude),** le contentieux électoral en France, séminaire, CDL-UD 2008

**COLLIARD (Jean-Claude),** « Le contentieux électoral », Séminaire UNIDEM sur l'"Organisation des élections par un organe impartial", commission de Venise, Belgrade, 24-25 juin 2005

**COLLIARD (Jean-Claude),** « Les systèmes électoraux dans les Constitutions des pays de l'Union européenne », Les Cahiers du Conseil constitutionnel, n° 13, 2002

**Commission européenne pour la démocratie par le droit (commission de Venise),** séminaire UNIDEM « Le contrôle du processus électoral » Madrid, Espagne, 23 – 25 avril 2009

**DJEDJRO Francisco Meledje,** le contentieux électoral en Afrique, revue pouvoirs n° 129, 2009

**DU BOIS DE GAUDUSSON (Jean),** « Les élections à l'épreuve de l'Afrique », Les Cahiers du Conseil constitutionnel, n° 13, janvier 2003, pp. 39-45 ;

**DUVAL Jean-Marc,** Droit électoral, « La sanction des comportements irréguliers relevés au cours des opérations électorales, P.U.F. Revue française de droit constitutionnel, 2001/4 - n° 48

**EL RHAZI Sebhallah,** « mode du scrutin et champs politique publié in REMALD, n° 109-110, mars-juin 2013

**ELMANAR ESSLIMI Abderrahim,** « L'expérience de la chambre constitutionnelle au Maroc : Une lecture socio- juridique de l'ancienne jurisprudence constitutionnelle » (En arabe), Revue marocaine d'Administration Locale et de Développement, REMALD n° 56 mai- juin 2004.

**EL MOUTAOUAKIL A.,** « le juge constitutionnel : Quel rôle dans la protection des droits », Revue marocaine de droit, d'économie et de gestion, n° 51, 2005.

**FASSI FIHRI Y.,** « Le Conseil constitutionnel et le contrôle des consultations populaires » (En arabe), La revue de droit et d'économie, n° 12, 1996.

**GHEVONTIAN Richard,** La notion de sincérité du scrutin, Cahiers du Conseil constitutionnel n° 13, janvier 2003.

**GHEVOTIAN Richard, (1994), «** Un labyrinthe juridique : le contentieux des actes préparatoires en matière d'élection politique », Revue française de droit administratif, Août.

**GARRONE Pierre,** " Le patrimoine électoral européen. Une décennie d'expérience de la Commission de Venise dans le domaine électoral ", RDP

**OURIEMCHI Hicham,** la constitutionnalité des seuils d'accès et de représentativité dans la jurisprudence du Conseil constitutionnel marocain, REMALD n° 74 mai-juin 2007.

**M. KAMTO,** « Le contentieux électoral au Cameroun », Lex Lata, n° 20, novembre 1995, p. 3 et s

**LOUIS Phillip, «** Le Conseil constitutionnel, juge électoral », pouvoirs, n° 13, 1980

**LAMGHARI Abdelaaziz, «** Du scrutin majoritaire à la représentation proportionnelle : Quel changement ? », Revue marocaine Administration Locale et de Développement, REMALD n° double 62-63, mai- août 2005.

**MELIN-SOUCRAMANIEN Ferdinand, «** Le Conseil constitutionnel, juge électoral », Pouvoirs, n° 105, 2003.

**MALIGNER Bernard, «** Les tribunaux administratifs et le contentieux des élections municipales ou la sérénité juridictionnelle et la passion politique », Les Petites Affiches, n° 116, 19 octobre 1983.

**MALIGNER Bernard** La justice électorale en France : situation législative et jurisprudentielle, séminaire annuel, Université de Florence, 16 novembre 2012

**MENOUNI Abdelatif,** l'expérience du Conseil constitutionnel Marocain, in « les Constitutions des pays arabes » Colloque de Beyrouth 1998.

**MENOUNI Abdelatif,** constitution et contentieux électoral, in constitution et élection, l'Académie Internationale de droit constitutionnel recueil des cours Volume 10 première édition 2002.

**MOUSSEBBIH Adil,** L'office du Conseil constitutionnel marocain, juge électoral, RFDC, n° 10, juin 2017

**MOUSSEBBIH Adil,** le financement des partis politiques au Maroc à la lumière de la législation et de la jurisprudence constitutionnelle, Revue Maroco-espagnole (RPSI), janvier 2016

**MOLFESSIS Nicolas,** L'irrigation du droit par les décisions du Conseil constitutionnel, pouvoirs n° 105, 2003

**MOLFESSIS Nicolas,** l'irrigation du droit par les décisions du Conseil constitutionnel, revue pouvoirs n° 105 avril 2003.

**OWEN Bernard,** « Les fraudes électorales », Pouvoirs, n° 120, Voter, 2006 ; www.revue-pouvoirs.fr

**OURIEMCHI Hicham,** « La constitutionnalité des seuils d'accès et de représentativité dans la jurisprudence du Conseil constitutionnel marocain, Note sous décision du Conseil constitutionnel marocain n° 630/07 CC du 23 janvier 2007 » Revue marocaine Administration Locale et de Développement, REMALD n° 74, mai- juin 2007.

**PARENT Christophe**, l'office du juge électoral, RDP n° 5-2011

**ROBERT Jean.,** « Le problème constitutionnel au Maroc », Revue de Droit public RDP, 1961.

**TCHEUWA J. Claude,** Droit constitutionnel étranger, les principes directeurs du contentieux électoral camerounais : à propos de « l'influence significative sur le résultat du scrutin » dans sa mise en œuvre à l'occasion des élections législatives et municipales du 22 juillet 2007, P.U.F. Revue française de droit constitutionnel, 2011/2 - n° 86

**ZIANI A.,** « La jurisprudence du Conseil constitutionnel en matière d'incompatibilités, le cas de la décision 201-98 » (en arabe), Revue marocaine des contentieux, REMALD n° double 5/6, 2007.

## RECUEIL DE TEXTES, JURISPRUDENCE ET CODES :

Décisions du Conseil Constitutionnel parues à la revue du Conseil constitutionnel entre 1994 et 2014 (revue n° 1 à la revue n° 12)

La constitution marocaine de 1996 et de 2011

Constitutions des pays d'Afrique noire francophones (Togo, Benin, Burkina Faso, Mali, Centrafrique, Sénégal, Sénégal, Cameroun, Rwanda, Niger, Côte d'Ivoire, Gabon)

Code électoral marocain et français

Directives pour les missions d'observation et de suivi des élections de l'Organisation Internationale de la Francophonie

Déclaration universelle des Droits de l'Homme
Déclaration universelle sur la démocratie de l'Union interparlementaire ;
La loi organique n° 066-13 relative à la Cour constitutionnelle du Royaume du Maroc, BO 6288
La loi organique n° 29-93 relative au Conseil Constitutionnel, BO n° 4244.
La loi organique n° 31-97 relative à la chambre des représentants, BO n° 4518.
La nouvelle loi organique n° 27-11 relative à la chambre des représentants
La loi organique 11-29 relative aux partis politiques
Lois organiques portant organisation et fonctionnement des juridictions constitutionnelles des pays d'Afrique noire francophone (Togo, Benin, Burkina Faso, Mali, Centrafrique, Sénégal, Sénégal, Cameroun, Rwanda, Niger, Côte d'Ivoire, Gabon)

## WEBOGRAPHIE

www.accpuf.org : site de l'association des cours constitutionnelles partageant l'usage du français.
www.Conseil-constitutionnel.fr : site du Conseil constitutionnel français.
http://www.conseil-Etat.fr/fr/base-de-jurisprudence
www.Conseil-constitutionnel.ma : site du Conseil constitutionnel marocain.
www.chambre des Conseillers.org : site de la Chambre des Conseillers.
Archives du Bulletin Officiel du Royaume du Maroc depuis 1912

# TABLE DES MATIÈRES

# Questions juridiques aux éditions L'Harmattan

## *Dernières parutions*

**EXISTE-T-IL ENCORE UN SEUL « NON BIS IN IDEM » AUJOURD'HUI ?**
*Sous la direction de Delphine Brach-Thiel*
«Nul ne doit pouvoir être jugé et condamné deux fois à raison des mêmes faits.» Si le principe est simple, c'est précisément son interprétation par de très nombreuses juridictions - pas toujours à l'unisson - qui pose question et explique le retour de ces interrogations sur le devant de la scène aujourd'hui. L'analyse ici présentée se veut riche et féconde de la rencontre entre universitaires belges et français, entre praticiens et chercheurs, entre européanistes, internationalistes ou pénalistes.
*(Coll. Comité international des pénalistes francophones, 23.50 euros, 230 p.)*
*ISBN : 978-2-343-11828-4, ISBN EBOOK : 978-2-14-004143-3*

**ESSAI SUR LA NOTION D'EXÉCUTION CONTRACTUELLE**
*Alvarez Isabelle*
L'exécution contractuelle constitue la cause impulsive de l'établissement du contrat qui, paradoxalement, est un mécanisme trop familier pour être bien connu. Adopter une méthode d'analyse alternative permet d'esquisser une définition de cette notion juridique. Est ici proposée une approche dynamique des échanges contractualisés, orientés vers la réalisation satisfactoire de l'opération économique, démontrant que cette phase exécutoire recèle un panel étendu de perspectives. (Étude à jour de l'ordonnance n° 2016-131 du 10 février 2016 portant réforme du droit des contrats, du régime général et de la preuve des obligations).
*(Coll. Logiques Juridiques, 45.00 euros, 486 p.)*
*ISBN : 978-2-343-12604-3, ISBN EBOOK : 978-2-14-004271-3*

**LES ACCORDS COLLECTIFS DE GROUPE**
*Théodoropoulos Alexandra - Préface de Gérard Vachet*
De simple expérimentation issue de la pratique, la négociation collective de groupe est devenue un véritable niveau de négociation collective reconnue par le législateur. L'accord de groupe est désormais consacré comme une norme créatrice de droits et d'obligations entre employeurs et salariés du groupe, mais sa place dans la hiérarchie des normes n'a pas été précisée. Cette situation génère de nombreuses interrogations quant à sa portée et à ses limites.
*(Coll. Logiques Juridiques, 44.00 euros, 440 p.)*
*ISBN : 978-2-343-12269-4, ISBN EBOOK : 978-2-14-004330-7*

**LA SIMPLIFICATION DU DROIT DES SOCIÉTÉS À L'AUNE DU CAS HONGKONGAIS**
**L'exemple des SARL et SAS**
*Tortellier Nathalie - Préface de Mme le professeur Catherine Barreau*
Cette étude comparative puise dans les règles et mécanismes de la société fermée à risque limité hongkongaise des techniques pouvant fortement contribuer à l'assouplissement et à

la simplification du droit des sociétés. L'analyse décortique la vie des SARL et SAS et propose l'application de la méthodologie pragmatique du droit hongkongais par thèmes dans un souci d'adaptabilité du droit français. Il ressort de cette analyse comparative 80 recommandations inspirées de la société hongkongaise pour développer une société outil au service de l'entreprise, une société adaptée et adaptable aux acteurs économiques contemporains.
*(Coll. Logiques Juridiques, 49.00 euros, 638 p.)*
*ISBN : 978-2-343-11885-7, ISBN EBOOK : 978-2-14-004220-1*

**LE DROIT DE L'INFORMATIQUE**
**4e édition (2017)**
*Bismuth Yves*
À travers l'étude des grands thèmes du droit de l'informatique (protection des logiciels et des données, contrats informatiques, protection des libertés, gestion du risque informatique), cet ouvrage permet au lecteur d'établir lui-même un diagnostic juridique des problèmes rencontrés à l'occasion de la mise en place d'un système informatique. Il est complété par des extraits de code, une bibliographie, un index et un lexique, et est à jour des dernières lois et décrets intervenus en la matière.
*(38.00 euros, 436 p.)*
*ISBN : 978-2-343-11527-6, ISBN EBOOK : 978-2-14-004177-8*

**MÉTHODE ET ASPECTS FORMELS DE LA RECHERCHE**
**Petit manuel à l'usage des juristes (2e édition)**
*Marain Gaëtan*
L'ouvrage propose un apprentissage de la recherche et de son formalisme qui doit permettre aux étudiants confrontés à la rédaction d'une thèse ou d'un mémoire en droit d'aborder ce travail avec sérénité. L'auteur donne ainsi une méthode pour définir le sujet, échafauder un plan et trouver la documentation utile. Est également abordée, entre autres, la question du référencement des sources et de la citation d'auteur. Des recommandations propres à l'organisation de la soutenance et à son bon déroulement sont prodiguées. Voici un guide à même d'éclairer les premiers pas du jeune chercheur en droit.
*(15.50 euros, 138 p.)*
*ISBN : 978-2-343-12682-1, ISBN EBOOK : 978-2-14-004300-0*

**LA PROCÉDURE DE LIBÉRATION CONDITIONNELLE COMME OUTIL DE GESTION DU RISQUE**
*Ben Gadi Amélie - Préface de Joana Falxa*
La procédure d'octroi de la libération conditionnelle des longues peines témoigne d'une sévérité accrue à leur égard. En imposant une évaluation de dangerosité, le législateur a souhaité «verrouiller» la procédure. Cependant, la notion de dangerosité est très complexe à définir et ne fait l'objet d'aucune définition légale. Elle introduit la notion de gestion du risque, ouvrant le chemin vers une justice de précaution. La présente étude éclaire la problématique de la réinsertion des longues peines.
*(Coll. Bibliothèques de droit, 15.00 euros, 132 p.)*
*ISBN : 978-2-343-11550-4, ISBN EBOOK : 978-2-14-004296-6*

**LETTRE À TOUS CEUX QUI PERSISTENT À VOULOIR FAIRE LEUR DROIT**
*Charles Thierry*
Le droit court derrière la «révolution numérique». Les algorithmes nous espionnent et restreignent les libertés publiques, ils calculent les indemnités au service des compagnies d'assurances. La diminution lente et continue des services chargés de veiller à l'application du droit affaiblit et parfois anéantit l'efficacité de ces lois. L'échec de la loi Hadopi est significatif à cet égard. Le mal est en fait bien plus profond et ne date pas d'hier. Nous vivons une époque de démolition des codes établis. Si le droit est partout, en définitive il n'est nulle part...
*(20.50 euros, 204 p.)*
*ISBN : 978-2-343-12343-1, ISBN EBOOK : 978-2-14-004306-2*

**FÊTE ET DROIT PUBLIC**
*Sous la direction d'Adrien Azarete, Elie Guerrero et Thomas Moretto*
S'inscrivant dans une approche globale et élargi à tout le droit public, le présent ouvrage, issu du colloque « Fête du Droit Public », a pour objet l'étude de l'application du droit public dans la fête par les différents acteurs de cette branche du droit. De l'autorisation de la fête à sa responsabilité, en passant par son organisation, son coût et sa sécurité, le droit public est présent partout, de par l'évidente présence et implication de la puissance publique et des collectivités territoriales.
*(Coll. Bibliothèques de droit, 20.00 euros, 192 p.)*
*ISBN : 978-2-343-11018-9, ISBN EBOOK : 978-2-14-003946-1*

**LA DÉMOCRATIE EN DROIT INTERNATIONAL**
**Étude critique sur le statut juridique de la démocratie en droit international et la légitimité de l'imposer par la force**
*Alshiabani Abuhamoud*
En droit international, la démocratie était jusqu'à très récemment absente. Malgré les appels lancés au début du 20e siècle, celui-ci a toujours considéré la démocratie comme une idéologie dans laquelle il ne doit pas s'impliquer. Après la fin de la Guerre froide et la victoire de la démocratie libérale, la démocratie s'est renforcée au plan international. Elle a exercé une pression considérable sur le droit international pour qu'il s'adapte aux nouvelles exigences des réalités politiques. Cet ouvrage traite de ce sujet et montre le contexte dans lequel se sont développés la démocratie et le concept d'ingérence démocratique.
*(Coll. Logiques Juridiques, 39.00 euros, 408 p.)*
*ISBN : 978-2-343-10818-6, ISBN EBOOK : 978-2-14-003833-4*

**LES PRINCIPES GÉNÉRAUX DANS LA JURISPRUDENCE DE L'ORGANE DE RÈGLEMENT DES DIFFÉRENDS DE L'OMC**
*Aydi Ghozzi Mariem - Préface de Slim Laghmani*
Représentant la justice marchande, le Système de règlement des différends de l'organisation Mondiale du Commerce (OMC) est censé rendre une meilleure justice. Bien qu'il ne constitue pas une véritable juridiction, il chemine sur les traces du juge international dans la détermination et la régulation du sens du droit de cette organisation, les principes généraux devraient en constituer des instruments de moralisation et de développement. Cependant, la méthode par laquelle l'organe de règlement des différends appréhende lesdits principes mérite une attention particulière.
*(Coll. Droit aujourd'hui, 37.50 euros, 368 p.)*
*ISBN : 978-2-343-12079-9, ISBN EBOOK : 978-2-14-004047-4*

**LA RESPONSABILITÉ DES ENTREPRISES MULTINATIONALES POUR LES VIOLATIONS DES DROITS DE L'HOMME EN AFRIQUE**
**Opportunités et défis**
*Belporo Christelle*
La question de la responsabilité des entreprises multinationales pour les violations des droits de l'homme est d'une actualité brûlante. Alors qu'à travers le monde les scandales se multiplient, sur le continent africain, des voix s'élèvent pour dénoncer les nombreuses violations des droits internationalement protégés. Cet ouvrage évalue les réponses offertes par le droit pour l'encadrement de la responsabilité juridique des entreprises multinationales à l'aune des instruments internationaux et africains.
*(Coll. Études africaines, 20.50 euros, 200 p.)*
*ISBN : 978-2-343-11365-4, ISBN EBOOK : 978-2-14-004005-4*

**CONCEPTS ET PRATIQUES PROFESSIONNELLES EN DOUANES**
**Origines, procédures, régimes et valeur**
*Bouga Boukari Dan*
Ce livre explique d'abord les concepts, c'est-à-dire le vocabulaire douanier de façon à ne saisir que l'essentiel. Il expose ensuite les exigences des pratiques douanières pour tous les scénarios du

commerce international. Il procède enfin à des illustrations pour une meilleure compréhension des droits et obligations des opérateurs en douane.
*(Harmattan Côte-d'Ivoire, 20.00 euros, 184 p.)*
*ISBN : 978-2-343-11805-5, ISBN EBOOK : 978-2-14-004075-7*

**LE DROIT POSTMODERNE**
**Une introduction**
*Barraud Boris*
Au XIXe siècle le droit a changé d'ère passant du droit moderne au droit postmoderne. Sa principale caractéristique résiderait dans le développement d'une forme de concurrence juridique entre puissances publiques et puissances privées. La révolution copernicienne de la pensée juridique serait ainsi la rupture du lien consubstantiel entre droit et État que la modernité avait noué. La société civile serait désormais au cœur du jeu juridique. Ce livre propose quelques pistes et une grille de lecture afin de comprendre le nouveau droit que la globalisation modèle.
*(Coll. Droit aujourd'hui, 32.00 euros, 320 p.)*
*ISBN : 978-2-343-12077-5, ISBN EBOOK : 978-2-14-003633-0*

**LE CONSEIL DE L'EUROPE ET LES COLLECTIVITÉS TERRITORIALES**
**Contribution à l'étude de l'autonomie locale**
*Kalimeri Vasiliki*
Le Conseil de l'Europe est la première organisation internationale à avoir intégré l'acteur infra-étatique dans son action. La Charte européenne de l'autonomie locale et le Cadre de référence pour la démocratie régionale ont cristallisé la conception de la notion d'autonomie locale en Europe, élargie désormais à deux niveaux : le local et le régional. Au niveau extérieur, le traité de Maastricht intègre également les collectivités locales dans la reformulation du fonctionnement de l'Europe.
*(Coll. Logiques Juridiques, 49.00 euros, 664 p.)*
*ISBN : 978-2-343-12019-5, ISBN EBOOK : 978-2-14-003697-2*

**GUIDE PRATIQUE DU CAPITAL INVESTISSEMENT ET DES AIDES PUBLIQUES**
**Créer, développer, transmettre son entreprise**
*Battini Pierre - Préface d'Olivier Millet*
Cet ouvrage entend démystifier le capital investissement et répondre concrètement aux questions que se posent les entrepreneurs, leur donner les clés pour être efficaces, gagner du temps et avoir plus de chances de réussir leur projet. Beaucoup d'exemples et de cas concrets sont exposés. Ce livre traite la question des fonds d'investissements et des aides publiques sous différents angles : finance et outils financiers, juridique et montage des opérations, valorisations et accompagnement.
*(30.00 euros, 292 p.)*
*ISBN : 978-2-343-12074-4, ISBN EBOOK : 978-2-14-003636-1*

**ET COMMENT VONT LES ENFANTS ?**
**Réflexions d'un notaire sur l'évolution de la parentalité des années 60 à nos jours**
*Dauptain Pierre*
PMA, GPA, adoption, statut du beau-parent, familles homoparentales, ces sujets sont au cœur des débats contemporains et témoignent de l'évolution de la parentalité sur les cinquante dernières années. Avec un regard impartial, l'auteur inscrit sa réflexion dans les mouvements de la société tout entière. Fidèle à la méthode qui a fait le succès de son premier essai, il nous parle de droit en termes simples pour exposer les changements que la famille a connus en cinq décennies.
*(Éditions Pepper/Harmattan, 22.50 euros, 218 p.)*
*ISBN : 978-2-343-12076-8, ISBN EBOOK : 978-2-14-003757-3*

## Structures éditoriales du groupe L'Harmattan

**L'Harmattan Italie**
Via degli Artisti, 15
10124 Torino
harmattan.italia@gmail.com

**L'Harmattan Hongrie**
Kossuth l. u. 14-16.
1053 Budapest
harmattan@harmattan.hu

---

**L'Harmattan Sénégal**
10 VDN en face Mermoz
BP 45034 Dakar-Fann
senharmattan@gmail.com

**L'Harmattan Cameroun**
TSINGA/FECAFOOT
BP 11486 Yaoundé
inkoukam@gmail.com

**L'Harmattan Burkina Faso**
Achille Somé – tengnule@hotmail.fr

**L'Harmattan Guinée**
Almamya, rue KA 028 OKB Agency
BP 3470 Conakry
harmattanguinee@yahoo.fr

**L'Harmattan RDC**
185, avenue Nyangwe
Commune de Lingwala – Kinshasa
matangilamusadila@yahoo.fr

**L'Harmattan Congo**
67, boulevard Denis-Sassou-N'Guesso
BP 2874 Brazzaville
harmattan.congo@yahoo.fr

**L'Harmattan Mali**
Sirakoro-Meguetana V31
Bamako
syllaka@yahoo.fr

**L'Harmattan Togo**
Djidjole – Lomé
Maison Amela
face EPP BATOME
ddamela@aol.com

**L'Harmattan Côte d'Ivoire**
Résidence Karl – Cité des Arts
Abidjan-Cocody
03 BP 1588 Abidjan
espace_harmattan.ci@hotmail.fr

**L'Harmattan Algérie**
22, rue Moulay-Mohamed
31000 Oran
info2@harmattan-algerie.com

**L'Harmattan Maroc**
5, rue Ferrane-Kouicha, Talaâ-Elkbira
Chrableyine, Fès-Médine
30000 Fès
harmattan.maroc@gmail.com

---

## Nos librairies en France

**Librairie internationale**
16, rue des Écoles – 75005 Paris
librairie.internationale@harmattan.fr
01 40 46 79 11
www.librairieharmattan.com

**Librairie l'Espace Harmattan**
21 bis, rue des Écoles – 75005 Paris
librairie.espace@harmattan.fr
01 43 29 49 42

**Lib. sciences humaines & histoire**
21, rue des Écoles – 75005 Paris
librairie.sh@harmattan.fr
01 46 34 13 71
www.librairieharmattansh.com

**Lib. Méditerranée & Moyen-Orient**
7, rue des Carmes – 75005 Paris
librairie.mediterranee@harmattan.fr
01 43 29 71 15

**Librairie Le Lucernaire**
53, rue Notre-Dame-des-Champs – 75006 Paris
librairie@lucernaire.fr
01 42 22 67 13

www.ingramcontent.com/pod-product-compliance
Lightning Source LLC
LaVergne TN
LVHW021133061026
849535LV00002B/229
* 9 7 8 2 3 4 3 1 0 8 6 0 5 *